日本がわかるデータブック

にほんこくせいずえ

日本国勢図会

2023/24

第81版

公益財団法人 矢野恒太記念会 編集・発行

資料を提供していただいた諸団体（50音順）

IDC Japan、朝雲新聞社、アルメディア、運営管理機関連絡協議会、衛星放送協会、Omdia、ガートナージャパン、カーボンフロンティア機構、キャッシュレス推進協議会、原子力安全推進協会、国際自動車工業連合会、国土地理協会、国民年金基金連合会、古紙再生促進センター、コンピュータエンターテインメント協会、サイバーエージェント、産業タイムズ社、シェアリングエコノミー協会、塩事業センター、情報通信総合研究所、ストックホルム国際平和研究所（SIPRI）、生命保険協会、世界鉄鋼協会、石油化学工業協会、石油連盟、セメント協会、全国軽自動車協会連合会、全国出版協会・出版科学研究所、全国食酢協会中央会、全国たばこ耕作組合中央会、大日本蚕糸会、WSTS日本協議会、デジタルコンテンツ協会、電気事業連合会、電子情報技術産業協会、電通、天然ガス鉱業会、電力広域の運営推進機関、東京カンテイ、東京商工リサーチ、ニールセン デジタル、日本アルミニウム協会、日本映画製作者連盟、日本LPガス協会、日本化学繊維協会、日本学生支援機構、日本ガス協会、日本クレジット協会、日本原子力産業協会、日本鉱業協会、日本ゴム工業会、日本自動車工業会、日本自動車販売協会連合会、日本自動車輸入組合、日本出版販売・出版流通学院、日本少額短期保険協会、日本新聞協会、日本生産性本部、日本製紙連合会、日本製薬工業協会、日本繊維輸入組合、日本ソーダ工業会、日本損害保険協会、日本たばこ協会、日本鉄鋼連盟、日本電機工業会、日本取引所グループ、日本フランチャイズチェーン協会、日本弁護士連合会、日本放送協会、日本民営鉄道協会、日本レコード協会、日本ロボット工業会、BP、不動産経済研究所、ペットフード協会、三鬼商事、モバイル・コンテンツ・フォーラム、硫酸協会、レコフデータ（株式会社、社団法人等の名称は省略しました）

～～～～～～～～～～～～～～～～～～～～～～～～～～～～～

日本国勢図会の版歴

第 1 版 1927年(昭 2)	第29版 1971年(〃 46)	第57版 1999年(〃 11)
第 2 版 1929年(〃 4)	第30版 1972年(〃 47)	第58版 2000年(〃 12)
第 3 版 1931年(〃 6)	第31版 1973年(〃 48)	第59版 2001年(〃 13)
第 4 版 1933年(〃 8)	第32版 1974年(〃 49)	第60版 2002年(〃 14)
第 5 版 1935年(〃 10)	第33版 1975年(〃 50)	第61版 2003年(〃 15)
第 6 版 1938年(〃 13)	第34版 1976年(〃 51)	第62版 2004年(〃 16)
第 7 版 1941年(〃 16)	第35版 1977年(〃 52)	第63版 2005年(〃 17)
第 8 版 1943年(〃 18)	第36版 1978年(〃 53)	第64版 2006年(〃 18)
第 9 版 1948年(〃 23)	第37版 1979年(〃 54)	第65版 2007年(〃 19)
第10版 1950年(〃 25)	第38版 1980年(〃 55)	第66版 2008年(〃 20)
第11版 1952年(〃 27)	第39版 1981年(〃 56)	第67版 2009年(〃 21)
第12版 1954年(〃 29)	第40版 1982年(〃 57)	第68版 2010年(〃 22)
第13版 1955年(〃 30)	第41版 1983年(〃 58)	第69版 2011年(〃 23)
第14版 1956年(〃 31)	第42版 1984年(〃 59)	第70版 2012年(〃 24)
第15版 1957年(〃 32)	第43版 1985年(〃 60)	第71版 2013年(〃 25)
第16版 1958年(〃 33)	第44版 1986年(〃 61)	第72版 2014年(〃 26)
第17版 1959年(〃 34)	第45版 1987年(〃 62)	第73版 2015年(〃 27)
第18版 1960年(〃 35)	第46版 1988年(〃 63)	第74版 2016年(〃 28)
第19版 1961年(〃 36)	第47版 1989年(平 1)	第75版 2017年(〃 29)
第20版 1962年(〃 37)	第48版 1990年(〃 2)	第76版 2018年(〃 30)
第21版 1963年(〃 38)	第49版 1991年(〃 3)	第77版 2019年(令 1)
第22版 1964年(〃 39)	第50版 1992年(〃 4)	第78版 2020年(〃 2)
第23版 1965年(〃 40)	第51版 1993年(〃 5)	第79版*2021年(〃 3)
第24版 1966年(〃 41)	第52版 1994年(〃 6)	第80版*2022年(〃 4)
第25版 1967年(〃 42)	第53版 1995年(〃 7)	第81版*2023年(〃 5)
第26版 1968年(〃 43)	第54版 1996年(〃 8)	*印のみ在庫あり
第27版 1969年(〃 44)	第55版 1997年(〃 9)	
第28版 1970年(〃 45)	第56版 1998年(〃 10)	

まえがき

　日本国勢図会を創刊した矢野恒太*は、1927年（昭和２年）の初版の序章で「本書は講堂のない青年塾の一部であり、本書に記載している内容を教育者は若い人に教えて欲しい」と創刊の趣旨を記しています。

　矢野恒太は内閣統計局から依頼を受けて、官製初の生命表を作成するなど統計に深い造詣があり、社会を知るための基礎と考えていました。また、第一回の国勢調査にも尽力しています。

　現在、政府機関等でEBPM（エビデンス・ベースト・ポリシー・メイキング、証拠に基づく政策立案）を推進しています。合理的な根拠や事実に基づいて、情報・統計等のデータを活用した政策の推進は、矢野恒太が約一世紀年前にすでに提唱していた考え方と相通ずるものがあります。

　公益財団法人矢野恒太記念会は、2023年３月に設立満70年の節目を迎えました。日本国勢図会も今年で81版と版を重ね、96年にわたり刊行を続けています。本書が、今後も読者の皆様が社会を考察されるための一助となれば幸いです。

　刊行にあたり、ご協力いただいた皆様方に深く感謝の意を表します。

2023年４月

公益財団法人　　矢野恒太記念会

編　集　長　　岡　田　康　弘

*矢野恒太　慶応1.12.2〜昭和26.9.23（1866.1.18〜1951.9.23）
　　　　　　第一生命保険の創立者。保険のみならず統計、
　　　　　　公衆衛生、社会教育など各方面に功績があった。

総目次

アンケートのお願い　本書へのご意見、ご感想は、とじ込みの郵便はがきのほか、下記のウェブサイトでも受け付けております。皆様のご意見をお待ちしています。

　　　URL：https://yt-ms.jp/q_j_zue202324/

解説欄の目次

凡例

▼年次はすべて西暦を使いました。特に「年度」とあるもの以外は暦年（１月から12月まで）です。「年度」は特記しない限り会計年度を指し、日本の場合はその年の４月から翌年３月までです。

▼単位は原則として計量法に基づく法定計量単位を使用しています。重量単位ｔは特記しない限り、メートル法によるトン（1000kg）です。

▼ドルは特記しない限り、アメリカ合衆国のドル（米ドル）です。

▼数値の単位未満は四捨五入している場合があり、その際には合計の数値と内訳の計とが一致しないことがあります。

▼構成比（％）の内訳は、その他の項目がある場合を除き100％になるよう調整していません。

▼統計データは編集時点での最新データを使用していますが、その後訂正されることがあります。

▼ただ中国とある場合は、台湾省および香港特別行政区、マカオ特別行政区を含みません。

▼資料の官庁名は、現行組織に従って表記しています。

統計表の記号等について
　―　は皆無、または定義上該当数値がないもの
　０または0.0　は表章単位に満たないもの
　…　は数値が得られないもの、不詳なもの

本書の巻末にある（付録Ⅰ）主要長期統計、（付録Ⅱ）府県別主要統計、（付録Ⅲ）府県別生産統計のデータをエクセルファイル形式で提供しています。以下のURLからダウンロードできます。

URL：https://yt-ms.jp/data/j_zue202324/

各国通貨の為替相場（1米ドルあたり）（上段：年末現在、下段：年平均）

通貨名 ISOコード	2018	2019	2020	2021	2022
日本円········· JPY	110.830 110.423	109.120 109.010	103.630 106.775	114.210 109.754	132.650 131.498
中国・人民元···· CNY	6.853 6.616	6.987 6.908	6.535 6.901	6.370 6.449	6.986 6.737
韓国ウォン······ KRW	1 118.10 1 100.16	1 157.80 1 165.36	1 088.00 1 180.27	1 186.60 1 143.95	1 267.30 1 291.45
香港ドル········ HKD	7.834 7.839	7.787 7.836	7.753 7.757	7.798 7.773	7.808 7.831
新台湾ドル······ TWD	30.733 30.163	30.106 30.927	28.508 29.583	27.690 28.024	30.708 29.806
インド・ルピー·· INR	69.792 68.389	71.274 70.420	73.054 74.100	74.303 73.918	82.786 78.604
インドネシア・ルピア· IDR	14 481.0 14 236.9	13 901.0 14 147.7	14 105.0 14 582.2	14 269.0 14 308.1	15 731.0 14 849.9
タイ・バーツ···· THB	32.450 32.310	30.154 31.048	30.037 31.294	33.420 31.977	34.562 35.061
マレーシア・リンギット· MYR	4.139 4.035	4.093 4.142	4.013 4.203	4.176 4.143	4.413 4.401
ベトナム・ドン·· VND	22 825.0 22 602.1	23 155.0 23 050.2	23 131.0 23 208.4	23 145.0 23 159.8	23 612.0 23 271.2
南アフリカ・ランド· ZAR	14.377 13.234	14.026 14.448	14.686 16.459	15.905 14.779	16.994 16.356
ユーロ1)········ EUR	0.873 0.847	0.890 0.893	0.815 0.876	0.883 0.845	0.938 0.950
イギリス・ポンド· GBP	0.788 0.750	0.762 0.783	0.745 0.780	0.744 0.727	0.829 0.811
スイス・フラン·· CHF	0.985 0.978	0.968 0.994	0.881 0.939	0.913 0.914	0.923 0.955
ロシア・ルーブル· RUB	69.471 62.668	61.906 64.738	73.876 72.105	74.293 73.654	70.338 68.485
カナダ・ドル···· CAD	1.364 1.296	1.306 1.327	1.286 1.341	1.287 1.254	1.360 1.302
メキシコ・ペソ·· MXN	19.683 19.244	18.845 19.264	19.949 21.486	20.584 20.272	19.414 20.127
ブラジル・レアル· BRL	3.874 3.654	4.030 3.944	5.196 5.155	5.580 5.394	5.217 5.164
オーストラリア・ドル· AUD	1.417 1.338	1.427 1.439	1.298 1.453	1.378 1.331	1.476 1.442
ニュージーランド・ドル· NZD	1.490 1.445	1.485 1.518	1.384 1.542	1.464 1.414	1.579 1.577

IMFデータ（2023年3月10日閲覧）より作成。1）参加国は23ページを参照。

2022年の10大ニュース（日付順）

日本

① 2月4日に開会した第24回冬季オリンピック北京大会で、日本選手が活躍し、冬季大会で最多となる計18個（金3、銀6、銅9）のメダルを獲得。

② 2月12日、藤井聡太四冠（竜王、王位、叡王、棋聖）がタイトル戦で渡辺明王将に勝ち、王将を奪取。19歳6か月で五冠を達成した。

③ 4月1日、改正民法が施行され、成年年齢が18歳に引き下げられた。携帯電話やクレジットカードの契約などが可能となり、女性の婚姻開始年齢が16歳から18歳に引き上げられた。

④ 4月23日、北海道・知床半島の沖合で観光船の沈没事故が発生。天候の悪化が予想されたなかで出航したことが事故の原因とみられる。

⑤ 5月15日、沖縄県復帰50周年を迎える。1972年5月15日、アメリカ合衆国との沖縄返還協定が発効し、沖縄の施政権が日本に返還された。

⑥ 7月8日、安倍晋三元首相が、奈良市で参院選の街頭演説中に背後から男に銃撃され死亡。9月27日に、東京の日本武道館で国葬が営まれた。

⑦ 8月、新型コロナウイルス感染症の第7波のピークを迎える。

⑧ 8月9日、米大リーグ・エンゼルスの大谷翔平選手が、ベーブ・ルース以来104年ぶりとなる「2桁勝利、2桁本塁打」を達成。

⑨ 10月20日、東京外国為替市場で、円相場が一時、1ドル＝150円台まで下落。バブル期の1990年8月以来、約32年ぶりの円安水準を更新。

⑩ 11月8日、日本では442年ぶりに、皆既月食中に天王星食が見られた。

世界

① 2月24日、ロシアがウクライナへの侵攻を開始。ウクライナは抗戦を続け、西側諸国はロシアに対して経済制裁を加え、ウクライナへ武器供与を行う。

② 5月15日、北欧のフィンランドとスウェーデンが、議会審議を経て、NATO（北大西洋条約機構）への加盟申請を正式表明。

③ 5月23日、米国が主導する新しい経済圏構想である「インド太平洋経済枠組み（IPEF）」が発足。

④ 6月21日、2021年に発効した核兵器禁止条約（TPNW）の第1回締約国会議が開幕（日本は未批准）。

⑤ 7月12日、NASAなどによる新型宇宙望遠鏡「ジェイムズ・ウェッブ」の高解像度画像や観測データが初めて公開される。

⑥ 8月末、パキスタン各地で大規模な洪水が発生。国土の3分の1が水没し、家屋や作物などが流され、少なくとも3000万人以上が被災した。

⑦ 11月6日、エジプトのシャルム・エル・シェイクで国連気候変動枠組条約第27回締約国会議（COP27）が開催。

⑧ 11月8日、アメリカ合衆国で中間選挙が実施。上院では民主党が多数派を維持、下院では野党・共和党が過半数を取り、「ねじれ議会」になった。

⑨ 11月15日、国連は世界の人口が80億人に達したことを発表。2050年に97億人を超え、2080年半ばには104億人近くでピークを迎える見通し。

⑩ 11月20日、サッカーのワールドカップ（W杯）カタール大会が12月18日まで開催される。日本代表は11月23日のドイツ戦、12月2日のスペイン戦で勝ち、決勝トーナメント進出。しかし、初の8強入りにはならず。

主要経済データ（Ⅰ）

	完全# 失業率 （％）	有効求人 倍率1)# （倍）	鉱工業# 生産指数 (2015年 =100)	粗鋼生産 （千ｔ）	機械受注# （億円）	新設住宅 着工戸数 （戸）
2021. 1	2.9	1.08	95.8	7 925	23 983	58 448
2	2.9	1.09	95.7	7 471	30 213	60 764
3	2.7	1.10	97.3	8 316	21 606	71 787
4	2.9	1.10	98.4	7 819	25 589	74 521
5	2.9	1.10	92.3	8 420	26 116	70 178
6	2.9	1.13	98.9	8 109	25 712	76 312
7	2.8	1.14	98.1	8 006	28 047	77 182
8	2.8	1.14	96.2	7 925	26 382	74 303
9	2.7	1.15	89.9	8 144	24 168	73 178
10	2.7	1.15	91.8	8 224	29 209	78 004
11	2.8	1.17	96.4	8 042	27 966	73 414
12	2.7	1.18	96.6	7 935	28 458	68 393
2022. 1	2.7	1.20	94.3	7 757	27 515	59 690
2	2.7	1.21	96.2	7 301	24 890	64 614
3	2.6	1.23	96.5	7 954	25 800	76 120
4	2.6	1.24	95.1	7 471	32 929	76 295
5	2.6	1.25	88.0	8 065	29 207	67 223
6	2.6	1.27	96.1	7 448	29 045	74 617
7	2.6	1.28	96.9	7 321	28 919	73 024
8	2.5	1.31	100.2	7 359	27 124	77 731
9	2.6	1.32	98.5	7 140	26 628	74 004
10	2.6	1.34	95.3	7 333	26 828	76 590
11	2.5	1.35	95.5	7 175	26 880	72 372
12	2.5	1.36	95.8	6 902	28 142	67 249
2023. 1	2.4	1.35	90.7	6 902	25 274	63 604
2	2.6	1.34	94.9	7 220		64 426
3						
2011	4.6	0.65	98.9	107 601	247 874	834 117
2012	4.3	0.80	99.6	107 232	237 337	882 797
2013	4.0	0.93	99.2	110 595	256 041	980 025
2014	3.6	1.09	101.2	110 666	278 919	892 261
2015	3.4	1.20	100.0	105 134	286 066	909 299
2016	3.1	1.36	100.0	104 775	271 907	967 237
2017	2.8	1.50	103.1	104 661	281 159	964 641
2018	2.4	1.61	104.2	104 319	293 365	942 370
2019	2.4	1.60	101.1	99 284	274 503	905 123
2020	2.8	1.18	90.6	83 186	258 611	815 340
2021	2.8	1.13	95.7	96 336	314 074	856 484
2022	2.6	1.28	95.6	89 227	332 321	859 529

#月次データは季節調整値。1) 公共職業安定所における求人、求職の状況で、新規学卒者を除きパートタイムを含む。2) 日本自動車工業会ウェブサイトより作成。自動車登録台数

主要経済データ（Ⅱ）

	新車[2]販売台数（台）	商業販売額指数# (2020年=100)	実質賃金指数[3]# (2020年平均=100)	消費者[4]物価指数 (2020年=100)	対前年同期比（％）	日経平均株価[5][6]（終値）（円）
2021. 1	384 442	103.0	100.5	99.8	-0.7	27 663.39
2	432 298	104.1	100.9	99.9	-0.5	28 966.01
3	613 003	105.5	100.9	100.1	-0.3	29 178.80
4	349 894	105.2	102.2	99.3	-0.9	28 812.63
5	319 318	103.7	101.5	99.5	-0.6	28 860.08
6	365 631	106.1	100.6	99.5	-0.5	28 791.53
7	377 448	107.8	100.9	99.8	-0.2	27 283.59
8	319 697	105.7	101.1	99.8	0.0	28 089.54
9	318 371	106.1	100.5	99.8	0.1	29 452.66
10	279 341	107.0	101.1	99.9	0.1	28 892.69
11	352 455	108.9	100.7	100.1	0.5	27 821.76
12	336 442	108.3	98.3	100.0	0.5	28 791.71
2022. 1	329 699	109.4	101.0	100.1	0.2	27 001.98
2	354 668	110.2	100.9	100.5	0.6	26 526.82
3	512 862	111.7	101.6	100.9	0.8	27 821.43
4	299 620	112.1	100.5	101.4	2.1	26 847.90
5	261 433	111.8	99.7	101.6	2.1	27 279.80
6	327 896	113.3	99.9	101.7	2.2	26 393.04
7	349 335	113.3	99.2	102.2	2.4	27 801.64
8	290 042	113.5	99.2	102.5	2.8	28 091.53
9	395 163	114.0	99.2	102.9	3.0	25 937.21
10	359 159	113.5	98.2	103.4	3.6	27 587.46
11	377 079	113.2	98.2	103.8	3.7	27 968.99
12	344 364	113.5	97.7	104.1	4.0	26 094.50
2023. 1	382 338	111.6	96.9	104.3	4.2	27 327.11
2	426 726	113.2		103.6	3.1	27 445.56
3	572 494					28 041.48
2011	4 210 219	112.9	106.9	95.2	-0.3	8 455.35
2012	5 369 720	111.8	105.9	95.1	-0.1	10 395.18
2013	5 375 513	112.8	105.1	95.5	0.4	16 291.31
2014	5 562 888	113.5	102.3	98.0	2.6	17 450.77
2015	5 046 510	110.5	101.3	98.5	0.5	19 033.71
2016	4 970 258	106.2	102.0	98.2	-0.3	19 114.37
2017	5 234 165	109.5	101.9	98.7	0.5	22 764.94
2018	5 272 067	113.2	102.1	99.5	0.9	20 014.77
2019	5 195 216	110.5	101.2	100.2	0.6	23 656.62
2020	4 598 615	100.0	100.0	100.0	-0.2	27 444.17
2021	4 448 340	106.0	100.6	99.8	-0.2	28 791.71
2022	4 201 320	112.4	99.6	102.1	2.3	26 094.50

と、軽自動車販売台数の合計。3) 5人以上事業所の現金給与総額、調査産業計。年次は元
数値の年平均。4) 生鮮食品を除く総合。5) 月末、年末値。6) 日経平均プロフィルより

主要経済データ（Ⅲ）

	為替相場[5] （1ドル あたり 円）	貿易[7]（億円）		経常 収支[8] （億円）	貿易・ サービス 収支 （億円）	マネタリー ベース[5] （億円）
		輸出	輸入			
2021. 1	104.48	57 795	61 502	6 212	-5 757	6 165 255
2	106.23	60 383	58 710	29 931	4 820	6 147 126
3	110.70	73 776	67 677	26 338	9 832	6 436 096
4	108.95	71 803	69 624	17 732	-7 036	6 554 570
5	109.20	62 606	64 784	24 332	-2 699	6 509 651
6	110.50	72 238	68 626	13 483	3 047	6 595 339
7	109.50	73 547	69 263	23 378	-226	6 608 720
8	109.87	66 049	72 684	21 223	-5 608	6 613 402
9	111.91	68 405	74 895	16 427	-4 586	6 634 869
10	113.65	71 832	72 739	17 154	-4 354	6 640 289
11	113.80	73 670	83 405	15 666	-6 041	6 604 444
12	114.21	78 811	84 842	3 486	-6 225	6 700 674
2022. 1	115.43	63 303	85 504	-6 200	-23 995	6 631 825
2	115.55	71 889	79 005	22 486	-4 074	6 639 396
3	122.40	84 585	89 234	32 353	-2 403	6 880 327
4	129.90	80 756	89 305	10 751	-16 869	6 884 030
5	128.20	72 514	96 175	7 734	-21 200	6 733 977
6	136.63	86 139	99 889	4 979	-13 611	6 774 152
7	133.00	87 531	101 750	8 886	-19 980	6 659 614
8	138.61	80 606	108 510	6 748	-31 206	6 449 826
9	144.74	88 177	109 169	8 531	-21 297	6 180 535
10	148.24	90 013	111 728	-548	-25 697	6 208 632
11	138.80	88 368	108 688	18 677	-16 311	6 199 117
12	132.65	87 869	102 455	1 069	-14 994	6 324 071
2023. 1	130.41	65 506	100 570	-19 893	-39 401	6 518 986
2	136.29	76 543	85 524	21 972	-8 245	6 518 371
3	133.48					6 758 401
2011	77.72	655 465	681 112	104 013	-31 101	1 250 788
2012	86.55	637 476	706 886	47 640	-80 829	1 384 747
2013	105.30	697 742	812 425	44 566	-122 521	2 018 472
2014	120.64	730 930	859 091	39 215	-134 988	2 758 740
2015	120.50	756 139	784 055	165 194	-28 169	3 561 336
2016	116.80	700 358	660 420	213 910	43 888	4 374 314
2017	112.90	782 865	753 792	227 779	42 206	4 799 976
2018	110.83	814 788	827 033	195 047	1 052	5 042 166
2019	109.12	769 317	785 995	192 513	-9 318	5 182 425
2020	103.63	683 991	680 108	159 917	-8 773	6 176 083
2021	114.21	830 914	848 750	215 363	-24 834	6 700 674
2022	132.65	981 750	1 181 410	115 466	-211 638	6 324 071

作成。日経平均株価は、日本経済新聞社の著作物。7）2022年は確々報、2023年は確報
（2月の輸入は速報）。8）2023年1月、2月は速報値。

第1章 世界の国々

　2022年の世界情勢は、社会経済が新型コロナウイルス感染症の世界的大流行(パンデミック)から回復してきた一方で、2月に開始したロシアのウクライナ侵攻の影響が大きく、戦争終結の兆しは見えない状況である。ウクライナ紛争開始から約1年が経過した2023年2月、国連（加盟193か国）の総会は「緊急特別会合」を行い、ウクライナからロシア撤退を求める要求を141か国の賛成で採択した。7か国（ロシア、ベラルーシ、北朝鮮、エリトリア、マリ、ニカラグア、シリア）は反対票を投じ、中国やインド、南アフリカ共和国など32か国が棄権、13か国は無投票であった。法的拘束力のある決定を下せる安全保障理事会は、常任理事国ロシアが拒否権を持つため、声明や決議を出すことが出来ない。戦場となったウクライナでは、国連難民高等弁務官事務所（UNHCR）によると、人口の約2割にあたる800万人以上が国外へ避難している。また、国際刑事裁判所（ICC）は、ロシアがウクライナの多くの子どもたちを強制的に連れ去り、ロシア国内でのプロパガンダ活動に利用している実態を明らかにし、3月にはプーチン大統領に戦争犯罪の逮捕状を出した。

　世界経済はコロナ禍からの回復途上にあり、繰延需要の高まりや、中国が「ゼロコロナ政策」を解除して経済活動を再開したことがプラス要因となっている。国際通貨基金（IMF）の世界経済見通し（2023年4月

世界の国・地域（2023年3月末現在）　2023年3月末現在、日本が国家として承認している国の数は195か国である。最近では、クック諸島（2011年3月25日）、南スーダン共和国（2011年7月9日）、ニウエ（2015年5月15日）を新しく承認した。北朝鮮については未承認で、北朝鮮と日本を含めた世界の国の数は197か国となる（日本政府は、北朝鮮を含まない196か国を世界の国の数とする）。国連加盟国は193か国で、北朝鮮は国連に加盟しており、日本承認国のうちバチカン、コソボ、クック諸島、ニウエは未加盟となっている。パレスチナは、2012年11月、国連のオブザーバー国家に格上げされた。現在のオブザーバー国家は、バチカンとパレスチナ。台湾と国交を結んでいるのは、2023年3月末現在、13か国である（2023年3月にホンジュラスが外交関係を解除）。

公表）によると、2022年の経済成長率（推定）は3.4％で、2023年は2.8％と鈍化し、2024年は3.0％と予測している。ウクライナ侵攻は世界経済の大きな重荷であり、とうもろこし、肥料、液化天然ガス（LNG）、パラジウムなどで深刻な品不足が起きて、物価が急騰した。先進国は、供給元の変更や代替品への試みなどを行い価格上昇や供給不足を抑制しているが、途上国があおりを受けて供給不足になる状況もみられる。

　世界経済の変動に対して財政基盤がぜい弱な国々では、資源価格の高騰によるインフレ率の高騰を抑えることが困難となっている。2022年4月には、スリランカで対外債務の不履行（デフォルト）が起きた。以前より財政問題を抱えていたスリランカは、コロナ禍に伴う観光収入の激減に伴い、中国からの借り入れをさらに膨らませて、財政が破たんする結果となった。ほかにも、チャド、ザンビア、エチオピア、ガーナ、エクアドル、チュニジアなど多くの国が厳しい財政状況にあり、スーダンやウガンダでは急激な物価高に抗議するデモが起きている。中国からの融資を返済できなくなった国々では、建設されたインフラ等の使用権を

長期化するウクライナ侵攻

　2022年2月24日にロシアがウクライナへの侵攻を開始してから、1年以上が経過した。ロシアは、重要な国益を守る措置であると主張して「特別軍事作戦」を正当化している。力による現状変更を試みるロシアに対し、ウクライナは欧米諸国から武器支援を受けて徹底抗戦を続けており、戦争はロシアの想定を超えて長期化している。ウクライナ軍は、占領された領土の奪還を目指して反撃を繰り返す一方、ロシアは支配地域の併合を進めており、本書編集時点で戦闘終結の見通しは立っていない。

　2023年1月、欧米各国はウクライナに対して主力戦車など攻撃性・機動性が高い武器の供与を決定した。これまで、核保有国ロシアを警戒してウクライナへの強力な兵器の供与はなかったが、今回の姿勢転換で戦況は大きく変化する可能性が高い。これに対して、ロシアは欧米各国の行為は紛争への直接関与であると反発を強め、紛争を拡大させていると警告した。ロシアは2月、アメリカとの核軍縮条約「新START」の履行を一方的に停止したほか、3月には隣国ベラルーシに戦術核兵器（射程が約500キロメートル）を配備することを明らかにしている。隣国フィンランドが、4月に北大西洋条約機構（NATO）に正式に加盟したことで、ロシアはNATOとの国境線が2倍に増えることとなり、NATO拡大に反発している。

中国側に譲渡するケースが相次いでおり、「一帯一路」構想に沿って新興国に過剰な債務を負わせる中国に対して批判が高まっている。

　中国は、欧米諸国が実施するロシア経済への制裁に強く反対しており、ロシアからのエネルギー輸入を増やすなど、ロシア寄りの立場を取ってきた。習近平国家主席は、2023年3月にロシアのプーチン大統領と会談し、アメリカ合衆国に対抗するため両国で強く連携していくことを確認している。米中関係は、2023年1月に米国内で発見された中国の偵察用とみられる気球などをめぐって緊張がさらに高まっている。台湾に関して中国は統一に向けた強い意志を堅持しており、台湾と外交関係にある国々の切り崩しに力を入れている。近年、中米・カリブ海諸国ではパナマ、ドミニカ共和国、エルサルバドル、ニカラグアが相次いで台湾と断交して中国との国交樹立に転じており、2023年3月には、ホンジュラスが台湾と断交し、中国と国交を樹立した。

表1-1　世界の地域別の人口と面積

	人口（百万人）(2022)			陸地面積（千km²）(2021)	人口密度（人/km²）	総面積（千km²）(2015)
	計	男	女			
アジア・・・・・・・・	4 723	2 403	2 320	31 033	152	31 915
東アジア・・・・・	1 663	844	819	11 560	144	11 799
アフリカ・・・・・・・	1 427	712	714	29 648	48	30 311
サハラ以南・・1)	1 167	581	585	21 879	53	22 431
ヨーロッパ・・・・・	744	359	385	22 135	34	23 049
北米・・・・・・・・・	377	187	190	18 652	20	21 776
中南米・・・・・・・・	660	325	335	20 139	33	20 546
カリブ諸島・・・	44	22	22	226	196	234
中米・・・・・・・・	179	88	91	2 452	73	2 480
南米・・・・・・・・	437	215	221	17 461	25	17 832
オセアニア・・・・・	45	23	22	8 486	5	8 564
世界計・・・・・・・	**7 975**	**4 009**	**3 967**	**130 094**	61	**136 162**

人口は、国連“World Population Prospects”（2022年版）による中位推計予測人口。人口密度は、2022年人口と2021年陸地面積で編者算出。面積は、国連“Demographic Yearbook”（2015、2021年版）による（2016年版以降、世界計の面積を河川や湖沼面積等の内水面を除く陸地面積として公表している）。総面積は2015年版のデータ。地域別の面積は各国・地域の面積の合計で、極地地方と定住者のない島の地域の面積は含まない。人口、面積ともトルコはアジアに、ハワイは北アメリカ、ロシアはヨーロッパに含む。表1-2の地域区分を参照。1) 北アフリカ（アルジェリア、エジプト、リビア、モロッコ、スーダン、チュニジア、西サハラ）以外の地域。

表 1-2　大陸別の独立国・その他の地域の面積・人口・首都

	面積 （千km²） （2021）	人口 （千人） （2022）	人口密度 （1km²に つき 人）	首都
アジア				
日本国・・・・・・・・・・・	378	124 947 [1]	335	東京
アゼルバイジャン共和国	87	10 358	120	バクー
アフガニスタン 　・イスラム共和国・	653	41 129	63	カブール
アラブ首長国連邦・・・ [2]	71	9 441	133	アブダビ
アルメニア共和国・・・	30	2 780	93	エレバン
イエメン共和国・・・・・	528	33 697	64	サヌア
イスラエル国・・・・・・・	22	9 038	409	エルサレム [3]
イラク共和国・・・・・・	435	44 496	102	バグダッド
イラン・イスラム共和国	1 631	88 551	54	テヘラン
インド共和国・・・・・ [4]	3 287	1 417 173	431	ニューデリー
インドネシア共和国・	1 911	275 501	144	ジャカルタ [5]
ウズベキスタン共和国	449	34 628	77	タシケント
オマーン国・・・・・・・・	310	4 576	15	マスカット
カザフスタン共和国・	2 725	19 398	7	アスタナ [6]
カタール国・・・・・・・・	12	2 695	232	ドーハ
カンボジア王国・・・・・	181	16 768	93	プノンペン
キプロス共和国・・・ [7]	9.3	1 251	135	ニコシア
キルギス共和国・・・・・	200	6 631	33	ビシュケク
クウェート国・・・・・・・	18	4 269	240	クウェート
サウジアラビア王国・	2 207	36 409	16	リヤド
ジョージア・・・・・・・・	70	3 744	54	トビリシ
シリア・アラブ共和国	185	22 125	119	ダマスカス
シンガポール共和国・	0.7	5 976	8 202	なし（都市国家）
スリランカ民主 　社会主義共和国・・・	66	21 832	333	スリ・ジャヤワルダ 　ナプラ・コッテ
タイ王国・・・・・・・・・・	513	71 697	140	バンコク
大韓民国（韓国）・・・・	100	51 816	516	ソウル
タジキスタン共和国・	141	9 953	70	ドゥシャンベ
中華人民共和国・・・・・	9 600	1 425 887	149	ペキン（北京）
トルクメニスタン・・・	488	6 431	13	アシガバット
トルコ共和国・・・・・・・	784	85 341	109	アンカラ
ネパール・・・・・・・・・・	147	30 548	208	カトマンズ
バーレーン王国・・・・・	0.8	1 472	1 891	マナーマ
パキスタン・イスラム共和国	796	235 825	296	イスラマバード
バングラデシュ人民共和国	148	171 186	1 153	ダッカ
東ティモール民主共和国	15	1 341	90	ディリ
フィリピン共和国・・・	300	115 559	385	マニラ
ブータン王国・・・・・・・	38	782	20	ティンプー
ブルネイ・ 　ダルサラーム国・・・	5.8	449	78	バンダル・スリ 　・ブガワン
ベトナム社会主義共和国	331	98 187	296	ハノイ

	面積 (千km²) (2021)	人口 (千人) (2022)	人口密度 (1km²に つき 人)	首都
マレーシア‥‥‥‥‥	331	33 938	103	クアラルンプール
ミャンマー連邦共和国	677	54 179	80	ネーピードー
モルディブ共和国‥‥	0.3	524	1 746	マレ
モンゴル国‥‥‥‥‥	1 564	3 398	2	ウランバートル
ヨルダン・ハシェミット王国8)	89	11 286	126	アンマン
ラオス人民民主共和国	237	7 529	32	ビエンチャン
レバノン共和国‥‥‥	10	5 490	525	ベイルート
アフリカ				
アルジェリア 　民主人民共和国‥‥	2 382	44 903	19	アルジェ
アンゴラ共和国‥‥‥	1 247	35 589	29	ルアンダ
ウガンダ共和国‥‥‥	242	47 250	196	カンパラ
エジプト・アラブ共和国	1 002	110 990	111	カイロ9)
エスワティニ王国・10)	17	1 202	69	ムババーネ
エチオピア連邦民主共和国	1 104	123 380	112	アディスアベバ
エリトリア国‥‥‥‥	121	3 684	30	アスマラ
ガーナ共和国‥‥‥‥	239	33 476	140	アクラ
カーボベルデ共和国・	4.0	593	147	プライア
ガボン共和国‥‥‥‥	268	2 389	9	リーブルビル
カメルーン共和国‥‥	476	27 915	59	ヤウンデ
ガンビア共和国‥‥‥	11	2 706	240	バンジュール
ギニア共和国‥‥‥‥	246	13 859	56	コナクリ
ギニアビサウ共和国・	36	2 106	58	ビサウ
ケニア共和国‥‥‥‥	592	54 027	91	ナイロビ
コートジボワール共和国	322	28 161	87	ヤムスクロ11)
コモロ連合‥‥‥‥‥	2.2	837	374	モロニ
コンゴ共和国‥‥‥‥	342	5 970	17	ブラザビル
コンゴ民主共和国‥‥	2 345	99 010	42	キンシャサ
サントメ・プリンシペ 　民主共和国‥‥‥‥	1.0	227	236	サントメ
ザンビア共和国‥‥‥	753	20 018	27	ルサカ
シエラレオネ共和国・	72	8 606	119	フリータウン
ジブチ共和国‥‥‥‥	23	1 121	48	ジブチ
ジンバブエ共和国‥‥	391	16 321	42	ハラレ
スーダン共和国‥‥12)	1 880	46 874	25	ハルツーム
セーシェル共和国‥‥	0.5	107	234	ビクトリア
赤道ギニア共和国‥‥	28	1 675	60	マラボ
セネガル共和国‥‥‥	197	17 316	88	ダカール
ソマリア連邦共和国・	638	17 598	28	モガディシュ
タンザニア連合共和国	947	65 498	69	ドドマ13)
チャド共和国‥‥‥‥	1 284	17 723	14	ウンジャメナ
中央アフリカ共和国・	623	5 579	9	バンギ
チュニジア共和国‥‥	164	12 356	76	チュニス
トーゴ共和国‥‥‥‥	57	8 849	156	ロメ
ナイジェリア連邦共和国	924	218 541	237	アブジャ

	面積 （千km²） （2021）	人口 （千人） （2022）	人口密度 （1km²に つき 人）	首都
ナミビア共和国‥‥‥	825	2 567	3	ウィントフック
ニジェール共和国‥‥	1 267	26 208	21	ニアメ
ブルキナファソ‥‥‥	271	22 674	84	ワガドゥグ
ブルンジ共和国‥‥‥	28	12 890	463	ギテガ14)
ベナン共和国‥‥‥‥	115	13 353	116	ポルトノボ
ボツワナ共和国‥‥‥	582	2 630	5	ハボロネ
マダガスカル共和国‥	587	29 612	50	アンタナナリボ
マラウイ共和国‥‥‥	95	20 405	216	リロングウェ
マリ共和国‥‥‥‥‥	1 240	22 594	18	バマコ
南アフリカ共和国‥‥	1 221	59 894	49	プレトリア
南スーダン共和国‥12)	659	10 913	17	ジュバ
モーリシャス共和国‥	2.0	1 299	657	ポートルイス
モーリタニア・イスラム共和国	1 031	4 736	5	ヌアクショット
モザンビーク共和国‥	799	32 970	41	マプト
モロッコ王国‥‥‥‥	447	37 458	84	ラバト
リビア‥‥‥‥‥‥‥	1 676	6 812	4	トリポリ
リベリア共和国‥‥‥	111	5 303	48	モンロビア
ルワンダ共和国‥‥‥	26	13 777	523	キガリ
レソト王国‥‥‥‥‥	30	2 306	76	マセル
ヨーロッパ				
アイスランド共和国‥	103	373	4	レイキャビク
アイルランド‥‥‥‥	70	5 023	72	ダブリン
アルバニア共和国‥‥	29	2 842	99	ティラナ
アンドラ公国‥‥‥‥	0.5	80	171	アンドラ・ラ・ベリャ
イタリア共和国‥‥‥	302	59 037	195	ローマ
ウクライナ‥‥‥‥‥	604	39 702	66	キーウ
エストニア共和国‥‥	45	1 326	29	タリン
オーストリア共和国‥	84	8 940	107	ウィーン
オランダ王国‥‥‥‥	42	17 564	423	アムステルダム
北マケドニア共和国15)	26	2 094	81	スコピエ
ギリシャ共和国‥‥‥	132	10 385	79	アテネ
グレートブリテン及び 　北アイルランド 　連合王国（英国）‥‥	244	67 509	276	ロンドン
クロアチア共和国‥‥	57	4 030	71	ザグレブ
コソボ共和国（国連未加盟）16)	11	1 786	164	プリシュティナ
サンマリノ共和国‥‥	0.06	34	552	サンマリノ
スイス連邦‥‥‥‥‥	41	8 740	212	ベルン
スウェーデン王国‥‥	439	10 549	24	ストックホルム
スペイン王国‥‥‥‥	506	47 559	94	マドリード
スロバキア共和国‥‥	49	5 643	115	ブラチスラバ
スロベニア共和国‥‥	20	2 120	105	リュブリャナ
セルビア共和国‥‥17)	77	6 834	88	ベオグラード
チェコ共和国‥‥‥‥	79	10 494	133	プラハ
デンマーク王国‥‥‥	43	5 882	137	コペンハーゲン

	面積 （千km²） （2021）	人口 （千人） （2022）	人口密度 （1km²に つき 人）	首都
ドイツ連邦共和国···	358	83 370	233	ベルリン
ノルウェー王国·····	324	5 434	17	オスロ
バチカン（国連未加盟）	0.0004	0.5	1 159	なし（都市国家）
ハンガリー·········	93	9 967	107	ブダペスト
フィンランド共和国·	337	5 541	16	ヘルシンキ
フランス共和国·····	552	64 627	117	パリ
ブルガリア共和国···	110	6 782	61	ソフィア
ベラルーシ共和国···	208	9 535	46	ミンスク
ベルギー王国·······	31	11 656	382	ブリュッセル
ポーランド共和国···	313	39 857	127	ワルシャワ
ボスニア・ヘルツェゴビナ	51	3 234	63	サラエボ
ポルトガル共和国···	92	10 271	111	リスボン
マルタ共和国·······	0.3	533	1 693	バレッタ
モナコ公国·········	0.002	36	18 235	モナコ
モルドバ共和国·····	34	3 273	97	キシナウ
モンテネグロ·······	14	627	45	ポドゴリツァ
ラトビア共和国·····	65	1 851	29	リガ
リトアニア共和国···	65	2 750	42	ビリニュス
リヒテンシュタイン公国	0.2	39	246	ファドーツ
ルーマニア·········	238	19 659	82	ブカレスト
ルクセンブルク大公国	2.6	648	250	ルクセンブルク
ロシア連邦·········	17 098	144 713	8	モスクワ
北中アメリカ				
アメリカ合衆国（米国）	9 834	338 290	34	ワシントンD.C.
アンティグア・バーブーダ	0.4	94	212	セントジョンズ
エルサルバドル共和国	21	6 336	301	サンサルバドル
カナダ·············	9 985	38 454	4	オタワ
キューバ共和国·····	110	11 212	102	ハバナ
グアテマラ共和国···	109	17 844	164	グアテマラシティー
グレナダ·········	0.3	125	364	セントジョージズ
コスタリカ共和国···	51	5 181	101	サンホセ
ジャマイカ·········	11	2 827	257	キングストン
セントクリストファー・ ネービス ··········	0.3	48	183	バセテール
セントビンセント及び グレナディーン諸島	0.4	104	267	キングスタウン
セントルシア·······	0.6	180	292	カストリーズ
ドミニカ共和国·····	49	11 229	231	サントドミンゴ
ドミニカ国·········	0.8	73	97	ロゾー
トリニダード・トバゴ共和国	5.1	1 531	299	ポート・オブ・スペイン
ニカラグア共和国···	130	6 948	53	マナグア
ハイチ共和国·······	28	11 585	417	ポルトープランス
パナマ共和国·······	75	4 409	59	パナマシティー
バハマ国···········	14	410	29	ナッソー

	面積 （千km²) （2021)	人口 （千人) （2022)	人口密度 （1km²に つき　人)	首都
バルバドス・・・・・・・・・	0.4	282	653	ブリッジタウン
ベリーズ・・・・・・・・・・・	23	405	18	ベルモパン
ホンジュラス共和国・	112	10 433	93	テグシガルパ
メキシコ合衆国・・・・・	1 964	127 504	65	メキシコシティ
南アメリカ				
アルゼンチン共和国・	2 796	45 510	16	ブエノスアイレス
ウルグアイ東方共和国	174	3 423	20	モンテビデオ
エクアドル共和国・・・	257	18 001	70	キト
ガイアナ共和国・・・ 18)	215	809	4	ジョージタウン
コロンビア共和国・・・	1 142	51 874	45	ボゴタ
スリナム共和国・・・・・	164	618	4	パラマリボ
チリ共和国・・・・・・・・	756	19 604	26	サンティアゴ
パラグアイ共和国・・・	407	6 781	17	アスンシオン
ブラジル連邦共和国・	8 510	215 313	25	ブラジリア
ベネズエラ 　・ボリバル共和国・	930	28 302	30	カラカス
ペルー共和国・・・・・・・	1 285	34 050	26	リマ
ボリビア多民族国・・・	1 099	12 224	11	ラパス19)
オセアニア				
オーストラリア連邦・	7 692	26 177	3	キャンベラ
キリバス共和国・・・・・	0.7	131	181	タラワ

2023年2月トルコ・シリア大地震

　2023年2月6日未明（現地時間）、トルコ南東部を震源とするマグニチュード（M）7.8の強い地震が発生し、さらに数時間後にマグニチュード7.5の地震が発生した。世界最大規模の内陸地震とみられ、広い範囲で地盤がずれ動いた。国土地理院による地球観測衛星を用いた分析では、「東アナトリア断層」に沿って最大で5メートルの横ずれが生じるなど、複数の断層で長距離にわたる地殻変動がみられる。その後も大きな余震が続き、トルコ南東部やシリア北西部の広い範囲で甚大な被害が起きている。

　トルコ災害緊急事態対策庁（AFAD）の発表（3月1日時点）によると、トルコ国内で4万5000人以上が亡くなり、200万人以上が避難生活を余儀なくされた。死者数はシリアを含めると5万人を超えている。住宅や公共インフラ、道路、通信網も大きな被害を受け、トルコ国内で20万棟以上の建物が倒壊した。トルコでは、耐震基準を満たさない違法な手抜き建築・改築が横行しており、厳しい監視や取り締まりが行われてこなかったことが、地震被害が拡大した要因であると問題視されている。世界銀行によると、トルコ・シリア大地震による直接的な物質的被害は、トルコで約342億ドル、シリアでは約51億ドルに上ると推計されている。

	面積 （千km²） （2021）	人口 （千人） （2022）	人口密度 （1km²に つき 人）	首都
クック諸島（国連未加盟）	0.2	17	72	アバルア
サモア独立国‥‥‥‥	2.8	222	78	アピア
ソロモン諸島‥‥‥‥	29	724	25	ホニアラ
ツバル‥‥‥‥‥‥‥	0.03	11	435	フナフティ
トンガ王国‥‥‥‥‥	0.7	107	143	ヌクアロファ
ナウル共和国‥‥‥‥	0.02	13	603	ヤレン
ニウエ‥‥‥‥‥‥‥	0.3	1.9	7	アロフィ
ニュージーランド‥‥	268	5 185	19	ウェリントン
バヌアツ共和国‥‥‥	12	327	27	ポートビラ
パプアニューギニア独立国	463	10 143	22	ポートモレスビー
パラオ共和国‥‥‥‥	0.5	18	39	マルキョク
フィジー共和国‥‥‥	18	930	51	スバ
マーシャル諸島共和国	0.2	42	230	マジュロ
ミクロネシア連邦‥‥	0.7	114	163	パリキール
（その他の地域）[20]				
北朝鮮‥‥‥‥‥‥‥	121	26 069	216	平壌（ピョンヤン）
台湾‥‥‥‥‥‥[21]	36	23 893	660	台北（タイペイ）
パレスチナ‥‥‥‥[22]	6.0	5 250	872	ラマッラ
香港‥‥‥‥‥‥[23]	1.1	7 489	6 723	―
マカオ‥‥‥‥‥[23]	0.03	695	21 066	―

国・首都名および地域・政庁所在地名は、原則として、外務省ホームページ資料による。面積は、国連 "Demographic Yearbook"（2021年版）より作成。面積は、原則として海洋面積等を含まない領土面積（surface area、内水面を含む）。人口は、国連 "World Population Prospects"（2022年版）による2022年7月1日現在の中位推計予測人口。日本の人口は、総務省統計局「人口推計」による2022年10月1日現在の人口（国連資料では1億2395万人と推計されている）。人口密度は2022年人口と2021年面積で編者算出。1）北方領土（約5000km²）を除く面積で算出。2）陸地面積。外務省公表の面積は83.6千km²。3）首都エルサレムは国際的な承認を得ていない。2017年12月、アメリカ合衆国が首都として認定。4）パキスタンとの係争地ジャム・カシミール地方のインド支配地域を含む。首都はデリーとも表記される。5）2022年1月に首都をカリマンタン島に移転する法案を可決。名称はヌサンタラ。6）2022年9月、ヌルスルタンより再度アスタナに改称。7）面積、人口とも北部のトルコ系実効支配地域（北キプロス・トルコ共和国）を含む。8）外務省資料はヨルダンを国名と表記している。9）カイロ近郊へ首都移転予定。10）旧スワジランド。2018年4月に国名変更。11）実質的な首都機能所在地はアビジャン。12）2011年7月、南スーダン共和国がスーダンから独立。スーダンの面積は外務省資料。13）ドドマは法律上の首都。実際の首都機能所在地はダルエスサラーム。14）2019年1月、首都をギテガに移転する法案を採択。一部機関はブジュンブラに所在し、政治機能所在地はギテガ。15）2019年2月、マケドニア旧ユーゴスラビア共和国の国名が北マケドニア共和国に変更。16）2008年2月、セルビア共和国から独立。日本政府は同年3月に国家承認。面積は外務省資料、人口は世界銀行資料（2021年）。17）コソボの独立を認めていない。面積、人口はコソボを含まず、面積は外務省資料、人口は世界銀行資料（2021年）。18）憲法上の国名はガイアナ協同共和国。19）憲法上の首都はスクレ。20）日本政府は国家承認を行っていない。21）台湾内政部資料による2021年面積。22）パレスチナ自治政府の行政地域（ヨルダン川西岸とガザ地区）。23）中国の特別行政区。

図1-1 国連の主な機関 (2023年3月末現在)

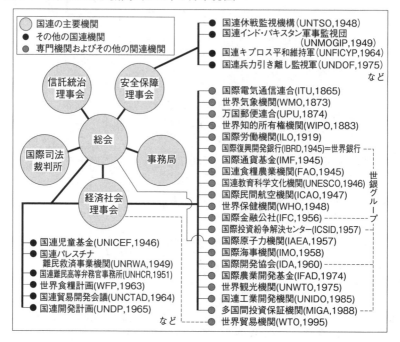

分担率（%）(2022～2024)	
アメリカ合衆国‥‥	22.000
中国‥‥‥‥‥‥‥	15.254
日本‥‥‥‥‥‥‥	8.033
ドイツ‥‥‥‥‥‥	6.111
イギリス‥‥‥‥‥	4.375
フランス‥‥‥‥‥	4.318
イタリア‥‥‥‥‥	3.189
カナダ‥‥‥‥‥‥	2.628
韓国‥‥‥‥‥‥‥	2.574
スペイン‥‥‥‥‥	2.134
オーストラリア‥‥	2.111

国連の加盟状況 (2023年3月末現在)

　2023年3月末現在の国連加盟国は193か国で、最近の加盟国は2011年7月に独立した南スーダン共和国。コソボは、ロシアとセルビアの独立承認がなく、国連加盟は未定。台湾は、1945年10月に「中華民国」として加盟したものの、1971年10月の中華人民共和国（中国）の加盟によって代表権が交替した。

　国連の中心組織である総会はすべての国が1票を持つ。安全保障理事会は加盟国を拘束する決定を行う機関で、常任理事国5か国（アメリカ合衆国、イギリス、フランス、中国、ロシア）と、総会が2年の任期で選ぶ非常任理事国10か国（2023年末までの任期：アルバニア、ブラジル、ガボン、ガーナ、アラブ首長国連邦、2024年末までの任期：日本、モザンビーク、エクアドル、マルタ、スイス）で構成される。常任理事国は「拒否権」（決議を阻止できる権利）を有する。通常予算分担率（2022～2024年の3年間）は、アメリカ合衆国が最も多く22.000％、次いで中国が大きく増加して15.254％となった。

主な国際経済組織（2023年3月末現在）

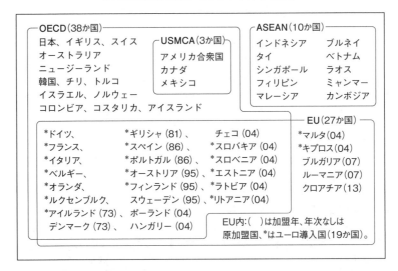

OECD　経済協力開発機構（Organisation for Economic Co-operation and Development）　[設立]1961年9月。[本部]パリ（フランス）。[主な目的]貿易の拡大と財政・金融の安定を維持しながらの経済成長、および発展途上国の援助。[加盟国]38か国。西ヨーロッパと北アメリカ諸国の経済協力体制の強化を図る目的で発足。下部機構にあたる開発援助委員会（DAC）は、発展途上国の開発の援助に関する問題について検討する機関。日本は1964年、21番目の正式加盟国となる。最近の加盟国は、2010年5月にチリ、7月にスロベニア、9月にイスラエル、12月にエストニアが加盟し、2016年にラトビア、2018年にリトアニア、2020年4月にコロンビア、2021年5月にコスタリカが加盟。

EU　ヨーロッパ連合（欧州連合）（European Union）　[設立]欧州共同体（EC）が前身で、1993年11月に発効したマーストリヒト条約による。[本部]（拠点都市）はブリュッセル（ベルギー）、ストラスブール（フランス）、ルクセンブルク。[主な目的]経済通貨統合、共通外交・安全保障政策の実施。欧州憲法に代わるリスボン条約は2009年12月に発効。1999年に発足した統一通貨ユーロ圏には、現在17か国が参加で、スウェーデン、デンマークは未導入。[加盟国]27か国。2020年1月31日をもって、イギリスが正式に離脱。現在の加盟国候補は、トルコ、北マケドニア、モンテネグロ、セルビア、アルバニア、ウクライナ、ボスニア・ヘルツェゴビナ、モルドバの8か国。潜在的な（potential）加盟候補国として、ジョージアとコソボ。ウクライナは2022年2月末に、モルドバとジョージアは3月に加盟を正式に申請。公式通貨ユーロを導入するのは19か国。国境での出入国検査を廃止するシェンゲン領域のEU加盟国は23か国（2023年1月よりクロアチアが加盟し、EU加盟国外では4か国が加盟。計27か国）。シェンゲン協定は、EUの改正基本条約であるアムステルダム条約に組み入れられ、

域内の人の移動の自由がEUの法体系に組み込まれている。

USMCA　米国・メキシコ・カナダ協定（The United States-Mexico-Canada Agreement）[**設立**]2020年7月1日に発効。NAFTA（北米自由貿易協定）を抜本改定した新協定。NAFTAにはなかった中小企業育成、腐敗防止、環境保護、労働者の権利保護などが組み込まれた。USMCAの特恵関税待遇（無税）を得るためには、規定された原産地規則を満たすことが必要。

ASEAN　東南アジア諸国連合（Association of South East Asian Nations）[**設立**]1967年8月（バンコク宣言による）。[**本部**]中央事務局はジャカルタ（インドネシア）。[**主な目的**]域内の経済成長ならびに社会・文化的発展の促進、域内の政治・経済的安定の確保、域内諸問題の解決。[**加盟国**]10か国。2008年12月には、共同体の最高規範となる「ASEAN憲章」が発効。2015年12月、「ASEAN安全保障共同体」、「ASEAN経済共同体（AEC）」、「ASEAN社会・文化共同体」からなるASEAN共同体が発足。域内物品関税は、2018年1月にすべて撤廃された（一部例外を除く）。通貨統合の予定はなく、サービス貿易やヒトの移動での自由化は限定的。2022年1月1日に発効したRCEP（地域的な包括的経済連携）協定にはASEAN加盟国すべてと、そのFTAパートナー5カ国（オーストラリア、中国、日本、ニュージーランド、韓国）が参加。そのうち、フィリピンは批准手続きを更新中で、ミャンマーは未発効。2022年11月、ASEAN首脳会議で西太平洋の国である東ティモールの新規加盟が内定した。今後、東ティモールは、首脳級を含むすべての関連会合にオブザーバー参加できる。正式加盟が実現するとASEANは11か国体制となる。

図1-2　主な経済組織の世界に占める割合

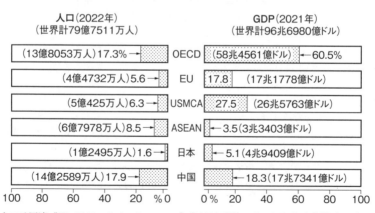

人口は国連"World Population Prospects"（2022年版）による2022年中位推計予測人口。GDP（国内総生産）は国連"National Accounts Main Aggregates Database"による2022年12月更新データ。各経済組織加盟国の合計が世界計に占める割合を試算したもの。経済組織の加盟国は2023年3月末現在で、23、24ページの解説を参照。EUはイギリス離脱後のデータ。

第2章　国土と気候

　日本の国土面積は約37.8万平方キロメートルである。日本の権限や権利がおよぶ海域である領海、排他的経済水域と延長大陸棚の合計面積は約465万平方キロメートルで、国土面積の約12倍に及ぶ。日本の海岸線は約3.5万キロメートルあり、各国と比べて非常に長い。日本の島の数は1万4125島である。2023年、島の数を数え直した結果、従来の2倍以上に上った。これは測量技術の進歩によるもので、日本の領土・領海の面積には影響しない。

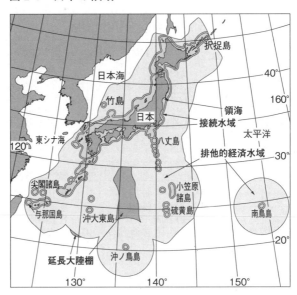

図 2-1　日本の領域

表 2-1　国土と領域

国土面積 (km²)1)	構成島数2)	領海面積 (km²)3)	接続水域面積 (km²)4)	排他的経済水域 面積(km²)5)	延長大陸棚 面積(km²)
377 973	14 125	約 430 000	約 320 000	約 4 050 000	約 180 000

国土地理院「全国都道府県市区町村別面積調」(2022年10月1日現在) および同資料、海上保安庁資料より作成。1) 2022年10月1日現在。2) 国土地理院による2023年2月公表値。周囲長0.1km以上の島および法令に基づく島。測量技術の向上により大幅に増加した。3) 基線から12海里＝約22kmの水域。湖沼、河川、基線内側の内水面積約15万km²を含む。4) 基線から24海里＝約44kmの海域。国内法の履行のため一定の権限を行使できる海域。5) 基線から200海里＝約370kmの海域。領海を除き接続水域を含む。漁業や鉱物資源に対する排他的な管轄権や、海洋汚染を規制する権限などが認められる。

　日本の国土のうち北方領土はロシアが、また、島根県竹島は韓国がそれぞれ占拠を続けており、いずれも領土問題解決の見込みはたっていない。沖縄県尖閣諸島は、近海で石油埋蔵の可能性が指摘された後の1971年に中国や台湾が領有権を主張するようになった。

　日本列島は南北に長く、亜寒帯から亜熱帯までさまざまな気候区分がある。冬は等圧線が縦縞模様の冬型気圧配置となり、これに伴い北西の季節風がシベリアからの寒気を運んでくる。この冷たい季節風が日本列

表 2-2　日本の主な島、河川、湖沼、山岳

島の面積（2022年10月 1 日現在）（km²）					
本州‥‥‥‥	227 939	佐渡島‥‥‥	855	福江島‥‥‥	326
北海道‥‥‥	77 984	奄美大島‥‥	712	西表島‥‥‥	290
九州‥‥‥‥	36 783	対馬‥‥‥‥	696	徳之島‥‥‥	248
四国‥‥‥‥	18 297	淡路島‥‥‥	592	色丹島‥‥‥	248
択捉島‥‥‥	3 167	天草下島‥‥	575	島後（隠岐）‥	242
国後島‥‥‥	1 489	屋久島‥‥‥	504	天草上島‥‥	226
沖縄島‥‥‥	1 208	種子島‥‥‥	444	石垣島‥‥‥	222

河川の流域面積（降水が集まる範囲）（2021年 4 月30日現在）（km²）					
利根川‥‥‥	16 840	木曾川‥‥‥	9 100	最上川‥‥‥	7 040
石狩川‥‥‥	14 330	十勝川‥‥‥	9 010	天塩川‥‥‥	5 590
信濃川‥‥‥	11 900	淀川‥‥‥‥	8 240	阿武隈川‥‥	5 400
北上川‥‥‥	10 150	阿賀野川‥‥	7 710	天竜川‥‥‥	5 090

河川の幹川流路延長（主流の流路の総延長）（2021年 4 月30日現在）（km）					
信濃川‥‥‥	367	天塩川‥‥‥	256	最上川‥‥‥	229
利根川‥‥‥	322	北上川‥‥‥	249	木曾川‥‥‥	229
石狩川‥‥‥	268	阿武隈川‥‥	239	天竜川‥‥‥	213

湖沼の面積（2022年10月 1 日現在）（km²）					
琵琶湖‥‥‥	669.3	中海‥‥‥‥	85.7	洞爺湖‥‥‥	70.7
霞ヶ浦‥‥‥	168.2	屈斜路湖‥‥	79.5	浜名湖‥‥‥	64.9
サロマ湖‥‥	151.6	宍道湖‥‥‥	79.3	小川原湖‥‥	62.0
猪苗代湖‥‥	103.2	支笏湖‥‥‥	78.5	十和田湖‥‥	61.1

山岳の標高（2022年 2 月 1 日改定）（m）					
富士山‥‥ 1)	3 776	間ノ岳‥‥ 1)	3 190	赤石岳‥‥ 6)	3 121
北岳‥‥‥ 2)	3 193	槍ヶ岳‥‥ 4)	3 180	涸沢岳‥‥ 3)	3 110
奥穂高岳‥ 3)	3 190	東岳（悪沢岳）5)	3 141	北穂高岳‥ 3)	3 106

国土地理院「全国都道府県市区町村別面積調」（2022年）、同「日本の主な山岳標高」および国土交通省「河川データブック2022」により作成。原資料で数値の大きなものの順。
1) 山梨、静岡。2) 山梨。3) 長野、岐阜。4) 長野。5) 静岡。6) 長野、静岡。

島の高い山々が連なる山脈に当たって、日本海側では曇りや雪の日が多くなる。一方、太平洋側は山から吹き下ろす乾いた風の影響で晴れの日が多い。春は天気が数日の周期で変動し、気温の変化も大きくなる。5

図 2-2　国土の地形区分別構成

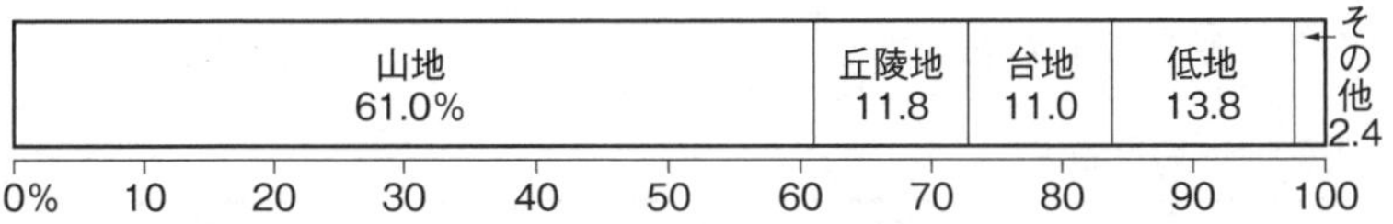

山地 61.0%	丘陵地 11.8	台地 11.0	低地 13.8	その他 2.4

総務省統計局「日本統計年鑑」（2016年）より作成。原資料は旧国土庁「1982年度国土数値情報作成調査」。丘陵は山地のうち低地との高さが300m以下のもの。台地は主に洪積台地。低地は主に沖積世に形成された扇状地や三角州など。その他は北方領土や内水域。

表 2-3　国土利用の推移 （単位　万ha）

	1970	1980	1990	2000	2010	2020
農地・・・・・・・・・・・・	581	546	524	483	459	437
森林・・・・・・・・・・・・	2 523	2 526	2 524	2 511	2 507	2 503
原野等・・・・・・・・・ 1)	88	48	37	34	36	31
水面・河川・水路	111	115	132	135	133	135
道路・・・・・・・・・・・・	88	104	114	127	136	142
宅地・・・・・・・・・・・・	102	140	161	179	190	197
住宅地・・・・・・・・・	81	108	99	107	115	120
工業用地・・・・・・・	12	15	16	17	16	16
その他の宅地・・・・	9	17	46	55	59	61
計×・・・・・・・・・・・	3 773	3 777	3 777	3 779	3 779	3 780

国土交通省「土地白書」および総務省統計局「日本長期統計総覧」より作成。1）採草放牧地を含む。×その他とも。

表 2-4　日本の海岸線延長 （2020年度）

	km	%		km	%
北海道・・・・・・・・ 1)	4 442	12.6	三重・・・・・・・・・・・・	1 083	3.1
長崎・・・・・・・・・・・・	4 166	11.8	熊本・・・・・・・・・・・・	1 066	3.0
鹿児島・・・・・・・・・・	2 643	7.5	島根・・・・・・・・・・・・	1 028	2.9
沖縄・・・・・・・・ 2)	2 038	5.8	兵庫・・・・・・・・・・・・	856	2.4
愛媛・・・・・・・・・・・・	1 704	4.8			
山口・・・・・・・・・・・・	1 504	4.3	計×・・・・・・・・・・・	35 293	100.0
広島・・・・・・・・・・・・	1 124	3.2	うち砂浜のある海岸	4 951	14.0

国土交通省「海岸統計」（2021年度版）より作成。1）北方領土（1348km）を含む。2）尖閣諸島（22km）を含む。×その他とも。

月頃から沖縄・奄美で梅雨の時期となり、夏の前半は北海道を除いて全国的に梅雨前線の影響で降水量が多くなる。夏の後半は太平洋高気圧に覆われて全国的に気温が高い。9月には秋雨前線や台風の影響で降水量が増え、10月は移動性高気圧に覆われて晴天となる日が多くなる。近年は、夏に記録更新となる猛暑や、局地的豪雨による被害が相次ぐなど、極端な天候になりがちである。

表2-5　日本の活火山

	活火山数	うち常時観測		活火山数	うち常時観測
北海道･･･････････	20	9	中国････････････	2	―
東北･･･････････	18	12	九州・沖縄･･･････	19	9
関東・中部･･････	20	13	北方領土････････	11	―
伊豆諸島・小笠原諸島	21	7	全国計･･･････	111	50

気象庁ウェブサイトより作成。2023年3月1日閲覧。活火山数の原資料は気象庁「日本活火山総覧　第4版」(2013年刊行)。地域区分は原資料に従った。活火山は、概ね過去1万年以内に噴火した火山及び現在活発な噴気活動のある火山で、近畿や四国にはこの定義に当てはまる火山が無い。以前は過去2000年以内に噴火したものや、さらに以前は噴火している火山のみを活火山と定義していたが、2003年以降は定義が上記のように見直された。2017年6月に男体山を追加。常時観測火山は、今後100年程度の中長期的な噴火の可能性及び社会的影響を踏まえて、火山噴火予知連絡会によって選定されたもの。気象庁が火山活動を24時間体制で監視している。2016年12月に八甲田山、十和田、弥陀ヶ原を追加。

海上保安庁について　海上保安庁は1948年、海上における人命・財産の保護、治安の維持等を目的に当時の運輸省の外局として設置された。現在は国土交通省の外局として、海上における犯罪の取り締まり、領海警備、海難救助、環境保全、災害対応、海洋調査、船舶の航行安全等、多岐にわたる業務を担っている。海上保安庁は全国を11の海上保安管区に分けて海上保安業務を行っている。2022年4月1日現在の装備等は、巡視船145隻、巡視艇238隻、特殊警備救難艇67隻、測量船15隻、灯台見回り船6隻、教育業務用船3隻の船艇合計474隻。飛行機35機、ヘリコプター55機の航空機合計90機。光波標識（灯台、灯浮標）4282基、その他860基の航路標識合計5142基となっている。2022年度の当初予算は2231億円、同年度末現在の定員は1万4538人である。近年、日本周辺海域では海上保安に関する重大な事態の発生が年々増加、多様化し、緊張が高まっている。海上保安庁では、①新たな脅威に備えた高次的な尖閣領海警備能力、②新技術等を活用した隙の無い広域海洋監視能力、③大規模・重大事案同時発生に対応できる強靱な事案対処能力、④戦略的な国内外の関係機関との連携・支援能力、⑤海洋権益確保に資する優位性を持った海洋調査能力、⑥強固な業務基盤能力、以上6つの海上保安能力の強化を進めている。

図 2-3　日本と世界の気温の変化 （1991〜2020年平均からの偏差）

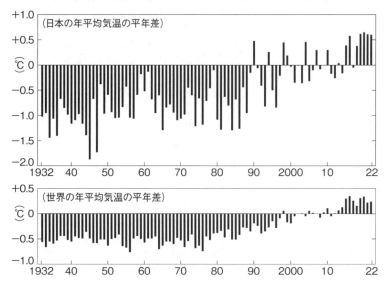

（日本の年平均気温の平年差）

（世界の年平均気温の平年差）

2022年の世界と日本の年平均気温

　2022年の世界の年平均気温は1991年から2020年の30年平均基準との偏差で+0.24℃と、1891年の統計開始以来6番目に高い値であった。また、最近9年（2014〜2022年）は、すべて歴代9位以内となっている（第1位は2016年の+0.35℃）。長期的には100年あたり0.74℃の割合で上昇しており、特に1990年代半ば以降、高温となる年が多くなっている。主に中緯度帯で平年より高く、ヨーロッパ中部からアフリカ北部、東アジアから中央アジアにかけて、オーストラリア北部からニュージーランド北部などでかなり高かった。年降水量は、パキスタン南部やオーストラリア南東部などで多かった。

　同年の日本の年平均気温（都市化による影響が少なく、特定の地域に偏らないよう選定された15地点）は、1991年から2020年の30年平均基準との偏差が+0.60℃で、統計を開始した1898年以降、歴代4位の値であった。長期的には100年あたり1.30℃の割合で上昇しており、特に1990年代以降、高温となる年が多くなっている。

　このように、近年、世界と日本で高温となる年が頻出しており、海洋の貯熱量も長期的に増加している。気象庁ではその要因として、二酸化炭素など温室効果ガスの増加に伴う地球温暖化の影響が考えられるとしている。また、数年から数十年程度で繰り返される自然変動の影響も受けていると考えられている。

図 2-4　日本の気候区分

北海道の気候　この地域は冷帯（亜寒帯）で、冬の寒さは厳しく夏は涼しい。年間を通じて降水量は少なく、明瞭な梅雨の現象も見られない。

日本海側の気候　冬は、大陸から吹く北西の季節風が日本海をわたる時に大量の湿気を含むため雪が多くなる。夏は晴天が多く、気温も高い。

太平洋側の気候　夏は海から南東の季節風が吹き、雨が多く蒸し暑い。冬は北西の季節風が列島の山脈を越えて乾いた空気を送り込み、乾燥して晴れの日が多い。また台風の影響を受けやすい紀伊半島南部や四国南部では、6〜9月に雨が非常に多い。

内陸性の気候　夏はかなり暑く、冬は寒さが厳しい。夏冬、昼夜の気温差が大きいのが特徴。年間の降水量は少ない。

瀬戸内の気候　中国山地と四国山地が季節風をさえぎり、通年で晴れが多く温暖。雨量が少なく夏に日照りや干ばつが起きやすく、ため池など乾燥地特有の工夫がある。

南西諸島の気候　この地域は亜熱帯（熱帯に近い温帯）。年間を通して気温が高く、霜や雪はほとんど見られない。降水量が多く、奄美群島はその中でも雨量が多い地域。

2022年の日本の気候

　2022年の日本の気候は気温の高い状態が続いた。年平均気温は全国的に高く、特に北日本で高くなった。高温が顕著だった6月下旬には東日本や西日本で、7月上旬には北日本で、統計開始以降、当該旬として1位となる記録的な高温であった。

　2021年12月から2月にかけて強い寒気が流れ込むことが多かったため、北日本から西日本の日本海側を中心にしばしば大雪となった。最深積雪は新潟県津南で419cmを記録するなど、全国331地点中12地点で記録を更新した。気温は12月下旬以降、東日本や西日本を中心に平年を下回る傾向が続いた。年降水量は、沖縄・奄美でかなり多かった。8月は梅雨前線や湿った空気の影響を受け、北日本や東日本では不順な天候となった。東北北部・南部と北陸地方では梅雨明けが特定できない異例の事態となった（統計開始はともに1946年）。

図 2-5　各地の気温と降水量の平年値（1991〜2020年の平均）

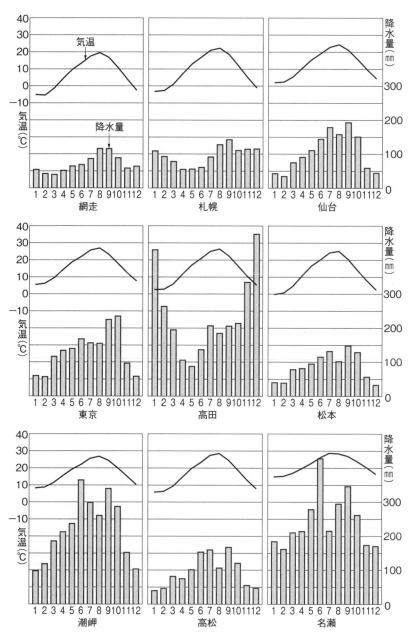

表2-6、2-7の資料より作成。

表2-6　各地の気温の平年値 (1991～2020年の平均) と観測史上最高気温 (℃) (大字は最高値、斜体は最低値)

	1月	2月	3月	4月	5月	6月	7月	8月	9月	10月	11月	12月	年平均	最高気温1)(記録年次)
札幌	-3.2	-2.7	1.1	7.3	13.0	17.0	21.1	22.3	18.6	12.1	5.2	-0.9	9.2	36.2 (1994)
網走	-5.1	-5.4	-1.3	4.5	9.8	13.5	17.6	19.6	16.8	10.9	4.0	-2.4	6.9	37.6 (1994)
根室	-3.4	-3.8	-0.8	3.5	7.7	10.9	14.9	17.4	16.2	11.6	5.6	-0.5	6.6	34.0 (2019)
青森	-0.9	-0.4	2.8	8.5	13.7	17.6	21.8	23.5	19.9	13.5	7.2	1.4	10.7	36.7 (1994)
盛岡	-1.6	-0.9	2.6	8.7	14.5	18.8	22.4	23.5	19.3	12.6	6.2	0.8	10.6	37.2 (1924)
仙台	2.0	2.4	5.5	10.7	15.6	19.2	22.9	24.4	21.2	15.7	9.8	4.5	12.8	37.3 (2018)
秋田	0.4	0.8	4.0	9.6	15.2	19.6	23.4	25.0	21.0	14.5	8.3	2.8	12.1	38.2 (1978)
東京	5.4	6.1	9.4	14.3	18.8	21.9	25.7	26.9	23.3	18.0	12.5	7.7	15.8	39.5 (2004)
高田	2.5	2.7	5.8	11.7	17.0	20.9	25.0	26.4	22.3	16.4	10.5	5.3	13.9	40.3 (2019)
金沢	4.0	4.2	7.3	12.6	17.7	21.6	25.8	27.3	23.2	17.6	11.9	6.8	15.0	38.5 (2022)
長野	-0.4	0.4	4.3	10.6	16.4	20.4	24.3	25.4	21.0	14.4	7.9	2.3	12.3	38.7 (1994)
松本	-0.3	0.6	4.6	10.8	16.5	20.2	24.2	25.1	20.4	13.9	7.8	2.5	12.2	38.5 (1942)
名古屋	4.8	5.5	9.2	14.6	19.4	23.0	26.9	28.2	24.5	18.6	12.6	7.2	16.2	40.3 (2018)
尾鷲	6.5	7.2	10.3	14.7	18.7	21.9	25.8	26.8	23.8	18.8	13.7	8.8	16.4	38.6 (2016)
大阪	6.2	6.6	9.9	15.2	20.1	23.6	27.7	29.0	25.2	19.5	13.8	8.7	17.1	39.1 (1994)
潮岬	8.3	8.8	11.6	15.6	19.3	22.1	25.7	26.9	24.6	20.3	15.5	10.6	17.5	36.1 (2020)
鳥取	4.2	4.7	7.9	13.2	18.1	22.0	26.2	27.3	22.9	17.2	11.9	6.8	15.2	39.2 (2021)
岡山	4.6	5.2	8.7	14.1	19.1	22.7	27.0	28.1	23.9	18.0	11.6	6.6	15.8	39.3 (1994)
高松	5.9	6.3	9.4	14.7	19.8	23.3	27.5	28.6	24.7	19.0	13.2	8.1	16.7	38.6 (2013)
高知	6.7	7.8	11.2	15.8	20.0	23.1	27.0	27.9	25.0	19.9	14.2	8.8	17.3	38.4 (1965)
福岡	6.9	7.8	10.8	15.4	19.9	23.3	27.4	28.4	24.7	19.6	14.2	9.1	17.3	38.3 (2018)
熊本	6.0	7.4	10.9	15.8	20.5	23.7	27.5	28.4	25.2	19.6	13.5	8.0	17.2	38.8 (1994)
宮崎	7.8	8.9	12.1	16.4	20.3	23.2	27.3	27.6	24.7	20.0	14.7	9.7	17.7	38.0 (2013)
名瀬	15.0	15.3	17.1	19.8	22.8	26.2	28.8	28.5	27.0	23.9	20.4	16.7	21.8	37.3 (1960)
那覇	17.3	17.5	19.1	21.5	24.2	27.2	29.1	29.0	27.9	25.5	22.5	19.0	23.3	35.6 (2001)

気象庁ウェブサイトより作成。2023年3月17日閲覧。1) 統計開始から2022年までの最高記録。

表2-7　各地の降水量の平年値（1991～2020年の平均）と観測史上最多年降水量（mm）（太字は最高値、斜体は最低値）

	1月	2月	3月	4月	5月	6月	7月	8月	9月	10月	11月	12月	全年	最多年降水量（記録年次）[1]
札幌……	108.4	91.9	77.6	*54.6*	55.5	60.4	90.7	126.8	**142.2**	109.9	113.8	114.5	1 146.1	1671.5（1981）
網走……	53.8	41.9	*39.3*	51.2	64.1	68.1	85.8	**115.3**	115.0	88.2	58.1	63.6	844.2	1231.4（1912）
根室……	30.6	*23.5*	47.0	64.4	96.2	103.0	115.1	132.3	**160.0**	126.1	83.2	59.0	1 040.4	1617.5（2009）
青森……	139.9	99.0	75.2	*68.7*	76.7	75.0	129.5	142.0	133.0	119.2	137.4	**155.2**	1 350.7	1972.8（1947）
盛岡……	49.4	*48.0*	82.1	85.4	106.5	109.4	**197.5**	185.4	151.7	108.7	85.6	70.2	1 279.9	1702.0（1990）
仙台……	42.3	*33.9*	74.4	90.2	110.2	143.7	178.4	157.8	**192.6**	150.6	58.7	44.1	1 276.7	1892.3（1950）
秋田……	118.9	*98.5*	99.5	109.9	125.0	122.9	**197.0**	184.6	161.0	175.5	189.1	159.8	1 741.6	2439.4（1922）
東京……	59.7	*56.5*	116.0	133.7	139.7	167.8	156.2	154.7	224.9	**234.8**	96.3	57.9	1 598.2	2229.6（1938）
高田……	429.6	263.3	194.7	105.3	*87.0*	136.5	206.8	184.5	205.8	213.9	334.2	**475.5**	2 837.1	3748.4（1944）
金沢……	256.0	162.6	157.2	143.9	*138.0*	170.3	233.4	179.3	231.9	177.1	250.8	**301.1**	2 401.5	3476.2（1917）
長野……	54.6	49.1	60.1	56.9	69.3	106.1	**137.7**	111.8	125.9	100.3	*44.4*	49.4	965.1	1296.9（1903）
松本……	39.8	38.5	78.0	81.1	94.5	114.9	131.3	101.6	**148.0**	128.3	56.3	*32.7*	1 045.1	1537.3（1923）
名古屋…	*50.8*	64.7	116.2	127.5	150.3	186.5	211.4	139.5	**231.6**	164.7	79.1	56.6	1 578.9	2323.6（1896）
尾鷲……	*106.0*	118.8	233.8	295.4	360.5	436.6	405.2	427.3	**745.7**	507.6	211.5	121.3	3 969.6	6174.5（1954）
大阪……	*47.0*	60.5	103.1	101.9	136.5	**185.1**	174.4	113.0	152.8	136.0	72.5	55.5	1 338.3	2014.5（2021）
潮岬……	*97.7*	118.1	185.5	212.3	236.7	**364.7**	298.4	260.3	339.2	286.6	152.0	102.9	2 654.3	3620.8（1966）
鳥取……	201.2	154.0	144.3	*102.2*	123.0	146.0	188.6	128.6	**225.4**	153.6	145.9	218.4	1 931.3	2689.7（1945）
岡山……	*36.2*	45.4	82.5	90.0	112.6	169.3	**177.4**	97.2	142.2	95.4	53.3	41.5	1 143.1	1660.1（1923）
高松……	*39.4*	45.8	81.4	90.0	100.9	153.1	159.8	106.0	**167.4**	120.1	55.0	46.7	1 150.1	1618.5（1993）
高知……	*59.1*	107.8	174.8	225.3	280.4	359.5	357.3	284.1	**398.1**	207.5	129.6	83.1	2 666.4	4383.0（1998）
福岡……	74.4	69.8	103.7	118.2	133.7	249.6	**299.1**	210.0	175.1	94.5	91.4	*67.5*	1 686.9	2976.5（1980）
熊本……	*57.2*	83.2	124.8	144.9	160.9	**448.5**	386.8	195.4	172.6	87.1	84.4	61.2	2 007.0	3369.0（1993）
宮崎……	*72.7*	95.8	155.7	194.5	227.6	**516.3**	339.3	275.5	370.9	196.7	105.7	74.9	2 625.5	4174.5（1993）
名瀬……	184.1	*161.6*	210.1	213.9	278.1	**427.4**	214.9	294.4	346.0	261.3	173.6	170.4	2 935.7	4429.5（1959）
那覇……	*101.6*	114.5	142.8	161.0	245.3	**284.4**	188.1	240.0	275.2	179.2	119.1	110.0	2 161.0	3322.0（1998）

気象庁ウェブサイトより作成。2023年3月17日閲覧。1）統計開始から2022年までの最高記録。

第2章　国土と気候

表 2-8　観測史上の記録（各地域の観測史上1位のランキング）

最高気温	℃	年月日	最低気温	℃	年月日
静岡県浜松····	41.1	2020. 8.17	北海道旭川····	-41.0	1902. 1.25
埼玉県熊谷····	41.1	2018. 7.23	北海道帯広····	-38.2	1902. 1.26
岐阜県美濃····	41.0	2018. 8. 8	北海道江丹別···	-38.1	1978. 2.17
岐阜県金山····	41.0	2018. 8. 6	静岡県富士山···	-38.0	1981. 2.27
高知県江川崎···	41.0	2013. 8.12	北海道歌登····	-37.9	1978. 2.17
静岡県天竜····	40.9	2020. 8.16	北海道幌加内···	-37.6	1978. 2.17
岐阜県多治見···	40.9	2007. 8.16	北海道美深····	-37.0	1978. 2.17
新潟県中条····	40.8	2018. 8.23	北海道和寒····	-36.8	1985. 1.25
東京都青梅····	40.8	2018. 7.23	北海道下川····	-36.1	1978. 2.17

最大10分間降水量	mm	年月日	最大1時間降水量	mm	年月日
北海道木古内···	55.0	2021.11. 2	千葉県香取····	153.0	1999.10.27
埼玉県熊谷····	50.0	2020. 6. 6	長崎県長浦岳···	153.0	1982. 7.23
新潟県室谷····	50.0	2011. 7.26	沖縄県多良間·· *	152.0	1988. 4.28
高知県清水····	49.0	1946. 9.13	熊本県甲佐····	150.0	2016. 6.21
宮城県石巻····	40.5	1983. 7.24	高知県清水····	150.0	1944.10.17
埼玉県秩父····	39.6	1952. 7. 4	新潟県下関····	149.0	2022. 8. 4
兵庫県柏原····	39.5	2014. 6.12	高知県室戸岬···	149.0	2006.11.26
兵庫県洲本····	39.2	1949. 9. 2	福岡県前原····	147.0	1991. 9.14
神奈川県横浜···	39.0	1995. 6.20	愛知県岡崎····	146.5	2008. 8.29

日降水量	mm	年月日	最大風速（10分間の平均）	m/秒	年月日
神奈川県箱根···	922.5	2019.10.12	静岡県富士山·· *	72.5	1942. 4. 5
高知県魚梁瀬···	851.5	2011. 7.19	高知県室戸岬···	69.8	1965. 9.10
奈良県日出岳·· *	844.0	1982. 8. 1	沖縄県宮古島···	60.8	1966. 9. 5
三重県尾鷲····	806.0	1968. 9.26	長崎県雲仙岳···	60.0	1942. 8.27
香川県内海····	790.0	1976. 9.11	滋賀県伊吹山·· *	56.7	1961. 9.16
沖縄県与那国島·	765.0	2008. 9.13	徳島県剣山··· *	55.0	2001. 1. 7
三重県宮川····	764.0	2011. 7.19	沖縄県与那国島·	54.6	2015. 9.28
愛媛県成就社···	757.0	2005. 9. 6	沖縄県石垣島···	53.0	1977. 7.31
高知県繁藤····	735.0	1998. 9.24	鹿児島県屋久島·	50.2	1964. 9.24

最大瞬間風速（3秒間の平均）	m/秒	年月日	最深積雪	cm	年月日
静岡県富士山·· *	91.0	1966. 9.25	滋賀県伊吹山·· *	1 182	1927. 2.14
沖縄県宮古島···	85.3	1966. 9. 5	青森県酸ケ湯···	566	2013. 2.26
高知県室戸岬···1)	84.5	1961. 9.16	新潟県守門····1)	463	1981. 2. 9
沖縄県与那国島·	81.1	2015. 9.28	山形県肘折····	445	2018. 2.13
鹿児島県名瀬···	78.9	1970. 8.13	新潟県津南····	419	2022. 2.24
沖縄県那覇····	73.6	1956. 9. 8	新潟県十日町··1)	391	1981. 2.28
愛媛県宇和島···	72.3	1964. 9.25	新潟県高田····	377	1945. 2.26
沖縄県石垣島···	71.0	2015. 8.23	新潟県小出···1)	363	1981. 2.28
沖縄県西表島···	69.9	2006. 9.16	新潟県関山····	362	1984. 3. 1

気象庁ウェブサイトより作成。2023年3月3日閲覧。データによって小数点以下の扱いが異なる。*は現在観測していない。1) この数値以上であることが確実。

表2-9　世界の気温・降水量の月別平年値 (1991年から2020年までの平均値) (上段の数字は気温℃、下段の数字は降水量mm)

都市（国）		1月	2月	3月	4月	5月	6月	7月	8月	9月	10月	11月	12月	全年
北京（中国）	気温	-2.8	0.6	7.5	15.1	21.3	25.3	27.2	26.0	21.2	13.8	5.2	-1.0	13.3
	降水量	2.1	5.6	8.5	21.9	36.5	72.7	170.6	114.1	53.3	29.3	13.7	2.5	530.8
バンコク（タイ）	気温	27.6	28.7	29.8	30.8	30.5	29.8	29.3	29.1	28.7	28.5	28.4	27.4	29.1
	降水量	24.2	19.4	53.6	92.7	215.4	209.9	182.9	212.0	343.6	304.0	46.5	13.5	1 717.7
ニューデリー（インド）	気温	13.9	17.6	22.9	29.1	32.7	33.3	31.5	30.4	29.6	26.2	20.5	15.6	25.3
	降水量	20.0	25.6	21.4	13.0	26.1	87.8	197.2	226.1	131.1	17.1	5.4	11.4	782.2
モスクワ（ロシア）	気温	-6.2	-5.9	-0.7	6.9	13.6	17.3	19.7	17.6	11.9	5.8	-0.5	-4.4	6.3
	降水量	53.2	44.0	39.0	36.6	61.2	77.4	83.8	78.3	66.1	70.1	51.9	51.4	713.0
ベルリン（ドイツ）	気温	1.2	2.1	5.2	10.2	14.6	18.0	20.1	19.7	15.3	10.2	5.4	2.3	10.4
	降水量	49.3	36.8	41.3	30.2	50.0	57.4	71.4	58.1	46.1	44.7	42.6	42.3	570.2
マドリード（スペイン）	気温	6.5	8.0	11.3	13.6	17.5	22.7	26.1	25.7	21.0	15.4	9.9	7.0	15.4
	降水量	31.5	33.5	33.0	47.2	49.0	21.5	10.5	10.1	23.0	61.4	54.3	47.8	422.8
リヤド（サウジアラビア）	気温	14.6	17.6	21.6	27.3	33.1	35.9	36.9	37.0	33.7	28.4	21.4	16.5	27.0
	降水量	15.1	8.1	24.2	36.1	17.4	0.0	0.1	0.4	0.0	0.9	21.4	20.8	127.3
ニューヨーク（アメリカ合衆国）	気温	1.2	2.2	5.9	11.8	17.4	22.7	26.0	25.2	21.4	15.1	9.3	4.3	13.5
	降水量	82.7	74.1	102.1	97.4	91.3	102.8	107.3	111.9	97.8	97.0	79.8	104.6	1 148.8
サンフランシスコ（アメリカ合衆国）	気温	10.7	11.8	13.0	13.9	15.4	16.9	17.7	18.2	18.2	16.9	13.4	10.7	14.7
	降水量	98.8	100.2	69.4	35.2	13.3	3.8	0.0	1.0	1.9	20.0	50.3	105.9	499.8
ブエノスアイレス（アルゼンチン）	気温	24.9	23.8	22.1	18.2	15.0	12.2	11.2	13.3	14.8	17.8	20.8	23.4	18.1
	降水量	153.1	115.3	125.1	139.3	101.5	67.2	67.9	72.8	65.9	115.7	117.8	114.5	1 256.1
ホノルル（アメリカ合衆国）	気温	23.0	23.3	23.7	24.7	25.7	26.8	27.5	27.9	27.5	26.8	25.5	24.1	25.5
	降水量	45.7	49.4	46.5	19.8	21.9	7.6	11.2	14.3	21.7	38.4	42.3	47.4	366.2
キャンベラ（オーストラリア）	気温	21.4	20.3	17.7	13.5	9.5	7.0	6.1	7.3	10.4	13.5	16.6	19.3	13.6
	降水量	57.7	56.3	48.1	31.5	27.6	51.2	39.5	42.8	55.4	50.1	67.1	57.5	584.8

気象庁ウェブサイト（2023年4月13日閲覧）および国立天文台「理科年表」（2022年）より作成。大数字は最高値、斜体数字は最低値。一部に統計期間が短い都市がある。全年の気温は年平均気温、降水量は年間降水量。

第3章　人口

　日本の総人口は、2022年の推計で1億2495万人であった。ピークは2008年の1億2808万人で、2011年から12年連続で減少している。2021年からは56万人減少し、減少幅は1946年以降 2 番目に大きかった。

図 3-1　出生数と死亡数の推移

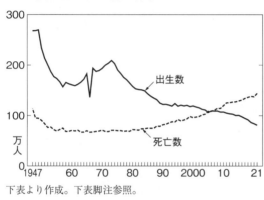

下表より作成。下表脚注参照。

　戦後から2004年まで、日本の人口は増え続けてきた。1947～49年の第 1 次ベビーブームでは、年間約270万人の子どもが生まれた（団塊の世代）。その後出生数は減少したが、団塊の世代が親になる

表 3-1　人口動態 （日本における日本人）

	出生数 （千人）	出生率[1]	死亡数 （千人）	死亡率[1]	自然 増減率[1]	合計特殊 出生率
1970	1 934	18.8	713	6.9	11.8	2.13
1975	1 901	17.1	702	6.3	10.8	1.91
1980	1 577	13.6	723	6.2	7.3	1.75
1985	1 432	11.9	752	6.3	5.6	1.76
1990	1 222	10.0	820	6.7	3.3	1.54
1995	1 187	9.6	922	7.4	2.1	1.42
2000	1 191	9.5	962	7.7	1.8	1.36
2005	1 063	8.4	1 084	8.6	-0.2	1.26
2010	1 071	8.5	1 197	9.5	-1.0	1.39
2015	1 006	8.0	1 291	10.3	-2.3	1.45
2020	841	6.8	1 373	11.1	-4.3	1.33
2021	812	6.6	1 440	11.7	-5.1	1.30

厚生労働省「人口動態統計」より作成。1972年までは沖縄県を除く数値。2019年に判明した都道府県からの報告漏れによる再集計を行ったもの。1) 人口千人あたりの数。
自然増減率は、出生児数から死亡者数を引いた数を期首人口で割ったもの。**合計特殊出生率**は、15～49歳の女性の年齢別出生率を合計したもので、1 人の女性がその年齢別出生率で一生の間に産むとしたときの子どもの数に相当する。【☞長期統計509ページ】

1971年から1974年にかけ、第2次ベビーブームにより出生数が再度増加し、年間約200万人の子どもが生まれた（団塊ジュニア）。しかし、1973年の第1次オイルショックによる経済混乱などが原因で、1975年以降出生数は減少傾向となった。それでも、平均寿命の上昇により人口は増え続けたが、2005年に初めて出生数が死亡数を下回り、まもなく減少に転じた。

合計特殊出生率は、1975年以降、2.0を下回り続けている。1989年の合計特殊出生率は1.57で、「ひのえうま」という特殊要因によりそれまで最低であった1966年の1.58を下回った（1.57ショック）。以降、少子化は社会問題となり、

図 3-2　総人口と合計特殊出生率の推移

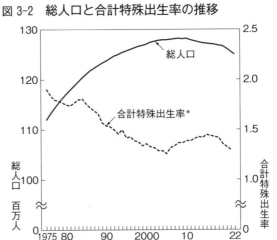

総務省統計局「人口推計」および同「国勢調査」、厚生労働省「人口動態統計」より作成。人口は各年10月1日現在。
＊日本における日本人。

表 3-2　最近の人口（推計人口）（各年10月1日現在）（単位　千人）

	総人口	日本人人口	人口増減[1]	自然増減[2]	社会増減[3]	人口増減率（％）
2017	126 919	124 745	-123	-377	151	-0.10
2018	126 749	124 349	-170	-425	161	-0.13
2019	126 555	123 886	-193	-485	209	-0.15
2020*	126 146	123 399	-409	-501	42	-0.32
2021	125 502	122 780	-644	-609	-35	-0.51
2022	124 947	122 031	-556	-731	175	-0.44

総務省統計局「人口推計」より作成。2017～19年は2015・20年の国勢調査による補間補正人口。増減数は前年10月～当年9月の合計。1）補間補正を含むため、2017～20年は自然増減と社会増減の合計と一致しない。2）出生児数－死亡者数。3）入国者数－出国者数。
＊人口は国勢調査による。日本人人口は不詳補完値。
推計人口は国勢調査人口を基礎に、各月の出生児・死亡者・入国者・出国者等を加減して算出されたもの。【☞長期統計509ページ】

　政府は1994年のエンゼルプランをはじめ、さまざまな少子化対策を展開してきた。しかし、経済的要因のみならず、女性の社会進出や価値観の変化などの複合的な要因により、少子化の進行は続いている。

　少子化とともに高齢化も進んでいる。2022年の推計によると、65歳以上の人口は3624万人で、総人口に占める割合は29.0％となった。65歳以上人口の割合は、1950年には5％未満だったが、1985年には10％を超え、2005年には20％を超えた。

　現在の日本は少子高齢化社会となり、生産年齢人口の減少による経済成長への影響が懸念されている。また、高齢化による社会保障給付費の増大も大きな課題となっている。

表 3-3　**国勢調査人口**（総人口）（各年10月1日現在）

	人口（千人）			5年間の人口増減		人口密度（人/km²）
	総数	男	女	増減数（千人）	増減率（％）	
1920	55 963	28 044	27 919	…	…	147
1925	59 737	30 013	29 724	3 774	6.7	156
1930	64 450	32 390	32 060	4 713	7.9	169
1935	69 254	34 734	34 520	4 804	7.5	181
1940	1) 71 933	1) 35 387	1) 36 546	2 679	3.9	4) 191
1945	2) 72 147	33 894	38 104	3) 780	3) 1.1	3)4) 195
1950	84 115	41 241	42 873	3) 11 052	3) 15.3	226
1955	90 077	44 243	45 834	5 962	7.1	242
1960	94 302	46 300	48 001	4 225	4.7	253
1965	99 209	48 692	50 517	4 908	5.2	267
1970	104 665	51 369	53 296	5 456	5.5	281
1975	111 940	55 091	56 849	7 274	7.0	300
1980	117 060	57 594	59 467	5 121	4.6	314
1985	121 049	59 497	61 552	3 989	3.4	325
1990	123 611	60 697	62 914	2 562	2.1	332
1995	125 570	61 574	63 996	1 959	1.6	337
2000	126 926	62 111	64 815	1 356	1.1	340
2005	127 768	62 349	65 419	842	0.7	343
2010	128 057	62 328	65 730	289	0.2	343
2015	127 095	61 842	65 253	-963	-0.8	341
2020	126 146	61 350	64 797	-949	-0.7	338

総務省統計局「国勢調査」より作成。昨年版と異なり、1950～70年も沖縄県を含む。1）国勢調査による人口から内地外の軍人、軍属等の推計数を差し引いた補正人口。2）1945年の人口調査による人口に内地の軍人および外国人の推計数を加えた補正人口。沖縄県を含まない。3）沖縄県を除いて算出。4）補正前の人口により算出。

表 3-4　**年齢別人口の割合**　（総人口）（各年10月1日現在）（％）

	0～14歳	15～64歳	65歳以上		0～14歳	15～64歳	65歳以上
1950	35.4	59.6	4.9	2000	14.6	68.1	17.4
1960	30.2	64.1	5.7	2010	13.2	63.8	23.0
1970	24.0	68.9	7.1	2020*	11.9	59.5	28.6
1980	23.5	67.4	9.1	2021*	11.8	59.4	28.9
1990	18.2	69.7	12.1	2022*	11.6	59.4	29.0

総務省統計局「国勢調査」および同「人口推計」より作成。2010年以前は不詳を除く割合、2020年は不詳補完値より算出。＊推計値。

表 3-5　**年齢・男女別人口**（2022年10月1日現在）（推計値）

	総人口（千人）			性別ごとの年齢別割合（％）		
	計	男	女	計	男	女
0～ 4歳‥	4 247	2 174	2 073	3.4	3.6	3.2
5～ 9歳‥	4 948	2 535	2 413	4.0	4.2	3.8
10～14歳‥	5 308	2 720	2 588	4.2	4.5	4.0
15～19歳‥	5 512	2 830	2 682	4.4	4.7	4.2
20～24歳‥	6 263	3 216	3 047	5.0	5.3	4.7
25～29歳‥	6 412	3 295	3 118	5.1	5.4	4.9
30～34歳‥	6 446	3 300	3 146	5.2	5.4	4.9
35～39歳‥	7 212	3 668	3 544	5.8	6.0	5.5
40～44歳‥	7 946	4 028	3 918	6.4	6.6	6.1
45～49歳‥	9 462	4 792	4 671	7.6	7.9	7.3
50～54歳‥	9 435	4 756	4 680	7.6	7.8	7.3
55～59歳‥	8 075	4 036	4 038	6.5	6.6	6.3
60～64歳‥	7 445	3 684	3 761	6.0	6.1	5.9
65～69歳‥	7 535	3 665	3 870	6.0	6.0	6.0
70～74歳‥	9 337	4 405	4 932	7.5	7.3	7.7
75～79歳‥	7 030	3 151	3 878	5.6	5.2	6.0
80～84歳‥	5 743	2 392	3 350	4.6	3.9	5.2
85～89歳‥	3 955	1 429	2 525	3.2	2.4	3.9
90～94歳‥	1 989	560	1 429	1.6	0.9	2.2
95～99歳‥	561	111	449	0.4	0.2	0.7
100歳以上	87	10	77	0.07	0.02	0.12
総数‥‥	**124 947**	**60 758**	**64 189**	100.0	100.0	100.0
（再掲）						
0～14歳‥	14 503	7 428	7 074	11.6	12.2	11.0
15～64歳‥	74 208	37 605	36 604	59.4	61.9	57.0
65歳以上‥	36 236	15 725	20 511	29.0	25.9	32.0
うち75歳以上	19 364	7 655	11 709	15.5	12.6	18.2
85歳以上	6 592	2 111	4 480	5.3	3.5	7.0

総務省統計局「人口推計」より作成。

第3章 人口

図 3-3　年齢構成の国際比較（2021年）（推計値）

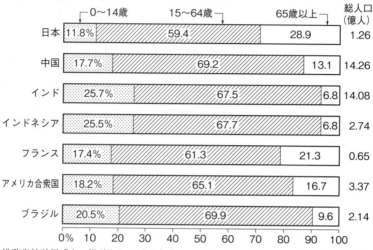

総務省統計局「人口推計」および国連 "World Population Prospects 2022" より作成。
総人口は、日本は10月1日時点、その他の国は7月1日時点の推計値。

図 3-4　各国の年齢（5歳階級）別人口構成

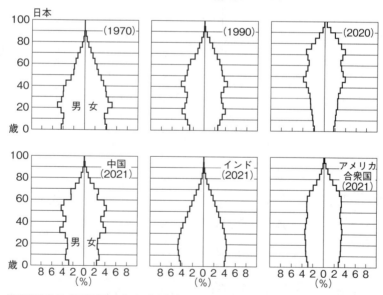

総務省統計局「国勢調査」および国連 "World Population Prospects 2022" より作成。
日本以外は推計値。上段は全て日本の人口構成図。日本の1970年は85〜89歳が85歳以
上人口、その他は95〜99歳が95歳以上人口。

〔**世帯**〕 日本の世帯は、数十年の間に規模・種類ともに大きく変化した。1980年時点では「夫婦と子」世帯が全一般世帯の42.1％、3世代等を意味する「その他の親族」世帯が19.7％を占めていた。しかし、未婚率の増加や都会への人口集中により、2020年には38.1％が単独世帯となった。高齢化の進行に伴い、65歳以上の単独世帯も増加している。2020年は672万世帯で、全単独世帯の31.8％を占めている。

表 3-6　**世帯数の推移**（各年10月1日現在）

	世帯数[1)]（千世帯）	一般世帯	施設等の世帯	世帯人員[1)]（千人）		1世帯あたり人員（人）	一般世帯
				一般世帯	施設等の世帯		
1960	22 567	22 539	28	93 419	883	4.18	4.14
1970	30 374	30 297	77	103 351	1 315	3.45	3.41
1980	36 015	35 824	137	115 451	1 538	3.25	3.22
1990	41 036	40 670	104	121 545	1 742	3.01	2.99
2000	47 063	46 782	102	124 725	1 973	2.70	2.67
2010	51 951	51 842	108	125 546	2 512	2.46	2.42
2015	53 449	53 332	117	124 296	2 798	2.38	2.33
2020	55 830	55 705	125	123 163	2 983	2.26	2.21

総務省統計局「国勢調査」より作成。一般世帯は住居と生計を共にする人の集まりや単身者など。施設等の世帯は寮に住む学生や施設の入所者などで、1棟を1世帯とする。1) 1975～2005年は一般世帯、施設等の世帯のほか、世帯の種類「不詳」がある。

表 3-7　**家族類型別の一般世帯数**（単位　千世帯）

	2000	2005	2010	2015	2020
核家族世帯‥‥‥‥‥‥	27 273	28 327	29 207	29 754	30 111
夫婦のみ‥‥‥‥‥	8 823	9 625	10 244	10 718	11 159
夫婦と子‥‥‥‥‥	14 904	14 631	14 440	14 288	13 949
ひとり親と子‥‥‥‥	3 546	4 070	4 523	4 748	5 003
単独世帯‥‥‥‥‥‥	12 911	14 457	16 785	18 418	21 151
その他の世帯‥‥‥‥	6 598	6 278	5 765	5 024	4 283
計‥‥‥‥‥‥‥‥	**46 782**	**49 063**	[1)] **51 842**	[1)] **53 332**	[1)] **55 705**
一般世帯に占める単独世帯の割合（％）‥‥‥	*27.6*	*29.5*	*32.4*	*34.6*	*38.1*
65歳以上単独世帯‥‥‥	3 032	3 865	4 791	5 928	6 717
（参考）65歳以上人口（千人）	22 005	25 672	29 246	[2)] 33 790	[2)] 36 027

総務省統計局「国勢調査」より作成。各年10月1日現在。2010年に家族類型の分類方法が変更になった。2000年と2005年の数値は、2010年以降の基準に合わせて再分類したもの。1) 世帯の家族類型「不詳」を含む。2) 不詳補完値。

〔婚姻・離婚〕　婚姻件数は高度経済成長期に増加し、団塊の世代が25歳前後を迎える1970〜74年に100万組を超えた。その後は減少傾向が続き、2021年にはピーク時のおよそ半分である50万組にとどまった。また、未婚化とともに、晩婚化・晩産化が少子化の原因となっている。

離婚件数は、2002年の29万組をピークにほぼ毎年減少し続けているが、2020年の年齢別婚姻率と離婚率をもとにした厚生労働省の計算によると、およそ3組に1組が離婚している。

表 3-8　**婚姻と離婚の推移**（日本における日本人）

	婚姻			離婚		
	婚姻件数（組）	夫妻とも初婚	婚姻率（人口千対）	離婚件数（組）	離婚率（人口千対）	平均同居期間（年）
1960*	866 115	758 429	9.3	69 410	0.74	6.5
1970*	1 029 405	914 870	10.0	95 937	0.93	6.8
1980	774 702	657 373	6.7	141 689	1.22	8.6
1990	722 138	589 886	5.9	157 608	1.28	9.9
2000	798 138	630 235	6.4	264 246	2.10	10.3
2010	700 222	520 960	5.5	251 379	1.99	10.9
2019	599 007	438 912	4.8	208 496	1.69	11.9
2020	525 507	386 883	4.3	193 253	1.57	12.0
2021	501 138	370 911	4.1	184 384	1.50	12.3

厚生労働省「人口動態統計」より作成。2019年に判明した都道府県からの報告漏れによる再集計を行ったもの。夫妻いずれかが外国人の場合を含む。*沖縄県を含まない。

表 3-9　**平均初婚年齢と50歳時の未婚割合**

	平均初婚年齢[1]（歳）		50歳時の未婚割合[2]（%）	
	男	女	男	女
1980	27.8	25.2	2.60	4.45
1990	28.4	25.9	5.57	4.33
2000	28.8	27.0	12.57	5.82
2010	30.5	28.8	20.14	10.61
2020	31.0	29.4	*28.25	*17.81
2021	31.0	29.5	…	…

厚生労働省「人口動態統計」および国立社会保障・人口問題研究所「人口統計資料集」より作成。1) 日本における日本人。2019年に判明した都道府県からの報告漏れによる再集計を行ったもの。2) 45〜49歳と50〜54歳における割合の平均。*配偶関係不詳補完結果による。

表 3-10　**第1子出産時の母の平均年齢**

	年齢（歳）
1980	26.4
1990	27.0
2000	28.0
2010	29.9
2020	30.7
2021	30.9

厚生労働省「人口動態統計」より作成。日本における日本人。1991年以前はそれ以降と計算方法が異なる。

〔在留外国人・海外在留日本人〕　在留外国人数は、2008年までほぼ一貫して増加していた。2009〜12年にかけてリーマンショックや東日本大震災の影響で減少したが、2013年から再び増加に転じた。2019年には在留資格「特定技能1号・2号」が新設され、少子高齢化に伴う人手不足に対応する人材の確保が期待されている。2020、21年は新型コロナの影

図 3-5　在留外国人の国籍別割合（2022年末現在）

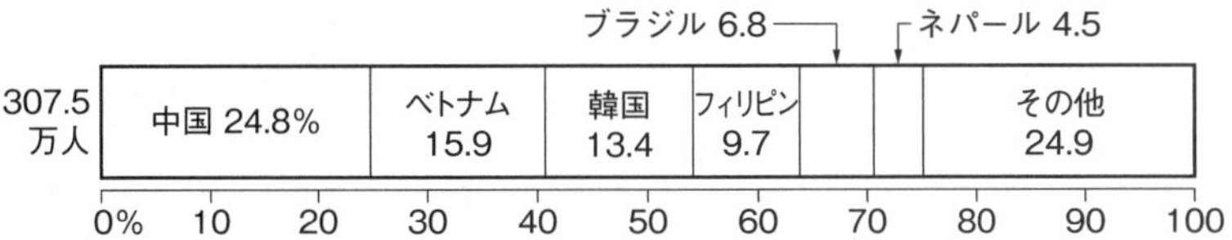

出入国在留管理庁「令和4年末現在における在留外国人数について」より作成。

表 3-11　在留資格別在留外国人人口（各年末現在）（単位　千人）

	2018	2019	2020	2021	2022
高度専門職 1)	11	15	17	16	18
経営・管理	26	27	27	27	32
技術・人文知識・国際業務	226	272	283	275	312
技能	40	42	40	38	40
特定技能 2)	—	2	16	50	131
技能実習	328	411	378	276	325
留学	337	346	281	208	301
家族滞在	182	201	197	192	228
特定活動 3)	63	65	103	124	83
永住者	772	793	808	831	864
日本人の配偶者等	142	145	143	142	145
永住者の配偶者等	38	42	43	45	47
定住者 4)	192	205	201	199	207
中長期在留者計×	2 410	2 621	2 583	2 464	2 786
特別永住者 5)	321	313	304	296	289
総計	2 731	2 933	2 887	2 761	3 075

出入国在留管理庁「令和4年末現在における在留外国人数について」より作成。1) 教授や芸術、宗教、報道、経営・管理、法律・会計業務、医療、教育、技術・人文知識・国際業務などは、それぞれ別の在留資格となる。2) 2019年4月1日に新設。特定産業分野の知識や経験を要する「特定技能1号」と、さらに熟練した技能を要する「特定技能2号」がある。3) ワーキングホリデー、経済連携協定に基づく看護師や介護士など。4) 一定の在留期間の居住を認めるもので、第三国定住難民や日系3世、中国残留邦人など。5) 平和条約に基づく日本国籍離脱者やその家族が対象。×その他とも。

響で減少したが、2022年は過去最多の308万人となった。

　海外在留日本人人口は、2019年までは増加を続けていたが、2020年以降は減少し、2022年現在も引き続き新型コロナの影響を受けている。国別でみると、アメリカ合衆国が32％で最も多い。

表 3-12　難民認定数（単位　人）

	2018	2019	2020	2021	2022	1978〜累計
難民認定数						
定住難民‥‥ 1)	22	20	—	—	35	11 548
条約難民‥‥ 2)	42	44	47	74	202	1 117
その他の庇護‥ 3)	40	37	44	580	1 760	5 049
計‥‥‥‥‥ 4)	**104**	**101**	**91**	**654**	**1 997**	**17 714**
難民認定申請者数	10 493	10 375	3 936	2 413	3 772	91 664

法務省「我が国における難民庇護の状況等」より作成。国籍別にみると、2022年の難民申請数が最も多かったのはカンボジアの578人、次いでスリランカの502人、トルコの445人。1) インドシナ難民と第三国定住難民（タイとマレーシアから受け入れたミャンマー難民）。2) 入管法の規定に基づき、難民と認定された者。3) 難民認定はされないが、人道的な配慮を理由に在留が認められた者。2021年に開始された在留ミャンマー人への緊急避難措置に基づき、難民認定手続きに先行して在留を認められた者を含む。4) このほか、シリア危機により就学機会を奪われたシリア人を、2017〜2022年度に留学生として計121人受け入れている。

表 3-13　海外在留日本人人口（各年10月1日現在）（単位　千人）

	1990	2000	2010[1]	2020[1][2]	2021[1][2]	2022[1][2]
アメリカ合衆国・	236	298	388	426	430	419
中国‥‥‥‥‥	8	46	132	112	108	102
オーストラリア・	15	38	71	98	93	95
タイ‥‥‥‥‥	14	21	47	81	83	78
カナダ‥‥‥‥	22	34	54	71	71	74
イギリス‥‥‥	44	53	62	63	64	65
ブラジル‥‥‥	105	75	58	50	49	47
ドイツ‥‥‥‥	21	25	36	42	42	42
韓国‥‥‥‥‥	6	16	29	41	41	42
フランス‥‥‥	15	26	27	37	36	36
総数×‥‥‥‥	**620**	**812**	**1 143**	**1 358**	**1 345**	**1 309**
長期滞在者3)	374	527	759	828	807	751
永住者‥‥ 4)	246	285	385	530	538	557

外務省「海外在留邦人数調査統計」、国立社会保障・人口問題研究所「人口統計資料集」より作成。海外在留日本人のこれまでの最大は、2019年の1410千人。1) イラクおよびアフガニスタンを除く。2) シリアを除く。3) 永住者を除く滞在期間3か月以上の者。4) 当該在留国より永住権が認められており、日本国籍を所有している者。×その他とも。

〔将来推計〕 日本の人口は2009年以降減少傾向にある。今後も減少を続ける見通しで、2015年の国勢調査に基づいて算出された将来推計によると、2053年には総人口が１億人を下回る。少子高齢化も、今後さらに進行する見込みである。2065年の将来推計によると、15歳未満の人口割合は2020年の11.9％から10.2％に低下し、65歳以上の人口割合は28.6％から38.4％に上昇する。さらに、2065年には65歳以上１人につき15〜64歳が1.3人という比率になり、現役世代への負担が強まる。近い将来においても、2025年に団塊の世代が全て75歳以上になり、医療や介護の需要増加をもたらす「2025年問題」が懸念されている。2055年には75歳以上が25％を超える見込みで、超高齢化社会への対策が一層必要となる。

図 3-6　**将来人口の動き** （総人口）（中位推計）

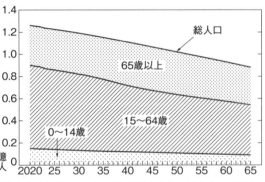

国立社会保障・人口問題研究所「日本の将来推計人口」（2017年推計）および総務省統計局「国勢調査」、同「人口推計」より作成。2020年は確定値。

第３章　人口

表 3-14　**将来推計人口** （中位推計）

	総人口（千人）	人口動態（人口千人あたり　人）		年齢別人口割合（％）		
		出生率	死亡率	0〜14歳	15〜64歳	65歳以上
2020*	126 146	1) 6.8	1) 11.1	2) 11.9	2) 59.5	2) 28.6
2025	122 544	6.9	12.4	11.5	58.5	30.0
2030	119 125	6.9	13.5	11.1	57.7	31.2
2035	115 216	6.8	14.4	10.8	56.4	32.8
2040	110 919	6.7	15.1	10.8	53.9	35.3
2050	101 923	6.4	15.7	10.6	51.8	37.7
2060	92 840	6.3	16.8	10.2	51.6	38.1
2065	88 077	6.3	17.7	10.2	51.4	38.4

国立社会保障・人口問題研究所「日本の将来推計人口」（2017年推計）、総務省統計局「国勢調査」、厚生労働省「人口動態統計」より作成。人口は各年10月１日現在。1) 日本における日本人。2) 不詳補完値より算出。*確定値。

〔世界の人口〕　2022年11月15日、国連は世界の人口が80億人に達した
と見込まれると発表した。1974年の人口はおよそ40億人であり、約50年
間で倍増したことになる。国別では、中国とインドがそれぞれ14億人を
超えており、2か国で世界人口のおよそ36%を占める。中国は長らく人
口が世界最多であったが、今後は減少に転じ、2023年にはインドが中国
を上回ると報告されている。将来推計によると、今後も世界の人口は緩
やかに増加し、2085年ごろにピークを迎える。また、出生率の低下と平
均寿命の増加により、世界的に少子高齢化が進行する見通しである。

図 3-7　世界人口の動き（推計値）（各年 7 月 1 日現在）

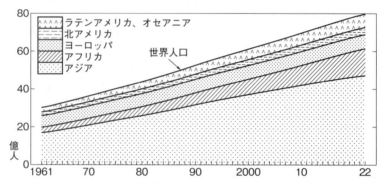

下表資料より作成。2022年は将来推計の中位推計値。トルコはアジア、ハワイは北アメリ
カに含む。

表 3-15　各国の人口動態（推計値）（2021年）（人口は 7 月 1 日現在）

	人口 （百万人）	人口 増減率 （%）	出生率*	死亡率*	自然 増減率[1]*	社会 増減率[2]*
中国··········	1 426	0.00	7.63	7.45	0.19	-0.14
韓国··········	52	-0.00	5.58	6.46	-0.88	0.84
インド·········	1 408	0.68	16.42	9.45	6.97	-0.22
インドネシア···	274	0.63	16.43	10.07	6.36	-0.06
ドイツ·········	83	0.04	9.17	12.49	-3.32	3.76
フランス·······	65	0.09	10.50	9.91	0.58	0.32
ロシア·········	145	-0.51	9.64	16.96	-7.32	2.21
アメリカ合衆国·	337	0.30	11.06	9.74	1.31	1.67
ブラジル·······	214	0.47	12.88	8.33	4.56	0.10

国連 "World Population Prospects 2022" より作成。1) 出生児数－死亡者数を人口で割
ったもの。2) 入国者数－出国者数を人口で割ったもの。*人口千人あたりの数。

第4章　府県と都市

2022年の府県間の人口移動で、転入超過数が最も多かったのは東京都で3万8023人であった（住民基本台帳人口移動報告による）。2019年には8万2982人であったが、コロナ禍におけるテレワークなどの影響で2020年以降減少し、21年には5433人となった。しかし、2022年は出社の再開や社会経済活動の正常化が進んだことで、2021年と比べて7倍に増加した。コロナ禍で東京都からの転入が増えた神奈川県、埼玉県、千葉県では、転入超過数は2021年より減少したものの、22年も転入超過が続いている。これに対して、36の道府県で転出超過となっている。転出超過数が最も多かったのは、広島県の9207人であった。

戦後の日本では、東京、大阪、名古屋の3大都市圏への人口集中が進んだ。特に高度経済成長期に一気に加速し、1960〜64年には東京圏の転入超過数が年間35万人を超えていた。1970年代以降、3大都市圏への人口移動は落ち着き、大阪圏と名古屋圏では1970年代半ばから転出超過となる年が増えた。しかし、東京圏では1994、95年を除

表 4-1　地方別の面積と人口
（面積、人口ともに2022年10月1日現在）

	面積 (km^2)	人口 （千人）	人口密度 （$1km^2$に つき　人）
北海道·········	78 421 (83 424)	5 140	65.5
本州··········	231 235	102 078	441.4
東北·········	66 948	8 426	125.9
関東·········	32 433	43 535	1 342.3
中部······1)	66 807	20 885	312.6
近畿·········	33 126	22 095	667.0
中国·········	31 921	7 137	223.6
四国··········	18 803	3 620	192.5
九州··········	42 230	12 640	299.3
沖縄··········	2 282	1 468	643.4
全国計········	**372 970** (377 973)	**124 947**	335.0

面積は国土地理院「全国都道府県市区町村別面積調」、人口は総務省統計局「人口推計」より作成。人口は推計値。人口密度は面積と人口から編者算出。面積については、本表では現在日本の施政権の及んでいる範囲に限定した。歯舞（ハボマイ）群島・色丹（シコタン）島・国後（クナシリ）島・択捉（エトロフ）島（以上が「北方領土」で北海道所属。面積は5003km2）および竹島（島根県、0.2km2）については、北海道の下のカッコ内に北方領土を含む面積、全国計の下に北方領土と竹島を含む面積を掲載。1）新潟、富山、石川、福井、山梨、長野、岐阜、静岡、愛知の9県。

いて転入超過が続いており、東京への一極集中が顕著になっている。

　2020年の国勢調査による世帯数は東京都が723万世帯と最多で、続く神奈川県より300万世帯多い。一般世帯1世帯あたりの人員は、就職などによる一人暮らしの多い東京都が全国で唯一2.0人を下回っている。

　都市部への人口集中が進む中で、地方では地域活性化が大きな課題となっている。政府は、中小企業への支援や地方移住の推進などを通じて「地方創生」を掲げ、地方の人口減少への歯止めを目指している。

表4-2　都道府県別の面積・人口・人口密度

（面積、人口ともに2022年10月1日現在）

	面積 （km²）	人口 （千人）	人口密度 （1km²に つき　人）		面積 （km²）	人口 （千人）	人口密度 （1km²に つき　人）
北海道‥	78 421 (83 424)	5 140	65.5	滋賀‥‥	4 017	1 409	350.7
				京都‥‥	4 612	2 550	552.8
青森‥‥	9 646	1 204	124.9	大阪‥‥	1 905	8 782	4 609.4
岩手‥‥	15 275	1 181	77.3	兵庫‥‥	8 401	5 402	643.1
宮城‥‥	7 282	2 280	313.1	奈良‥‥	3 691	1 306	353.8
秋田‥‥	11 638	930	79.9	和歌山‥	4 725	903	191.2
山形‥‥	9 323	1 041	111.7				
福島‥‥	13 784	1 790	129.9	鳥取‥‥	3 507	544	155.0
				島根‥‥	6 708	658	98.1
茨城‥‥	6 098	2 840	465.7	岡山‥‥	7 115	1 862	261.8
栃木‥‥	6 408	1 909	297.9	広島‥‥	8 479	2 760	325.5
群馬‥‥	6 362	1 913	300.7	山口‥‥	6 113	1 313	214.9
埼玉‥‥	3 798	7 337	1 932.0				
千葉‥‥	5 157	6 266	1 215.1	徳島‥‥	4 147	704	169.7
東京‥‥	2 194	14 038	6 398.3	香川‥‥	1 877	934	497.7
神奈川‥	2 416	9 232	3 820.9	愛媛‥‥	5 676	1 306	230.2
				高知‥‥	7 103	676	95.1
新潟‥‥	12 584	2 153	171.1				
富山‥‥	4 248	1 017	239.3	福岡‥‥	4 988	5 116	1 025.7
石川‥‥	4 186	1 118	267.0	佐賀‥‥	2 441	801	328.1
福井‥‥	4 191	753	179.7	長崎‥‥	4 131	1 283	310.6
				熊本‥‥	7 409	1 718	231.9
山梨‥‥	4 465	802	179.6	大分‥‥	6 341	1 107	174.6
長野‥‥	13 562	2 020	148.9	宮崎‥‥	7 734	1 052	136.1
岐阜‥‥	10 621	1 946	183.2	鹿児島‥	9 186	1 563	170.1
静岡‥‥	7 777	3 582	460.6	沖縄‥‥	2 282	1 468	643.4
愛知‥‥	5 173	7 495	1 448.8	全国‥‥	372 970 (377 973)	124 947	335.0
三重‥‥	5 774	1 742	301.7				

面積は国土地理院「全国都道府県市区町村別面積調」、人口は総務省統計局「人口推計」より作成。人口は推計値。人口密度は面積と人口から編者算出。面積については、本表では現在日本の施政権の及んでいる範囲に限定した。表中のカッコ内の数字は北海道の下が北方領土を含み、全国計の下が北方領土と竹島を含む面積。北方領土については表4-1の注記参照。【☞府県別統計517ページ】

図 4-1　自然増減率と社会増減率（総人口）（2021〜22年）

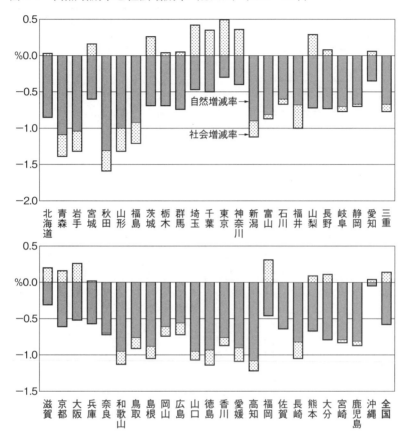

総務省統計局「人口推計」より作成。算出に用いられた人口は各年10月1日現在の推計人口。

自然増減は出生児数−死亡者数。**社会増減**は全国の入国者数−出国者数に、都道府県間の転入者数−転出者数を加えたもの。増減率は増減数を期首人口で割ったもの。

国勢調査と人口推計　日本の人口は、国勢調査によって明らかにされる。国勢調査は、住民登録のある住所に関係なく、調査時にその地域に3か月以上住んでいるか、住む予定があるすべての人を対象とする。国勢調査は1920年以降5年ごとに行われており、国勢調査の実施間の人口は人口推計で把握される。

　人口推計では、国勢調査人口を基礎として、その後の出生・死亡・転入・転出者数を加減して各月1日現在人口が算出される。新たな国勢調査の確定人口が公表されると、前回の国勢調査との間の人口について、補間補正が行われる。

図 4-2　全国に占める過疎地域の割合

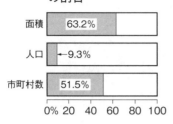

資料・脚注は表4-3参照。2022年 4 月 1 日現在。人口と面積は2020年国勢調査による。

表 4-3　過疎地域の面積割合（%）

過疎面積割合が大きい都道府県		過疎面積割合が小さい都道府県	
秋田・・・・	90.2	神奈川・・	0.3
島根・・・・	86.4	大阪・・・・	11.5
大分・・・・	85.2	静岡・・・・	17.6
高知・・・・	85.1	愛知・・・・	18.1
和歌山・・	83.4	滋賀・・・・	18.3

総務省「過疎対策の現況」（2021年度版）より作成。2022年 4 月 1 日現在。面積は2020年国勢調査による。21年度施行の過疎地域自立促進特別措置法による過疎地域。

表 4-4　都道府県別の人口増減（総人口）

	2020〜21	2021〜22			2020〜21	2021〜22	
	増減数（千人）	増減数（千人）	増減率（%）		増減数（千人）	増減数（千人）	増減率（%）
北海道・・	-41.8	-42.4	-0.82	滋賀・・・・	-3.1	-1.6	-0.11
				京都・・・・	-16.7	-11.7	-0.45
青森・・・・	-16.7	-16.9	-1.39	大阪・・・・	-31.6	-23.6	-0.27
岩手・・・・	-14.1	-15.8	-1.32	兵庫・・・・	-32.6	-29.9	-0.55
宮城・・・・	-11.8	-10.2	-0.44	奈良・・・・	-9.1	-9.5	-0.72
秋田・・・・	-14.6	-15.0	-1.59	和歌山・・	-9.0	-10.3	-1.13
山形・・・・	-13.1	-13.9	-1.31				
福島・・・・	-21.2	-21.8	-1.20	鳥取・・・・	-4.8	-5.0	-0.91
				島根・・・・	-6.2	-7.0	-1.05
茨城・・・・	-15.3	-12.1	-0.43	岡山・・・・	-12.2	-13.9	-0.74
栃木・・・・	-11.8	-12.5	-0.65	広島・・・・	-20.1	-20.1	-0.72
群馬・・・・	-12.6	-13.3	-0.69	山口・・・・	-14.5	-14.1	-1.06
埼玉・・・・	-4.3	-3.4	-0.05				
千葉・・・・	-9.3	-9.2	-0.15	徳島・・・・	-7.6	-8.1	-1.14
東京・・・・	-37.5	28.1	0.20	香川・・・・	-8.0	-8.2	-0.87
神奈川・・	-1.0	-3.8	-0.04	愛媛・・・・	-13.9	-14.4	-1.09
				高知・・・・	-7.5	-8.3	-1.22
新潟・・・・	-24.2	-24.4	-1.12				
富山・・・・	-9.4	-8.9	-0.87	福岡・・・・	-11.5	-7.7	-0.15
石川・・・・	-7.4	-7.5	-0.67	佐賀・・・・	-5.5	-5.2	-0.64
福井・・・・	-6.4	-7.6	-1.00	長崎・・・・	-15.5	-13.7	-1.06
				熊本・・・・	-10.0	-9.9	-0.57
山梨・・・・	-4.6	-3.5	-0.43	大分・・・・	-9.4	-7.6	-0.68
長野・・・・	-14.8	-13.2	-0.65	宮崎・・・・	-8.3	-8.9	-0.84
岐阜・・・・	-17.8	-15.2	-0.77	鹿児島・・	-11.9	-13.7	-0.87
静岡・・・・	-25.6	-25.3	-0.70	沖縄・・・・	1.0	-0.1	-0.01
愛知・・・・	-25.8	-21.4	-0.29				
三重・・・・	-14.6	-13.5	-0.77	全国・・	-643.8	-555.5	-0.44

総務省統計局「人口推計」参考表より作成。算出に用いられた人口は各年10月 1 日現在のもので、2020年は国勢調査による確定人口、2021、22年は推計人口。

表 4-5　都道府県別の男女別人口と人口性比（総人口）（2022年10月1日現在）

	男（千人）	女（千人）	人口性比*		男（千人）	女（千人）	人口性比*
北海道‥	2 427	2 714	89.4	滋賀‥‥	695	714	97.4
青森‥‥	568	636	89.2	京都‥‥	1 217	1 333	91.3
岩手‥‥	570	611	93.3	大阪‥‥	4 202	4 580	91.7
宮城‥‥	1 112	1 168	95.2	兵庫‥‥	2 567	2 835	90.5
秋田‥‥	439	491	89.5	奈良‥‥	614	691	88.9
山形‥‥	505	536	94.1	和歌山‥	426	477	89.2
福島‥‥	884	906	97.6	鳥取‥‥	260	284	91.7
茨城‥‥	1 418	1 422	99.7	島根‥‥	318	340	93.8
栃木‥‥	952	956	99.6	岡山‥‥	896	966	92.7
群馬‥‥	947	966	98.0	広島‥‥	1 338	1 422	94.1
埼玉‥‥	3 643	3 694	98.6	山口‥‥	624	689	90.6
千葉‥‥	3 104	3 162	98.2	徳島‥‥	336	368	91.5
東京‥‥	6 889	7 149	96.4	香川‥‥	451	483	93.5
神奈川‥	4 579	4 653	98.4	愛媛‥‥	620	686	90.4
新潟‥‥	1 046	1 107	94.5	高知‥‥	320	356	89.7
富山‥‥	495	522	94.8	福岡‥‥	2 423	2 693	90.0
石川‥‥	543	575	94.4	佐賀‥‥	380	421	90.3
福井‥‥	368	385	95.6	長崎‥‥	604	679	88.9
山梨‥‥	394	408	96.6	熊本‥‥	814	904	90.1
長野‥‥	988	1 032	95.7	大分‥‥	526	581	90.6
岐阜‥‥	945	1 001	94.4	宮崎‥‥	497	555	89.5
静岡‥‥	1 766	1 816	97.3	鹿児島‥	738	825	89.5
愛知‥‥	3 734	3 761	99.3	沖縄‥‥	723	746	96.9
三重‥‥	851	891	95.6	全国‥‥	60 758	64 189	94.7

総務省統計局「人口推計」より作成。推計人口。＊女性100人に対する男性の数。

第4章　府県と都市

表 4-6　3大都市50キロ圏の人口 （2022年1月1日現在）

	東京50キロ圏		名古屋50キロ圏		大阪50キロ圏	
	人口（千人）	構成比（％）	人口（千人）	構成比（％）	人口（千人）	構成比（％）
0〜10キロ‥‥‥‥	4 162	12.1	2 337	25.1	4 345	26.2
10〜20キロ‥‥‥‥	9 699	28.3	2 397	25.8	3 919	23.7
20〜30キロ‥‥‥‥	8 191	23.9	1 821	19.6	2 749	16.6
30〜40キロ‥‥‥‥	7 362	21.5	2 185	23.5	3 033	18.3
40〜50キロ‥‥‥‥	4 855	14.2	554	6.0	2 507	15.1
計‥‥‥‥‥‥	34 270	100.0	9 293	100.0	16 553	100.0

国土地理協会「住民基本台帳人口・世帯数表」(2022年版) より作成。旧東京都庁（千代田区丸の内）、大阪市役所、名古屋市役所を中心とした半径50キロメートルの範囲にある地域を、中心から10キロメートルごとに分けたもの。

図 4-3　3 大都市圏中心部への流入人口と割合 (2020年10月1日現在)

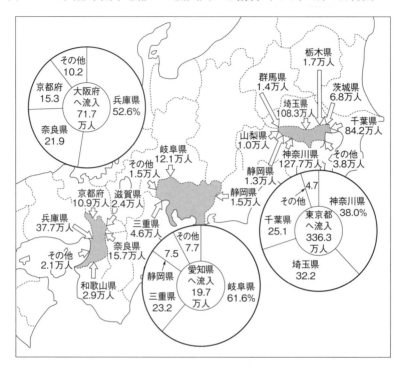

総務省統計局「国勢調査」より作成。不詳補完したもの。流入人口は常住地から通勤（15歳以上）・通学（15歳未満を含む）のために流入してくる人口。

表 4-7　大都市圏の昼間人口 (2020年10月1日現在)

	昼間人口（千人）	常住（夜間）人口（千人）	昼夜間人口比率		昼間人口（千人）	常住（夜間）人口（千人）	昼夜間人口比率
茨城····	2 799	2 867	97.6	愛知····	7 638	7 542	101.3
栃木····	1 914	1 933	99.0	三重····	1 742	1 770	98.4
群馬····	1 939	1 939	100.0				
埼玉····	6 435	7 345	87.6	滋賀····	1 366	1 414	96.6
千葉····	5 550	6 284	88.3	京都····	2 629	2 578	102.0
東京····	16 752	14 048	119.2	大阪····	9 228	8 838	104.4
神奈川··	8 306	9 237	89.9	兵庫····	5 210	5 465	95.3
				奈良····	1 195	1 324	90.2
岐阜····	1 906	1 979	96.3	和歌山··	908	923	98.4
静岡····	3 627	3 633	99.8				

総務省統計局「国勢調査」より作成。不詳補完したもの。3大都市圏およびその近郊。昼夜間人口比率は、常住人口100人あたりの昼間人口。

表4-8 **都道府県別の年齢別人口割合**（総人口）（2022年10月1日現在）（%）

	0〜14歳	15〜64歳	65歳以上		0〜14歳	15〜64歳	65歳以上
北海道‥	10.3	56.9	32.8	滋賀‥‥	13.2	60.0	26.8
青森‥‥	10.2	55.0	34.8	京都‥‥	11.1	59.3	29.6
岩手‥‥	10.6	54.9	34.6	大阪‥‥	11.4	60.9	27.7
宮城‥‥	11.3	59.8	28.9	兵庫‥‥	11.9	58.3	29.8
秋田‥‥	9.3	52.1	38.6	奈良‥‥	11.4	56.3	32.4
山形‥‥	10.9	54.3	34.8	和歌山‥	11.2	54.8	34.0
福島‥‥	11.0	56.3	32.7	鳥取‥‥	12.2	54.8	33.1
茨城‥‥	11.3	58.3	30.4	島根‥‥	12.0	53.3	34.7
栃木‥‥	11.4	58.7	29.9	岡山‥‥	12.1	57.1	30.8
群馬‥‥	11.3	57.9	30.8	広島‥‥	12.3	57.7	29.9
埼玉‥‥	11.5	61.1	27.4	山口‥‥	11.2	53.6	35.2
千葉‥‥	11.4	60.6	28.0	徳島‥‥	10.7	54.3	35.0
東京‥‥	10.9	66.3	22.8	香川‥‥	11.8	55.8	32.4
神奈川‥	11.4	62.8	25.8	愛媛‥‥	11.3	54.8	33.9
新潟‥‥	10.9	55.5	33.5	高知‥‥	10.6	53.3	36.1
富山‥‥	10.9	56.1	33.0	福岡‥‥	12.8	58.9	28.3
石川‥‥	11.8	57.9	30.3	佐賀‥‥	13.2	55.4	31.4
福井‥‥	12.2	56.6	31.2	長崎‥‥	12.3	53.8	33.9
山梨‥‥	11.1	57.4	31.5	熊本‥‥	13.0	54.9	32.1
長野‥‥	11.6	55.9	32.5	大分‥‥	11.8	54.2	33.9
岐阜‥‥	11.9	57.1	31.0	宮崎‥‥	12.9	53.7	33.4
静岡‥‥	11.7	57.6	30.7	鹿児島‥	12.9	53.6	33.5
愛知‥‥	12.6	61.7	25.6	沖縄‥‥	16.3	60.2	23.5
三重‥‥	11.7	57.9	30.5	全国‥‥	11.6	59.4	29.0

総務省統計局「人口推計」より作成。推計値。【☞府県別統計517ページ】

表4-9 **都道府県別の合計特殊出生率**（日本における日本人）（2021年）

北海道‥‥	1.20	東京‥‥	1.08	滋賀‥‥	1.46	香川‥‥	1.51
青森‥‥	1.31	神奈川‥	1.22	京都‥‥	1.22	愛媛‥‥	1.40
岩手‥‥	1.30	新潟‥‥	1.32	大阪‥‥	1.27	高知‥‥	1.45
宮城‥‥	1.15	富山‥‥	1.42	兵庫‥‥	1.36	福岡‥‥	1.37
秋田‥‥	1.22	石川‥‥	1.38	奈良‥‥	1.30	佐賀‥‥	1.56
山形‥‥	1.32	福井‥‥	1.57	和歌山‥	1.43	長崎‥‥	1.60
福島‥‥	1.36	山梨‥‥	1.43	鳥取‥‥	1.51	熊本‥‥	1.59
茨城‥‥	1.30	長野‥‥	1.44	島根‥‥	1.62	大分‥‥	1.54
栃木‥‥	1.31	岐阜‥‥	1.40	岡山‥‥	1.45	宮崎‥‥	1.64
群馬‥‥	1.35	静岡‥‥	1.36	広島‥‥	1.42	鹿児島‥	1.65
埼玉‥‥	1.22	愛知‥‥	1.41	山口‥‥	1.49	沖縄‥‥	1.80
千葉‥‥	1.21	三重‥‥	1.43	徳島‥‥	1.44	全国‥‥	1.30

厚生労働省「人口動態統計」より作成。

合計特殊出生率は、15〜49歳の女性の年齢別出生率を合計したもので、1人の女性がその年齢別出生率で一生の間に産むとしたときの子どもの数に相当する。

第4章 府県と都市

図 4-4 3大都市圏の転入超過数の推移

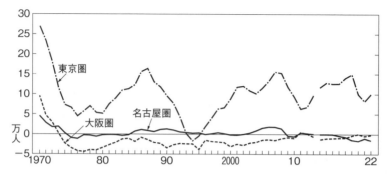

総務省「住民基本台帳人口移動報告」より作成。2013年までは日本人のみ、2014年
以降は日本人と外国人を合わせた移動者数。転入超過数は転入者数－転出者数。東
京圏は埼玉県、千葉県、東京都、神奈川県。名古屋圏は岐阜県、愛知県、三重県。
大阪圏は京都府、大阪府、兵庫県、奈良県。

表 4-10 都道府県別の世帯数と一般世帯1世帯の平均構成人員 (2020年)

	世帯数 (千世帯)	一般 世帯数[1] (千世帯)	一般世帯 平均構成 人員(人)		世帯数 (千世帯)	一般 世帯数[1] (千世帯)	一般世帯 平均構成 人員(人)
北海道‥	2 477	2 469	2.04	滋賀‥‥	571	571	2.44
青森‥‥	512	510	2.34	京都‥‥	1 191	1 189	2.12
岩手‥‥	492	491	2.39	大阪‥‥	4 136	4 127	2.10
宮城‥‥	983	981	2.30	兵庫‥‥	2 402	2 399	2.23
秋田‥‥	385	384	2.41	奈良‥‥	545	544	2.38
山形‥‥	398	397	2.61	和歌山‥	394	393	2.28
福島‥‥	743	740	2.42	鳥取‥‥	220	219	2.44
茨城‥‥	1 184	1 182	2.37	島根‥‥	270	268	2.40
栃木‥‥	797	795	2.38	岡山‥‥	801	800	2.30
群馬‥‥	805	803	2.35	広島‥‥	1 244	1 241	2.20
埼玉‥‥	3 163	3 158	2.28	山口‥‥	599	597	2.17
千葉‥‥	2 774	2 768	2.23	徳島‥‥	308	307	2.26
東京‥‥	7 227	7 217	1.92	香川‥‥	407	406	2.27
神奈川‥	4 224	4 210	2.15	愛媛‥‥	601	600	2.16
新潟‥‥	865	863	2.48	高知‥‥	315	314	2.11
富山‥‥	404	403	2.50	福岡‥‥	2 323	2 318	2.15
石川‥‥	470	469	2.34	佐賀‥‥	313	311	2.51
福井‥‥	292	291	2.57	長崎‥‥	558	556	2.27
山梨‥‥	339	338	2.34	熊本‥‥	719	717	2.34
長野‥‥	832	830	2.41	大分‥‥	489	488	2.22
岐阜‥‥	781	779	2.49	宮崎‥‥	470	469	2.20
静岡‥‥	1 483	1 481	2.40	鹿児島‥	728	726	2.11
愛知‥‥	3 238	3 233	2.29	沖縄‥‥	615	613	2.33
三重‥‥	743	741	2.33	全国‥‥	**55 830**	**55 705**	**2.21**

資料は表4-7に同じ。2020年10月1日現在。1) 一般世帯については表3-6参照。

〔市町村〕　2022年１月１日現在の市町村数は1718で、2015年以降変化していない。1990年代より地方分権の推進や、行政の広域化による財政基盤の強化が求められた中で、1999〜2010年に政府主導で「平成の大合併」が進んで、市町村数はおよそ1500減少した。

　2022年１月１日現在の住民基本台帳人口で、人口が最も多いのは横浜市の376万人、次いで大阪市の273万人であった（東京都区部は952万人）。また、最も少ないのは東京都青ヶ島村の170人であった。前年からの増減数をみると、人口が最も増えたのはさいたま市で7637人増、最も減ったのは京都市で１万1913人減であった。

表 4-11　**市部・町村部の人口・面積・人口密度**（各年10月１日現在）

	1995	2000	2005	2010	2015	2020
人口（千人）						
市部‥‥‥‥	98 009	99 865	110 264	116 157	116 137	115 758
町村部‥‥‥	27 561	27 061	17 504	11 901	10 958	10 388
面積（km²）						
市部‥‥‥‥	105 092	105 999	181 792	216 209	216 974	217 100
町村部‥‥‥	271 458	270 782	195 026	161 655	160 913	160 792
人口密度[1]						
（１km²につき人）						
市部‥‥‥‥	933	943	607	538	535	533
町村部‥‥‥	103	102	92	76	70	67

総務省統計局「国勢調査」より作成。市部には東京都特別区部を含む。面積には所属未定の湖沼などを含まない。2020年の面積は国土地理院「全国都道府県市区町村別面積調」により、同年の人口密度は編者算出。1) 北方領土と竹島を除く。

表 4-12　**市町村の数**（2022年１月１日現在）

市		町村	
100万人以上‥‥‥‥‥	11	4万人以上‥‥‥‥‥‥	20
500 000〜999 999人‥‥	16 （ 8）	30 000〜39 999人‥‥‥‥	45
300 000〜499 999人‥‥	45 （ 5）	20 000〜29 999人‥‥‥‥	78
100 000〜299 999人‥‥	187 （ 9）	10 000〜19 999人‥‥‥‥	264
50 000〜 99 999人‥‥	245 （ 1）	5 000〜 9 999人‥‥‥‥	230
30 000〜 49 999人‥‥	176	1 000〜 4 999人‥‥‥‥	256
３万人未満‥‥‥‥‥	112	1 000人未満‥‥‥‥‥‥	33
計‥‥‥‥‥‥	792 (23)	計‥‥‥‥‥‥	926

総務省「住民基本台帳に基づく人口、人口動態及び世帯数」より作成。カッコ内の数字は東京都特別区で、792市の中には含まない。北方領土の６村は含まない。

表 4-13　市の人口（Ⅰ）（2022年1月1日現在）（単位　人）

市	人口	市	人口	市	人口
北海道（35）		五所川原		大館　おおだて	69 293
札幌　さっぽろ	1 960 668	ごしょがわら	52 432	能代　のしろ	50 397
旭川　あさひかわ	327 960	三沢　みさわ	38 744	湯沢　ゆざわ	42 450
函館　はこだて	248 106	黒石　くろいし	31 975	潟上　かたがみ	32 168
苫小牧とまこまい	169 528	つがる	30 777	北秋田きたあきた	30 112
帯広　おびひろ	165 047	平川　ひらかわ	30 505	鹿角　かづの	29 169
釧路　くしろ	163 110	**岩手県（14）**		男鹿　おが	25 531
江別　えべつ	119 701	盛岡　もりおか	285 270	仙北　せんぼく	24 740
北見　きたみ	114 326	奥州　おうしゅう	113 162	にかほ	23 490
小樽　おたる	110 426	一関　いちのせき	111 792	**山形県（13）**	
千歳　ちとせ	97 716	花巻　はなまき	93 493	山形　やまがた	242 284
室蘭　むろらん	79 986	北上　きたかみ	92 413	鶴岡　つるおか	122 203
岩見沢いわみざわ	78 112	滝沢　たきざわ	55 642	酒田　さかた	98 795
恵庭　えにわ	70 108	宮古　みやこ	49 274	米沢　よねざわ	78 118
石狩　いしかり	58 096	大船渡おおふなと	34 285	天童　てんどう	61 496
北広島		久慈　くじ	33 344	東根　ひがしね	47 950
きたひろしま	57 767	釜石　かまいし	31 413	寒河江　さがえ	40 452
登別　のぼりべつ	46 135	二戸　にのへ	25 665	新庄　しんじょう	34 127
北斗　ほくと	45 025	遠野　とおの	25 526	南陽　なんよう	30 295
滝川　たきかわ	38 780	八幡平はちまんたい	24 287	上山　かみのやま	29 092
網走　あばしり	34 016	陸前高田		長井　ながい	25 786
伊達　だて	32 901	りくぜんたかた	18 338	村山　むらやま	22 652
稚内　わっかない	32 280	**宮城県（14）**		尾花沢おばなざわ	14 913
名寄　なよろ	26 663	仙台　せんだい	1 065 365	**福島県（13）**	
根室　ねむろ	24 231	石巻　いしのまき	138 686	郡山　こおりやま	319 702
紋別　もんべつ	20 928	大崎　おおさき	126 836	いわき	314 913
富良野　ふらの	20 617	名取　なとり	79 504	福島　ふくしま	273 348
美唄　びばい	20 001	登米　とめ	76 120	会津若松	
留萌　るもい	19 739	栗原　くりはら	64 621	あいづわかまつ	115 556
深川　ふかがわ	19 658	多賀城たがじょう	62 136	須賀川　すかがわ	75 123
士別　しべつ	17 676	気仙沼けせんぬま	60 151	白河　しらかわ	59 430
砂川　すながわ	16 169	塩竈　しおがま	52 995	南相馬みなみそうま	58 467
芦別　あしべつ	12 430	富谷　とみや	52 494	伊達　だて	58 320
赤平　あかびら	9 368	岩沼　いわぬま	43 878	二本松にほんまつ	52 892
三笠　みかさ	7 930	東松島ひがしまつしま	39 304	喜多方　きたかた	46 004
夕張　ゆうばり	7 055	白石　しろいし	32 526	田村　たむら	34 947
歌志内うたしない	2 916	角田　かくだ	27 770	相馬　そうま	33 831
青森県（10）		**秋田県（13）**		本宮　もとみや	30 040
青森　あおもり	275 099	秋田　あきた	303 122	**茨城県（32）**	
八戸　はちのへ	223 434	横手　よこて	85 912	水戸　みと	271 156
弘前　ひろさき	166 385	大仙　だいせん	77 946	つくば	246 541
十和田　とわだ	59 666	由利本荘		日立　ひたち	172 599
むつ	54 967	ゆりほんじょう	73 941	ひたちなか	157 140

市の人口（Ⅱ）（2022年1月1日現在）（単位　人）

市		人口	市		人口	市		人口
古河	こが	141 371	さくら		44 006	和光	わこう	83 746
土浦	つちうら	141 300	矢板	やいた	31 373	行田	ぎょうだ	79 324
取手	とりで	105 967	那須烏山			飯能	はんのう	78 630
筑西	ちくせい	102 235		なすからすやま	25 130	本庄	ほんじょう	77 720
神栖	かみす	95 073	**群馬県 (12)**			志木	しき	76 595
牛久	うしく	84 497	高崎	たかさき	370 806	蕨	わらび	75 391
龍ケ崎	りゅうがさき	76 264	前橋	まえばし	333 263	桶川	おけがわ	74 822
笠間	かさま	74 367	太田	おおた	223 022	吉川	よしかわ	73 182
石岡	いしおか	72 680	伊勢崎	いせさき	212 536	鶴ヶ島	つるがしま	70 069
守谷	もりや	69 966	桐生	きりゅう	106 379	北本	きたもと	65 817
鹿嶋	かしま	67 031	館林	たてばやし	74 940	蓮田	はすだ	61 563
常総	じょうそう	62 057	渋川	しぶかわ	74 856	秩父	ちちぶ	60 314
那珂	なか	54 279	藤岡	ふじおか	63 564	日高	ひだか	54 852
坂東	ばんどう	52 928	安中	あんなか	56 078	羽生	はにゅう	54 051
つくばみらい		52 469	みどり		49 768	白岡	しらおか	52 705
結城	ゆうき	50 540	富岡	とみおか	47 021	幸手	さって	49 721
小美玉	おみたま	49 445	沼田	ぬまた	46 009	**千葉県 (37)**		
常陸太田			**埼玉県 (40)**			千葉	ちば	976 328
	ひたちおおた	49 236	さいたま		1 332 226	船橋	ふなばし	645 718
鉾田	ほこた	47 287	川口	かわぐち	605 545	松戸	まつど	496 899
下妻	しもつま	42 703	川越	かわごえ	353 235	市川	いちかわ	490 843
北茨城	きたいばらき	41 968	越谷	こしがや	345 047	柏	かしわ	431 267
かすみがうら		40 737	所沢	ところざわ	343 637	市原	いちはら	271 740
常陸大宮			草加	そうか	250 824	流山	ながれやま	204 512
	ひたちおおみや	40 016	春日部	かすかべ	232 864	八千代	やちよ	203 354
桜川	さくらがわ	39 845	上尾	あげお	230 507	習志野	ならしの	175 372
稲敷	いなしき	39 111	熊谷	くまがや	193 820	佐倉	さくら	172 232
行方	なめがた	32 956	新座	にいざ	166 108	浦安	うらやす	168 658
高萩	たかはぎ	27 414	久喜	くき	151 669	野田	のだ	153 807
潮来	いたこ	27 279	狭山	さやま	149 692	木更津	きさらづ	136 047
栃木県 (14)			入間	いるま	146 309	我孫子	あびこ	131 402
宇都宮	うつのみや	519 136	朝霞	あさか	143 585	成田	なりた	130 318
小山	おやま	167 652	三郷	みさと	143 046	鎌ケ谷	かまがや	109 871
栃木	とちぎ	156 930	深谷	ふかや	142 383	印西	いんざい	107 633
足利	あしかが	144 055	戸田	とだ	141 324	四街道	よつかいどう	95 851
那須塩原			鴻巣	こうのす	117 660	茂原	もばら	87 814
	なすしおばら	117 005	ふじみ野	ふじみの	114 279	君津	きみつ	82 103
佐野	さの	116 239	富士見	ふじみ	112 420	香取	かとり	73 129
鹿沼	かぬま	95 587	加須	かぞ	112 235	八街	やちまた	67 739
真岡	もおか	79 634	坂戸	さかど	99 992	袖ケ浦	そでがうら	65 360
日光	にっこう	78 784	八潮	やしお	92 192	旭	あさひ	64 009
大田原	おおたわら	70 194	東松山			白井	しろい	62 726
下野	しもつけ	60 202		ひがしまつやま	90 385	銚子	ちょうし	57 589

第4章　府県と都市

市の人口（Ⅲ）（2022年1月1日現在）（単位　人）

市	人口	市	人口	市	人口
東金　とうがね	57 248	小平　こだいら	195 361	南足柄	
山武　さんむ	49 491	三鷹　みたか	190 590	みなみあしがら	41 254
富里　とみさと	49 404	日野　ひの	187 304	**新潟県（20）**	
大網白里		立川　たちかわ	185 124	新潟　にいがた	779 613
おおあみしらさと	48 679	東村山		長岡　ながおか	263 728
館山　たてやま	45 265	ひがしむらやま	151 695	上越　じょうえつ	187 021
富津　ふっつ	42 665	武蔵野　むさしの	148 025	新発田　しばた	95 147
いすみ	36 575	多摩　たま	147 528	三条　さんじょう	94 521
南房総		青梅　おうめ	131 124	柏崎　かしわざき	80 297
みなみぼうそう	36 268	国分寺こくぶんじ	127 792	燕　つばめ	78 111
匝瑳　そうさ	34 932	小金井　こがねい	124 617	村上　むらかみ	57 111
鴨川　かもがわ	31 842	東久留米		南魚沼	
勝浦　かつうら	16 386	ひがしくるめ	117 091	みなみうおぬま	54 605
東京都（26）*		昭島　あきしま	113 829	佐渡　さど	51 915
特別区部（23区）	9 522 872	稲城　いなぎ	93 007	十日町とおかまち	50 164
世田谷せたがや	916 208	東大和ひがしやまと	85 285	五泉　ごせん	48 091
練馬　ねりま	738 358	狛江　こまえ	83 022	阿賀野　あがの	40 860
大田　おおた	728 703	あきる野あきるの	80 112	糸魚川いといがわ	40 534
江戸川えどがわ	689 739	国立　くにたち	76 317	見附　みつけ	39 500
足立　あだち	689 106	清瀬　きよせ	74 948	魚沼　うおぬま	34 363
杉並　すぎなみ	569 703	武蔵村山		小千谷　おぢや	34 062
板橋　いたばし	567 214	むさしむらやま	71 872	妙高　みょうこう	30 828
江東　こうとう	525 952	福生　ふっさ	56 274	胎内　たいない	28 043
葛飾　かつしか	462 083	羽村　はむら	54 609	加茂　かも	25 625
品川　しながわ	403 699	**神奈川県（19）**		**富山県（10）**	
北　きた	351 278	横浜　よこはま	3 755 793	富山　とやま	411 222
新宿しんじゅく	341 222	川崎　かわさき	1 522 390	高岡　たかおか	167 216
中野　なかの	332 017	相模原さがみはら	719 112	射水　いみず	91 780
豊島　としま	283 342	藤沢　ふじさわ	443 053	南砺　なんと	48 624
目黒　めぐろ	278 276	横須賀　よこすか	392 817	砺波　となみ	47 626
墨田　すみだ	275 724	平塚　ひらつか	255 987	氷見　ひみ	44 906
港　みなと	257 183	茅ヶ崎　ちがさき	245 852	黒部　くろべ	40 497
渋谷　しぶや	229 013	大和　やまと	242 937	魚津　うおづ	40 477
文京ぶんきょう	226 332	厚木　あつぎ	223 451	滑川　なめりかわ	33 039
荒川　あらかわ	215 543	小田原　おだわら	188 739	小矢部　おやべ	28 977
台東　たいとう	203 709	鎌倉　かまくら	177 051	**石川県（11）**	
中央ちゅうおう	171 419	秦野　はだの	159 985	金沢　かなざわ	448 702
千代田　ちよだ	67 049	海老名　えびな	136 965	白山　はくさん	113 136
八王子はちおうじ	561 758	座間　ざま	131 709	小松　こまつ	106 877
町田　まちだ	430 385	伊勢原　いせはら	99 795	加賀　かが	64 276
府中　ふちゅう	260 253	綾瀬　あやせ	84 445	野々市　ののいち	53 981
調布　ちょうふ	237 939	逗子　ずし	59 391	七尾　ななお	50 182
西東京にしとうきょう	205 805	三浦　みうら	41 817	能美　のみ	49 769

市の人口（Ⅳ）（2022年1月1日現在）（単位　人）

市	人口	市	人口	市	人口
かほく	35 854	中野　なかの	43 477	湖西　こさい	58 643
輪島　わじま	24 904	小諸　こもろ	41 756	裾野　すその	50 425
羽咋　はくい	20 570	駒ヶ根　こまがね	32 189	菊川　きくがわ	47 880
珠洲　すず	13 334	東御　とうみ	29 677	伊豆の国	
福井県（9）		大町　おおまち	26 425	いずのくに	47 583
福井　ふくい	259 642	飯山　いいやま	20 059	牧之原まきのはら	43 936
坂井　さかい	89 961	**岐阜県（21）**		熱海　あたみ	35 167
越前　えちぜん	81 968	岐阜　ぎふ	404 304	御前崎おまえざき	31 181
鯖江　さばえ	69 400	大垣　おおがき	159 894	伊豆　いず	29 319
敦賀　つるが	64 333	各務原かかみがはら	146 136	下田　しもだ	20 494
大野　おおの	31 622	多治見　たじみ	108 158	**愛知県（38）**	
小浜　おばま	28 622	可児　かに	100 765	名古屋　なごや	2 293 437
あわら	27 244	関　せき	86 273	豊田　とよた	419 249
勝山　かつやま	22 144	高山　たかやま	85 463	岡崎　おかざき	385 355
山梨県（13）		中津川なかつがわ	76 348	一宮　いちのみや	382 349
甲府　こうふ	186 249	羽島　はしま	67 106	豊橋　とよはし	372 604
甲斐　かい	76 343	美濃加茂みのかも	57 171	春日井　かすがい	309 788
南アルプス		土岐　とき	56 547	安城　あんじょう	189 334
みなみあるぷす	71 496	瑞穂　みずほ	55 518	豊川　とよかわ	186 775
笛吹　ふえふき	68 264	恵那　えな	48 371	西尾　にしお	170 868
富士吉田ふじよしだ	47 744	郡上　ぐじょう	39 761	刈谷　かりや	152 443
北杜　ほくと	46 378	瑞浪　みずなみ	36 482	小牧　こまき	150 982
山梨　やまなし	33 842	本巣　もとす	33 302	稲沢　いなざわ	135 271
中央　ちゅうおう	30 766	海津　かいづ	32 980	瀬戸　せと	128 753
甲州　こうしゅう	30 447	下呂　げろ	30 738	半田　はんだ	118 535
都留　つる	29 516	山県　やまがた	25 983	東海　とうかい	114 107
韮崎　にらさき	28 522	飛騨　ひだ	23 028	江南　こうなん	99 696
大月　おおつき	22 629	美濃　みの	19 785	日進　にっしん	93 017
上野原うえのはら	22 365	**静岡県（23）**		大府　おおぶ	92 698
長野県（19）		浜松　はままつ	795 771	あま	88 885
長野　ながの	371 651	静岡　しずおか	689 079	北名古屋	
松本　まつもと	236 968	富士　ふじ	250 709	きたなごや	86 213
上田　うえだ	154 615	沼津　ぬまづ	191 256	知多　ちた	84 719
佐久　さく	98 439	磐田　いわた	168 175	尾張旭おわりあさひ	84 034
飯田　いいだ	98 398	藤枝　ふじえだ	143 580	蒲郡　がまごおり	79 261
安曇野　あづみの	96 752	焼津　やいづ	137 722	犬山　いぬやま	73 030
伊那　いな	66 528	富士宮ふじのみや	130 153	碧南　へきなん	72 727
塩尻　しおじり	66 329	掛川　かけがわ	116 418	知立　ちりゅう	72 087
千曲　ちくま	59 833	三島　みしま	108 350	清須　きよす	69 300
茅野　ちの	55 108	島田　しまだ	97 028	豊明　とよあけ	68 511
須坂　すざか	50 062	袋井　ふくろい	88 127	愛西　あいさい	62 112
諏訪　すわ	48 636	御殿場　ごてんば	86 778	みよし	61 245
岡谷　おかや	48 095	伊東　いとう	67 074	津島　つしま	60 977

市の人口（V）（2022年1月1日現在）（単位　人）

市	人口	市	人口	市	人口
長久手　ながくて	60 517	木津川　きづがわ	79 707	藤井寺ふじいでら	63 532
田原　たはら	60 082	舞鶴　まいづる	79 499	泉南　せんなん	60 317
常滑　とこなめ	58 499	福知山ふくちやま	76 568	大阪狭山	
高浜　たかはま	49 280	城陽　じょうよう	75 274	おおさかさやま	58 496
岩倉　いわくら	47 838	京田辺		高石　たかいし	57 226
新城　しんしろ	44 501	きょうたなべ	70 848	四條畷	
弥富　やとみ	44 060	八幡　やわた	69 952	しじょうなわて	55 015
三重県（14）		向日　むこう	57 116	阪南　はんなん	52 299
四日市よっかいち	309 825	京丹後		**兵庫県（29）**	
津　つ	274 065	きょうたんご	52 845	神戸　こうべ	1 517 627
鈴鹿　すずか	197 512	綾部　あやべ	32 384	姫路　ひめじ	530 877
松阪　まつさか	160 624	南丹　なんたん	30 781	西宮　にしのみや	483 394
桑名　くわな	140 134	宮津　みやづ	17 025	尼崎　あまがさき	460 148
伊勢　いせ	123 189	**大阪府（33）**		明石　あかし	304 906
伊賀　いが	88 325	大阪　おおさか	2 732 197	加古川　かこがわ	261 661
名張　なばり	76 909	堺　さかい	826 158	宝塚　たからづか	232 171
亀山　かめやま	49 438	東大阪		伊丹　いたみ	202 978
志摩　しま	47 272	ひがしおおさか	482 133	川西　かわにし	155 826
いなべ	44 919	豊中　とよなか	408 802	三田　さんだ	109 696
鳥羽　とば	17 648	枚方　ひらかた	397 681	芦屋　あしや	95 430
尾鷲　おわせ	16 802	吹田　すいた	378 869	高砂　たかさご	88 968
熊野　くまの	16 112	高槻　たかつき	349 941	豊岡　とよおか	78 870
滋賀県（13）		茨木　いばらき	283 504	三木　みき	75 571
大津　おおつ	344 247	八尾　やお	263 693	たつの	74 750
草津　くさつ	137 268	寝屋川　ねやがわ	229 177	丹波　たんば	62 411
長浜　ながはま	115 850	岸和田　きしわだ	190 853	小野　おの	47 833
東近江ひがしおうみ	113 012	和泉　いずみ	184 615	赤穂　あこう	46 039
彦根　ひこね	111 807	守口　もりぐち	142 655	南あわじ	
甲賀　こうか	89 511	箕面　みのお	139 126	みなみあわじ	45 845
守山　もりやま	84 980	門真　かどま	119 161	加西　かさい	42 721
近江八幡		大東　だいとう	118 326	淡路　あわじ	42 721
おうみはちまん	82 101	松原　まつばら	117 801	洲本　すもと	42 307
栗東　りっとう	70 364	羽曳野　はびきの	109 565	丹波篠山	
湖南　こなん	54 629	富田林とんだばやし	108 989	たんばささやま	40 316
野洲　やす	50 658	池田　いけだ	103 387	加東　かとう	39 842
高島　たかしま	46 926	河内長野		西脇　にしわき	39 203
米原　まいばら	38 136	かわちながの	101 838	宍粟　しそう	36 010
京都府（15）		泉佐野いずみさの	98 840	朝来　あさご	29 165
京都　きょうと	1 388 807	摂津　せっつ	86 689	相生　あいおい	28 410
宇治　うじ	183 510	貝塚　かいづか	83 995	養父　やぶ	22 389
亀岡　かめおか	87 518	交野　かたの	77 431	**奈良県（12）**	
長岡京		泉大津いずみおおつ	73 807	奈良　なら	353 158
ながおかきょう	81 169	柏原　かしわら	67 759	橿原　かしはら	120 467

市の人口（Ⅵ）（2022年1月1日現在）（単位　人）

市	人口	市	人口	市	人口
生駒　いこま	118 485	赤磐　あかいわ	43 602	徳島　とくしま	250 723
大和郡山		真庭　まにわ	43 424	阿南　あなん	70 785
やまとこおりやま	84 644	井原　いばら	38 818	鳴門　なると	55 466
香芝　かしば	78 981	瀬戸内　せとうち	36 667	吉野川よしのがわ	39 543
大和高田		浅口　あさくち	33 607	小松島こまつしま	36 391
やまとたかだ	63 298	備前　びぜん	32 667	阿波　あわ	35 878
天理　てんり	63 173	高梁　たかはし	28 466	美馬　みま	27 771
桜井　さくらい	55 760	新見　にいみ	27 833	三好　みよし	24 115
葛城　かつらぎ	37 755	美作　みまさか	26 531	香川県（8）	
五條　ごじょう	28 744	広島県（14）		高松　たかまつ	424 414
宇陀　うだ	28 590	広島　ひろしま	1 189 149	丸亀　まるがめ	112 302
御所　ごせ	24 515	福山　ふくやま	463 324	三豊　みとよ	63 195
和歌山県（9）		呉　くれ	213 008	観音寺かんおんじ	58 487
和歌山　わかやま	362 662	東広島		坂出　さかいで	51 370
田辺　たなべ	70 880	ひがしひろしま	189 039	さぬき	46 561
橋本　はしもと	61 019	尾道　おのみち	131 887	善通寺ぜんつうじ	31 037
紀の川　きのかわ	60 559	廿日市		東かがわ	
岩出　いわで	54 161	はつかいち	116 649	ひがしかがわ	29 037
海南　かいなん	48 717	三原　みはら	90 320	愛媛県（11）	
新宮　しんぐう	27 420	三次　みよし	50 398	松山　まつやま	507 211
有田　ありだ	26 713	府中　ふちゅう	37 226	今治　いまばり	153 532
御坊　ごぼう	22 386	庄原　しょうばら	33 368	新居浜　にいはま	116 624
鳥取県（4）		安芸高田		西条　さいじょう	106 842
鳥取　とっとり	184 557	あきたかた	27 531	四国中央	
米子　よなご	146 899	大竹　おおたけ	26 339	しこくちゅうおう	84 404
倉吉　くらよし	45 574	竹原　たけはら	24 071	宇和島　うわじま	71 448
境港さかいみなと	33 281	江田島　えたじま	21 770	大洲　おおず	41 300
島根県（8）		山口県（13）		伊予　いよ	36 107
松江　まつえ	199 432	下関　しものせき	253 996	西予　せいよ	35 876
出雲　いずも	174 693	山口　やまぐち	189 576	東温　とうおん	33 299
浜田　はまだ	51 546	宇部　うべ	161 767	八幡浜やわたはま	31 898
益田　ますだ	44 976	周南　しゅうなん	139 488	高知県（11）	
安来　やすぎ	37 116	岩国　いわくに	130 340	高知　こうち	322 526
雲南　うんなん	36 373	防府　ほうふ	114 427	南国　なんこく	46 648
大田　おおだ	33 243	山陽小野田		香南　こうなん	33 187
江津　ごうつ	22 493	さんようおのだ	60 850	四万十　しまんと	32 904
岡山県（15）		下松　くだまつ	57 294	土佐　とさ	26 497
岡山　おかやま	704 487	光　ひかり	49 870	香美　かみ	25 676
倉敷　くらしき	479 861	萩　はぎ	44 575	須崎　すさき	20 603
津山　つやま	98 811	長門　ながと	32 336	宿毛　すくも	19 539
総社　そうじゃ	69 837	柳井　やない	30 550	安芸　あき	16 592
玉野　たまの	56 799	美祢　みね	22 756	土佐清水とさしみず	12 603
笠岡　かさおか	46 270	徳島県（8）		室戸　むろと	12 319

市の人口（Ⅶ）（2022年1月1日現在）（単位　人）

市	人口	市	人口	市	人口
福岡県（29）		長崎　ながさき	406 116	豊後高田	
福岡　ふくおか	1 568 265	佐世保　させぼ	243 074	ぶんごたかだ	22 294
北九州		諫早　いさはや	135 349	竹田　たけた	20 412
きたきゅうしゅう	936 586	大村　おおむら	97 824	津久見　つくみ	16 307
久留米　くるめ	303 052	島原　しまばら	43 670	**宮崎県（9）**	
飯塚　いいづか	126 555	南島原		宮崎　みやざき	400 918
春日　かすが	113 164	みなみしまばら	43 449	都城みやこのじょう	162 572
大牟田　おおむた	110 266	雲仙　うんぜん	42 227	延岡　のべおか	119 352
筑紫野　ちくしの	105 692	五島　ごとう	35 577	日向　ひゅうが	59 953
糸島　いとしま	103 188	平戸　ひらど	29 777	日南　にちなん	50 958
大野城おおのじょう	101 925	対馬　つしま	29 019	小林　こばやし	44 047
宗像　むなかた	97 214	西海　さいかい	26 323	西都　さいと	29 190
行橋　ゆくはし	72 778	壱岐　いき	25 494	えびの	18 267
太宰府　だざいふ	71 834	松浦　まつうら	21 700	串間　くしま	17 394
福津　ふくつ	67 851	**熊本県（14）**		**鹿児島県（19）**	
柳川　やながわ	63 969	熊本　くまもと	731 722	鹿児島　かごしま	600 318
八女　やめ	61 405	八代　やつしろ	123 982	霧島　きりしま	124 826
古賀　こが	59 499	天草　あまくさ	76 683	鹿屋　かのや	101 522
小郡　おごおり	59 434	玉名　たまな	64 753	薩摩川内	
直方　のおがた	55 941	合志　こうし	63 701	さつませんだい	93 176
朝倉　あさくら	51 468	宇城　うき	57 981	姶良　あいら	77 904
那珂川　なかがわ	50 228	荒尾　あらお	50 976	出水　いずみ	52 646
筑後　ちくご	49 283	山鹿　やまが	50 051	日置　ひおき	47 452
田川　たがわ	46 202	菊池　きくち	47 414	奄美　あまみ	42 157
中間　なかま	40 348	宇土　うと	36 584	指宿　いぶすき	39 138
嘉麻　かま	36 271	人吉　ひとよし	31 136	曽於　そお	34 075
みやま	36 033	上天草		南九州	
大川　おおかわ	32 852	かみあまくさ	25 652	みなみきゅうしゅう	33 478
うきは	28 564	阿蘇　あそ	25 213	南さつま	
宮若　みやわか	27 080	水俣　みなまた	23 246	みなみさつま	32 909
豊前　ぶぜん	24 493	**大分県（14）**		志布志　しぶし	30 179
佐賀県（10）		大分　おおいた	477 584	いちき串木野	
佐賀　さが	230 316	別府　べっぷ	113 454	いちきくしきの	26 800
唐津　からつ	118 400	中津　なかつ	83 110	伊佐　いさ	24 509
鳥栖　とす	74 037	佐伯　さいき	68 364	枕崎　まくらざき	20 020
伊万里　いまり	53 336	日田　ひた	62 983	阿久根　あくね	19 314
武雄　たけお	48 151	宇佐　うさ	54 000	西之表	
小城　おぎ	44 639	臼杵　うすき	36 830	にしのおもて	14 725
神埼　かんざき	30 891	豊後大野		垂水　たるみず	13 885
鹿島　かしま	28 258	ぶんごおおの	34 082	**沖縄県（11）**	
嬉野　うれしの	25 323	由布　ゆふ	33 811	那覇　なは	318 339
多久　たく	18 569	杵築　きつき	27 638	沖縄　おきなわ	143 119
長崎県（13）		国東　くにさき	26 543	うるま	125 701

市の人口（Ⅷ）（2022年1月1日現在）（単位　人）

市	人口	市	人口	市	人口
浦添　うらそえ	115 744	名護　なご	64 036	石垣　いしがき	49 745
宜野湾　ぎのわん	100 317	糸満　いとまん	62 375	南城　なんじょう	45 577
豊見城とみぐすく	65 940	宮古島みやこじま	55 466		

総務省「住民基本台帳に基づく人口、人口動態及び世帯数」より作成。都道府県名の横の数字は市の数。市の読み方は政府統計ウェブサイトによる。＊東京23区は含まない。

表 4-14　主な市の面積・人口・人口密度（2022年）

	面積 (km²)	人口 (千人)	人口密度 (1km²につき 人)		面積 (km²)	人口 (千人)	人口密度 (1km²につき 人)
（東京23区）	628	9 523	15 175	市川····	57	491	8 544
横浜＊···	438	3 756	8 575	西宮····	100	483	4 836
大阪＊···	225	2 732	12 125	東大阪···	62	482	7 804
名古屋＊··	327	2 293	7 024	倉敷····	356	480	1 348
札幌＊···	1 121	1 961	1 749	大分····	502	478	951
福岡＊···	343	1 568	4 566	福山····	518	463	895
川崎＊···	143	1 522	10 649	尼崎····	51	460	9 074
神戸＊···	557	1 518	2 724	金沢····	469	449	957
京都＊···	828	1 389	1 678	藤沢····	70	443	6 369
さいたま＊	217	1 332	6 127	柏······	115	431	3 759
広島＊···	907	1 189	1 312	町田····	72	430	6 015
仙台＊···	786	1 065	1 355	高松····	376	424	1 130
千葉＊···	272	976	3 593	豊田····	918	419	457
北九州＊·	493	937	1 902	富山····	1 242	411	331
堺＊·····	150	826	5 514	豊中····	36	409	11 234
浜松＊···	1 558	796	511	長崎····	406	406	1 001
新潟＊···	726	780	1 073	岐阜····	204	404	1 986
熊本＊···	390	732	1 875	宮崎····	644	401	623
相模原＊·	329	719	2 186	枚方····	65	398	6 107
岡山＊···	790	704	892	横須賀···	101	393	3 897
静岡＊···	1 412	689	488	岡崎····	387	385	995
船橋····	86	646	7 542	一宮····	114	382	3 359
川口····	62	606	9 775	吹田····	36	379	10 498
鹿児島···	548	600	1 096	豊橋····	262	373	1 422
八王子··	186	562	3 014	長野····	835	372	445
姫路····	535	531	993	高崎····	459	371	808
宇都宮···	417	519	1 245	和歌山···	209	363	1 736
松山····	429	507	1 181	川越····	109	353	3 237
松戸····	61	497	8 095	奈良····	277	353	1 275

国土地理院「全国都道府県市区町村別面積調」および総務省「住民基本台帳に基づく人口、人口動態及び世帯数」より作成。面積は2022年10月1日、人口は1月1日現在。人口密度は面積と人口を用いて編者算出。人口の多い順に掲載。＊政令指定都市。

第4章　府県と都市

表 4-15　世界の主要都市の人口（単位　千人）

	国名	調査年	市域人口	郊外を含む人口
東京‥‥‥‥‥‥‥‥‥‥‥	日本	2020	1) *9 733	2) *14 048
チョンチン（重慶）‥‥‥‥	中国	2020	22 290	32 090
シャンハイ（上海）‥‥‥‥	〃	〃	22 220	24 880
ペキン（北京）‥‥‥‥‥	〃	〃	19 160	21 890
テンチン（天津）‥‥‥‥‥	〃	〃	11 740	13 870
チョンツー（成都）‥‥‥‥	〃	〃	16 500	20 950
シーチアチョワン（石家荘）	〃	〃	7 890	11 240
シーアン（西安）‥‥‥‥‥	〃	〃	10 260	12 960
コワンチョウ（広州）‥‥‥	〃	〃	16 150	18 740
テヘラン‥‥‥‥‥‥‥‥‥	イラン	2016	*8 694	‥‥
ムンバイ‥‥‥‥‥‥‥‥#	インド	2011	‥‥	*12 442
デリー‥‥‥‥‥‥‥‥‥#	〃	〃	‥‥	*11 035
ベンガルール‥‥‥‥‥‥#	〃	〃	‥‥	*8 495
ジャカルタ‥‥‥‥‥‥‥	インドネシア	2020	*10 562	‥‥
ソウル‥‥‥‥‥‥‥‥‥	韓国	2020	9 602	‥‥
バンコク‥‥‥‥‥‥‥‥	タイ	2021		8 393
イスタンブール‥‥‥‥‥	トルコ	2020		15 462
カラチ‥‥‥‥‥‥‥‥‥#	パキスタン	2017	*14 910	‥‥
ダッカ‥‥‥‥‥‥‥‥‥#	バングラデシュ	2011	*8 906	‥‥
マニラ‥‥‥‥‥‥‥‥‥	フィリピン	2020	*1 847	‥‥
カイロ‥‥‥‥‥‥‥‥‥	エジプト	2017	‥‥	*9 540
ロンドン‥‥‥‥‥‥‥‥	イギリス	2011	*8 136	‥‥
マドリード‥‥‥‥‥‥‥	スペイン	2020	3 320	‥‥
ベルリン‥‥‥‥‥‥‥‥	ドイツ	2019	3 645	‥‥
パリ‥‥‥‥‥‥‥‥‥‥	フランス	2015	*2 206	*10 706
モスクワ‥‥‥‥‥‥‥‥	ロシア	2012	11 918	‥‥
ニューヨーク‥‥‥‥‥‥	アメリカ合衆国	2021	8 468	‥‥
ロサンゼルス‥‥‥‥‥‥	〃	〃	3 849	‥‥
シカゴ‥‥‥‥‥‥‥‥‥	〃	〃	2 697	‥‥
ダラス‥‥‥‥‥‥‥‥‥	〃	〃	1 288	‥‥
ヒューストン‥‥‥‥‥‥	〃	〃	2 288	‥‥
トロント‥‥‥‥‥‥‥‥	カナダ	2021	2 974	6 573
メキシコシティ‥‥‥‥‥	メキシコ	2021	‥‥	21 805
ブエノスアイレス‥‥‥‥#	アルゼンチン	2021	‥‥	15 568
ボゴタ‥‥‥‥‥‥‥‥‥	コロンビア	2021	7 834	‥‥
サンパウロ‥‥‥‥‥‥‥	ブラジル	2021	12 396	‥‥
リマ‥‥‥‥‥‥‥‥‥‥#	ペルー	2021	10 923	‥‥
シドニー‥‥‥‥‥‥‥‥	オーストラリア	2020	4 967	5 367

日本は総務省統計局「国勢調査」、中国は中国国家統計局「中国城市統計年鑑2021」（万人単位で公表）、その他の国は国連 “Demographic Yearbook 2021” より作成。常住人口。
*印はセンサス。#印は現在人口を掲載。1）23区人口。2）東京都人口。
現在人口（de facto population）は調査時にいる場所で各人を調査した人口、**常住人口**（de jure population）は調査時に常住している場所で調査した人口をいう。

第5章　労働

　2022年は、新型コロナウイルス感染症対策の行動制限が徐々に緩和され、社会・経済活動が復活してきた。企業は人材採用の意欲を高めており、2022年平均の有効求人倍率は1.28倍と前年より0.15ポイント上昇し、雇用の先行指標とされる新規求人倍率は2.26倍と同0.24ポイントの上昇となっている。一方で、求人しても入職希望者が集まらないことが問題となっており、医療や介護、観光、飲食業、建設業などでは人手不足が

図 5-1　労働力状態の推移

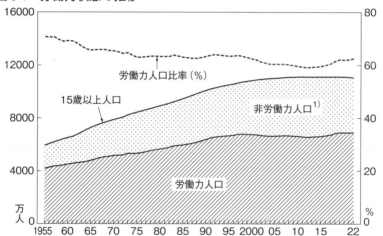

総務省「労働力調査（基本集計）」より作成。1972年まで沖縄を含まず。長期比較の統計データは、調査改正や算出の基礎人口の切り替えなどの際に、労働力調査が公表する時系列接続用に補正した数値を使用。各年の報告書の数値とは異なる。2011年は、岩手、宮城、福島県を含む推測値。1）労働力状態が不詳な人口を含む。

図 5-2　労働力調査（基本集計）による就業状態の区分

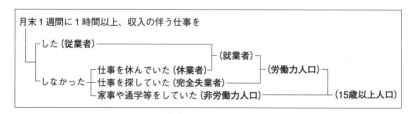

慢性化している。インバウンド需要の回復で、観光業の「旅館・ホテル」などは深刻な人手不足に陥っており、自動チェックインなどのデジタルツールを使用して省力化を図るほか、賃金の引き上げや労働環境の改善を行い、外国人労働者の採用を広げている。

　厚生労働省によると、2022年（10月末現在）の外国人労働者数は182万人となり、外国人労働者の届出が義務化された2007年以降、過去最高を更新した（表5-7）。外国人を雇用する事業所数も過去最高となり、29

図 5-3　労働力と非労働力の割合 （2022年平均）

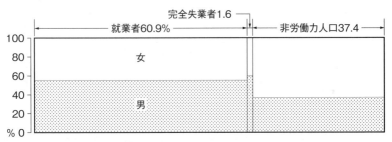

総務省「労働力調査（基本集計）」より作成。15歳以上人口。非労働力人口には不詳を含む。図5-2を参照のこと。

表 5-1　労働力人口と非労働力人口 （年平均）（単位　万人）

	2019	2020	2021	2022	男	女
15歳以上人口‥ 1)	11 112	11 108	11 087	11 038	5 328	5 711
労働力人口‥‥‥	6 912	6 902	6 907	6 902	3 805	3 096
就業者‥‥‥‥	6 750	6 710	6 713	6 723	3 699	3 024
完全失業者‥	162	192	195	179	107	73
非労働力人口‥	4 191	4 197	4 171	4 128	1 518	2 610
通学‥‥‥‥	599	588	588	578	305	273
家事‥‥‥‥	1 329	1 317	1 269	1 228	75	1 153
その他‥‥‥	2 263	2 292	2 314	2 321	1 137	1 184
完全失業率（%）‥	2.4	2.8	2.8	2.6	2.8	2.4
労働力人口比率（%）2)	62.1	62.0	62.1	62.5	71.4	54.2
就業率（%）‥‥ 3)	60.6	60.3	60.4	60.9	69.4	53.0

総務省「労働力調査（基本集計）」より作成。算出の基礎となるベンチマーク人口は、5年ごとの国勢調査結果によって基準が切り替わり、時系列数値が接続用に補正される（比率は除く）ため、各年の報告書の数値とは異なる年次がある。1）就業状態不詳を含む。2）15歳以上人口に占める労働力人口の割合。3）15歳以上人口に占める就業者の割合。

万8790所となっている。外国人労働者数を就労先の産業別にみると、最も多いのは製造業で48万5128人と全体の26.6％を占め、次いで卸売業、小売業（13.1％）、宿泊業、飲食サービス業（11.5％）などで比率が高い。国籍別では、ベトナム人が最も多く、46万2384人と全体の25.4％を占めている。近年は、医療、福祉および建設業の分野で外国人労働者の雇用が急増しており、人手不足を補う即戦力となっている。

　また、労働力不足を改善するために、現状で労働市場に参加していない女性や高齢者などの雇用を促進する法整備が進められている。2021年4月からは、「改正高年齢者雇用安定法」が施行されて70歳までの雇用が企業の努力義務となった。各企業では70歳までの定年引上げや定年制

表 5-2　産業別就業者数 （年平均）（単位　万人）

	2021	2022	男	女	対前年増減数	割合（％）
農業、林業·····	195	192	118	74	-3	2.9
漁業··········	13	13	10	2	0	0.2
鉱業、採石業·· 1)	3	2	2	0	-1	0.0
建設業·········	485	479	394	85	-6	7.1
製造業·········	1 045	1 044	732	312	-1	15.5
電気・ガス業·· 2)	34	32	26	6	-2	0.5
情報通信業·····	258	272	195	77	14	4.0
運輸業、郵便業··	352	351	274	77	-1	5.2
卸売業、小売業··	1 069	1 044	497	547	-25	15.5
金融業、保険業··	168	160	73	87	-8	2.4
不動産業、物品賃貸業	142	141	83	58	-1	2.1
学術研究····· 3)	254	254	158	96	0	3.8
宿泊業、飲食サービス業	371	381	145	236	10	5.7
生活関連サービス業4)	227	225	89	136	-2	3.3
教育、学習支援業	348	349	145	204	1	5.2
医療、福祉·····	891	908	227	680	17	13.5
複合サービス事業5)	50	50	29	21	0	0.7
サービス業·····	452	463	273	190	11	6.9
公務·········· 6)	250	251	171	81	1	3.7
就業者総数×··	6 713	6 723	3 699	3 024	10	100.0

総務省「労働力調査（基本集計）」より作成。表5-1の注記参照。15歳以上の就業者数。第13回改定日本標準産業分類による。1) 砂利採取業を含む。2) 水道業、熱供給業を含む。3) 専門・技術サービス業を含む。4) 娯楽業を含む。5) 郵便局および協同組合。6) 主に本来の立法業務、司法業務および行政業務を行う官公署で、原則として公務であってもその業務内容がほかの産業として分類されるものは含まれない。×分類不能を含む。

第5章 労働

度の停止などの措置が開始され、高齢者の就業率が高まっている。女性の社会進出に関しては、2023年4月に「改正育児・介護休業法」が完全施行され、男性労働者の育休取得が広がることが期待される。

さらに労働環境の大きな動きとして、2023年4月より中小企業での時間外労働の猶予措置が廃止された。すべての企業で月60時間以上の残業

図 5-4　産業3部門別の就業者数の推移

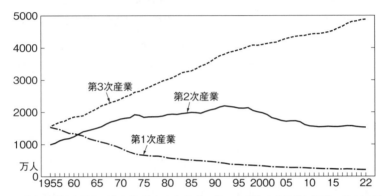

総務省「労働力調査（基本集計）」より作成。第1次産業は農林業と漁業。第2次産業は鉱業、建設業、製造業。第3次産業はその他の産業で分類不能は含まず。2002年以前には製造業として第2次産業に含まれていた新聞業と出版業が2003年以降は第3次産業に含まれるようになったため、時系列比較には注意が必要。2011年は岩手、宮城、福島県を含む推計値。

表 5-3　従業上の地位別の就業者数（単位　万人）

	2019	2020	2021	2022	男	女	〃(%)
自営業主‥‥	532	527	523	514	376	138	7.6
雇有業主 1)	123	118	115	111	89	21	1.7
家族従業者 2)	144	140	139	133	26	107	2.0
雇用者‥‥ 3)	6 028	6 005	6 016	6 041	3 276	2 765	89.9
役員‥‥‥	335	343	343	343	260	83	5.1
無期契約 4)	3 728	3 728	3 746	3 771	2 203	1 567	56.1
有期契約 4)	1 467	1 429	1 402	1 429	603	827	21.3
5年超‥	135	116	115	124	71	53	1.8
計×‥‥‥	6 750	6 710	6 713	6 723	3 699	3 024	100.0

総務省「労働力調査（基本集計）」より作成。1) 1人以上の有給従業者を雇って個人経営の事業を営んでいる者。2) 自営業主の家族で、その自営業主の営む事業に無給で従事している者。3) 役員と一般常用雇用者の計。雇用期間不明を含む。4) 役員を除く雇用者の内訳。×分類不能を含む。

に対し50％以上の割増賃金が支払われる。これにより、長時間労働の現状を改善する機会となることが期待される一方で、人手不足の深刻化が懸念される。2024年4月からは、休日出勤や長時間労働の常態化をかかえるドライバーや建設業従事者にも時間外労働の上限が設定され、運送・物流業界全体に大きな影響を与えるとみられる。

2023年度の春季労使交渉（春闘）は、インフレ率を上回る賃上げ実現が焦点となっている。物価の変動を考慮した実質賃金は、長期にわたり減少傾向を続けており、急激な物価高となった2023年春闘では、雇用者の就業意欲をそがないため、賃上げを行う機運が高まった。

第5章 労働

図 5-5　従業上の地位別就業者割合 （2022年平均）

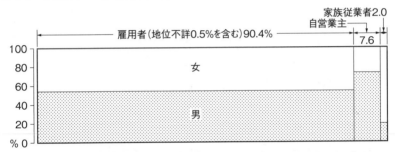

総務省「労働力調査（基本集計）」より作成。雇用者には便宜上、地位不詳を含む。

表 5-4　職業別の就業者数 （15歳以上）（単位　万人）

	2020	2021	2022	男	女	〃（％）
管理的職業	129	129	124	108	16	1.8
専門的・技術的職業	1 221	1 265	1 277	665	612	19.0
事務	1 360	1 389	1 401	554	847	20.8
販売	852	848	826	454	371	12.3
サービス職業	831	806	817	258	559	12.2
保安職業	133	130	129	120	9	1.9
農林漁業	209	203	199	129	70	3.0
生産工程	873	865	870	611	259	12.9
輸送・機械運転	218	214	216	208	8	3.2
建設・採掘	293	284	276	269	7	4.1
運搬・清掃・包装等	482	488	489	269	220	7.3
総数×	6 710	6 713	6 723	3 699	3 024	100.0

総務省「労働力調査（基本集計）」より作成。×分類不能を含む。

図 5-6　**完全失業率と有効求人倍率の推移**（年平均）

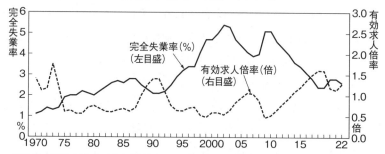

総務省「労働力調査（基本集計）」および厚生労働省「一般職業紹介状況」より作成。
2011年の完全失業率は、岩手、宮城、福島県を含む推計。

図 5-7　**年齢階級別完全失業率の推移**（年平均）

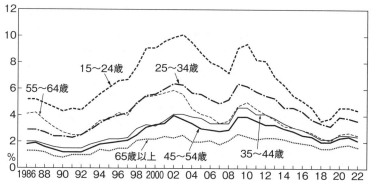

総務省「労働力調査（基本集計）」より作成。2011年は岩手、宮城、福島県を含む推計。

表 5-5　**求職理由別完全失業者数**（単位　万人）

	2020	2021	2022	男	女	〃 （％）
非自発的な離職・・・・	54	56	46	30	16	*25.7*
定年・雇用契約満了	20	20	18	12	6	*10.1*
勤め先の都合・・・・	35	36	29	18	11	*16.2*
自発的な離職・・・・・・	73	74	72	40	31	*40.2*
新たに求職・・・・・・・・	47	51	47	28	20	*26.3*
学卒未就職者・・・ 1)	7	7	7	5	3	*3.9*
収入を得る必要・ 2)	24	26	24	13	11	*13.4*
その他・・・・・・・・・	16	17	15	10	6	*8.4*
総数×・・・・・・・・・・	192	195	179	107	73	*100.0*

総務省「労働力調査（基本集計）」より作成。1) 学校を卒業して新たに仕事を探し始めた
者。2) 収入を得る必要が新たに生じたことによる。×理由不詳を含む。

表5-6　雇用形態別雇用者数の推移（単位　万人）

	2020	2021	2022	男	女	〃 (%)
正規の職員・従業員	3 556	3 587	3 588	2 339	1 249	63.1
非正規の職員・従業員	2 100	2 075	2 101	669	1 432	36.9
パート‥‥‥‥	1 030	1 024	1 021	124	897	17.9
アルバイト‥‥	449	439	453	224	229	8.0
その他‥‥‥1)	620	613	627	320	307	11.0
役員を除く 雇用者計‥‥	5 655	5 662	5 689	3 008	2 681	100.0

総務省「労働力調査（詳細集計）」より作成。形態区分は勤め先における呼称によるもの。詳細集計は、基本集計の約4分の1の世帯が対象であることなどから、基本集計の数値と必ずしも一致しない。1) 派遣社員、契約社員、嘱託など。

図5-8　雇用形態別の雇用者構成比（2022年平均）

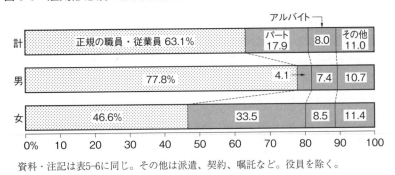

資料・注記は表5-6に同じ。その他は派遣、契約、嘱託など。役員を除く。

図5-9　正規と非正規の職員・従業員の推移

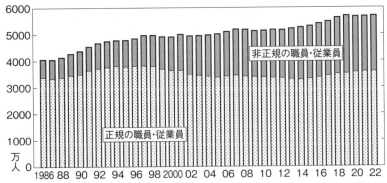

総務省「労働力調査（詳細集計）」より作成。表5-6の注記参照。2001年までは2月末現在、2002年からは年平均。役員を除く。

第5章

労働

表 5-7　外国人雇用事業所数と外国人労働者数の推移 (各年10月末現在)

	2018	2019	2020	2021	2022
事業所数 (所)····	216 348	242 608	267 243	285 080	298 790
派遣・請負····1)	17 876	18 438	19 005	19 226	19 290
[産業別]2)					
建設業···········	20 264	25 991	31 314	33 608	35 309
製造業···········	46 254	49 385	51 657	52 363	53 026
情報通信業·······	10 037	11 058	11 912	12 180	12 601
卸売業、小売業···	36 813	42 255	48 299	52 726	55 712
宿泊業···········3)	31 453	34 345	37 274	40 692	42 896
教育、学習支援業	6 144	6 471	6 663	6 991	7 331
医療、福祉·······	9 913	11 700	13 804	16 455	18 553
サービス業······4)	17 419	19 510	21 195	22 625	23 652
[事業所規模別]2)					
30人未満·········	127 226	145 000	161 429	174 214	183 551
30～99人········	40 096	44 384	48 499	50 891	52 737
100～499人·······	25 321	27 530	28 917	30 288	31 208
500人以上········	8 546	9 098	9 374	9 546	9 787
外国人労働者数 (人)	1 460 463	1 658 804	1 724 328	1 727 221	1 822 725
派遣・請負····1)	309 470	338 104	342 179	343 532	350 383
男性·············	772 926	881 913	918 169	910 081	963 982
女性·············	687 537	776 891	806 159	817 140	858 743
[産業別]2)					
建設業···········	68 604	93 214	110 898	110 018	116 789
製造業···········	434 342	483 278	482 002	465 729	485 128
情報通信業·······	57 620	67 540	71 284	70 608	75 954
卸売業、小売業···	186 061	212 528	232 014	228 998	237 928
宿泊業···········3)	185 050	206 544	202 913	203 492	208 981
教育、学習支援業·	69 764	70 941	71 775	73 506	76 854
医療、福祉·······	26 086	34 261	43 446	57 788	74 339
サービス業······4)	230 510	266 503	276 951	282 127	295 700
[国籍別]2)					
中国·············5)	389 117	418 327	419 431	397 084	385 848
韓国·············	62 516	69 191	68 897	67 638	67 335
フィリピン·······	164 006	179 685	184 750	191 083	206 050
ベトナム·········	316 840	401 326	443 998	453 344	462 384
ネパール·········	81 562	91 770	99 628	98 260	118 196
インドネシア·····	41 586	51 337	53 395	52 810	77 889
ミャンマー·······	21 611	27 798	31 410	34 501	47 498
ブラジル·········	127 392	135 455	131 112	134 977	135 167
ペルー···········	28 686	29 554	29 054	31 381	31 263
G 7 等 ···········6)	77 505	81 003	80 414	78 621	81 175
アメリカ合衆国·	32 976	34 454	33 697	33 141	34 178

厚生労働省「外国人雇用状況の届出状況」(2022年10月末現在) より作成。1) 労働者派遣・請負事業を営む事業所数および当該事業所に就労している外国人労働者数。2) ほかに、その他、不明がある。3) 飲食サービス業を含む。4) 他に分類されないもの。5) 香港とマカオを含む。6) 日本を除くG 7 諸国 (イギリス、アメリカ合衆国、ドイツ、フランス、イタリア、カナダ) とオーストラリア、ニュージーランド、ロシア。

図 5-10 　外国人労働者数の推移 （各年10月末現在）

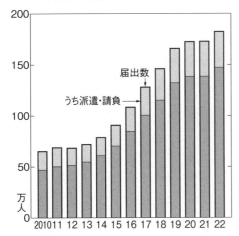

厚生労働省「外国人雇用状況の届出状況」（2022年10月末現在）より作成。2008年から開始した調査で、2007年10月1日に施行した外国人雇用状況報告制度により、すべての事業主に対して外国人労働者の入離職の状況を届け出ることが義務付けられた（それまでの調査は、従業員50人以上規模のすべての事業所と49人以下規模の一部の事業所に対して任意に報告を求めていたもの）。

表 5-8 　産業別の外国人労働者数 （2022年10月末現在）

	外国人労働者数（人）	派遣・請負1)（%）		外国人労働者数（人）	派遣・請負1)（%）
農業、林業‥‥‥	43 748	2.3	不動産・物品賃貸業	16 547	12.9
農業‥‥‥‥‥	43 562	2.3	学術研究‥‥‥5)	64 261	21.9
漁業‥‥‥‥‥	4 465	0.7	飲食サービス業・6)	208 981	3.5
鉱業、採石業‥2)	395	12.9	宿泊業‥‥‥	24 376	9.7
建設業‥‥‥‥	116 789	6.0	飲食店‥‥‥	182 550	2.6
製造業‥‥‥‥	485 128	14.2	生活関連サービス業7)	23 339	15.1
食料品‥‥‥	147 910	9.0	教育、学習支援業	76 854	6.4
飲料・たばこ3)	1 488	6.7	医療、福祉‥‥	74 339	3.4
繊維‥‥‥‥	24 573	5.7	医療業‥‥‥	19 874	4.1
金属製品‥‥	47 556	8.4	社会保険・社会福祉8)	54 161	3.1
生産用機械器具	23 504	15.4	複合サービス事業	5 511	12.7
電気機械器具‥	33 934	23.9	サービス業‥‥9)	295 700	69.2
輸送用機械器具	84 232	26.4	自動車整備業‥	4 042	3.2
電気・ガス・水道業4)	619	7.9	職業紹介・労働者派遣業	148 998	90.0
情報通信業‥‥‥	75 954	13.3	その他の事業サービス	114 320	53.2
運輸業、郵便業‥	64 617	17.5	公務‥‥‥‥‥9)	10 718	7.6
卸売業、小売業‥	237 928	4.1	分類不能‥‥‥	5 297	12.1
金融業、保険業‥	11 535	7.6	全産業計‥‥‥	1 822 725	19.2

厚生労働省「外国人雇用状況の届出状況」（2022年10月末現在）より作成。1) 各産業ごとに、労働者派遣・請負事業を行っている事業所に就労している外国人労働者数が当該産業の外国人労働者数に占める割合。2) 砂利採取業を含む。3) 飼料製造業を含む。4) 熱供給業を含む。5) 専門・技術サービス業を含む。6) 宿泊業を含む。7) 娯楽業を含む。8) 介護事業を含む。9) 他に分類されるものを除く。

表 5-9　産業別の月間現金給与額〔2022年平均〕〔単位　千円〕

	現金給与総額		所定内給与		特別給与	
	金額	前年比（％）	金額	前年比（％）	金額	前年比（％）
就業形態計						
鉱業、採石業等‥	451.3	4.9	336.6	4.9	91.5	9.1
建設業‥‥‥‥‥	431.6	3.7	326.2	2.1	79.6	11.4
製造業‥‥‥‥‥	391.2	1.7	280.3	0.2	80.8	6.0
電気・ガス業‥ 1)	556.3	-2.9	387.3	-1.3	118.6	-8.8
情報通信業‥‥‥	498.7	2.3	352.0	0.7	114.1	8.0
運輸業、郵便業‥	363.0	5.3	265.6	3.7	56.5	15.8
卸売業、小売業‥	293.2	1.7	228.8	1.0	52.2	2.9
金融業、保険業‥	481.2	0.9	340.2	0.7	116.4	1.4
不動産・物品賃貸業	394.0	3.9	291.2	3.2	82.5	5.5
学術研究‥‥‥ 2)	488.9	4.2	349.2	0.9	112.7	15.4
飲食サービス業 3)	128.9	9.9	115.2	7.4	7.4	27.6
生活関連サービス4)	215.9	3.7	187.6	1.3	19.6	24.2
教育、学習支援業	372.1	1.3	284.8	1.3	80.6	1.0
医療、福祉‥‥‥	302.1	1.9	242.7	1.6	44.7	1.4
複合サービス事業5)	369.1	0.2	274.2	0.0	78.0	-0.4
その他のサービス業6)	268.4	1.6	215.9	1.8	34.2	-1.2
調査産業計‥‥‥	325.8	2.0	248.5	1.1	58.4	4.6
一般労働者						
製造業‥‥‥‥‥	432.5	1.7	306.0	0.2	92.7	6.2
情報通信業‥‥‥	525.5	3.5	368.9	1.6	121.9	9.5
卸売業、小売業‥	435.2	1.8	326.9	1.0	88.8	3.1
飲食サービス業 3)	310.0	11.5	260.4	7.6	29.8	29.0
教育、学習支援業	514.9	0.3	385.8	0.6	119.3	-0.6
医療、福祉‥‥‥	392.9	1.6	307.5	1.3	64.6	0.7
調査産業計×‥	429.1	2.3	318.8	1.3	83.8	5.2
パートタイム労働者						
製造業‥‥‥‥‥	127.6	2.8	116.2	2.3	4.9	4.2
情報通信業‥‥‥	131.1	-0.7	119.4	-1.6	5.9	7.0
卸売業、小売業‥	99.1	1.3	94.8	1.3	2.3	2.9
飲食サービス業 3)	74.0	4.6	71.2	3.9	0.6	-13.9
教育、学習支援業	95.2	0.9	89.0	0.5	5.4	11.1
医療、福祉‥‥‥	123.5	2.9	115.4	2.5	5.7	10.2
調査産業計×‥	102.1	2.6	96.1	2.3	3.1	3.1

厚生労働省「毎月勤労統計調査」(2022年確報)より作成。事業所規模5人以上。就業形態計は常用労働者（パートタイム労働者と一般労働者）で、期間を定めずに（または1か月以上を超える期間を定めて）雇われている者。現金給与総額はきまって支給する給与（定期給与のことで、所定内給与と時間外手当などの所定外給与の計）と特別に支払われた給与（賞与などの一時金）の合計。所得税等を差し引く前の金額。退職金は含まない。1) 熱供給・水道業を含む。2) 専門・技術サービス業を含む。3) 宿泊業を含む。4) 娯楽業を含む。5) 郵便局および協同組合。6) 他に含まれないサービス業。×その他とも。

図 5-11　**賃金指数の推移**（2020年 = 100）（現金給与総額）

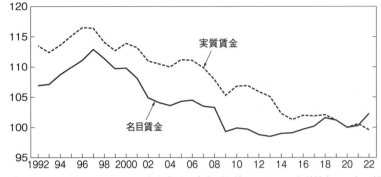

資料・注記は表5-9に同じ。調査産業計、事業所規模 5 人以上。実質賃金は、名目賃金指数を消費者物価指数（持家の帰属家賃を除く総合）で除して算出している。2004～2011年の指数は、時系列比較のための推計値を用いている。

図 5-12　**賃金改定率と消費者物価指数上昇率の推移**

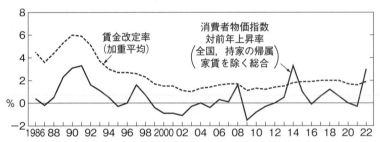

厚生労働省「賃金引上げ等の実態に関する調査」（2022年）、総務省「消費者物価指数」（2020年基準）より作成。賃金改定率は、1 か月あたりの 1 人平均所定内賃金の対前年比。原則として、全常用労働者を対象とした定期昇給、ベースアップ、諸手当の改定等を含み、賃金カット等による賃金の減額も含まれる。賃上げの影響を受ける常用労働者数を計算に反映させた加重平均。常用労働者100人以上の企業が対象。

賃金引上げ等の実態に関する調査　厚生労働省の「賃金引上げ等の実態に関する調査」は、民間企業の賃金改定額や改定率などを把握するための抽出調査である。2022年結果をみると、前年より「1 人平均賃金を引き上げた・引き上げる」企業の割合は85.7％（前年80.7％）、「1 人平均賃金の改定額」は5534円（前年4694円）となっている。産業別では建設業の改定額が最も高く、8101円（前年6373円）であった。建設業は高齢化が進み若者が定着しづらい産業で、深刻な人手不足に陥っている。2024年には建設業にも改正労働基準法が適用され、時間外労働の上限が月45時間、年間360時間となる。そのため、必要な労働力の不足が懸念され、大幅な賃金の引き上げが求められている。

第5章

労働

表 5-10　産業別の月間実労働時間 (2022年平均) (単位　時間)

	総実労働時間		所定内		所定外	
	時間	前年比(％)	時間	前年比(％)	時間	前年比(％)
就業形態計						
鉱業、採石業等‥	160.0	-2.5	148.9	-2.4	11.1	-3.8
建設業‥‥‥‥‥	163.5	-1.1	149.7	-1.2	13.8	0.0
製造業‥‥‥‥‥	156.6	0.4	142.2	0.0	14.4	6.2
電気・ガス業‥ 1)	154.0	-0.8	139.5	-0.9	14.5	-0.2
情報通信業‥‥‥	156.1	-1.5	140.4	-1.7	15.7	1.2
運輸業、郵便業‥	165.0	0.9	142.4	0.7	22.6	2.4
卸売業、小売業‥	130.6	-0.2	123.2	-0.5	7.4	4.2
金融業、保険業‥	144.5	-1.1	132.5	-1.5	12.0	2.7
不動産・物品賃貸業	146.0	-0.6	134.8	-0.5	11.2	-1.9
学術研究‥‥‥ 2)	153.2	-0.3	139.6	-0.2	13.6	-0.7
飲食サービス業 3)	89.5	7.0	84.8	5.6	4.7	43.8
生活関連サービス4)	123.7	3.8	117.5	3.1	6.2	16.4
教育、学習支援業	121.1	0.1	111.4	-0.4	9.7	5.1
医療、福祉‥‥‥	129.4	-0.7	124.4	-1.2	5.0	10.3
複合サービス事業5)	146.1	-1.2	137.2	-1.6	8.9	7.3
その他のサービス業6)	138.1	0.7	127.4	0.2	10.7	6.1
調査産業計‥‥‥	136.1	0.1	126.0	-0.3	10.1	4.6
一般労働者						
製造業‥‥‥‥‥	164.3	0.5	148.4	-0.1	15.9	5.5
情報通信業‥‥‥	161.0	-0.9	144.5	-1.2	16.5	1.9
卸売業、小売業‥	162.6	0.1	151.2	-0.3	11.4	5.9
飲食サービス業 3)	168.5	8.3	154.9	6.2	13.6	40.5
教育、学習支援業	155.7	-0.9	141.3	-1.3	14.4	4.4
医療、福祉‥‥‥	156.1	-1.0	149.1	-1.4	7.0	10.0
調査産業計×‥	162.3	0.2	148.5	-0.3	13.8	4.8
パートタイム労働者						
製造業‥‥‥‥‥	108.0	0.7	102.9	0.4	5.1	7.2
情報通信業‥‥‥	88.8	0.8	84.9	-0.5	3.9	34.3
卸売業、小売業‥	86.7	-0.9	84.9	-0.8	1.8	-7.1
飲食サービス業 3)	65.7	4.3	63.6	3.3	2.1	36.3
教育、学習支援業	54.1	1.2	53.5	1.1	0.6	-6.7
医療、福祉‥‥‥	77.1	-0.5	75.9	-0.6	1.2	7.5
調査産業計×‥	79.6	1.0	77.4	0.8	2.2	9.7

厚生労働省「毎月勤労統計調査」(2022年確報) より作成。表5-9の注記を参照。事業所規模5人以上。労働者が実際に労働した時間数で休憩時間は除かれる。労働者の1人1か月あたり平均労働時間数。総実労働時間は、所定内 (就業規則等で決められた正規の労働時間) と所定外 (早出、残業、臨時の呼び出し、休日出勤など) の合計。1) 熱供給・水道業を含む。2) 専門・技術サービス業を含む。3) 宿泊業を含む。4) 娯楽業を含む。5) 郵便局および協同組合。6) 他に含まれないサービス業。×その他とも。

図 5-13 労働時間指数の推移 （2020年＝100）

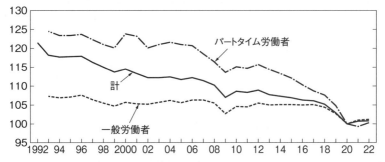

厚生労働省「毎月勤労統計調査（長期時系列表）」（2022年確報）より作成。総実労働時間指数。調査産業計、事業所規模 5 人以上。表5-10の注記参照。2004〜2011年の数値は「時系列比較のための推計値」である。

図 5-14　年間総実労働時間およびパートタイム労働者比率

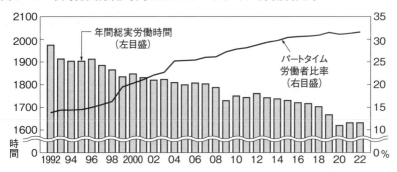

資料・注記は表5-10に同じ。調査産業計、事業所規模 5 人以上。総実労働時間の年換算値は、各月平均値を12倍にしたもの。パートタイム労働者比率は表5-11を参照。

図 5-15　常用雇用指数の推移 （2020年＝100）

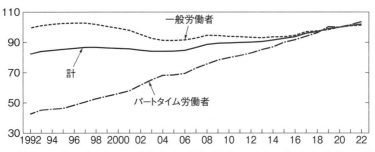

資料・注記は表5-11に同じ。調査産業計、事業所規模 5 人以上。常用雇用指数は、労働者数の推移を基準年の平均を100として時系列比較するもの。

表 5-11　産業別の常用雇用と労働異動率 （2022年平均）

	労働者総数（千人）	前年比（％）	パートタイム比率（％）	前年差（ポイント）	入職率（％）	離職率（％）
就業形態計						
鉱業、採石業等‥	12	-11.7	2.61	0.45	0.87	1.67
建設業‥‥‥‥‥	2 734	2.1	6.05	0.38	1.27	1.24
製造業‥‥‥‥‥	7 695	-0.8	13.57	0.12	1.10	1.10
電気・ガス業‥ 1)	244	-0.4	5.03	0.46	1.31	1.41
情報通信業‥‥‥	1 595	0.0	6.81	1.33	1.73	1.67
運輸業、郵便業‥	3 041	-1.4	16.06	-0.29	1.41	1.51
卸売業、小売業‥	9 551	-0.7	42.25	0.02	1.84	1.87
金融業、保険業‥	1 359	-1.8	11.10	0.09	1.65	1.91
不動産・物品賃貸業	847	2.7	22.32	0.65	1.81	1.76
学術研究‥‥‥‥ 2)	1 561	0.5	10.43	0.18	1.41	1.32
飲食サービス業 3)	5 125	7.5	76.77	-0.89	4.43	3.94
生活関連サービス 4)	1 620	-0.1	47.28	-0.06	2.75	2.67
教育、学習支援業	3 314	-0.9	34.05	-0.78	2.58	2.47
医療、福祉‥‥‥	7 881	2.5	33.71	-0.11	1.76	1.64
複合サービス事業 5)	400	-5.8	17.79	0.49	1.66	2.10
その他のサービス業 6)	4 362	1.8	29.95	-0.01	2.86	2.73
調査産業計‥‥‥	**51 342**	0.9	31.60	0.32	2.05	1.98
一般労働者						
製造業‥‥‥‥‥	6 651	-1.0	—	—	0.91	0.93
情報通信業‥‥‥	1 486	-1.4	—	—	1.59	1.59
卸売業、小売業‥	5 515	-0.8	—	—	1.39	1.44
飲食サービス業 3)	1 189	11.6	—	—	2.54	2.64
教育、学習支援業	2 186	0.3	—	—	1.64	1.67
医療、福祉‥‥‥	5 224	2.8	—	—	1.46	1.38
調査産業計×‥	**35 120**	0.4	—	—	1.46	1.47
パートタイム労働者						
製造業‥‥‥‥‥	1 044	0.0	—	—	2.29	2.19
情報通信業‥‥‥	108	24.1	—	—	3.68	2.86
卸売業、小売業‥	4 035	-0.6	—	—	2.44	2.46
飲食サービス業 3)	3 936	6.2	—	—	5.00	4.34
教育、学習支援業	1 129	-3.0	—	—	4.42	4.03
医療、福祉‥‥‥	2 657	2.3	—	—	2.34	2.15
調査産業計×‥	**16 223**	2.0	—	—	3.34	3.09

厚生労働省「毎月勤労統計調査」(2022年確報) より作成。事業所規模5人以上。労働者総数は常用労働者で、一般労働者とパートタイム労働者の合計。常用労働者については表5-9の注記を参照。パートタイム労働者比率は、常用労働者に占めるパートタイム労働者の割合。入職率（離職率）は前月末労働者数に対する月間の入職（離職）労働者の割合。同一企業内での事業所間の異動者を含む。1) 熱供給・水道業を含む。2) 専門・技術サービス業を含む。3) 宿泊業を含む。4) 娯楽業を含む。5) 郵便局および協同組合。6) 他に含まれないサービス業。×その他とも。

表 5-12　労働生産性の動向

	2017	2018	2019	2020	2021
就業者1人あたり（千円）	8 454	8 330	8 265	8 034	8 184
実質対前年上昇率（％）	*0.6*	*-1.5*	*-1.4*	*-3.7*	*2.1*
就業1時間あたり（円）‥	4 747	4 710	4 770	4 769	4 789
実質対前年上昇率（％）	*0.6*	*-0.8*	*0.6*	*-1.0*	*0.7*
実質経済成長率（％）‥‥1)	*1.7*	*0.6*	*-0.4*	*-4.3*	*2.1*
（参考）TFP上昇率（％）2)	*0.7*	*-0.4*	*0.2*	*-1.8*	*0.9*

日本生産性本部「生産性データベース」（2023年4月5日閲覧）より作成。暦年。労働生産性は名目値で、就業者1人あたりと就業1時間あたりの付加価値額。実質労働生産性上昇率は、物価変動を考慮した実質ベース。1）内閣府「国民経済計算（GDP統計）」による。国内総生産（支出側）の実質の対前年増加率（2015年暦年連鎖価格）。2）TFPは全要素生産性。TFPは、労働や資本といった量的な成長要素以外で、技術革新や生産の効率化など質的な成長要素を表す。

表 5-13　主な産業別の労働生産性指数 （年平均）（2015年＝100）

	製造工業	輸送機械	情報通信業	運輸、郵便業	卸売業	金融業、保険業	建設業
2013	97.9	103.8	100.6	97.9	107.8	97.4	101.5
2014	100.4	104.3	100.2	99.8	103.5	98.3	100.7
2015	100.0	100.0	100.0	100.0	100.0	100.0	100.0
2016	101.1	98.6	101.2	101.2	99.2	96.8	103.0
2017	103.3	101.4	100.2	101.1	98.0	96.2	100.7
2018	104.0	101.5	105.0	104.3	98.5	100.2	97.9
2019	102.2	101.6	106.2	104.3	99.7	100.7	94.9
2020	95.2	87.9	99.7	92.7	90.6	102.8	92.6
2021	99.9	88.3	98.6	92.9	90.6	106.7	89.1
2022	100.3	90.7	101.0	98.3	87.0	115.9	80.9

日本生産性本部「生産性統計」より作成。事業所規模5人以上。本表の労働生産性指数は、物的労働生産性の変化を示すもので、投下される労働投入量あたりの産出量のこと。

2023年春大学卒業生の就職内定率が回復傾向　文部科学省と厚生労働省の調査によると、2023年3月に卒業予定の大学生就職内定率（就職希望者に対する内定者の割合）は90.9％で、前年同期比1.2ポイント上昇している（2023年2月1日時点）。うち国公立が94.2％（同比2.8ポイント上昇）、私立が89.8％（同比0.6ポイント上昇）である。2021年春および2022年春卒業の大学生は、企業が新型コロナウイルス感染拡大の影響で採用を控えたこともあり、就職難を経験した。2023年春はコロナ禍が改善傾向にあり、就活生側に有利な「売り手市場」と言われている。多くの企業は採用拡大に転換し、優秀な人材を獲得するため積極的に対面インターンシップを開催し、内定の決定時期を早めている。

第5章
労働

図 5-16　製造業・非製造業の労働生産性比較（会計年度）

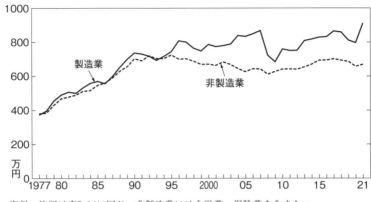

資料・注記は表5-14に同じ。非製造業には金融業・保険業を含まない。

表 5-14　主な産業別・資本金別の労働生産性（2021年度）（単位　万円）

	全規模	1000万円未満	1000万円～5000万円未満	5000万円～1億円未満	1億円～10億円未満	10億円以上
製造業‥‥‥‥‥	912	424	541	637	931	1 460
食料品‥‥‥‥	550	266	342	441	535	1 181
化学‥‥‥‥‥	1 611	602	674	694	1 393	2 100
石油・石炭製品	3 249	450	760	954	6 366	3 971
鉄鋼‥‥‥‥‥	1 227	604	602	748	883	1 784
金属製品‥‥‥	713	563	646	670	931	987
はん用機械‥‥	989	754	750	858	1 146	1 298
生産用機械‥‥	1 030	592	600	728	897	1 626
業務用機械‥‥	987	598	578	730	920	1 372
電気機械‥‥‥	1 070	518	529	582	979	1 513
情報通信機械	1 197	321	502	686	1 213	1 697
輸送用機械‥‥	938	523	637	657	743	1 145
非製造業‥‥‥‥	670	457	553	549	745	1 305
建設業‥‥‥‥	823	604	758	854	1 183	1 506
電気業‥‥‥‥	1 856	3 944	2 515	5 039	1 881	1 772
情報通信業‥‥	1 014	490	556	576	1 003	2 121
運輸業、郵便業	611	366	491	622	664	952
卸売業、小売業	648	380	609	570	820	930
不動産業‥‥‥	1 862	2 673	1 745	1 139	1 161	3 108
物品賃貸業‥‥	837	-2 174	599	696	1 205	2 287
サービス業‥‥	489	353	402	395	513	1 208
全産業‥‥‥‥	722	454	551	566	784	1 366

財務省「法人企業統計」（2021年度）より作成。営利法人等の無作為抽出標本調査。従業者1人あたりの付加価値額。付加価値額は、営業純益（営業利益－支払利息等）に人件費などを加えて算出されたもの。金融業・保険業を除く。

表5-15　OECD加盟国の労働生産性 (2021年)（単位　ドル）

	人口1人あたりGDP	対前年増減率(%)	就業1時間あたりGDP	対前年増減率(%)	就業者1人あたりGDP	対前年増減率(%)
ルクセンブルク	110 075	3.5	② 99.0	-2.0	② 145 318	2.1
アイルランド・	99 319	12.7	① 128.2	6.6	① 208 667	7.1
スイス・・・・・・・	68 008	3.4	④ 75.9	1.7	⑤ 115 955	3.6
ノルウェー・・・	63 173	3.3	③ 84.8	1.5	④ 120 849	2.6
アメリカ合衆国	61 796	5.8	⑥ 74.8	1.2	③ 132 657	2.7
デンマーク・・・	53 772	4.4	⑤ 75.8	1.0	⑧ 103 349	2.3
オランダ・・・・・	53 747	4.3	67.7	1.5	96 562	2.8
スウェーデン・	51 844	4.8	⑦ 73.9	2.8	⑦ 106 721	4.1
オーストリア・	51 067	4.2	⑨ 69.6	-0.5	⑨ 100 445	2.5
アイスランド・	50 566	2.7	66.0	2.0	96 346	3.0
オーストラリア	49 747	3.4	56.8	1.0	95 392	0.3
ドイツ・・・・・・・	49 490	2.6	⑩ 68.3	0.9	91 538	2.5
ベルギー・・・・・	48 338	5.7	⑧ 73.6	-1.3	⑥ 112 311	4.2
フィンランド・	45 926	2.8	62.2	1.0	94 428	0.3
カナダ・・・・・・・	45 324	4.4	53.9	-5.2	90 868	-3.3
韓国・・・・・・・・・	43 177	4.3	42.9	2.3	81 920	2.7
イギリス・・・・・	42 640	7.2	59.2	-1.7	88 617	7.9
フランス・・・・・	42 112	6.5	66.7	-1.5	⑩ 99 036	4.2
日本・・・・・・・・・	41 598	2.3	㉒ 47.6	1.7	㉓ 76 541	2.2
ニュージーランド	40 664	3.9	43.7	2.5	75 559	1.9
OECD平均・	43 195	5.3	53.6	-0.8	92 622	2.7
G7平均 ・・	51 204	5.2	65.0	0.5	106 079	3.3

OECD.Statより作成（2023年4月5日閲覧）。単位は、2015年基準の購買力平価（PPP）換算ドル。PPPは、物価水準などを考慮した各国通貨の実質的な購買力を表す換算レート。OECDは、労働生産性の算出においてGDP（国内総生産）を付加価値産出として捉えて、就業者数および労働時間を投入資源としている。○内はOECD加盟37か国（2021年時点、ただしコスタリカは含まず）の順位（①〜⑩位、および日本）。

表5-16　労働組合員数の推移 (6月末現在)

	1980	1990	2000	2010	2020	2022
組合数・・・・・・・・・	72 693	72 202	68 737	55 910	49 098	47 495
組合員数（千人）	12 369	12 265	11 539	10 054	10 115	9 992
パート労働者	…	97	260	726	1 375	1 404
推定組織率（％）	30.8	25.2	21.5	18.5	17.1	16.5

厚生労働省「労働組合基礎調査」(2022年) より作成。労働組合とは、労働者が自主的に労働条件の維持改善などを図ることを目的とする組織。組合数は単位労働組合（下部組織を持たない組合）、組合員数は単一労働組合（下部組織を持つ組合）で独自の活動組織を持たない非独立組合員を含む。パートは単位労働組合での数。推定組織率は各年6月末組合員数を総務省「労働力調査」の各年6月の雇用者数で除して算出。

第6章　国民経済計算

　日本経済を国際比較可能な体系で記録した国民経済計算は、国連が定めた国際基準（SNA、System of National Accounts）で作成され、「四半期別GDP速報」と「国民経済計算年次推計」の2つからなる。2022年12月に内閣府が公表した2021年度の年次推計によると、日本の2021年

図 6-1　国内総生産（GDP）と経済成長率の推移（会計年度）

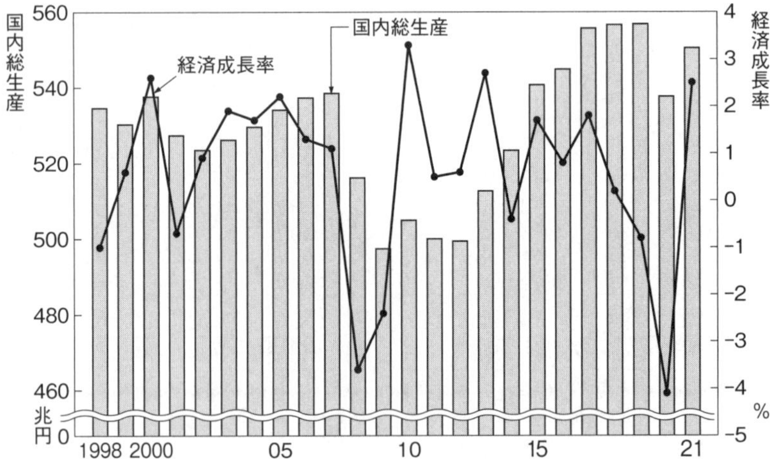

内閣府「国民経済計算年次推計」（2021年度）より作成。国内総生産は名目、経済成長率は実質（2015暦年連鎖価格）による対前年度増減率。

表 6-1　国内総生産と国民総所得の推移　（会計年度）（単位　十億円）

	2000	2010	2019	2020	2021
国内総生産（名目）・	537 614	504 874	556 836	537 562	550 530
〃　　　（実質）・	485 623	512 065	550 131	527 388	540 796
同対前年度増加率（％）	2.6	3.3	-0.8	-4.1	2.5
国民総所得（名目）・	545 845	518 661	578 683	557 200	579 781
〃　　　（実質）・	512 516	527 439	569 889	550 385	562 416
同対前年度増加率（％）	2.7	2.6	-0.6	-3.4	2.2

内閣府「国民経済計算年次推計」（2021年度、2023年2月17日閲覧）より作成。実質値は2015暦年連鎖価格。【☞国内総生産の暦年での長期統計510ページ】

度の名目GDPは550兆5300億円であった。緊急事態宣言の解除後に経済社会活動が活発化し、実質経済成長率は2.5％で、３年ぶりのプラス成長となった。消費、設備投資など内需の寄与が1.8％、外需が0.8％でともに回復が見られたが、コロナ前の2019年の水準を取り戻した米国・ユーロ圏に比べ、日本経済の回復は緩やかであった。2022年に入っても、行動制限や製造業の供給網混乱の影響で、右肩上がりの成長にはなっていない。2023年２月に公表された2022年（暦年）のGDP速報では、実質経済成長率は1.1％で前年の

図 6-2　国民所得の推移

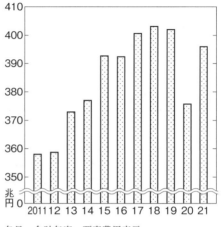

名目。会計年度。要素費用表示。

表 6-2　国内総生産と国民総所得 （名目）（会計年度）（単位　十億円）

	2000	2010	2019	2020	2021
雇用者報酬‥‥‥‥‥‥	270 610	251 021	287 888	283 445	289 399
営業余剰・混合所得‥‥	111 323	99 880	92 292	72 305	77 283
固定資本減耗‥‥‥‥	123 795	125 402	134 763	136 408	138 908
生産・輸入品に課される税	38 479	36 067	46 468	48 947	50 988
（控除）補助金 ‥‥‥	4 036	3 558	3 162	3 212	3 628
統計上の不突合‥‥‥‥	-2 558	-3 938	-1 412	-332	-2 420
国内総生産（生産側）‥	**537 614**	**504 874**	**556 836**	**537 562**	**550 530**
民間最終消費支出‥‥‥	287 984	286 110	303 859	288 505	296 250
政府最終消費支出‥‥‥	89 491	97 754	111 827	113 798	118 968
総固定資本形成‥‥‥‥	153 394	114 581	142 332	136 749	141 015
在庫変動‥‥‥‥‥‥‥	521	1 048	878	-1 062	1 016
財貨・サービスの輸出‥	56 468	76 082	95 656	84 371	103 637
（控除）財貨・サービスの輸入	50 244	70 701	97 716	84 800	110 355
国内総生産（支出側）‥	**537 614**	**504 874**	**556 836**	**537 562**	**550 530**
海外からの所得‥‥‥‥	12 372	18 015	34 329	29 794	41 193
（控除）海外に対する所得	4 141	4 227	12 483	10 156	11 943
国民総所得‥‥‥‥‥	**545 845**	**518 661**	**578 683**	**557 200**	**579 781**

内閣府「国民経済計算年次推計」(2021年度、2023年２月17日閲覧）より作成。

第6章

国民経済計算

2.1％から低下した。外需は減速傾向で、2023年は実質賃金の底上げにより消費が回復するかが注目されている。国全体の豊かさを示す正味資産（国富）は3858.7兆円（2021年）で、前年から174.6兆円（4.7％）増え、改定値で6年連続の増加となった（表6-9）。うち住宅やオフィスビルなどの固定資産の価格が上昇し100.0兆円（5.0％）増加し、海外の株式市場が好調で金融資産も425.1兆円（5.0％）増加した（表6-8）。負債は368.9兆円（4.5％）増えたが、金融資産の伸びが上回り、国富はこれまで最高だった1997年の3688.6兆円を超えた。

表 6-3　国内総生産（支出側）（名目）（会計年度）（単位　十億円）

	2019	2020	2021	構成比（％）	対前年度増減率（％）
民間最終消費支出·····	303 859	288 505	296 250	*53.8*	*2.7*
家計最終消費支出···	296 451	279 984	288 048	*52.3*	*2.9*
対家計民間非営利団体最終消費支出·	7 408	8 521	8 202	*1.5*	*-3.7*
政府最終消費支出·····	111 827	113 798	118 968	*21.6*	*4.5*
総資本形成··········	143 210	135 687	142 031	*25.8*	*4.7*
総固定資本形成·····	142 332	136 749	141 015	*25.6*	*3.1*
民間·············	113 035	105 910	111 208	*20.2*	*5.0*
住宅··········	21 393	19 869	21 129	*3.8*	*6.3*
企業設備·······	91 643	86 041	90 079	*16.4*	*4.7*
公的·············	29 297	30 839	29 807	*5.4*	*-3.3*
住宅··········	572	550	488	*0.1*	*-11.2*
企業設備·······	6 646	6 903	6 713	*1.2*	*-2.8*
一般政府·······	22 079	23 387	22 606	*4.1*	*-3.3*
在庫変動··········	878	-1 062	1 016	*0.2*	—
民間企業·········	883	-961	1 106	*0.2*	—
公的·············	-5	-101	-90	*-0.0*	—
財貨・サービスの純輸出	-2 060	-429	-6 718	*-1.2*	—
国内総生産（支出側）	**556 836**	**537 562**	**550 530**	*100.0*	*2.4*
(参考)海外からの所得の純受取···········	21 847	19 639	29 251	*5.3*	—
国民総所得·········	578 683	557 200	579 781	*105.3*	*4.1*
国内需要··········	558 896	537 990	557 248	*101.2*	*3.6*
民間需要·········	417 778	393 454	408 563	*74.2*	*3.8*
公的需要·········	141 118	144 536	148 685	*27.0*	*2.9*

内閣府「国民経済計算年次推計」(2021年度、2023年2月17日閲覧）より作成。

表 6-4　国民所得の分配（名目）（会計年度）（単位　十億円）

	2019	2020	2021	構成比（%）	対前年度増減率（%）
雇用者報酬・・・・・・・・・・	287 995	283 550	289 508	73.1	2.1
賃金・俸給・・・・・・・・・	244 185	240 036	244 944	61.9	2.0
雇主の社会負担・・・・・	43 809	43 515	44 564	11.3	2.4
財産所得（非企業部門）・	25 626	25 700	27 407	6.9	6.6
一般政府・・・・・・・・・・・	-311	-736	-358	-0.1	51.4
家計・・・・・・・・・・・・・・	25 629	26 129	27 403	6.9	4.9
利子・・・・・・・・・・・・	6 626	5 799	5 547	1.4	-4.3
配当・・・・・・・・・・・・	5 898	7 251	8 249	2.1	13.8
その他の投資所得・	9 956	9 726	10 065	2.5	3.5
賃貸料・・・・・・・・・・	3 149	3 352	3 543	0.9	5.7
対家計民間					
非営利団体・・・・・・	307	307	362	0.1	17.7
企業所得・・・・・・・・・・・	88 406	66 139	79 018	20.0	19.5
民間法人企業・・・・・・・	55 657	36 671	49 649	12.5	35.4
公的企業・・・・・・・・・・	1 867	1 437	1 018	0.3	-29.2
個人企業・・・・・・・・・・	30 883	28 031	28 351	7.2	1.1
農林水産業・・・・・・	1 972	1 797	1 739	0.4	-3.2
その他の産業・・・・1)	8 869	6 388	7 590	1.9	18.8
持ち家・・・・・・・・・・	20 042	19 846	19 022	4.8	-4.2
国民所得・・・・・・・・・・2)	**402 027**	**375 389**	**395 932**	100.0	5.5
生産・輸入品に課される税（控除）補助金	43 306	45 735	47 360	12.0	3.6
国民所得・・・・・・・・・・3)	**445 333**	**421 124**	**443 293**	112.0	5.3
その他の経常移転（純）	-1 158	-2 461	-2 258	-0.6	8.2
国民可処分所得・・・・・	444 174	418 663	441 035	111.4	5.3

内閣府「国民経済計算年次推計」（2021年度、2023年2月17日閲覧）より作成。1) 非農林水産、非金融。2) 要素費用表示。3) 市場価格表示（87ページ下欄参照）。

表 6-5　1人あたり名目GDP、名目GNI、国民所得（会計年度）（単位　千円）

	2005	2010	2015	2019	2020	2021
1人あたり名目GDP・	4 181	3 943	4 255	4 401	4 261	4 386
前年度比（%）・・・・	0.8	1.5	3.4	0.2	-3.2	2.9
1人あたり名目GNI・・	4 281	4 051	4 421	4 574	4 417	4 619
前年度比（%）・・・・	1.3	1.7	3.5	0.2	-3.4	4.6
1人あたり国民所得・・	3 038	2 848	3 089	3 177	2 975	3 155
前年度比（%）・・・・	-0.1	3.4	4.3	-0.1	-6.4	6.0

内閣府資料より作成。会計年度。1人あたりの金額はそれぞれ、国内総生産、国民総所得、国民所得の年度値を各月初人口の年度平均で割ったもの。

第6章　国民経済計算

表 6-6 経済活動別国内総生産（名目）（暦年）（単位 十億円）

	2019	2020	2021	構成比 （％）	対前年 増減率 （％）
農林水産業･････････	5 796	5 542	5 224	1.0	-5.7
農業･･･････････	4 827	4 678	4 324	0.8	-7.6
林業･･･････････	248	231	263	0.0	13.6
水産業･････････	722	633	637	0.1	0.6
鉱業････････････	383	382	368	0.1	-3.8
製造業･･････････	112 833	107 819	112 508	20.5	4.3
食料品･････････	13 645	12 989	13 204	2.4	1.7
化学･･･････････	12 076	12 498	11 834	2.2	-5.3
石油・石炭製品･････	5 833	5 826	6 877	1.3	18.0
一次金属･･･････	9 466	8 670	10 039	1.8	15.8
金属製品･･･････	5 730	5 318	5 141	0.9	-3.3
はん・生産・業務用機械	17 126	15 704	17 509	3.2	11.5
電子部品・デバイス･･･	5 458	5 770	6 594	1.2	14.3
電気機械･･････	7 365	6 837	6 687	1.2	-2.2
情報・通信機器･････	2 870	2 654	2 649	0.5	-0.2
輸送用機械･････	14 252	13 086	13 456	2.4	2.8
電気･ガス･水道･廃棄物処理業	17 052	17 289	15 166	2.8	-12.3
電気･･･････････	8 211	8 338	5 950	1.1	-28.6
ガス・水道・廃棄物処理･	8 840	8 951	9 216	1.7	3.0
建設業･････････	30 434	30 809	30 156	5.5	-2.1
卸売・小売業･･････	69 325	68 731	74 918	13.6	9.0
卸売･･････････	36 611	36 390	41 363	7.5	13.7
小売･･････････	32 713	32 341	33 555	6.1	3.8
運輸・郵便業･･････	29 910	22 755	22 626	4.1	-0.6
宿泊・飲食サービス業･･･	13 837	8 950	7 677	1.4	-14.2
情報通信業･･･････	27 178	27 413	28 044	5.1	2.3
通信・放送･････	11 881	12 489	12 243	2.2	-2.0
情報サービス・映像 音声文字情報制作･･･	15 297	14 924	15 801	2.9	5.9
金融・保険業･･････	22 594	22 662	23 433	4.3	3.4
不動産業･･･････	65 710	65 782	65 568	11.9	-0.3
うち住宅賃貸･････	53 153	53 251	53 099	9.7	-0.3
専門・科学技術、 業務支援サービス業･･･	46 391	46 965	48 125	8.8	2.5
公務･･････････	27 876	27 897	28 259	5.1	1.3
教育･･････････	19 250	19 119	19 155	3.5	0.2
保健衛生・社会事業･･･	43 784	44 094	45 648	8.3	3.5
その他のサービス･･･	22 607	20 173	20 532	3.7	1.8
小計･･･････････	554 958	536 382	547 407	99.6	2.1
輸入品に課される税・関税	9 671	9 535	11 350	2.1	19.0
（控除）総資本形成に 係る消費税･･･････	7 163	7 739	7 907	1.4	2.2
国内総生産×･･･････	**557 911**	**539 082**	**549 379**	100.0	1.9

資料は表6-4と同じ。×統計上の不突合を含む。

表6-7　県内総生産と1人あたり県民所得、経済成長率（2019年度）

	県内総生産（億円）	1人あたり県民所得（千円）	経済成長率（％）		県内総生産（億円）	1人あたり県民所得（千円）	経済成長率（％）
北海道	204 646	2 832	-1.0	滋賀‥	69 226	3 323	0.2
青森‥	45 332	2 628	0.8	京都‥	108 460	3 005	0.1
岩手‥	48 476	2 781	-1.7	大阪‥	411 884	3 055	-1.5
宮城‥	98 294	2 943	-2.7	兵庫‥	221 952	3 038	-0.2
秋田‥	36 248	2 713	1.4	奈良‥	39 252	2 728	-0.8
山形‥	43 367	2 909	-0.2	和歌山	37 446	2 986	-0.3
福島‥	79 870	2 942	-1.7	鳥取‥	18 934	2 439	-1.7
茨城‥	140 922	3 247	-2.3	島根‥	26 893	2 951	1.2
栃木‥	92 619	3 351	-2.1	岡山‥	78 425	2 794	-1.7
群馬‥	93 083	3 288	0.3	広島‥	119 691	3 153	-2.6
埼玉‥	236 428	3 038	-0.7	山口‥	63 505	3 249	-2.1
千葉‥	212 796	3 058	-1.7	徳島‥	32 224	3 153	-0.1
東京‥	1 156 824	5 757	-0.5	香川‥	40 087	3 021	0.7
神奈川	352 054	3 199	-1.4	愛媛‥	51 483	2 717	-0.6
新潟‥	91 852	2 951	-2.2	高知‥	24 646	2 663	-1.0
富山‥	49 102	3 316	-0.9	福岡‥	199 424	2 838	-1.0
石川‥	47 795	2 973	-3.4	佐賀‥	32 196	2 854	-0.8
福井‥	36 946	3 325	-0.1	長崎‥	47 898	2 655	-1.0
山梨‥	35 660	3 125	-1.6	熊本‥	63 634	2 714	0.7
長野‥	84 543	2 924	-2.1	大分‥	45 251	2 695	-2.7
岐阜‥	79 368	3 035	-1.5	宮崎‥	37 040	2 426	-2.4
静岡‥	178 663	3 407	-1.7	鹿児島	57 729	2 558	-0.5
愛知‥	409 107	3 661	-3.5	沖縄‥	46 333	2 396	0.5
三重‥	80 864	2 989	-5.6	全国	5 808 469	3 345	-1.3

内閣府「県民経済計算」（2019年度、2023年2月17日閲覧）より作成。名目値。経済成長率は実質県内総生産（2015暦年連鎖価格）の対前年度増減率。

国民総所得（GNI）と国民所得（NI）

　国民総所得（GNI）は、GDPに海外からの所得の純受取を加えたものである。国民所得（NI）は、GNIから固定資本減耗を控除した市場価格表示と、さらに純間接税を控除した要素費用表示とがある。市場価格は間接税や政府補助金の影響を受けるため、労働などの生産要素に対する付加価値の分配をみるには、間接税等の影響を排除した要素費用表示の国民所得をみる必要がある。

※純間接税＝生産・輸入品に課される税－補助金

第6章　国民経済計算

表 6-8 **国民資産・負債残高の推移**（各年末現在）（単位　兆円）

	2000	2010	2019	2020	2021
非金融資産・・・・・・・・・	3 362	3 065	3 319	3 327	3 445
生産資産・・・・・・・・	1 775	1 860	2 068	2 055	2 161
固定資産・・・・・・・	1 711	1 797	1 997	1 988	2 088
住宅・・・・・・・・	403	405	431	426	461
その他の建物・ 1)	947	1 032	1 167	1 165	1 218
機械・設備・・・・	236	214	233	231	239
知的財産生産物	116	137	154	154	158
非生産資産(自然資源)	1 587	1 206	1 252	1 271	1 284
土地・・・・・・・・・・	1 580	1 200	1 245	1 265	1 277
金融資産・・・・・・・・・・・	5 847	5 766	8 034	8 575	9 000
現金・預金・・・・・・・	1 198	1 286	2 063	2 303	2 365
貸出・・・・・・・・・・・	1 651	1 297	1 535	1 671	1 754
債務証券・・・・・・・・	737	1 114	1 304	1 388	1 384
持分・投資信託受益証券	593	613	1 201	1 224	1 388
株式・・・・・・・・・	435	391	826	826	955
保険・年金・定型保証	550	516	552	557	557
総資産・・・・・・・・・	**9 209**	**8 831**	**11 354**	**11 901**	**12 445**
負債・・・・・・・・・・・・・	5 714	5 509	7 675	8 217	8 586
現金・預金・・・・・・・	1 189	1 281	2 051	2 290	2 352
借入・・・・・・・・・・・	1 648	1 307	1 565	1 720	1 796
債務証券・・・・・・・・	773	1 186	1 491	1 594	1 612
持分・投資信託受益証券	669	712	1 444	1 480	1 667
株式・・・・・・・・・	510	488	1 062	1 077	1 227
正味資産・・・・・・・・・・	3 495	3 322	3 679	3 684	3 859
負債・正味資産・・・・	**9 209**	**8 831**	**11 354**	**11 901**	**12 445**

資料は表6-1に同じ。主要項目。1) 構築物を含む。

表 6-9 **部門別にみた正味資産（国富）の推移**（単位　兆円）

	2000	2010	2020	2021	対前年比 （％）
非金融法人企業・・・・・・	426.2	641.0	589.2	585.9	*-0.5*
民間非金融法人企業	396.0	577.3	519.8	494.7	*-4.8*
公的非金融法人企業	30.2	63.6	69.4	91.2	*31.4*
金融機関・・・・・・・・・・	22.1	70.5	207.7	199.1	*-4.2*
民間金融機関・・・・・	11.2	41.2	144.3	129.3	*-10.4*
公的金融機関・・・・・	10.9	29.3	63.4	69.8	*10.1*
一般政府・・・・・・・・・・	386.8	152.9	68.4	119.1	*74.1*
家計1)・・・・・・・・・・・・	2 561.0	2 373.8	2 705.9	2 839.9	*5.0*
対家計民間非営利団体	98.7	84.1	112.9	114.6	*1.5*
計・・・・・・・・・・・・	3 494.8	3 322.2	3 684.1	3 858.7	*4.7*

資料は表6-8に同じ。各年末時点。1) 個人企業を含む。

〔**GDPの国際比較**〕2021年の日本のGDPは４兆9409億ドルでアメリカ合衆国、中国に次いで世界第３位だが、４位ドイツとの差は僅差に縮まった。アメリカのGDPは世界の24.1％、中国は18.3％を占め、両国が突出している。日本のGDPは全体の5.1％で、国別の豊かさの目安となる１人あたりGDPはOECD加盟国（38か国）の中で第20位である。

図 6-3　**GDPの多い国**（名目）（2021年）

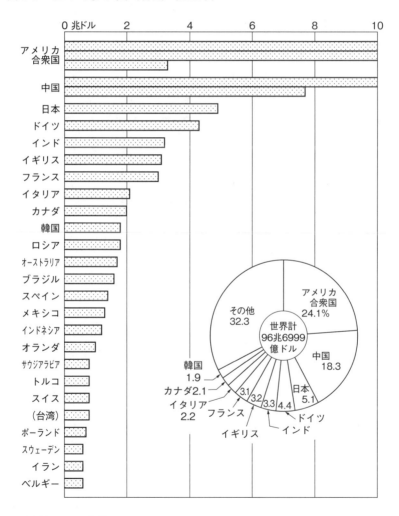

国連資料などより作成。

第
6
章

国民経済計算

表 6-10 主な国の国内総生産と1人あたり国民所得（名目）

	国内総生産 （百万ドル）			1人あたり 国民総所得（ドル）	
	2020	2021	2021 （%）	2020	2021
アメリカ合衆国‥	21 060 474	23 315 081	*24.1*	63 917	70 081
中国‥‥‥‥‥‥	14 687 744	17 734 131	*18.3*	10 225	12 324
日本‥‥‥‥‥‥	5 040 108	4 940 878	*5.1*	41 701	41 162
ドイツ‥‥‥‥‥	3 889 669	4 259 935	*4.4*	48 053	52 885
インド‥‥‥‥‥	2 672 204	3 201 471	*3.3*	1 888	2 239
イギリス‥‥‥‥	2 704 609	3 131 378	*3.2*	39 425	46 338
フランス‥‥‥‥	2 639 009	2 957 880	*3.1*	40 119	45 535
イタリア‥‥‥‥	1 896 755	2 107 703	*2.2*	32 277	36 216
カナダ‥‥‥‥‥	1 645 423	1 988 336	*2.1*	42 943	51 741
韓国‥‥‥‥‥‥	1 644 313	1 810 966	*1.9*	31 993	35 329
ロシア‥‥‥‥‥	1 489 362	1 778 782	*1.8*	9 987	11 960
オーストラリア‥	1 431 725	1 734 532	*1.8*	55 156	64 490
ブラジル‥‥‥‥	1 448 566	1 608 981	*1.7*	6 650	7 305
スペイン‥‥‥‥	1 276 963	1 427 381	*1.5*	27 027	30 216
メキシコ‥‥‥‥	1 090 515	1 272 839	*1.3*	8 419	9 956
インドネシア‥‥	1 058 689	1 186 093	*1.2*	3 790	4 217
オランダ‥‥‥‥	909 793	1 012 847	*1.0*	50 478	56 574
サウジアラビア‥	703 368	833 541	*0.9*	19 924	23 642
トルコ‥‥‥‥‥	720 289	819 034	*0.8*	8 449	9 519
スイス‥‥‥‥‥	752 248	812 867	*0.8*	83 699	90 045
（台湾）‥‥‥‥	673 252	775 838	*0.8*	29 369	33 756
世界×‥‥‥‥	**85 238 147**	**96 699 909**	*100.0*	10 879	12 219

国連 "National Accounts - Analysis of Main Aggregates"（2023年2月17日閲覧）より作成。
（台湾）は台湾 "National Statistics" による。×その他とも。

IMFによる経済見通し（%）

	2022	2023
先進国・地域‥‥	*2.7*	*1.3*
うち日本‥‥‥‥	*1.1*	*1.3*
アメリカ合衆国	*2.1*	*1.6*
ユーロエリア・	*3.5*	*0.8*
ドイツ‥‥	*1.8*	*-0.1*
フランス‥‥	*2.6*	*0.7*
イギリス‥‥‥	*4.0*	*-0.3*
新興・開発途上国	*4.0*	*3.9*
うち中国‥‥‥‥	*3.0*	*5.2*
インド‥‥‥‥	*6.8*	*5.9*
ロシア‥‥‥‥	*-2.1*	*0.7*
ブラジル‥‥‥	*2.9*	*0.9*
世界‥‥‥‥‥	*3.4*	*2.8*

IMF, "World Economic Outlook, April 2023"
より作成。実質GDP対前年増減率。

IMF（国際通貨基金）は2023年4月に、2023年の世界の実質経済成長率を2.8%とする経済見通しを公表した。ロシアのウクライナ侵攻以降、引き下げが続いた見通しは、コロナ後の中国経済の正常化を織り込んで1月には一旦引き上げられたが、今回そこから0.1%下方修正された。3月中旬に欧米で相次ぎ表面化した金融機関の経営危機が実体経済に悪影響を及ぼす可能性に警鐘を鳴らした。米国とユーロ圏は各0.2、0.1ポイント上方修正されたが、英国に加えてドイツも再びマイナス予測となった。2022年10-12月期の実績が低かった日本の成長率は0.5ポイント下方修正された。

第 7 章　企業活動

　2022年の企業の経営状況は、コロナ禍で抑制されていた経済活動が回復傾向にある中で、全体としては上向いている。ペントアップ需要（繰延需要や繰越需要とも言われ、景気後退期に購買行動を一時的に控えていた消費者の需要が、景気回復期に一気に高まること）により、特に、旅行や宿泊などのサービス関連業では景況が改善しつつある。

　一方、2022年の企業倒産件数をみると、前年比6.6％増の6428件と 3 年ぶりに前年を上回った。その要因には、コロナ禍で中小企業や零細企業を支えてきた実質無利子、無担保の「ゼロゼロ融資」の受付が終了し（民間金融機関は2021年 3 月末、政府系金融機関は2022年 9 月末）、総額約43兆円の融資の返済が始まったことがある。今後、2023年にはゼロゼロ融資の返済が本格化し、さらには、ロシアのウクライナ侵攻に伴う原材料費の高騰や急激な円安によって苦しい経営状況が続くとみられ、倒産件数が増えることが予想される。

　2023年春闘では、物価の上昇に伴い雇用者が大幅な賃上げを求めている。企業側にとっても、人材不足を解消するために賃金を上げざるを得

第 7 章　企業活動

表 7-1　経営組織別の企業数、売上高、付加価値額 （2021年調査速報）

	企業数（千）	%	売上高（十億円）	%	純付加価値額（十億円）	%
法人・・・・・・・・・・	2 061	56.1	1 676 592	98.5	327 145	97.0
会社企業・・・ 1)	1 777	48.4	1 425 712	83.8	241 623	71.7
会社以外の法人	284	7.7	250 880	14.7	85 522	25.4
個人経営・・・・・・・	1 613	43.9	25 428	1.5	9 999	3.0
企業等計・・・ 2)	**3 674**	100.0	**1 702 020**	100.0	**337 144**	100.0

総務省・経済産業省「2021年経済センサス－活動調査（速報）」（企業等に関する集計）より作成。企業数は2021年 6 月 1 日現在。売上高と付加価値額は2020年 1 年間で、必要な事項の数値が得られた企業を対象として集計されている。企業は、事業・活動を行う法人（外国の会社を除く）および個人経営の事業所をいう。個人経営であって同一の経営者が複数の事業所を経営している場合は、まとめて一つの企業となる。1) 株式会社（有限会社を含む）、合名・合資会社、合同会社、相互会社。2) 法人でない団体は含まない。

ない状況である。業績堅調な企業が社内に備蓄する内部保留を賃上げの原資にすることが可能との声もある。財務省「法人企業統計」によると、2021年度の内部保留（利益剰余金）は前年度比6.6％増の516兆4750億円と過去最高に達している。

図 7-1　産業 3 部門別企業割合 （2021年調査速報）

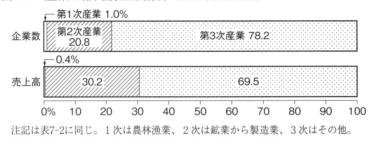

注記は表7-2に同じ。1 次は農林漁業、2 次は鉱業から製造業、3 次はその他。

表 7-2　産業別の企業数、売上高および付加価値額 （2021年調査速報）

	企業数	売上高 （十億円）	1 企業 あたり （万円）	純付加 価値額 （十億円）	1 企業 あたり （万円）
農林漁業·····1)	35 332	5 962	16 873	1 165	3 297
鉱業、採石業·2)	1 449	1 331	91 831	360	24 841
建設業········	424 290	121 053	28 531	23 713	5 589
製造業········	340 064	390 993	114 976	65 154	19 159
電気・ガス業·3)	5 494	36 217	659 210	4 091	74 455
情報通信業····	56 078	73 993	131 947	19 424	34 638
運輸業、郵便業	67 105	63 407	94 489	13 345	19 887
卸売業、小売業	739 837	481 465	65 077	48 558	6 563
金融業、保険業	31 090	119 001	382 762	19 074	61 351
不動産業·····4)	327 814	58 041	17 705	10 901	3 325
学術研究·····5)	213 865	50 717	23 715	20 270	9 478
宿泊業·······6)	422 908	20 593	4 869	6 052	1 431
生活関連サービス業7)	333 402	30 863	9 257	4 696	1 408
教育、学習支援業	108 095	17 212	15 923	7 915	7 322
医療、福祉····	298 952	173 193	57 933	71 292	23 847
複合サービス事業	5 545	8 844	159 491	3 623	65 331
サービス業···8)	262 738	49 136	18 701	17 511	6 665
全産業······	**3 674 058**	**1 702 020**	46 325	**337 144**	9 176

資料・注記は表7-1に同じ。産業別は、原則として売上高が最も多い産業で分類。1 企業あたりは必要な数値が得られた企業を対象。1) 個人経営を除く。2) 砂利採取業を含む。3) 熱供給・水道業を含む。4) 物品賃貸業を含む。5) 専門・技術サービス業を含む。6) 飲食サービス業を含む。7) 娯楽業を含む。8) 他に分類されないもの。

表7-3　雇用者規模別・資本金階級別の会社企業数（2021年6月1日）

常用雇用者規模別	会社企業	%	資本金階級別	会社企業	%
0〜4人‥‥‥	1 059 580	*59.6*	300万円未満‥	200 501	*11.3*
5〜9人‥‥‥	275 094	*15.5*	300〜500万円‥	578 882	*32.6*
10〜19人‥‥‥	191 928	*10.8*	500〜1000 〃 ‥	253 148	*14.2*
20〜29人‥‥‥	79 145	*4.5*	1000〜3000 〃 ‥	555 646	*31.3*
30〜49人‥‥‥	69 034	*3.9*	3000〜5000 〃 ‥	72 933	*4.1*
50〜99人‥‥‥	51 933	*2.9*	5000〜1億円‥	52 126	*2.9*
100人以上‥‥	50 577	*2.8*	1億円以上‥‥	30 930	*1.7*
計‥‥‥‥‥	**1 777 291**	*100.0*	計‥‥‥‥ 1)	**1 777 291**	*100.0*

総務省・経済産業省「2021年経済センサス‐活動調査（速報）」（企業等に関する集計）より作成。1）資本金階級別が不詳な会社企業を含む。

表7-4　産業別の民営事業所数と従業者数（2021年6月1日）

	事業所数	従業者数（千人）	男（％）	女（％）	雇用者に占める割合（％）無期雇用者	無期雇用者以外
農林漁業‥‥‥ 1)	41 891	452	*70.7*	*29.3*	*59.1*	*40.9*
鉱業，採石業・ 2)	1 888	20	*84.5*	*15.5*	*86.6*	*13.4*
建設業‥‥‥‥	483 649	3 765	*81.0*	*19.0*	*85.5*	*14.5*
製造業‥‥‥‥	410 864	8 867	*70.1*	*29.9*	*81.9*	*18.1*
電気・ガス業・ 3)	9 192	202	*85.7*	*14.3*	*90.3*	*9.7*
情報通信業‥‥‥	75 775	1 931	*72.2*	*27.8*	*87.8*	*12.2*
運輸業、郵便業	128 248	3 289	*80.0*	*20.0*	*77.9*	*22.1*
卸売業、小売業	1 200 507	11 477	*50.9*	*49.1*	*64.0*	*36.0*
金融業、保険業	83 332	1 495	*44.6*	*55.4*	*88.2*	*11.8*
不動産業‥‥‥ 4)	372 350	1 601	*58.6*	*41.4*	*73.5*	*26.5*
学術研究‥‥‥ 5)	249 188	2 056	*65.3*	*34.7*	*82.6*	*17.4*
宿泊業‥‥‥‥ 6)	578 342	4 515	*41.6*	*58.4*	*39.9*	*60.1*
生活関連サービス業7)	428 023	2 191	*42.8*	*57.2*	*55.7*	*44.3*
教育、学習支援業	160 352	1 922	*47.1*	*52.9*	*49.7*	*50.3*
医療、福祉‥‥‥	459 656	8 145	*28.2*	*71.8*	*69.9*	*30.1*
複合サービス事業	32 672	453	*59.8*	*40.2*	*81.8*	*18.2*
サービス業‥‥ 8)	362 688	5 078	*59.1*	*40.9*	*55.1*	*44.9*
計‥‥‥‥‥ 9)	**5 078 617**	**57 458**	*55.6*	*44.4*	*69.0*	*31.0*

総務省・経済産業省「2021年経済センサス‐活動調査（速報）」（事業所に関する集計）より作成。産業別は、原則として、売上高が最も多い産業で分類され、必要な事項の数値が不明の事業所は除く。従業者は、他の会社など別経営の事業所へ出向または派遣している人を含み、雇用者、個人業主・無給の家族従業者、有給役員があり、男女別不詳を含む。男女別割合は、不詳を除いて集計。1）個人経営を除く。2）砂利採取業を含む。3）熱供給・水道業を含む。4）物品賃貸業を含む。5）専門・技術サービス業を含む。6）飲食サービス業を含む。7）娯楽業を含む。8）他に分類されないもの。9）産業分類不詳を含まない。

表 7-5　主な産業別法人企業の経営状況 (2021年度) (単位　十億円)

	売上高	対前年増加率(%)	経常[1]利益	対前年増加率(%)	設備[2]投資	対前年増加率(%)
製造業・・・・・・・・・・	401 774	10.0	33 194	52.1	14 304	5.6
食料品・・・・・・・・・	41 638	-1.2	1 926	27.6	1 057	-10.7
化学・・・・・・・・・・・	44 030	11.3	5 636	37.0	1 963	3.7
石油・石炭・・・・・	11 196	31.2	701	130.7	165	-12.7
鉄鋼・・・・・・・・・・・	18 735	37.5	1 250	1 405.1	825	-16.7
金属製品・・・・・・・	18 436	8.8	1 167	57.0	625	9.3
はん用機械・・・・	6 977	4.4	641	41.9	269	41.6
生産用機械・・・・	25 528	19.5	2 391	43.2	855	68.0
業務用機械・・・・	13 211	0.6	1 560	42.7	355	-2.9
電気機械・・・・・・	29 621	2.5	3 097	42.0	756	-7.5
情報通信機械・・・	34 201	30.2	3 505	122.3	1 771	17.7
輸送用機械・・・・	74 730	5.3	5 378	35.6	2 582	2.0
非製造業・・・・・・・・	1 046 114	4.9	50 731	23.7	31 358	10.8
建設業・・・・・・・・・	136 669	2.1	6 936	-1.1	2 586	4.1
卸売業、小売業・	496 740	3.0	14 865	34.3	5 615	7.9
不動産業・・・・・・・	48 582	9.6	6 058	13.1	3 797	3.5
物品賃貸業・・・・	17 384	10.6	454	-16.5	1 798	8.3
情報通信業・・・・	79 981	3.4	8 163	11.8	4 867	5.3
運輸業、郵便業・	66 002	15.1	1 229	—	4 232	3.0
電気業・・・・・・・・	28 517	2.6	310	-69.0	2 685	38.3
サービス業・・・・・	159 130	8.2	11 721	30.8	4 932	29.0
産業計・・・・・・・・	**1 447 888**	6.3	**83 925**	33.5	**45 661**	9.2
資本金別 (再掲)・・						
10億円以上・・・・・	543 615	6.1	49 534	33.6	21 812	2.4
1億円～10億円・	282 576	6.6	14 020	34.5	7 390	11.0
1000万円～1億円	495 987	6.9	17 910	42.1	12 212	17.5
1000万円未満・・・	125 710	3.7	2 460	-10.8	4 247	21.9
金融・保険業 (別掲)	—	—	12 494	18.8	2 017	-14.3

財務省「法人企業統計調査」(2021年度) より作成。営利法人等の決算計数をとりまとめたもの。金融・保険業を除く。1) 営業利益 (売上高から売上原価や販売費・一般管理費を差引く) に本業以外の収益や費用を加減したもの。2) 調査年度中の土地を除く有形固定資産増減額、ソフトウェア増減額に減価償却費および特別減価償却費を加算したもの。

表 7-6　法人企業の経常利益の推移 (会計年度) (単位　十億円)

	2016	2017	2018	2019	2020	2021
製造業・・・・・・・・	24 054	28 318	27 347	22 690	21 830	33 194
非製造業・・・・・・	50 933	55 237	56 571	48 748	41 023	50 731
産業計・・・・・・・	**74 987**	**83 554**	**83 918**	**71 439**	**62 854**	**83 925**

資料は上表に同じ。金融・保険業を除く。

表 7-7　法人企業の付加価値（会計年度）（単位　十億円）

	2016	2017	2018	2019	2020	2021
人件費·········	201 879	206 481	208 609	202 274	195 407	206 595
支払利息等·····	6 246	6 199	6 497	5 629	6 012	6 923
動産·不動産賃借料	27 177	27 619	27 314	26 609	26 162	28 954
租税公課·······	11 013	10 169	10 830	10 626	10 128	10 237
営業純益····· 1)	52 482	61 245	61 233	49 534	35 620	47 293
付加価値·····	298 797	311 713	314 482	294 672	273 329	300 003
付加価値率(%)2)	20.5	20.2	20.5	19.9	20.1	20.7
労働生産性(万円)3)	727	739	730	715	688	722

資料は表7-5に同じ。金融・保険業を除く。1) 営業利益から支払利息等を差し引いたもの。
2) 売上高に占める付加価値額の割合。3) 従業員1人あたりの付加価値額。

図 7-2　資本金規模別の総資本経常利益率（会計年度末）

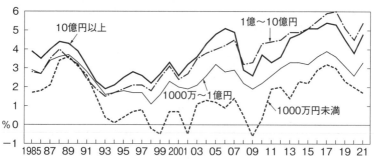

財務省「法人企業統計調査」より作成。金融・保険業を除く。総資本経常利益率は、
経常利益を総資本で割った比率で、投下された総資本が利益獲得のためにどれほど効
果的に利用されているかを表す。

図 7-3　資本金規模別の自己資本比率（会計年度末）

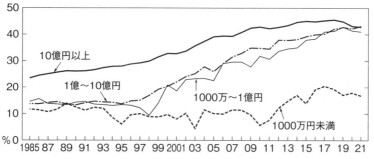

資料は上図に同じ。金融・保険業を除く。自己資本比率は、自己資本を総資本で割っ
た比率で、低すぎると資金調達などの安定性に欠ける。

図 7-4　M&A（合併・買収）件数の推移

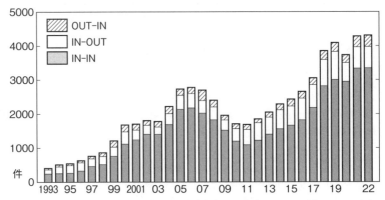

株式会社レコフデータ「日本企業のM&A動向」より作成。グループ内のM&Aは含まず。2022年のM&A件数は4304件。マーケット別の内訳は、IN-IN（日本企業同士のM&A）は3345件、IN-OUT（日本企業による外国企業へのM&A）は625件、OUT-IN（外国企業による日本企業へのM&A）は334件である。

表 7-8　企業倒産件数と休廃業・解散件数の推移

	2017	2018	2019	2020	2021	2022
倒産件数（件）‥‥	8 405	8 235	8 383	7 773	6 030	6 428
農・林・漁・鉱業‥	64	64	86	109	55	90
建設業‥‥‥‥‥	1 579	1 431	1 444	1 247	1 065	1 194
製造業‥‥‥‥‥	1 041	1 014	1 024	915	664	722
卸売業‥‥‥‥‥	1 268	1 216	1 143	1 065	806	834
小売業‥‥‥‥‥	1 117	1 132	1 230	1 054	730	718
金融・保険業‥‥	44	34	24	30	23	17
不動産業‥‥‥‥	279	257	251	251	235	216
運輸業‥‥‥‥‥	240	238	254	227	239	324
情報通信業‥‥‥	339	337	358	279	206	238
サービス業他‥‥	2 434	2 512	2 569	2 596	2 007	2 075
負債総額（億円）‥	31 676	14 855	14 232	12 200	11 507	23 314
休廃業・解散件数(件)	40 909	46 724	43 348	49 698	44 377	49 625

東京商工リサーチ「全国企業倒産状況」および「休廃業・解散企業」動向調査より作成。負債総額1000万円以上のみ。休廃業・解散件数は倒産以外で事業活動を停止した企業。

企業倒産には、法定倒産処理手続と法定外倒産処理手続によるものがある。法定外には、不渡り手形を出して銀行取引停止処分を受けて行う私的整理などがある。法定倒産処理手続には、消滅型として、**破産**（裁判所の破産宣告を受けて破産管財人のもとで債務者資産が整理され、債権者への分配が行われる）や**特別清算**（解散後の株式会社について申し立てにより裁判上の清算手続きが取られる）、そして破産を避ける再建型として**民事再生法**（破たん前に申請を行い、現経営者がそのまま残って再建にあたる）や**会社更生法**（株式会社のみが対象で、主として消滅すると社会的に大きな影響のある上場企業や大企業を再建する目的で適用される。会社の管理権が現経営者から管財人に移行する）がある。

表 7-9　欠損法人数と資本金階級別割合（会計年度）

	欠損法人数[1]		資本金階級別の欠損法人割合[2]（％）			
	総数	割合（％）	1000万円以下	1000万円〜1億円	1億円〜10億円	10億円超
2000	1 734 444	68.4	75.0	61.2	47.5	46.7
2010	1 877 801	72.8	77.1	67.6	50.9	46.4
2019	1 691 357	61.6	63.7	49.0	28.9	23.2
2020	1 739 778	62.3	64.1	51.9	31.3	26.9
2021	1 757 601	61.7	63.5	50.9	27.4	22.7

国税庁「会社標本調査」より作成。欠損法人は所得が負または0のもの（繰越欠損金を控除した結果0になったものを含む）。2005年以前は2月〜1月決算ベース。割合は各階級の法人数全体に占める割合。1）連結子法人を除く。2）連結法人を除く。2010年度以前の資本金階級は「以上、未満」で区分されている。

表 7-10　法人企業の資本金規模別労働分配率（金融・保険業を除く）（％）

	2016	2017	2018	2019	2020	2021
1000万円未満・・・・	83.4	80.3	78.5	82.3	86.5	91.0
1000万円〜5000万円	75.5	75.6	77.7	78.8	81.3	79.7
5000万円〜1億円	71.3	70.7	71.8	73.1	77.1	76.9
1億円〜10億円・・	66.5	65.8	65.6	67.8	69.6	66.0
10億円以上・・・・・・	53.7	51.7	51.3	54.9	57.6	52.4
全平均・・・・・・・・	67.6	66.2	66.3	68.6	71.5	68.9
1億円未満・・	76.6	75.8	76.7	78.4	81.7	81.7
1億円以上・・	58.0	56.4	56.0	59.3	61.9	57.2

財務省「法人企業統計調査」（2021年度）より作成。会計年度。労働分配率は企業活動で得られた付加価値（人件費、支払利息・割引料、動産・不動産賃貸料、租税、営業純益を合計したもので、表7-7参照）に対する人件費の割合。

表 7-11　個人企業の1企業あたり営業状況（2021年）（単位　千円）

	売上高	売上原価	売上総利益	営業費	営業利益	営業利益率（％）
調査対象産業計・・	12 969	5 385	7 583	5 361	2 222	17.1
建設業・・・・・・・・	14 468	4 981	9 488	6 662	2 826	19.5
製造業・・・・・・・	10 944	3 239	7 705	5 399	2 307	21.1
卸売業、小売業	24 490	16 447	8 042	6 321	1 721	7.0
飲食サービス業[1]	10 751	3 525	7 226	5 204	2 023	18.8
生活関連サービス業、娯楽業	4 525	611	3 914	2 668	1 246	27.5
その他のサービス業	9 913	825	9 088	5 948	3 140	31.7

総務省「個人企業経済調査」（2022年）より作成。1）宿泊業を含む。

第7章 企業活動

表 7-12　海外現地法人の推移（会計年度）

	2005	2010	2015	2018	2019	2020
企業数‥‥‥‥ 1)	15 850	18 599	25 233	26 233	25 693	25 703
従業者数（千人）2)	4 361	4 994	5 574	6 052	5 636	5 627
売上高（十億円）	184 950	183 195	274 017	290 914	263 086	240 903
経常利益（〃）‥	7 609	10 900	9 631	13 730	10 834	9 872
当期純利益（〃）	5 149	7 694	6 537	10 914	7 871	6 953
設備投資額（〃）	4 412	4 102	8 726	8 876	8 048	6 620

経済産業省「海外事業活動基本調査」より作成。金融業、保険業および不動産業を除く。海外法人は、日本側出資比率10%以上、または日本側出資比率50%超の海外子会社が50%超の出資を行う外国法人。回収率の違いにより、時系列比較は注意が必要。また売上高等は有効回答企業が対象。円換算はIMF公表のIFSにおける期中平均レート。1）年度末現在。操業中と回答した数。2）年度末現在。常時従業者数。

表 7-13　海外現地法人の売上高内訳（2020年度）（単位　十億円）

	日本向け輸出	現地販売額	第三国向け輸出	売上高計	日本向け割合（%）
製造業‥‥‥‥‥	11 859	61 162	39 769	112 790	10.5
非製造業‥‥‥‥	8 617	81 692	37 804	128 112	6.7
農林漁業‥‥‥	62	228	60	350	17.6
鉱業‥‥‥‥‥	863	1 327	175	2 366	36.5
建設業‥‥‥‥	24	1 743	56	1 824	1.3
情報通信業‥‥	286	2 134	836	3 256	8.8
運輸業‥‥‥‥	752	2 277	546	3 575	21.0
卸売業‥‥‥‥	4 451	53 488	30 290	88 229	5.0
小売業‥‥‥‥	42	9 342	701	10 084	0.4
サービス業‥‥	1 803	8 369	1 816	11 988	15.0
計‥‥‥‥‥‥	20 476	142 855	77 572	240 903	8.5

資料・注記は表7-12に同じ。上表の売上高の内訳。製造業は183ページ参照。

表 7-14　地域別の海外現地法人の概況（2020年度）（単位　十億円）

	企業数	従業者数（千人）	売上高	経常利益	当期純利益	設備投資額
アジア‥‥‥‥‥	17 342	3 800	110 536	5 590	4 250	2 184
中東‥‥‥‥‥	155	18	1 434	35	24	21
アフリカ‥‥‥	165	40	1 371	20	10	40
ヨーロッパ‥‥	2 913	630	35 168	842	137	750
北アメリカ‥‥	3 235	765	77 488	2 278	1 527	3 082
中南アメリカ‥	1 387	330	9 146	504	507	398
オセアニア‥‥	506	44	5 760	603	497	144
世界計‥‥‥‥	25 703	5 627	240 903	9 872	6 953	6 620

資料・注記は表7-12に同じ。

表 7-15　主な国の海外現地法人 (2020年度)

	従業者 (千人)	売上高 (十億円)		従業者 (千人)	売上高 (十億円)
アジア・・・・・・・・	3 800	110 536	スペイン・・・・	41	1 899
中国・・・・・・・・	1 240	44 115	ロシア・・・・・・	23	1 315
タイ・・・・・・・・	620	17 020	スイス・・・・・・	3	1 075
シンガポール・・	123	13 116	イタリア・・・・	32	891
(香港)・・・・・・	48	6 241	北アメリカ・・・・	765	77 488
インドネシア	383	5 859	アメリカ合衆国	723	72 519
(台湾)・・・・・	107	4 879	カナダ・・・・・・	43	4 969
韓国・・・・・・・・	82	4 524	中南アメリカ・・	330	9 146
インド・・・・・・	266	4 078	メキシコ・・・・	157	3 399
ベトナム・・・・	419	3 517	ブラジル・・・・	96	2 018
マレーシア・・	163	3 431	アルゼンチン	10	554
フィリピン・・	271	3 073			
中東・・・・・・・・・・	18	1 434	オセアニア・・・・	44	5 760
アフリカ・・・・・・	40	1 371	オーストラリア	37	5 215
			ニュージーランド	5	442
ヨーロッパ・・・・	630	35 168	世界計・・・・・・	5 627	240 903
イギリス・・・・	155	6 639	(再掲)		
ベルギー・・・・	65	6 287	ASEAN ・・・・ 1)	2 023	46 208
ドイツ・・・・・・	73	5 438	BRICs ・・・・・・ 2)	1 624	51 525
オランダ・・・・	48	4 994	EU ・・・・・・・・ 3)	419	25 003
フランス・・・・	49	2 559			

経済産業省「海外事業活動基本調査」(2020年度実績) より作成。注記は表7-12を参照。従業者は常時従業者で2020年度末現在。有効回答は、従業者は2万440社、売上高は2万479社。1) 10か国。2) ブラジル、インド、中国、ロシア。3) 27か国。

表 7-16　外資系企業の概況 (2019年度)(単位　十億円)

	企業数	従業者 数 (千人)	売上高	経常 利益	設備 投資額	自己資 本比率 (%)
製造業・・・・・・・・	489	185	10 137	392	746	37.3
輸送機械・・・・・	49	59	1 679	38	183	43.8
非製造業・・・・・・	2 319	325	26 411	1 591	390	7.5
情報通信業・・・	287	18	626	50	53	54.7
卸売業・・・・・・	1 096	60	9 490	257	102	33.4
小売業・・・・・・	139	75	2 874	135	48	55.4
金融・保険業・	130	53	9 764	805	26	3.8
全産業・・・・・・	2 808	510	36 547	1 982	1 136	10.1

経済産業省「外資系企業動向調査」(2019年度実績) より作成。日本国内の外資系企業。外資系企業とは、①外国投資家が株式または持分の3分の1超を所有する企業、②その上で外国投資家の直接・間接出資比率の合計が3分の1超となる企業で、①と②のどちらも外国側筆頭出資者の出資比率が10%以上である企業。調査対象数は5748社、そのうち有効回答(操業中)があった2808社が対象で、項目により集計企業の数にばらつきがある。

第7章　企業活動

第8章　資源

　国内鉱山は、鉱量の枯渇などで多くが閉山した。日本の戦後復興を支えた石炭も、1990年代に多くの鉱山が閉鎖しており、産出量はわずかである。現在も操業を続ける鉱山は、ほとんどが石灰石鉱山である。

図 8-1　石炭・原油・天然ガスの都道府県別産出量

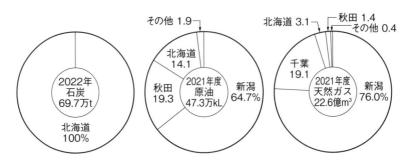

カーボンフロンティア機構資料および天然ガス鉱業会資料より作成。

表 8-1　主な鉱産物の国内産出量

	1990	2000	2010	2020	2021	2022
金（kg）‥‥‥1)	7 303	8 400	8 223	7 590	6 225	4 886
銀（kg）‥‥‥1)	149 920	103 781	4 981	4 192	3 339	2 923
銅（t）‥‥‥‥1)	12 927	1 211	—	—	—	—
鉛（t）‥‥‥‥1)	18 727	8 835	—	—	—	—
亜鉛（t）‥‥‥1)	127 273	63 601	—	—	—	—
鉄（t）‥‥‥‥1)	2)34 092	523	—	—	—	—
石灰石（千t）‥	198 224	185 569	133 974	131 533	131 830	129 086
けい石（千t）‥	17 925	15 578	9 159	8 709	8 375	7 977
ドロマイト（千t）	5 371	3 539	3 438	3 217	2 926	2 919
けい砂（千t）‥	9 302	6 121	3 079	1 924	2 045	2 014
塩（千t）‥‥‥3)	1 382	1 374	1 122	874	855	…
石炭（千t）‥‥	8 262	3 126	917	772	675	697
原油（千kL）‥	632	740	873	512	490	421
天然ガス（百万m³）	2 044	2 453	3 396	2 295	2 305	2 148

経済産業省「生産動態統計」および塩事業センター資料、カーボンフロンティア機構資料より作成。精錬された金属の生産や、世界の金属資源は第16章に掲載。1) 精鉱に含まれる金属含有量。2007年以降は金鉱のみ。2) 精鉱量。3) 会計年度。

〔水資源〕 日本は世界的に見て雨の多い地域であるが、人口が多い割に国土面積が狭く、1人あたり水資源賦存量（理論上人間が最大限利用可能な量）は世界平均の半分以下である。また、河川が急で狭いほか、人口集中地区から水源地が離れているなど、水資源の利用には不利な点が多い。高度経済成長期に、大都市では地下水のくみ上げが増えて地盤沈下が進行した。その反省から、冷却用に用いられることが多い工業用水では回収水が主に利用されるようになっている。

表8-2 **地域別水資源量**（1992～2021年）

	渇水年[1]			平均年[2]		
	年降水量 （mm）	水資源 賦存量[3] （億m^3）	1人あた り水資源 賦存量[3] （m^3）	年降水量 （mm）	水資源 賦存量[3] （億m^3）	1人あた り水資源 賦存量[3] （m^3）
北海道・・	965	411	7 461	1 151	566	10 286
東北・・[4]	1 454	733	6 255	1 682	905	7 727
関東・・[5]	1 294	281	647	1 570	369	849
東海・・[6]	1 676	506	2 929	2 014	651	3 771
北陸・・[7]	2 021	160	5 224	2 377	205	6 688
近畿・・・	1 358	186	891	1 824	315	1 506
中国・・・	1 446	218	2 884	1 758	331	4 382
四国・・・	1 603	164	4 128	2 245	285	7 162
九州・・・	1 852	454	3 435	2 288	638	4 831
沖縄・・・	1 830	19	1 375	2 133	26	1 865
全国・	1 528	3 338	2 606	1 733	4 291	3 351

国土交通省「日本の水資源の現況」（2022年版）より作成。1）降水量が少ない方から数えて3番目の年の数値。2）1992～2021年平均値。3）賦存量は資源量を理論的に導きだした量で、本表の水資源賦存量は、降水量から蒸発などで失われる水量を引いたものに、面積をかけたもの。4）新潟県を含む。5）山梨県を含む。6）長野県、岐阜県を含む。7）富山県、石川県、福井県の北陸3県。

表8-3 **水の使用量**（淡水）（単位 億m^3）

	1980	1990	2000	2010	2018	2019
都市用水・・・・・・	280	303	297	271	255	252
生活用水・・・・・	128	158	164	154	150	148
工業用水・・・・・	152	145	134	117	106	103
農業用水・・・・・・	580	586	572	544	535	533
計・・・・・・・・	860	889	870	815	791	785

資料は上表に同じ。取水量ベースの推計で、使用後再び河川等へ還元される水量も含む。

図 8-2　都市用水の水源別取水量（2019年）

取水量 252億m³	河川水 77.4%	地下水 22.6

0%　　　20　　　40　　　60　　　80　　　100

国土交通省「日本の水資源の現況」(2022年版) より作成。都市用水は生活用水と工業用水（淡水）。

表 8-4　農業用水量の推移（用途別）（単位　億m³）

	1980	1989	2000	2010	2018	2019
水田かんがい用水・	565	559	539	510	502	499
畑地かんがい用水・	11	22	29	29	29	30
畜産用水········	4	5	5	4	4	4
計············	580	586	572	544	535	533

資料は上図に同じ。

表 8-5　工業用水の水源別用水量（単位　百万m³）

	1980	1990	2000	2010	2019	2020
工業用水道·······	4 397	4 608	4 697	4 334	3 991	3 916
上水道··········	921	920	818	703	586	2 364
井戸水··········	4 310	3 744	3 125	2 430	2 111	3 473
その他の淡水·····	3 805	3 613	3 289	2 698	2 553	2 427
計·········	13 433	12 885	11 929	10 165	9 240	12 181
回収水··········	37 414	40 683	43 690	39 265	…	15 896
淡水計·········	50 847	53 569	55 619	49 430	…	28 076
海水··········	15 121	14 431	15 734	15 214	…	7 283

総務省・経済産業省「経済センサス－活動調査」および経済産業省「工業統計調査」より作成。従業者30人以上の事業所。

表 8-6　工業用水（淡水）の用水量（単位　百万m³）

	淡水	うち 回収水		淡水	うち 回収水
金属工業·······	11 030	8 288	機械工業·······	2 516	1 494
鉄鋼業·······	10 310	8 095	輸送用機械···	1 510	1 236
非鉄金属·····	406	183	電子部品·····	495	155
化学工業·······	7 366	5 067	食料品工業·····	2 276	111
石油製品·····	1 007	743	繊維工業·······	1 030	182
紙・パルプ····	2 657	346	計×·········	28 076	15 896

資料は上表に同じ。上表の内訳。従業者30人以上の事業所。×その他とも。

第9章　一次エネルギー

　一次エネルギーは化石燃料や原子力、再生可能エネルギーなどを指し、これらを加工、変換してつくる二次エネルギーの電力などと区別される。

　世界が脱炭素化を目指す中で、2022年にロシアがウクライナに侵攻し、それに伴う経済制裁などでヨーロッパを中心に天然ガスなど化石燃料の

図 9-1　一次エネルギーの国内供給割合（会計年度）

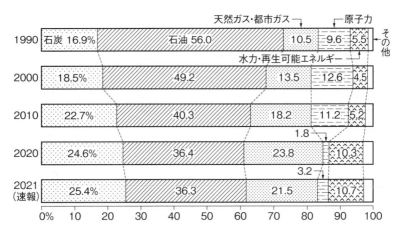

下表より作成。

表 9-1　一次エネルギーの国内供給（会計年度）（単位　PJ）

	1990	2000	2010	2019	2020	2021 (速報)
石炭	3 318	4 199	4 997	4 848	4 419	4 722
石油	11 008	11 164	8 858	7 101	6 545	6 735
天然ガス・都市ガス	2 056	3 059	3 995	4 281	4 272	3 998
再生可能エネルギー[1]	267	274	436	1 116	1 193	1 317
水力[2]	819	746	716	676	664	664
未活用エネルギー[3]	318	410	530	576	540	543
原子力	1 884	2 858	2 462	539	327	596
計	19 669	22 709	21 995	19 136	17 961	18 575

資源エネルギー庁「総合エネルギー統計」より作成。PJ（ペタジュール）はエネルギーの単位で、1PJ＝2390億kcal。1）水力を除く。2）揚水式を除く。3）廃棄物エネルギー回収や廃棄物燃料、排熱利用など。

第9章　一次エネルギー

供給不安に陥った。エネルギーの安定供給は、国民生活や経済成長に不可欠である。特に日本は天然資源に乏しく、エネルギー自給率は11.3%（2020年）と主要国の中でも極めて低い。多くを海外からの輸入に頼っ

図 9-2　最終エネルギー消費の部門別割合（会計年度）

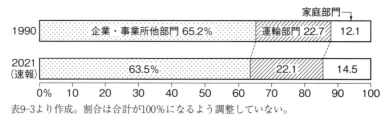

表9-3より作成。割合は合計が100%になるよう調整していない。

表 9-2　最終エネルギー消費（会計年度）（単位　PJ）

	1990	2000	2010	2020	2021 （速報）	〃 %
石油・・・・・・・・・・・・	7 525	8 742	7 264	5 734	5 712	46.3
電力・・・・・・・・・・・・	2 753	3 502	3 728	3 289	3 355	27.2
石炭・・・・・・・・・・・・	1 628	1 473	1 447	1 118	1 253	10.2
天然ガス・都市ガス	569	857	1 157	1 048	1 095	8.9
熱・・・・・・・・・・・・	1 022	1 224	1 089	858	873	7.1
未活用エネルギー・・	0	6	7	30	32	0.3
再生可能エネルギー	56	50	21	10	10	0.1
計・・・・・・・・・・・・	13 553	15 855	14 713	12 087	12 330	100.0

資料は表9-1に同じ。産業活動や家庭などで消費されたエネルギーの総量で、発電所や石油精製などエネルギー転換を含まない。

表 9-3　部門別最終エネルギー消費（会計年度）（単位　PJ）

	1990	2000	2010	2020	2021 （速報）	〃 %
企業・事業所他・・・・	8 835	9 900	9 161	7 488	7 828	63.5
農林水産鉱業建設	711	617	444	394	390	3.2
製造業・・・・・・・・・	6 361	6 729	6 305	5 101	5 389	43.7
業務他（第三次産業）	1 763	2 554	2 412	1 993	2 048	16.6
運輸・・・・・・・・・・・・	3 078	3 830	3 387	2 691	2 719	22.1
旅客・・・・・・・・・・・	1 573	2 254	2 026	1 517	1 501	12.2
貨物・・・・・・・・・・・	1 505	1 576	1 361	1 174	1 217	9.9
家庭・・・・・・・・・・・・	1 640	2 125	2 165	1 908	1 783	14.5
計・・・・・・・・・・・・	13 553	15 855	14 713	12 087	12 330	100.0

資料は表9-1に同じ。

ており、ロシアに対するエネルギー依存度はドイツなどと比べて小さい
ものの、ロシアからのエネルギーが途絶えた場合の影響は大きい。

　2050年のカーボンニュートラル（CN）を国際公約とした日本は、エ
ネルギーの安定供給とともに経済成長を行いつつ、可能な限り早期の
CN達成を目指している。再生可能エネルギーの拡充が求められ、2021
年に政府が公表した「第6次エネルギー基本計画」では2030年度の一次
エネルギー国内供給のうち再生可能エネルギーを22〜23％程度とした。
エネルギー自給率は、原子力と合わせて30％程度を見込んでいる。

　新たな資源と位置付けられているのが水素やアンモニアで、これらは
燃焼時に二酸化炭素を生じない。水素は脱炭素化だけでなく、余剰電力
で水素を製造することにより、電力の貯蔵にも利用できる。水素から生
産されるアンモニアは、火力発電で石炭と混焼する実証実験が行われて
おり、将来的にはアンモニアの燃焼のみでの発電を目指している。

表 9-4　各国のエネルギー自給率 (2020年) (%)

	中国	アメリカ合衆国	インド	ロシア	日本
石炭・・・・・・・・・・・・	93.7	116.2	72.8	202.8	0.4
石油・・・・・・・・・・・・	29.5	102.7	17.1	346.4	0.3
天然ガス・・・・・・・・	60.8	109.6	44.3	145.2	2.1
一次エネルギー計・	79.9	106.2	65.1	188.5	11.3

	ブラジル	カナダ	ドイツ	韓国	イラン
石炭・・・・・・・・・・・・	14.9	261.8	52.5	0.6	104.0
石油・・・・・・・・・・・・	158.1	286.4	3.3	1.0	169.1
天然ガス・・・・・・・・	71.9	137.7	5.4	0.3	107.4
一次エネルギー計・	113.3	179.4	34.5	19.1	125.1

	インドネシア	サウジアラビア	フランス	メキシコ	ナイジェリア
石炭・・・・・・・・・・・・	433.4	―	―	49.8	100.0
石油・・・・・・・・・・・・	53.2	353.9	1.3	141.9	351.5
天然ガス・・・・・・・・	150.1	100.0	0.0	33.9	246.0
一次エネルギー計・	191.5	264.7	54.0	83.9	149.8

IEA "Data and Statistics" より作成。2023年4月5日閲覧。一次エネルギーは電力など
元々のエネルギー源から転換される前の状態のエネルギーを指す。掲載した化石燃料のほ
か、水力や原子力（原子力はすべて自給とみなされる）、太陽光や風力などの合計。

表9-5 各国のエネルギー国内供給 (2020年) (単位 PJ)

	中国	アメリカ合衆国	インド	ロシア	日本
石炭・・・・・・・・・・・	88 963	9 280	15 871	4 796	4 274
石油・・・・・・・・・ 1)	27 682	29 401	8 682	6 270	6 194
天然ガス・・・・・・・・	11 101	30 105	2 202	17 111	3 858
原子力・・・・・・・・・	3 996	8 980	469	2 368	423
水力・・・・・・・・・・	4 758	1 034	579	765	284
風力・太陽光等・・・	4 474	2 181	517	16	437
バイオ燃料と廃棄物	5 603	4 173	8 200	433	639
電力・・・・・・・・・・	-61	170	-0	-31	—
熱・・・・・・・・・・・・	—	—	—	—	—
計・・・・・・・・・・・	**146 516**	**85 324**	**36 520**	**31 729**	**16 109**
1人あたり (GJ)	103.8	258.3	26.5	220.2	128.1

	ブラジル	カナダ	ドイツ	韓国	イラン
石炭・・・・・・・・・・・	587	384	1 865	3 109	41
石油・・・・・・・・・ 1)	4 135	3 851	3 949	4 241	3 188
天然ガス・・・・・・・・	1 258	4 713	3 123	2 072	7 673
原子力・・・・・・・・・	153	1 071	702	1 747	63
水力・・・・・・・・・・	1 427	1 391	66	14	57
風力・太陽光等・・・	288	148	697	102	4
バイオ燃料と廃棄物	4 044	526	1 320	272	22
電力・・・・・・・・・・	89	-207	-69	—	-13
熱・・・・・・・・・・・・	2	—	—	2	—
計・・・・・・・・・・・	**11 984**	**11 877**	**11 654**	**11 560**	**11 036**
1人あたり (GJ)	56.5	312.3	140.3	223.2	131.5

	インドネシア	サウジアラビア	フランス	メキシコ	世界計×
石炭・・・・・・・・・・・	2 861	—	222	369	156 637
石油・・・・・・・・・ 1)	2 863	6 244	2 606	2 889	172 286
天然ガス・・・・・・・・	1 428	3 379	1 461	3 357	138 434
原子力・・・・・・・・・	—	—	3 860	89	29 195
水力・・・・・・・・・・	88	—	223	97	15 627
風力・太陽光等・・・	1 123	3	221	225	14 830
バイオ燃料と廃棄物	1 403	0	706	367	57 513
電力・・・・・・・・・・	6	-1	-162	14	23
熱・・・・・・・・・・・・	—	—	1	—	69
計・・・・・・・・・・・	**9 771**	**9 624**	**9 139**	**7 407**	**584 616**
1人あたり (GJ)	35.7	276.3	134.4	58.2	75.4

資料は表9-4に同じ。マイナスは輸出超過等。電力は他のエネルギー源からの転換によって生産されるものであり、それぞれのエネルギーで計上される。しかし、本表は国ベースでの集計であり、他国で発電した電力を輸入する場合は、電力でのエネルギー供給として計上される。GJ (ギガジュール) はPJの100万分の1で、1GJ＝239000kcal。1) 原油と石油製品 (ガソリンなど) を合計したもの。×その他とも。

〔化石燃料〕　石炭は世界に広く分布するほか、熱量あたりの価格が安い。日本では石油危機以降、石油依存からの脱却を目指す電力会社を中心に消費量が拡大した。これまで技術革新で燃焼効率を高めてきたが、石炭は二酸化炭素排出量が化石燃料の中で最も多く、カーボンニュートラルが求められる中で欧米では石炭利用を控えるようになった。日本でも、2021年の「第6次エネルギー基本計画」のなかで一次エネルギー供

表9-6　**石炭の国内生産と輸入**（単位　千t）

	1990	2000	2010	2020	2021	2022
国内生産·······	8 262	3 126	917	772	675	697
輸入···········	107 517	145 278	184 560	173 730	182 615	183 005
自給率（％）·· 1)	*7.1*	*2.1*	*0.5*	*0.4*	*0.4*	*0.4*
（輸入先内訳）						
オーストラリア·	55 736	86 541	117 496	103 489	119 456	121 542
インドネシア···	935	14 045	33 835	27 538	22 630	25 722
ロシア·········	8 704	5 464	10 689	21 680	19 734	11 577
カナダ·········	19 267	13 383	10 542	9 091	7 746	10 605
アメリカ合衆国·	11 546	4 196	3 065	9 329	9 690	9 754
コロンビア·····	120	99	60	710	784	1 357
南アフリカ共和国	5 040	1 952	299	86	203	933
中国···········	5 214	17 037	6 301	791	816	499

財務省「貿易統計」およびカーボンフロンティア機構資料、経済産業省「本邦鉱業のすう勢」より作成。輸入量の2022年は確々報。国内生産の府県別は図8-1参照。1) 国内生産と輸入量の合計に対する国内生産の割合。

表9-7　**世界の石炭生産量**（単位　千t）

	1990	2000	2010	2019	2020
中国········· 1)	1 079 883	1 299 000	3 428 447	3 846 330	3 901 580
インド·········	201 829	313 696	532 694	730 873	716 084
インドネシア···	7 330	62 849	319 190	616 167	552 638
オーストラリア·	141 792	216 167	338 139	433 982	425 776
ロシア········· 2)	473 931	152 538	222 577	357 564	330 441
南アフリカ共和国	174 800	224 199	254 522	257 853	247 110
アメリカ合衆国·	632 042	522 750	444 023	309 862	217 986
カザフスタン···	…	74 886	103 646	98 593	97 924
ポーランド·····	147 493	102 219	76 172	62 081	54 714
コロンビア·····	20 468	38 142	74 409	84 343	49 832
世界計×·····	**3 233 016**	**3 279 933**	**6 051 357**	**7 022 846**	**6 799 651**

国連 "Energy Statistics Yearbook"（2020年版）および同 "UN data"（2023年4月6日閲覧）より作成。無煙炭と瀝青炭。1) 褐炭を含む。2) 旧ソ連。×その他とも。

給に占める石炭の割合を2030年度に19％程度に引き下げるとしている。
石炭火力のうち非効率のものはフェードアウトさせる方針である。

　石油は資源量が中東に偏っているが、近年は非在来型資源の開発が進
んで、ベネズエラやカナダの埋蔵量が増えた。原油生産はアメリカが最
も多く、中東の割合は31％（2021年）である。日本は原油の中東依存度

図9-3　石炭の生産量と埋蔵量割合

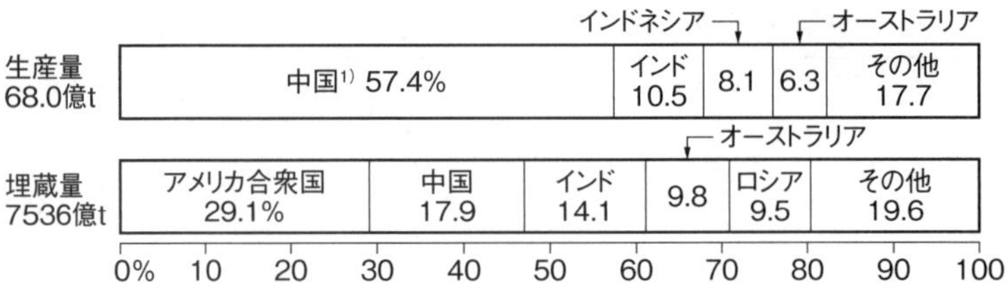

表9-7、表9-9より作成。生産量は2020年、埋蔵量は2020年末現在。1）褐炭を含む。

表9-8　世界の石炭の輸出入（単位　千t）

輸出	2019	2020	輸入	2019	2020
インドネシア‥	459 136	406 230	中国‥‥ 1)	299 770	303 610
オーストラリア	392 934	388 716	インド‥‥	248 537	215 251
ロシア‥‥‥‥	205 394	199 600	日本‥‥‥	186 892	173 138
南アフリカ			韓国‥‥‥	127 380	115 485
共和国‥‥‥	78 450	73 061	ベトナム・	43 770	54 812
コロンビア‥‥	71 527	67 835	（台湾）・ 2)	55 582	51 605
アメリカ合衆国	79 166	58 907	トルコ‥‥	38 141	40 106
計×‥‥‥‥	**1 413 043**	**1 308 699**	計×‥‥	**1 377 433**	**1 262 557**

資料は表9-7に同じ。無煙炭と瀝青炭。1）褐炭を含む。2）原資料表記ではその他のアジ
アであるが、ほとんどが（台湾）。×その他とも。

表9-9　世界の石炭埋蔵量（2020年末現在）（単位　百万t）

	埋蔵量	可採年数（年）		埋蔵量	可採年数（年）
アメリカ合衆国・	218 938	514	ウクライナ‥‥‥	32 039	1 429
中国‥‥‥‥‥‥	135 069	37	カザフスタン‥‥	25 605	226
インド‥‥‥‥‥	105 979	147	インドネシア‥‥	23 141	62
オーストラリア・	73 719	315	ポーランド‥‥‥	22 530	282
ロシア‥‥‥‥	71 719	407	世界計×‥‥‥	**753 639**	139

BP "Statistical Review of World Energy 2022" より作成。無煙炭と瀝青炭。可採年数は、
亜瀝青炭や褐炭を含んだ埋蔵量と産出量から算出されたもの。×その他とも。

が94％（2022年）と高く、特にサウジアラビアとアラブ首長国連邦に集中している。原油価格はロシアのウクライナ侵攻で高騰した。日本では円安の影響も加わり大幅な値上がりとなり、政府は「燃料油価格激変緩和補助金」を燃料油元売りに支給することで、価格抑制を図った。2022年12月より各国がロシア産原油について１バレル60ドルの上限価格を設けた（上限を超える原油は輸送にかかる保険等を停止）効果もあり、原

図 9-4　化石燃料の国際価格と日本の輸入単価

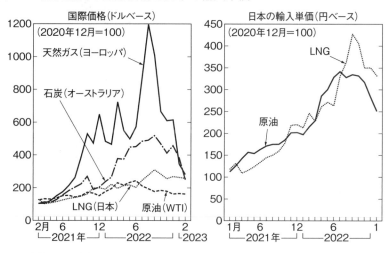

国際価格は世界銀行 "Commodity Price Data"。日本の輸入単価は財務省「貿易統計」より作成。輸入単価は輸入額を輸入量で割ったもの。

表 9-10　石油の生産と輸出入（単位　千kL）

	1990	2000	2010	2020	2021	2022
国内原油生産・1)	632	740	873	512	490	421
原油輸入・・・・・・	228 760	250 578	215 381	143 880	144 663	158 642
計・・・・・・・・・	229 392	251 318	216 254	144 392	145 153	159 062
自給率（％）・・2)	0.3	0.3	0.4	0.4	0.3	0.3
燃料油生産・・・3)	184 395	224 034	196 247	138 819	138 432	150 080
燃料油輸入・・・・	44 494	39 527	32 548	34 956	39 137	32 754
計・・・・・・・・	228 889	263 561	228 795	173 775	177 568	182 834
燃料油輸出・・・・	6 474	15 089	29 852	21 330	22 231	28 538

経済産業省「資源・エネルギー統計（石油）」および「生産動態統計」より作成。1) 府県別割合を図8-1に掲載。2) 国内生産と輸入の合計に対する国内生産の割合。3) 燃料油の種類については、表9-12を参照のこと。【☞長期統計510ページ】

第9章　一次エネルギー

油の国際価格は2022年6月をピークに頭打ちとなっている。

　天然ガスは、燃焼による二酸化炭素排出が化石燃料の中では少なく、よりクリーンなエネルギーとされる。日本では液化天然ガス（LNG）

図 9-5　主要国の輸入原油の中東依存度（2021年）

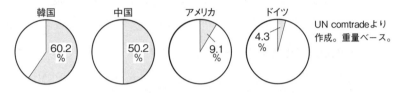

韓国　60.2％　中国　50.2％　アメリカ　9.1％　ドイツ　4.3％

UN comtradeより作成。重量ベース。

図 9-6　石油・天然ガスの自主開発比率（会計年度）

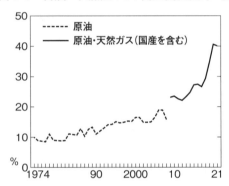

経済産業省資料より作成。石油・天然ガスの輸入量および国内生産量に占める、日本企業の権益に関する引取量および国内生産量の割合。2021年10月閣議決定の第6次エネルギー基本計画では、国産を含む石油・天然ガスの自主開発比率を、2030年度に50％以上、2040年度に60％以上に引き上げることを目指すとしている。

表 9-11　原油の輸入先（単位　千kL）

	1990	2000	2010	2020	2021	2022
サウジアラビア・	40 609	53 103	61 930	56 774	56 526	60 375
アラブ首長国連邦	47 784	63 072	43 960	46 299	50 637	60 197
クウェート・・・・・	7 496	17 177	15 375	13 223	12 106	12 824
カタール・・・・・・・	13 278	23 458	25 428	12 372	11 301	11 576
ロシア・・・・・・・・・	65	―	15 297	4 943	5 183	…
エクアドル・・・・・	―	211	345	2 449	2 330	…
バーレーン・・・・・	―	―	―	2 041	2 051	…
オマーン・・・・・・	13 612	11 275	7 047	668	825	1 775
マレーシア・・・・・	4 877	1 775	940	668	517	…
（参考）イラン・・	22 448	28 716	20 609	―	―	…
インドネシア・	27 976	12 880	5 013	―	174	…
輸入量計×・・・・	228 760	250 578	215 381	143 880	144 663	158 642
うち中東・・・・・	163 509	214 799	186 260	132 362	134 069	149 272
中東依存度（%）	71.5	85.7	86.5	92.0	92.7	94.1

経済産業省「資源・エネルギー統計（石油）」より作成。×その他とも。

の状態で輸入されるが、ヨーロッパではロシアやノルウェーなどからパイプラインによる供給が行われてきた（表9-26）。ロシアのウクライナ侵攻に伴い、経済制裁を行ったドイツなどに対して供給が制限される

表 9-12　石油製品の生産（燃料油のみ）（単位　千kL）

	1990	2000	2010	2020	2021	2022
ガソリン‥‥‥	42 272	56 726	58 827	44 135	44 813	46 339
ナフサ‥‥‥‥	10 860	17 955	20 850	13 378	12 915	14 186
ジェット燃料油‥	4 441	10 625	14 048	8 034	8 084	10 442
灯油‥‥‥‥‥	23 119	27 886	19 675	13 252	11 685	12 197
軽油‥‥‥‥‥	31 980	42 612	42 866	34 214	34 802	38 958
重油‥‥‥‥‥	71 722	68 230	39 980	25 805	26 133	27 958
燃料油計‥‥‥	184 395	224 034	196 247	138 819	138 432	150 080

経済産業省「生産動態統計」より作成。液化石油ガス（LPG）は表10-12参照。

表 9-13　石油製品の輸出入（燃料油のみ）（単位　千kL）

	輸出			輸入		
	2020	2021	2022	2020	2021	2022
ガソリン‥‥‥	2 323	3 345	4 401	3 127	2 927	2 339
ナフサ‥‥‥‥	―	―	―	27 978	30 646	25 845
ジェット燃料油‥	4 781	5 328	6 798	92	168	72
灯油‥‥‥‥‥	1 314	512	1 034	2 104	2 233	1 857
軽油‥‥‥‥‥	3 962	4 887	7 759	1 217	1 981	633
重油‥‥‥‥‥	8 951	8 159	8 547	438	1 182	2 008
燃料油計‥‥‥	21 330	22 231	28 538	34 956	39 137	32 754

資料は表9-11に同じ。液化石油ガス（LPG）は表10-12、10-13参照。

表 9-14　石油製品の販売量（燃料油のみ）（単位　千kL）

	1990	2000	2010	2020	2021	2022
ガソリン‥‥‥	44 446	58 201	58 379	46 052	44 768	44 781
ナフサ‥‥‥‥	31 110	48 238	47 394	40 055	42 791	37 991
ジェット燃料油‥	3 637	4 576	5 432	3 245	3 175	3 806
灯油‥‥‥‥‥	26 324	29 876	20 248	14 075	13 509	13 042
軽油‥‥‥‥‥	37 178	42 275	33 064	32 037	32 140	32 082
重油‥‥‥‥‥	74 475	61 283	32 731	16 252	17 833	19 889
燃料油計‥‥‥	217 171	244 450	197 249	151 715	154 215	151 591

資料は表9-11に同じ。国内向け販売。

第9章　一次エネルギー

と、天然ガス価格が一気に跳ね上がった。各国によるLNG争奪が激しくなり、本来アジア市場に供給されるはずだったLNGがヨーロッパに供給されている。LNGは輸出国側の供給障害の影響もあって価格が上がっていたが、さらに高騰してLNGを十分に購入できない国が続出し、バングラデシュでは大規模な停電が発生するなど影響が広がっている。一方、多くの国々がカーボンニュートラルの達成を目標とする中で、将来的なLNG需要の見通しが不透明で、LNG供給への投資が進んでいない。このため、LNG不足は長期化するとみられる。日本にとってLNG

表 9-15　世界の原油生産（単位　万kL）

	1990	2000	2010	2019	2020	2021
アメリカ合衆国·	51 734	44 999	43 866	99 320	95 774	96 252
サウジアラビア·	41 237	53 080	57 251	68 669	64 240	63 570
ロシア·········	60 022	38 308	60 232	67 779	62 073	63 512
カナダ·········	11 420	15 732	19 338	31 179	29 855	31 506
イラク·········	12 471	15 206	14 328	27 738	23 939	23 808
中国··········	16 120	18 953	23 661	22 334	22 700	23 179
アラブ首長国連邦	11 518	15 124	17 044	23 206	21 493	21 287
イラン·········	18 978	22 407	25 655	19 726	17 947	21 009
ブラジル·······	3 775	7 427	12 401	16 770	17 634	17 336
クウェート·····	5 595	13 061	14 881	17 272	15 683	15 906
世界計×·····	**377 354**	**433 771**	**483 490**	**550 843**	**514 983**	**521 600**
うち中東 ·····	100 066	135 543	148 766	174 258	160 669	163 403

BP "Statistical Review of World Energy 2022" より作成。シェールオイルやオイルサンドのほか、ガス田で得られるコンデンセートや天然ガス液を含む。×その他とも。

表 9-16　世界の原油埋蔵量（2020年末現在）（単位　百万kL）

	埋蔵量	可採年数(年)		埋蔵量	可採年数(年)
ベネズエラ··· 1)	48 305	1 538	アメリカ合衆国·	10 932	11
サウジアラビア·	47 307	74	リビア·········	7 690	339
カナダ······ 2)	26 726	89	ナイジェリア···	5 866	56
イラン·········	25 090	140	カザフスタン···	4 770	45
イラク·········	23 058	96	中国··········	4 128	18
ロシア·········	17 141	28	カタール······	4 014	38
クウェート·····	16 139	103	世界計×·····	**275 446**	54
アラブ首長国連邦	15 550	73	うち中東 ······	132 915	83

資料および原油の統計範囲は表9-15に同じ。可採年数は生産量と埋蔵量から産出されたもの。1) うちオリノコベルトとよばれる重質油帯の埋蔵量が41624百万kL。2) うちオイルサンドの埋蔵量が25656百万kL。×その他とも。

は発電量の4割、都市ガスのほぼ全量を占め、供給途絶が生じた場合の
影響が大きく、日本政府は天然ガスを経済安全保障推進法に基づく特定
重要物資に指定している。日本が輸入するLNGの8％をロシア・サハ

図 9-7　原油の生産量と埋蔵量の割合

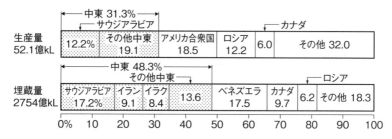

表9-15、9-16より作成。生産量は2021年、埋蔵量は2020年末現在。

表 9-17　主要国の原油需給 （2020年）（単位　万 t ）

	生産	輸出	輸入	国内供給	1人あたり(kg)	原油自給率(%)
中国・・・・・・・・・・	19 477	164	54 201	69 970	491	*27.8*
アメリカ合衆国・	55 805	15 818	29 114	68 246	2 031	*81.8*
ロシア・・・・・・・・・	48 221	23 920	—	24 321	1 670	*198.3*
インド・・・・・・・・・	3 049	—	19 646	22 675	162	*13.4*
韓国・・・・・・・・・・	1	—	13 246	13 220	2 550	*0.0*
サウジアラビア・	46 066	33 511	—	12 763	3 545	*360.9*
日本・・・・・・・・・・	22	—	11 508	11 835	945	*0.2*
ブラジル・・・・・・・	15 109	7 017	860	9 028	423	*167.4*
ドイツ・・・・・・・・・	191	—	8 272	8 415	1 010	*2.3*
世界計×・・・・・	**360 408**	**205 739**	**213 790**	**364 821**	465	—

国連 "Energy Statistics Yearbook"（2020年版）より作成。×その他とも。

表 9-18　各国の原油の輸出入 （単位　万 t ）

輸出	2019	2020	輸入	2019	2020
サウジアラビア・	35 053	33 511	中国・・・・・・・・・・	50 568	54 201
ロシア・・・・・・・・・	26 920	23 920	アメリカ合衆国・	33 545	29 114
イラク・・・・・・・・・	19 494	16 888	インド・・・・・・・・・	22 696	19 646
アメリカ合衆国・	14 707	15 818	韓国・・・・・・・・・・	14 456	13 246
カナダ・・・・・・・・・	16 627	15 621	日本・・・・・・・・・・	14 519	11 508
アラブ首長国連邦	12 038	12 060	ドイツ・・・・・・・・・	8 599	8 272
クウェート・・・・・	10 050	9 614	スペイン・・・・・・・	6 630	5 486
世界計×・・・・・	**222 684**	**205 739**	世界計×・・・・・	**232 002**	**213 790**

資料は表9-17に同じ。×その他とも。

第9章　一次エネルギー

リン（樺太）のサハリン2が占める。サハリン2は2022年6月末にロシア政府によって国内2社が持つ権益の無償譲渡を命じられたが、その後設立された新会社への出資が認められ、権益が維持された。

図9-8　天然ガスの生産量と埋蔵量

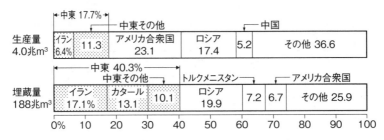

表9-21、9-22より作成。生産量は2021年、埋蔵量は2020年末現在。

表9-19　天然ガスの国内生産と自給率（単位　億m³）

	1990	2000	2010	2020	2021	2022
国内生産量·····	20.44	24.53	33.96	22.95	23.05	21.48
自給率（％）·· 1)	*4.3*	*3.5*	*3.7*	*2.1*	*2.2*	…

経済産業省「生産動態統計」および資源エネルギー庁「総合エネルギー統計」より作成。
1）総合エネルギー統計によるエネルギーベースの割合で、会計年度。

表9-20　液化天然ガス（LNG）の輸入先（単位　千t）

	1990	2000	2010	2019	2020	2021
オーストラリア·	2 907	7 270	13 670	27 100	25 480	22 078
マレーシア·····	6 609	10 895	17 697	8 799	9 778	9 116
カタール····· 1)	—	5 893	7 872	9 607	8 932	9 028
アメリカ合衆国·	1 038	1 226	711	2 890	4 472	6 319
ロシア·········	—	—	6 974	5 775	5 412	5 275
ブルネイ·······	5 350	5 712	7 013	4 128	3 535	4 072
パプアニューギニア	—	—	—	3 592	3 493	3 078
オマーン·······	—	—	2 800	2 625	2 444	1 810
インドネシア···	17 459	17 920	11 006	3 789	2 092	1 628
アラブ首長国連邦	2 209	4 664	5 166	2 241	966	1 325
輸入量計×···	35 627	53 581	75 164	72 222	67 858	65 369
うち中東·····	2 209	10 557	16 011	14 473	12 342	12 164
中東依存度(%)	*6.2*	*19.7*	*21.3*	*20.0*	*18.2*	*18.6*

資源エネルギー庁「エネルギー統計（石油）」より作成。1）財務省「貿易統計」によると、2022年（確々報）は前年より輸入量が68％減で、輸入先順位は7番目。×その他とも。

表 9-21　世界の天然ガス生産（単位　億m³）

	1990	2000	2010	2019	2020	2021
アメリカ合衆国·	4 834	5 186	5 752	9 281	9 159	9 342
ロシア·········	5 996	5 371	5 984	6 790	6 373	7 017
イラン·········	247	563	1 439	2 329	2 495	2 567
中国··········	154	274	965	1 767	1 940	2 092
カタール·······	65	258	1 231	1 772	1 749	1 770
カナダ·········	1 034	1 763	1 496	1 698	1 657	1 723
オーストラリア··	206	312	526	1 461	1 460	1 472
サウジアラビア·	318	473	833	1 112	1 131	1 173
ノルウェー·····	253	494	1 062	1 143	1 115	1 143
アルジェリア···	517	919	774	870	815	1 008
世界計×·····	19 697	24 007	31 502	39 677	38 615	40 369
うち中東 ·····	1 007	2 041	4 746	6 746	6 878	7 149

BP "Statistical Review of World Energy 2022" より作成。×その他とも。

表 9-22　世界の天然ガス埋蔵量（2020年末現在）（単位　億m³）

	埋蔵量	可採年数（年）		埋蔵量	可採年数（年）
ロシア·······	373 915	59	アラブ首長国連邦	59 387	107
イラン·······	321 014	128	ナイジェリア·	54 730	111
カタール·····	246 655	144	イラク·······	35 285	336
トルクメニスタン	136 013	231	アゼルバイジャン	25 037	97
アメリカ合衆国	126 187	14	オーストラリア	23 896	17
中国·········	83 985	43	カナダ·······	23 540	14
ベネズエラ···	62 602	334	世界計×····	1 880 742	49
サウジアラビア	60 191	54	うち中東 ····	758 069	110

資料は表9-21に同じ。可採年数は埋蔵量に対する生産量。×その他とも。

表 9-23　各国の天然ガス国内消費（単位　億m³）

	1990	2000	2010	2020	2021	自給率（％）
アメリカ合衆国·	5 171	6 284	6 482	8 319	8 267	*113.0*
ロシア·········	4 142	3 662	4 239	4 235	4 746	*147.8*
中国··········	154	247	1 089	3 366	3 787	*55.2*
イラン·········	228	594	1 444	2 343	2 411	*106.4*
カナダ·········	638	892	916	1 133	1 192	*144.6*
サウジアラビア·	318	473	833	1 131	1 173	*100.0*
日本··········	503	757	999	1 041	1 036[1]	*2.2*
ドイツ·········	637	829	881	871	905	*5.0*
メキシコ·······	268	359	660	837	882	*33.1*
世界計×·····	19 481	23 994	31 589	38 456	40 375	—

資料は表9-21に同じ。自給率は生産量に対する割合。1) 表9-19の数値。×その他とも。

表 9-24　**世界の液化天然ガス（LNG）輸出入**（単位　億m^3）

輸出	2020	2021	輸入	2020	2021
オーストラリア・	1 060	1 081	中国・・・・・・・・・・	940	1 095
カタール・・・・・・・	1 065	1 068	日本・・・・・・・・・・	1 017	1 013
アメリカ合衆国・	613	950	韓国・・・・・・・・・・	554	641
ロシア・・・・・・・・・	418	396	インド・・・・・・・・	367	336
マレーシア・・・・・	325	335	（台湾）・・・・・・・・	243	268
ナイジェリア・・・	284	233	スペイン・・・・・・・	209	208
アルジェリア・・・	146	161	フランス・・・・・・・	191	181
インドネシア・・・	168	146	イギリス・・・・・・・	186	149
オマーン・・・・・・・	132	142	トルコ・・・・・・・・	148	139
世界計×・・・・・	**4 901**	**5 162**	世界計×・・・・・	**4 901**	**5 162**

資料は表9-21に同じ。×その他とも。

表 9-25　**液化天然ガス（LNG）輸出の相手先**（2021年）（単位　億m^3）

	輸入先					
	中国	日本	EU	韓国	インド	計×
オーストラリア・	436	363	1	129	4	1 081
カタール・・・・・・・	123	123	162	161	136	1 068
アメリカ合衆国・	124	96	223	121	56	950
ロシア・・・・・・・・・	62	88	143	39	6	396
マレーシア・・・・・	117	139	—	53	1	335
ナイジェリア・・・	21	12	114	9	20	233
アルジェリア・・・	3	—	85	—	1	161
インドネシア・・・	66	26	—	33	—	146
オマーン・・・・・・・	22	26	—	63	17	142
計×・・・・・・・・・	**1 095**	**1 013**	**793**	**641**	**336**	**5 162**

資料は表9-21に同じ。表9-24の内訳。再輸出を含む。×その他とも。

表 9-26　**パイプラインによる天然ガス輸出**（2021年）（単位　億m^3）

	輸入先					
	EU	アメリカ合衆国	メキシコ	中国	カナダ	計×
ロシア・・・・・・・・・	1 323	—	—	76	—	2 017
ノルウェー・・・・・	809	—	—	—	—	1 129
アメリカ合衆国・	—	—	587	—	255	843
カナダ・・・・・・・・・	—	759	—	—	—	759
トルクメニスタン	—	—	—	315	—	421
アルジェリア・・・	341	—	—	—	—	389
計×・・・・・・・・・	**2 698**	**759**	**587**	**532**	**255**	**7 044**

資料は表9-21に同じ。×その他とも。

〔原子力〕 原子力発電は、1970年代の2度の石油危機で、過度な石油依存からの脱却を目指す政府主導で進んだ。原子力発電は順調に伸びて、1998年度には総発電量の32%に達した。しかし、その後は事故や電力会社のトラブル隠しが明るみに出て、運転休止が相次いだ。

2011年の東日本大震災に伴う福島第一原発事故では、放射性物質が広範囲に拡散して、地域住民は避難を強いられた。その後除染作業が進んで、2018年に帰還困難区域を除き面的除染が完了し、同区域でも避難指示の解除が徐々に進んでいる。廃炉作業では処理水の廃棄が課題で、政府はトリチウム以外の放射性物質を規制基準以下まで取り除いた上で海洋投棄を目指している。政府と国際原子力機関（IAEA）は科学的根拠に基づき問題ないとしているが、近隣国から懸念の声が上がっている。

福島第一原発事故後、政府は厳しい安全基準を設けて、適合したもののみ再稼働を認めている。そのうち稼働中のものは一部で、近年は電力

図 9-9 原子力発電所の状況

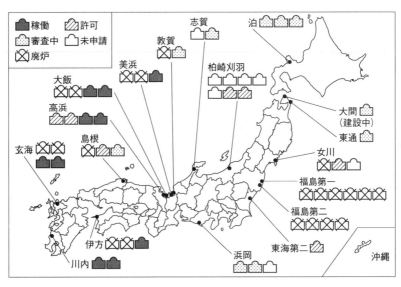

原子力安全推進協会ウェブサイト（2023年3月29日閲覧）より作成。2021年9月15日時点のものだが、閲覧日まで変更がない。新規制基準で17基の原子炉が再稼働の許可を得ており、10基が稼働している。政府は2023年夏までに残りの7基の稼働を目指している。本図の廃炉は、2011年の福島第一原発事故以降に廃炉となったもの。

ピークで節電要請が頻繁に出されるため、経済界を中心に原子力の再稼働を求める声が高まっている。政府が目指す2050年のカーボンニュートラルのためには、二酸化炭素を排出しない原子力発電が必要で、2021年に公表した「第6次エネルギー基本計画」では、2030年度の総発電量に占める原子力の割合を20〜22％としている。原子力発電所は運転期間が原則40年で、最大60年まで延長できる。しかし、政府は規制委員会の審査期間を運転期間に含めず、事実上60年超の運転を認める方針である。

表 9-27 世界の原子力発電所設備容量 （2022年1月1日現在）

	運転中		建設・計画中		合計	
	千kW	基	千kW	基	千kW	基
アメリカ合衆国‥	9 928	93	220	2	10 148	95
フランス‥‥‥‥	6 404	56	165	1	6 569	57
中国‥‥‥‥‥	5 328	51	4 456	43	9 784	94
日本‥‥‥‥ 1)	3 308	33	1 572	11	4 881	44
ロシア‥‥‥‥	2 951	34	1 581	14	4 532	48
韓国‥‥‥‥‥	2 342	24	560	4	2 902	28
カナダ‥‥‥‥	1 451	19	—	—	1 451	19
ウクライナ‥‥	1 382	15	210	2	1 592	17
イギリス‥‥‥	849	12	678	4	1 527	16
スペイン‥‥‥	740	7	—	—	740	7
スウェーデン‥	707	6	—	—	707	6
インド‥‥‥‥	678	22	1 210	13	1 888	35
ベルギー‥‥‥	623	7	—	—	623	7
世界計×‥‥‥	**40 689**	**431**	**14 658**	**132**	**55 347**	**563**

日本原子力産業協会「世界の原子力発電開発の動向」（2022年版）より作成。1) 実際に運転中のものは多くないが、本表では運転中止中のものも運転中扱い。×その他とも。カザフスタンとポーランドで計画中のものが出力不明で、基数のみ足し合わせている。

表 9-28 世界のウラン生産と埋蔵量 （2021年）

	生産量 （t）	確認[1] 埋蔵量 （千t）		生産量 （t）	確認[1] 埋蔵量 （千t）
カザフスタン‥	21 819	387.4	ニジェール‥‥	2 250	334.8
ナミビア‥‥‥	5 753	322.8	中国‥‥‥‥‥	1 600	111.1
カナダ‥‥‥‥	4 692	649.0	インド‥‥‥‥	600	213.0
オーストラリア	3 817	1 317.8	ウクライナ‥‥	455	120.6
ウズベキスタン	3 520	49.2	南アフリカ共和国	192	255.7
ロシア‥‥‥‥	2 635	251.9	世界計×‥‥‥	47 472	4 688.3

OECD, NEA "Uranium"（2022年）より作成。1) 2021年1月1日現在。ウラン1kgあたり260米ドル以下で回収可能な可採埋蔵量。×その他とも。

〔**再生可能エネルギー**〕　太陽光や風力などの再生可能エネルギーは、二酸化炭素を排出しない上に貴重な国産エネルギーであり、地球環境やエネルギーの安定供給にとって重要である。普及を促進するため、2012年度に導入された固定価格買取制度によって、事業者の資金回収を保証してきた。2022年度より売電価格に補助金を上乗せする制度が導入され、電力需給に応じて変動する市場価格を意識した発電や、蓄電池の活用が進むと期待されている。補助金に充てられる消費者からの再エネ賦課金は、一般的な世帯で2022年度は月1380円、23年度は560円である。

表 9-29　再生可能エネルギー買取状況（会計年度）

	導入発電設備容量[1] （千kW）			買取電力量 （百万kWh）		
	2019	2020	2021	2019	2020	2021
太陽光（住宅）・[2]	11 632	12 396	13 256	8 657	7 994	8 076
太陽光（非住宅）[3]	43 560	48 547	52 271	55 002	63 670	69 610
風力・・・・・・・・・・・	4 111	4 489	4 771	7 272	8 611	9 007
水力・・・・・・・・・・・	722	930	1 074	3 465	3 935	4 485
地熱・・・・・・・・・・・	79	92	94	496	566	600
バイオマス・・・・[4]	3 505	4 071	4 734	15 473	18 859	21 728
計・・・・・・・・・・・	63 608	70 524	76 201	90 365	103 635	113 506

資源エネルギー庁ウェブサイトより作成。2023年4月9日閲覧。再エネ特措法で認定された設備。同法では固定価格による買取制度（FIT制度）のほか、2022年度より市場価格連動型のFIP制度（市場価格に補助額を上乗せ）が加えられた。1）会計年度末現在。再エネ特措法の下で買取が行われた設備。2）発電設備容量10kW未満。自家消費分を除く余剰電力を買い取り。3）発電設備容量10kW以上。4）発電設備容量はバイオマス比率を考慮。

表 9-30　太陽光発電、風力発電設備容量（2021年）（単位　千kW）

太陽光	年間 導入量	累計[1]	風力	年間 導入量	累計[1]
中国・・・・・・・・・	54 880	308 520	中国・・・・・・・・・	47 570	338 309
アメリカ合衆国	26 873	123 004	アメリカ合衆国	12 747	134 396
日本・・・・・・・・・	6 545	78 413	ドイツ・・・・・・・	1 925	64 542
インド・・・・・・・	13 700	61 000	インド・・・・・・・	1 459	40 084
ドイツ・・・・・・・	5 760	59 661	イギリス・・・・・	2 645	26 586
オーストラリア	4 944	26 035	（参考）日本・・・	211	4 523
世界計×・・・・	173 534	945 354	世界計×・・・・	93 605	837 451

太陽光はIEA PVPS "Trends 2022 in Photovoltaic Applications"、風力はGWEC（世界風力会議）"Global Wind Report 2022"より作成。原資料掲載国のみ。一部の国が推定値。風力には洋上風力を含む。1）各年末現在。×その他とも。

第10章　電力・ガス

〔電力〕　戦後の電気事業は地域ごとの電力会社が事業を独占してきた。しかし、電力小売りは2000年に大規模工場等向けが自由化された。2016年には、一般家庭を含めて全面自由化されており、新電力と呼ばれる新規参入業者が電力小売りに参入している。電力料金は、以前は決め

図 10-1　国内の主な発電所

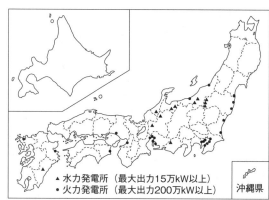

▲ 水力発電所（最大出力15万kW以上）
● 火力発電所（最大出力200万kW以上）

沖縄県

資源エネルギー庁「電気事業便覧」、同ウェブサイトおよび各発電事業者のウェブサイトより作成。2022年3月末現在。水力発電所は一般水力発電所のみで、揚水式を含まない。原子力発電所は図9-9を参照。

表 10-1　発電設備容量 （最大出力）（会計年度末現在）（単位　千kW）

	1980	1990	2000	2010	2020	2021
水力·······	29 776	37 831	46 325	48 111	50 033	50 009
火力·······	98 072	124 984	166 648	182 381	191 758	188 256
原子力·····	15 689	31 645	45 248	48 960	33 083	33 083
太陽光·····	—	1	—	32	19 028	21 042
風力·······	—	—	84	2 294	4 119	4 262
地熱·······	162	269	533	537	487	487
計×······	**143 698**	**194 730**	**258 838**	**282 315**	**298 550**	**297 197**
（事業者別）						
電気事業者··	129 358	175 072	228 596	228 479	269 648	268 708
自家用発電··	14 340	19 658	30 241	53 836	28 903	28 489

資源エネルギー庁「電力調査統計」より作成。2015年度以前は電気事業連合会「電気事業便覧」による。電力小売自由化に伴い、2016年度より電気事業者には新規参入した発電事業者を含む。自家用は、2016年度以降は発電設備全体の合計出力が1千kW以上。1996～2015年度は1発電所1千kW以上、1995年度までは同500kW以上。×その他とも。

られた規制料金のみであったが、自由化後は各社が独自の料金を提示し、消費者が自由に選択できるようになった。各地域の電力会社は、小売部門が分離されて新電力と同条件で競争することになり、その結果として料金が下がると期待されている。ただし、消費者保護のために、規制料金については経過措置料金として当面残されている（表10-5）。

　2022年にロシアがウクライナに侵攻し、燃料費が高騰すると、電力会社の収益が急速に悪化した。この影響で、新電力の中には事業から撤退したところも多い。新電力と契約した企業の中には、契約を打ち切られたところもあり、セーフティネットである最終保障供給（標準プランより割高）の利用が増加している。また、電力料金が上昇し、一般家庭向けでも高額になったケースがみられる。政府は、エネルギー価格の激変緩和対策として事業者に値

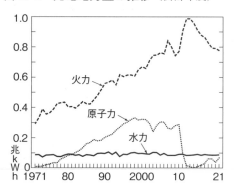

図 10-2　発電電力量の推移（会計年度）

表 10-2　発電電力量（会計年度）（単位　百万kWh）

	1980	1990	2000	2010	2020	2021
水力・・・・・・・	92 092	95 835	96 817	90 681	86 310	87 632
火力・・・・・・・	401 967	557 423	669 177	771 306	790 020	776 326
原子力・・・・・・	82 591	202 272	322 050	288 230	37 011	67 767
太陽光・・・・・	—	1	—	22	24 992	27 970
風力・・・・・・・	—	—	109	4 016	8 326	8 246
地熱・・・・・・・	871	1 741	3 348	2 632	2 114	2 096
計×・・・・・・	577 521	857 272	1 091 500	1 156 888	948 979	970 249
（事業者別）						
電気事業者・・	514 050	757 593	940 687	918 239	845 409	863 762
自家用発電・・	63 471	99 679	150 813	238 649	103 570	106 486

資料や注記は表10-1に同じ。表10-1は発電する能力の大きさ（容量）で、本表は1年間で実際に発電された量。本表も表10-1同様に電力小売自由化に伴い、2016年度より電気事業者には新規参入した発電事業者を含む。自家用は表10-1注記に示したように規模の大きな発電施設のみが調査対象で、家庭用の太陽光発電などは表9-30を参照。×その他とも。

第10章　電力・ガス

引きの原資を提供し、2023年1月使用分から使用量に応じて値引きが行われている（標準世帯ではおよそ月に2800円値引き）。

　日本の電力構成は、火力の割合が高い。東日本大震災に伴う福島第一原発事故のあとで原子力の発電量が減り、火力発電で補っている。近年は太陽光など再生可能エネルギーが増えているものの、原子力発電の不

表 10-3　**発電源別発電量**（会計年度）（単位　百万kWh）

	電気事業者			自家用発電		
	2019	2020	2021	2019	2020	2021
水力‥‥‥‥‥	84 304	84 493	85 817	2 010	1 817	1 815
一般‥‥‥‥	75 109	73 464	73 674	2 010	1 817	1 815
揚水式‥‥‥	9 195	11 029	12 143	—	—	—
火力‥‥‥‥‥	696 159	697 933	681 510	96 651	92 087	94 817
（うちコジェネ)[1]	…	…	…	(27 623)	(26 920)	(28 632)
石炭‥‥‥‥	281 924	274 666	282 675	25 520	22 811	22 530
石油‥‥‥‥	14 041	14 639	20 808	11 339	10 314	10 200
ガス‥‥‥‥	378 890	380 753	348 214	42 398	40 532	42 883
LNG‥‥‥	353 478	354 635	319 086	2 781	2 802	3 072
原子力‥‥‥‥	61 035	37 011	67 767	—	—	—
新エネルギー等	21 459	25 766	28 457	8 923	9 666	9 855
太陽光‥‥‥	13 213	16 185	19 042	8 201	8 808	8 928
風力‥‥‥‥	6 283	7 594	7 448	623	731	798
地熱‥‥‥‥	1 963	1 987	1 967	100	127	129
（バイオマス)[2]	(16 816)	(19 122)	(22 251)	(7 000)	(7 167)	(8 103)
（廃棄物)‥[2]	(3 768)	(3 752)	(3 933)	(3 814)	(3 541)	(3 710)
計×‥‥‥‥	**863 186**	**845 409**	**863 762**	**107 585**	**103 570**	**106 486**

資料は表10-2に同じ。表10-2の内数。1）コージェネレーション。発電の際に生じる廃熱を同時に回収するもの。2）火力発電の内数で、新エネルギー等に含まず。×その他とも。

表 10-4　**火力発電の燃料消費量**（電気事業用）（会計年度）

	1980	1990	2000	2010	2020	2021
石炭（千t)‥‥‥	9 776	27 238	57 785	72 153	105 882	108 868
重油（千kL)‥‥	35 689	23 806	11 750	6 318	3 119	4 696
原油（千kL)‥‥	13 432	21 859	7 510	4 759	305	230
LNG（千t)‥‥	12 987	27 624	38 663	41 743	47 067	41 852

資源エネルギー庁「電力調査統計」より作成。2015年度以前は電気事業連合会「電気事業便覧」による汽力発電のみの統計で、旧一般電気事業者と旧卸電気事業者のみ（1995～2009年度は公営や共同火力など卸供給事業者を含む）。2016年度以降は自由化に伴い新規参入した発電事業者を含む。

足を補うには至っていない。また、再生可能エネルギーは多くが天候等によって発電量が左右されるため、バックアップが必要である。

　電力は大量に保存しておくことができず、電力需要に見合う電力を絶えず供給する必要がある。2018年に北海道で起きた全域停電（ブラック

表 10-5　電力需要実績 （電気事業者）（会計年度）（単位　百万kWh）

		2017	2018	2019	2020	2021
みなし小売電気事業者等（従来の電力会社）	自由料金	565 441	561 234	561 560	535 118	541 966
	特別高圧	216 771	220 178	217 243	196 402	201 388
	高圧	246 342	235 082	232 303	216 503	214 053
	低圧	102 327	105 974	112 014	122 214	126 525
	電灯	91 000	94 471	100 494	110 045	114 539
	電力	11 327	11 503	11 520	12 169	11 986
	経過措置料金	193 072	166 125	142 837	129 073	113 450
	電灯	167 923	143 839	123 009	111 073	96 836
	電力	25 149	22 286	19 827	18 000	16 613
	最終保障供給	33	49	47	207	146
	離島供給	2 260	2 204	2 191	2 179	2 218
	計	**760 806**	**729 611**	**706 635**	**666 578**	**657 779**
新電力[1]	自由料金	102 362	122 897	129 402	154 319	179 322
	特別高圧	17 060	16 164	12 676	18 494	24 008
	高圧	63 267	71 714	69 509	73 738	82 286
	低圧	22 035	35 019	47 218	62 087	73 029
	電灯	20 384	32 000	43 148	56 860	66 771
	電力	1 651	3 019	4 070	5 228	6 258
特定供給		3 374	6 270	6 228	5 472	6 157
自家消費		47 833	37 420	34 868	36 790	38 258
合計		**914 374**	**896 198**	**877 132**	**863 159**	**881 515**

資料は表10-2に同じ。1) みなし小売電気事業者および特定送配電事業者以外のもの。

表 10-6　最大需要電力発生時の供給状況 （送電端）（単位　万kW）

	夏（7〜9月）				冬（12〜2月）			
	最大需要電力	供給力	予備力	予備率(%)	最大需要電力	供給力	予備力	予備率(%)
2018	16 482	18 749	2 267	*13.8*	14 603	16 104	1 501	*10.3*
2019	16 461	18 584	2 122	*12.9*	14 619	16 808	2 189	*15.0*
2020	16 645	18 608	1 964	*11.8*	15 607	17 012	1 406	*9.0*
2021	16 460	18 804	2 344	*14.2*	15 119	16 783	1 665	*11.0*

電力広域的運営推進機関「年次報告書」より作成。会計年度のうち最大需要電力発生日。

第10章　電力・ガス

アウト）は、地震により需給バランスが崩れたことで発生した。近年、夏と冬の電力需要ピークに電力不足となることが増えており、老朽化した火力発電の再稼働や、節電要請で対応する綱渡りの状態が続いている。一方、原子力発電所は審査に合格した17基のうち、稼働した原子炉は2023年3月時点で10基に留まる（図9-9）。安定した電力供給のために、産業界を中心に原子力発電所の再稼働を期待する声が高まっている。

図 10-3　主要国の発電電力量の発電源別割合（2020年）

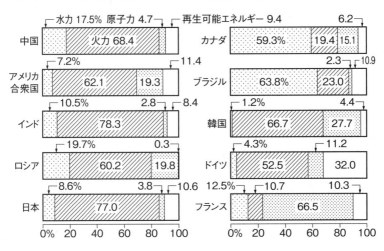

下表より作成。再生可能エネルギーには、わずかにその他のエネルギーを含む。

表 10-7　世界の発電電力量（2020年）（単位　億kWh）

	水力	火力	原子力	太陽光	風力	発電量計×
中国・・・・・・・・・・・	13 552	53 151	3 663	2 622	4 665	77 654
アメリカ合衆国・・	3 082	26 438	8 232	1 193	3 418	42 600
インド・・・・・・・・・	1 609	12 007	430	613	674	15 333
ロシア・・・・・・・・・	2 144	6 558	2 157	20	12	10 897
日本・・・・・・・・・・・	875	7 835	388	791	90	10 178
カナダ・・・・・・・・・	3 866	1 263	982	48	356	6 519
ブラジル・・・・・・・	3 963	1 428	141	108	571	6 212
韓国・・・・・・・・・・・	71	3 861	1 602	180	32	5 786
ドイツ・・・・・・・・・	249	3 009	644	486	1 321	5 727
フランス・・・・・・・	665	570	3 538	134	398	5 318
世界計×・・・・・・	44 530	171 400	26 739	8 375	15 981	268 326

IEAウェブサイトより作成。2023年4月9日閲覧。×その他とも。

〔ガス〕 都市ガスは、地域ごとの都市ガス会社が事業を独占していたが、2017年より小売りが全面自由化された。既存の都市ガス会社のガス管を用いて、さまざまな会社が供給・販売を行っており、消費者は自由に契約を結ぶことができる。都市ガスは原料のほとんどを液化天然ガス

表 10-8 家庭でのエネルギー消費の内訳 （会計年度）（単位 PJ）

	1990	2000	2010	2019	2020	〃 %
ガス・・・・・・・・・・	559.8	681.2	662.1	610.6	639.0	33.5
都市ガス・・・・・・	343.1	418.9	427.1	406.2	433.2	22.7
一般ガス・・・・	325.0	397.3	409.8	392.5	419.3	22.0
簡易ガス・・・・	18.1	21.6	17.3	13.7	14.0	0.7
LPG・・・・・・・・	216.7	262.3	235.1	204.4	205.8	10.8
(参考)灯油・・・・・・	389.6	506.5	411.4	294.3	308.7	16.2
電力・・・・・・	638.5	902.9	1 073.6	907.4	952.4	49.9
総消費量×・・・・	1 640.5	2 124.7	2 164.8	1 820.3	1 907.6	100.0

資源エネルギー庁「総合エネルギー統計」より作成。表9-3の家庭部門の内訳。PJはペタジュール（仕事量の単位）で、熱量換算すると 1 PJ＝2390億kcal。×その他とも。

表 10-9 都市ガス（一般ガス）の需給 （単位 PJ）

	1990	2000	2010	2020	2021	2022
生産量・・・・・・・・・・	581.7	943.7	1 577.0	1 563.6	1 606.5	1 634.2
購入量・・・・・・・・・・	65.3	107.2	501.0	619.2	675.9	726.4
生産、購入計・・・・	647.1	1 050.9	2 078.0	2 182.8	2 282.4	2 360.6
石炭系・・・・・・・・	19.9	9.6	―	―	―	―
石油系・・・・・・・・	137.9	127.1	54.8	59.6	69.8	88.6
天然ガス系・・・・	488.7	914.1	2 023.0	2 123.1	2 212.5	2 271.9
液化天然ガス	450.3	854.4	1 786.1	1 941.4	2 022.6	2 085.1
販売量・・・・・・・・・・	628.4	1 035.1	1 632.9	1 632.1	1 698.5	1 732.8
家庭用・・・・・・・・	320.0	392.6	405.9	406.0	412.0	404.7
商業用・・・・・・・・	105.7	167.5	198.8	155.1	151.7	161.6
工業用・・・・・・・・	160.7	388.3	898.4	945.5	1 005.1	1 031.3
一般ガス事業者数[1][2]	246	237	211	193	193	…
需要家数[1][3]（千戸）	21 334	25 858	28 839	31 142	31 360	31 591
供給区域内 普及率（％）[1][3][4]	82.6	82.6	79.8	74.5	74.6	…

2000年までは日本ガス協会「ガス事業便覧」による一般ガス事業者のみの数値、2010年以降は資源エネルギー庁「ガス事業生産動態統計」によるガス事業者計の数値。2022年の販売量を熱量換算すると、414兆kcal。1) 各年末現在。2) ガス事業便覧による。3) メーター取付数。4) 2010年以降は各年度末現在。

（LNG）が占めている。2022年には世界的にLNG不足が問題となったが、都市ガス事業者は安定供給の観点からLNG調達の長期契約の比率を高めてきたほか、必要な在庫を確保しており、供給力に問題は生じなかった。しかし、ガスの小売価格は上昇しており、政府の負担軽減策により2023年1月使用分から値引きが始まった（標準世帯で月900円）。

　ガスのカーボンニュートラルが求められるなか、二酸化炭素と水素からメタンを合成するメタネーションの実証実験が始まっている。得られたメタンは既存のガス設備で利用可能で、実用化が期待されている。

表10-10　一般ガス導管事業者の概況（2021年度）

需要家数[1)2)]（千個）		年間需要量[3)]（百万m³）		導管延長[1)]（千km）	
東京ガス‥‥	12 057	東京ガス‥‥	14 309	東京ガス‥‥	62.8
大阪ガス‥‥	7 547	大阪ガス‥‥	8 216	大阪ガス‥‥	51.5
東邦ガス‥‥	2 531	東邦ガス‥‥	3 894	東邦ガス‥‥	30.2
西部ガス‥‥	1 091	静岡ガス‥‥	1 559	西部ガス‥‥	10.2
京葉ガス‥‥	972	西部ガス‥‥	892	京葉ガス‥‥	6.5
北海道ガス‥	595	大多喜ガス‥	694	北陸ガス‥‥	6.1
北陸ガス‥‥	422	京葉ガス‥‥	692	北海道ガス‥	5.6
広島ガス‥‥	417	北海道ガス‥	655	静岡ガス‥‥	4.5
計×‥‥‥	31 445	計×‥‥‥	37 664	計×‥‥‥	267.7

日本ガス協会「ガス事業便覧」より作成。1) 年度末現在。2) 取り付けメーター数。3) 一般ガス導管事業における託送供給量（自社小売供給、自社卸供給、小売託送供給、連結託送供給、自己託送の量）の総量。×その他とも。

表10-11　旧簡易ガス事業の概況

	1980	1990	2000	2010	2020	2021
販売量（百万m³）[1)]	103.0	177.3	222.3	182.8	141.1	139.3
家庭用‥‥‥‥	99.3	169.2	211.2	171.7	131.5	129.8
商業用‥‥‥‥	2.9	5.8	7.9	7.7	6.2	5.9
その他‥‥‥‥	0.9	2.2	3.1	3.4	3.4	3.7
簡易ガス事業者数[2)]	1 435	1 763	1 770	1 515	1 243	1 244
需要家数[3)]（千戸）	823	1 231	1 525	1 444	1 333	1 325

日本ガス協会「ガス事業便覧」より作成。簡易ガス事業は、一般ガス（都市ガス）の供給区域外で、70戸以上の団地に対して小規模な導管網でガスを供給するもの。基本的にLPガスを供給する。1) 生産量と同じ。LPガスとして1m³あたり100.4652MJ（メガジュール。熱量換算すると24000kcal）で換算すると、2021年の販売量は14.0PJ（3.3兆kcal）。2) 会計年度末現在。3) メーター取付数。各年末現在。

LPガスは全国の約4割の世帯で利用される身近なエネルギーである。国内需要の約半分が家庭用で、ボンベのほかカセットコンロにも使われる。国内で供給されるLPガスのうち、石油精製などで得られる国産ガスは18%で（2021年度）、82%は輸入による。輸入先は2010年代中頃まで中東が中心であったが、シェール革命以降はアメリカが中心である。

表10-12 液化石油ガス（LPG）の需給（会計年度）（単位 千t）

	1980	1990	2000	2010	2020	2021
生産	4 115	4 495	4 612	4 466	2 632	2 287
石油精製	3 850	4 352	4 327	4 112	2 327	2 049
石油化学	265	143	285	354	305	238
輸入	10 063	14 281	14 851	12 332	10 160	10 302
輸出	3	16	55	160	70	56
国内需要	13 949	18 782	18 830	16 306	12 787	12 536
家庭業務用	5 599	6 207	7 710	7 312	5 927	6 089
一般工業用	2 476	4 745	4 815	3 453	3 000	2 596
都市ガス用	1 394	2 334	2 121	904	1 097	1 312
自動車用	1 696	1 805	1 623	1 370	529	551
大口鉄鋼用	473	417	199	142	98	95
化学原料用	1 466	2 378	1 969	2 819	2 136	1 893
電力用	845	896	393	306	0	0

資源エネルギー庁「LPガス需要見通し」より作成。LPガス（プロパン70%、ブタン30%）1キログラムあたりの熱量50.06MJ（11958kcal）で換算すると、2021年度の国内需要は627.6PJ（150兆kcal）。

表10-13 液化石油ガス（LPG）の輸入（単位 千t）

	1990	2000	2010	2019	2020	2021
アメリカ合衆国	—	—	202	7 962	6 810	7 290
カナダ	—	—	—	345	823	1 213
オーストラリア	801	885	740	746	897	782
クウェート	951	1 483	1 353	270	324	554
カタール	458	600	3 380	247	267	157
東ティモール	—	—	408	111	172	156
アラブ首長国連邦	3 395	3 743	2 912	792	391	138
サウジアラビア	6 613	5 983	1 946	173	175	91
(参考)インドネシア	2 285	1 086	22	—	—	—
計×	14 723	14 682	12 148	10 762	9 886	10 383
うち中東	11 457	12 121	10 463	1 592	1 181	940
中東依存度（%）	77.8	82.6	86.1	14.8	11.9	9.1

経済産業省「資源・エネルギー統計（石油）」より作成。×その他とも。

第10章 電力・ガス

第11章　農業・農作物

〔農業の産業規模と食料需給〕　農業は、農業従事者の減少や高齢化、後継者不足、耕地面積の減少、食料自給率の低下など多くの問題を抱えている。農業が生み出す付加価値額である農業総生産は、近年、国内総生産（GDP）の１％程度に留まっており、2021年はGDP比0.8％の４兆3243億円であった（表11-1参照）。農産物の売上げ相当額を示す農業総産出額は、主食である米の需要低下を背景に、1984年をピークに減少傾向が続いていた。しかし、近年は、原料原産地表示の義務付けが拡大されて国産野菜の需要が高まったほか、果実では高品質化の取り組みが行われたことや、畜産では経営の大規模化が進んだことなどで、農業総産出

表 11-1　農業の産業規模と農産物輸出入（単位　十億円）

	2005	2010	2015	2020	2021
産業規模					
農業総生産・・・・・・・・・ 1)	4 960	4 709	4 509	4 678	4 324
対GDP比（％）・・・・	*0.9*	*0.9*	*0.8*	*0.9*	*0.8*
農業総産出額（A）・・・	8 512	8 121	8 798	8 937	8 838
生産農業所得（B）・・・	3 203	2 840	3 289	3 343	3 348
（B）／（A）（％）・・・・	*37.6*	*35.0*	*37.4*	*37.4*	*37.9*
農業就業者（万人）・・・	253	226	201	194	189
総数比（％）・・・・・・ 2)	*4.0*	*3.6*	*3.2*	*2.9*	*2.8*
農産物輸出入					
輸出・・・・・・・・・・・・・・・・	217	286	443	655	804
輸出総額比（％）・・ 3)	*0.3*	*0.4*	*0.6*	*1.0*	*1.0*
輸入・・・・・・・・・・・・・・・・	4 792	4 828	6 563	6 213	7 040
輸入総額比（％）・・ 3)	*8.4*	*7.9*	*8.4*	*9.1*	*8.3*

農業総生産は内閣府「国民経済計算（2015年基準・2008SNA）」、農業総産出額および生産農業所得は農林水産省「生産農業所得統計」、就業者は総務省統計局「労働力調査」、農産物輸出入は農林水産省「農林水産物輸出入概況」より作成。1) 経済活動別の国内総生産（GDP）で名目値。2) 就業者総数に占める割合。3) 総額（鉱工業製品を含めたすべての品目の総計）に占める割合。

農業総生産：国内総生産（GDP）のうち、農業が生み出した付加価値額。
農業総産出額：国内で生産された農産物の売上げ相当額の総額。
生産農業所得：農業総産出額から物的経費（資材費等、間接税、減価償却費）を差し引いた額で、経常補助金を含む。

額は回復傾向にある。2021年は、主食用米は需要が減少し、野菜は天候
要因により価格が低下した。一方、畜産では和牛などがコロナ禍の影響
を受けた前年から需要が回復したことに加えて、鶏卵が鳥インフルエン
ザの発生によって出荷量の減少以上に価格が上昇したことによって売上
額が増加し、農業総産出額は全体で前年比1.1％減にとどまり 8 兆8384
億円であった。農業総産出額から物的経費を差し引いた生産農業所得（経
営補助金の実額を含む）は、前年比0.1％増の 3 兆3479億円となっている。

　食料自給率は、国内で供給される食料に対する国内生産の割合を表す
指標であり、日本は海外に比べて非常に低い。2021年度の食料自給率は
カロリーベースで38％、生産額ベースで63％であり、不足分を輸入に頼
っている。日本の食料自給率低下の要因は、戦後の復興に伴い食生活が欧

表 11-2　農業総産出額（単位　億円）

	2000	割合(%)	2020	割合(%)	2021	割合(%)
耕種・・・・・・・・1)	66 026	72.3	56 562	63.3	53 787	60.9
米・・・・・・・・	23 210	25.4	16 431	18.4	13 699	15.5
麦類・・・・・・	1 306	1.4	508	0.6	709	0.8
豆類・・・・・・	1 013	1.1	690	0.8	697	0.8
いも類・・・・・	2 298	2.5	2 370	2.7	2 358	2.7
野菜・・・・・・	21 139	23.2	22 520	25.2	21 467	24.3
果実・・・・・・	8 107	8.9	8 741	9.8	9 159	10.4
花き・・・・・・	4 466	4.9	3 080	3.4	3 306	3.7
工芸農作物・	3 391	3.7	1 553	1.7	1 727	2.0
畜産物・・・・・1)	24 596	26.9	32 372	36.2	34 048	38.5
肉用牛・・・・・	4 564	5.0	7 385	8.3	8 232	9.3
乳用牛・・・・・	7 675	8.4	9 247	10.3	9 222	10.4
生乳・・・・	6 822	7.5	7 797	8.7	7 861	8.9
豚・・・・・・・・	4 616	5.1	6 619	7.4	6 360	7.2
鶏・・・・・・・・	7 023	7.7	8 334	9.3	9 364	10.6
鶏卵・・・・	4 247	4.7	4 546	5.1	5 470	6.2
ブロイラー	2 685	2.9	3 621	4.1	3 740	4.2
加工農産物・・2)	673	0.7	436	0.5	549	0.6
計・・・・・・・・	**91 295**	100.0	**89 370**	100.0	**88 384**	100.0
生産農業所得	35 562	—	33 434	—	33 479	—
割合（%）・3)	39.0	—	37.4	—	37.9	—

農林水産省「生産農業所得統計」(2021年）より作成。中間生産物（種子・飼料など農業へ
の再投入分）を除く。1）その他を含む。2）かんぴょう、干し柿、荒茶など。3）生産農
業所得が農業総産出額に占める割合。用語については表11-1の注記参照。

米化して米の需要が低下したことや、多くの飼料や原料を輸入品に頼る畜産物や油脂類の需要が上昇したことなどである。近年、日本国内の食料供給は安定しているが、輸入原料の高騰や、大規模自然災害、気候変動

図 11-1　主要農産物の農業総産出額の推移

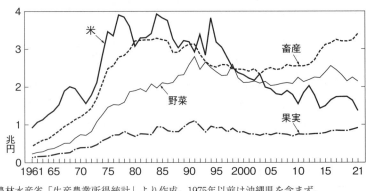

農林水産省「生産農業所得統計」より作成。1975年以前は沖縄県を含まず。

図 11-2　地域別の農業産出額の割合（2021年）

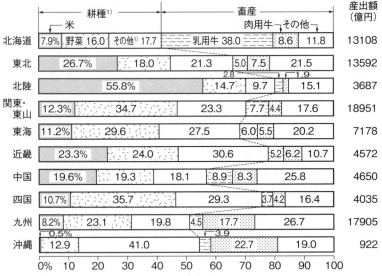

農林水産省「生産農業所得統計」より作成。表11-2を参照。ただし、他都道府県に販売された中間生産物は含まれる。全国農業地域区分による。東山は、山梨県と長野県。1）便宜上、耕種には加工農産物を含む。【☞府県別統計519ページ】

により安定供給が難しい状況もあった。また、2022年2月のロシアによるウクライナ侵攻を受けて、原油や穀類の国際商品相場が上昇しており、燃料油や肥料、飼料を海外に依存する日本農業は大きな影響を受けている。さらに、急速な円安に見舞われて、輸入価格が大幅に上昇した。食料安全保障への懸念が強まる中、その強化に向けた構造転換が求められて

図 11-3　食料自給率の推移

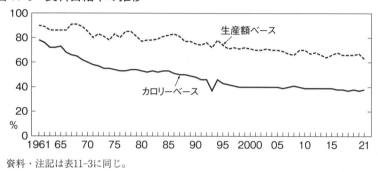

資料・注記は表11-3に同じ。

表 11-3　食料自給率の推移（%）（会計年度）

	1960	1980	2000	2010	2015	2020	2021（概算）
穀物（食用＋飼料用）	82	33	28	27	29	28	29
米	102	100	95	97	98	97	98
小麦	39	10	11	9	15	15	17
いも類	100	96	83	76	76	73	72
大豆	28	4	5	6	7	6	7
野菜	100	97	81	81	80	80	79
果実	100	81	44	38	41	38	39
肉類（鯨肉を除く）	91	81	52	56	54	53	53
〃 1)	—	(12)	(7)	(7)	(9)	(7)	(8)
鶏卵	101	98	95	96	96	97	97
〃 1)	—	(10)	(11)	(10)	(13)	(11)	(13)
牛乳・乳製品	89	82	68	67	62	61	63
〃 1)	—	(46)	(30)	(28)	(27)	(26)	(27)
魚介類（食用）	111	97	53	62	59	57	59
食料自給率 2)3)	79	53	40	39	39	37	38
食料国産率 2)4)	—	61	48	47	48	46	47
飼料自給率 2)5)	—	28	26	25	28	25	25

農林水産省「食料需給表」より作成。品目別は国内消費仕向量に対する国内生産量の割合で、重量ベース。1980年度以降は沖縄県を含む。1）飼料自給率を考慮した値。2）カロリー（供給熱量）ベース。3）1965年度から畜産物の飼料自給率を考慮して算出。4）飼料が国産か輸入かにかかわらず、国内で実際に生産されたものをカウントしている。5）TDN（可消化養分総量：エネルギー含量を示す単位で、飼料の実量とは異なる）を用いて算出。

おり、肥料の備蓄やたい肥の高度化などを進める。また、水田を畑地化して麦や大豆等の本作化の促進や、輸入小麦に代わって米粉の生産や利用の拡大などを目指している。食料自給率の向上も課題で、政府は2030年度の食料自給率について、カロリーベースで45％、生産額ベースで75％を目標に設定した。家畜の飼料自給率の目標は34％としている。

表11-4　**各国の食料自給率**（試算値）（2019年、日本は2021年度）（％）

	日本	アメリカ合衆国	イギリス	ドイツ	フランス	イタリア
穀類・・・・・・・・・・・	29	116	97	101	187	61
食用穀物・・・・・ 1)	63	167	94	114	183	72
うち小麦・・・・・・・	17	158	99	125	200	62
粗粒穀物・・・・・ 2)	1	111	104	83	194	52
豆類・・・・・・・・・・・	8	172	53	13	79	39
野菜類・・・・・・・・・	79	84	42	41	68	151
果実類・・・・・・・・・	39	61	12	31	64	104
肉類・・・・・・・・・・・	53	114	75	120	102	81
卵類・・・・・・・・・・・	97	104	94	70	98	99
牛乳・乳製品・・・ 3)	63	101	89	106	104	86
魚介類・・・・・・・・ 4)	57	64	65	27	29	17
食料自給率・・・ 5)	38	121	70	84	131	58

農林水産省「食料需給表」より作成。重量ベース。1）米（玄米で換算）、小麦、ライ麦など。2）大麦、オート麦、とうもろこしなど。3）生乳換算（バター含む）。4）飼肥料を含む魚介類全体の自給率。5）カロリー（供給熱量）ベース。

表11-5　**主な国の農産物貿易額**（2021年）（単位　百万ドル）

	輸出	％	輸入	％	輸入超過額
中国・・・・・・・・・・・・	61 443	3.5	204 704	11.3	143 261
日本・・・・・・・・・・・・	7 129	0.4	62 736	3.5	55 607
イギリス・・・・・・・・・	27 199	1.6	62 123	3.4	34 923
韓国・・・・・・・・・・・・	7 937	0.5	34 157	1.9	26 220
サウジアラビア・・・	4 093	0.2	22 710	1.2	18 617
インドネシア・・・・・	52 881	3.0	23 693	1.3	-29 188
アルゼンチン・・・・・	37 761	2.2	4 729	0.3	-33 032
オランダ・・・・・・・・	114 003	6.5	78 593	4.3	-35 410
ニュージーランド・	45 651	2.6	5 561	0.3	-40 091
ブラジル・・・・・・・・	101 563	5.8	12 413	0.7	-89 150
計×・・・・・・・・・	1 754 667	100.0	1 817 802	100.0	—

FAO（国連食糧農業機関）FAOSTATより作成（2023年3月7日閲覧）。輸入超過額プラスとマイナスの上位5か国。×その他とも。

第11章 農業・農作物

表11-6　食料需給表（2021年度　概算値）（単位　千t）

| | 国内生産量 | 外国貿易 | | 在庫の増減量[1] | 国内消費仕向量[2] | 1人1年あたり供給量[3]（kg） |
		輸入量	輸出量			
穀類·········	9 599	23 675	90	205	32 101	84.6
米·········	8 226	878	90	-59	8 195	51.5
小麦·······	1 097	5 375	0	51	6 421	31.6
大麦·······	213	1 658	0	-22	1 893	0.2
とうもろこし	0	15 310	0	219	15 091	0.5
いも類·········	2 848	1 140	28	0	3 960	19.6
かんしょ····	672	52	16	0	708	3.5
ばれいしょ··	2 176	1 088	12	0	3 252	16.1
でんぷん·····	2 243	141	0	-19	2 403	15.1
豆類·········	312	3 464	0	-121	3 897	8.7
大豆·········	247	3 224	0	-93	3 564	6.7
野菜·········	11 015	2 895	23	0	13 887	85.7
緑黄色野菜··	2 513	1 538	4	0	4 047	26.5
果実·········	2 599	4 157	84	12	6 660	32.4
みかん·····	749	0	2	13	734	3.7
りんご·····	662	528	55	-1	1 136	6.9
肉類·········	3 484	3 138	19	9	6 594	34.0
牛肉········	480	813	11	15	1 267	6.2
豚肉········	1 318	1 357	3	-3	2 675	13.2
鶏肉········	1 678	927	5	-1	2 601	14.4
鶏卵·········	2 582	115	24	0	2 673	17.2
牛乳及び乳製品	7 646	4 690	64	110	12 162	94.4
飲用向け····	3 998	0	8	0	3 990	31.5
乳製品向け··	3 599	4 690	56	110	8 123	62.8
チーズ····	45	286	1	0	330	2.6
バター····	75	10	0	1	84	0.7
魚介類········	3 770	3 650	828	-49	6 641	23.2
生鮮・冷凍··	1 515	904	710	18	1 691	7.6
海藻類········	81	39	2	0	118	0.8
砂糖類········						
粗糖········	143	1 018	0	-16	1 177	0.0
精糖········	1 733	412	2	16	2 127	16.6
含みつ糖····	27	6	0	4	29	0.2
糖みつ······	84	140	0	3	221	0.0
油脂類········	2 012	991	33	-24	2 994	13.9
植物油脂····	1 673	958	19	-74	2 686	13.5
動物油脂····	339	33	14	50	308	0.5
みそ·········	465	0	20	-1	446	3.5
しょうゆ·····	708	3	49	1	661	5.3
その他食料····	2 310	1 866	1	2	4 173	4.5
きのこ類····	460	57	0	0	517	3.4

農林水産省「食料需給表」（2021年度概算）より作成。0はデータが皆無または不詳。1）当年度末繰越量と当年度始め持越量との差。2）国内で消費に回された食料で、実際に消費された食料ではないことに留意。国内生産量＋輸入量－輸出量－在庫の増加量（又は＋在庫の減少量）。3）純食料を総人口で除して得た国民1人あたり年間平均供給量。

〔耕地と農業の担い手〕　農業を営む人々の高齢化が進み、従事者数が減少していくなかで、日本の農業を効率的で生産力の高い産業へ転換していくことが大きな課題となっている。かつて、農業の労働力の統計は「農家」を単位としてきた。しかし、2005年農林業センサス以降、個人

図 11-4　田畑別耕地面積の推移

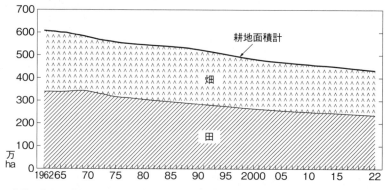

資料・注記は表11-7に同じ。ピークは1961年（609万ha）。

表 11-7　耕地面積（田畑）の推移（単位　千ha）

	1960	1980	2000	2020	2021	2022
耕地面積計‥‥‥‥	6 071	5 461	4 830	4 372	4 349	4 325
うち本地‥‥‥ 1)	5 755	5 199	4 625	4 199	4 177	4 154
田‥‥‥‥‥‥‥	3 381	3 055	2 641	2 379	2 366	2 352
畑‥‥‥‥‥‥‥	2 690	2 406	2 189	1 993	1 983	1 973
普通畑‥‥‥‥	…	1 239	1 188	1 130	1 126	1 123
樹園地‥‥‥‥	…	587	356	268	263	259
牧草地‥‥‥‥	…	580	645	595	593	591
作付（栽培）						
延べ面積‥‥‥‥	8 129	5 706	4 563	3 991	3 977	…
耕地利用率（％）‥	*133.9*	*104.5*	*94.5*	*91.3*	*91.4*	…

農林水産省「耕地及び作付面積統計（確報）」より作成。1970年までは沖縄県を含まず。耕地利用率は、耕地面積に対する作付（栽培）延べ面積の割合。1) 耕地からけい畔を除いた土地。【☞府県別統計518ページ】

「農林業センサス」の経営耕地面積と「耕地及び作付面積統計」の耕地面積の比較

「農林業センサス」は、農林業経営体を調査対象として、自作地と借入耕地を合計した面積を経営耕地として自計申告している。自給的農家などは含まない。一方、「耕地及び作付面積統計」は、空中写真に基づいて地目の集まりを母集団として編成し、実測調査を行っている。そのため、農林業センサスの経営耕地面積は過小になる傾向にある。

と団体を合わせた「農業経営体」を農業の担い手として捉えるようになっている。2022年の農業構造動態調査によると、農業経営体は前年比5.4％減の97万5100経営体、そのうち個人経営体は前年比5.7％減の93万5000経営体であった（表11-8参照）。一方、団体経営体は前年比1.5％増の４万100経営体となっている。団体経営体のなかでも、法人経営体は家族単位で行う個人農業に比べて、従業員の確保や経営継承、経営の多角化などを行いやすいことから、増加が続いている。

　耕地面積をみると、農業従事者の減少で耕作放棄地が増え、総面積は減少を続けている。一方で、団体経営体の増加とともに農地の集積・集約化が進み、広い耕地を利用する農業経営体が増えている（表11-10参

表 11-8　農業経営体と農家数 (2005年農林業センサス以降)

	2005	2010	2015	2020	2022
農業経営体（千経営体）·	2 009	1 679	1 377	1 076	975
個人経営体···········	1 976	1 644	1 340	1 037	935
団体経営体···········	33	36	37	38	40
法人経営体·········	19	22	27	31	32
経営耕地面積（千ha）· 1)	3 693	3 632	3 451	3 233	3 178
田·················	2 084	2 046	1 947	1 785	1 716
畑·················	1 380	1 372	1 316	1 289	1 302
樹園地·············	229	214	189	159	160
1経営体あたり（ha）··	1.9	2.2	2.5	3.1	3.3
北海道·············	20.1	23.5	26.5	30.2	33.1
都府県·············	1.4	1.6	1.8	2.2	2.3
総農家（千戸）·········	2 848	2 528	2 155	1 747	…
販売農家···········	1 963	1 631	1 330	1 028	…
自給的農家·········	885	897	825	719	…

農林水産省「農林業センサス累計統計」、「2020年農林業センサス結果の概要」より作成。センサスは全数調査で５年ごとに実施される。2022年は農林水産省「農業構造動態調査」（農林業センサス実施以外の年に実施。標本調査でセンサスの数値と厳密には接続しない）による。2005年調査以降、「農業センサス」は「林業センサス」と統合され、「農林業センサス」として実施される。1) 表11-7の注記参照。

農業経営体：経営耕地30a以上または販売金額50万以上に相当する規模以上の農業を営む者、または農作業委託サービスを行っている者（団体の場合は代表者）。
経営耕地：農業経営体が経営している耕地のことで、けい畔（農作物栽培のために必要なもので、畔（あぜ）のこと）を含む。自作地（自ら所有している耕地）と借入耕地の合計。
総農家：自家消費用も含めて農業を行うすべての世帯。
販売農家：販売用の農産物を主に生産する世帯。

照）。2022年の 1 農業経営体あたり経営耕地面積は、北海道が33.1ヘク
タール、他の都府県は2.3ヘクタールで、北海道では100ヘクタール以上
の経営規模を持つ農業経営体が前年より11.8％増加している。

　農業の新しい戦略として、政府は農林水産物・食品の輸出の拡大を掲
げている。国内市場向け産品の余剰品に留まっていたものを、これから
は海外市場で求められる商品の量・価格・品質などを把握して、海外向

表 11-9　経営耕地の状況（農業経営体）

	経営耕地のある経営体	借入耕地のある経営体	田のある経営体	畑のある経営体	樹園地のある経営体
経営体数（千戸）					
2005	1 988.3	631.1	1 744.1	1 268.9	385.1
2015	1 361.2	502.2	1 144.8	834.5	271.0
2020	1 058.8	379.0	840.4	560.8	200.2
2022	962.7	368.1	762.6	545.3	198.8
経営耕地面積（千ha）					
2005	3 693	824	2 084	1 380	229
2015	3 451	1 164	1 947	1 316	189
2020	3 233	1 257	1 785	1 289	159
2022	3 178	1 332	1 716	1 302	160

農林水産省「農林業センサス累計統計」、「2020年農林業センサス結果の概要」より作成。
2022年は「農業構造動態調査」による。表11-7、表11-8の注記参照。

表 11-10　経営耕地面積規模別の農業経営体（2022年）（単位　千経営体）

	都府県			北海道		
	農業経営体	対前年増減率（％）	耕地面積（千ha）	農業経営体	対前年増減率（％）	耕地面積（千ha）
1ha未満・・・ 1)	504.5	-5.0	261.8	2.7	-10.0	0.9
1〜5ha・・・・・・	361.1	-6.6	700.9	4.3	-2.3	9.7
5〜10ha・・・・・	42.8	-4.5	285.5	3.6	-5.3	22.7
10〜20ha・・・・	20.2	-1.5	276.9	5.4	-10.0	69.6
20〜30ha・・・・	6.4	1.6	157.9	4.3	-10.4	95.5
30〜50ha・・・・				6.1	0.0	
50〜100ha・・・	7.0	0.0	437.1	4.7	0.0	859.5
100ha以上・・・				1.9	11.8	
計・・・・・・・・	942.0	—	2 120.2	33.0	—	1 057.8

農林水産省「農業構造動態調査」（2022年）より作成。1) 経営体は経営耕地なしを含む。

けに継続的に生産・販売する市場システムを整備する予定である。多くの日本産品は海外で高く評価されており、2021年に初めて輸出額は1兆円を突破し、2022年は1兆3381億円と、前年比15.1%の伸びを示している（図11-8参照）。コロナ禍で輸出が減少した品目もあるが、コロナ禍から日常生活が戻ってきた中国やアメリカ合衆国などで外食需要が回復していることや、中国の物価上昇が増加の要因である。政府は、2030年までに5兆円の輸出を目指しており、海外向け生産に取り組む産地や事

図 11-5　年齢別基幹的農業従事者数の割合（個人経営体）（2022年）

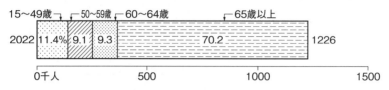

農林水産省「農業構造動態調査」より作成。

表 11-11　農家人口（販売農家）（各年2月1日現在）

	農家人口（千人）	農業従事者数	農業就業人口	うち基幹的農業従事者	農家1戸あたり（人）農家人口	農家1戸あたり（人）農業就業人口
1990	13 878	8 493	4 819	2 927	4.67	1.62
1995	12 037	7 398	4 140	2 560	4.54	1.56
2000	10 467	6 856	3 891	2 400	4.48	1.67
2005	8 370	5 562	3 353	2 241	4.26	1.71
2010	6 503	4 536	2 606	2 051	3.99	1.60
2015	4 880	3 399	2 097	1 754	3.67	1.58
2019	3 984	2 765	1 681	1 404	3.53	1.49
2020	…	1) 2 494	—	1) 1 363	…	…
2021	…	1) 2 294	—	1) 1 302	…	…
2022	…	1) 2 145	—	1) 1 226	…	…

農林水産省「世界農林業センサス」と「農林業センサス」より作成。2019、2021、2022年は「農業構造動態調査」より作成。住み込みの雇人を含まず。1）2020年センサス以降の統計では、調査対象が農業経営体の個人経営体に変更され、1戸1法人の基幹的農業従事者を含まない。表11-8参照。

農家人口：農家のすべての世帯員。農業に従事しているか否かは問わない。
農業従事者：年間1日以上自営農業に従事した世帯員。
農業就業人口：主に自営農業に従事した世帯員（家事などが主体の主婦や学生も含む）。2020年センサスでは調査が廃止される。
基幹的農業従事者：自営農業に主として従事した世帯員。

業者を支援し、輸出環境の整備等を推進するための予算を計上している。日本の強みを活かす具体的な品目として、海外で人気が高い牛肉（和牛）のほか、日本の食文化を代表するとんかつや焼き鳥などに使用される豚肉や鶏肉、生食が可能な高品質の鶏卵、品種改良によって甘くて見た目も美しい果実、健康志向の高まりで世界的に需要が高まっている日本茶（抹茶を含む）、日本酒や国産ウイスキーなどが挙げられている。

図11-6　農産物販売金額1位の部門別農業経営体数の割合

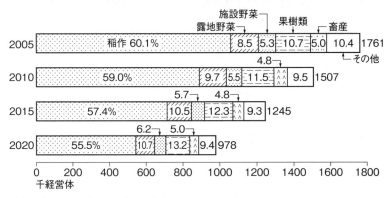

資料は表11-12に同じ。販売なしを除く。

表11-12　農産物販売金額規模別経営体数（農業経営体）（単位　千経営体）

	2005	2010	2015	2020	増減率（％）	2022
販売なし‥‥‥‥	249	173	132	97	-26.2	} 348
50万円未満‥‥‥	570	529	470	287	-39.0	
50〜100万円‥‥	341	288	211	176	-16.8	163
100〜500万円‥‥	559	443	341	296	-13.0	257
500〜1000万円‥	138	114	97	92	-5.8	79
1000〜3000万円・	116	100	90	86	-4.5	84
3000〜5000万円・	21	18	18	20	9.7	21
5000万〜1億円・	10	9	10	13	25.5	14
1〜5億円‥‥‥	4	5	6	7	16.3	} 9
5億円以上‥‥‥	1	1	1	1	42.4	
農業経営体計・	2 009	1 679	1 377	1 076	-21.9	975

農林水産省「農林業センサス累計統計」、「2020年農林業センサス（確報）」より作成。2022年は農林水産省「農業構造動態調査」。増減率は、2015年調査結果との比較。

図 11-7　新規就農者数の推移

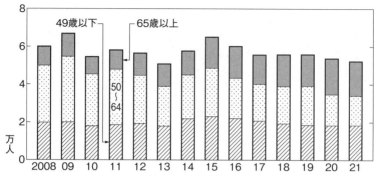

農林水産省「新規就農者調査」より作成。

表 11-13　農業生産関連事業（6 次産業）の年間販売金額 （単位　億円）

	2010	2015	2020	2021	1 事業体あたり（万円）
農作物の加工‥‥‥	7 783	8 923	9 187	9 533	3 120
農産物直売所‥‥‥	8 176	9 974	10 535	10 464	4 613
観光農園‥‥‥‥‥	352	378	293	326	655
農家民宿‥‥‥‥‥	51	55	36	40	340
農家レストラン‥‥	181	350	279	303	2 417
計‥‥‥‥‥‥‥	16 552	19 680	20 329	20 666	3 408

農林水産省「6 次産業化総合調査」より作成。会計年度。

図 11-8　農林水産物・食品の輸出額の推移

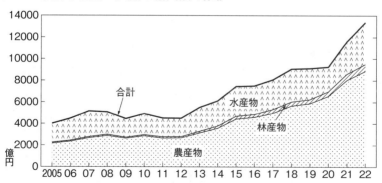

農林水産省「農林水産物輸出入概況」より作成。定義見直しにより、2020年より新たな
加工品が林産物に追加された。きのこ類は農産物から林産物に移動した。

図 11-9 化学肥料消費量の推移

FAO（国連食糧農業機関）FAOSTATより作成（2023年3月10日閲覧）。窒素（N含有量）、りん酸（P_2O_5含有量）、カリ（K_2O含有量）肥料の計で編者算出。

図 11-10 耕地１haあたり化学肥料消費量（2020年）

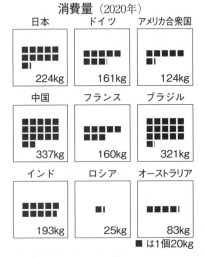

■は1個20kg

資料・注記は図11-9に同じ。

図 11-11 耕地１haあたり農薬消費量（2020年）

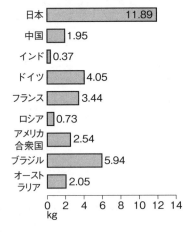

資料は図11-9に同じ。

表 11-14 有機質肥料の生産（単位 千t）

	1980	1990	2000	2010	2019	2020
油カス類・・・・・・・	456	469	747	568	1 078	1 048
大豆油カス・・・	33	4	29	209	495	488
な種油カス・・・	392	426	592	211	411	399
綿実油カス・・・	9	19	13	11	12	13
魚肥類・・・・・・・・	65	110	86	46	41	41
粉末魚肥・・・・・	35	91	64	43	40	39
骨粉・・・・・・・・・	75	61	34	65	90	92

農林統計協会「ポケット肥料要覧2021／2022」より作成。特殊肥料を含む。

〔米〕　2022年産の水稲の作付面積は135万5000ヘクタールで、前年産より４万8000ヘクタール減少した。収穫量は、前年比29万トン減の727万トン、10アールあたりの収量は、前年比３キログラム減って536キログラムとなった。全国の作況指数は100の「平年並み」であった（143ペ

図 11-12　米の需給の動き

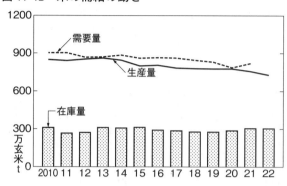

生産量は表11-15、需要量は表11-18、在庫量は農林水産省生産局資料より作成。
　生産量（収穫量）は各年産で、需要量は会計年度、在庫量は６月末現在の数値。なお在庫量は、民間流通米と政府米の合計で、生産・出荷・販売の各段階で集計が行われる。

表 11-15　水陸稲の作付面積および収穫量の推移（玄米）

	水陸稲計		うち水稲				
	作付面積（千ha）	収穫量（千t）	作付面積（千ha）	10aあたり収量（kg）	収穫量（千t）	（参考）主食用収穫量（千t）
1990	2 074	10 499	2 055	509	10 463	…
2000	1 770	9 490	1 763	537	9 472	…
2010	1 628	8 483	1 625	522	8 478	8 239
2020	1 462	7 765	1 462	531	7 763	7 226
2021	1 404	7 564	1 403	539	7 563	7 007
2022	1 355	7 270	1 355	536	7 269	6 701

農林水産省「作物統計」（2022年）より作成。作付面積は青刈り面積を除く子実用。収穫量は1.7ミリメートルのふるい目幅で選別された玄米の重量。【☞長期統計511ページ】

作況指数　農作物の作柄の良否を表す指標で、その年の10アールあたり平年収量（その年の天候や農作物の被害などを平年並みとして、栽培技術の進歩や作付面積の変動を考慮し、実収量の動きを元に予想した収量）に対する実際の10アールあたり収量の割合。作柄の良否は、作況指数99〜101を平年並みとし、従来の評価基準では102〜105「やや良」、106以上「良」、95〜98「やや不良」、94以下「不良」で、特に90以下は「著しい不良」と表現される。

ージの解説参考)。地域別にみると、天候に恵まれた北海道が106の「良」、四国が103、近畿が102の「やや良」となった。出穂期以降の日照不足と降雨の影響を受けた秋田県、台風14号の被害を被った長崎県が最も低い95であった。

　主食用の米の需要は、戦後の食生活の変化に伴い縮小してきた。一人

表 11-16　地域別の水稲の作付面積および収穫量（玄米）（2022年産）

	作付面積 （千ha）	%	対前年差 （ha）	10aあたり 収量 （kg）	収穫量 （千t）	%
北海道‥‥‥	93.6	6.9	-2 500	591	553	7.6
東北‥‥‥‥	348.3	25.7	-14 700	559	1 948	26.8
北陸‥‥‥1)	198.2	14.6	-3 600	541	1 072	14.7
関東・東山2)	240.1	17.7	-13 000	538	1 291	17.8
東海‥‥‥3)	87.1	6.4	-2 500	504	439	6.0
近畿‥‥‥‥	96.4	7.1	-2 900	517	498	6.9
中国‥‥‥‥	95.8	7.1	-3 000	524	502	6.9
四国‥‥‥‥	44.6	3.3	-1 300	497	222	3.0
九州‥‥‥‥	150.1	11.1	-5 000	494	741	10.2
沖縄‥‥‥‥	0.6	0.0	-27	301	2	0.0
全国‥‥‥	1 355.0	100.0	-48 000	536	7 269	100.0
都道府県‥4)						
新潟‥‥‥	116.0	8.6	-1 200	544	631	8.7
北海道‥‥	93.6	6.9	-2 500	591	553	7.6
秋田‥‥‥	82.4	6.1	-2 400	554	457	6.3
山形‥‥‥	61.5	4.5	-1 400	594	365	5.0
宮城‥‥‥	60.8	4.5	-3 800	537	327	4.5
茨城‥‥‥	60.0	4.4	-3 500	532	319	4.4
福島‥‥‥	57.8	4.3	-2 700	549	317	4.4
栃木‥‥‥	50.8	3.7	-4 000	532	270	3.7

農林水産省「作物統計」(2022年) より作成。1) 新潟、富山、石川、福井の4県。2) 関東は7都県で、東山は山梨、長野の2県。3) 岐阜、静岡、愛知、三重の4県。4) 収穫量上位の道県。【☞府県別統計522ページ】

表 11-17　市町村別の水稲の作付面積および収穫量（玄米）（2022年産）

	作付面積 （ha）	収穫量 （千t）		作付面積 （ha）	収穫量 （千t）
新潟市　（新潟）	24 500	140.1	上越市　（新潟）	11 300	61.1
大仙市　（秋田）	11 500	65.9	登米市　（宮城）	9 760	55.4
長岡市　（新潟）	12 300	65.7	大潟村　（秋田）	9 830	54.0
横手市　（秋田）	10 900	63.9	奥州市　（岩手）	9 570	51.9
鶴岡市　（山形）	10 700	63.9	栗原市　（宮城）	9 240	49.2

農林水産省「作物統計」(2022年) より作成。収穫量の上位市町村。

あたりの米の年間消費量（純食料）は、1962年度の118キログラムがピークで、2021年度には52キログラムにまで落ち込んでいる。1971年より国が米の生産量を調整してきた「減反政策」は2018年に廃止され、以降、農家は自らの判断で米の生産を行うことができるようになった。近年は、品種開発に力を入れて、競争力の高いブランド米などの生産を始めている。しかし、米の増産は価格の低下につながることから、需要バランス

表 11-18　米の需給（玄米）（会計年度）（単位　千 t ）

	1990	2000	2010	2015	2020	2021 （概算値）
生産量‥‥‥‥	10 499	9 490	8 554	8 429	8 145	8 226
在庫増減量‥‥‥	65	-76	-240	-411	250	-59
輸出量‥‥‥‥	0	462	201	116	110	90
輸入量‥‥‥‥	50	879	831	834	814	878
国内消費仕向量‥	10 484 1)	9 790 1)	9 018 1)	8 600 1)	7 855 1)	8 195
うち粗食料‥‥	9 554	9 049	8 411	7 658	7 067	7 129
その他‥ 2)	930	741	607	942	788	1 066
純食料（精米）‥	8 656	8 198	7 620	6 938	6 403	6 459
1人あたり供給量 （精米）(kg)‥‥	70.0	64.6	59.5	54.6	50.8	51.5

農林水産省「食料需給表」より作成。1) 過剰米処理に伴う飼料用の政府売却分を除く。2) 加工用、飼料用、種子用、純旅客用（2018年度より計上を開始）、減耗量。

表 11-19　世界の米生産量（もみ量）（単位　千 t ）

	2000	2010	2020	2021	%	1 ha あたり （ t ）
中国‥‥‥‥‥‥	187 908	195 761	211 860	212 843	27.0	7.11
インド‥‥‥‥‥	127 465	143 963	186 500	195 425	24.8	4.21
バングラデシュ‥‥	37 628	50 061	54 906	56 945	7.2	4.87
インドネシア‥‥‥	51 898	59 283	54 649	54 415	6.9	5.23
ベトナム‥‥‥‥	32 530	40 006	42 765	43 853	5.6	6.07
タイ‥‥‥‥‥‥	25 844	35 703	30 231	33 582	4.3	2.99
ミャンマー‥‥‥‥	20 987	32 065	25 983	24 910	3.2	3.81
フィリピン‥‥‥‥	12 389	15 772	19 295	19 960	2.5	4.15
パキスタン‥‥‥‥	7 204	7 235	12 630	13 984	1.8	3.95
ブラジル‥‥‥‥	11 135	11 236	11 091	11 661	1.5	6.90
カンボジア‥‥‥‥	4 026	8 245	11 248	11 410	1.4	3.51
日本‥‥‥‥‥‥	11 863	10 692	10 469	10 525	1.3	7.50
世界計×‥‥‥‥	598 668	694 472	769 228	787 294	100.0	4.76

FAO（国連食糧農業機関）FAOSTATより作成（2023年 2 月 8 日閲覧）。×その他とも。

の安定のため、政府によって現在も生産努力目標などが発表されている。2020年以降、コロナ禍により内食需要は堅調であるが、外食需要が大きく落ち込み、供給過剰になって価格が下落した。値崩れを防ぐため、2023年産は減産が見込まれる。

　米の輸入は、ガット（GATT）ウルグアイランド合意（WTO協定）に基づき、1995年度以降、最低限の輸入義務であるミニマムアクセス（MA）米の輸入を開始した。MA米輸入は、国産米への影響を避けるため日本政府が一元的に行っており、2022年度は77万玄米トンである（このほかTPP11合意によるオーストラリア枠が6480実トンある）。米の食料自給率は2021年暫定値で98％と高く、MA米は在庫米、飼料用、加工用や対外援助用などで主に活用される。一方、国は米の輸出拡大を目指しており、輸出量は、ここ10年10万トン前後（玄米換算）で推移してきたが、2021年は、海外需要の低迷により90万トンに減少した。

表11-20　日本の米の輸入先（単位　千t）

	2000	2010	2020	2021	2022	〃 %
アメリカ合衆国・・・	338	316	317	320	294	*43.9*
タイ・・・・・・・・・・・	128	295	272	272	284	*42.4*
中国・・・・・・・・・・・	71	52	75	61	61	*9.1*
計×・・・・・・・・・	**656**	**664**	**677**	**663**	**669**	*100.0*

財務省「貿易統計」より作成。2022年は確々報。日本は1995年4月1日より最低輸入義務量として割り当てられたミニマムアクセス米の輸入を開始。1999年からは、それ以外の輸入米に高率の関税を課して輸入を自由化。玄米、精米、砕米の計。

表11-21　世界の米輸出入量（精米換算）（単位　千t）

輸出	2020	2021	輸入	2020	2021
インド・・・・・・・・	14 463	21 035	中国・・・・・・・・・	2 902	4 920
タイ・・・・・・・・・	5 665	6 065	フィリピン・・・・・	2 079	2 967
ベトナム・・・・・・	5 684	4 636	バングラデシュ・・	1 227	2 579
パキスタン・・・・	3 944	3 933	モザンビーク・・	1 060	1 541
アメリカ合衆国・	2 792	2 838	コートジボワール	1 110	1 420
中国・・・・・・・・・	2 271	2 412	エチオピア・・・・	1 307	1 400
ミャンマー・・・・	1 845	1 598	ベナン・・・・・・・	876	1 394
ブラジル・・・・・・	1 218	771	イラク・・・・・・・	1 004	1 255
世界計×・・・・	**45 641**	**50 655**	世界計×・・・・	**47 573**	**50 919**

FAO（国連食糧農業機関）FAOSTATより作成（2022年2月8日閲覧）。×その他とも。

〔麦〕 2022年産の4麦計(小麦、二条大麦、六条大麦、はだか麦)の収穫量は123万トンで、このうち小麦が99万3500トンである。小麦の国内生産は、1960年代後半までほぼ年間100万トンを超えていたが、品質と価格で輸入小麦に対抗できず、1973年には戦後最低の20万トンまで落ちこ

表 11-22 麦類の収穫量 (単位 千t)

	小麦	大麦	二条大麦	六条大麦	はだか麦	計	作付面積（千ha）
1980	583	332	269	63	53	968	313
1990	952	323	254	69	23	1 297	366
2000	688	192	154	38	22	903	237
2010	571	149	104	45	12	732	266
2020	949	201	145	57	20	1 171	276
2021	1 097	213	158	55	22	1 332	283
2022	994	216	151	65	17	1 227	291

農林水産省「作物統計」より作成。

表 11-23 麦類の主産県の収穫量 (2022年産)

		t	%			t	%
小麦	北海道‥	614 200	61.8	二条大麦	佐賀‥‥	46 200	30.6
	福岡‥‥	75 400	7.6		栃木‥‥	32 000	21.2
	佐賀‥‥	56 600	5.7		福岡‥‥	23 800	15.7
	愛知‥‥	30 000	3.0		熊本‥‥	9 410	6.2
	三重‥‥	25 000	2.5		全国×	151 200	100.0
	滋賀‥‥	24 100	2.4				
	群馬‥‥	22 700	2.3	六条大麦	福井‥‥	18 100	27.8
	熊本‥‥	20 600	2.1		富山‥‥	13 400	20.6
	埼玉‥‥	19 100	1.9		石川‥‥	6 130	9.4
	全国×	993 500	100.0		全国×	65 100	100.0

農林水産省「作物統計」より作成。×その他とも。【☞小麦の府県別統計522ページ】

表 11-24 麦類供給の内訳 (2021年度／概算値) (単位 千t)

	飼料用	種子用	加工用[1]	減耗量	粗食料	国内消費仕向量[2]
小麦‥‥‥‥	883	21	275	157	5 085	6 421
大麦‥‥‥‥	1 023	4	807	2	57	1 893
はだか麦‥‥	0	0	6	1	29	36

農林水産省「食料需給表」より作成。1) ビール、ウイスキー、しょうちゅうなどの酒類用、みそ、しょうゆ、グルタミン酸ソーダなど。2) 供給量で、2018年度より純旅客用（訪日外国人と出国日本人の消費分を算出）が計上される。

んだ。しかし、1980年代になると、政府が米の減反政策で麦への転作を奨励したこともあり、生産は次第に回復した。近年、麺やパンに使用する国産小麦への需要が高まり、2021年度の食料自給率は15％にまで上昇した。麦類の輸入も米と同様に国家貿易であり、政府が一元で買い付け、製粉会社に売却している。2022年２月のロシアによるウクライナ侵攻によって急騰したことから、2022年10月の価格見直しは据え置いた。2023年４月からの売り渡し価格は、激変緩和措置として価格高騰の大きかった期間を除いて直近の半年間で算定し、前年より5.8％引き上げられている。

表 11-25　日本の小麦の輸入先（単位　千 t ）

	2000	2010	2020	2021	2022	〃 %
アメリカ合衆国‥	3 175	3 305	2 632	2 267	2 154	40.3
カナダ‥‥‥‥‥	1 483	1 018	1 938	1 798	1 881	35.2
オーストラリア‥	1 194	1 093	797	1 056	1 306	24.4
計×‥‥‥‥‥	**5 854**	**5 476**	**5 374**	**5 126**	**5 346**	*100.0*

財務省「貿易統計」より作成。2022年は確々報。×その他とも。

表 11-26　世界の小麦と大麦の生産量（単位　千 t ）

		2010	2019	2020	2021	〃 %
小麦	中国‥‥‥‥‥	115 181	133 596	134 250	136 946	17.8
	インド‥‥‥‥	80 804	103 596	107 861	109 590	14.2
	ロシア‥‥‥‥	41 508	74 453	85 896	76 057	9.9
	アメリカ合衆国‥	60 062	52 581	49 751	44 790	5.8
	フランス‥‥‥	38 207	40 605	30 144	36 559	4.7
	ウクライナ‥‥	16 851	28 370	24 912	32 183	4.2
	オーストラリア‥	21 834	17 598	14 480	31 923	4.1
	パキスタン‥‥	23 311	24 349	25 248	27 464	3.6
	カナダ‥‥‥‥	23 300	32 670	35 437	22 296	2.9
	ドイツ‥‥‥‥	23 783	23 063	22 172	21 459	2.8
	世界計×‥‥‥	**640 803**	**764 063**	**756 950**	**770 877**	*100.0*
大麦	ロシア‥‥‥‥	8 350	20 489	20 939	17 996	12.4
	オーストラリア‥	7 865	8 819	10 127	14 649	10.1
	フランス‥‥‥	10 102	13 565	10 274	11 321	7.8
	ドイツ‥‥‥‥	10 327	11 592	10 769	10 411	7.1
	ウクライナ‥‥	8 485	8 917	7 636	9 437	6.5
	世界計×‥‥‥	**123 461**	**158 830**	**157 707**	**145 624**	*100.0*

FAOSTATより作成（2022年２月10日閲覧）。×その他とも。

表 11-27　小麦の需給（会計年度）（単位　千t）

	1980	1990	2000	2010	2015	2020	2021（概算）
生産‥‥‥‥	583	952	688	571	1 004	949	1 097
輸入‥‥‥‥	5 564	5 307	5 688	5 473	5 660	5 521	5 375
輸出‥‥‥‥	5	0	0	0	0	0	0
国内消費仕向量	6 054	6 270	6 311	6 384	6 583	6 412	6 421

農林水産省「食料需給表」より作成。小麦粉の輸出入は玄麦換算。　国内消費仕向量は、在庫の増減を考慮してある。

表 11-28　大麦の需給（会計年度）（単位　千t）

	1980	1990	2000	2010	2015	2020	2021（概算）
生産‥‥‥‥	332	323	192	149	166	201	213
輸入‥‥‥‥	2 087	2 211	2 438	1 902	1 743	1 649	1 658
輸出‥‥‥‥	—	0	0	0	0	0	0
国内消費仕向量	2 522	2 590	2 606	2 087	1 925	1 810	1 893

資料・注記は表11-27に同じ。

表 11-29　1ヘクタールあたり小麦収量（2021年）（単位　t）

イギリス‥‥‥‥	7.81	ルーマニア‥‥‥	4.80	ロシア‥‥‥‥	2.72
ドイツ‥‥‥‥	7.30	ウクライナ‥‥‥	4.53	トルコ‥‥‥‥	2.66
フランス‥‥‥	6.93	インド‥‥‥‥	3.47	オーストラリア‥	2.52
エジプト‥‥‥	6.45	パキスタン‥‥‥	3.00	カナダ‥‥‥‥	2.41
中国‥‥‥‥	5.81	アメリカ合衆国‥	2.98	イラン‥‥‥‥	1.56
ポーランド‥‥	4.98	アルゼンチン‥‥	2.76	カザフスタン‥‥	0.93

FAOSTATより作成（2023年2月10日閲覧）。主な生産国を多い順に配列。

表 11-30　世界の小麦の輸出入量（小麦粉を含まず）（単位　千t）

輸出	2020	2021	輸入	2020	2021
ロシア‥‥‥	37 267	27 366	インドネシア‥	10 300	11 481
オーストラリア	10 400	25 563	中国‥‥‥‥	8 152	9 711
アメリカ合衆国	26 132	24 014	トルコ‥‥‥	9 659	8 877
カナダ‥‥‥	26 111	21 546	アルジェリア‥	7 054	8 025
ウクライナ‥‥	18 056	19 395	イタリア‥‥	7 994	7 298
フランス‥‥	19 793	16 091	イラン‥‥‥	3 285	7 075
アルゼンチン‥	10 197	9 485	バングラデシュ	6 015	6 982
ドイツ‥‥‥	9 259	7 100	ナイジェリア‥	5 903	6 370
世界計×‥‥	**198 566**	**198 139**	世界計×‥‥	**194 621**	**201 010**

FAOSTATより作成（2023年2月10日閲覧）。×その他とも。

〔豆類・雑穀・いも類〕　豆類は日本人になじみの深い食材であるが、その自給率は低い。大豆の2021年度の自給率は 7 ％で、供給量は356万トン（在庫を含む）、輸入は322万トンである。輸入大豆はサラダ油などの原料に多く利用され、国産は豆腐、納豆、煮豆、みそ、しょうゆなどへ利用される。大豆の輸入先はアメリカ合衆国が最も多く、2021年には輸入計の76％を占めている。2020年末以降南米の乾燥による生育・収穫量への懸念や中国の旺盛な需要を受け需給がひっ迫したこと、ロシアのウクライナ侵攻を要因とする物流の混乱のため価格が高騰している。

表 11-31　豆類・雑穀・いも類の生産量（単位　千 t ）

	1990	2000	2010	2020	2021	2022
大豆‥‥‥‥‥	220.4	235.0	222.5	218.9	246.5	242.8
あずき‥‥‥‥	117.9	88.2	54.9	51.9	42.2	…
いんげん‥‥‥	32.4	15.3	22.0	4.9	7.2	…
らっかせい‥‥ 1)	40.1	26.7	16.2	13.2	14.8	…
そば‥‥‥‥‥	2) 20.5	3) 26.0	29.7	44.8	40.9	40.0
かんしょ‥‥‥	1 402	1 073	864	688	672	4) 711
ばれいしょ‥‥	3 552	2 898	2 290	2 205	2 175	…

農林水産省「作物統計」より作成。豆類は乾燥子実。1）から付き。2）1989年。3）2001年で調査対象県のみ。4）概数。

表 11-32　豆類・雑穀・いも類の主産地（2021年産）（単位　 t ）

大豆1) (2022年産)			あずき1)2)			そば (2022年産)		
北海道	108 900	44.9	北海道	39 100	92.7	北海道	18 300	45.8
宮城	15 800	6.5	全国×	42 200	100.0	長野	3 190	8.0
秋田	11 500	4.7	いんげん1)2)			茨城	3 000	7.5
滋賀	10 600	4.4				栃木	2 760	6.9
福岡	9 790	4.0	北海道	6 860	95.3	山形	2 340	5.9
佐賀	8 930	3.7	全国×	7 200	100.0	全国×	40 000	100.0
全国×	242 800	100.0	ばれいしょ2)			かんしょ2) (2022年産)		
らっかせい1)2)						鹿児島	210 000	29.5
			北海道	1 686 000	77.5	茨城	194 300	27.3
千葉	12 500	84.5	全国×	2 175 000	100.0	千葉	88 800	12.5
茨城	1 370	9.3				全国×	710 700	100.0
全国×	14 800	100.0						

資料は上表に同じ。斜字体は％。1）乾燥子実。2）主産県調査。全国は主産県の調査結果から推計したもの。×その他とも。【☞大豆の府県別統計522ページ】

　雑穀のとうもろこしは、食用に利用される野菜のスイートコーンでは
なく、畜産業向けの飼料用の青刈りとうもろこしを指す。国内で大半が
自家消費され、2021年産の収穫量は490万トンにとどまる。2021年の日
本の輸入量は、中国、メキシコに次ぐ3位であった。中国では豚熱で減
った養豚数が回復し、養豚生産の拡大などに伴う飼料需要の高まりによ
って輸入量が急増した。

　いも類は国内での生産量が比較的多く、食料自給率は2021年度概算値
で73％である。かんしょ（さつまいも）の自給率は95％と高い一方、ば
れいしょ（じゃがいも）は輸入が多い。近年、ポテトチップス用等の需
要が増加しており、不足分を輸入に頼らざる得ない状況である。

表 11-33　日本のとうもろこし・大豆の輸入先（単位　千 t ）

とうもろこし	2021	2022	大豆	2021	2022
アメリカ合衆国	11 098	9 902	アメリカ合衆国	2 482	2 576
ブラジル‥‥‥‥	2 347	3 498	ブラジル‥‥‥‥	495	597
アルゼンチン‥	1 114	1 004	カナダ‥‥‥‥	272	309
合計×‥‥‥‥	**15 240**	**15 271**	合計×‥‥‥‥	**3 271**	**3 503**

財務省「貿易統計」より作成。2022年は確々報。×その他とも。

表 11-34　世界のとうもろこし・大豆の生産量（単位　千 t ）

		2010	2019	2020	2021	〃 %
と う も ろ こ し	アメリカ合衆国‥	315 618	345 962	358 447	383 943	*31.7*
	中国‥‥‥‥‥‥	177 425	260 779	260 670	272 552	*22.5*
	ブラジル‥‥‥‥	55 364	101 126	103 964	88 462	*7.3*
	アルゼンチン‥‥‥	22 663	56 861	58 396	60 526	*5.0*
	ウクライナ‥‥‥	11 953	35 880	30 290	42 110	*3.5*
	インド‥‥‥‥‥	21 726	27 715	28 766	31 650	*2.6*
	メキシコ‥‥‥‥	23 302	27 228	27 425	27 503	*2.3*
	インドネシア‥‥	18 328	19 650	24 687	20 010	*1.7*
	世界計×‥‥‥‥	**852 758**	**1 137 617**	**1 162 998**	**1 210 235**	*100.0*
大 豆	ブラジル‥‥‥‥	68 756	114 317	121 798	134 935	*36.3*
	アメリカ合衆国‥	90 663	96 667	114 749	120 707	*32.5*
	アルゼンチン‥‥‥	52 675	55 264	48 797	46 218	*12.4*
	中国‥‥‥‥‥‥	15 083	18 100	19 600	16 400	*4.4*
	インド‥‥‥‥‥	12 736	13 268	11 226	12 610	*3.4*
	パラグアイ‥‥‥	7 460	8 520	11 024	10 537	*2.8*
	世界計×‥‥‥‥	**265 088**	**335 900**	**355 371**	**371 694**	*100.0*

FAOSTATより作成（2023年2月13日閲覧）。×その他とも。

表 11-35　**大豆の需給**（会計年度）（単位　千 t ）

	1980	1990	2000	2010	2015	2020	2021 （概算）
生産‥‥‥	174	220	235	223	243	219	247
輸入‥‥‥	4 401	4 681	4 829	3 456	3 243	3 139	3 224
輸出‥‥‥	30	0	0	0	0	0	0
国内消費仕向量[1]	4 386	4 821	4 962	3 642	3 380	3 498	3 564

農林水産省「食料需給表」より作成。1）在庫を含む。

表 11-36　**世界のとうもろこし・大豆の輸出入量**（単位　千 t ）

とうもろこし			大豆		
輸出	2020	2021	輸出	2020	2021
アメリカ合衆国	51 839	70 041	ブラジル‥‥‥	82 973	86 110
アルゼンチン‥	36 882	36 912	アメリカ合衆国	64 571	53 051
ウクライナ‥‥	27 952	24 539	パラグアイ‥‥	6 619	6 330
ブラジル‥‥‥	34 432	20 430	カナダ‥‥‥	4 434	4 505
ルーマニア‥‥	5 651	6 904	アルゼンチン‥	6 360	4 284
フランス‥‥‥	4 559	4 303	ウルグアイ‥‥	2 152	1 768
インド‥‥‥	1 767	3 616	ウクライナ‥‥	1 789	1 145
世界計×‥‥	**192 899**	**196 075**	世界計×‥‥	**173 354**	**161 213**
輸入	2020	2021	輸入	2020	2021
中国‥‥‥‥	11 294	28 348	中国‥‥‥‥	100 327	96 517
メキシコ‥‥‥	15 940	17 396	アルゼンチン‥	5 317	4 866
日本‥‥‥‥	15 770	15 240	メキシコ‥‥‥	3 900	4 597
韓国‥‥‥‥	11 664	11 654	オランダ‥‥‥	4 537	4 163
ベトナム‥‥‥	12 145	10 604	タイ‥‥‥‥	4 045	3 997
イラン‥‥‥‥	9 882	9 779	エジプト‥‥‥	4 061	3 773
スペイン‥‥‥	8 067	8 293	スペイン‥‥‥	3 336	3 657
世界計×‥‥	**189 443**	**199 321**	世界計×‥‥	**167 561**	**163 361**

FAOSTATより作成（2023年 2 月13日閲覧）。×その他とも。

表 11-37　**世界のいも類の生産量**（2021年）

ばれいしょ	千 t	%	かんしょ	千 t	%
中国‥‥‥‥	94 300	25.1	中国‥‥‥‥	47 621	53.6
インド‥‥‥	54 230	14.4	マラウイ‥‥‥	7 450	8.4
ウクライナ‥‥	21 356	5.7	タンザニア‥‥	4 992	5.6
アメリカ合衆国‥	18 582	4.9	ナイジェリア‥	3 943	4.4
ロシア‥‥‥	18 296	4.9	アンゴラ‥‥‥	1 788	2.0
ドイツ‥‥‥	11 312	3.0	エチオピア‥‥	1 698	1.9
世界計×‥‥‥	**376 120**	100.0	世界計×‥‥	**88 868**	100.0

FAOSTATより作成（2023年 2 月13日閲覧）。×その他とも。

〔**果実・野菜**〕 果実は、各地域の気候や土壌を生かして多様な作物が生産されている。和歌山県のうめや山形県のさくらんぼ（おうとう）などは有名で、地域で重要な役割を果たしている。近年は、消費者ニーズに対応した高品質果実の開発や生産が進んでおり、特にぶどうはシャインマスカットなど優良品種の生産が拡大した。果物の産出額は増加傾向にある。2021年の果実の産出額は9159億円となり、前年よりも418億円増加した。これは、りんごが春先の凍霜害による被害、夏の高温乾燥による小玉傾向や、みかんの隔年結果の影響により、生産量が減少し価格が上昇したこと、ぶどうの優良品種への転換が進んだこと等が寄与した

図 11-13 主な果実の収穫量の推移

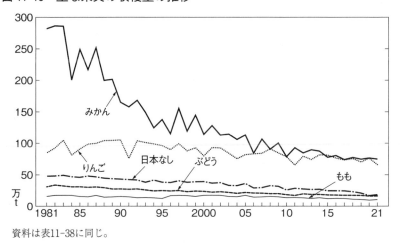

資料は表11-38に同じ。

表 11-38 果実の収穫量（単位 千 t ）

	2000	2020	2021		2000	2020	2021
果実計・1)	3 671.0	2 337.0	2 259.0	すもも‥	26.6	16.5	18.8
みかん‥	1 143.0	765.8	749.0	おうとう	17.1	17.2	13.1
りんご‥	799.6	763.3	661.9	うめ‥‥	121.2	71.1	104.6
日本なし	392.9	170.5	184.7	ぶどう‥	237.5	163.4	165.1
西洋なし	31.4	27.7	21.5	くり‥‥	26.7	16.9	15.7
かき‥‥	278.5	193.2	187.9	パイナップル2)	11.2	7.4	7.0
びわ‥‥	8.2	2.7	2.9	キウイ			
もも‥‥	174.6	98.9	107.3	フルーツ	44.4	22.5	19.7

農林水産省「果樹生産出荷統計」より作成。1) 14品目の合計。2) 沖縄県の数値。

ためである。一方、新品種の果物が無断で海外に持ち出されて栽培される事例が後を絶たないなか、これを規制する「改正種苗法」が2021年4月に施行された。生産量をみると、農家の高齢化や離農、若者の果実離

表 11-39　果実の主産地（2021年産収穫量）（単位　t）

みかん[1]			日本なし			ぶどう		
和歌山	147 800	*19.7*	千葉	20 500	*11.1*	山梨	40 600	*24.6*
愛媛	127 800	*17.1*	茨城	19 100	*10.3*	長野	28 800	*17.4*
静岡	99 700	*13.3*	栃木	15 900	*8.6*	岡山	15 100	*9.1*
熊本	90 000	*12.0*	長野	12 000	*6.5*	山形	14 600	*8.8*
長崎	52 000	*6.9*	福島	11 900	*6.4*	福岡	6 910	*4.2*
佐賀	46 900	*6.3*	鳥取	11 100	*6.0*	北海道	6 720	*4.1*
愛知	24 100	*3.2*	熊本	7 920	*4.3*	全国×	**165 100**	*100.0*
広島	22 000	*2.9*	大分	7 770	*4.2*	かき		
福岡	20 900	*2.8*	全国×	**184 700**	*100.0*			
三重	18 500	*2.5*	西洋なし			和歌山	39 700	*21.1*
全国×	**749 000**	*100.0*				奈良	28 300	*15.1*
りんご[2]			山形	13 900	*64.7*	福岡	15 800	*8.4*
			新潟	1 790	*8.3*	岐阜	12 600	*6.7*
青森	415 700	*62.8*	青森	1 780	*8.3*	長野	9 870	*5.3*
長野	110 300	*16.7*	長野	1 280	*6.0*	愛知	9 490	*5.1*
岩手	42 400	*6.4*	福島	565	*2.6*	全国×	**187 900**	*100.0*
山形	32 300	*4.9*	全国×	**21 500**	*100.0*	うめ		
福島	18 600	*2.8*	もも					
秋田	15 700	*2.4*				和歌山	67 500	*64.5*
北海道	7 930	*1.2*	山梨	34 600	*32.2*	群馬	5 770	*5.5*
群馬	5 920	*0.9*	福島	24 300	*22.6*	全国×	**104 600**	*100.0*
全国×	**661 900**	*100.0*	長野	10 600	*9.9*	くり		
すもも			山形	8 880	*8.3*			
			和歌山	7 310	*6.8*	茨城	3 800	*24.2*
山梨	6 680	*35.5*	岡山	5 620	*5.2*	熊本	2 210	*14.1*
長野	2 590	*13.8*	全国×	**107 300**	*100.0*	愛媛	1 300	*8.3*
和歌山	2 130	*11.3*	キウイフルーツ			全国×	**15 700**	*100.0*
山形	1 700	*9.0*				びわ		
全国×	**18 800**	*100.0*	福岡	3 880	*19.7*			
おうとう			愛媛	3 390	*17.2*			
（さくらんぼ）			和歌山	2 420	*12.3*	長崎	876	*30.3*
			神奈川	1 210	*6.1*	千葉	444	*15.4*
山形	9 160	*69.9*	群馬	959	*4.9*	香川	229	*7.9*
北海道	1 500	*11.5*	全国×	**19 700**	*100.0*	全国×	**2 890**	*100.0*
全国×	**13 100**	*100.0*						

農林水産省「果樹生産出荷統計」より作成。斜字体は対全国比（％）。1）表年と裏年が交互に発生する傾向がある。2）代表品種は、ふじ33.6万トン、つがる7.2万トン、王林4.8万トン、ジョナゴールド4.3万トン。×その他とも。【☞府県別統計522ページ】

れ、輸入果実の増加などによって減少しており、1970年代に600万トン以上あった果実の収穫量は、2020年は235万トンと半分以下に落ち込んでいる（14品目合計、表11-38参照）。

表 11-40　果実・野菜の需給 （会計年度）（単位　千 t ）

| | 果実[1] | | | 野菜[1] | | |
	国内消費仕向量	国内生産量	輸入量	国内消費仕向量	国内生産量	輸入量
1970	6 517	5 467	1 186	15 414	15 328	98
1980	7 635	6 196	1 539	17 128	16 634	495
1990	7 763	4 895	2 978	17 394	15 845	1 551
2000	8 691	3 847	4 843	16 826	13 704	3 124
2010	7 719	2 960	4 756	14 508	11 730	2 783
2020	7 104	2 674	4 504	14 367	11 440	2 987
2021*	6 660	2 599	4 157	13 887	11 015	2 895

農林水産省「食料需給表」より作成。1）在庫の増減を含む。*概算値。

表 11-41　世界の果実類の生産量 （単位　千 t ）

	2020	2021	日本		2020	2021
オレンジ類[1]	115 672	117 518	737	バナナ･･･	121 398	124 979
りんご･･･	90 490	93 144	733	レモン･･[2]	20 463	20 829
ぶどう･･･	76 997	73 524	165	パイナップル	27 245	28 648
もも･････	24 267	24 994	107	すもも･･･	12 105	12 014
なし･････	24 986	25 659	206	オリーブ･	23 729	23 054

FAOSTATより作成。1）みかん・なつみかん類を含む。2）ライムを含む。

表 11-42　野菜の収穫量 （2021年産）（単位　千 t ）

だいこん････	1 251.0	しゅんぎく･･･	27.2	かぼちゃ････	174.3
かぶ････････	108.2	みずな････	41.3	なす･･･････	297.7
にんじん････	635.5	セロリ･････	30.0	トマト･････	725.2
ごぼう･････	132.8	アスパラガス･	25.2	ピーマン････	148.5
れんこん････	51.5	カリフラワー･	21.6	スイートコーン[1]	218.8
さといも････	142.7	ブロッコリー･	171.6	さやいんげん[2]	36.6
やまいも････	177.4	レタス･････	546.8	さやえんどう･	19.8
はくさい････	899.9	ねぎ･･･････	440.4	えだまめ････[2]	71.5
こまつな････	119.3	にら･･････	56.3	しょうが････	48.5
キャベツ････	1 485.0	たまねぎ････	1 096.0	いちご･･････	164.8
ちんげんさい･	41.8	にんにく････	20.2	メロン････	150.0
ほうれんそう･	210.5	きゅうり････	551.3	すいか･･････	319.6

農林水産省「野菜生産出荷統計」より作成 。1）未成熟とうもろこし。2）未成熟。

　日本では多くの野菜が栽培されており、2021年の産出額は2兆1467億円で、前年を1053億円下回ったが農業総産出額全体の24％を占めている。2021年度の自給率は80％で、輸入量は275万トンとなっている。輸入野菜の家庭における消費はわずかで、その多くが加工用・業務用にあてられている。近年は加工食品に対する原料原産地表示の義務付けが拡充され、加工・業務用への国産野菜の需要が高まっている。

表11-43　日本の果実・野菜の輸入

	数量（千t）				金額（百万円）	
	2000	2010	2021	2022	2021	2022
果実計・・・・・・・・・・・・・	2 807	2 656	2 636	2 516	557 477	636 814
バナナ（生鮮）・・・・	1 079	1 109	1 109	1 055	107 551	117 131
かんきつ類・・・・・ 1)	513	350	200	171	33 975	36 839
グレープフルーツ	272	175	51	40	6 468	6 707
オレンジ・・・・・・・	136	110	81	70	13 373	14 321
レモン・ライム・	92	54	44	46	9 664	12 374
パイナップル・・・ 2)	100	143	180	176	16 628	18 587
キウイフルーツ・ 2)	42	63	118	112	50 377	50 154
野菜計・・・・・・・・・・・・・	2 757	2 654	2 748	2 853	532 471	692 515
生鮮・冷蔵野菜・・・	857	759	666	670	86 157	97 217
冷凍野菜・・・・・・・・・	611	653	838	903	145 062	205 186
豆類（乾燥）・・・・・・	169	128	107	133	18 128	29 410

財務省「貿易統計」より作成。2022年は確々報。1）生鮮・乾燥。2）生鮮。

表11-44　日本の果実・野菜の主な輸入先 (2021年)

	輸入量（千トン）	輸入先（％）
果実		
バナナ（生鮮）・・・・	1 109	フィリピン76、エクアドル12、メキシコ7、グアテマラ2
かんきつ類・・・・・・・	200	アメリカ43、オーストラリア21、南アフリカ共和国16
グレープフルーツ	51	南アフリカ共和国55、アメリカ18、イスラエル14
オレンジ・・・・・・・	81	アメリカ56、オーストラリア43
レモン・ライム・	44	アメリカ45、チリ39
パイナップル（生鮮）	180	フィリピン90
キウイフルーツ（〃）	118	ニュージーランド95
野菜		
生鮮・冷蔵野菜・・・	666	中国64、アメリカ10、ニュージーランド9、メキシコ7
冷凍野菜・・・・・・・・・	838	中国45、アメリカ27、タイ4、ベルギー4
豆類（乾燥）・・・・・・・	107	中国38、カナダ30、ミャンマー15、アメリカ8

財務省「貿易統計」より作成。アメリカはアメリカ合衆国。

表 11-45　野菜の主産地（2021年産収穫量／主産県調査）（単位　t）

だいこん			キャベツ			トマト		
千葉	147 500	11.8	群馬	292 000	19.7	熊本	132 500	18.3
北海道	143 200	11.4	愛知	267 200	18.0	北海道	65 200	9.0
青森	114 400	9.1	千葉	119 900	8.1	愛知	49 200	6.8
鹿児島	92 500	7.4	茨城	109 400	7.4	茨城	47 600	6.6
神奈川	74 100	5.9	長野	72 500	4.9	千葉	32 500	4.5
全国×	1 251 000	100.0	全国×	1 485 000	100.0	全国×	725 200	100.0

にんじん			レタス			ねぎ		
北海道	201 600	31.7	長野	178 800	32.7	埼玉	52 400	11.9
千葉	112 200	17.7	茨城	87 000	15.9	千葉	52 300	11.9
徳島	49 900	7.9	群馬	54 500	10.0	茨城	52 200	11.9
青森	42 500	6.7	長崎	35 000	6.4	北海道	21 600	4.9
長崎	33 000	5.2	兵庫	25 900	4.7	群馬	18 400	4.2
全国×	635 500	100.0	全国×	546 800	100.0	全国×	440 400	100.0

たまねぎ			スイートコーン			ごぼう		
北海道	665 800	60.7	北海道	80 800	36.9	青森	51 200	38.6
佐賀	100 800	9.2	千葉	17 100	7.8	茨城	13 600	10.2
兵庫	100 200	9.1	茨城	14 900	6.8	北海道	12 300	9.3
全国×	1 096 000	100.0	全国×	218 800	100.0	全国×	132 800	100.0

はくさい			かぼちゃ			やまいも		
茨城	250 300	27.8	北海道	81 400	46.7	北海道	81 600	46.0
長野	228 000	25.3	鹿児島	7 140	4.1	青森	56 700	32.0
全国×	899 900	100.0	全国×	174 300	100.0	全国×	177 400	100.0

すいか			メロン（露地＋温室）			いちご		
熊本	49 300	15.4	茨城	36 500	24.3	栃木	24 400	14.8
千葉	37 500	11.7	熊本	25 400	16.9	福岡	16 600	10.1
山形	32 200	10.1	北海道	20 400	13.6	熊本	12 100	7.3
新潟	17 800	5.6	山形	10 400	6.9	愛知	11 000	6.7
愛知	16 700	5.2	青森	9 650	6.4	長崎	10 700	6.5
全国×	319 600	100.0	全国×	150 000	100.0	全国×	164 800	100.0

ほうれんそう			ピーマン			ブロッコリー		
埼玉	22 800	10.8	茨城	33 400	22.5	北海道	27 900	16.3
群馬	21 500	10.2	宮崎	26 800	18.0	埼玉	16 000	9.3
千葉	18 500	8.8	鹿児島	13 300	9.0	愛知	14 600	8.5
茨城	17 800	8.5	高知	13 000	8.8	香川	13 400	7.8
全国×	210 500	100.0	全国×	148 500	100.0	全国×	171 600	100.0

農林水産省「野菜生産出荷統計」（2021年）より作成。斜字体は全国計に占める割合で、％。×その他とも。【☞府県別統計523ページ】

〔花き、工芸農作物とコーヒー・カカオ〕　花きは冠婚葬祭や贈答、装飾など利用が多様で、嗜好性が高い。近年、国内外での需要に応じた品目・品種、仕立てへの対応等により切り枝の産出額が増加したものの、栽培面積縮小により花き産出額は減少傾向で推移してきた。特に2020年はコロナ禍の影響を大きく受けた。2021年の産出額は3306億円となり、前年を226億円上回った。これは、花き出荷量は前年並みとなったものの、イベント需要の減少により価格が低下していた前年に比べて、需要が回復し価格が上昇したためである。

　工芸農作物のうち茶は、家庭での茶葉消費が減少傾向にある。しかし、

表 11-46　花きの生産（出荷量）（単位　百万本）

	1990	2000	2010	2020	2021
切り花類·········	4 909	5 593	4 351	3 252	3 249
きく·············	1 788	2 028	1 660	1 300	1 298
カーネーション·	694	495	343	206	202
ばら·············	397	459	316	201	194
ガーベラ········	45	180	167	127	123
球根類·········1)	459	306	150	74	74
鉢もの類·······2)	191	305	261	191	189
観葉植物·····2)	40	51	45	41	43
花壇用苗もの類···	137	859	722	566	554
パンジー········	34	209	164	113	109

農林水産省「花き生産出荷統計」より作成。1) 球数。2) 鉢数。

表 11-47　工芸農作物の収穫量（単位　t）

茶1) （2021年産）			こんにゃくいも2) （2021年産）			なたね （2022年産）		
静岡	29 700	38.0	群馬	51 200	94.5	北海道	3 070	83.4
鹿児島	26 500	33.9	全国×	54 200	100.0	青森	260	7.1
三重	5 360	6.9				全国×	3 680	100.0
宮崎	3 050	3.9	さとうきび （2021年産）			い（いぐさ） （2022年産）		
全国×	78 100	100.0	沖縄	815 500	60.0	熊本	5 810	100.0
てんさい （2022年産）			鹿児島	543 700	40.0			
			全国	1 359 000	100.0			
北海道	3 545 000	100.0						

農林水産省「作物統計」より作成。斜字体は全国計の割合（％）。1) 荒茶の生産量。2) 主産県調査。×その他とも。

ペットボトル緑茶飲料の消費拡大や、海外の日本食ブームを背景に輸出が増加している。近年は農業産出額が600億円前後で推移してきたが、2020年は春先の悪天候による収量低下や、コロナ禍に伴う観光、業務用需要の減少のため大幅に減少した。2021年の産出額は、前年から86億円増加し495億円となった。これは、前年からドリンク向けを中心に生産が回復したことに加えて、茶葉の価格が上昇したことによる。

表 11-48　茶の生産と輸出入（単位　千t）

	1990	2000	2010	2020	2021	2022
生産量・・・・・・	89.9 2)	88.5	85.0	69.8	78.1 3)	69.9
輸出量・・・・ 1)	0.3	0.7	2.3	5.3	6.3	6.4
輸入量・・・・ 1)	33.3	58.0	43.3	27.5	28.0	25.8

生産量は農林水産省「作物統計」、輸出入量は財務省「貿易統計」より作成。生産量は荒茶。
1) 紅茶、緑茶などの計。2022年は確々報。2) 1999年。3) 第1報。

表 11-49　日本の茶・コーヒー生豆の輸入先（単位　t）

茶1)	2021	2022	コーヒー生豆	2021	2022
中華人民共和国・	9 986	10 119	ブラジル・・・・・・・	146 243	112 032
スリランカ・・・・・	7 008	6 044	ベトナム・・・・・・・	100 325	105 728
インド・・・・・・・・	3 816	3 285	コロンビア・・・・・	47 670	47 159
ケニア・・・・・・・・	3 479	2 748	エチオピア・・・・・	19 677	27 517
インドネシア・・・	1 426	1 212	グアテマラ・・・・・	19 913	21 029
（台湾）・・・・・・・・	492	655	インドネシア・・・	24 882	19 413
計×・・・・・・・・	**28 035**	**25 768**	計×・・・・・・・・	**402 100**	**390 032**

財務省「貿易統計」より作成。2022年は確々報。1) 紅茶、緑茶などの計。×その他とも。

表 11-50　日本のコーヒーの輸入

	コーヒー生豆		レギュラーコーヒー		インスタントコーヒー	
	数量 (t)	金額 (百万円)	数量 (t)	金額 (百万円)	数量 (t)	金額 (百万円)
2005	413 264	101 052	4 776	4 507	7 778	7 227
2010	410 530	116 350	6 311	6 724	7 445	6 909
2015	435 261	179 987	6 918	11 334	12 549	13 581
2020	391 611	113 347	7 367	12 423	10 700	10 588
2021	402 100	131 504	7 661	13 321	11 657	12 095
2022	390 032	215 150	7 846	18 190	12 588	18 250

財務省「貿易統計」より作成。2022年は確々報。

図 11-14　主要国の年間 1 人あたり茶・コーヒー消費（2020年）

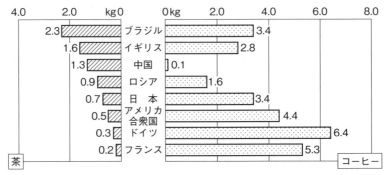

FAOSTATより作成。

表 11-51　世界の茶・コーヒー・カカオの生産（2021年）（単位　千 t ）

茶葉		コーヒー生豆		カカオ豆	
世界計 ·······	28 192	世界計 ·······	9 917	世界計 ·······	5 580
中国 ········	13 757	ブラジル ···	2 994	コートジボワール	2 200
インド ·····	5 482	ベトナム ···	1 845	ガーナ ·····	822
ケニア ·····	2 338	インドネシア	765	インドネシア	728
トルコ ·····	1 450	コロンビア ·	560	ブラジル ···	302
スリランカ ·	1 302	エチオピア ·	456	エクアドル ·	302
ベトナム ···	1 073	ホンジュラス	401	カメルーン ·	290

FAOSTATより作成（2023年 2 月17日閲覧）。

表 11-52　世界の茶・コーヒー・カカオの輸出入（2021年）（単位　千 t ）

茶葉		コーヒー生豆		カカオ豆	
輸出計 ·······	2 053	輸出計 ·······	7 810	輸出計 ·······	4 187
ケニア ·····	557	ブラジル ···	2 283	コートジボワール	1 681
中国 ········	369	ベトナム ···	1 218	ガーナ ·····	586
スリランカ ·	283	コロンビア ·	688	ナイジェリア	345
インド ·····	197	ホンジュラス	388	エクアドル ·	330
ベトナム ···	82	インドネシア	380	カメルーン ·	251
アルゼンチン	64	ドイツ ·····	344	オランダ ···	234
輸入計 ·······	1 931	輸入計 ·······	7 583	輸入計 ·······	4 064
パキスタン ·	260	アメリカ合衆国	1 470	オランダ ···	847
ロシア ·····	155	ドイツ ·····	1 112	マレーシア ·	479
アメリカ合衆国	116	イタリア ···	619	アメリカ合衆国	472
イギリス ···	108	日本 ········	402	ドイツ ·····	447
エジプト ···	73	ベルギー ···	340	ベルギー ···	336

FAOSTATにより作成（2023年 2 月17日閲覧）。

〔油脂〕 2021年以降、カナダの天候不順、コロナ禍の供給制約、さらにロシアのウクライナ侵攻によるひまわり油の価格上昇などで、油脂は世界的に高騰しており、国内メーカーも大幅な値上げを実施している。

表 11-53 植物油脂の生産量 （単位 千 t ）

	2020	2021		2020	2021
国産・・・・・・・・1)	70	71	パーム油・・・・	761	638
米油（米ぬか）	69	70	大豆油・・・・・・	456	478
輸入・・・・・・・・1)	2 664	2 589	パーム核油	73	120
なたね・からし油	1 011	1 010	合計・・・・・・・・	2 734	2 660

農林水産省「ポケット農林水産統計」(2022年版) より作成。輸入は、原料および製品の品の合計。1) その他の油脂を含む。

表 11-54 油脂類の需給 （2020年度）（確定値）（単位 千 t ）

	生産量1)	輸入	輸出	国内消費仕向量2)	うち加工用	うち粗食料
植物油脂・・・・・・・	1 629	1 075	17	2 767	338	2 414
大豆油・・・・・・・	452	4	1	515	34	478
なたね油・・・・	976	36	3	997	58	933
動物油脂・・・・・・・	336	38	24	331	128	103
計・・・・・・・・・・	1 965	1 113	41	3 098	466	2 517

食料需給表より作成。1) 輸入原料から搾油した分を含む。2) 在庫の増減を含む。

表 11-55 世界の採油用植物原料と油脂の生産量 （2021年）（単位 千 t ）

なたね・・・・・・・・・	71 333	(100.0)	落花生 （殻付）・・・	53 927	(100.0)
中国・・・・・・・・・・	14 714	(20.6)	中国・・・・・・・・・・	18 308	(33.9)
カナダ・・・・・・・・	13 757	(19.3)	インド・・・・・・・・	10 244	(19.0)
インド・・・・・・・・	10 210	(14.3)	ナイジェリア・・	4 608	(8.5)
オーストラリア	4 756	(6.7)	アメリカ合衆国	2 898	(5.4)
ドイツ・・・・・・・・	3 505	(4.9)	ひまわりの種子・・	58 186	(100.0)
フランス・・・・・・	3 307	(4.6)	ウクライナ・・・・	16 392	(28.2)
綿実・・・・・・・・1)	41 310	(100.0)	ロシア・・・・・・・・	15 656	(26.9)
インド・・・・・・・・	11 600	(28.1)	アルゼンチン・・	3 426	(5.9)
中国・・・・・・・・・・	9 850	(23.8)	中国・・・・・・・・・・	2 850	(4.9)
ブラジル・・・・・・	4 454	(10.8)	ルーマニア・・・・	2 844	(4.9)
アメリカ合衆国	4 023	(9.7)	やし油 （コプラ油)1)	2 612	(100.0)
パーム油・・・・1)	75 876	(100.0)	フィリピン・・・・	965	(37.0)
インドネシア・・	44 759	(59.0)	インドネシア・・	599	(22.9)
マレーシア・・・・	19 141	(25.2)	インド・・・・・・・・	339	(13.0)

FAOSTATより作成（2023年3月27日閲覧）。斜字体は割合（%）。1) 2020年。

第12章　畜産業

　国内農業における畜産業の割合は大きい。2021年の農業総産出額（耕種および畜産）8兆8384億円のうち、畜産業の産出額は3兆4048億円で、前年を下回ったものの全体の39％を占めている。2021年は、前年に続きコロナ禍の影響を受け、インバウンドや外食需要が減少した。牛乳では、

表12-1　**家畜頭数**（単位　千頭）

	2000	2010	2020	2021	2022
牛	4 587	4 376	3 907	3 961	3 985
乳用牛	1 764	1 484	1 352	1 356	1 371
肉用牛	2 823	2 892	2 555	2 605	2 614
豚	9 806	4) 9 899	5) 9 156	9 290	8 949
鶏（千羽） 1)	295 792	4) 288 135	5) 323 145	323 031	321 891
採卵鶏（千羽） 2)	178 466	4) 178 208	5) 182 368	180 918	180 096
肉用若鶏（千羽） 3)	108 410	4) 107 141	5) 138 228	139 658	139 230

農林水産省「畜産統計」より作成。2月1日現在。2000年からの採卵鶏は成鶏めす1000羽以上の飼養者が調査対象。2020年以降の牛は個体識別全国データベース等の行政記録情報や関係統計により集計した加工統計。2010、20年は豚、鶏の調査なし。1）種鶏を含む。2）種鶏を除く。3）ブロイラー。2010〜12年までは調査休止、2014年以降は年間の出荷羽数3000羽以上の飼養者の飼養羽数。4）2009年。5）2019年。【☞長期統計511ページ】

表12-2　**肉類供給量**（2021年度）（単位　千t）

	枝肉（えだにく）1)				純食料	国民1人あたり年間（kg）
	生産	輸入	輸出	国内消費仕向量		
牛	480	813	11	1 267	782	6.2
豚	1 318	1 357	3	2 675	1 651	13.2
鶏	1 678	927	5	2 601	1 810	14.4
その他	6	41	0	50	27	0.2
小計	3 482	3 138	19	6 593	4 270	34.0
（くじら）	2	0	0	1	1	0.0
総計	**3 484**	**3 138**	**19**	**6 594**	**4 271**	**34.0**

農林水産省「食料需給表」（2021年度）より作成。概算値。鶏とくじらは暦年。その他とは馬・羊・やぎ・うさぎ・鹿。国内消費仕向量＝国内生産量＋輸入量－輸出量－在庫の増加量（または＋在庫の減少量）。純食料は、国内消費仕向量から減耗量や純旅客用を除いた粗食料から、骨部分などを除いた人間の消費に直接利用可能な食料。国民1人あたりも純食料。1）くじらと「その他」のなかのうさぎ、鹿は正肉。

需要低迷により生乳廃棄が懸念される事態も続いている。

　畜産業は、採算性の低さや農村地域での人口の減少などから、後継者不足が深刻で、働く人の高齢化が進んでいる。また、TPP11やEUとの

図 12-1　**肉類供給量**（純食料）（会計年度）

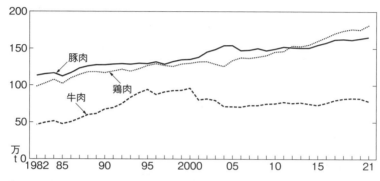

表12-2の資料より作成。2021年は概算値。鶏肉は2009年度より暦年。

表 12-3　**家畜の都道府県別頭数**（各年2月1日現在）（万頭・万羽）

乳用牛	2021	2022	〃%	肉用牛	2021	2022	〃%
北海道‥	83.0	84.6	61.7	北海道‥	53.6	55.3	21.2
栃木‥‥	5.3	5.5	4.0	鹿児島‥	35.1	33.8	12.9
熊本‥‥	4.4	4.4	3.2	宮崎‥‥	25.0	25.5	9.7
岩手‥‥	4.1	4.0	2.9	熊本‥‥	13.5	13.4	5.1
群馬‥‥	3.4	3.4	2.5	岩手‥‥	9.1	8.9	3.4
全国×	**135.6**	**137.1**	100.0	全国×	**260.5**	**261.4**	100.0

豚	2021	2022	〃%	採卵鶏	2021	2022	〃%
鹿児島‥	123.4	119.9	13.4	茨城‥‥	1 776	1 514	8.4
宮崎‥‥	79.7	76.4	8.5	千葉‥‥	1 161	1 284	7.1
北海道‥	72.5	72.8	8.1	鹿児島‥	1 201	1 173	6.5
群馬‥‥	64.4	60.5	6.8	広島‥‥	999	993	5.5
千葉‥‥	61.5	58.3	6.5	愛知‥‥	885	975	5.4
全国×	**929.0**	**894.9**	100.0	全国×	**18 092**	**18 010**	100.0

肉用若鶏	2021	2022	〃%
鹿児島‥	2 709	2 809	20.2
宮崎‥‥	2 801	2 760	19.8
岩手‥‥	2 260	2 110	15.2
青森‥‥	709	806	5.8
北海道‥	509	518	3.7
全国×	**13 966**	**13 923**	100.0

農林水産省「畜産統計」より作成。%は全国計に対するもの。肉用若鶏（ブロイラー）は、鶏肉を生産するための鶏のうち、ふ化後3か月未満のもの。年間出荷羽数3000羽以上の飼養者の飼養羽数。×その他とも。

EPA（経済連携協定）、日米貿易協定などにより、安い畜産物が輸入されるようになった。さらに、飼料価格の高止まりに加えて、家畜への伝染病対策も必要で、畜産農家の負担は重い。2022/23年シーズンに広が

表 12-4　食肉生産量（枝肉換算）

	1980	1990	2000	2010	2020	2021
牛肉（千t）・・・・	418	549	530	515	477	478
豚肉（千t）・・・・	1 475	1 555	1 271	1 292	1 306	1 318
馬肉（千t）・・・・	3.7	4.7	7.2	5.9	4.0	4.6
羊肉（t）・・・・・・	41	249	112	[1)] 143	…	…
やぎ肉（t）・・・・	76	146	155	[1)] 41	…	…

農林水産省「畜産物流通統計」より作成。1) 2009年。

表 12-5　養鶏

	1990	2000	2010	2020	2021	2022
採卵鶏(種鶏を除く)						
飼養戸数(千戸)	86.5	4.9 [2)]	3.1 [3)]	2.1	1.9	1.8
成鶏めす(百万羽)[1)]	137.0	140.4 [2)]	139.9 [3)]	141.8	140.7	137.3
産卵量（千t）・・	2 419	2 540	2 515	2 633	2 574	…
肉用若鶏(ブロイラー)						
出荷羽数(百万羽)	708.3	569.2	633.8	725.2 [4)]	732.9	…
処理重量(千t)	1 812	1 551	1 835 [4)]	2 164 [4)]	2 216	…

資料は表12-1、12-4に同じ。採卵鶏は各年2月1日現在で産卵量と肉用若鶏は年間。採卵鶏の飼養戸数は種鶏のみの飼養者を除く。2000年からの採卵鶏は成鶏めす1000羽以上の飼養者が調査対象。2010・20年は採卵鶏の調査なし。1) 6か月以上。2) 2009年。3) 2019年。4) 年間処理数30万羽以上の処理場の数値。【☞産卵量の府県別統計523ページ】

図 12-2　日本の肉類の輸入先（2021年）

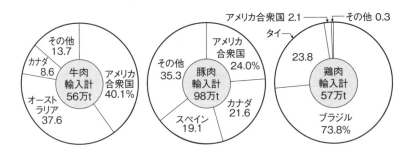

財務省「貿易統計」より作成。

った鳥インフルエンザの感染は、発生事例数、殺処分対象羽数が2020/2021年を上回り1000万羽以上の採卵鶏の殺処分が行われた。そのため、鶏卵価格の高騰を招いた。また、豚やイノシシへの豚熱（CSF）の感染も続いており、家畜の防疫体制を強化していくことの重要性が増している。

　厳しい経営環境のなかで、政府は国産畜産物の輸出を促進している。神戸ビーフなど、海外で人気が高い各地の地域資源を活かした日本の畜産物のブランド化が進んでいる。牛肉の輸出量は2015年には1611トンであったが、21年には7879トンに増加している。

表 12-6　生乳生産

	1990	2000	2010	2020	2021	2022
搾乳牛（千頭）‥	1 081	992	830	715	726	737
生乳生産（千t）‥	8 189	8 497	7 720	7 438	7 592	7 617
飲用牛乳（千kL）	4 953	4 571	3 747	3 574	3 576	3 563

農林水産省「畜産統計」および同「牛乳乳製品統計」より作成。搾乳牛頭数は各年2月1日現在で2020年以降は加工統計。生乳生産、飲用牛乳は年間生産量。【☞生乳生産の府県別統計523ページ】

表 12-7　飼料供給量（会計年度）（単位　千t）（可消化養分総量）

	1980	1990	2000	2010	2020	2021（概算）
粗飼料‥‥‥‥	5 118	6 242	5 756	5 369	4 971	5 006
国内産‥‥‥	5 118	5 310	4 491	4 164	3 793	3 807
輸入‥‥‥‥	—	932	1 265	1 205	1 177	1 199
濃厚飼料‥‥‥	19 989	22 275	19 725	19 835	19 967	20 293
国内産‥‥ 1)	5 003	5 696	5 936	5 794	5 566	5 973
輸入‥‥‥‥	14 986	16 579	13 789	14 041	14 401	14 320
計‥‥‥‥‥	25 107	28 517	25 481	25 204	24 937	25 299
純国内産飼料自給率（％）2)	28	26	26	25	25	25

農林水産省「食料需給表」より作成。可消化養分総量（TDN）。1) 輸入原料濃厚飼料を含む。2) 純国内産飼料自給率＝（国内産粗飼料＋国内産原料濃厚飼料）÷需要量×100。**可消化養分総量**とは、家畜の体内で消化された養分の総量をエネルギーの単位で示したもので、エネルギー損失量の大きい糞中のエネルギーを、飼料の総エネルギーから差し引いた可消化成分に基礎を置いて算出したもの。**粗飼料**には、生草、乾草、根菜類、稲わら、かす類などがある。**濃厚飼料**には、とうもろこしなどの穀類、ふすまなどの糠類、大豆かすなどの油かす類、魚粉などの動物性飼料などがあり、一般的にはこれらを組み合わせて製造した配合飼料が多い（農林統計協会「改訂新版農林水産統計用語事典」）。

図 12-3　**乳用牛の農家数と飼養頭数の推移**（各年2月1日現在）

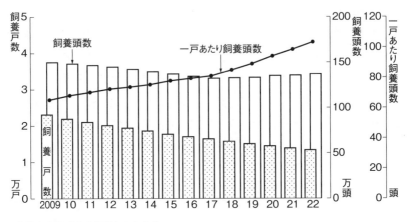

農林水産省「畜産統計」より作成。

表 12-8　**世界の畜産物生産高**（2021年）

肉類計	千t	%	牛肉	千t	%
中国‥‥‥‥‥	90 737	25.4	アメリカ合衆国	12 734	17.6
アメリカ合衆国	48 877	13.7	ブラジル‥‥‥	9 750	13.5
ブラジル‥‥‥	29 497	8.3	中国‥‥‥‥‥	6 975	9.6
ロシア‥‥‥‥	11 346	3.2	インド‥‥‥‥	4 195	5.8
インド‥‥‥‥	10 888	3.0	アルゼンチン‥	2 982	4.1
世界計×‥‥‥	**357 392**	100.0	世界計×‥‥‥	**72 446**	100.0

豚肉	千t	%	鶏肉	千t	%
中国‥‥‥‥‥	52 959	44.0	アメリカ合衆国	20 653	16.9
アメリカ合衆国	12 560	10.4	中国‥‥‥‥‥	14 700	12.1
スペイン‥‥‥	5 180	4.3	ブラジル‥‥‥	14 636	12.0
ドイツ‥‥‥‥	4 971	4.1	ロシア‥‥‥‥	4 617	3.8
ブラジル‥‥‥	4 365	3.6	インドネシア‥	3 844	3.2
世界計×‥‥‥	**120 372**	100.0	世界計×‥‥‥	**121 588**	100.0

牛乳	千t	%	鶏卵	千t	%
インド‥‥‥‥	108 300	14.5	中国‥‥‥‥‥	29 316	33.9
アメリカ合衆国	102 629	13.8	インド‥‥‥‥	6 710	7.8
中国‥‥‥‥‥	36 827	4.9	アメリカ合衆国	6 644	7.7
ブラジル‥‥‥	36 364	4.9	インドネシア‥	5 156	6.0
ドイツ‥‥‥‥	32 507	4.4	ブラジル‥‥‥	3 317	3.8
世界計×‥‥‥	**746 057**	100.0	世界計×‥‥‥	**86 388**	100.0

FAOSTATより作成。2023年3月3日閲覧。×その他とも。

図 12-4　主な国の肉と魚の供給量比較（2020年）（1人1日あたり）

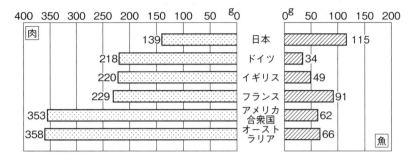

農林水産省「食料需給表」およびFAOSTATより作成。2023年2月25日閲覧。魚に
は海藻類や水生ほ乳類は含まない。粗食料。日本は肉が2020年度、魚が2020年でとも
に確定値、魚には海藻類や鯨を含まない。

表 12-9　世界の家畜頭数（2021年）

牛	千頭	%	豚	千頭	%
ブラジル‥‥‥‥	224 602	14.7	中国‥‥‥‥‥‥	449 224	46.1
インド‥‥‥‥‥	193 166	12.6	アメリカ合衆国	74 146	7.6
アメリカ合衆国	93 790	6.1	ブラジル‥‥‥‥	42 539	4.4
エチオピア‥‥‥	65 719	4.3	スペイン‥‥‥‥	34 454	3.5
中国‥‥‥‥‥‥	60 361	3.9	ロシア‥‥‥‥‥	25 850	2.7
世界計×‥‥‥	**1 529 296**	100.0	世界計×‥‥‥	**975 410**	100.0

羊	千頭	%	やぎ	千頭	%
中国‥‥‥‥‥‥	186 377	14.5	インド‥‥‥‥‥	148 747	13.4
インド‥‥‥‥‥	74 285	5.8	中国‥‥‥‥‥‥	133 316	12.0
オーストラリア	68 047	5.3	パキスタン‥‥‥	80 326	7.2
ナイジェリア‥‥	48 637	3.8	ナイジェリア‥‥	76 292	6.9
イラン‥‥‥‥‥	45 270	3.5	バングラデシュ	59 953	5.4
世界計×‥‥‥	**1 284 851**	100.0	世界計×‥‥‥	**1 111 284**	100.0

水牛	千頭	%	にわとり	百万羽	%
インド‥‥‥‥‥	111 786	54.8	中国‥‥‥‥‥‥	5 118	19.8
パキスタン‥‥‥	42 416	20.8	インドネシア‥‥	3 478	13.5
中国‥‥‥‥‥‥	27 020	13.2	パキスタン‥‥‥	1 578	6.1
ネパール‥‥‥‥	5 160	2.5	ブラジル‥‥‥‥	1 531	5.9
フィリピン‥‥‥	2 849	1.4	アメリカ合衆国	1 522	5.9
世界計×‥‥‥	**203 939**	100.0	世界計×‥‥‥	**25 856**	100.0

FAOSTATより作成。2023年3月9日閲覧。×その他とも。

第12章　畜産業

第13章　林業

　戦後の日本では住宅用や産業用に大量の木材が必要となったが、戦時中の乱伐のために国産材だけでは足りず、輸入に頼ることになった。1964年に木材の輸入が全面的に自由化されると、安く、大量に供給することができる輸入木材の利用が進み、70年には木材輸入量が国産材の生産量を上回った。その後、自然環境や国内産業を守るために丸太の輸出を制限する国が増

表 13-1　林野面積 （2020年）（単位　万ha）

	森林面積[1]	森林以外の草生地	計[2]
国有‥‥‥‥	703	12	715 （ *28.9*）
民有‥‥‥‥	1 740	21	1 762 （ *71.1*）
うち私有 ‥‥‥	1 339	17	1 356 （ *54.7*）
公有 ‥‥‥	336	5	341 （ *13.8*）
計‥‥‥‥	**2 444**	**33**	**2 477** （*100.0*）

下表資料より作成。2020年2月1日現在。カッコ内は構成比（％）。1) 現況森林面積。2) 林野面積。

表 13-2　林家の概況

	1990	2000	2010	2015	2020
林家数（千戸）‥‥‥‥‥ 1)	1 056.4	1 018.8	906.8	829.0	690.0
林業就業者数（千人）‥ 2)3)	108	67	69 [4]	66 [4]	64
うち65歳以上の割合（％） 3)	*10.5*	*24.7*	*17.5*	*20.7*	*22.4*

農林水産省「農林業センサス」および総務省統計局「国勢調査」より作成。林家は保有山林面積が1ha以上の世帯。1) 2月1日現在。2) 10月1日現在。2000年までと2010年以降とでは産業分類が異なる。3) 不詳を除く。4) 不詳補完。

表 13-3　森林蓄積量 （2017年3月31日現在）（単位　千m³）

		針葉樹	広葉樹	計	計（％）
立木地1)	人工林‥‥‥‥	3 238 849	69 567	3 308 416	*63.1*
	天然林‥‥‥‥	484 596	1 447 854	1 932 450	*36.9*
	計‥‥‥‥‥	**3 723 445**	**1 517 421**	**5 240 866**	*100.0*
所有別2)	国有林‥‥‥‥	691 406	534 521	1 225 927	*23.4*
	民有林‥‥‥‥	3 032 275	983 300	4 015 575	*76.6*
	計‥‥‥‥‥	**3 723 681**	**1 517 821**	**5 241 502**	*100.0*

林野庁「森林資源の現況」より作成。1) 立木および竹の樹冠（樹木の枝と葉の集まり）の投影面積が30％以上の土地。2) 無立木地（樹冠の投影面積が30％未満の土地）を含む。

え、輸入木材は木材を加工した木材製品が中心になっている。

　コロナ禍以降、世界的に建築需要が増加する一方、製材所の休業やコンテナ不足による海上輸送の停滞などで木材の供給が減少し、2021年以降木材価格が高騰している（いわゆる「ウッドショック」）。

　今後は、森林の経営管理の集積・集約化、路網整備を図るとともに、機械化、デジタル化を進め、優れた苗を交配したエリートツリーの導入等により、伐採から再造林・保育に至る林業への転換を目指している。

第13章
林業

図 13-1　木材の生産・輸入・消費

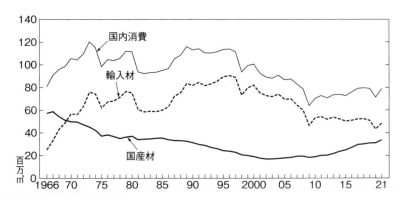

林野庁「木材需給表」(2021年) より作成。

表 13-4　立木伐採高 （会計年度）（単位　立木材積千m³）

	1970	1980	1990	2000	2010*	2019*	2020*
国有林‥	21 440	14 181	9 545	3 802	8 152	9 105	8 094
民有林‥	44 556	28 751	28 068	20 848	36 000	39 285	39 639
計‥‥	**65 996**	**42 932**	**37 613**	**24 650**	**44 152**	**48 390**	**47 733**

林野庁「森林・林業統計要覧」より作成。主伐および間伐の合計。＊推計方法の違いにより、2004年以前とそれ以降とでは数値が接続しない。【☞長期統計511ページ】

表 13-5　特用林産物の生産量 （2021年）（単位　t ）

しいたけ‥1)	86 573	まいたけ‥‥	54 521	くり‥‥‥‥	15 700
えのきたけ・	129 587	エリンギ‥‥	38 344	たけのこ‥‥	19 917
ぶなしめじ・	119 545	まつたけ‥‥	39	生うるし‥2)	2 036

農林水産省資料より作成。1) 乾しいたけ（生換算）を含む。2) 数値はkg単位。

表 13-6　樹種別素材（丸太）生産量（単位　千m³）

	2020	2021		2020	2021
針葉樹・・・・・・・・・	18 037	20 088	あかまつ・くろまつ	570	529
すぎ・・・・・・・・・・	11 663	12 917	その他・・・・・・・	142	380
ひのき・・・・・・・	2 722	3 079	広葉樹・・・・・・・・	1 845	1 759
からまつ・・・・・・	2 008	1 987			
えぞまつ・とどまつ	932	1 196	計・・・・・・・・・・	19 882	21 847

農林水産省「木材需給報告書」より作成。パルプ用とその他用は含まず。下表の注記も参照のこと。広葉樹の内訳については、2004年の統計より公表されていない。

表 13-7　素材（丸太）供給量の変化（単位　千m³）

	1980	1990	2000	2010*	2020*	2021*
国産材・・・・・・・・・	34 051	29 300	17 987	17 193	19 882	21 847
外材・・・・・・・・・・	43 892	36 098	19 511	6 531	3 668	4 238
うち米材・・・・・・・・	15 981	17 405	8 125	4 013	2 841	3 446
ニュージーランド材	1 390	1 420	1 874	858	322	359
北洋材・・・・・・	6 241	4 664	5 772	978	270	213
南洋材・・・・・・・	1)17 258	12 014	3 092	526	103	49
総供給量・・・・・・・	77 943	65 398	37 498	23 724	23 550	26 085

上表資料に同じ。素材は用材に供される木材で丸太状のもの（丸太、そま角）。製品としてすでに加工されている木材は含まず。ただし、外材には半製品を含む。外材の産地名は表13-8参照。*素材需要は製材、合板、木材チップ、パルプ、その他用に分かれるが、2001年にパルプ、その他用の調査廃止、17年に合板用は合板等用に変更。1) ラワン材のみ。

表 13-8　木材供給量の変化（単位　千m³）

	1980	1990	2000	2010	2020	2021
国産材・・・・・・・・・	36 961	31 297	19 058	18 923	31 149	33 721
用材・・・・・・・・・	34 557	29 369	18 022	18 236	21 980	24 127
しいたけ原木・・	2 047	1 563	803	532	242	246
燃料材・・・・・・ 1)	357	365	233	155	8 927	9 348
外材・・・・・・・・・・	75 250	81 945	81 948	52 961	43 290	48 409
用材・・・・・・・・・	74 407	81 793	81 241	52 018	39 412	43 015
燃料材・・・・・ 1)	843	152	707	943	3 878	5 394
総供給量・・・・・・・	112 211	113 242	101 006	71 884	74 439	82 130
木材自給率（%）・	32.9	27.6	18.9	26.3	41.8	41.1
うち用材・・・・・・	31.7	26.4	18.2	26.0	35.8	35.9

林野庁「木材需給表」(2021年) より作成。丸太換算材積。用材とは製材や合板、パルプ・チップ等の原料として用いられる木材のこと。1) 2010年までは薪炭材。2014年から木質バイオマス発電施設等においてエネルギー利用された燃料用チップが新たに計上されるようになり、項目名が従来の「薪炭材」から「燃料材」に変更された。

表 13-9　用材供給量（2020年）

	千m³	%		千m³	%
国産材‥‥‥‥‥	21 980	35.8	マレーシア‥‥	1 771	2.9
米材‥‥‥‥‥‥	9 068	14.8	チリ材‥‥‥‥‥	2 994	4.9
アメリカ合衆国	5 488	8.9	オーストラリア材	2 628	4.3
カナダ‥‥‥‥	3 580	5.8	北洋材‥‥‥‥ 1)	2 050	3.3
ベトナム‥‥‥‥	5 840	9.5	中国材‥‥‥‥‥	1 591	2.6
欧州材‥‥‥‥‥	5 695	9.3	ニュージーランド材	1 086	1.8
南洋材‥‥‥‥‥	4 215	6.9			
うちインドネシア・	2 333	3.8	計×‥‥‥‥‥	61 392	100.0

林野庁「森林・林業白書」（2021年度）より作成。1) 主にロシア沿海州およびサハリンの木材。×その他とも。

表 13-10　木材需要量の変化（単位　千m³）

	1980	1990	2000	2010	2020	2021
国内消費‥‥‥‥	111 392	113 070	100 518	70 330	71 430	78 879
輸出‥‥‥‥‥‥	819	172	489	1 554	3 009	3 251
総需要量‥‥‥‥	112 211	113 242	101 006	71 884	74 439	82 130
うち用材‥‥‥‥ 1)	108 964	111 162	99 263	70 253	61 392	67 142
製材用材‥‥	56 713	53 887	40 946	25 379	24 597	26 179
パルプ用材 2)	35 868	41 344	42 186	32 350	26 064	28 743
合板用材‥‥	12 840	14 546	13 825	9 556	8 919	10 294

林野庁「木材需給表」（2021年）より作成。丸太換算材積。1) その他用材を含む。2) パルプ・チップ用材。

表 13-11　林業産出額

	1980	1990	2000	2010	2020	2021
林業産出額（億円）・	11 588	9 775	5 312	4 257	4 831	5 457
木材生産‥‥‥‥	9 680	7 285	3 222	1 953	2 464	3 254
栽培きのこ類生産	1 762	2 294	1 969	2 189	2 260	2 092
薪炭生産‥‥‥‥	65	83	62	51	60	62
林野副産物採取 1)	82	113	59	64	47	49
林業産出額に占める割合（％）						
木材生産‥‥‥	83.5	74.5	60.7	45.9	51.0	59.6
栽培きのこ類生産	15.2	23.5	37.1	51.4	46.8	38.3
生産林業所得 2)（億円）	8 544	7 027	3 519	2 292	2 536	2 865

農林水産省「林業産出額」（2021年）より作成。木材生産には製用用素材等のほか輸出丸太、燃料用チップ素材を含む（2010年までは燃料用チップ素材を含まない）。1) 山林から天然のまつたけや生うるし等の林産物を採取すること。2) 林業生産活動によって生み出された付加価値。

第14章　水産業

　日本の漁業は漁業技術の発展とともに漁獲量を伸ばしたが、1970年代に遠洋漁業が大きな打撃を受けた。石油危機による燃料代の高騰や、1976年から欧米などで200カイリ漁業水域の設定が進んで、日本を含む外国船の操業が制限されたためである。沖合漁業の漁獲量は1970年代以降も増えたものの、90年代以降は乱獲や水域環境の変化、最近では近隣国の漁業が活発となり減少した。近年、北海道でのブリの豊漁、サワラの分布域やマサバの産卵場の北上といった現象が顕在化しており、海水温の上昇による気候変動の影響への懸念が高まっている。一方、日本人の魚介類消費が縮小しているほか、漁業従事者が減って高齢化が進んでいる。

　養殖業の収獲量は、漁獲量が落ち込んだ1990年代以降、ほぼ同じ規模で推移した。養殖業は2011年の東日本大震災と原発事故により大きな被害を受け、その後も、震災前の水準には戻っていないものの、収獲量全

表14-1　**漁業別生産量と産出額**（捕鯨業を除く）

	生産量（千 t）					産出額[1]（億円）
	2000	2010	2020	2021	2021（%）	2021*
海面・・・・・・・・・・・	6 252	5 233	4 185	4 163	98.8	12 581
漁業・・・・・・・・・	5 022	4 122	3 215	3 236	76.8	8 067
遠洋漁業・・・・	855	480	298	279	6.6	・・・
沖合漁業・・・・	2 591	2 356	2 046	2 020	47.9	・・・
沿岸漁業・・・・	1 576	1 286	871	938	22.2	・・・
養殖業・・・・・・・	1 231	1 111	970	927	22.0	4 515
内水面（河川、湖沼）	132	79	51	52	1.2	1 210
漁業・・・・・・・・・	71	40	22	19	0.4	154
養殖業・・・・・・・	61	39	29	33	0.8	1 056
計・・・・・・・・・・・	**6 384**	**5 313**	**4 236**	**4 215**	100.0	**13 791**

農林水産省「漁業・養殖業生産統計」（2021年）および「漁業産出額」（2021年第1報）より作成。漁業生産量は、漁業（漁獲量）と養殖業（収獲量）の合計。原則、販売を目的とする。福島第一原発事故の影響により出荷制限・自粛の措置がとられたものは含まない。海面漁業は、水揚機関または海面漁業経営体を調査対象とし、内水面漁業は、内水面漁業または養殖業を営む経営体を対象とする。1) 中間生産物である「種苗」は含まない。捕鯨業（くじら類）、にしきごいを含む。＊第1報。【☞長期統計511ページ】

体では100万トン前後を維持している。漁獲量全体に占める養殖業の割合は、1990年の12%から2019年には24%に上昇している。

水産資源の適切な管理を目指す政府は、2020年に漁業法等を70年ぶりに改正した。1990年代後半から水産資源保護のためにマアジなど特定の

図 14-1　漁業種類別生産量と魚介類輸入量の推移

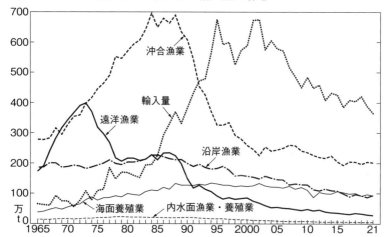

農林水産省「漁業・養殖業生産統計」より作成。輸入量は「食料需給表」より作成。表14-1の注記参照。2011年は、東日本大震災の影響により、岩手県、宮城県、福島県においてデータを消失した調査対象は含まない。

表 14-2　魚種別漁獲量（海面漁業のみ）（単位　千 t ）

	1980	2021		1980	2021
魚類・・・・・・・・・・	8 412	2 630	さわら類 ・・・・	7	14
うちいわし類 ・・・・	2 442	943	にしん ・・・・・・	11	14
さば類 ・・・・・・	1 301	443	貝類・・・・・・・・	338	389
かつお類 ・・・・	377	252	うちほたてがい ・・	83	356
たら類 ・・・・・・	1 649	231	あさり類 ・・・・	127	5
まぐろ類 ・・・・	378	149	さざえ ・・・・・・	10	4
あじ類 ・・・・・・	145	106	いか類・・・・・・・・	687	64
ぶり類 ・・・・・・	42	95	たこ類・・・・・・・・	46	27
さけ・ます類 ・・	123	61	かに類・・・・・・・・	78	21
ほっけ ・・・・・・	117	45	えび類・・・・・・・・	51	13
ひらめ・かれい類	289	41	海藻類・・・・・・・・	183	62
たい類 ・・・・・・	28	24	うちこんぶ類 ・・・・	125	45
さめ類 ・・・・・・	42	21			
さんま ・・・・・・	187	20	総計×・・・・・・・	9 909	3 236

資料は表14-1に同じ。×その他を含む。【☞府県別統計518ページ】

魚種でTAC（漁獲可能量）を設定し、漁獲量を制限している。今回の
改正では、TAC対象となる魚種をさらに増やして、漁獲量全体の８割（貝
類等を除く）まで拡大するほか、船舶等ごとに漁獲割り当てを決めて、

図14-2　主な漁港の水揚量（2021年）

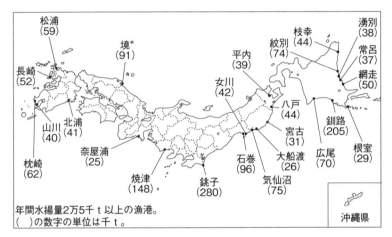

水産庁「産地水産物流通調査」より作成。水揚量には貝類・藻類を含む。調査区
を便宜上、漁港としている。＊「境」は漁港名で、「境港」は市の名称。

表14-3　養殖業の魚種別収獲量（単位　千 t ）

	2000	2010	2021	2021 主産地の割合（％）
海面養殖業				
ぶり類‥‥‥1)	137	139	134	鹿児島32、愛媛15、大分15
まだい‥‥‥	82	68	69	愛媛54、熊本14、高知11
くろまぐろ‥	…	…	21	長崎33、鹿児島17、高知11
ほたてがい‥	211	220	165	青森48、北海道46、宮城 4
かき類‥‥‥2)	221	200	159	広島58、宮城14、岡山 9
こんぶ類‥‥	54	43	32	北海道75、岩手22、宮城 3
わかめ類‥‥	67	52	44	宮城43、岩手31、徳島 9
のり類‥‥‥3)	392	329	237	佐賀24、兵庫19、福岡19
真珠（ t ）‥	30	21	13	長崎41、愛媛34、三重16
内水面養殖業				
ます類‥‥‥	15	9	6	長野20、静岡15、山梨14
あゆ‥‥‥‥	9	6	4	愛知32、岐阜21、和歌山15
こい‥‥‥‥	11	4	2	茨城36、福島33
うなぎ‥‥‥	24	21	21	鹿児島42、愛知26、宮崎17

表14-1の資料より作成。漁業・養殖業の統計はたびたび改訂されるため注意が必要。1)
愛媛15.18％、大分15.17％。2) 殻付き。3) 生重量。兵庫19.4％、福岡19.0％。

早い者勝ちによる乱獲を防ぐ。

　日本の養殖業が伸び悩んだ20年間で、世界の養殖生産量は4倍に拡大し、さらなる成長が見込まれている。政府は、改正漁業法による漁場の有効活用の促進や技術開発、養殖業を成長産業とする目標を立て、国内や海外市場での需要を踏まえた戦略的な養殖品目の選定を進めている。

表 14-4　海面漁業経営の概況

	2003	2008	2013	2018	2021
漁業経営体数・・・・・・・・・・・	132 417	115 196	94 507	79 067	64 900
うち個人経営・・・・・・・・・・・・	125 931	109 451	89 470	74 526	60 790
漁業就業者数（千人）・・・・・	238	222	181	152	129
うち自営漁業[1]（千人）・・・・・・	176	141	109	87	72

農林水産省「漁業センサス」などより作成。各年11月1日現在。2018年までは5年ごとのセンサス調査結果、21年は「漁業構造動態調査」の結果。漁業就業者とは調査期日現在満15歳以上で、過去1年間に自営漁業または雇われて漁業の海上作業に30日以上従事した者。1）2003年までは自営漁業のみと自営が主の合計、2008年以降は自営漁業のみ。

表 14-5　動力漁船 （海水漁船、各年末登録隻数）（単位　隻）

	5総トン未満	5～9総トン	10～99総トン	100～199総トン	200総トン以上	計
1980	364 867	15 896	17 133	1 450	2 004	401 350
1990	348 945	18 106	14 010	1 441	1 828	384 330
2000	305 262	18 606	11 927	801	1 004	337 600
2010	247 629	16 811	10 566	477	591	276 074
2020	183 422	14 148	9 416	363	474	207 823

「農林水産省統計表」より作成。実際に使用されている漁船はこれより少ない。

表 14-6　魚介類の需給量 （単位　千t）

	国内生産量	輸入量	輸出量	国内消費仕向量[1]	うち粗食料	飼料用	自給率（％）
1980	10 425	1 689	1 023	10 734	7 666	3 068	97.1
1990	10 278	3 823	1 140	13 028	8 798	4 230	78.9
2000	5 736	5 883	264	10 812	8 529	2 283	53.1
2010	4 782	4 841	706	8 701	6 765	1 936	55.0
2020	3 772	3 885	721	6 838	5 283	1 555	55.2
2021*	3 770	3 650	828	6 641	5 165	1 476	56.8

農林水産省「食料需給表」より作成。暦年の数値。鯨、海藻類は含まず。自給率＝国内生産量÷国内消費仕向量×100（重量ベース）。1）在庫の増減を含む。*概算値。

表 14-7　**主要水産物輸出高**

	2021		2022	
	百万円	千 t	百万円	千 t
魚介類および同調製品‥‥‥‥	267 809	614.6	336 127	589.0
魚介類（生鮮・冷凍）‥‥ 1)	114 541	452.5	136 201	413.1
うちまぐろ‥‥‥‥‥‥‥	14 432	18.7	14 503	9.5
かつお‥‥‥‥‥‥‥	5 980	39.7	3 347	13.5
さけ‥‥‥‥‥‥‥	3 423	8.3	6 456	12.5
かに‥‥‥‥‥‥‥	2 006	0.9	2 949	1.2
魚介類の調製品‥‥‥‥‥	65 059	28.4	79 451	30.3
真珠‥‥‥‥‥‥‥‥‥‥	17 224 2)	19.9	24 031 2)	28.1

財務省「貿易統計」より作成。調製品は加工したものなど。2022年は確々報。1) 甲殻類および軟体動物を含む。2) 重量はトン単位。

表 14-8　**主要水産物輸入高**

	2021		2022	
	百万円	千 t	百万円	千 t
魚介類‥‥‥‥‥‥‥‥‥‥	1 193 869	1 536.6	1 527 874	1 543.8
うちまぐろ（生鮮・冷凍）‥‥	182 398	175.0	226 347	176.9
さけ・ます（〃）‥‥‥‥	220 567	245.3	278 329	230.0
さわら（〃）‥‥‥‥‥	496	1.0	1 031	1.7
にしんの卵‥‥‥‥‥‥	8 129	5.4	13 665	6.7
うなぎの稚魚‥‥‥‥‥	5 449	0.008	16 682	0.011
うなぎ（生鮮・冷凍）‥‥ 1)	15 090	7.0	26 593	8.3
にしん（〃）‥‥‥‥‥	33 817	78.1	44 489	81.8
甲殻類および軟体動物‥‥‥	392 250	380.4	497 988	384.9
うちえび（生鮮・冷凍）‥‥	178 385	158.7	221 286	156.6
かに（〃）‥‥‥‥	67 336	22.0	74 947	22.6
いか（〃）‥‥‥‥	56 994	104.4	79 106	119.1
たこ（〃）‥‥‥‥	31 815	26.4	48 574	34.1
うに（〃）‥‥‥‥	21 290	10.7	31 576	11.2
魚介類の調製品‥‥‥‥‥‥	321 886	393.8	415 734	410.9
計‥‥‥‥‥‥‥‥‥‥‥‥	**1 515 755**	**1 930.4**	**1 943 608**	**1 954.7**

資料は上表に同じ。調製品は加工したものなど。2022年は確々報。1) 稚魚を含まず。
2021年の輸入先国別の割合
（金額ベース上位3か国） まぐろ（生鮮・冷凍）（台湾）19.9％、中国13.3％、韓国10.9％
さけ・ます（生鮮・冷凍）チリ56.9％、ノルウェー25.0％、ロシア9.1％
えび（生鮮・冷凍）インド22.3％、ベトナム19.4％、インドネシア16.4％
（重量ベース上位3か国） まぐろ（生鮮・冷凍）（台湾）29.4％、中国14.9％、韓国10.3％
さけ・ます（生鮮・冷凍）チリ65.5％、ノルウェー17.6％、ロシア9.0％
えび（生鮮・冷凍）インド26.7％、ベトナム17.4％、インドネシア15.3％

表 14-9　各国の１人１日あたり魚介類消費量（2020年）（単位　g）

日本‥‥‥‥‥ 129	フィリピン‥‥‥‥79	ノルウェー‥‥‥‥137
韓国‥‥‥‥‥‥245	ミャンマー‥‥‥‥123	アイスランド‥‥‥248
中国‥‥‥‥‥‥148	アメリカ合衆国‥‥62	スペイン‥‥‥‥‥112
インド‥‥‥‥‥22	ペルー‥‥‥‥‥‥74	フランス‥‥‥‥‥91
インドネシア‥‥121	ブラジル‥‥‥‥‥22	オーストラリア‥‥66

FAOSTAT "Food Balances" より作成。2023年３月閲覧。海藻類を含み、水生ほ乳類を含まず。粗食料。

表 14-10　世界の漁獲量（単位　千 t ）

	1990	2000	2010	2019	2020	2020 (%)
中国‥‥‥‥‥	6 715	14 824	15 054	14 170	13 446	*14.7*
インドネシア‥‥	2 644	4 159	5 390	7 335	6 989	*7.6*
ペルー‥‥‥‥‥	6 869	10 659	4 306	4 851	5 675	*6.2*
インド‥‥‥‥‥	2 863	3 726	4 716	5 479	5 523	*6.0*
ロシア‥‥‥‥‥	7 399	4 027	4 076	4 983	5 081	*5.6*
アメリカ合衆国‥	5 620	4 789	4 397	4 824	4 253	*4.7*
ベトナム‥‥‥‥	779	1 630	2 250	3 441	3 422	*3.7*
日本‥‥‥‥‥‥	9 772	5 192	4 188	3 252	3 215	*3.5*
ノルウェー‥‥‥	1 800	2 892	2 838	2 479	2 604	*2.8*
チリ‥‥‥‥‥‥	5 354	4 548	3 048	2 380	2 183	*2.4*
バングラデシュ‥	654	1 004	1 727	1 896	1 920	*2.1*
フィリピン‥‥‥	1 851	1 920	2 503	1 830	1 915	*2.1*
ミャンマー‥‥‥	737	1 093	1 961	1 951	1 854	*2.0*
世界計×‥‥‥	**86 003**	**94 781**	**88 276**	**93 298**	**91 421**	*100.0*

FAO "Global Capture Production 1950-2020"（2023年３月22日閲覧）より作成。海面と内水面の合計。養殖業は含まない。×その他とも。

表 14-11　世界の水産物輸出入（単位　百万ドル）

輸出	2019	2020	輸入	2019	2020
日本‥‥‥‥‥	2 294	2 041	日本‥‥‥‥‥	15 493	13 480
中国‥‥‥‥‥	20 256	18 651	アメリカ合衆国	23 521	22 973
ノルウェー‥‥‥	12 023	11 153	中国‥‥‥‥‥	18 341	15 220
ベトナム‥‥‥‥	8 695	8 515	スペイン‥‥‥	8 139	7 342
チリ‥‥‥‥‥	6 675	6 058	フランス‥‥‥	6 734	6 476
インド‥‥‥‥‥	6 857	5 810	イタリア‥‥‥	6 619	6 150
世界計×‥‥‥	**163 175**	**152 032**	世界計×‥‥‥	**162 065**	**151 617**

FAO "Fisheries and Aquaculture"（2023年３月22日閲覧）より作成。輸出には再輸出を含まない。輸出はf.o.b.（本船渡し）価格、輸入はc.i.f.（保険料・運賃込）価格。×その他とも。

第14章　水産業

第15章　工業

　工業は、日本では就業者数の16%（2022年）、GDPの20%（2021年）を占める。戦後の日本経済発展の中核を担ってきたが、貿易摩擦や円高を契機に海外生産が増加し、1990年代より国内生産が頭打ちとなっている。日本や各国メーカーが中国に製造拠点を設ける中で、日本から韓国や中国に部品や素材を送り、中国で組み立ててアメリカ等に輸出するサプライチェーンが形成された。

　半導体や電子機器、造船などでは韓国メーカーが躍進し、日本メーカーの地位が低下している。近年は中国メー

図 15-1　主要国の工業付加価値額（名目値）

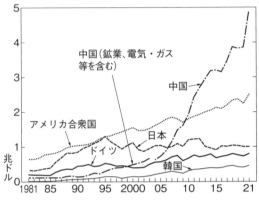

国連 "National Accounts Main Aggregates Database"（2023年1月更新データ）より作成。

表 15-1　工業の概況（2020年は個人経営事業所を除く）

	1990	2000	2010	2019	2020
事業所数・・・・・・・1)	728 853	589 713	434 672	2) 338 238	2) 220 912
従業者数（千人）・1)	11 788	9 700	8 087	2) 8 021	2) 7 560
現金給与総額（億円）	432 916	424 125	330 903	3) 354 641	351 248
原材料使用額等（億円）	1 905 396	1 709 454	1 810 662	3)2 046 271	1 847 570
製造品出荷額等（億円）	3 270 931	3 035 824	2 908 029	3 253 459	3 035 547
付加価値額（億円）	1 212 432	1 121 118	3) 906 672	3)1 002 348	975 399

総務省・経済産業省「経済センサス－活動調査」および経済産業省「工業統計調査」より作成。2002年より新聞・出版業、もやし製造業を除く。2010、19年で従業者3人以下の事業所は推計値。製造品出荷額等には修理料等を含む（2007年より転売収入等を追加）。付加価値額は製造品出荷額等から原材料費や在庫の増減等を差し引いたもの。2001年以前は従業者9人以下、2002年以降は従業者29人以下の事業所が粗付加価値額（在庫の増減等を加味しない）。1) 各年末現在。2) 翌年6月1日現在。3) 従業者4人以上の事業所。

【☞府県別統計519ページ】

カーの成長も著しい。日本は、原料を輸入し製品を輸出する加工貿易が今なお盛んであるが、国内で出回る工業製品は、国内メーカーの海外生産品に加えて、スマートフォンなどで海外メーカー品が増加している。

　日本の工業生産は、コロナ禍で一時的に大きく落ち込んだ。その後の回復過程で生じた物流の混乱が尾を引き、資源価格が高騰した。2022年はロシアのウクライナ侵攻や半導体不足、中国・上海等でのロックダウ

表15-2　工業の産業別構成（個人経営事業所を除く）（2020年）

	事業所数[1)	従業者数[1) （千人）	製造品 出荷額等 （億円）	付加[2) 価値額 （億円）
食料品工業（本書での分類）	29 886	1 206.3	390 460	130 937
食料品・・・・・・・・・・・・・・・・・	24 729	1 101.2	297 276	103 178
飲料・たばこ・飼料・・・・	5 157	105.1	93 184	27 758
繊維工業・・・・・・・・・・・・・・・・	12 926	227.3	35 353	13 970
木材・木製品・・・・・・・・・・[3)	6 101	89.5	27 854	9 110
家具・装備品・・・・・・・・・・・	6 157	90.2	20 437	7 595
パルプ・紙・紙加工品・・・・	5 927	181.1	71 245	22 455
印刷・同関連業・・・・・・・・・	13 335	243.5	46 630	21 433
化学工業（本書での分類）・	6 971	407.9	399 076	131 585
化学工業・・・・・・・・・・・・・・	5 635	379.3	287 305	115 975
石油製品・石炭製品・・・・	1 336	28.6	111 772	15 610
プラスチック製品・・・・・・[4)	13 660	444.9	126 557	47 119
ゴム製品・・・・・・・・・・・・・・・	2 378	112.5	30 008	13 002
なめし革・同製品・毛皮・・	1 191	17.6	2 723	1 082
窯業・土石製品・・・・・・・・・	10 753	236.4	76 418	32 992
金属工業（本書での分類）・	38 208	958.4	397 745	110 479
鉄鋼業・・・・・・・・・・・・・・・・	4 945	220.2	151 183	27 012
非鉄金属・・・・・・・・・・・・・	2 987	142.0	94 527	22 696
金属製品・・・・・・・・・・・・・	30 276	596.2	152 036	60 771
機械工業（本書での分類）・	63 084	3 183.8	1 367 483	415 720
はん用機械器具・・・・・・・	8 112	321.8	114 759	41 211
生産用機械器具・・・・・・・	23 143	617.7	197 080	71 908
業務用機械器具・・・・・・・	4 806	211.9	64 226	24 957
電子部品・デバイス・電子回路	4 551	413.6	146 154	53 495
電気機械器具・・・・・・・・・	10 002	484.7	178 745	63 367
情報通信機械器具・・・・・	1 297	113.3	64 210	17 435
輸送用機械器具・・・・・・・	11 173	1 020.8	602 308	143 348
その他・・・・・・・・・・・・・・・・・	10 335	160.6	43 557	17 922
計・・・・・・・・・・・・・・・・・	**220 912**	**7 560.0**	**3 035 547**	**975 399**

総務省・経済産業省「経済センサス－活動調査」(2021年）より作成。工業統計に関する注記は表15-1参照。1) 2021年6月1日現在。2) 従業者29人以下の事業所は粗付加価値額（在庫の増減等を加味していない）。3) 家具を除く。4) 家具など他の産業に分類されるものを除く。【☞府県別統計524～526ページ】

ンの影響で、自動車を中心に2022年5月には鉱工業生産指数が急減している（10ページ参照）。資源価格はその後落ち着きを見せているが、国内メーカーは急速な円安に伴う原材料価格高騰の打撃を受けた。

　近年の工業は、中国などとの国境を越えたサプライチェーンの活用に活路を見出してきたが、コロナ禍に伴う物流の寸断や、米中対立による輸出規制強化などの影響を受けるようになったことで、そのぜい弱さが改めて認識されるようになった。日本など各国は重要な部品や製品の国内生産回帰を進めて、サプライチェーンの強靭化に努めている。

図 15-2　製造品出荷額等構成の推移

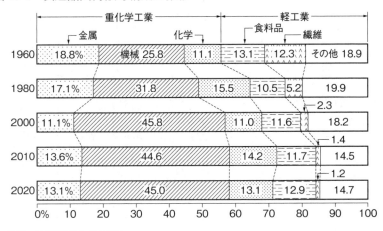

資料、注記は表15-2に同じ。

表 15-3　主要国の工業出荷額 (2020年)（単位　億ドル）

	中国[2]	アメリカ合衆国	日本[3] (2019)	ドイツ	韓国[3] (2019)	インド[5] (2018)
食料品工業····	15 122	9 832	3 521	2 295	834	1 944
繊維工業······	7 407	542	343	182	319	864
化学工業···· 1)	17 132	6 960	2 622	2 072	1 494	1 701
金属工業······	25 167	5 483	3 881	2 439	1 935	2 233
機械工業······	56 453	16 174	13 454	9 154	6 487	2 825
うち自動車	13 639	5 726	4) 6 231	3 324	1 663	1 043
計×········	151 663	52 213	29 123	19 761	13 509	12 966

UNIDO Statistics Data Portal（2023年4月3日閲覧）より作成。1）石油製品を除く。2）収益2000万元以上の企業。3）UNIDOによる推定値。4）その他の輸送用機械を含む。5）登録済の従業者20人以上（動力がある場合は10人以上）の事業所。×その他とも。

図 15-3　事業所規模別構成比（個人経営事業所を除く）（2020年）

事業所数	中小規模事業所（従業者299人以下）98.4 / 大規模事業所（従業者300人以上）1.6%
従業者数	33.0% ／ 67.0
製造品出荷額等	51.1% ／ 48.9

0%　10　20　30　40　50　60　70　80　90　100

資料は下表に同じ。事業所数、従業者数は2021年6月1日現在。

表 15-4　事業所規模別工業統計（個人経営事業所を除く）（2020年）

事業所の規模（従業者数別）	事業所数1)	従業者数1)（千人）	現金給与総額（億円）	原材料使用額等（億円）	製造品出荷額等（億円）	付加価値額（億円）
1～3人･･･	44 054	94	2 700	7 638	15 514 2)	7 144
4～9人･･･	65 444	402	13 392	35 215	70 983 2)	32 541
10～19人･･･	42 457	588	20 898	61 193	118 404 2)	52 259
20～29人･･･	21 904	531	19 417	66 551	121 073 2)	49 684
30～49人･･･	17 925	692	27 455	104 927	182 260	64 525
50～99人･･･	15 253	1 058	43 653	187 791	323 641	112 301
100～199人･	7 969	1 100	48 432	224 886	394 744	136 052
200～299人･	2 476	601	28 783	147 339	256 383	89 436
300～499人･	1 886	713	35 903	216 768	370 119	111 430
500～999人･	1 052	716	39 636	225 834	371 239	115 378
1000人以上･	492	1 067	70 976	569 430	811 181	204 648
計･･････	220 912	7 560	351 248	1 847 570	3 035 547	975 399

資料は表15-2に同じ。1)2021年6月1日現在。2)粗付加価値（在庫の増減等を加味しない）。

表 15-5　資本金規模別工業統計（従業者4人以上で個人経営を除く事業所）（2020年）

	事業所数1)	従業者数1)（千人）	現金給与総額（億円）	製造品出荷額等（億円）	粗付加価値額2)（億円）
資本金1000万円未満･･	49 751	555	16 891	63 485	32 101
1000～3000万円･･････	74 366	1 676	61 915	320 116	135 194
3000～5000万円･･････	16 167	695	27 410	166 658	66 352
5000万～3億円･･････	22 733	1 752	75 800	576 377	214 304
3億円以上･･･････････	10 961	2 723	163 997	1 868 911	615 644
その他･･･････････ 3)	2 880	65	2 534	24 485	10 237
計･･･････････････	176 858	7 466	348 547	3 020 033	1 073 831

資料は表15-2に同じ。1) 2021年6月1日現在。2) 在庫の増減等を加味していない。3) 資本金の発生しない組織、組合など。

第15章 工業

図 15-4　工業地帯、工業地域の製造品出荷額等の構成（2020年）

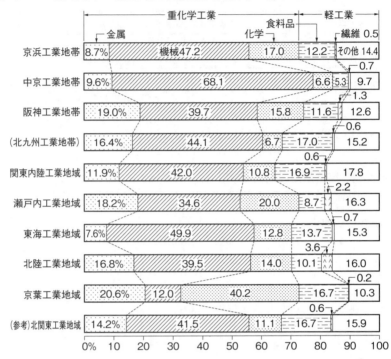

表 15-6　工業地帯、工業地域の製造品出荷額等（単位　億円）

	1990	2000	2010	2019	2020[1]
京浜工業地帯‥‥	515 908	402 530	257 710	252 929	231 190
中京工業地帯‥‥	445 033	427 472	481 440	589 550	546 299
阪神工業地帯‥‥	405 725	325 518	301 386	336 597	324 505
（北九州工業地帯）	77 793	74 264	82 491	99 760	89 950
関東内陸工業地域	336 323	304 815	290 180	320 161	291 499
瀬戸内工業地域‥	266 875	242 029	292 784	311 899	279 905
東海工業地域‥‥	164 646	167 811	158 848	172 749	165 147
北陸工業地域‥‥	132 396	127 914	118 319	142 904	132 525
京葉工業地域‥‥	122 615	115 188	124 137	125 846	119 770
（参考）北関東工業地域	272 484	266 025	269 328	307 015	284 075

資料は表15-1に同じ。2002年より新聞、出版業が工業統計から外れていることに留意。本表は下記に示す都府県を合計したもの。京浜：東京都、神奈川県。中京：愛知県、三重県。阪神：大阪府、兵庫県。北九州：福岡県。関東内陸：栃木県、群馬県、埼玉県。瀬戸内：岡山県、広島県、山口県、香川県、愛媛県。東海：静岡県。北陸：新潟県、富山県、石川県、福井県。京葉：千葉県。北関東：茨城県、栃木県、群馬県。なお、工業地帯は北九州を含めず三大工業地帯とするのが一般的。1）個人経営事業所を除く。

表 15-7　鉱工業生産指数 (2015年 = 100)

	付加生産ウエイト	2018	2019	2020	2021	2022
食料品・たばこ………	1 313.8	99.4	100.6	97.6	96.9	95.7
繊維工業……………	182.2	95.0	91.9	80.4	80.5	80.6
木材・木製品………	98.2	104.8	105.6	93.9	101.8	98.5
パルプ・紙・紙加工品	226.5	100.3	98.2	88.7	91.4	90.5
印刷業……………	203.7	89.9	85.2	76.2	75.0	73.7
化学工業…………	1 093.0	107.2	106.5	96.3	99.7	101.1
化粧品…………	201.3	131.4	130.0	104.4	100.2	105.8
石油・石炭製品………	118.0	93.5	93.0	78.5	78.7	84.1
プラスチック製品……	441.7	105.7	104.2	97.6	100.6	98.6
ゴム製品…………	150.8	100.6	99.4	82.3	93.0	91.5
窯業・土石製品………	322.0	102.2	97.9	89.6	93.1	88.1
鉄鋼業……………	423.2	102.0	96.4	80.1	92.7	86.5
非鉄金属…………	201.6	105.1	99.9	90.0	96.9	95.9
金属製品…………	438.1	99.6	97.7	86.5	90.0	89.2
はん用機械…………	576.8	109.2	102.2	89.8	100.7	103.5
生産用機械…………	708.0	116.3	106.3	95.3	115.9	125.8
半導体等製造装置…1)	145.0	150.0	130.3	134.0	176.0	203.2
業務用機械…………	151.8	104.1	103.0	90.6	96.5	101.9
電子部品・デバイス……	580.8	106.8	95.0	96.4	110.4	107.4
集積回路…………	211.1	121.9	102.9	106.1	126.1	134.9
電気機械…………	597.4	107.6	101.0	93.1	100.3	101.6
情報通信機械………	241.9	89.0	91.4	77.8	79.1	72.0
輸送機械…………	1 796.5	105.6	104.8	86.5	85.8	85.1
自動車工業………	1 544.5	107.6	105.6	86.9	88.5	86.8
乗用車…………	736.8	108.5	108.7	88.8	85.5	84.3
車体・自動車部品…	592.2	112.3	107.9	90.5	93.5	89.8
船舶・同機関………	130.8	85.1	90.4	84.2	70.9	68.7
(参考)機械工業計……2)	4 668.2	107.1	102.1	89.9	97.0	98.2
製造工業計………	9 983.0	104.2	101.1	90.7	95.7	95.7
鉱業………………	17.0	97.7	92.7	87.2	86.6	82.9
鉱工業計…………	10 000.0	104.2	101.1	90.6	95.7	95.6

経済産業省「鉱工業指数」より作成。鉱工業指数は、価格の変動を除いた量的変動を示す。付加生産ウエイトは基準年の付加価値額の構成比で、量的変動にウエイトを反映させて指数が作成される。1) フラットパネルディスプレイ製造装置を含む。2) 時計を含む。【☞長期統計512ページ】

工業統計と経済センサス　本年版で掲載した2020年の工業統計は、2021年経済センサス-活動調査の結果を基に、おおむね工業統計調査の定義に合わせた形で集計されたものである。第7章企業活動に示す製造業とは集計における定義が異なるほか、同章の統計は産業横断的集計であり、集計対象が異なる。

　工業統計調査は2019年で廃止された。2021年からは経済センサス-活動調査が行われない年に毎年行われる、経済構造実態調査の一部として実施される。

第15章

工業

図 15-5　鉱工業生産指数

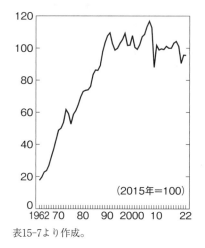

(2015年=100)

1962 70　80　90 2000 10　22

表15-7より作成。

図 15-6　海外生産比率

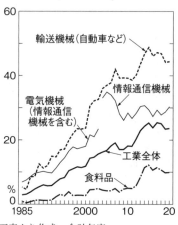

輸送機械(自動車など)

情報通信機械

電気機械
(情報通信
機械を含む)

工業全体

食料品

1985　　2000　　10　　20

下表より作成。会計年度。

表 15-8　海外生産比率 (売上高ベース) (会計年度) (%)

	1990	2000	2005	2010	2015	2019	2020
食料品·········	1.2	2.7	4.2	5.0	12.2	9.8	9.9
繊維·········	3.0	8.0	6.3	6.2	12.9	13.2	13.1
木材・紙パ······	2.1	3.8	3.0	4.5	9.7	10.0	10.5
化学·········	4.9	11.8	14.8	17.4	19.4	18.0	18.4
石油・石炭·····	0.2	1.4	2.6	2.4	9.6	3.1	5.4
窯業・土石······	…	8.1	6.6	13.6	17.4	17.4	15.5
鉄鋼·········	5.3	14.0	9.6	11.2	14.0	20.0	20.6
非鉄金属········	4.9	9.4	10.2	14.7	18.8	18.1	18.4
金属製品·······	…	1.6	2.2	3.9	6.4	6.7	6.8
はん用機械·····	…	…	…	28.3	33.8	28.2	29.5
生産用機械·····	…	…	…	11.1	15.7	14.4	14.7
業務用機械·····	…	…	…	13.8	18.5	17.0	17.0
電気機械······	} 10.2	} 18.0	11.0	11.8	17.3	14.6	13.3
情報通信機械····			34.9	28.4	29.4	28.7	30.3
輸送機械········	11.2	23.7	37.0	39.2	48.8	44.2	44.4
(旧)一般機械···	9.6	10.8	13.1	…	…	…	…
(旧)精密機械····	4.5	11.2	13.8	…	…	…	…
製造業計·····	6.0	11.8	16.7	18.1	25.3	23.4	23.6

経済産業省「海外事業活動基本調査」より作成。国内と現地法人の売上高の合計に対する、現地法人売上高の割合。現地法人は、日本側出資比率が10%以上の外国法人、または日本側出資比率が50%超の海外子会社が50%超の出資を行っている外国法人で、いわゆる海外子会社、孫会社での売上高比率を示している。一般機械、精密機械は旧分類による。
注意　情報通信機械では、台湾資本などのEMSとよばれる製造受託メーカーへの委託が増えている。これらは資本関係にないため、本表の海外生産比率には反映されていない。

表 15-9　製造業現地法人の概況（2020年度）

	常時 従業者 （千人）	売上高 （億円）		常時 従業者 （千人）	売上高 （億円）
アジア‥‥‥‥1)	3 044	658 110	ヨーロッパ‥‥‥	383	124 269
中国‥‥‥‥‥	1 027	297 230	イギリス‥‥‥	88	20 209
タイ‥‥‥‥‥	542	117 811	ベルギー‥‥‥	55	16 890
インドネシア‥	329	43 072	ドイツ‥‥‥‥	34	16 544
インド‥‥‥‥	223	33 805	オランダ‥‥‥	18	13 295
韓国‥‥‥‥‥	55	30 127	スペイン‥‥‥	26	11 647
ベトナム‥‥‥	359	28 830	フランス‥‥‥	21	10 574
（台湾）‥‥‥	71	25 551	（再掲）EU‥‥	263	92 523
フィリピン‥‥	214	22 283	中南アメリカ‥‥	214	46 355
マレーシア‥‥	118	21 126	メキシコ‥‥‥	118	26 198
シンガポール‥	31	17 254	ブラジル‥‥‥	79	13 902
（香港）‥‥‥	21	17 083	オセアニア‥‥‥	13	12 031
（再掲）ASEAN	1 623	251 416	オーストラリア	10	11 089
			アフリカ‥‥‥‥	32	7 196
北アメリカ‥‥‥	502	275 645	中東‥‥‥‥‥‥	6	4 298
アメリカ合衆国	471	246 211			
カナダ‥‥‥‥	31	29 434	世界計‥‥‥‥‥	**4 194**	**1 127 904**

経済産業省「海外事業活動基本調査」（2020年度実績）より作成。常時従業者は有効回答の
あった9259社、売上高は9160社の集計で、単純比較できない。常時従業者は2020年度末現
在。現地法人の定義は表15-8を参照。1）中東を除く。

表 15-10　製造業現地法人の売上高内訳（2020年度）（単位　億円）

	日本向け 輸出	現地 販売額	第三国 向け輸出	売上高計	日本向け 割合（％）
食料品‥‥‥‥‥	3 453	37 485	5 434	46 372	*7.4*
繊維‥‥‥‥‥	2 497	4 970	2 100	9 567	*26.1*
木材・紙パ‥‥‥	981	9 275	2 974	13 229	*7.4*
化学‥‥‥‥‥	6 843	57 713	24 662	89 218	*7.7*
石油・石炭‥‥‥	63	4 745	47	4 855	*1.3*
窯業・土石‥‥‥	888	8 467	7 024	16 379	*5.4*
鉄鋼‥‥‥‥‥	285	27 109	7 901	35 295	*0.8*
非鉄金属‥‥‥‥	4 642	14 763	7 378	26 784	*17.3*
金属製品‥‥‥‥	1 455	9 172	1 744	12 371	*11.8*
はん用機械‥‥‥	5 515	15 515	6 924	27 954	*19.7*
生産用機械‥‥‥	4 112	24 478	8 243	36 833	*11.2*
業務用機械‥‥‥	11 394	10 571	4 914	26 879	*42.4*
電気機械‥‥‥‥	7 752	22 720	13 811	44 284	*17.5*
情報通信機械‥‥	35 954	61 870	16 191	114 015	*31.5*
輸送機械‥‥‥‥	25 740	263 880	277 035	566 655	*4.5*
製造業×‥‥‥	**118 590**	**611 625**	**397 689**	**1 127 904**	*10.5*

資料、注記は上表に同じ。上表の売上高の内訳。×その他とも。

表 15-11　製造業グローバル出荷指数（2015年＝100）

	ウエイト	2016	2017	2018	2019	2020	2021
国内出荷指数····	6 869.8	99.7	102.2	103.0	100.2	89.6	93.7
国内向け······	5 422.6	100.0	101.5	101.9	99.9	90.1	91.8
輸出向け······	1 447.2	98.5	104.6	107.1	101.2	87.7	100.9
海外出荷指数····	3 130.2	100.0	106.2	107.5	105.8	94.5	103.3
（仕向け先）							
現地国向け····	1 706.4	101.2	107.0	108.0	107.5	97.5	105.5
日本向け······	303.9	97.4	105.0	105.8	104.6	98.1	106.1
第三国向け····	1 119.9	101.2	107.3	110.9	107.7	88.8	103.7
（地域別）							
中国··········1)	758.4	100.1	107.7	112.7	110.4	116.5	128.2
ASEAN4 ····2)	585.2	109.0	113.4	119.8	116.4	97.4	112.1
北アメリカ····	843.4	93.9	96.7	92.3	95.8	77.1	80.0
それ以外の地域	943.2	99.9	109.0	109.2	104.6	89.6	98.0
（再掲）海外ビジネス	4 577.4	99.6	105.7	107.4	104.4	92.3	102.6
グローバル出荷指数	10 000.0	99.8	103.4	104.4	101.9	91.1	96.7

経済産業省ウェブサイトより作成。製造業のグローバル展開を踏まえて作成された指数で、**国内出荷指数**は国内事業所からの出荷、**海外出荷指数**は日本企業の海外事業所からの出荷を示す。海外ビジネスは国内出荷指数の輸出向けと、海外出荷指数を合わせたもの。本表は、経済産業省「鉱工業出荷内訳表」および「海外現地法人四半期調査」の組み合わせより、経済産業省経済解析室が試算したもの。2015年を100とした指数であるが、算出方法の都合等で2015年の数値が100でない場合がある。1）（香港）を含む。2）タイ、フィリピン、マレーシア、インドネシアの4か国のみ。

表 15-12　主要業種別グローバル出荷指数（2015年＝100）

	ウエイト	2016	2017	2018	2019	2020	2021
輸送機械········	2 828.9	100.3	107.0	109.2	107.1	88.5	93.9
国内出荷指数··	1 287.3	100.7	105.0	107.0	106.9	87.2	86.5
海外出荷指数··	1 541.6	99.9	108.7	111.0	107.3	89.7	100.1
電気機械·······1)	1 341.2	96.9	102.5	102.2	98.4	93.3	101.5
国内出荷指数··	861.2	96.7	100.2	101.2	95.8	90.2	98.3
海外出荷指数··	480.0	97.1	106.5	103.9	103.2	98.9	107.1
一般機械········2)	1 093.9	99.1	106.7	111.9	104.7	93.9	109.7
国内出荷指数··	835.6	99.2	106.7	112.2	103.8	92.3	107.5
海外出荷指数··	258.3	98.9	106.7	110.9	107.7	98.9	116.7
化学工業········	900.0	102.1	104.7	104.7	104.8	99.6	104.2
国内出荷指数··	650.1	102.5	104.6	104.3	103.7	95.4	98.1
海外出荷指数··	249.9	101.2	104.9	105.8	107.6	110.4	120.2

資料、注記は上表に同じ。1）電子部品・デバイス、電気機械、情報通信機械。2）はん用機械、生産用機械、業務用機械。

第16章　金属工業

　本書における金属工業は、産業分類中の鉄鋼業、非鉄金属工業、金属製品製造業を合わせたものである。製造品出荷額等の13.1％を占め（2020年）、機械工業などに素材や部品等を提供する重要な産業である。

表16-1　金属工業の推移 （2020年は個人経営事業所を除く）

	1990	2000	2010	2019	2020
事業所数・・・・・・・・・・・ 1)	103 742	88 821	70 258	57 936	38 208
従業者数（千人）・・・・・ 1)	1 441.1	1 178.0	1 010.4	1 027.6	958.4
製造品出荷額等（億円）・	452 854	337 687	396 463	438 552	397 745
鉄鋼業・・・・・・・・・・・	183 131	119 630	181 776	178 161	151 183
非鉄金属製造業・・・・・・	78 526	62 189	89 294	96 413	94 527
金属製品製造業・・・・・・	191 197	155 868	125 392	163 977	152 036
付加価値額（億円）・・・ 2)	167 523	131 835	106 419	113 717	110 479

総務省・経済産業省「経済センサス－活動調査」、経済産業省「工業統計調査」より作成。工業統計に関する注記は表15-1も参照。1) 2010年までは各年末、2019、20年は翌年6月1日現在。2) 2010、19年は従業者3人以下の事業所を除く。【☞府県別統計525ページ】

表16-2　金属工業の構成 （個人経営事業所を除く）（2020年）

	事業所数1)	従業者数1) （千人）	製造品 出荷額等 （億円）	付加2) 価値額 （億円）
鉄鋼業・・・・・・・・・・・・・・・・・・	4 945	220.2	151 183	27 012
製鉄業・・・・・・・・・・・・・・・	28	40.1	52 017	3 549
高炉による製鉄業・・・・・	13	37.8	50 021	3 313
製鋼・製鋼圧延・・・・・・・・・	74	24.7 3)	22 796 3)	4 392
製鋼を行わない鋼材・・・・4)	383	40.2 3)	29 113 3)	5 997
非鉄金属製造業・・・・・・・・・・・	2 987	142.0	94 527	22 696
第1次製錬（新地金）・・・5)	52	9.3 3)	22 801 3)	4 046
第2次製錬(リサイクル)5)6)	411	13.1	14 759	2 876
非鉄金属・同合金圧延・・7)	512	31.7	19 709	4 641
金属製品製造業・・・・・・・・・・・	30 276	596.2	152 036	60 771
建設用・建築用金属・・・・8)	12 884	217.1	66 432	26 448
金属素形材製品・・・・・・・・・	3 855	94.7	21 064	7 537
金属工業計・・・・・・・・・・・・	**38 208**	**958.4**	**397 745**	**110 479**

資料は表16-1に同じ。1) 2021年6月1日現在。2) 従業者29人以下の事業所は粗付加価値額。3) 従業者4人以上の事業所。4) 圧延や鋼管製造など。表面処理鋼材を除く。5) 精製業を含む。6) 合金製造業を含む。7) 抽伸、押出しを含む。8) 製缶板金業を含む。

〔鉄鋼業〕　鉄鋼生産は、高炉で鉄鉱石とコークスから銑鉄を製造し、転炉で転換した転炉鋼が主流で、国内生産の73％（2022年）を占める。このほか、27％が電炉で鉄スクラップから生産する電炉鋼である。

図 16-1　鉄鋼の主な製造工程

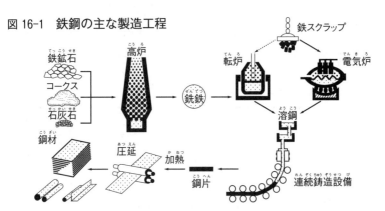

主要成分が酸化鉄である鉄鉱石を、高炉でコークスにより還元すると、銑鉄が得られる（石灰石は不純物の除去に必要）。銑鉄は炭素含有量が高く、固くてもろい。転炉で少量の鉄スクラップとともに酸素を加えることで、銑鉄は炭素含有量が下がって鋼に転換される。鋼は、転炉のほかに電気炉で鉄スクラップからも製造される。溶けた鋼は、連続鋳造設備で鋳造される（一部の特殊鋼などでは、古くからの鋳型による鋳造が行われる）。鋳造された鋼片は圧延されて、鋼板や鋼管などの鋼材となる。

表 16-3　銑鉄生産と粗鋼の需給（単位　千 t ）

	1990	2000	2010	2020	2021	2022
銑鉄生産‥‥‥‥	80 229	81 071	82 283	61 600	70 344	64 147
粗鋼生産‥‥‥‥	110 339	106 444	109 599	83 186	96 336	89 227
普通鋼‥‥‥‥	90 511	87 575	84 929	65 750	73 910	68 804
特殊鋼‥‥‥‥	19 828	18 870	24 670	17 436	22 426	20 422
（炉別）						
転炉‥‥‥‥‥	75 640	75 784	85 756	62 047	71 945	65 403
電気炉‥‥‥ 1)	34 698	30 660	23 843	21 140	24 391	23 835
粗鋼輸出‥‥‥‥	18 862	31 447	46 581	34 158	37 450	35 161
粗鋼輸入‥‥‥‥	7 555	5 564	5 099	6 060	6 363	6 227
粗鋼消費‥‥‥‥	99 032	80 561	68 117	55 089	65 249	60 304
1人あたり(kg)	801	635	532	437	520	…

経済産業省「生産動態統計」、日本鉄鋼連盟「鉄鋼統計要覧」および同ウェブサイトより作成。**粗鋼**は、すべての鋼を示す統計用語。**特殊鋼**は、特殊な元素を添加したり成分を調整して物性を高めたもので、ステンレス鋼や磁石鋼など。粗鋼の輸出入は、鋼材や二次製品（主要加工品）等の貿易量を粗鋼換算している。粗鋼消費は生産＋輸入－輸出でみた見掛消費。1) 鋳鋼鋳込を含む。【☞粗鋼生産の長期統計512ページ】

　国内粗鋼生産は、1970年代から50年以上、年間１億トン程度の水準で推移してきた。バブル崩壊で国内需要が停滞すると、韓国や中国向けを中心に輸出を拡大し、国内生産を支えた。しかし、中国が国内生産を急拡大して、生産量が中国の国内需要を大幅に上回るようになる。中国は余剰の鉄鋼を安く輸出するようになって、世界的に鉄鋼の供給過剰となり、各国メーカーの収益が悪化した。国内メーカーは高炉の休止など生産設備の削減を進めたが、設備を閉鎖した地域の経済に大きな影響を与えている。一方、これにより鉄鋼メーカーの収益は向上している。

図 16-2　高炉一貫製鉄所の所在地 （2022年７月１日現在）

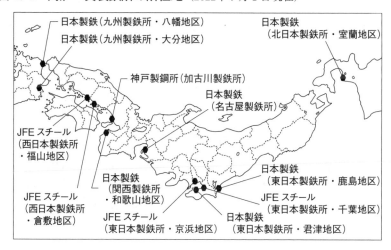

日本鉄鋼連盟「日本の鉄鋼業」（2022年）より作成。地名表記は各社の製鉄所名。

表 16-4　鉄鋼業の主要原料の輸入先 （2021年）

鉄鉱石	千t	%	石炭	千t	%
オーストラリア・	66 527	58.8	オーストラリア・	40 233	71.9
ブラジル・・・・・・	30 088	26.6	ロシア・・・・・・・・	5 653	10.1
カナダ・・・・・・・・	7 070	6.3	カナダ・・・・・・・・	4 917	8.8
南アフリカ共和国	3 711	3.3	アメリカ合衆国・	2 867	5.1
アメリカ合衆国・	1 407	1.2	インドネシア・・・	1 500	2.7
計×・・・・・・・・	**113 071**	100.0	計×・・・・・・・・	**55 933**	100.0

財務省「貿易統計」および日本鉄鋼連盟「鉄鋼統計要覧」（2022年版）より作成。石炭は鉄鋼業の原料炭のみで、2021年の総輸入量182615千ｔの30.6％にあたる。×その他とも。

　鉄鋼業は工業生産にとって基本的な素材を提供する産業で、新興国でも国産化を目指しており、高炉メーカーによる一貫生産は海外進出が難しい。このため、生産は国内が基本となるが、価格競争が中心となるはん用品では中国に規模で劣る。高付加価値品である高機能鋼でも、中国などで国産化に向けた動きがみられ、国際競争力の維持が課題である。

　鉄鋼業は、産業部門での二酸化炭素排出量の37％（2020年度確報値）を占める。政府は、2020年に2050年のカーボンニュートラル、脱炭素社会の実現を目指すと宣言し、特に鉄鋼業に対して二酸化炭素排出量削減に向けた取り組みを求めている。これを受けて、高炉メーカーでは銑鉄を製造する過程でコークスの代わりに水素を用いる「水素還元製鉄」の導入を目指している。また、高炉と比べて製造時の二酸化炭素排出が少ない電炉へ移行する動きもみられる。

表 16-5　日本の鉄鋼貿易（単位　千 t ）

		1990	2000	2010	2020	2021	2022
輸出	普通鋼鋼材‥	13 483	22 393	29 308	20 924	22 128	21 404
	特殊鋼鋼材‥	2 848	4 300	7 782	5 833	7 676	6 941
	二次製品‥‥1)	533	481	719	500	631	583
	輸出計×‥	17 021	29 160	43 395	32 136	34 400	32 303
輸入	普通鋼鋼材‥	5 978	4 661	3 664	3 985	4 191	4 229
	特殊鋼鋼材‥	25	150	293	615	574	515
	二次製品‥‥1)	137	349	640	721	777	774
	輸入計×‥	11 680	7 747	7 208	6 910	7 548	7 455

日本鉄鋼連盟「鉄鋼統計要覧」および同ウェブサイトより作成。1) 主要加工品を集計したもの。×その他とも。銑鉄などや半製品を含む。

表 16-6　日本の鉄鋼輸出先（単位　千 t ）

	2021	2022		2021	2022
韓国‥‥‥‥‥	4 897	5 431	（台湾）‥‥‥‥	2 341	1 809
タイ‥‥‥‥‥	5 929	5 038	アメリカ合衆国‥	1 178	1 268
中国‥‥‥‥‥	5 124	3 949	メキシコ‥‥‥‥	1 944	1 244
インドネシア‥‥	2 311	2 300	インド‥‥‥‥‥	757	848
ベトナム‥‥‥‥	1 957	1 896	計×‥‥‥‥‥	34 400	32 303

資料は上表に同じ。上表の輸出計の国別内訳。×その他とも。

図 16-3　粗鋼の国内需給と主要国の生産量

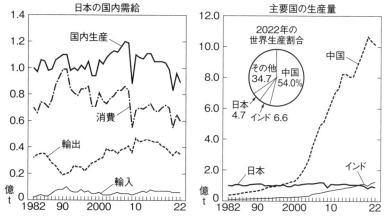

表16-3および表16-7より作成。

表 16-7　世界の粗鋼生産（単位　千 t ）

	2000	2010	2020	2021	2022
中国‥‥‥‥‥‥	128 500	638 743	1 064 767	1 035 243	1 017 959
インド‥‥‥‥‥	26 924	68 976	100 256	118 201	125 067
日本‥‥‥‥‥‥	106 444	109 599	83 186	96 336	89 238
アメリカ合衆国‥	101 824	80 495	72 732	85 791	80 535
ロシア‥‥‥‥‥	59 136	66 942	71 621	77 020	71 469
韓国‥‥‥‥‥‥	43 107	58 914	67 079	70 418	65 856
ドイツ‥‥‥‥‥	46 376	43 830	35 680	40 241	36 849
トルコ‥‥‥‥‥	14 325	29 143	35 810	40 360	35 134
世界計×‥‥‥‥	850 020	1 435 254	1 882 121	1 962 328	1 885 026

WSA（世界鉄鋼協会）ウェブサイト（2023年4月7日閲覧）および同 "Steel Statistical Yearbook" より作成。×その他とも。

表 16-8　世界の鉄鋼メーカー別粗鋼生産量（2021年）（単位　千 t ）

宝鋼集団（中）‥‥‥‥	119 950	建龍集団（中）‥‥‥‥	36 710
アルセロール・ミタル(ル)	79 260	首鋼集団（中）‥‥‥‥	35 430
鞍鋼集団（中）‥‥‥‥	55 650	タタ・スチール（印）‥	30 590
日本製鉄（日）‥‥‥‥	49 460	山東鋼鉄集団（中）‥‥	28 250
江蘇沙鋼集団（中）‥‥	44 230	徳龍鋼鉄（中）‥‥‥‥	27 820
ポスコ（韓）‥‥‥‥‥	42 960	JFEスチール（日）‥‥	26 850
河北鋼鉄集団（中）‥‥	41 640	湖南華菱鋼鉄集団（中）	26 210

WSA（世界鉄鋼協会）"WORLD STEEL IN FIGURES 2022" より作成。ル＝ルクセンブルク。原資料では万 t 単位で公表。子会社や合弁の持ち分を含む。

第16章　金属工業

表 16-9 世界の鋼材および半鋼材の輸出入（単位 千ｔ）

輸出	2020	2021	輸入	2020	2021
中国 …………	53 087	66 208	アメリカ合衆国・	20 140	29 692
日本 …………	31 072	33 763	中国 …………	38 710	27 824
ロシア ………	28 838	32 583	ドイツ ………	19 186	23 274
韓国 …………	28 581	26 781	イタリア ……	16 146	20 760
ドイツ ………	21 565	23 950	トルコ ………	12 929	16 151
トルコ ………	18 538	22 057	タイ …………	13 408	15 711
インド ………	17 296	20 374	メキシコ ……	10 081	14 752
世界計×……	**405 567**	**460 381**	世界計×……	**398 684**	**445 112**

WSA（世界鉄鋼協会）ウェブサイト（2023年4月7日閲覧）より作成。×その他とも。

表 16-10 粗鋼消費量（見掛消費）（単位 千ｔ、1人あたりはkg）

	1990	2000	2010	2020	2021	1人あたり消費 (2021)
中国 …………	68 279	138 086	612 063	1 006 340	952 042	667.7
インド ………	21 700	30 200	69 082	89 333	106 226	75.5
アメリカ合衆国‥	103 052	133 360	92 400	80 043	97 090	288.1
日本 …………	99 032	79 600	67 400	52 630	57 410	460.7
韓国 …………	21 478	40 000	54 573	49 195	56 041	1 081.2
ロシア ………	1) 59 057	29 412	41 444	42 314	43 924	302.7
ドイツ ………	2) 35 550	42 091	40 479	31 163	35 340	423.7
トルコ ………	6 593	13 370	25 131	29 481	33 377	393.7
世界計×……	**773 442**	**847 142**	**1 419 631**	**1 787 919**	**1 839 049**	232.6

資料は表16-7に同じ。粗鋼換算による生産＋輸入−輸出。1）1992年。2）旧西ドイツ。×その他とも。

表 16-11 世界の鉄鉱石生産量（鉄含有量）（単位 百万ｔ）

	1990	2000	2010	2019	2020	〃 %
オーストラリア‥	69.8	104.2	271.0	569.0	564.5	37.1
ブラジル ………	99.9	141.1	248.0	258.0	246.8	16.2
中国 …………	50.5	73.5	230.0	219.0	225.0	14.8
インド ………	34.4	48.6	128.0	126.0	127.0	8.4
ロシア ………	1) 132.0	50.0	57.6	64.3	69.5	4.6
ウクライナ ……	…	30.6	38.6	39.5	49.3	3.2
カナダ ………	22.0	22.7	23.3	35.2	36.1	2.4
南アフリカ共和国	19.7	21.6	36.9	46.1	35.4	2.3
イラン ………	1.8	6.1	16.5	21.7	32.5	2.1
世界計×……	**540.0**	**604.3**	**1 170.0**	**1 520.0**	**1 520.0**	100.0

USGS（アメリカ地質調査所）"Minerals Yearbook" より作成。1）旧ソ連。×その他とも。

〔非鉄金属〕　アルミ新地金の製錬は、1970年代の石油危機による電力価格高騰により撤退が進み、現在は全量を輸入している。しかし、アルミは新地金生産の３％程度のエネルギーで再生が可能で、リサイクルが進んでいる。アルミは軽い割に強く、自動車や建材などに使用される。特に自動車では、軽量化により走行時の二酸化炭素排出量を抑えることが可能で、アルミをさらに活用することが求められている。アルミの国際価格は、コロナ禍で急落した後に、2021年からのエネルギー価格高騰に伴い上昇した。2022年のロシアによるウクライナ侵攻に伴い一時的に

表 16-12　アルミニウムの生産（単位　千 t）

	1990	2000	2010	2020	2021	2022
アルミナ・・・・・・・・	481	369	318	—	—	—
新地金・・・・・・・・・・	34	7	5	—	—	—
二次地金・・・・・・・・	166	205	126	142	156	152
精製アルミニウム・	16	41	49	33	31	29
合金新地金・・・・・・	} 1 250	} 1 311	} 1 288	30	36	36
合金二次地金・・・・・				1 157	1 294	1 170
アルミ圧延品・・・・ 1)	2 258	2 452	2 057	1 719	1 880	1 825
アルミはく・・・・・・	134	153	122	106	126	110

日本アルミニウム協会「アルミニウム統計年報」および経済産業省「生産動態統計」より作成。1) アルミはくを除く。板や管、棒、線など。

アルミニウムはボーキサイトからアルミナ（酸化アルミニウム）を抽出し、これを電気分解して得る。大量の電力が必要で、電力コストの高い日本では石油危機を契機に新生アルミニウム事業からの撤退が相次いだ。自家水力発電を有した国内最後の事業所も2014年に生産終了。**二次地金**はアルミニウムをリサイクルした再生地金。**精製アルミニウム**は純度99.95％以上のもので、優れた物性を持ち大容量の電解コンデンサーなどに用いられる。

表 16-13　アルミニウムの輸出入（合金を含む）（単位　千 t）

	輸出			輸入		
	2020	2021	2022*	2020	2021	2022*
地金・・・・・・・・・・・・	20.7	28.6	21.7	2 052.1	2 537.2	2 456.8
圧延品・・・・・・・・・・ 1)	237.1	311.9	289.2	227.0	251.4	253.6
計・・・・・・・・・・・・ 2)	**258.4**	**341.9**	**312.3**	**2 283.0**	**2 793.0**	**2 714.9**
（別掲）スクラップ	312.0	389.6	437.4	52.8	72.5	87.3

財務省「貿易統計」より作成。1) アルミはくを含む。2) アルミニウム粉等を含む。*確々報。確定の際に数値が修正される場合がある。

急騰したものの、同年後半には2021年の水準に戻っている。

　銅は電気伝導度が高く、国内需要の61％が電線である（2022年）。日本は銅鉱を輸入に頼っているが、国内メーカーが権益を持つ鉱山が少なくない。銅の国際価格は、銅を多く使用する電気自動車向け需要への期待から、2021年以降高止まりしている。

表16-14　世界のボーキサイトとアルミニウムの生産（単位　千t）

ボーキサイト	2019	2020	アルミニウム （一次アルミ）	2019	2020
オーストラリア・	105 544	104 328	中国・・・・・・・・・・	35 044	37 080
中国・・・・・・・・・・	105 000	92 700	ロシア・・・・・・・・・	3 637	3 639
ギニア・・・・・・・・	67 000	86 000	インド・・・・・・・・・	3 640	3 558
ブラジル・・・・・・・	31 938	31 000	カナダ・・・・・・・・・	2 854	3 119
インドネシア・・・	16 593	20 800	アラブ首長国連邦	2 570	2 520
世界計×・・・・・	**387 000**	**391 000**	世界計×・・・・・	**62 900**	**65 200**

USGS（アメリカ地質調査所）"Minerals Yearbook"より作成。ボーキサイトは日本では産出しない。アルミニウム生産には再生アルミを含まない。アルミは生産の際に電力を大量に消費するため、大消費地のほか発電コストの低い国々で生産が盛ん。×その他とも。

表16-15　銅の生産（単位　千t）

	1990	2000	2010	2020	2021	2022
粗銅・・・・・・・・・・・・	1 351	1 857	1 925	1 968	1 806	1 932
電気銅・・・・・・・・・・	1 008	1 437	1 549	1 580	1 517	1 556
伸銅品・・・・・・・・・・	1 180	1 168	867	644	775	748
銅製・・・・・・・・・・	479	563	445	350	412	406
電線（銅線）・・・・・1)	1 155	880	641	572	576	568

経済産業省「生産動態統計」より作成。銅は鉱石から粗銅を生産し、電解精製によって電気銅を得る。伸銅品は板や棒などに加工したもので、銅のほか黄銅製など合金を含む。1)導体ベースの重量千t。【☞銅生産の長期統計512ページ】

表16-16　銅の国内需給（銅地金）（単位　千t）

	2021	2022		2021	2022
生産・・・・・・・・・	1 510.1	1 551.1	国内販売・・・・・・・	915.8	908.4
輸入・・・・・・・・・	9.5	9.7	電線・・・・・・・・・	574.5	551.4
輸出・・・・・・・・・	606.3	651.7	伸銅品・・・・・・・	324.4	339.2

日本鉱業振興会ウェブサイト（2023年3月20日閲覧）より作成。出典は日本鉱業協会。輸出入は財務省「貿易統計」（2022年は確々報）。

　レアメタルは産業に利用される希少な非鉄金属で、添加することで金属製品の特性が向上するほか、さまざまな機能が付加される。資源が偏っているため、少数の資源保有国や資源メジャーによって寡占化されや

図 16-4　**銅鉱の輸入先**（2021事業年度）（銅含有量ベース）

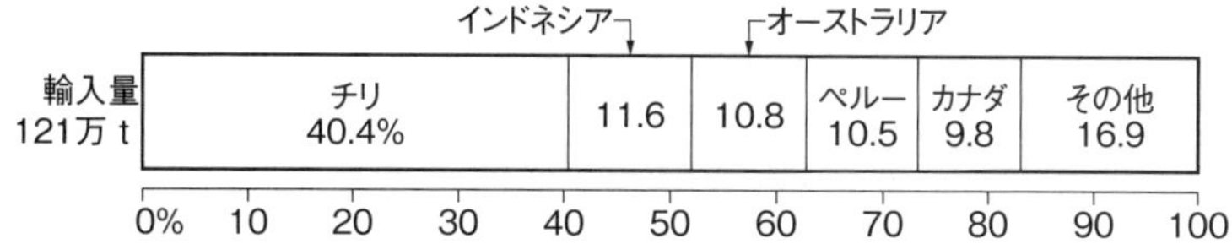

日本鉱業協会資料より作成。各鉱山毎の事業年度が異なるため、暦年を基本に、一部異なる期間の数値を含む。自山鉱（日本鉱業協会会員各社の引取権）は全体の27％。

表 16-17　**銅の輸出入**（合金を含む）（単位　千 t）

	輸出			輸入		
	2020	2021	2022*	2020	2021	2022*
粗銅・・・・・・・・・・・1)	1.5	0.2	0.2	4.4	6.8	0.0
精製銅・合金・・・・・	774.7	627.4	675.7	9.6	9.9	10.1
伸銅品・・・・・・・・・・	156.5	197.4	182.2	61.8	78.5	80.6
はく・・・・・・・・・・・・	43.2	49.2	44.5	25.1	31.8	31.7
計×・・・・・・・・・	982.3	882.0	909.8	109.5	137.3	133.4
（別掲）スクラップ	366.9	402.9	314.0	183.3	200.3	242.8

財務省「貿易統計」より作成。1）電解精製用陽極銅を含む。×その他とも。ただし、銅のマットやセメントカッパー（沈殿銅）など不純物を多く含むものは除く。*確々報。

表 16-18　**世界の銅鉱、精錬銅の生産**（単位　千 t）

銅鉱1) （銅含有量）	2018	2019	精錬銅 （再生銅を含む）	2018	2019
チリ・・・・・・・・・・	5 832	5 787	中国・・・・・・・・・・・	9 291	9 785
ペルー・・・・・・・・・・	2 437	2 455	チリ・・・・・・・・・・*	2 461	2 269
中国・・・・・・・・・・	1 625	1 684	日本・・・・・・・・・・・	1 595	1 495
コンゴ民主共和国・・	1 226	1 291	コンゴ民主共和国*	953	1 081
アメリカ合衆国・・	1 220	1 260	ロシア・・・・・・・・・	1 040	1 047
オーストラリア・・	911	934	アメリカ合衆国・・・	1 110	1 030
ロシア・・・・・・・・	785	801			
ザンビア・・・・・・・・	854	797	世界計×・・・・・・	24 400	24 500
			新生銅・・・・・・	20 300	20 300
世界計×・・・・・・	20 500	20 400	再生銅・・・・・・	4 140	4 150

USGS（アメリカ地質調査所）"Minerals Yearbook"より作成。*は新生銅のみで再生銅（リサイクル）を含まず。1）電解採取を含む。×その他とも。

すく、その動向によって供給不安が起こりやすい。2022年には、ロシアによるウクライナ侵攻によって、ロシアが主要生産国のパラジウムやニッケルなどの価格が一時的に急騰した。レアメタル生産は中国の存在感が大きく、米中対立が深まる中でその動向に左右されないようにする必要がある。日本政府は「資源自立経済」を掲げ、都市鉱山と呼ばれる電子機器リサイクルによる資源回収の強化を目指している。

表16-19　その他の主な非鉄金属の国内生産（単位　千 t ）

	1990	2000	2010	2020	2021	2022
電気鉛········· 1)	261.0	239.4	215.8	197.6	196.6	192.9
亜鉛·············	687.5	654.4	574.0	501.1	517.2	516.6
電気亜鉛······· 2)	546.7	493.6	458.6	431.7	…	…
すず·············	0.8	0.6	0.8	1.6	1.9	1.5
ニッケル········ 3)	22.3	36.2	40.2	55.4	55.0	49.7
電気金（t）·····	108	146	136	109	100	113
電気銀（t）·····	2 089	2 385	1 898	1 755	1 751	1 746

経済産業省「生産動態統計」および日本鉱業振興会ウェブサイト（原資料は日本鉱業協会）より作成。1) 乾式鉛を含む。2) 精留亜鉛を含む。3) 2020年以降は地金。

表16-20　世界の鉛、亜鉛、すずの生産（単位　千 t ）

鉛鉱石（2019年）（鉛含有量）		亜鉛鉱石（2021年）（亜鉛含有量）		すず鉱石（2020年）（すず含有量）	
中国········	2 010	中国········	4 136	中国········	84.0
オーストラリア	509	ペルー········	1 532	インドネシア	53.0
ペルー·······	308	オーストラリア	1 323	ミャンマー·· 1)	29.0
アメリカ合衆国	274	インド········	777	ペルー·······	20.6
メキシコ····	259	メキシコ····	724	コンゴ民主共和国	17.3
世界計×··	4 720	世界計×··	12 700	世界計×··	264.0
鉛（2019年）（再生鉛を含む）		亜鉛（2021年）（再生亜鉛を含む）		すず（2020年）（再生すずを含む）	
中国········	4 959	中国········	6 408	中国········ *	168.0
アメリカ合衆国	1 180	韓国······· *	949	インドネシア*	58.8
インド······	922	インド······ *	759	マレーシア· *	22.4
韓国·······	794	カナダ····· *	641	ペルー······*	19.6
メキシコ····	447	日本········ *	517	ブラジル···· *	11.8
（参考）日本·	198	スペイン···· *	510	（参考）日本 *	1.6
世界計×··	11 600	世界計×··	13 400	世界計×··	328.0

USGS（アメリカ地質調査所）"Minerals Yearbook" より作成。*は新生金属のみで再生（リサイクル）を含まず。1) すず－タングステン精鉱のすずを含む。×その他とも。

表 16-21　貴金属の世界生産（単位　t）

金鉱 （2020年）		銀鉱 （2020年）		プラチナ （2021年）	
中国‥‥‥‥‥	365	メキシコ‥‥‥	5 541	南アフリカ共和国	141.6
オーストラリア	328	中国‥‥‥‥‥	3 378	ロシア‥‥‥‥	21.0
ロシア‥‥‥‥	305	ペルー‥‥‥‥	2 772	ジンバブエ‥‥	14.7
アメリカ合衆国	193	チリ‥‥‥‥‥	1 576	カナダ‥‥‥‥	6.0
世界計×‥‥	3 030	世界計×‥‥	23 700	世界計×‥‥	192.0

USGS（アメリカ地質調査所）“Minerals Yearbook”より作成。×その他とも。

参考　2021年のパラジウム生産は世界全体で214.0 t、うちロシア86.0 t、南アフリカ共和国84.3 t、カナダ15.0 t、アメリカ合衆国（金－銅鉱石からの副産物を除く）13.7 t。

表 16-22　主なレアメタル（鉱）の世界生産と国別割合（金属含有量）（2021年）

ニッケル鉱[1] 2 610千 t （ステンレス鋼など） インドネシア‥32.7% フィリピン‥‥12.4% ロシア‥‥‥‥10.7% ニューカレドニア8.0%	**タングステン鉱**[1]・83.8千 t （超硬工具原料など） 中国‥‥‥‥‥82.3% ベトナム‥‥‥5.4% ロシア‥‥‥‥2.6% モンゴル‥‥‥2.3%	**チタン鉱**[4][5] 9 500千 t （航空機向け合金等） 中国‥‥‥‥‥35.8% モザンビーク‥11.7% 南アフリカ共和国10.5% オーストラリア・8.3%
コバルト鉱[1]・144千 t （二次電池など多数） コンゴ民主共和国69.4% ロシア‥‥‥‥4.4% オーストラリア・4.0% フィリピン‥‥3.5%	**モリブデン鉱** 255千 t （鉄鋼添加材など） 中国‥‥‥‥‥37.4% チリ‥‥‥‥‥19.4% アメリカ合衆国16.1% ペルー‥‥‥‥13.4%	**ジルコニウム鉱**[2][6]1 300千 t （ファインセラミックス等） オーストラリア30.8% 南アフリカ共和国23.8% 中国‥‥‥‥‥10.2% モザンビーク‥8.0%
クロム鉱[2][3]・42 200千 t （特殊鋼など） 南アフリカ共和国44.0% トルコ‥‥‥‥16.5% カザフスタン‥15.4% インド‥‥‥‥10.1%	**バナジウム鉱** 105千 t （特殊鋼や合金類） 中国‥‥‥‥‥67.0% ロシア‥‥‥‥19.1% 南アフリカ共和国8.4% ブラジル‥‥‥5.5%	**リチウム鉱**[6][7] 83千 t （リチウム電池） オーストラリア48.2% チリ‥‥‥‥‥27.8% 中国‥‥‥‥‥16.1% アルゼンチン‥7.1%
マンガン鉱20 100千 t （マンガン鋼など） 南アフリカ共和国35.8% ガボン‥‥‥‥21.6% オーストラリア16.2% 中国‥‥‥‥‥4.9%	**アンチモン鉱**[1]162千 t （難燃助剤や電子機器等） 中国‥‥‥‥‥54.9% ロシア‥‥‥‥18.5% タジキスタン‥17.3% ミャンマー‥‥3.7%	**レアアース**[1][8] 219千 t （高性能磁石、高屈折ガラス等） 中国[9]‥‥‥‥60.3% アメリカ合衆国12.8% ミャンマー‥‥11.4% オーストラリア・9.1%

資料は上表に同じ。かっこは主要用途。信頼性が十分なデータがない国は、世界計から除外されている。国によって各鉱物の統計範囲が異なる場合がある。1）2019年。2）精鉱の生産量で含有量ではない。3）クロマイトの生産量。4）USGS “Mineral Commodity Summaries”より作成。5）TiO$_2$当量。イルメナイトとルチルの合計。6）2020年。7）アメリカ合衆国を除く統計で、国別割合は同国を除いたもの。8）レアアース酸化物当量。9）違法な採掘分を含まない。

第16章　金属工業

図 16-5　世界の各種金属鉱石産出高（金属含有量）（2021年）

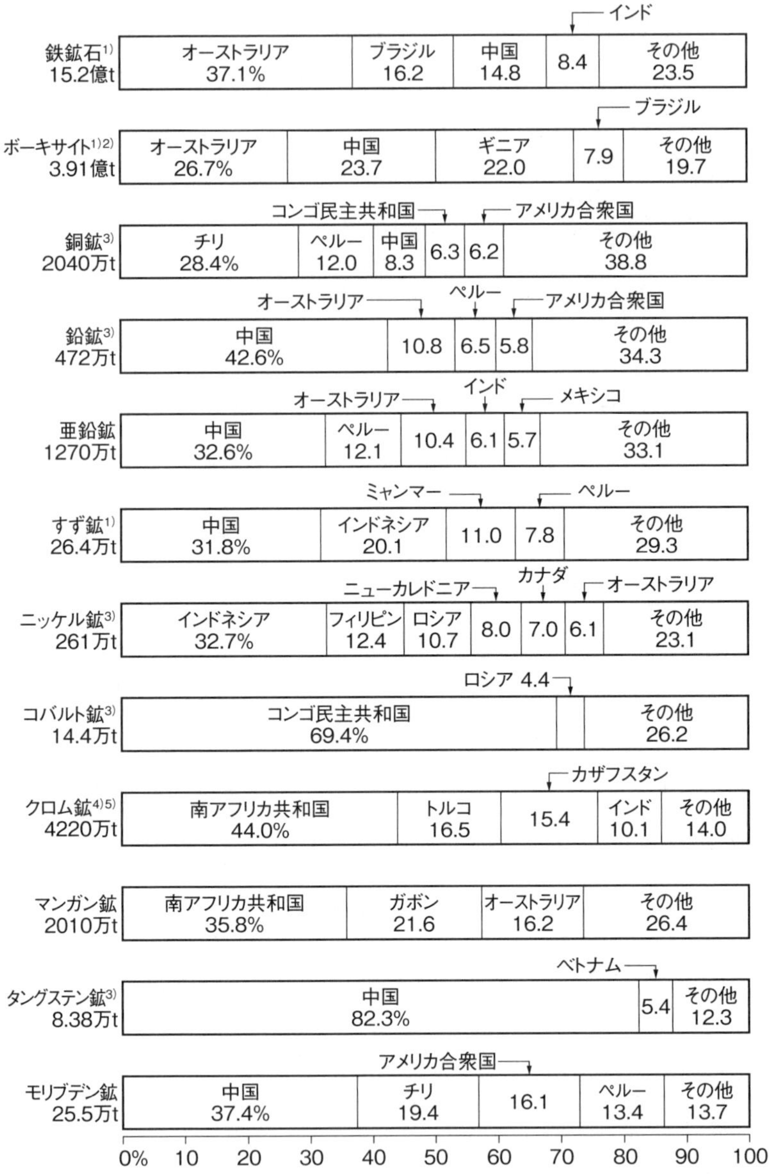

鉱種	国別シェア（%）
鉄鉱石[1] 15.2億t	オーストラリア 37.1% ／ ブラジル 16.2 ／ 中国 14.8 ／ インド 8.4 ／ その他 23.5
ボーキサイト[1][2] 3.91億t	オーストラリア 26.7% ／ 中国 23.7 ／ ギニア 22.0 ／ ブラジル 7.9 ／ その他 19.7
銅鉱[3] 2040万t	チリ 28.4% ／ ペルー 12.0 ／ 中国 8.3 ／ コンゴ民主共和国 6.3 ／ アメリカ合衆国 6.2 ／ その他 38.8
鉛鉱[3] 472万t	中国 42.6% ／ オーストラリア 10.8 ／ ペルー 6.5 ／ アメリカ合衆国 5.8 ／ その他 34.3
亜鉛鉱 1270万t	中国 32.6% ／ ペルー 12.1 ／ オーストラリア 10.4 ／ インド 6.1 ／ メキシコ 5.7 ／ その他 33.1
すず鉱[1] 26.4万t	中国 31.8% ／ インドネシア 20.1 ／ ミャンマー 11.0 ／ ペルー 7.8 ／ その他 29.3
ニッケル鉱[3] 261万t	インドネシア 32.7% ／ フィリピン 12.4 ／ ロシア 10.7 ／ ニューカレドニア 8.0 ／ カナダ 7.0 ／ オーストラリア 6.1 ／ その他 23.1
コバルト鉱[3] 14.4万t	コンゴ民主共和国 69.4% ／ ロシア 4.4 ／ その他 26.2
クロム鉱[4][5] 4220万t	南アフリカ共和国 44.0% ／ トルコ 16.5 ／ カザフスタン 15.4 ／ インド 10.1 ／ その他 14.0
マンガン鉱 2010万t	南アフリカ共和国 35.8% ／ ガボン 21.6 ／ オーストラリア 16.2 ／ その他 26.4
タングステン鉱[3] 8.38万t	中国 82.3% ／ ベトナム 5.4 ／ その他 12.3
モリブデン鉱 25.5万t	中国 37.4% ／ チリ 19.4 ／ アメリカ合衆国 16.1 ／ ペルー 13.4 ／ その他 13.7

0%　10　20　30　40　50　60　70　80　90　100

アメリカ地質調査所 "Minerals Yearbook" より作成。1) 2020年。2) ボーキサイト産出量で、金属含有量ではない。3) 2019年。4) 精鉱の生産量。5) クロマイト（クロム鉄鉱）。

〔金属製品〕 金属製品製造業は、金属を加工して製品にする産業である。建設・建築用資材のほか、さまざまな部品を製造して、ものづくりの基盤を支えており、優れた技術力を有するメーカーが少なくない。一方、中小事業者が多く、部品メーカーでは川上の素材メーカーと川下の自動車メーカーなどの大企業にはさまれて、取引における立場が弱い場合も多い。また、生産体制のグローバル化の中で、これまでの下請けによる系列取引の見直しが進むなど、産業構造の変化に直面している。

図 16-6　金属製品製造業の府県別製造品出荷額等割合（2020年）

兵庫	茨城				
愛知	大阪			埼玉	

出荷額等
15兆2036億円

| 愛知 10.9% | 大阪 9.7 | 5.6 | 5.5 | 4.9 | その他 63.4 |

0%　10　20　30　40　50　60　70　80　90　100

総務省・経済産業省「経済センサス−活動調査」より作成。個人経営事業所を除く。

表 16-23　主な金属製品の生産（単位　千 t ）

	2021	2022		2021	2022
ワイヤー‥‥‥ 1)	268	255	石油機器(千台)‥	3 655	3 608
ドラム缶‥‥‥ 1)	338	318	粉末や金製品‥ 5)	126	115
18L缶 ‥‥‥‥ 1)	122	121	機械材料‥‥‥	84	75
食缶‥‥‥‥‥ 1)	195	187	磁性材料‥‥‥	40	38
軽金属板製品‥‥	370	369	鍛工品‥‥‥‥‥	2 398	2 379
飲料用缶‥‥‥	356	351	鉄系‥‥‥‥‥	2 346	2 327
はんだ‥‥‥‥‥	16.3	14.8	熱間鍛造品‥	2 241	2 229
鉄構物‥‥‥‥‥	1 483	1 497	冷間鍛造品‥	105	98
鉄骨‥‥‥‥ 2)	1 208	1 247	アルミニウム系	52	52
ばね‥‥‥‥‥‥	383	374	銑鉄鋳物‥‥‥‥	3 170	3 115
バルブ(百万個)3)	105	106	球状黒鉛鋳鉄‥	1 339	1 315
管継手(百万個)4)	241	257	可鍛鋳鉄‥‥‥‥	29.8	29.4
空気動工具(千台)	1 025	951	精密鋳造品‥‥‥	4.7	4.4
作業工具(百万個)	89.9	91.6	銅・銅合金鋳物‥	60	59
のこ刃‥‥‥‥‥	3.0	3.2	アルミニウム鋳物	374	364
機械刃物‥‥‥‥	9.6	10.1	ダイカスト‥‥‥	925	895
ガス機器(千台)‥	7 137	8 006	自動車用‥‥ 6)	806	779

経済産業省「生産動態統計」より作成。鍛工品や鋳物などは、産業分類上は金属製品製造業に含まれない。1) 鉄鋼加工製品。2) 軽量鉄骨を含む。3) コックを含む。4) フランジ形を含む。5) 超硬チップを除く。6) アルミと亜鉛のみ。二輪自動車用を除く。

第16章　金属工業

第17章　機械工業

　機械工業は日本の製造品出荷額等全体の45％を占め（2020年）、日本を代表する製造業である。高度経済成長とともに技術力を高め国際競争力をつけて、自動車や電子機器などが輸出産業として成長した。しかし、貿易摩擦や労働コスト削減のために、1980年代中盤より海外生産が増えた。その後、半導体や電子機器、造船を中心に韓国メーカーが成長したほか、近年は中国メーカーがさまざまな分野で成長している。日本は以前と異なりスマートフォンなどハイテク製品を輸入する国になっているが、自動車のほ

図17-1　機械工業の貿易額

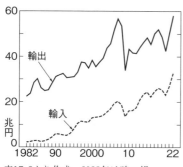

表17-3より作成。2022年は確々報。

表17-1　機械工業の推移 （2020年は個人経営事業所を除く）

	1990	2000	2010	2019	2020
事業所数・・・・・・・・ 1)	154 935	133 770	102 665	82 991	63 084
従業者数（千人）・ 1)	4 438.4	3 739.2	3 264.5	3 322.9	3 183.8
製造品出荷額等(億円)	1 409 261	1 389 882	1 295 546	1 475 429	1 367 483
はん用機械・・・・・・	393 096	349 591	101 563	122 580	114 759
生産用機械・・・・・			138 214	211 499	197 080
業務用機械・・・・・			69 053	68 335	64 226
電子部品・デバイス・電子回路・・・・・	546 668	212 356	166 467	141 515	146 154
電気機械・・・・・・・・		207 902	151 736	183 298	178 745
情報通信機械・・・・		175 559	125 903	67 194	64 210
輸送用機械・・・・・	469 497	444 474	542 608	681 009	602 308
自動車・・・・・・・・	423 707	400 428	473 251	600 792	534 472
付加価値額(億円) 2)	489 762	459 437	394 768	446 799	415 720

総務省・経済産業省「経済センサス－活動調査」および経済産業省「工業統計調査」より作成。工業統計に関する注記は表15-1を参照。2008年より時計、めがねを除く。同年より光ディスク等が電気機械から電子部品・デバイス・電子回路へ、ビデオ機器やデジタルカメラ等が電気機械から情報通信機械へ移行。1) 2010年までは各年末現在、2019、20年は翌年6月1日現在。2) 2010、19年は従業者4人以上の事業所。【☞府県別統計526ページ】

か新興国が生産に必要な産業機械や部品などを中心に機械工業製品の輸出が現在も盛んで、機械工業の貿易黒字額は2022年で25兆円（確々報）と輸出産業の中核を担っている。

表 17-2　機械工業の構成（個人経営事業所を除く）（2020年）

	事業所数 1)	従業者数 1)（千人）	製造品出荷額等（億円）	付加2)価値額（億円）
はん用機械器具・・・・・・・・・・・	8 112	321.8	114 759	41 211
ボイラ・原動機・・・・・・・・	385	44.6	25 662	7 962
ポンプ・圧縮機器・・・・・・	1 350	63.7	22 959	8 762
一般産業用機械・装置・・・	2 504	100.5	37 299	13 600
玉軸受・ころ軸受・・・・・・	384	41.4	11 994	3 997
生産用機械器具・・・・・・・・・	23 143	617.7	197 080	71 908
建設機械・鉱山機械・・・・・	1 499	69.7	33 160	8 399
金属加工機械・・・・・・・・・・	6 715	153.8	39 176	15 155
金属工作機械・・・・・・	688	46.6	13 211	4 252
半導体製造装置・・・・・・・	1 685	78.1	32 259	11 708
業務用機械器具・・・・・・・・・	4 806	211.9	64 226	24 957
サービス用・娯楽用機械・	741	25.6	11 505	4 642
計量器・測定器等・・・・・ 3)	1 922	62.9	17 244	7 332
医療用機械・医療用品・・・	1 299	58.3	15 571	6 599
電子部品・デバイス・電子回路	4 551	413.6	146 154	53 495
集積回路・・・・・・・・・・・	109	57.3	33 223	15 738
電子部品・・・・・・・・・・・	963	85.7	29 366	10 194
電子回路・・・・・・・・・・・	1 271	79.9	20 501	7 081
電気機械器具・・・・・・・・・・・	10 002	484.7	178 745	63 367
発・送・配電用電気機械器具	4 511	169.3	50 482	17 713
内燃機関電装品・・・・・・	828	78.3	38 334	10 849
民生用電気機械器具・・・・・	1 032	58.5	29 581	13 149
電球・電気照明器具・・・・・	643	33.3	12 916	3 325
電池・・・・・・・・・・・・・	165	27.0	9 804	3 323
電気計測器・・・・・・・・・・・	947	43.7	14 367	6 471
情報通信機械器具・・・・・・・・	1 297	113.3	64 210	17 435
通信機械器具・関連機械器具	498	56.2	30 712	9 154
無線通信機械・・・・・・・・	172	28.5	15 940	4 808
電子計算機・同附属装置・	452	37.8	27 087	6 903
輸送用機械器具・・・・・・・・・	11 173	1 020.8	602 308	143 348
自動車・同附属品・・・・・・	7 438	855.9	534 472	120 920
自動車（二輪自動車を含む）	98	192.6 4)	219 528 4)	46 741
自動車部分品・附属品・	7 093	640.6	306 986	71 614
船舶製造・修理業、舶用機関	1 986	66.1	30 012	8 189
航空機・同附属品・・・・・・	371	38.0	16 919	5 968
計・・・・・・・・・・・・・・・・・	63 084	3 183.8	1 367 483	415 720

総務省・経済産業省「経済センサス－活動調査」（2021年）より作成。工業統計に関する注記は表15-1を参照。1) 2021年6月1日現在。2) 従業者29人以下の事業所は粗付加価値額（在庫の増減等を加味しない）。3) 分析機器等を含む。4) 従業者4人以上の事業所。

第17章
機械工業

表 17-3　機械工業の貿易額 (単位　億円)

		1990	2000	2010	2020	2021	2022*
輸出	一般機械···	91 757	110 964	133 166	131 403	163 823	189 096
	電気機器···	95 496	136 798	126 611	129 089	153 207	173 546
	輸送用機器·	103 667	108 282	152 581	144 562	161 922	190 578
	自動車···	73 587	69 301	91 741	95 796	107 222	130 117
	精密機器類·	20 013	27 726	21 051	20 409	24 165	26 140
	輸出額計·	**310 933**	**383 769**	**433 410**	**425 463**	**503 118**	**579 360**
輸入	一般機械···	20 237	45 006	48 257	70 425	76 819	92 826
	電気機器···	18 834	58 657	81 591	114 736	137 858	174 350
	輸送用機器·	15 957	14 553	16 814	25 998	32 439	33 808
	精密機器類·	4 329	11 432	14 622	19 764	21 927	25 779
	輸入額計·	**59 357**	**129 648**	**161 284**	**230 923**	**269 043**	**326 763**

財務省「貿易統計」より作成。本表は貿易概況品分類を基に作成しており、機械工業に電線・ケーブル類を含むなど、統計範囲が表17-2と若干異なる。*2022年は確々報。

表 17-4　機械工業貿易額の内訳 (単位　億円)

	2021	2022*		2021	2022*
輸出			**輸出（つづき）**		
一般機械·······	163 823	189 096	個別半導体·	10 280	10 706
原動機·······	25 055	28 448	集積回路···	33 461	39 751
内燃機関···	20 654	23 594	電気計測機器·	18 486	19 630
事務用機器···	13 746	14 547	輸送用機器·····	161 922	190 578
電算機部分品	10 051	10 245	自動車·······	107 222	130 117
金属加工機械·	9 817	11 634	乗用車·····	93 860	113 814
建設用機械··1)	13 094	16 911	バス・トラック	12 919	15 623
ポンプ······2)	13 966	15 472	自動車の部分品	36 001	38 483
半導体製造装置	21 642	26 532	船舶······	10 498	11 570
電気機器·······	153 207	173 546	精密機器類·····	24 165	26 140
重電機器·····	12 252	13 850	科学光学機器·	23 222	25 107
電気回路等機器	20 940	23 221	輸出額計·····	**503 118**	**579 360**
電子部品····	48 995	56 761			
輸入			**輸入（つづき）**		
一般機械······	76 819	92 826	集積回路···	27 452	41 144
事務用機器···	29 227	33 258	輸送用機器·····	32 439	33 808
電算機類···3)	23 915	27 090	自動車·······	13 718	15 051
電気機器·····	137 858	174 350	乗用車·····	12 719	13 910
音響・映像機器4)	13 766	16 029	精密機器類·····	21 927	25 779
通信機·····	33 252	37 778	科学光学機器·	18 881	22 057
電話機·····	19 825	22 924	輸入額計·····	**269 043**	**326 763**
電子部品·····	33 546	48 942			

上表の内訳。*2022年は確々報で、確定の際に修正される場合がある。1) 鉱山用を含む。2) 遠心分離機を含む。3) 周辺機器を含む。4) 部品を含む。

〔**自動車**〕 自動車は、約3万点の部品を組み立てて製造される。多くの部品メーカーが下請けや孫請けとして自動車メーカーを支えるほか、鉄鋼やガラス、プラスチックなど関連産業が広範で、雇用創出効果が大きく、自動車産業の動向は日本経済に大きな影響をもたらす。

日本の自動車産業は1960年代に内需を中心に発展し、70年代には輸出産業としても成長した。それに伴い日米貿易摩擦の原因となり、1982年より対米輸出自主規制を行ったほか、現地生産を始めた。その後、各国に生産拠点を拡大して、2007年以降は海外生産が国内生産を上回ってい

表 17-5　**自動車の供給台数**（単位　千台）

	1990	2000	2010	2020	2021	2022
生産・・・・・・・・・・・	13 487	10 141	9 629	8 068	7 847	7 835
乗用車・・・・・・・・	9 948	8 359	8 310	6 960	6 619	6 566
普通車・・・・・・	1 751	3 376	4 846	4 193	4 166	4 063
小型四輪車・・	7 361	3 700	2 159	1 410	1 169	1 202
軽四輪車・・・・	836	1 283	1 305	1 358	1 284	1 301
トラック・・・・・・	3 499	1 727	1 209	1 038	1 154	1 185
普通トラック	1 250	649	521	405	517	513
小型トラック	1 263	483	239	254	262	239
軽トラック・・	986	594	450	378	375	433
バス・・・・・・・・	40	55	109	70	74	85
輸出・・・・・・・・・・1)	5 831	4 455	4 841	3 741	3 819	3 813
国内販売・・・・・・2)	7 777	5 963	4 956	4 599	4 448	4 201
輸入車販売・・・・・	224	275	225	318	345	310
うち日本車・・・・	13	23	43	62	85	68
（参考）中古車販売	7 110	8 214	6 539	6 867	6 731	6 302

日本自動車工業会、日本自動車販売協会連合会、全国軽自動車協会連合会、日本自動車輸入組合の各ウェブサイトより作成。1) 2017年12月より一部メーカーを含まず。2) 新車登録台数と軽自動車販売台数。【☞長期統計512ページ】

表 17-6　**ハイブリッド車の生産台数**（単位　千台）

	2010	2015	2019	2020	2021	2022*
乗用車・・・・・・・・・1)	817.8	1 294.7	1 837.4	1 740.4	1 772.8	1 868.6
普通自動車・・・・	…	673.2	1 200.4	1 101.4	1 185.3	1 189.7
小型自動車・・・・	…	621.5	637.0	639.0	587.5	678.9
トラック・・・・・・・	…	1.7	17.1	17.3	17.0	30.2

経済産業省「生産動態統計」より作成。表17-5生産台数の内訳。バスの生産台数は秘匿。1) 2014年以降は軽自動車の数値が秘匿されており、これを含まない。*年間補正前。

る。しかし、国内生産は国内市場向けや高機能車を中心に現在も盛んで、2021年の生産台数は中国、アメリカに次ぐ3位である。世界一の中国は、日本や欧米企業のほか現地メーカーの生産が拡大している。

表17-7　ブランド別国内新車販売台数（2022年）（単位　千台）

自動車計		うち軽	乗用車		うち軽	トラック・バス		うち軽
トヨタ [1]	1 248	30	トヨタ [1]	1 060	19	トヨタ‥	188	11
スズキ‥	603	501	ホンダ‥	535	266	ダイハツ	186	185
ダイハツ	576	539	スズキ‥	479	378	スズキ‥	124	124
ホンダ‥	568	299	ダイハツ	390	354	日産‥‥	70	35
日産‥‥	449	177	日産‥‥	379	143	いすゞ‥	43	—
マツダ‥	161	30	マツダ‥	150	23	日野‥‥	42	—
スバル‥	101	19	スバル‥	92	11	ホンダ‥	33	33
計×‥	**4 201**	**1 638**	計×‥	**3 448**	**1 225**	計×‥	**753**	**413**

日本自動車工業会ウェブサイトより作成。海外生産車を含む。1) レクサス（乗用車販売41千台）を含まず。×その他とも。
参考　海外ブランド車はメルセデスベンツは52千台、フォルクスワーゲン32千台、BMW31千台（BMW MINIやBMWアルピナを含めると50千台）、アウディ21千台など。

表17-8　車名別乗用車国内販売台数（2022年）（単位　台）

	会社名	台数		会社名	台数
N-BOX‥‥‥‥*	ホンダ	202 197	タント‥‥‥‥*	ダイハツ	107 810
ヤリス‥‥‥‥	トヨタ	168 557	スペーシア‥‥*	スズキ	100 206
カローラ‥‥‥	トヨタ	131 548	ムーヴ‥‥‥‥*	ダイハツ	94 837
ノート‥‥‥‥	日産	110 113	ライズ‥‥‥‥	トヨタ	83 620
ルーミー‥‥‥	トヨタ	109 236	ワゴンR‥‥‥*	スズキ	82 213

日本自動車販売協会連合会資料、全国軽自動車協会連合会資料より作成。*軽自動車。

表17-9　次世代自動車（乗用車）の国内販売台数（単位　千台）

	2008	2010	2015	2020	2021
ハイブリッド車‥‥‥‥‥‥‥	108.5	481.2	1 074.9	1 346.8	1 434.7
プラグインハイブリッド車	—	—	14.2	14.7	22.7
電気自動車‥‥‥‥‥‥‥‥	—	2.4	10.5	14.6	21.7
燃料電池車‥‥‥‥‥‥‥‥	—	—	0.4	0.8	2.5
クリーンディーゼル車‥‥‥	—	8.9	153.8	147.1	149.3
計‥‥‥‥‥‥‥‥‥‥‥	108.5	492.6	1 253.8	1 524.0	1 630.8
割合（％）‥‥‥‥‥‥ [1]	*2.6*	*11.7*	*29.7*	*40.0*	*44.4*

日本自動車工業会「日本の自動車工業」より作成。1) 乗用車販売台数に占める割合。

世界の自動車生産台数は、2019年の9212万台からコロナ禍で2020年に7765万台に減少したが、その後徐々に回復し、2022年は8502万台であった。このうち日本は、2020年に各国と同様に生産台数が減少した後、生産が回復していない（表17-13）。国内生産は、車載用半導体の不足に加えて、2021年の東南アジアでの感染拡大、22年の中国でのゼロコロナ政策に伴う大規模なロックダウンの影響を受けており、諸外国より生産の落ち込みが顕著である。

世界的に、外部充電が可能な電気自動車（EV車、バッテリー式とプラグインハイブリッド）が普及し、中国やヨーロッパの主要国では乗用車販売の約2割を占める（表17-16）。

図 17-2　自動車工場の所在地

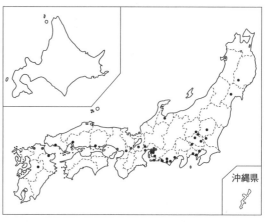

沖縄県

日本自動車工業会「日本の自動車工業」(2022年版) より作成。2022年5月1日現在。二輪車を含む組立工場（38工場）のみで、基本的には日本自動車工業会会員メーカーの工場であるが、一部はその関連メーカーの工場。

第17章　機械工業

自動車の国内生産の低迷

自動車生産は、2021年初頭から顕著になった半導体不足の影響を大きく受けている。22年後半に物価の大幅な上昇などにより、IT機器などの需要が減少したことで、IT向け半導体は需給が緩んだが、車載用半導体は世界的に供給不足が続いている。2022年は世界的に自動車生産が回復傾向にある中で、国内生産が低迷したが、国内生産は半導体の使用点数の多い高機能車の割合が高く、半導体不足がより響く結果となった。

日本では、3〜5月の中国・上海でのロックダウンに伴い、部品の供給不足で工場の稼働率が低下した影響も大きかった。前年の夏は東南アジアでのコロナ感染拡大で部品供給不足が生じており、長期的な半導体不足に一時的な混乱が加わって、生産の低迷が続いている。これらの影響で新車納入が遅れており、買い替えの長期化や中古車価格の上昇がみられる。

　EVはアメリカの新興メーカーのほか、欧州勢や中国勢が先行している。2023年には中国EVメーカーの日本進出が発表されて話題となった。日本メーカーは出遅れていたが、最近はEVシフトを鮮明にしている。

表17-10　**日本の自動車メーカーの海外生産**（単位　千台）

	1990	2000	2010	2020	2021	2022
アジア・・・・・・・・・・	952	1 674	7 127	9 169	10 051	10 543
中近東・・・・・・・・・・	—	4				
ヨーロッパ・・・・・1)	227	953	1 356	1 237	1 232	1 212
EU・・・・・・・・・	223	838	1 250 2)	435 2)	463 2)	626
北アメリカ・・・・・・	1 570	2 992	3 390	3 499	3 443	3 498
アメリカ合衆国	1 299	2 481	2 653	2 716	2 724	2 823
中南アメリカ・・・3)	161	388	982	1 319	1 533	1 478
アフリカ・・・・・・・	186	146	206	153	204	230
オセアニア・・・・・・	169	131	119	—	—	—
計・・・・・・・・・・	**3 265**	**6 288**	**13 182**	**15 377**	**16 463**	**16 962**

日本自動車工業会ウェブサイトより作成。原則として日本ブランド車のみ。2017年11月より一部メーカーを含まず。基本的に2007年以降は現地工場の生産台数で、2006年以前は海外生産用部品の輸出台数。1) トルコを含む。2) イギリスを除く。3) メキシコを含む。

表17-11　**日本の自動車メーカーの海外組立工場数**（四輪自動車）

中国・・・・・・・・	25	アメリカ合衆国	15	メキシコ・・・・・	9
インドネシア・	15	マレーシア・・・	12	世界計×・・・	**183**
タイ・・・・・・・・・	15	インド・・・・・・・	9		

日本自動車工業会「日本の自動車工業」(2022年版) より作成。2022年3月31日時点。×その他とも。二輪自動車（67工場、うち4工場が四輪車も製造）を含めると246工場。

表17-12　**二輪自動車の生産と輸出入**（単位　千台）

	1990	2000	2010	2020	2021	2022
生産・・・・・・・・・・・	2 807	2 415	664	485	647	695
原付第一種・・・1)	1 343	637	88	122	142	153
原付第二種・・・2)	687	630	81	39	54	55
軽二輪車・・・・・3)	270	297	109	54	58	54
小型二輪車・・・4)	507	851	387	270	392	434
輸出・・・・・・・・・・	1 184	1 641	493	312	437	487
輸入・・・・・・・・・5)	29	75	353	707	874 *	855
海外生産・・・・・・・	・・・	・・・	・・・	20 162	23 750	25 361

日本自動車工業会ウェブサイトより作成。1) 排気量50cc以下。2) 51～125cc。3) 126～250cc。4) 251cc以上。5) 財務省「貿易統計」より作成。中古品を含む。*確々報。

　自動運転技術は開発競争が進み、2021年にシステムが主体で運転する
レベル3を日本メーカーが世界で初めて発売した。2023年3月には、一
定の条件でシステムに完全に運転を任せるレベル4が認可された。

図 17-3　主要国の自動車生産の推移

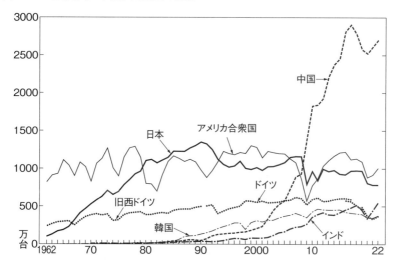

資料は下表に同じ。ドイツは2011年以降重トラック、バスを除く。2016〜18年は乗用
車のみ。この他の国でも、年によって統計範囲が異なる場合がある。

表 17-13　世界の自動車生産（単位　千台）

	2019	2020	2021	2022	乗用車	トラック・バス
中国・・・・・・・・・・・	25 751	25 225	26 122	27 021	23 836	3 185
アメリカ合衆国・・	10 893	8 821	9 157	10 060	1 752	8 309
日本・・・・・・・・・・・	9 685	8 068	7 837	7 836	6 566	1 269
インド・・・・・・・・1)	4 524	3 382	4 399	5 457	4 439	1 018
韓国・・・・・・・・・・・	3 951	3 507	3 462	3 757	3 438	319
ドイツ・・・・・・・・2)	4 947	3 743	3 309	3 678	3 480	197
メキシコ・・・・・・・	4 013	3 177	3 195	3 509	658	2 851
ブラジル・・・・・・・	2 945	2 014	2 248	2 370	1 825	545
スペイン・・・・・・・	2 823	2 268	2 098	2 219	1 785	434
世界計×・・・・・3)	92 121	77 650	80 205	85 017	61 599	23 418

OICA（国際自動車工業連合会）ウェブサイト（2023年4月5日閲覧）より作成。一部の
国でノックダウンなど他国との重複分を含む（世界計からは除外）。1) 一部の欧州メーカ
ーを除く。2) 重トラック、バスを除く。3) 乗用車のみ集計された国などもそのまま集計。
×その他とも。

表 17-14　主要国の自動車輸出台数（単位　千台）

	2019	乗用車	トラック・バス	2020	乗用車	トラック・バス
フランス‥‥‥‥	5 605	4 826	779	4 088	3 500	588
日本‥‥‥‥‥	4 818	4 373	445	3 741	3 408	333
ドイツ‥‥‥‥	3 699	3 487	212	2 812	2 647	165
アメリカ合衆国‥	3 192	2 600	592	2 367	1 912	455
スペイン‥‥‥	2 310	1 904	406	1 951	1 589	363
韓国‥‥‥‥‥	2 401	2 313	88	1 887	1 821	66
中国‥‥‥‥‥	1 024	725	299	1 002	767	235

日本自動車工業会「日本の自動車工業」(2022年版) より作成。原資料で掲載国が一部に限られ、ほかにも輸出台数が多い国があるとみられる。フランスの輸出台数が多いことについて原資料で説明は無いが、本書2019/20年版で引用した日本自動車工業会「世界自動車統計年報」(2019年版で終了) では、フランス国外からの出荷台数を含むと記載。

表 17-15　世界の自動車販売台数（単位　千台）

	2019	乗用車	2020	乗用車	2021	乗用車
中国‥‥‥‥‥	25 797	21 472	25 311	20 178	26 275	21 482
アメリカ合衆国‥	17 488	4 720	14 881	3 402	15 409	3 350
日本‥‥‥‥‥	5 195	4 301	4 599	3 810	4 448	3 676
インド‥‥‥‥	3 817	2 962	2 939	2 433	3 759	3 082
ドイツ‥‥‥‥	4 017	3 607	3 267	2 918	2 973	2 622
フランス‥‥‥	2 756	2 214	2 100	1 650	2 142	1 659
ブラジル‥‥‥	2 788	2 262	2 058	1 616	2 120	1 558
世界計×‥‥‥	**91 227**	**64 036**	**78 774**	**53 917**	**82 685**	**56 398**

OICA（国際自動車工業連合会）ウェブサイト（2023年4月5日閲覧）より作成。一部の国で重トラック、バスを除く。×その他とも。

表 17-16　電気自動車（乗用車）の販売台数（単位　千台）

	2020	〃%1)	2021	BEV	PHEV	〃%1)
中国‥‥‥‥‥	1 159.6	*5.3*	3 334.2	2 734.0	600.1	*16.0*
ドイツ‥‥‥‥	394.9	*13.5*	681.4	356.0	325.4	*26.0*
アメリカ合衆国‥	295.4	*2.2*	631.2	466.3	164.8	*4.6*
イギリス‥‥‥	175.0	*11.2*	312.3	192.1	120.2	*19.0*
フランス‥‥‥	184.6	*11.3*	308.7	170.9	137.8	*18.9*
ノルウェー‥‥‥	105.7	*74.7*	151.9	113.7	38.2	*86.2*
（参考）日本‥‥‥	29.3	*0.6*	44.3	21.7	22.6	*1.0*
世界計×‥‥‥	**2 993.3**	*4.0*	**6 571.6**	**4 651.1**	**1 920.6**	*8.6*

IEA "Global EV Outlook 2022" より作成。バッテリー式（BEV）とプラグインハイブリッド（PHEV）。1) 各国の乗用車販売台数全体に占める割合。×その他とも。

〔造船〕 日本の造船業は、1956年に竣工量世界一となり、1960年代中盤から90年代は世界の竣工量の4割以上を占めた。その後、90年代から韓国が、2000年代より中国が政府の産業保護や大規模な設備によって競争力を高めて、近年は造船受注量で日本を大きく上回るようになった。日本勢は厳しい経営を強いられているが、海に囲まれ貿易の多くを船に頼る日本にとって造船業は重要で、政府は2021年に海事産業強化法を施行して、事業再編や受注環境の整備を目指している。

表 17-17　国内鋼船竣工実績

		1980	1990	2000	2010	2020	2021
総トン数（千総トン）	国内船	2 778	1 353	426	805	616	878
	貨物船	983	550	77	751	302	756
	油送船	1 648	526	310	38	207	39
	輸出船	3 411	5 123	11 220	18 821	12 203	10 056
	貨物船	1 859	2 688	6 843	13 347	9 626	7 487
	油送船	1 485	2 413	4 330	5 455	2 572	2 558
	計	**6 189**	**6 476**	**11 646**	**19 626**	**12 819**	**10 934**
隻数（隻）	国内船	1 319	838	245	164	255	203
	貨物船	254	195	32	44	53	53
	油送船	227	120	32	30	49	35
	輸出船	273	213	303	477	305	246
	貨物船	132	133	220	327	225	186
	油送船	58	63	77	136	76	55
	計	**1 592**	**1 051**	**548**	**641**	**560**	**449**

国土交通省「造船造機統計月報」より作成。総トンは船の容積を表す単位。輸出船には便宜置籍船を含む。国内船や輸送船には、貨物船や油送船のほか貨客船や漁船などを含む。

表 17-18　世界の造船竣工量（単位　千総トン）

	2017	2018	2019	2020	2021	％
中国	23 682	23 260	23 074	23 257	26 863	44.2
韓国	22 617	14 633	21 670	18 174	19 687	32.4
日本	13 113	14 440	16 242	12 827	10 726	17.6
フィリピン	1 980	1 988	802	608	643	1.1
イタリア	470	477	527	518	499	0.8
ドイツ	470	479	487	288	383	0.6
ベトナム	345	481	555	545	372	0.6
世界計×	65 712	58 045	65 911	57 765	60 780	100.0

UNCTAD "UNCTAD STAT"（2023年4月5日閲覧）より作成。×その他とも。

第17章　機械工業

〔**工作機械・ロボット**〕 工作機械は「マザーマシン」と呼ばれ、工作機械の能力が生産物の品質を決定する。このため、工作機械の性能は工業力全体に影響を及ぼす。工作機械の主な生産国は中国やドイツ、日本で、中国製品は先進国メーカーの買収等を経て、近年性能が向上している。日本国内では、コロナ禍で2020年に受注量が急減したが、外需を中心に回復し、2022年は過去最高であった2018年に次ぐ水準となった。

半導体製造装置は輸出額が大幅に増加し、2022年の輸出額のうち31％を中国向けが占める。アメリカは先端半導体関連技術の軍事転用を恐れ、中国輸出を幅広く規制している。2023年より、日本も先端半導体製造に不可欠な装置を有するオランダとともに、対中輸出規制に乗り出した。

産業用ロボットは、日本では自動車や電子機器の生産などに広く利用されており、1990年代には世界全体の稼働台数の70％を日本が占めていた。しかし、国内生産拠点の閉鎖や海外移転などが進んだ一方、主要国では産業用ロボットが普及して、2016年に中国が日本の稼働台数を上回

表 17-19 金属工作機械の生産と輸出入

	1990	2000	2010	2020	2021	2022
生産台数（台）···	196 131	90 916	67 607	45 569	67 601	70 004
うちNC工作機械[1]	61 965	53 755	55 132	37 703	56 296	59 078
生産額（億円）···	13 034	8 146	8 130	7 240	8 954	10 788
うちNC工作機械[1]	9 864	7 208	6 733	6 600	8 338	10 131
輸出額（億円）···	4 558	6 201	6 086	5 296	7 126	* 8 571
輸入額（億円）···	686	856	306	555	608	* 840

経済産業省「生産動態統計」および財務省「貿易統計」より作成。輸出入には中古機械や海外への工場移転を含む。また、半導体製造装置を一部含んでおり、生産統計と分類が若干異なる。1) 数値制御工作機械。*確々報。【☞工作機械生産の長期統計513ページ】

表 17-20 半導体製造装置の生産と輸出入（単位 億円）

	2000	2010	2015	2020	2021	2022
生産額·········	12 753	9 704	10 018	16 202	21 403	26 690
輸出額·········	...	8 497	7 920	13 811	21 642	* 26 532
輸入額·········	...	1 057	2 961	2 974	2 663	* 4 247

経済産業省「生産動態統計」および財務省「貿易統計」より作成。生産と輸出入で統計範囲が異なる場合があるほか、輸出入には中古を含むことに留意。*確々報。

った。ただし、近年は日本も産業用ロボットの稼働台数が増えている。産業用ロボットの受注は、コロナ禍で一時的に滞ったものの外需を中心に増加して、2021年は過去最高を記録した。2022年は、日本ロボット工業会会員ベースでの実績で、前年をさらに上回っている。

表17-21　産業用ロボットの生産と輸出

		1980	1990	2000	2010	2020	2021
（台数）	国内生産····	19 873	79 096	89 399	93 587	192 974	256 783
	国内出荷····	18 239	67 514	49 810	24 959	41 655	49 950
	輸出········	1 170	12 587	40 758	67 453	154 946	211 686
	海外生産····	···	···	···	···	46 366	65 209
（億金円額）	国内生産····	784	5 443	6 475	5 564	7 665	9 391
	国内出荷····	750	4 461	3 177	1 487	2 085	2 231
	輸出········	20	1 078	3 226	4 076	5 728	7 393

日本ロボット工業会「ロボット産業需給動向（産業ロボット編）」（2022年版）より作成。**ロボット**とは、人間の手に似た装置を持つ3軸以上のもの（空間的な操作ができる）や、自らが知能や記憶を持ち、移動して作業する産業上の機械。本表はマニピュレータ（2軸以下で直線や平面的な動きのみ行う）を含む。

表17-22　世界の産業用ロボット稼働台数 （各年末現在）（単位　千台）

	2020	2021		2020	2021
中国············	961.6	1 224.2	ドイツ·········	230.6	245.9
日本············	374.0	393.3	イタリア········	78.1	89.3
韓国············	343.0	366.2	（台湾）········	75.8	84.0
アメリカ合衆国··	314.2	340.8	世界計×······	3 034.9	3 477.1

日本ロボット工業会資料より作成。×その他とも。

表17-23　世界のサービスロボット販売台数 （単位　千台）

業務用	2019	2020	家庭用	2019	2020
輸送・物流····	34.2	49.5	家事ロボット··	16 846	18 877
ホスピタリティ	10.9	20.1	掃除（屋内）·	15 076	16 781
医療用ロボット	12.0	14.8	ガーデニング	1 079	1 193
掃除用（業務用）	9.7	12.6	社会交流、教育	614	201
農業用········	7.6	8.0	接客等······	119	106
調査・管理····	4.5	5.5	ケア（家庭内）·	3	4
計×······	88.1	121.0	計×········	17 463	19 082

資料は上表に同じ。×その他とも。

〔半導体・電子部品〕　半導体は工業製品の性能に直結するほか、データセンターなどIT企業の競争力に影響を与えるため、重要性が高まっている。日本の半導体産業は、DRAMを武器に1980年代に世界シェアの50％程度を占めていたものの、日米半導体協定で成長が抑えられたほか、90年代に半導体の中心がメモリ（DRAM）からロジック（CPU）に代わる潮流に乗り損ねた。さらに、半導体メーカーが設計と受託生産に分離してそれぞれ技術力を高める中で、日本メーカーの構造改革が遅れた上に、国内デジタル市場の低迷で技術開発が停滞した。現在、設計開発のロジック部門ではアメリカメーカーが、メモリー部門では韓国やアメリカメーカーのシェアが高いほか、受託

図 17-4　半導体工場の分布図（2022年）

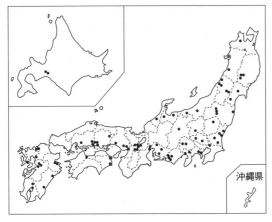

産業タイムズ社「半導体工場ハンドブック」（2022年版）より作成。半導体チップの製造を行う工場で、カバーや電線をつける工程のみの工場や研究開発工場を含まない。

表 17-24　集積回路の生産額（単位　億円）

	1990	2000	2010	2020	2021	2022
半導体集積回路	26 728	40 703	26 340	12 740	14 292	16 183
線形回路・・・1)	4 128	6 820	3 296	1 400	1 643	1 357
MCU・・・・・・2)	3) 3 393	7 070	3 765	740	810	955
ロジック・・・4)	6 928	13 661	8 752	1 349	1 306	1 643
メモリー・・・5)	9 173	10 686	6 456	3 480	4 419	5 241
混成集積回路・6)	2 406	3 578	2 303	4 330	4 655	4 650
計・・・・・・・・	29 134	44 281	28 642	17 070	18 947	20 834

経済産業省「生産動態統計」より作成。1) 電気信号の増幅などを行う。2) 家電や自動車などを制御するマイクロコンピュータ。3) MPU（パソコンのCPU）を含む。4) ディスプレイドライバーなど特定の機能を果たす論理回路。5) DRAMやフラッシュメモリーなどの記憶素子。2022年調査より内訳廃止。6)配線や抵抗等と集積回路を組み合わせたもの。

製造は台湾メーカーが中心で、日本のシェアは低下し、最先端のロジック半導体を生産する設備がない。近年、米中摩擦やコロナ禍で国際的なサプライチェーンが寸断されて、工業生産に支障が出ることが増えている。経済安全保障の観点から、製造に不可欠な素材や部品の国産回帰が求められており、日本政府は半導体を経済安全保障推進法における「特定重要物資」に指定した。車載用などの半導体では受託製造を行う台湾メーカーの工場の国内誘致が決まったほか、次世代最先端半導体では国内主要8社が共同で設立した新会社による技術開発が始まった。

　半導体は2021年から世界的に不足し、各国の製造業などに影響を与えたが、22年後半に物価高などを背景にパソコン向け等の需要が減少した。

表17-25　世界の半導体市場 （単位　百万ドル）

	1990	2000	2010	2020	2021	2022
日本	19 563	46 749	46 561	36 471	43 687	48 158
南北アメリカ	14 445	64 071	53 675	95 366	121 481	141 136
ヨーロッパ	9 599	42 309	38 054	37 520	47 757	53 853
アジア・太平洋地域	6 912	51 264	160 025	271 032	342 967	330 937
うち中国	…	…	…	151 488	192 487	180 331
世界計	50 519	204 394	298 315	440 389	555 893	574 084

世界半導体市場統計（WSTS）資料より作成。WSTSに加盟する各半導体メーカーの地域別出荷額の合計。WSTSは、世界の主要半導体メーカーの大多数が加盟している。

表17-26　世界の半導体メーカー売上高 （単位　百万ドル）

	2021	2022	〃 %	21/22伸び率（%）
サムスン電子(韓)	73 197	63 823	10.6	-12.8
インテル(米)	72 701	58 436	9.7	-19.6
クアルコム(米)	27 293	34 780	5.8	27.4
SKハイニックス(韓)	37 192	33 505	5.6	-9.9
マイクロン・テクノロジー(米)	28 624	26 849	4.5	-6.2
ブロードコム(米)	18 793	23 868	4.0	27.0
AMD(米)	16 299	23 620	3.9	44.9
テキサス・インスツルメンツ(米)	17 298	18 844	3.1	8.9
アップル(米)	14 580	18 099	3.0	24.1
メディアテック(台)	17 617	18 043	3.0	2.4
その他	274 771	279 695	46.6	1.8
計	598 365	599 562	100.0	0.2

Gartner（2023年4月）による。

第17章　機械工業

その結果、DRAMやフラッシュメモリの市況が悪化し、価格が急落して半導体メーカーの収益が悪化している。これに対して、車載用半導体は依然として供給不足が続いており、自動車生産の障害となっている。

表 17-27　半導体の日本メーカーと世界の総生産（単位　億円）

	2005	2010	2015	2020	2021
日本メーカーの生産額····	53 300	55 430	48 101	46 096	52 448
うち国内生産 ···········	43 400	39 779	31 929	24 831	28 063
国内生産割合（%）·····	*81.4*	*71.8*	*66.4*	*53.9*	*53.5*
世界の総生産額··········	**257 300**	**261 622**	**405 553**	**471 216**	**608 703**
日本メーカーの割合(%)	*20.7*	*21.2*	*11.9*	*9.8*	*8.6*

電子情報技術産業協会「電子情報産業の世界生産見通し」より作成。半導体素子と集積回路。表17-38の半導体と同じ。

表 17-28　半導体素子の生産額（単位　億円）

	1990	2000	2010	2020	2021	2022
シリコンダイオード····	809	982	237	156	164	152
整流素子（100mA以上）	829	1 109	658	416	490	488
トランジスター·········	2 716	3 957	2 821	2 521	2 902	3 324
シリコントランジスター	2 438	2 044	665	169	206	209
電界効果型トランジスター	278	1 551	1 146	697	747	722
IGBT··············	…	362	1 010	1 655	1 949	2 393
光電変換素子··········	1 684	4 809	6 319	3 722	4 401	4 404
発光ダイオード······	954	944	1 784	1 901	2 228	2 043
レーザーダイオード··	…	2 020	478	594	727	744
太陽電池セル········	…	…	2 961	130	66	18
計×··············	**7 100**	**11 958**	**11 137**	**7 761**	**9 116**	**9 472**

経済産業省「生産動態統計」より作成。IGBTは、大電力のインバーター（直交変換）に用いられる素子で、電気自動車などに用いられる。×その他とも。

表 17-29　液晶素子と太陽電池モジュールの生産額（単位　億円）

	2000	2010	2015	2020	2021	2022
アクティブ型····	10 175	15 025	21 609	10 266	10 727	9 253
パッシブ型······	4 362	432	201	17	20	…
液晶素子計····	**14 537**	**15 457**	**21 811**	**10 283**	**10 747**	…
太陽電池モジュール	…	3 220	2 994	317	189	207

経済産業省「生産動態統計」より作成。液晶のアクティブ型は、画素にトランジスタなどを組み込んだもので、高精細であるなど機能が高い。パッシブ型は2021年で調査終了。

〔情報通信機器・家電産業〕 スマートフォンは2022年に世界で12億台出荷され、途上国を含め世界的に需要があるが、2億台以上出荷する韓国メーカー等と比べて日本メーカーの存在感は薄い。国内市場ではアメ

表 17-30 主な通信機器の生産

	1990	2000	2010	2020	2021	2022
台数（千台）						
電話機········ 1)	15 719	13 046	1 074	155	133	112
ファクシミリ····	4 350	3 212	96	…	…	…
携帯電話······ 2)	1 158	60 275	25 111	6 039	6 442	…
金額（億円）						
電話機········ 1)	2 611	1 066	97	19	17	14
ファクシミリ····	4 453	1 382	82	…	…	…
携帯電話······ 2)	1 444	15 736	7 347	1 041	1 042	…

経済産業省「生産動態統計」より作成。1) 固定式。2) PHS、自動車電話を含む。

表 17-31 移動電話の輸出入

		2000	2010	2020	2021	2022*	うち スマホ
輸出	台数（千台）·········	7 960	162	813	730	700	683
	金額（億円）·········	1 243	19	154	169	204	201
輸入	台数（千台）······· 1)	413	16 371	32 001	34 720	34 438	34 212
	金額（億円）······· 1)	85	4 408	15 916	19 729	22 799	22 762

財務省「貿易統計」より作成。中古を含む。*確々報。1) 2006年以前はセルラー方式のみ。

表 17-32 世界のメーカー別スマートフォン出荷台数 (単位 百万台)

	2021	%	2022	%	21/22増加率(%)
サムスン電子（韓）·····	272.1	20.0	260.9	21.6	-4.1
アップル（米）··········	235.8	17.3	226.4	18.8	-4.0
シャオミ（中）·········	191.0	14.0	153.1	12.7	-19.8
OPPO（中）···········	133.6	9.8	103.3	8.6	-22.7
Vivo（中）············	128.3	9.4	99.0	8.2	-22.8
その他················	399.1	29.3	362.7	30.1	-9.1
計··············	1 359.8	100.0	1 205.5	100.0	-11.3

IDCプレスリリース（2023年1月25日、Smartphone Shipments Suffer the Largest-Ever Decline with 18.3% Drop in the Holiday Quarter and a 11.3% Decline in 2022, According to IDC Tracker）より作成。割合は原資料による。

第17章 機械工業

リカメーカー製が優位であり、貿易額は日本メーカーの逆輸入もあって2022年（確々報）は2兆円以上の赤字である。

　パソコンは、2020年にコロナ禍によるテレワークの拡大や、「小中学生1人に1台の端末配布」をめざす文部科学省のGIGAスクール構想向けで需要が伸びたが、2021年は半導体不足による価格の上昇もあり、出荷台数が減少した。2022年は中国のゼロコロナ政策の影響によるサプラ

表17-33　パソコンの生産（本体のみ）

	1990	2000	2010	2020	2021	2022
台数（千台）						
サーバー用‥‥‥	…	…	149	191	157	148
デスクトップ型‥	…	…	2 974	1 803	1 272	1 085
ノートブック型 1)	…	…	4 389	4 051	4 091	3 508
計‥‥‥‥‥‥	3 004	12 040	7 511	6 045	5 520	4 742
金額（億円）						
サーバー用‥‥‥	…	…	587	1 030	673	714
デスクトップ型‥	…	…	2 659	1 431	1 083	1 119
ノートブック型 1)	…	…	4 216	3 906	4 171	3 951
計‥‥‥‥‥‥	9 039	21 287	7 463	6 367	5 928	5 785
（参考）コンピュータ計 2)	26 626	28 672	9 112	6 618	6 167	5 994

経済産業省「生産動態統計」より作成。1) タブレット型を含む。2) パソコンのほか、はん用コンピュータ、ミッドレンジコンピュータを含む。

表17-34　コンピュータの輸出入額（単位　億円）

		1990	2000	2010	2020	2021	2022*
輸出	本体‥‥‥‥‥	3 858	4 865	1 506	993	1 040	1 168
	周辺装置‥‥‥	13 727	11 140	2 963	2 060	2 248	2 733
	部品・附属品‥	9 650	13 698	12 753	8 682	10 051	10 245
	輸出額計‥‥‥	27 239	29 704	17 223	11 735	13 340	14 147
輸入	本体‥‥‥‥‥	2 374	8 189	8 748	17 003	16 265	18 234
	周辺装置‥‥‥	1 872	10 635	6 732	7 060	7 650	8 856
	部品・附属品‥	2 952	9 757	5 698	4 130	4 573	5 418
	輸入額計‥‥‥	7 203	28 584	21 179	28 193	28 488	32 508

財務省「貿易統計」より作成。周辺装置にはディスプレイやプリンターなどの入出力装置や、外部記憶装置などを含む。*確々報であり、確定の際に数値が修正されることがある。

イチェーンの途絶に加え、物価の上昇などの影響で需要が縮小した。

　家電製品は、高度経済成長以降の日本にとって、自動車に匹敵する輸出産業であった。しかし、1985年以降の円高で安価な労働力を求めて海外生産を増やしたことで空洞化が進んだ。さらに、韓国や中国メーカーが成長し、日本メーカーのシェアを奪っていく。液晶テレビなど民生用電子機器の国内生産は2010年まで２兆円以上あったが、2014年には１兆円を割って2022年は4000億円を下回る。その多くを

図 17-5　民生用電子機器の貿易額

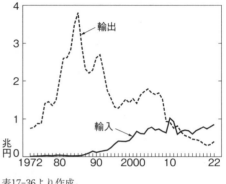

表17-36より作成。

表 17-35　民生用電子機器の生産

		1990	2000	2010	2020	2021	2022
生産台数（千台）	テレビ受像器・・・・・・	15 132	3 382	13 549	154 [1]	98 [1]	165 [1]
	液晶テレビ・・・・・・	1 889	1 000	12 111	…	…	…
	VTR・・・・・・・・・・ [2]	31 640	5 513	…	…	…	…
	DVD－ビデオ・・・・・・	…	4 517	1 843	…	…	…
	ビデオカメラ・・・・ [2]	8 803	11 902	3 856	62	…	…
	デジタルカメラ・・・・	…	9 657	24 253	1 868	1 946	1 986
	一眼レフタイプ・・	…	…	5 250	1 446	1 546	1 575
	カーオーディオ・・・・	22 774	10 534	2 339	1 774	1 297	868
	カーナビゲーション	…	2 439	6 121	5 081	5 032	4 841
生産額（億円）	テレビ受像器・・・・・・	9 031	2 971	11 362	178 [1]	83 [1]	130 [1]
	液晶テレビ・・・・・・	285	518	9 910	…	…	…
	VTR・・・・・・・・・ [2]	10 785	1 041	…	…	…	…
	DVD－ビデオ・・・・・	…	1 225	907	…	…	…
	ビデオカメラ・・・・ [2]	7 363	5 792	1 137	62	…	…
	デジタルカメラ・・・・	…	3 239	4 363	1 026	1 038	1 087
	一眼レフタイプ・・	…	…	1 843	891	932	971
	カーオーディオ・・・・	3 580	1 452	502	312	297	210
	カーナビゲーション	…	2 104	5 436	2 223	2 298	2 185
	計×・・・・・・・・・・・	41 540	22 214	23 957	3 891	3 801	3 689

経済産業省「生産動態統計」より作成。1) 薄型テレビ。2) 放送用を除く。×その他とも。2013年以降カーオーディオ以外のオーディオを、2014年以降DVD-ビデオを、2021年以降ビデオカメラを除く。【☞生産額の長期統計512ページ】

第17章

機械工業

カーナビとデジタルカメラが占めているが、これらの機能はスマートフォンに代替されつつある。エアコンなど民生用電気機器は国内生産を維持しているが、海外生産の逆輸入品も多く、貿易額は大幅に赤字である。台湾メーカーや中国メーカーに買収された企業がある一方、特徴ある高機能品や低価格品で話題を集める新興メーカーもある。

表 17-36　民生用電子機器の輸出入額（単位　億円）

		1990	2000	2010	2020	2021	2022*
輸出	カラーテレビ‥‥	2 517	526	263	57	35	29
	液晶テレビ‥ 1)	446	158	106	41	25	20
	VTR ‥‥‥‥‥	8 884	1 058	127	0	0	0
	DVD－ビデオ‥ 2)	337	905	101	28	29	24
	デジタルカメラ 3)	…	7 278	8 091	2 557	2 896	3 563
	録音・再生機器‥	…	…	189	39	39	43
	テープレコーダ4)	2 852	387	}6) 123	}6) 27	}6) 27	}6) 24
	DADプレーヤー5)	1 729	847				
	輸出額計×‥‥	**26 178**	**15 309**	**9 172**	**2 930**	**3 231**	**3 965**
輸入	カラーテレビ‥‥	227	1 871	4 558	2 538	2 844	2 631
	液晶テレビ‥‥	…	…	4 448	2 140	2 138	1 952
	VTR ‥‥‥‥‥	75	526	7	0	0	0
	DVD－ビデオ‥ 2)	3	81	1 869	690	660	598
	デジタルカメラ 3)	…	507	1 552	2 422	2 687	3 313
	録音・再生機器‥	…	…	863	221	211	225
	テープレコーダ4)	454	1 311	6) 427	6) 78	6) 78	6) 89
	輸入額計×‥‥	**1 131**	**5 301**	**10 223**	**7 346**	**7 951**	**8 529**

財務省「貿易統計」より作成。貿易統計は中古を含む。*確々報。1) 1990、2000年は液晶テレビ等。2) VTR以外の録画再生機。3) ビデオスチルカメラ等を含む。2010年以降はテレビカメラ（ビデオ一体型カメラ）を統合。4) カーステレオを除く。5) CDやMDなどのプレーヤー。6) テープ・ディスク・半導体等のプレーヤー・レコーダー。×その他とも。

表 17-37　民生用電子機器の日本と世界の総生産（単位　億円）

	2005	2010	2015	2020	2021
日本メーカーの生産額‥‥	72 500	86 687	47 364	34 215	31 851
うち国内生産‥‥‥‥‥‥	25 600	23 957	6 806	3 891	3 818
国内生産割合（％）‥‥‥	*35.3*	*27.6*	*14.4*	*11.4*	*12.0*
世界の総生産額‥‥‥‥‥	149 800	188 214	160 354	134 992	148 350
日本メーカーの割合(%)	*48.4*	*46.1*	*29.5*	*25.3*	*21.5*

電子情報技術産業協会「電子情報産業の世界生産見通し」より作成。

図 17-6 家電製品の輸入先 (2021年)

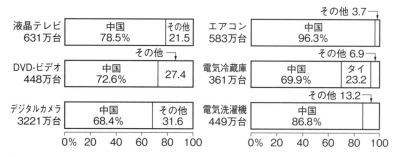

財務省「貿易統計」より作成。確定値。

図 17-7 薄型テレビの出荷台数世界シェア (2021年)

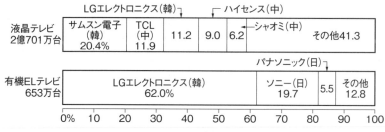

Omdia資料より作成。液晶テレビの日本企業による出荷台数シェアは、ソニー3.6%、シャープ2.5%など。

表 17-38 電子情報産業の世界生産額 (単位 兆円)

	世界生産		日系企業生産		日本国内生産	
	2020	2021	2020	2021	2020	2021
民生用電子機器········	13.5	14.8	3.4	3.2	0.4	0.4
通信機器···············	53.0	58.6	2.0	2.0	0.9	0.9
コンピュータ、情報端末	50.2	57.7	5.5	5.4	1.0	1.0
その他電子機器········	13.8	14.9	2.2	2.5	1.3	1.5
電子部品···············	23.6	27.8	8.3	9.6	2.8	3.3
ディスプレイデバイス··	15.4	19.4	1.3	1.3	1.1	1.1
半導体·················	47.1	60.9	4.6	5.2	2.5	2.8
電子工業計··········	216.7	254.1	27.4	29.2	9.9	11.0
ソリューションサービス	108.2	119.9	7.1	7.4	···	···
電子情報産業計······	**324.9**	**374.0**	**34.5**	**36.6**	···	···

電子情報技術産業協会「電子情報産業の世界生産見通し」(2022年12月) より作成。

第17章 機械工業

表 17-39　民生用電気機器の生産

		1990	2000	2010	2020	2021	2022
台数（千台）	エアコンディショナ・1)	7 813	7 318	4 920	4 713	4 321	4 412
	電気冷蔵庫・・・・・・・・・・	5 048	4 224	2 196	1 321	1 262	1 282
	換気扇・・・・・・・・・・・・・	10 325	8 142	5 403	5 757	5 935	5 907
	自然冷媒ヒート ポンプ式給湯機・・・・	...	...	500	522	624	725
	電気洗濯機・・・・・・・・・・	5 576	4 179	2 203	841	810	725
	電気掃除機・・・・・・・・・・	6 851	5 771	1 997	1 928	2 132	2 380
	温水洗浄便座・・・・・・・・	...	2 204	2 443	2 889	2 728	3 038
生産額（億円）	エアコンディショナ・1)	10 996	9 251	8 631	10 590	10 647	11 411
	電気冷蔵庫・・・・・・・・・・	4 577	4 351	2 727	2 235	2 294	2 438
	換気扇・・・・・・・・・・・・・	1 181	1 177	1 029	944	1 016	937
	自然冷媒ヒート ポンプ式給湯機・・・・	...	...	679	1 024	1 070	1 693
	電気洗濯機・・・・・・・・・・	1 903	1 708	1 079	735	735	1 142
	電気掃除機・・・・・・・・・・	1 008	898	358	382	394	514
	温水洗浄便座・・・・・・・・	...	697	729	850	827	996
	計×・・・・・・・・・・・・・・	27 246	23 844	17 980	19 043	18 997	21 418

経済産業省「生産動態統計」より作成。1) 台数は室外機ベース。7.1kWを超える大型の
もの（2022年は766千台、5356億円）を含む。2010年以前はウインド・ウォール形を含む。×
その他とも。2017年以降は電子レンジを除く。2021年以降は電気かみそりを除く。

表 17-40　民生用電気機器の輸出入額（単位　億円）

		1990	2000	2010	2020	2021	2022*
輸出	エアコンディショナ・1)	2)1 444	2)926	94	108	106	138
	電気冷蔵庫・・・・・・・・・・	168	35	64	165	189	274
	電気洗濯機・・・・・・・・・・	173	58	20	6	5	6
	真空掃除機・・・・・・・・ 3)	131	24	9	10	9	17
	輸出額計×・・・・・・・・・	2 924	1 344	491	715	827	1 024
	（別掲）部分品・・・・・ 4)	791	1 247	2 459	2 130	2 540	2 763
輸入	エアコンディショナ・・・	59	160	1 073	1 382	1 618	1 603
	電気冷蔵庫・・・・・・・・・・	67	234	674	973	1 044	1 309
	電気洗濯機・・・・・・・・・・	16	109	665	801	881	1 010
	真空掃除機・・・・・・・・ 3)	53	122	421	1 097	1 018	1 183
	電子レンジ・・・・・・・・・・	15	100	326	434	492	628
	空気清浄機・・・・・・・・・・	...	...	360	550	730	518
	輸入額計×・・・・・・・・・	611	1 751	5 366	8 470	9 647	10 439
	（別掲）部分品・・・・・ 4)	144	293	1 239	1 982	2 458	3 088

財務省「貿易統計」より作成。中古品を含む。*確々報。1) パッケージ型を含む。2) 自
動車用を含む。3) 電動装置自蔵出力1500W以下。4) 電熱用抵抗体を含む。×その他とも。

表 17-41　その他の主な機械製品の生産（単位　千台、千個、*印は百万個）

	2021	2022		2021	2022
内燃機関·······1)	3 844	3 642	白熱電球········	367 037	331 526
一般用ボイラー··	7.6	7.5	蛍光ランプ······	57 503	49 659
建設用クレーン··	2.5	2.7	LEDランプ·····	5 359	6 219
掘削機械········	222	232	白熱灯器具·····	1 516	1 132
プラスチック　加工機械·····	15	15	蛍光灯器具·····	247	194
印刷機械········	19	18	LED器具·····12)	58 205	63 284
ポンプ········2)	2 427	2 498	プリンター······	2 352	2 722
運搬用クレーン··	19	16	レーザー　プリンター··	470	830
コンベヤ········	380	328	モニター······	1 228	1 402
歯車··········3)	199 602	177 476	電力量計······	10 452	10 831
動力耕うん機····4)	110	104	ガス警報器·····	4 248	4 281
装輪式トラクター	162	156	X線装置······13)	17.5	18.5
田植え機········	20	21	医用CT装置·····	4.9	4.8
刈払機········5)	856	748	放射線測定器····	155	6
コンバイン····6)	14	13	乾電池·········*	2 578	2 490
食料品加工機械·7)	44	43	アルカリマンガン乾電池···*	1 042	1 024
複写機········8)	89	118	リチウム電池·*	834	701
ミシン········	143	148	鉛蓄電池······*	29	28
家庭用········	57	55	アルカリ蓄電池·*	479	385
工業用········	86	93	ニッケル・　水素電池···*	454	…
除湿機········	248	193	リチウムイオン　蓄電池······*	1 229	1 165
製氷機········	69	75	車載用·····*	896	906
自動販売機·····	165	188	完成自転車·····	843	750
軸受··········*	2 841	2 651	電動アシスト車	658	600
金型（千組）····	484	468	車いす········	107	105
ガスメーター····	4 313	4 082	産業車両········	137	144
水道メーター····	3 327	3 426	フォークリフト　トラック···	119	127
カメラ·········	81	75	ショベル　トラック····	11	12
カメラ用交換レンズ	1 859	1 858	航空機14)（億円）··	1 403	949
時計··········	169 946	198 978	同機体部品·付属　装置14)（億円）··	3 183	3 473
完成品········	3 331	4 110			
ムーブメント·9)	166 615	194 868			
交流発電機····10)	123	126			
交流電動機···10)	9 496	9 845			
小形電動機··10)11)	248 555	248 674			
電動工具········	2 931	2 274			

経済産業省「生産動態統計」より作成。1) 自動車用、二輪自動車用、鉄道車両用および航空機用を除く。2) 手動式および消防ポンプ、真空ポンプを除く。3) 粉末や金製品を除く。自己消費を除く。4) 歩行用トラクターを含む。5) 芝刈機を除く。6) 刈取脱穀結合機。7) 手動のものを除く。8) ジアゾ式等を除く。9) 自己消費を除く。10) 航空機用を除く。11) 70W未満。12) 自動車用を除く。13) 医科・歯科用。14) 生産額。機体部品や発動機、機器類等を合わせると1兆625億円、航空機生産台数は29機（2022年）。

第17章　機械工業

第18章　化学工業

　化学工業は、高度な技術力と大規模な生産設備が必要な装置産業である。化学薬品やプラスチックといった産業向け素材を提供するほか、医薬品や化粧品等の消費者向け製品も製造している。日本の化学メーカー

表 18-1　**化学工業の構成**（個人経営事業所を除く）（2020年）

	事業所数 1)	従業者数 1)（千人）	製造品出荷額等（億円）	付加 2)価値額（億円）
化学肥料・・・・・・・・・・・・・・・・・	216	4.8	3 033	846
無機化学工業製品・・・・・・・・・	983	36.1	25 749	8 916
圧縮ガス・液化ガス・・・・・	309	5.6	4 847	1 526
有機化学工業製品・・・・・・・・・	870	98.8	94 325	27 956
石油化学系基礎製品・・・ 3)	11	5.5	15 890	2 521
脂肪族系中間物・・・・・・ 4)	72	11.7	13 699	5 186
合成染料・有機顔料・・・ 5)	133	12.8	10 149	3 186
プラスチック・・・・・・・・・・	286	34.5	32 439	9 461
合成ゴム・・・・・・・・・・・・・	20	6.9 6)	4 040 6)	1 195
油脂加工製品等・・・・・・・・・・・	1 032	41.6	27 006	11 397
石けん・合成洗剤・・・・・・	242	11.9	9 306	5 043
塗料・・・・・・・・・・・・・・・・・	457	16.8	9 909	3 650
医薬品・・・・・・・・・・・・・・・・・・	809	99.6	88 668	46 100
医薬品原薬・・・・・・・・・・・・	117	10.2	4 170	1 722
医薬品製剤・・・・・・・・・・・・	533	78.6	78 433	40 541
化粧品・歯磨等・・・・・・・・・・・	691	47.7	20 909	10 629
仕上用・皮膚用化粧品・ 7)	422	34.3	14 908	7 487
頭髪用化粧品・・・・・・・・・・	123	7.2	3 407	1 656
農薬・・・・・・・・・・・・・・・・・・・	90	5.0	3 647	1 441
ゼラチン・接着剤・・・・・・・・・	151	7.0	4 139	1 134
化学工業計×・・・・・・・・・・・	**5 635**	**379.3**	**287 305**	**115 975**
石油精製・・・・・・・・・・・・・・・・	28	12.8	99 214	11 965
舗装材料・・・・・・・・・・・・・・・・	1 049	7.5	5 309	1 895
石油製品・石炭製品計×	**1 336**	**28.6**	**111 772**	**15 610**
計	**6 971**	**407.9**	**399 076**	**131 585**
（別掲）プラスチック製品 8)	13 660	444.9	126 557	47 119

総務省・経済産業省「経済センサス‐活動調査」（2021年）より作成。本書では化学工業に石油・石炭製品製造業（ガソリン等）を含み、プラスチック製品製造業（プラスチック素材を加工してポリバケツ等を生産）を含まない。工業統計に関する注記は表15-1参照。1）2021年6月1日現在。2）従業者29人以下の事業所は粗付加価値額（在庫の増減を考慮しない）。3）一貫生産される誘導品を含む。4）脂肪族系溶剤を含む。5）環式中間物を含む。6）従業者4人以上の事業所。7）香水等を含む。8）家具等を除く。×その他とも。

は機械工業などからの高い要求に応えて、技術力を高めてきた。

　無機化学工業は、硫酸などのはん用品から、半導体用材料といった特定用途向けの少量品まで幅広い。原料には鉱石や塩のほか、金属精錬や石油精製で生じる副生成物も利用している。電解ソーダ産業では、塩水の電気分解でか性ソーダと塩素、微量の水素が常に一定の割合で生産される。日本では塩素需要に対してか性ソーダが過剰であり、両方のバランスをとる必要がある。不足する塩素系素材を輸入し、余剰のか性ソーダをアルミナ生産向け需要のあるオーストラリアなどに輸出している。

　石油化学工業は、天然ガス資源等に乏しい日本では石油精製の副産物であるナフサを主原料に、エチレン等の基礎素材を生産する。さらに、

表18-2　化学工業の規模（2020年は個人経営事業所を除く）

	1990	2000	2010	2019	2020
化学工業					
事業所数・・・・・・・・1)	6 030	5 943	5 421	5 339	5 635
従業者数（千人）・・1)	402.6	367.5	346.5	382.7	379.3
製造品出荷額等(億円)	235 510	237 994	262 478	293 105	287 305
化学肥料・・・・・・・・	3 245	2 848	3 056	2 795	3 033
化学繊維・・・・・・・・1)	10 442	7 304	(4 014)	(3 202)	(3 204)
無機化学工業製品	13 973	14 444	18 209	24 057	25 749
有機化学工業製品	89 094	83 348	104 211	101 795	94 325
医薬品・・・・・・・・	51 547	64 258	73 563	84 828	88 668
付加価値額(億円)・2)	112 891	115 095	101 796	115 156	115 975
石油製品・石炭製品3)					
事業所数・・・・・・・・1)	1 253	1 312	1 115	1 086	1 336
従業者数（千人）・・1)	33.7	27.6	25.8	27.4	28.6
製造品出荷額等(億円)	83 183	94 568	150 087	138 699	111 772
付加価値額（億円)2)	7 481	7 144	11 750	9 367	15 610

総務省・経済産業省「経済センサス－活動調査」および経済産業省「工業統計調査」より作成。2008年より化学繊維が化学工業の分類から除外。このほか、工業統計に関する注記は表15-1を参照。1) 2010年までは各年末現在、2019、20年は翌年6月1日現在。2) 2010、19年は従業者3人以下の事業所を除く。3) 2010年に一部企業が製販合併して製造品出荷額等や付加価値額が増大した。【☞府県別統計524、525ページ】

有機化合物・無機化合物　有機化合物とは炭素の化合物（二酸化炭素や炭酸塩など少数のものを除く）を指し、無機化合物と分けられている。有機化学工業にはプラスチックや合成ゴムなどを製造する石油化学工業や発酵工業などがあり、無機化学工業にはソーダ工業や硫酸工業、無機薬品工業などがある。

これらを原料に有機薬品やプラスチックなどの製品を作っている。各工程を担う工場は主にパイプでつながれて密集し、コンビナートを形成している。コンビナートは、海外から原油を調達するため、沿岸部にある。

　日本の石油化学工業は、1970年代の石油危機で構造調整を行ったが、

図 18-1　硫酸・か性ソーダの内需（2022年）

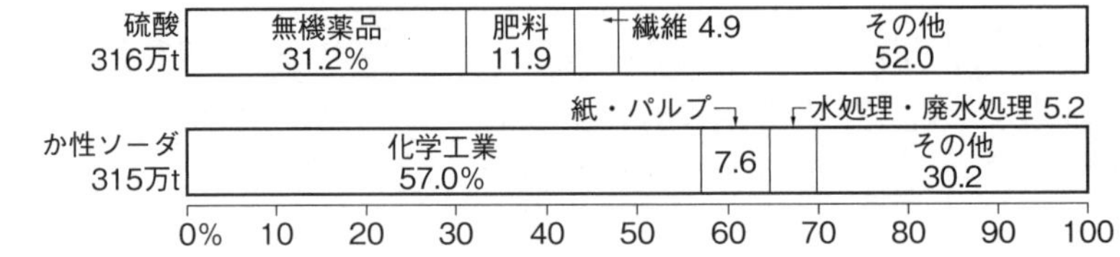

硫酸 316万t	無機薬品 31.2%	肥料 11.9	繊維 4.9	その他 52.0

か性ソーダ 315万t	化学工業 57.0%	紙・パルプ 7.6	水処理・廃水処理 5.2 ／ その他 30.2

0%　10　20　30　40　50　60　70　80　90　100

硫酸協会ウェブサイトおよび日本ソーダ工業会ウェブサイトより作成。

表 18-3　主要無機化学工業製品の生産（単位　千t）

	1990	2000	2010	2020	2021	2022
アンモニア‥‥‥‥1)	1 831	1 715	1 178	784	843	818
硝酸‥‥‥‥‥‥2)	697	654	500	297	296	266
硫酸‥‥‥‥‥‥1)	6 887	7 059	7 037	6 460	6 118	6 332
か性ソーダ‥‥‥3)	3 917	4 471	4 217	3 928	4 163	4 125
塩酸‥‥‥‥‥‥4)	2 283	2 494	2 272	1 556	1 631	1 614

経済産業省「生産動態統計」より作成。1) 100％換算。2) 98％換算。3) 液状（97％換算）と固形（実数値）の合計。4) 35％換算。【☞硫酸の長期統計は513ページ】

表 18-4　その他の主な無機化学工業製品の生産（単位　千t）

	2021	2022		2021	2022
生石灰‥‥‥‥‥‥	6 653	6 235	酸化第二鉄‥‥‥‥	137	125
消石灰‥‥‥‥‥‥	1 291	1 295	酸化チタン‥‥‥‥3)	187	177
軽質炭酸カルシウム	213	206	カーボンブラック‥	576	563
塩素ガス‥‥‥‥‥	3 694	3 654	活性炭‥‥‥‥‥‥4)	36	31
液体塩素‥‥‥‥‥	480	475	硫酸アルミニウム‥5)	524	527
次亜塩素酸			ポリ塩化		
ナトリウム溶液‥1)	859	850	アルミニウム‥‥6)	598	594
ふっ化水素酸‥‥‥2)	66	69	よう素‥‥‥‥‥‥	9	10
りん酸‥‥‥‥‥‥	68	66	けい酸ナトリウム‥	339	323
水酸化カリウム‥‥	124	115	過酸化水素‥‥‥‥7)	179	175
酸化亜鉛‥‥‥‥‥	58	54	化学石こう‥‥‥‥8)	4 029	4 137

経済産業省「生産動態統計」より作成。1) 12％換算。2) 50％換算。3) アナタース型とルチル型の合計。4) 粒状と粉状の合計。5) 14％固形換算。6) アルミナ10％換算。7) 100％重量換算。8) 2水塩換算。

その後バブル景気とともに生産を拡大し、バブル崩壊以降も中国を中心に輸出を拡大して成長してきた。しかし、2000年代後半より輸出の低迷や内需の減少に見舞われ、2010年代に設備を縮小した。一方、アメリカ

図 18-2　エチレン生産能力と需給

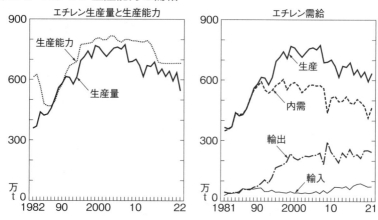

経済産業省「生産動態統計」および石油化学工業協会「石油化学工業の現状」より作成。生産能力は標準状態での月間生産能力の年計。需給の輸出入はエチレンや主要エチレン製品を原単位でエチレン換算したもの。需給の内需は生産＋輸入－輸出。

図 18-3　エチレン系製品の輸出先（エチレン換算、上図の輸出量内訳）

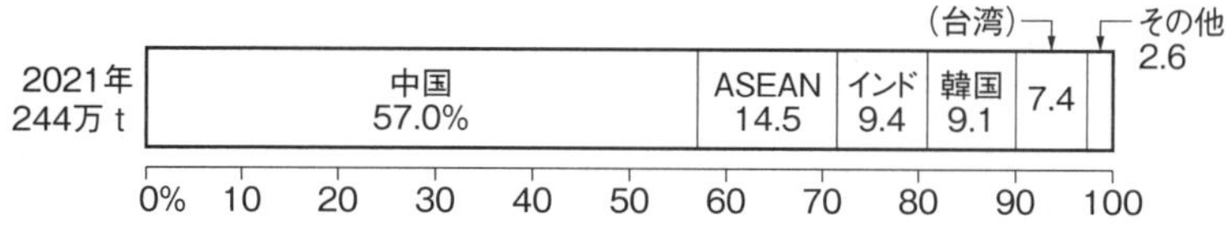

2021年 244万 t	中国 57.0%	ASEAN 14.5	インド 9.4	韓国 9.1	（台湾）7.4	その他 2.6

0%　10　20　30　40　50　60　70　80　90　100

表 18-5　主な石油化学工業製品の生産（単位　千 t）

	1990	2000	2010	2020	2021	2022
エチレン・・・・・・・・	5 810	7 614	7 018	5 943	6 349	5 449
プロピレン・・・・・・	4 214	5 453	5 986	4 998	5 235	4 514
ブタン・ブチレン	2 243	2 977	3 035	2 596	2 694	2 397
ベンゼン・・・・・・・・	3 012	4 425	4 764	3 245	3 425	3 129
トルエン・・・・・・・・	1 111	1 489	1 393	1 451	1 530	1 424
キシレン・・・・・・・・	1) 2 652	4 681	5 935	5 195	4 983	4 890

経済産業省「生産動態統計」より作成。石油化学工業以外の生産を含む。1) 非石油系を含まず。

第18章 化学工業

では安価なシェールガスを、中国では石油に加えて、国内で豊富な石炭を原料に、石油化学工業製品の生産を大幅に拡大している。欧米や中国、産油国には日本の全生産能力を上回るメーカーが複数あり、日本メーカ

図 18-4　石油化学コンビナート所在地（2022年7月現在）

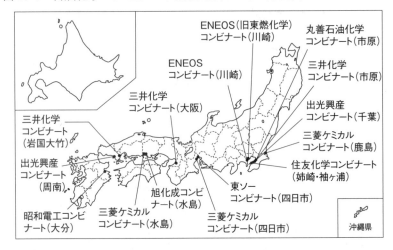

石油化学工業協会「石油化学工業の現状」（2022年）より作成。コンビナートの地名は原資料に従った。一部のコンビナートではエチレン生産を停止しており、ほかのコンビナートからエチレンを輸送するほか、近隣のコンビナート同士でエチレンプラントを共有することで石油化学製品の生産を継続している。

表 18-6　その他の主な有機化学工業製品の生産 (単位　千t、*印は千kL)

	2021	2022		2021	2022
ホルマリン・・・・・・・・	915	892	合成ブタノール・・・・	526	421
酸化エチレン・・・・・・	837	665	メチルエチルケトン・	276	211
エチレングリコール・	535	351	ブタジエン・・・・・・・・	853	745
アセトアルデヒド・・	95	91	コールタール・・・・・・	1 242	1 225
二塩化エチレン・・・・	3 430	3 341	パラキシレン・・・・・・	2 328	2 462
エタノール(95%換算)*	452	447	クレオソート油・・・・	678	660
酸化プロピレン・・・・	419	334	ナフタリン・・・・・・・・	153	151
ポリプロピレングリコール	278	232	スチレン(モノマー)	1 949	1 542
イソプロピルアルコール・	220	214	シクロヘキサン・・・・	217	165
合成アセトン・・・・・・	444	401	フェノール・・・・・・・・	618	556
アクリロニトリル・・	449	422	ビスフェノールA・・	447	386
アクリル酸エステル	284	252	無水フタル酸・・・・・・	151	147
合成オクタノール・・	212	151	カプロラクタム・・・・	214	…

経済産業省「生産動態統計」より作成。

ーは規模で劣る。

　2050年にカーボンニュートラルを実現する政府の目標に合わせて化学工業でも取り組みが進んでいる。廃プラスチックを再利用するほか、将来的には二酸化炭素を排出しない水素やアンモニアを燃料に用いることや、二酸化炭素を原料に化学製品を生産することを目指している。

表 18-7　プラスチックの生産と輸出入（単位　千 t ）

	1990	2000	2010	2020	2021	2022
生産・・・・・・・・・・・・1)	12 630	14 736	12 320	9 639	10 453	9 511
はん用プラスチック	8 971	10 497	8 806	7 177	7 742	6 938
ポリエチレン・・・・	2 888	3 342	2 964	2 246	2 452	2 237
ポリスチレン・・・・	2 092	2 024	1 385	1 057	1 202	1 036
ポリプロピレン・・	1 942	2 721	2 709	2 247	2 463	2 120
塩化ビニール樹脂	2 049	2 410	1 749	1 627	1 625	1 545
輸出・・・・・・・・・・・・・	1 776	4 313	6 083	5 170	5 281	4 731
輸入・・・・・・・・・・・・・	582	1 185	1 999	2 742	2 947	3 104
国内消費・・・・・・・・・・	11 435	11 609	8 236	7 212	8 120	7 884
1 人あたり消費（kg）	92.5	91.5	64.3	57.2	64.7	63.1

経済産業省「生産動態統計」および財務省「貿易統計」より作成。国内消費は生産＋輸入－輸出により算出。1人あたり消費は国勢調査人口や推計人口から編者算出。1）個々のプラスチック原材料の合計で、調査項目の変更等により年次によっては接続しない。2022年は、生産で一部に年間補正前の数値を含むほか、輸出入は確々報。【☞プラスチック生産の長期統計513ページ】

表 18-8　その他の主なプラスチックの生産（単位　千 t ）

	2021	2022		2021	2022
フェノール樹脂・・	296	267	ABS樹脂 ・・・・・・1)	349	284
ユリア樹脂・・・・・・	49	44	ポリカーボネート2)	281	261
メラミン樹脂・・・・	70	70	PET ・・・・・・・・・・3)	354	359
不飽和ポリ			ポリブチレン		
エステル樹脂・・	113	110	テレフタレート	117	108
アルキド樹脂・・・・	60	56	メタクリル樹脂・4)	139	121
エポキシ樹脂・・・・	130	117	ふっ素樹脂・・・・・・	33	38
ウレタンフォーム	178	170	PPS・・・・・・・・・・5)	45	45

経済産業省「生産動態統計」より作成。上表の生産の内訳。1）上表ポリスチレンの内数。2）**エンジニアリングプラスチック**（エンプラ、強度や耐熱性などに優れた樹脂で、耐熱性や機械的強度などに優れる）の一つ。DVD等に利用。3）ポリエチレンテレフタレート。ペットボトルに利用。繊維用（ポリエステル）を含まず。4）アクリル樹脂。透明でメガネ等に利用。5）ポリフェニレンサルファイド。スーパーエンプラ（特に優れた性能を持つエンプラ）の一つで、強度や耐摩耗性などが高い。

　2022年は、半導体不足による自動車や家電の減産などに伴う需要不足や、原料であるナフサの高騰による値上げにより、ほとんどの石油化学工業製品の生産量が減少しており、エチレンの生産量は前年の85％程度

図 18-5　プラスチック製品の用途別生産

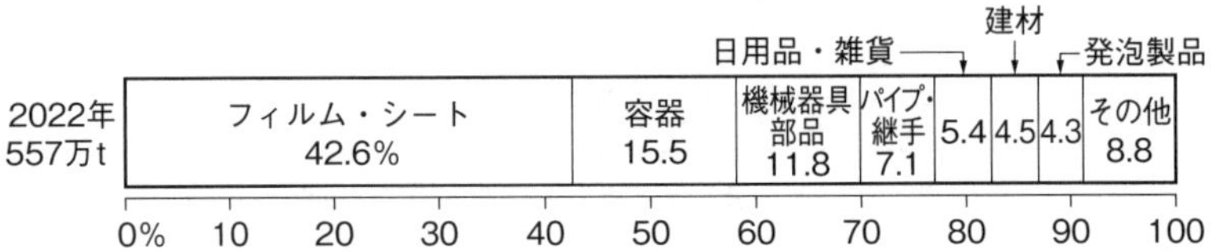

2022年 557万t	フィルム・シート 42.6%	容器 15.5	機械器具部品 11.8	パイプ・継手 7.1	5.4	4.5	4.3	その他 8.8

日用品・雑貨 → 建材 → 発泡製品

0%　10　20　30　40　50　60　70　80　90　100

経済産業省「生産動態統計」より作成。成型加工機で直接加工された一次製品のみ。ウレタンフォーム等を含まない。

表 18-9　化粧品の販売額 (単位　億円)

	1990	2000	2010	2020	2021	2022
香水・オーデコロン	210	85	48	44	47	65
頭髪用化粧品・・・1)	4 134	4 472	4 113	3 699	3 640	3 716
皮膚用化粧品・・・2)	5 010	5 577	6 382	7 718	6 897	5 685
仕上用化粧品・・・3)	2 957	3 622	3 018	2 457	2 183	2 428
特殊用途化粧品・4)	337	510	658	866	763	760
計・・・・・・・・・・・	12 649	14 266	14 220	14 784	13 529	12 654

経済産業省「生産動態統計」より作成。1) シャンプーやヘアスプレーなど。2) 洗顔クリームや乳液、化粧水など。3) ファンデーションや口紅、マニキュアなど。4) 日焼けクリームやひげそり用化粧品など。

表 18-10　その他の主な化学工業製品の生産 (単位　千t)

	2021	2022		2021	2022
精製グリセリン・・1)	35	39	合成染料・・・・・・・・・	15	14
石けん・・・・・・・・・・・	127	131	塗料・・・・・・・・・・・・	1 528	1 479
合成洗剤・・・・・・・・	1 195	1 205	合成樹脂塗料・・・	1 009	989
洗濯用・・・・・・・・	784	765	印刷インキ・・・・・・・	281	276
台所用・・・・・・・・	264	295	火薬および爆薬・・・	27	27
柔軟仕上げ剤・・・・	397	417	触媒・・・・・・・・・・・・	98	98
漂白剤・・・・・・・・・・	274	279	自動車用・・・・・・3)	10	9
クレンザー・・・・・・	3	3	炭酸ガス・・・・・・・・4)	974	949
界面活性剤・・・・・・・	1 259	1 220	酸素 (百万m³)	11 645	10 277
シャンプー・・・・・・2)	112	129	窒素 (百万m³)・・・	14 905	14 720
ヘアリンス・・・・・・2)	48	55	うち液化(百万m³)	1 982	1 941

経済産業省「生産動態統計」より作成。1) 98.5％換算。2) 上表の頭髪用化粧品に含まれる。3) 自動車排気ガス浄化用。4) 肥料、清涼飲料製造用等の自家使用分を除く。

に落ち込んだ。さらに2023年には、はん用樹脂であるポリエチレンやポリプロピレンなどについて、各メーカーが電力料金や物流費の上昇を価格転嫁する値上げを行う方針である。

表 18-11　主要国のエチレン生産（単位　千 t ）

	1981	1990	2000	2010	2020	2021
アメリカ合衆国‥	13 103	17 063	25 107	23 971	34 440	33 946
西ヨーロッパ‥‥	9 039	14 106	19 443	20 281	18 876	18 729
中国‥‥‥‥‥‥	…	1 572	4 700	14 189	30 207	36 340
サウジアラビア‥1)	…	2 080	5 700	10 973	16 140	16 079
韓国‥‥‥‥‥‥2)	376	1 065	5 537	7 393	8 738	10 349
日本‥‥‥‥‥‥	3 655	5 810	7 614	7 018	5 943	6 349
（台湾）‥‥‥‥‥2)	464	779	1 592	3 929	4 213	4 252

石油化学工業協会「石油化学工業の現状」より作成。1) 2002年までは各年末現在の生産能力。2) 1982年。

表 18-12　エチレンの生産能力（2021年末現在）（単位　千 t ）

アジア‥‥‥1)	87 729	アメリカ‥‥‥	40 483	東ヨーロッパ2)	8 488
中国‥‥‥‥‥	43 114	カナダ‥‥‥‥	5 374	ロシア‥‥‥‥	4 877
韓国‥‥‥‥‥	12 395	**中東**‥‥‥‥‥	36 629	**アフリカ**‥‥‥	6 839
インド‥‥‥‥	7 701	サウジアラビア	18 515	エジプト‥‥‥	3 580
日本‥‥‥‥‥	6 499	イラン‥‥‥‥	8 056	**南アメリカ**‥‥	5 395
タイ‥‥‥‥‥	5 365	アラブ首長国連邦	3 550	ブラジル‥‥‥	3 945
台湾‥‥‥‥‥	4 105	**西ヨーロッパ**‥	22 598	**オセアニア**‥3)	500
シンガポール‥	4 100	ドイツ‥‥‥‥	5 553	世界計‥‥‥‥	216 285
北中アメリカ‥	48 107	オランダ‥‥‥	3 995		

資料は上表に同じ。1 年間で生産できる能力。1) 旧ソ連構成国を除く。中東を除く。2) アジアの旧ソ連構成国を含む。3) オーストラリアのみ。

表 18-13　世界の化学肥料生産（2020年）（単位　千 t ）

窒素肥料 （N含有量）		りん酸肥料 （P_2O_5含有量）		カリ肥料 （K_2O含有量）	
中国‥‥‥‥‥	31 942	中国‥‥‥‥‥	13 238	カナダ‥‥‥‥	12 179
インド‥‥‥‥	13 745	インド‥‥‥‥	4 737	ロシア‥‥‥‥	9 477
アメリカ合衆国	13 262	アメリカ合衆国	4 600	ベラルーシ‥‥	7 562
ロシア‥‥‥‥	11 190	ロシア‥‥‥‥	4 247	中国‥‥‥‥‥	6 146
エジプト‥‥‥	4 500	モロッコ‥‥‥	3 715	ドイツ‥‥‥‥	2 530
（参考）日本‥	525	（参考）日本‥	183	イスラエル‥‥	2 162
世界計×‥	**123 145**	世界計×‥	**44 867**	世界計×‥	**44 913**

FAOSTAT（2023年 3 月 7 日閲覧）より作成。日本のカリ肥料生産は無し。×その他とも。

第18章　化学工業

〔医薬品〕　厚生労働省の薬事工業生産動態統計は、2019年より調査方法が大きく変更された。これに伴い、調査票の回収率が向上して生産額が大幅に押し上げられており、データの扱いには注意が必要である。

　日本の製薬企業は欧米企業と比べ規模が小さく、研究開発費も少ないなか、多くの新薬開発を行っている。年々創薬の難度が上がっていることに加え、研究費用も高騰しており厳しい環境である。製薬企業は企業間の買収や事業再編、創薬ベンチャーによる開発など創薬の効率化に向けた動きが盛んになっている。また、国内企業の海外での売上比率が上がっていることに伴い、生産拠点の海外進出が進んでいる。

　近年、高額なバイオ医薬品が登場し、輸入額は増加傾向にある。さらに、新型コロナウイルスのワクチンを海外からの輸入に依存しているた

表 18-14　**医薬品の生産額と輸出入額**（単位　億円）

	2000	2010	2019	2020	2021	2022
生産・・・・・・・・・・・	59 273	67 791	* 94 893	* 92 641	* 91 802	・・・
医療用・・・・・・・・	51 278	61 489	* 86 661	* 84 782	* 84 310	・・・
要指導・一般用・・	7 995	6 302	* 8 232	* 7 859	* 7 491	・・・
うち配置用家庭薬	541	280	* 27	* 25	* 25	・・・
輸出・・・・・・・・・・・	2 944	3 787	7 331	8 360	8 611	1)11 428
輸入・・・・・・・・・・・	5 149	15 226	30 919	31 973	42 085	1)57 373
（参考）海外売上・	9 228	22 167	52 889	43 909	49 453	・・・

厚生労働省「薬事工業生産動態統計年報」および財務省「貿易統計」より作成。生産には輸入原料から製造されたものを含む。本表の輸出入は貿易概品分類により、ガーゼなど医療用品やワクチン等を含む。貿易額で日本は大幅な赤字であるが、国内製薬会社による海外生産の逆輸入分があることや、海外市場向けを海外生産でも対応していることに留意。参考に示した海外売上は、日本製薬工業協会「DATA BOOK 2023」（原資料は製薬協活動概況調査）による同協会会員企業（国内資本比率50％以上）で会計年度。有効回答会社数は年次によって異なる。*2019年以降は生産額が大きく増加しているが、厚生労働省によると、同年より調査方法が変更されて調査の回収率が向上したことによる。1) 確々報であり、今後数値が修正される場合がある。

表 18-15　**医薬品薬効別生産額**（2021年）（単位　億円）

その他の代謝性医薬品・・・	13 425	循環器官用薬・・・・・・・・・・・	8 987
糖尿病用剤・・・・・・・・・・・	4 383	血圧降下剤・・・・・・・・・・・	3 228
腫瘍用薬・・・・・・・・・・・	12 990	血液・体液用薬・・・・・・・・	6 168
中枢神経系用薬・・・・・・・・	9 400	計×・・・・・・・・・・・・・・・・	**91 802**

厚生労働省「薬事工業生産動態統計年報」（2021年）より作成。×その他とも。

め、2021年以降医薬品の輸入額の増大が加速している。

　特許期間が満了した先発医薬品に関しては、同じ有効成分のものを別のメーカーが安価な後発品（ジェネリック医薬品）として販売できる。政府は国の財政負担の観点から、ジェネリック医薬品の普及推進をしており、2022年9月時点で数量シェアは79.0％に上る。

　2021年からの調査により、10社以上のメーカーで不適切な品質管理のもと医薬品の製造が行われていることが分かり、行政処分が実施された。この影響で需要が集中し、医薬品が品薄となっている。安定供給のための出荷調整を含めると、2022年8月時点で4000品目以上の薬剤の供給が滞っており、ジェネリック医薬品では全品目の約4割が該当する。

表18-16　製薬会社の医薬品売上高と研究開発費（2021年度）（単位　億円）

世界	医薬品[1)]売上高	研究開発費	日本	医薬品売上高	研究開発費
ファイザー（米）‥‥	87 317	15 178	武田薬品工業‥	35 690	5 261
アッヴィ（米）‥‥	61 679	7 775	アステラス製薬	12 666	2 460
ジョンソン&ジョンソン(米)	57 160	16 149	第一三共‥‥	10 449	2 602
ノバルティス(スイス)	56 662	10 471	中外製薬‥‥[2)]	8 028	1 373
ロシュ（スイス）‥‥	54 095	17 774	エーザイ‥‥	6 263	1 717

日本製薬工業協会「DATA BOOK 2023」より作成。原資料は各社有価証券報告書、決算短信、決算公告、SPEEDA（株式会社ユーザベース）、アニュアルレポート、フィナンシャルレポート。世界は各社のドル換算および現地通貨の数値をIMF為替年平均レート（1ドル＝109.75円）で編者換算。1) 医薬品事業売上高。2) ロシュ（スイス）の子会社。

表18-17　医薬部外品の生産額（単位　億円）

	2000	2010	2018	2019*	2020*	2021*
薬用化粧品‥‥‥‥	2 170	2 832	4 318	5 684	5 729	5 863
毛髪用剤‥‥‥‥‥	1 134	1 569	1 460	2 016	2 155	2 285
薬用歯みがき剤‥‥	592	1 023	1 561	1 397	1 392	1 474
ビタミン含有保健剤	1 416	1 106	1 027	1 224	1 035	1 009
生理処理用品‥‥‥	—	—	—	708	700	670
浴用剤‥‥‥‥‥	412	378	433	731	657	667
計×‥‥‥‥‥‥	6 481	8 092	9 997	13 434	14 050	13 999

厚生労働省「薬事工業生産動態統計年報」より作成。医薬部外品は、1999年にビタミン含有保健剤や健胃清涼剤など、2004年に手指消毒剤などが含まれるようになった。*2019年以降の生産額の大幅な増加の理由は表18-14に同じ。また、従来は本表に含まれなかった衛生材料のうち医薬部外品脱脂綿および生理処理用品を同年より含む。×その他とも。

第19章　食料品工業

　食料品工業は製造品出荷額等が工業全体の13％（2020年）を占め、金属工業や化学工業に匹敵する規模を持つ。ただし、他の工業と異なり、大都市だけでなく原材料となる食品の産地のほか、全国各地で生産が盛んである。これは、各地域で嗜好や習慣が異なるほか、消費期限の問題から、比較的狭い地域で流通する商品が多いためである。このため、生産の中心は中規模事業所で、大企業はビールなど一部に限られる。

　食料品工業では、国内市場の成熟化によって厳しい競争を強いられて

図 19-1　**事業所規模別でみた従業者数と製造品出荷額等**（2020年）

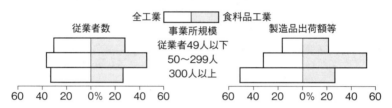

総務省・経済産業省「経済センサス－活動調査」（2021年）より作成。個人経営事業所を除く。従業者は2021年6月1日現在。

表 19-1　**食料品工業の推移**（2020年は個人経営事業所を除く）

	1990	2000	2010	2019	2020
事業所数‥‥‥‥‥1)	75 594	64 771	53 217	43 504	29 886
従業者数（千人）‥1)	1 277	1 284	1 265	1 274	1 206
製造品出荷額等(億円)	334 230	351 146	339 171	397 884	390 460
畜産食料品‥‥‥‥	49 215	48 417	52 532	68 631	70 446
水産食料品‥‥‥‥	40 148	38 686	31 451	34 115	32 798
パン・菓子‥‥‥‥	41 295	41 027	46 118	55 109	53 504
酒類‥‥‥‥‥‥‥	43 340	41 865	35 225	32 818	31 379
付加価値額（億円）‥2)	108 580	127 125	116 320	131 080	130 937

総務省・経済産業省「経済センサス－活動調査」および経済産業省「工業統計調査」より作成。産業中分類の食料品製造業に飲料・たばこ・飼料製造業を加えたもの。1985年以降たばこ製造業を含む。2002年以降もやし製造業を除く。また、製造小売（自家製造と小売を兼ねた店舗）は小売業扱いで工業には含まれないことに留意。このほか工業統計に関する注記は表15-1を参照。1) 各年末現在。2019、20年は翌年6月1日現在。2) 2010、19年は従業者3人以下の事業所を除く。【☞府県別統計524ページ】

おり、消費者の求める商品を次々と開発してきた。インスタント食品やレトルト食品は家事労働の低減に寄与したほか、特定保健用食品など健康志向に対応した食品は、国民の健康に一定の役割を果たしている。

表19-2　食料品工業の主な業種（個人経営事業所を除く）（2020年）

	事業所数[1]	従業者数[1]（千人）	製造品出荷額等（億円）	付加[2]価値額（億円）
畜産食料品	2 699	165.4	70 446	18 326
部分肉・冷凍肉	905	44.0	20 576	4 052
肉加工品	526	37.3	10 637	3 150
処理牛乳・乳飲料	239	18.7	12 796	3 235
乳製品[3]	318	23.3	15 012	4 938
水産食料品	4 855	129.2	32 798	9 640
海藻加工	679	15.6	3 680	1 268
水産練製品	524	20.4	3 834	1 463
冷凍水産物	574	16.1	5 890	1 445
冷凍水産食品	596	16.9	6 065	1 438
野菜・果実缶詰[4]	726	20.6	4 859	1 390
野菜漬物	918	22.0	4 000	1 588
調味料	1 672	52.3	19 070	7 703
砂糖類	125	6.4	5 261	1 676
精米・精麦業	447	8.2	9 444	1 760
小麦粉	78	3.5	4 302	778
パン・菓子	4 477	241.0	53 504	26 461
パン	771	80.0	18 994	9 380
生菓子	1 931	71.9	10 377	5 219
ビスケット類・干菓子	504	23.2	4 437	2 316
米菓	385	16.9	3 474	1 846
動物油脂・植物油脂	230	10.5	9 529	2 030
めん類	1 620	47.2	10 523	4 097
冷凍調理食品	752	55.1	12 882	4 428
そう（惣）菜	813	66.9	10 453	3 979
すし・弁当・調理パン	890	126.1	15 131	6 076
清涼飲料	714	31.7	23 213	8 593
酒類	1 797	34.5	31 379	11 389
ビール類	125	4.3	11 539	3 620
清酒	1 097	16.3	3 690	1 526
蒸留酒・混成酒	403	11.3	15 406	5 923
たばこ	6	1.4	16 284	2 600
飼料・有機質肥料	1 216	17.9	16 149	3 167
食料品工業計×	29 886	1 206.3	390 460	130 937

総務省・経済産業省「経済センサス-活動調査」（2021年）より作成。製造小売（表19-1脚注参照）を含まない。その他の注記は表15-1参照。1）2021年6月1日現在。2）従業者29人以下の事業所は粗付加価値額（在庫の増減等を加味しない）。3）処理牛乳、乳飲料を除く。4）野菜漬物以外の農産保存食料品を含む。×その他とも。

　加工食品の貿易額は、最近は清酒などの輸出が増えているものの、た
ばこやワインなどの輸入額が多く赤字である。また、近年は小麦や食料
油など原材料価格が上昇している。特に2022年はロシアによるウクライ

表19-3　主な加工食品の生産（単位　千t、*印は千kL、#印は百万枚）

	2021	2022		2021	2022
畜産食料品			**農産加工品**		
ハム類‥‥‥‥‥‥‥‥	110	108	野菜・果実漬物‥‥‥	817	821
プレス類‥‥‥‥‥‥	20	21	果実缶・びん詰‥‥‥	45	41
ベーコン類‥‥‥‥‥	98	96	野菜缶・びん詰‥‥‥	42	36
ソーセージ類‥‥‥‥	317	310	ジャム類‥‥‥‥‥‥	31	29
食肉調理品‥‥‥‥‥	85	84	乾燥野菜‥‥‥‥‥3)	5	5
食肉缶・びん詰‥‥‥	5	5	トマトケチャップ‥	88	89
飲用牛乳‥‥‥‥‥*	3 575	3 563	小麦粉‥‥‥‥‥4)5)	5 893	…
牛乳‥‥‥‥‥‥*	3 193	3 178	プレミックス‥‥‥6)	358	353
加工乳‥‥‥‥‥*	382	386	米穀粉‥‥‥‥‥‥	85	92
乳飲料‥‥‥‥‥‥*	1 052	1 043	パン‥‥‥‥‥‥‥7)	1 242	1 189
乳酸菌飲料類‥‥‥*	508	540	食パン‥‥‥‥‥7)	578	545
はっ酵乳類‥‥‥‥*	1 264	1 205	菓子パン‥‥‥‥7)	416	396
粉乳‥‥‥‥‥‥‥‥	190	196	パン粉‥‥‥‥‥‥	159	158
練乳‥‥‥‥‥‥‥‥	34	35	めん類‥‥‥‥‥‥7)	1 505	1 490
バター‥‥‥‥‥‥‥	73	75	生めん類‥‥‥‥7)	759	758
チーズ‥‥‥‥‥‥‥	167	160	乾めん類‥‥‥‥7)	190	183
クリーム‥‥‥‥‥‥	120	120	即席めん類‥‥‥7)	397	390
アイスクリーム‥‥*	137	142	カップ麺‥‥‥7)	203	222
			スパゲッティ‥‥7)	143	147
水産食料品1)			植物油脂‥‥‥‥‥‥	1 675	1 631
ちくわ・かまぼこ‥	433	482	マーガリン‥‥‥‥8)	203	194
魚肉ソーセージ‥‥2)	61	…	みそ‥‥‥‥‥‥‥‥	462	468
素干し品‥‥‥‥‥	5	…	しょうゆ‥‥‥4) *	704	697
塩干品‥‥‥‥‥‥	118	…	たれ類‥‥‥‥‥4) *	78	79
煮干し品‥‥‥‥‥	54	…	食酢‥‥‥‥‥‥9) *	414	…
塩蔵品‥‥‥‥‥‥	151	…	ドレッシング類‥‥	404	395
くん製品‥‥‥‥‥	7	…	マヨネーズ‥‥‥	218	217
節製品‥‥‥‥‥‥	66	…	米菓‥‥‥‥‥‥‥‥	215	213
かつお節‥‥‥‥	26	…	ビスケット‥‥‥‥	258	250
かつおけずり節‥	13	…	加工米飯‥‥‥‥‥‥	409	429
いか塩辛‥‥‥‥‥	13	…	調理缶・レトルト‥	423	418
水産物漬物‥‥‥‥	43	…	カレー‥‥‥‥‥‥	163	169
こんぶつくだ煮‥‥	25	…	包装もち‥‥‥‥‥‥	66	64
焼・味付のり‥‥#	5 974	…	植物油かす‥‥‥‥‥	3 568	3 628
水産缶・びん詰‥‥	94	89			

農林水産省「食品産業動態調査」(2022年度) および同「水産物流通調査」(2021年) より作
成。1) 陸上加工品。2) 魚肉ハムを含む。3) 熱風乾燥されたもの。4) 出荷量。5) 総務省・
経済産業省「経済センサス−活動調査」による2020年の数値。6) ホットケーキミックス
やお好み焼き粉など。7) 小麦粉使用量。8) ファットスプレッドを含む。9) 全国食酢協
会中央会資料による。会計年度で推定値。

ナ侵攻によって国際価格が高まった上に、急速な円安で輸入価格が著しく上昇した。メーカーはこれまで企業努力や内容量を減らすことで商品単価を抑えてきたが、2022年より値上げする商品が相次いでいる。政府は物価対策として輸入小麦の売り渡し価格を抑制しているが、2023年4月の売り渡し価格は過去最高値となった。

表 19-4　主な加工食品等の輸出入額 （単位　億円）

		2020	2021		2020	2021
輸出	粉乳等‥‥‥‥‥	137	139	アルコール飲料‥	710	1 147
	菓子類‥‥‥‥‥	571	737	清酒‥‥‥‥‥	241	402
	緑茶‥‥‥‥‥	162	204	清涼飲料水等‥‥	342	406
	調味料‥‥‥‥1)	505	607	水産物調製品‥‥	591	651
	ソース混合調味料	365	435	なまこ調製品‥	181	155
輸入	食肉調製品‥‥‥	3 500	3 636	香辛料‥‥‥‥	351	396
	鶏肉調製品‥‥	2 379	2 470	アルコール飲料‥	2 562	2 782
	ナチュラルチーズ	1 307	1 348	ぶどう酒‥‥‥	1 680	1 882
	果実・缶びん詰2)	1 187	1 195	ウイスキー‥‥	447	473
	果汁‥‥‥‥‥	565	513	パーム油‥‥‥	523	700
	野菜缶・びん詰3)	1 224	1 290	たばこ‥‥‥‥	5 810	5 967
	冷凍野菜‥‥‥	1 871	2 038	水産調製品‥‥	3 077	3 240
	砂糖類‥‥‥‥	637	809	水産缶詰等‥‥	420	404
	菓子類‥‥‥‥	1 135	1 365	うなぎ調製品‥	299	438
	チョコレート菓子	269	359	えび調製品‥‥	684	722

農林水産省「農林水産物輸出入概況」(2021年) より作成。原資料は財務省「貿易統計」(確定値)。1) 砂糖類を除く。2) 調製品。3) 野菜ジュース等を含む。

表 19-5　砂糖等の生産と輸入 （砂糖年度）（単位　千 t ）

	1980	1990	2000	2010	2020	2021
国内産糖生産量‥	765	865	730	655	783	792
てん菜糖‥‥‥	535	644	569	490	630	639
甘しゃ糖‥‥‥	223	212	153	156	142	144
異性化糖需要量‥	432	725	741	806	750	760
輸入糖‥‥‥‥	1 548	1 693	1 483	1 431	1 025	984
加糖調製品輸入量	…	104	362	469	470	464

農林水産省「2022砂糖年度における砂糖及び異性化糖の需給見通し(第3回)」(2023年3月)より作成。分蜜糖は精製糖、含蜜糖は製品ベース。砂糖年度は当該年の10月から翌年9月まで。異性化糖はデンプンを分解、異性化してブドウ糖と果糖との混合液にしたもの。果糖55％の固形ベースで換算。加糖調製品は砂糖にココアなどを混合したもので、輸入品の関税が砂糖より安い。また、近年は高甘味度人工甘味料（甘味度200倍のアスパルテームや600倍のスクラロースなど）の輸入が増えており、輸入量は2021砂糖年度で788 t 。

〔酒類・たばこ〕 酒とたばこは、食料品など生活必需品とは異なる特殊な嗜好品であり、酒税およびたばこ税が課せられている。

酒類の国内需要は、高齢化の進展や若者のアルコール離れなどで減少傾向が続いている。特にコロナ禍で2020年度以降は業務用販売が大きく落ち込んだ。最も多く飲まれるビール類では、ビール会社は麦芽比率を下げて税率を抑えた発泡酒や新ジャンルを発売しているが、政府は2023年10月にビールと発泡酒等の税率差を縮小し、26年に同一にする方針である。日本酒は、小規模メーカーが多数存在する。近年、全体の生産量

表 19-6 酒類の生産 （製成数量）（会計年度）（単位 千kL）

	1980	1990	2000	2010	2020	2021
清酒・・・・・・・・・・1)	1 193	1 060	720	447	312	312
焼酎・・・・・・・・・・・	257	592	757	912	688	673
うち単式蒸留・・2)	116	250	385	494	380	374
みりん・・・・・・・・・	65	113	127	102	89	89
ビール・・・・・・・・・	4 559	6 564	5 464	2 954	1 839	1 931
果実酒類・・・・・・・3)	46	58	97	78	109	98
ウイスキー類・・・4)	364	202	136	85	139	130
発泡酒・・・・・・・・・	0	—	1 715	948	391	402
その他の醸造酒・5)	…	…	…	718	338	281
スピリッツ・・・・・6)	10	42	39	274	952	999
リキュール・・・・・5)	25	112	327	1 714	2 568	2 369
計×・・・・・・・・・	**6 538**	**8 765**	**9 424**	**8 278**	**7 446**	**7 304**

国税庁ウェブサイトおよび同「国税庁統計年報書」より作成。アルコール等の混和や用途変更などを差し引いた合計。1) 合成清酒を除く。2) 芋焼酎や麦焼酎、泡盛などのいわゆる本格焼酎。3) 甘味果実酒を含む。4) ブランデーを含む。5) ビール類飲料の新ジャンルを含む。6) 原料用アルコールスピリッツ。×その他とも。

表 19-7 世界のビールとワインの生産 （単位 千t）

ビール1)	2019	2020	ワイン	2019	2020
中国・・・・・・・・・・	37 653	34 111	イタリア・・・・・・・	4 986	5 192
アメリカ合衆国・・	21 088	20 381	フランス・・・・・・・	4 166	4 390
ブラジル・・・・・・・	17 144	13 280	スペイン・・・・・・・	3 370	4 070
メキシコ・・・・・・・	12 450	11 868	中国・・・・・・・・・・	2 066	2 000
ドイツ・・・・・・・・	8 041	8 703	アメリカ合衆国・・	2 631	1 887
（参考）日本・・・・	2 584	2 500	（参考）日本・・・・	86	80
世界計×・・・・・	**189 379**	**174 858**	世界計×・・・・・	**26 929**	**26 675**

FAOSTAT（2023年4月4日閲覧）より作成。1) ノンアルコールを含む。×その他とも。

は縮小しているが、製成数量での割合で純米吟醸酒が2008酒造年度（7月から翌年6月）の6.4％から2020酒造年度は16.1％に増加し、高品質化と単価の上昇がみられる。国産ウイスキーとともに清酒は国際的な評価が高まっており、輸出量が増加している。

たばこは、日本たばこ産業（JT）が国内事業を独占する代わりに、国産葉たばこを全量買い入れる義務がある。2020年の改正健康増進法施行に伴い受動喫煙対策が強化されたことで、喫煙を止める人が増えて、国内販売量は減少している。その中で、加熱式たばこの割合が増加しており、2021年度は販売量全体の33％を占めた。

表 19-8　たばこ需給（会計年度）

	1990	2000	2010	2019	2020	2021
葉たばこ（ t ）						
生産量‥‥‥‥	80 544	60 803	29 297	16 798	13 748	14 237
輸出量‥‥‥ 1)	8	322	6 924	2 385	4 647	1 843
輸入量‥‥‥ 1)	80 092	93 928	63 016	31 499	26 894	23 491
たばこ（億本）						
国内販売量‥‥ 2)	3 220	3 245	2 102	1 557	1 401	1 397
紙巻たばこ‥‥	3 220	3 245	2 102	1 181	988	937
国産‥‥‥‥	2 709	2 431	1 346	720	…	…
輸入‥‥‥‥	511	814	755	460	…	…
加熱式たばこ‥	―	―	―	376	413	460
(参考)リトルシ						
ガー‥‥‥‥ 3)	…	…	…	…	127	97

全国たばこ耕作組合中央会資料、日本たばこ協会資料および財務省資料より作成。加熱式たばこは1箱で紙巻きたばこ20本換算。加熱式シェアはたばこ国内販売量に占める加熱式の割合。1）暦年。財務省「貿易統計」による。2）紙巻きと加熱式の合計。3）紙巻たばこに似た形態の葉巻（ドライシガー）で、税法上は葉巻たばこに分類される。

表 19-9　世界の葉たばこ生産（未加工のたばこ）（単位　千 t ）

	2020	2021		2020	2021
中国‥‥‥‥‥‥	2 134	2 128	パキスタン‥‥‥	133	168
インド‥‥‥‥‥	766	758	ジンバブエ‥‥‥	203	162
ブラジル‥‥‥‥	702	744	マラウイ‥‥‥‥	102	105
インドネシア‥‥	261	237	(参考)日本‥‥‥	14	14
アメリカ合衆国‥	169	217	世界計×‥‥‥‥	5 813	5 889

FAOSTAT（2023年4月4日閲覧）より作成。×その他とも。

第20章 その他の工業

　本章では、これまで述べてきた金属工業、機械工業、化学工業、食料品工業以外の工業について取り扱う。特に、繊維工業、窯業、紙・パルプ工業、ゴム工業については節を設けて詳しく解説する。

表 20-1　その他の主な工業（個人経営事業所を除く）（2020年）

	事業所数[1]	従業者数[1] （千人）	製品 出荷額等 （億円）	付加 価値額[2] （億円）
繊維工業・・・・・・・・・・・・・・・・・	12 926	227.3	35 353	13 970
製糸、紡績、化学繊維・[3]	785	20.7	5 071	1 846
織物・・・・・・・・・・・・・・・・・	1 425	17.0	2 822	1 149
外衣・シャツ・・・・・・・・・[4]	3 728	70.9	6 746	3 052
窯業・土石製品・・・・・・・・・・	10 753	236.4	76 418	32 992
ガラス・同製品・・・・・・・・	952	46.0	14 343	6 311
板ガラス製造・・・・・・・	11	4.5	2 009	960
板ガラス加工・・・・・・・	274	13.6	3 654	1 392
セメント・同製品・・・・・	4 563	83.5	32 353	13 050
セメント・・・・・・・・・・	89	5.0	4 990	1 360
生コンクリート・・・・・	2 626	37.1	13 986	5 510
コンクリート製品・・・・・	1 609	33.1	10 023	4 686
陶磁器・同関連製品・・・・・	1 315	34.7	7 482	3 553
パルプ・紙・紙加工品・・・・	5 927	181.1	71 245	22 455
紙・・・・・・・・・・・・・・・・・・	385	30.6[5]	24 735[5]	7 189
加工紙・・・・・・・・・・・[6]	317	11.0	4 320	1 277
紙製品・・・・・・・・・・・・・	892	18.1	3 996	1 515
紙製容器・・・・・・・・・・・	3 154	82.8	24 246	7 568
段ボール箱・・・・・・・・・	1 794	49.8	17 163	5 075
ゴム製品・・・・・・・・・・・・・	2 378	112.5	30 008	13 002
タイヤ・チューブ・・・・・・	58	23.0	11 294	5 492
工業用ゴム製品等・・・・・[7]	1 785	74.9	15 825	6 307
プラスチック製品・・・・・・[8]	13 660	444.9	126 557	47 119
印刷・同関連業・・・・・・・・・・	13 335	243.5	46 630	21 433
木材・木製品（家具を除く）	6 101	89.5	27 854	9 110
家具・装備品・・・・・・・・・・・	6 157	90.2	20 437	7 595
なめし革・同製品・毛皮・・・	1 191	17.6	2 723	1 082

総務省・経済産業省「経済センサス－活動調査」（2021年）より作成。工業統計に関する注記は表15-1参照。1）2021年6月1日現在。2）従業者29人以下の事業所は粗付加価値額（在庫の増減等を加味しない）。3）ねん糸を含む。4）和式を除く。5）従業者4人以上の事業所。6）段ボール製造業を含む。7）ゴムベルト、ゴムホースを含む。8）家具など他の産業に含まれるものを除く。【☞府県別統計524、525ページ】

〔**繊維工業**〕　戦前、繊維工業は生糸や綿織物を主体に日本の産業の中核を担っていた。戦後、国内で重化学工業が発展し、国外では1960年代にアジア諸国が台頭したことによって、その地位が低下した。1990年代以降、日本企業は円高を理由に生産拠点を東南アジアや中国へと移し、国内生産が急速に縮小していった。さらに、現地メーカーが技術力を高めて急成長する。日本メーカーには、高級市場で存在感のある欧米アパレルと異なり、国際的に通用するブランドが少ない。主な製品は新興国メーカーが参入する中級品であり、価格競争を強いられて海外市場だけでなく国内市場も奪われていった。2021年の国内アパ

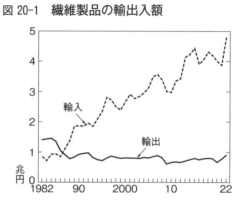

図 20-1　繊維製品の輸出入額

財務省「貿易統計」より作成。

表 20-2　繊維工業の推移（2020年は個人経営事業所を除く）

	1990	2000	2010	2019	2020
事業所数‥‥‥‥ 1)	129 944	80 278	44 447	28 401	12 926
従業者数（千人） 1)	1 245.4	662.4	352.9	273.0	227.3
製造品出荷額等（億円）	129 081	68 364	39 296	38 740	35 353
化学繊維製造‥‥	…	…	4 014	3 202	3 204
紡績‥‥‥‥‥	8 945	2 630	870	608	569
織物‥‥‥‥‥	17 830	7 384	3 545	3 461	2 822
外衣・シャツ・ 2)	28 029	19 287	7 774	6 825	6 746
下着類‥‥‥‥	2 523	3 274	1 229	1 290	1 108
付加価値額（億円）	56 401	31 676 3)	15 311 3)	14 548	13 970

総務省・経済産業省「経済センサス－活動調査」および経済産業省「工業統計調査」より作成。工業統計に関する注記は表15-1を参照。2008年より化学繊維、炭素繊維製造業を含む。1) 2010年までは各年末現在、2019、20年は翌年6月1日現在。2) 和式を除く。3) 従業者4人以上の事業所。【☞府県別統計524ページ】

参考　**化学繊維**のうち、**再生繊維**は木材パルプのセルロースを再生させたレーヨンなど。**半合成繊維**はセルロースなどを化学変化させたもの。**合成繊維**は石油化学工業などで繊維を合成したもの。産業分類上では、化学繊維には炭素繊維やガラス繊維、金属繊維といった無機繊維を含むが、繊維工業の各表ではこれらを含んでいない。

第20章　その他の工業

レル市場における衣類の輸入浸透率は数量ベースで98.2％であり（2021年、日本繊維輸入組合調べ）、ほとんどが輸入品で占められている。

　国内における衣服１枚当たりの価格は年々下がっており、市場規模が

表 20-3　天然繊維の国内供給 （単位　千 t ）

	1990	2000	2010	2020	2021		2022
綿花輸入量‥‥‥	679.81	299.92	106.59	64.44	65.18	*	69.42
羊毛輸入量‥‥‥	137.57	44.76	14.13	7.12	5.70	*	7.75
生糸生産量‥‥‥	5.72	0.56	0.05	0.01	0.01		0.01
生糸輸入量‥‥‥	2.12	2.30	0.73	0.15	0.19	*	0.22

財務省「貿易統計」および大日本蚕糸会資料より作成。脂付き羊毛は60％で洗い上げ換算した。生糸生産量は１俵＝60kgで編者換算。*確々報。

表 20-4　繊維の生産 （糸ベース）（単位　千 t ）

	1990	2000		2010		2020		2021		2022
天然繊維糸‥‥‥‥	543	194	1)	55		27		32		33
綿糸‥‥‥‥‥	426	159		45		21		26		27
毛糸‥‥‥‥‥	105	34		9		6		5		6
絹糸‥‥‥‥‥	8	1	2)	0	2)	0	2)	0	2)	0
化学繊維糸‥‥‥‥	1 289	895	3)	506		333	4)	354	4)	353
再生・半合成繊維糸	187	80	3)	31		17	4)	1	4)	2
合成繊維糸‥‥‥	1 103	815		475		316		353		352
計‥‥‥‥‥‥‥	1 832	1 089		561		360	4)	386	4)	386

経済産業省「生産動態統計」より作成。短繊維の紡績糸と長繊維の合計。1) 絹紡糸を除く。2) 生糸のみ。表20-3による。3) 絹紡糸を含む。4) 再生・半合成繊維長繊維を除く。

表 20-5　織物の生産 （単位　百万m²）

	1990	2000	2010	2020	2021	2022
天然繊維織物‥‥‥	2 199	799	161	109	107	111
綿織物‥‥‥‥‥	1 765	664	124	88	92	92
毛織物‥‥‥‥‥	335	98	32	19	14	17
絹・絹紡織物‥‥‥	84	33	4	1	1	1
化学繊維織物‥‥‥	3 376	1 846	822	749	769	809
再生・半合成繊維織物	708	273	92	73	74	78
合成繊維織物‥‥‥	2 668	1 573	730	676	695	731
計×‥‥‥‥‥‥	5 587	2 645	983	858	876	920

資料は上表に同じ。2013年以降は麻織物を除外。×その他とも。【☞長期統計513ページ】

縮小している。アパレル産業は、大量生産、大量供給を行い、多様な製品を在庫として抱える非効率な産業構造が指摘され、サステナビリティの点から、適量生産、適量供給を目指していくことが求められている。

表 20-6　繊維製品の生産

	1990	2000	2010	2020	2021	2022
タオル（千t）……	61.9	36.9	11.7	9.0	8.3	7.8
敷物（百万m²）… 1)	103.6	92.6	57.5	46.4	45.7	43.6
不織布（千t）… 2)	124.5	296.7	317.3	301.6	300.3	292.3
ニット生地（千t）…	168.4	111.3	66.9	46.6	50.0	49.9
縫製品（百万点）						
外衣…………	623.8	313.7	87.6	49.6	43.4	42.9
ニット製……	271.0	146.5	44.3	18.5	18.5	20.3
織物製………	352.8	167.2	43.3	31.1	24.8	22.6
下着・寝着類… 3)	415.5	234.2	78.4	31.2	25.5	24.0
ニット製靴下……	1 530.4	757.9	250.6	126.1	98.0	89.1
製綿（千t）………	39.7	18.3	11.3	3.1	3.1	2.9
漁網・陸上網（千t）	25.7	11.9	7.7	7.9	7.7	7.1
綱（千t）……… 4)	39.7	23.7	14.2	11.8	11.2	11.2

経済産業省「生産動態統計」より作成。1) 2011年以降はタフテッドカーペットのみ。2) 1996年以降はそれ以前と接続せず。3) 補整着を含む。4) 2002年以降は合成繊維製のみ。

表 20-7　衣類の輸出入（単位　千ダース）

		1990	2000	2010	2020	2021	2022*
輸出	衣類…………	…	398	151	223	232	289
	男子用洋服…	358	85	29	42	54	75
	ブラウス……	45	64	16	26	28	40
	女子用洋服… 1)	369	167	72	76	108	127
	下着類………	66	25	11	5	4	3
	メリヤス編み衣類2)						
	シャツ・下着類	3 654	820	713	484	513	445
	セーター類等 3)	148	260	76	114	144	161
輸入	衣類…………	31 069	94 236	95 316	93 659	92 962	100 118
	男子用衣類…	8 843	34 128	28 928	26 345	24 843	27 150
	女子用衣類… 1)	12 253	43 892	49 927	42 695	43 801	44 865
	下着類………	9 656	14 582	9 340	5 528	5 557	4 857
	メリヤス編み衣類2)						
	下着類………	25 922	87 958	117 053	96 959	97 137	101 228
	セーター類…	11 830	46 247	49 911	45 231	47 827	50 421

財務省「貿易統計」より作成。1) 乳幼児用を含む。2) クロセ編み衣類を含む。3) その他の外衣類を含む。*確々報。

図 20-2　繊維・織物生産の推移

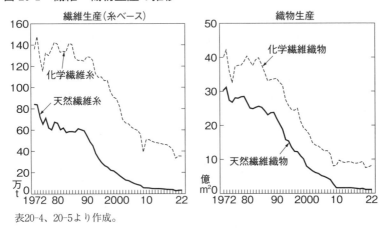

表20-4、20-5より作成。

表 20-8　世界の天然繊維生産 (単位　千t)

綿花[1] (2020年)		羊毛[2] (2021年)		生糸 (2020年)	
インド‥‥‥‥	6 131	中国‥‥‥‥‥	214	中国‥‥‥‥‥	53.4
中国‥‥‥‥‥	5 911	オーストラリア	209	インド‥‥‥‥	35.8
アメリカ合衆国	3 180	ニュージーランド	75	ウズベキスタン	2.0
ブラジル‥‥‥	2 757	トルコ‥‥‥‥	52	ベトナム‥‥‥	1.0
パキスタン‥‥	1 202	イギリス‥‥‥	42	タイ‥‥‥‥‥	0.5
ウズベキスタン	828	モロッコ‥‥‥	38	ブラジル‥‥‥	0.4
世界計×‥‥	24 200	世界計×‥‥	1 058	世界計×‥‥	94.1

FAOSTAT（2023年3月9日閲覧）より作成。1）繰綿。2）元データは脂付羊毛（フリースウォッシュしたものを含む）で、60％で洗上換算した。×その他とも。

表 20-9　主要国の化学繊維生産 (2021年) (単位　千t)

	合成繊維				セル ロース	化学繊維 計[2]
	ポリ エステル	ナイロン	アクリル	計[1]		
中国‥‥‥‥‥‥	53 630	4 150	485	61 524	[3] 4 031	67 085
(台湾)‥‥‥‥‥	1 117	[4] 194	[5] —	‥‥	‥‥	1 340
韓国‥‥‥‥‥‥	1 123	[4] 69	[5] 40	1 232	‥‥	‥‥
日本‥‥‥‥‥ [6]	179	[4] 70	[5] 97	600	151	751
ヨーロッパ‥‥ [7]	1 104	[4][8] 83	‥‥	‥‥	‥‥	‥‥

日本化学繊維協会「内外の化繊工業の動向」(2021年年間回顧) より作成。原資料掲載国・地域のみ。短繊維と長繊維の合計(表20-4は短繊維の紡績糸と長繊維の集計で一致しない)。1）その他とも。2）ポリプロピレンなどを含む。3）レーヨンの数値。4）長繊維。5）短繊維。6）経済産業省「生産動態統計」より作成。7）2020年。8）産業用資材。

〔窯業〕　板ガラス産業は窓ガラスなど建築向けのほか、自動車向けなどがある。大規模な窯が必要な装置産業で、国内では３社による寡占状態にある。世界的にも３社の存在感が大きいが、近年は中国勢が台頭し

表 20-10　窯業・土石製品製造業の推移（2020年は個人経営事業所を除く）

	1990	2000	2010	2019	2020
事業所数・・・・・・・・・1)	31 276	26 768	19 947	16 467	10 753
従業者数（千人）・・・・1)	481.5	383.6	267.0	251.4	236.4
製造品出荷額等(億円)2)	108 577	89 787	71 779	77 862	76 418
ガラス・同製品・・・3)	21 304	18 472	21 096	15 097	14 343
セメント・同製品・・	49 246	40 646	24 798	30 810	32 353
陶磁器・同関連製品	10 942	9 362	6 868	8 556	7 482
付加価値額（億円)・・4)	51 742	43 679	31 003	31 639	32 992

総務省・経済産業省「経済センサス－活動調査」および経済産業省「工業統計調査」より作成。2008年より炭素繊維製造業を除く。工業統計に関する注記は表15-1を参照。1) 2010年までは各年末、2019、20年は翌年6月1日現在。2) 1993年以前は光ファイバーケーブル製造業を一部含む。3) 1985年以降は人造宝石製造業を含まず。4) 2010、19年は従業者4人以上の事業所。【☞府県別統計525ページ】

表 20-11　ガラス、主なガラス製品の生産

	1990	2000	2010	2020	2021	2022
板ガラス（千換算箱）	37 417	25 965	22 954	19 762	21 392	18 231
安全ガラス（千m²)1)	55 648	45 230	45 776	37 989	37 104	36 886
合わせガラス・・・・・	15 314	12 123	15 140	14 924	14 864	14 661
自動車・鉄道用・	…	…	12 636	12 556	12 413	12 370
強化ガラス・・・・・・	40 334	33 107	30 636	23 064	22 240	22 226
複層ガラス（千m²)1)	2 113	8 968	14 124	13 519	13 430	13 412
ガラス繊維製品(千t)	608	674	493	348	377	395
ガラス短繊維製品2)	205	223	203	189	192	200
ガラス長繊維製品3)	403	451	290	159	186	195
ガラス製品（千t）						
ガラス基礎製品・・4)	766	878	53	15	16	13
無アルカリガラス						
基板（千m²)・・5)	…	6)12 277	43 388	28 374	29 072	21 915
ガラス製容器類・・・	2 610	1 819	1 337	961	1 000	1 018
台所・食卓用品・・7)	142	92	53	19	19	22

経済産業省「生産動態統計」より作成。**換算箱**は厚さ2mm、面積9.29m²（100平方フィート）を基準とした単位で、重量では約45キログラムに相当。1) ガラスの厚さは問わない。2) グラスウール。住宅用断熱材等に利用。3) FRP（繊維強化プラスチック）等に利用。4) 電球やブラウン管などに利用。5) 液晶画面などに利用。6) 2002年。7) コップなど。

ている。国内では建築向けなど需要が縮小し、国内3社は海外展開に積極的である。近年は燃料費の高騰に苦しんでいたが、自動車用ガラスを中心に値上げが浸透して、収益が改善している。

　セメントは主原料の石灰石が国内で自給可能である。また、廃棄物を原料や燃料として活用しており、リサイクルの観点からも重要である。2022年のセメントの国内生産は、54年ぶりに5000万トンを割った。コロナ禍や建設現場の人手不足による進捗の遅延、公共事業の減少などによ

表20-12　ガラスの輸出入

	輸出			輸入		
	2020	2021	2022*	2020	2021	2022*
板ガラス（千m²）·	110 875	127 661	116 063	16 725	16 479	15 074
安全ガラス（t）··	8 082	10 083	6 024	67 173	69 823	38 307
強化ガラス·····	2 684	2 995	2 322	51 419	51 612	38 289
合わせガラス···	5 398	7 088	3 702	15 755	18 211	17 264
複層ガラス（t）··	96	59	48	1 388	1 548	2 255

財務省「貿易統計」より作成。*確々報。

表20-13　セメントの生産（単位　千t）

	1990	2000	2010	2020	2021	2022
セメント············	84 445	81 097	51 526	50 905	50 083	48 533
ポルトランドセメント	69 615	62 549	38 775	38 484	38 315	37 648
クリンカ···········	75 288	75 499	47 842	48 628	47 235	45 314

経済産業省「生産動態統計」より作成。**ポルトランドセメント**は通常のセメントを指す（白色セメントを含まない）。セメントにはこのほか、高炉セメントやフライアッシュ（火力発電所などで回収された微細な石炭灰）セメントなどがある。**クリンカ**は、セメント原料の調合物を高温で半溶融状に焼成し、かたまり状に焼き固めたもの。これを粉砕すればセメントとなる。【☞セメント生産量の長期統計513ページ】

表20-14　セメントの輸出入（単位　千t）

	輸出			輸入		
	2020	2021	2022*	2020	2021	2022*
セメント···········	4 946	6 084	5 505	79	85	74
クリンカ···········	6 008	5 370	4 403	1	3	1

財務省「貿易統計」より作成。クリンカについては上表を参照。*確々報。

って、セメント需要が低迷している。一方、燃料の石炭がウクライナ侵攻や円安の影響で高騰しており、収益を圧迫している。

　陶磁器のうち焼き物は、伝統的工芸品として地域の基盤産業となっているものも多く、これらは地場の小規模な窯元が集積して産地を形成している。衛生陶器は少数の大規模事業者によって大量生産されている。

　ファインセラミックスは、製品の組成を精密に制御して製造する焼き物で、さまざまな物性を持つ製品を製造することができる。2020年以降、ファインセラミックスの販売額は機能材、構造材ともに増加している。

図 20-3　セメント工場所在地

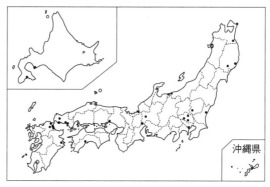

セメント協会「セメントハンドブック」（2022年度版）より編者作成。2022年4月1日現在。

表 20-15　主なセメント製品の生産（単位　千t）

	2000	2010	2020	2021	2022
遠心力鉄筋コンクリート製品[1]	6 019	3 131	1 990	1 918	1 992
護岸用コンクリートブロック	3 278	1 275	516	473	399
道路用コンクリート製品‥‥	8 062	3 778	2 254	1 954	1 770
気泡コンクリート製品（千m³）[2]	2 789	1 433	1 338	1 227	1 263

経済産業省「生産動態統計」より作成。1）強固な杭や管など。2）建物の外壁等に利用。

表 20-16　世界のセメント生産（単位　百万t）

	2019	2020		2019	2020
中国‥‥‥‥‥‥	2 350	2 380	トルコ‥‥‥‥‥	57	72
インド‥‥‥‥‥	334	295	イラン‥‥‥‥‥	60	68
ベトナム‥‥‥‥	97	98	（参考）日本‥‥	53	51
アメリカ合衆国[1]	88	89	世界計×‥‥‥	4 190	4 190

USGS（アメリカ地質調査所）"Minerals Yearbook"（2023年4月9日閲覧）より作成。1）プエルトリコを含む。ポルトランドセメントとメーソンリーセメント。×その他とも。

第20章　その他の工業

表 20-17　陶磁器の生産（単位　千 t ）

	1990	2000	2010	2020	2021	2022
タイル・・・・・・・	1 309.7	1) 54 049	1) 21 100	1) 14 669	1) 13 517	1) 13 505
衛生用品・・・・・ 2)	188.7	3) 7 877	3) 4 739	3) 4 123	3) 4 290	3) 4 075
電気用品・・・・・ 4)	111.2	73.4	46.0	34.6	29.5	32.2
台所・食卓用品	414.3	198.2	71.3	47.1	48.8	47.3
玩具・置物・・・・	53.7	16.7	5.4	0.7	0.7	0.8

経済産業省「生産動態統計」より作成。1) 1993年以降は面積（千m²）の値。2) 便器や
洗面器等のこと。3) 1993年以降は個数（千個）の値。4) ほとんどが碍子（がいし）。

表 20-18　その他の主な窯業製品の生産（単位　千 t ）

	1990	2000	2010	2020	2021	2022
耐火れんが・・・・・・・・	933	546	379	280	321	318
不定形耐火物・・・・・・	860	806	724	583	652	631
炭素製品・・・・・・・・ 1)	271	239	264	130	155	170
炭素繊維・・・・・・ 2)	5	8	13	18	20	21
ほうろう鉄器製品・・	132	64	37	38	39	38

経済産業省「生産動態統計」より作成。1) 鉄鋼業の電炉等に使用される黒鉛電極など。2)
2007年産業分類の改定により、産業分類上は繊維工業に含まれる。炭素繊維は軽くて強く、
プラスチック等との複合材料は航空機の材料など幅広く利用されている。

表 20-19　ファインセラミックスの販売額（単位　億円）

	1990	2000	2010	2020	2021	2022
機能材・・・・・・・・・・・・	2 450	4 847	4 019	4 723	5 946	6 825
パッケージ・・・・・・	1 014	1 816	1 285	1 462	1 917	1 975
基板（白基板）・・・	154	234	165	182	285	1 503
圧電機能素子・・・・	663	1 570	1 106	1 444	1 635	1 061
ガスセンサ素子・・	141	658	1 220	1 206	1 504	1 555
生体用部材・・・・・・	・・・	・・・	・・・	70	75	83
触媒担体・・・・・・・・・ 1)	172	233	482	444	402	414
構造材・・・・・・・・・・	816	1 236	1 068	1 844	2 150	2 444
耐熱材・・・・・・・・	227	299	201	328	355	361
工具材・・・・・・・・	253	263	232	291	433	485
耐摩耗・耐食材・・	290	524	426	598	732	864
計・・・・・・・・・・・・	3 438	6 315	5 570	7 011	8 499	9 683

経済産業省「生産動態統計」より作成。**パッケージ**は、精密な集積回路等を物理的、化学
的浸食などから守りつつ、他の部品と電気的に接続させるもの。**基板（白基板）**は、高絶
縁性などの優れた特性をもつセラミックスを、電子回路の基板として利用したもの。**圧電
機能素子**は、電圧を加えると素子が振動し、素子を振動させる（歪ませる）と電圧が生じ
るもので、携帯電話のスピーカーなどに用いられる。1) セラミックフィルターを含む。

〔紙・パルプ〕 紙・パルプ産業の生産物には、人々に情報を伝える新聞紙や印刷用紙のほか、トイレットペーパーやティッシュペーパーなどの衛生用紙がある。また、段ボールや紙製容器は物流や包装に広く用いられるほか、絶縁紙など工業製品の材料としても使用されている。

　紙の生産量は、デジタル化の進行とともに2007年以降減少傾向にある。特に2020年以降は、コロナ禍でオフィスでの紙の需要や広告等が減少して、生産量が減った。一方、板紙はネット通販の拡大による段ボール需要もあり、生産量を維持している。紙の価格は、原材料費や燃料の高騰に加えて、円安の影響を受けて値上げを行っており、ティッシュペーパ

表20-20　紙・パルプ工業の推移（2020年は個人経営事業所を除く）

	1990	2000	2010	2019	2020
事業所数・・・・・・・・・・ 1)	15 999	13 902	10 502	8 166	5 927
従業者数（千人）・・・・ 1)	294.0	252.5	198.0	193.7	181.1
製造品出荷額等（億円）	88 732	79 858	71 430	77 420	71 245
紙・・・・・・・・・・・・・・	34 773	31 425	27 444	27 256 4)	24 735
加工紙・・・・・・・・・・ 2)	9 178	7 460	5 491	5 112	4 320
紙製品・・・・・・・・・・・	5 623	6 120	4 676	4 692	3 996
紙製容器・・・・・・・・・ 3)	28 092	24 726	23 507	26 589	24 246
段ボール箱・・・・・・・	17 335	15 144	15 443	18 532	17 163
付加価値額（億円）・・・・・	31 169	30 088 4)	22 891 4)	23 947	22 455

総務省・経済産業省「経済センサス－活動調査」および経済産業省「工業統計調査」より作成。工業統計に関する注記は表15-1を参照。1) 2010年までは各年末、2019、20年は翌年6月1日現在。2) 段ボール製造業を含む。3) 段ボール箱製造業を含む。2001年以前はソリッドファイバー・バルカナイズドファイバー製品を含む。4) 従業者4人以上の事業所。【☞府県別統計524ページ】

表20-21　パルプ生産量と原材料

	1980	1990	2000	2010	2020	2021
生産量（千t）・・・	9 788	11 328	11 399	9 480	7 224	7 794
製紙パルプ・・・・	9 488	11 141	11 319	9 393	7 071	7 636
溶解パルプ・・ 1)	300	187	80	87	153	158
原材料（千m³）2)	32 737	38 139	37 601	30 675	24 361	25 620
国産材・・・・・・・・	17 902	18 012	11 433	9 536	8 158	8 227
輸入材・・・・・・・・	14 835	20 127	26 169	21 139	16 203	17 392

日本製紙連合会「パルプ統計」および経済産業省「生産動態統計」より作成。1) 主にセルロース原料（再生・半合成繊維や食品添加剤など）に利用。2) 消費量。

ーなど消費者に身近な製品でも価格転嫁が進んでいる。

　紙の原料は古紙が66％を占め（2022年）、木材から生産されたパルプは34％である。植林によって二酸化炭素を吸収させながら持続的な原料調達を行うほか、木材から繊維を取り出す際の廃棄物を燃料に用いるなど、脱炭素社会に向けた取り組みが進んでいる。一方、製紙業は製造時の乾燥工程などで大量のエネルギーを必要とする。

図 20-4　**製紙工場所在地**（2022年7月）

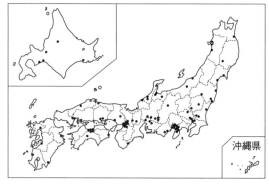

沖縄県

日本製紙連合会ウェブサイトより作成。

表 20-22　**紙と板紙の生産**（単位　千 t ）

		2000	2010	2020	2021	2022
紙	新聞巻取紙…………	3 419	3 349	2 061	1 978	1 854
	印刷用紙…………	10 004	8 069	4 751	5 154	4 889
	情報用紙…………	1 737	1 478	1 127	1 160	1 108
	PPC用紙……… 1)	816	831	672	683	637
	包装用紙…………	1 049	904	759	831	842
	衛生用紙…………	1 735	1 792	1 833	1 797	1 872
	ティッシュペーパー	566	472	403	407	415
	トイレットペーパー	936	1 054	1 100	1 048	1 100
	紙×…………	**19 037**	**16 387**	**11 212**	**11 681**	**11 273**
板紙	段ボール原紙………	9 676	8 647	9 701	10 131	10 201
	紙器用板紙…………	2 097	1 673	1 378	1 501	1 562
	板紙×…………	**12 791**	**10 977**	**11 657**	**12 258**	**12 388**
	紙・板紙計…………	**31 828**	**27 363**	**22 869**	**23 939**	**23 661**
	（参考）段ボール（百万m²）	13 459	13 062	12 357	12 745	12 759
	紙おむつ（百万枚）	…	…	21 022	19 948	19 296
	大人用………	…	…	8 659	8 864	9 320

経済産業省「生産動態統計」より作成。1）普通紙コピー機などに使用。×その他とも。
【☞紙・板紙の長期統計513ページ】

　日本は古紙の回収率や利用率が高い。しかし、品質維持の点で古紙の利用には限界があり、余剰の古紙を輸出している。古紙は中国が受け入れを停止しており、主にベトナムなど東南アジアに輸出している。

表20-23　紙・板紙と古紙の需給（単位　千t）

		1990	2000	2010	2020	2021	2022
紙・板紙	出荷‥‥‥‥‥	28 095	31 721	27 422	23 086	23 890	23 723
	輸入‥‥‥‥‥	1 035	1 470	1 791	1 018	1 042	910
	輸出‥‥‥‥‥	904	1 432	1 461	1 879	2 180	2 127
	国内消費‥‥ 1)	28 226	31 758	27 752	22 224	22 752	22 506
古紙	入荷‥‥‥‥ 2)	14 634	18 238	17 385	15 721	16 106	16 077
	輸入‥‥‥‥‥	634	278	44	30	16	17
	輸出‥‥‥‥‥	22	372	4 374	3 188	2 365	1 833
古紙回収量‥‥‥ 3)		14 021	18 332	21 715	18 879	18 456	17 892
古紙回収率（％）4)		*49.7*	*57.7*	*78.2*	*84.9*	*81.1*	*79.5*

古紙再生促進センター「古紙需給統計」より作成。1）出荷量＋輸入量－輸出量。2）古紙パルプ入荷量を含む。3）古紙入荷量＋古紙パルプ入荷量－古紙輸入量＋古紙輸出量。4）紙・板紙国内消費量に対する古紙回収量の割合。

表20-24　紙と板紙の古紙利用率（％）

	1990	2000	2010	2020	2021	2022
紙‥‥‥‥‥‥‥	*25.2*	*32.1*	*40.5*	*37.4*	*34.7*	*34.1*
板紙‥‥‥‥‥‥	*85.8*	*89.5*	*92.8*	*94.2*	*93.8*	*93.7*
紙・板紙計‥‥‥	*51.5*	*57.0*	*62.5*	*67.2*	*66.0*	*66.3*

経済産業省「生産動態統計」および古紙再生促進センターウェブサイトより作成。パルプやその他繊維材料と古紙消費量の合計に対する古紙の割合。古紙には古紙パルプを含む。

表20-25　世界の製紙パルプと紙・板紙の生産（単位　千t）

製紙パルプ	2020	2021	紙・板紙	2020	2021
アメリカ合衆国・	49 903	48 565	中国‥‥‥‥‥‥	113 100	121 100
ブラジル‥‥‥‥	21 016	22 568	アメリカ合衆国・	66 239	67 476
中国‥‥‥‥‥‥	17 905	18 171	日本‥‥‥‥‥‥	22 702	23 751
カナダ‥‥‥‥‥	13 960	14 306	ドイツ‥‥‥‥‥	21 348	23 125
スウェーデン‥‥	11 567	11 234	インド‥‥‥‥‥	17 284	17 284
（参考）日本‥‥	7 071	7 630	インドネシア‥‥	11 953	11 953
世界計×‥‥‥‥	189 541	191 573	世界計×‥‥‥‥	400 378	417 301

FAOSTAT（2023年4月9日閲覧）より作成。×その他とも。

第20章　その他の工業

〔ゴム工業〕　ゴムには、ゴムの木の樹液から作られる天然ゴムと、石油化学工業で作られる合成ゴムがある。天然ゴムはタイ、インドネシア、ベトナムの3か国で世界全体の生産量の64％を占め（2021年、FAOによる）、地域的な偏在が大きい。日本は全量を輸入に頼っており、ほとんどがインドネシアとタイからである（2021年）。一方、合成ゴムは石油化学工業で生産が行われており、国内で生産が行われている。合成ゴムは原料の配合を変えることで多様な特性を持つ素材を製造できるが、天然ゴムには弾力性や耐久性、内部発熱の低さといった優れた特性があり、ゴム製品は用途に応じてこれらを練り合わせて生産している。

表 20-26　ゴム製品製造業の推移（2020年は個人経営事業所を除く）

	1990	2000	2010	2019	2020
事業所数・・・・・・・・・・ 1)	8 756	6 763	4 873	3 736	2 378
従業者数（千人）・・・・ 1)	178.8	136.9	121.5	120.4	112.5
製造品出荷額等（億円）	36 925	31 382	30 471	33 618	30 008
タイヤ・チューブ・・・	10 487	8 978	11 748	13 129	11 294
工業用ゴム製品等・・ 2)	18 995	17 968	15 300	17 241	15 825
付加価値額（億円）・・ 3)	16 517	14 625	11 579	14 061	13 002

総務省・経済産業省「経済センサス－活動調査」および経済産業省「工業統計調査」より作成。ゴム素材からタイヤなどゴム製品を作る事業所の統計。合成ゴム製造は化学工業に分類。工業統計に関する注記は表15-1を参照。1) 2010年までは各年末現在。2019、20年は翌年6月1日現在。2) ゴムベルト、ゴムホースを含む。3) 2010、19年は従業者3人以下の事業所を除く。【☞府県別統計525ページ】

表 20-27　新ゴムの国内供給（単位　千t）

	1990	2000	2010	2020	2021	2022
天然ゴム輸入・・ 1)	663	804	747	558	696	*766
生ゴム・・・・・・・・	648	795	731	554	692	*763
合成ゴム国内供給	1 502	1 746	1 768	1 340	1 648	1 541
国内生産・・・・・・	1 426	1 582	1 595	1 204	1 481	1 378
輸入・・・・・・・・・・	76	164	172	136	167	*163
国内供給量計・・	2 165	2 550	2 515	1 897	2 343	2 308
（参考）再生ゴム 2)	45	25	22	21	23	…

日本ゴム工業会「ゴム工業の現況」、経済産業省「生産動態統計」および財務省「貿易統計」より作成。1) ラテックスの輸入量を60％で換算して生ゴムに加算している。2) 国内生産と輸入の計。*確々報。

　ゴム製品には、タイヤのほか工業用ゴム製品などがある。ゴム工業の中心はタイヤ製造業で、国内新ゴム消費の69％を占める（2021年）。自動車産業の発展とともに成長し、世界市場ではアメリカや欧州勢とともに日本メーカーのシェアが高い。一方、近年はアジア勢が成長している。タイヤの国内生産は、コロナ禍以降の自動車生産の停滞もあって、低迷

図 20-5　天然ゴムの輸入先（2021年）

財務省「貿易統計」より作成。確定値。ラテックスは60％で換算。

表 20-28　新ゴムの国内消費と輸出（単位　千 t ）

	1980	1990	2000	2010	2020	2021
ゴム国内消費‥‥	1 312	1 810	1 840	1 767	1 276	1 484
天然ゴム‥‥‥	427	677	720	763	581	678
合成ゴム‥‥‥	885	1 133	1 120	1 004	696	806
合成ゴム輸出‥‥	230	299	523	753	716	776
(参考)再生ゴム [1]	68	44	24	22	20	22

日本ゴム工業会「ゴム工業の現況」および財務省「貿易統計」より作成。1) 需要量で国内消費と輸出の合計。

表 20-29　ゴム製品の生産

	2000	2010	2020	2021	2022
自動車用タイヤ(千本)‥	174 645	169 950	121 297	138 057	133 000
乗用車用‥‥‥‥‥	121 726	130 529	89 016	100 327	94 793
小型トラック用‥‥‥	30 892	22 169	19 162	22 068	21 974
トラック・バス用‥‥	11 803	11 205	8 615	10 160	10 670
二輪自動車用‥‥‥‥	7 936	4 771	3 394	4 160	4 218
特殊車両用‥‥‥‥‥	2 288	1 276	1 109	1 342	1 345
ゴムベルト（千 t ）‥‥	28.7	25.5	16.8	19.0	18.0
ゴムホース（千 t ）‥‥	30.0	36.2	29.0	32.4	32.7
工業用ゴム製品(千 t)‥	193.7	181.0	149.3	161.6	155.4
(参考)再生ゴム(千 t)‥	19.0	16.6	13.7	15.4	14.8

経済産業省「生産動態統計」より作成。重量は再生ゴムを除き新ゴム量ベース。

している。最近は原料や燃料の価格が上昇する中で、値上げが進んでいるほか、日本メーカーは高付加価値品へのシフトを強めている。タイヤのリサイクル率は92％（2021年）と高い。主に代替燃料として活用され、リサイクル分だけでは足りず海外から廃タイヤを輸入している。

図 20-6　新ゴムの消費割合（2021年）

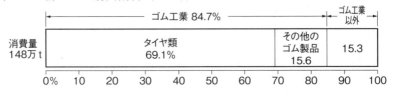

日本ゴム工業会「ゴム工業の現況」（2022年）より作成。天然ゴムと合成ゴムの合計。タイヤ類にはタイヤチューブを含む。ゴム工業以外は、紙加工、合成樹脂製造ブレンド、接着剤および繊維処理等に消費される分。

表 20-30　タイヤの輸出入（単位　千本）

	輸出			輸入		
	2020	2021	2022*	2020	2021	2022*
新生タイヤ‥‥‥	36 700	44 202	43 310	31 769	34 617	35 345
乗用車用‥‥‥	27 442	32 714	30 781	19 939	21 439	22 048
バス・トラック用	6 205	7 685	8 468	2 451	2 574	2 967
バイク用‥‥‥	2 162	2 657	2 876	2 664	2 960	3 034
自転車用‥‥‥	489	649	641	5 641	6 199	5 904
更生タイヤ‥‥‥	13	3	10	5	9	9
中古タイヤ‥‥‥	8 889	8 299	10 193	7	4	6
その他のタイヤ [1]	171	240	149	2 519	2 682	2 707

財務省「貿易統計」より作成。*確々報。1) ソリッドタイヤやクッションタイヤなど。

表 20-31　天然ゴムの生産量（単位　千t）

	2020	2021		2020	2021
タイ‥‥‥‥‥	4 703	4 644	コートジボワール	936	730
インドネシア‥‥	3 037	3 121	マレーシア‥‥‥	515	470
ベトナム‥‥‥‥	1 226	1 272	フィリピン‥‥‥	422	431
中国‥‥‥‥‥‥	688	749	カンボジア‥‥‥	359	374
インド‥‥‥‥‥	688	749	世界計×‥‥‥‥	**14 010**	**14 022**

FAOSTAT（2023年4月9日閲覧）より作成。×その他とも。

第21章　建設業

建設業は、建築工事や土木工事を受注し、完成を請け負う産業である。全建設活動の実績を出来高ベースで把握する建設投資（2015年度よりリフォームなどの建築補修の投資額を含む）をみると、2022年度は前年度比0.6％増の66兆9900億円となる見通しで、内訳は政府投資が22兆5300億円（前年度比3.7％減）、民間投資が44兆4600億円（前年度比2.9％増）と推計されている。

建設投資は、1992年度の84兆円をピークに減少に転じ、2010年度には42兆円とピークの半分程度となった。その後は東日本大震災からの復興や建築物の耐震化などで回復基調が続いたが、2020年度は新型コロナ感染症拡大による経済低迷で、住宅着工など民間投資が減少した。2022年度は、前年度の補正予算等が見込まれている。

図 21-1　建設業許可業者数
（2022年3月末現在）

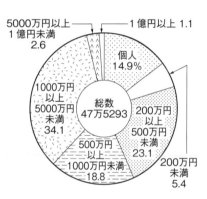

国土交通省「建設業許可業者数調査の結果について」より作成。資本金階層別。

表 21-1　建設業の地位

	2019	2020	2021	2022
国内総生産（億円）	5 579 108	5 390 824	5 493 793	5 563 872
建設業	304 340	308 092	301 564	…
〃割合（％）	5.5	5.7	5.5	…
就業者数（万人）	6 750	6 710	6 713	6 723
建設業	500	494	485	479
〃割合（％）	7.4	7.4	7.2	7.1

国内総生産は内閣府「国民経済計算」（2015年基準・2008SNA）、2022年は「2022年10～12月期　2次速報値」より作成。暦年の名目値。就業者数は総務省「労働力調査」。基準人口の切り替えにより接続用に補正された時系列数値。

図 21-2　建設投資の推移（会計年度）

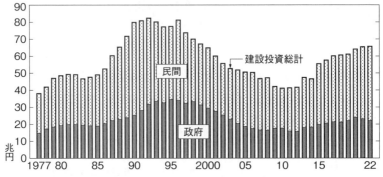

国土交通省「建設投資見通し」より作成。注記は表21-2を参照。

図 21-3　建設投資の構成（2022年度見通し）

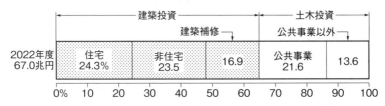

資料・注記は表21-2に同じ。

表 21-2　建設投資の概況（会計年度）（名目値）（単位　億円）

	2018	2019	2020 （見込み）	2021 （見込み）	2022 （見通し）
建築投資・・・・・・・・・・	404 856	401 817	405 300	425 800	434 000
住宅・・・・・・・・・・・・	172 580	167 478	156 800	164 700	163 100
非住宅・・・・・・・・・	153 994	155 383	145 300	148 200	157 600
建築補修・・・・・・・・	78 282	78 956	103 200	112 900	113 300
土木投資・・・・・・・・・	213 415	221 463	248 300	240 200	235 900
政府・・・・・・・・・・・	158 869	167 303	180 600	171 000	164 800
公共事業・・・・・・	135 472	141 949	155 400	150 000	144 500
民間・・・・・・・・・・・	54 546	54 160	67 700	69 200	71 100
建設投資総計・・・・	**618 271**	**623 280**	**653 600**	**666 000**	**669 900**
（再掲）政府投資・・・・・・	215 910	224 802	244 300	233 900	225 300
民間投資・・・・・・	402 361	398 478	409 300	432 100	444 600
民間非住宅建設	169 762	170 465	172 700	177 400	190 200

国土交通省「2022年度建設投資見通し」より作成。建設投資とは、日本の全建設活動の実績を出来高ベースで把握したもので推計値。建築補修（以前の項目名はリフォーム・リニューアル）は既存建築物の改装・改修のことで、2015年度より建設投資に計上されるようになった。民間非住宅建設投資は、民間の非住宅建築と土木の計。

表 21-3　建設工事受注高（単位　億円）

	2020	2021	2022	%	前年比（％）
元請受注高‥‥‥	684 141	701 903	752 267	65.9	7.2
公共機関から‥	222 544	217 049	213 447	18.7	-1.7
民間等から‥‥	461 598	484 854	538 820	47.2	11.1
下請受注高‥‥‥	361 061	364 029	388 959	34.1	6.8
受注高計‥‥‥	**1 045 202**	**1 065 932**	**1 141 226**	100.0	7.1
（工事種類別）					
土木工事‥‥‥‥	315 055	309 967	305 530	26.8	-1.4
建築工事‥‥‥ 1)	622 700	655 945	723 923	63.4	10.4
機械装置等工事‥	107 448	100 020	111 773	9.8	11.8

国土交通省「建設工事受注動態統計調査報告」より作成。2021年4月以降の新推計方法による（2020年1月以降は参考値としての再集計）。下の解説欄参照。建設業者が受注したすべての工事の総受注高の推計（抽出集計）。1）建築設備工事を含む。

表 21-4　公共機関からの目的別受注工事（2022年）（単位　億円）

	国の機関		地方の機関			合計
	計	国	計	都道府県	市区町村	
道路‥‥‥‥‥	32 758	15 530	30 271	18 423	10 987	63 029
教育・病院‥‥	3 653	654	22 785	5 629	16 382	26 438
治山・治水‥‥	8 347	7 928	17 589	15 197	2 267	25 935
下水道‥‥‥‥	1 111	—	11 301	1 594	6 372	12 412
上・工業水道‥	28	—	12 214	1 032	4 524	12 242
農林水産‥‥‥	2 689	2 416	6 993	5 865	1 004	9 681
港湾・空港‥‥	3 864	3 435	4 120	3 160	737	7 984
庁舎‥‥‥‥‥	2 836	2 494	4 816	1 249	3 172	7 652
廃棄物処理‥‥	61	—	7 127	102	4 828	7 187
計×‥‥‥‥	68 681	39 964	136 192	58 519	59 437	204 872
割合（％）‥	33.5	19.5	66.5	28.6	29.0	100.0

資料は表21-3に同じ。1件500万円以上の工事が対象。請負契約額。国の機関の計には、独立行政法人、政府関連企業等を含む。地方の機関の計は、地方公営企業等を含む。

統計不正処理によりGDP修正　2020年12月、国土交通省の「建設工事受注動態統計」で、データの合算や二重計上などの不正処理が発覚した。国交省は、2013年度以降の公表値を訂正するとともに、2021年4月分より新しい推計方法を使用し、2020年1月〜翌年3月は新推計による修正データを公表している（上の表は修正データを使用）。この統計不正処理の影響で、国内総生産（GDP）も再集計されることになり、その結果、2020年度と2021年度の名目GDP対前年伸び率は0.1ポイント上方修正された。

〔着工建築物〕「建築着工統計調査」は、延べ床面積10平方メートルを超えるすべての建築物の新築、増築、改築の着工状況を集計し、建築物統計の基礎資料となっている。月次調査から得られる新設住宅着工戸数や床面積、工事費予定額などは景気の先行指標として利用され、特に、民間建築主の非居住建築物（工場、事務所、店舗など）は、企業の設備投資の動向を示す統計として重要視されている。

2020年はコロナ禍で建築着工が減少したが、2021年はその反動で増加

図 21-4　着工建築物の床面積と工事費予定額の推移

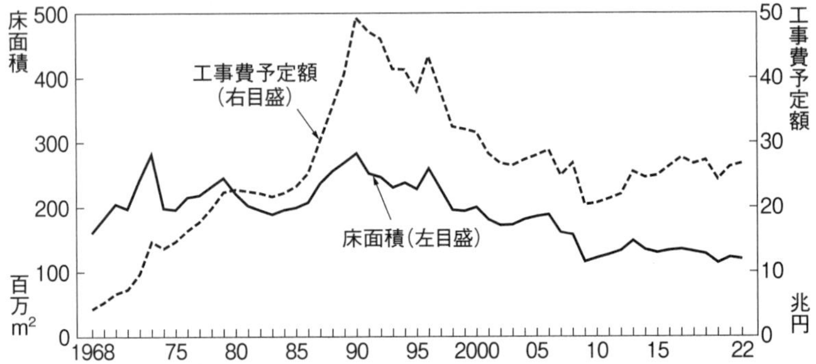

国土交通省「建築着工統計調査報告」より作成。表21-5の注記参照。被災者向け仮設住宅は含まず。

表 21-5　建築主別・用途別・構造別の着工建築物

	床面積（千m²）			工事費予定額（億円）		
	2021	2022	前年比（％）	2021	2022	前年比（％）
着工建築物計	122 239	119 466	-2.3	262 607	267 468	1.9
建築主別						
公共・・・・・・	5 372	4 204	-21.8	17 619	14 345	-18.6
民間・・・・・・	116 866	115 263	-1.4	244 988	253 123	3.3
個人・・・・	44 007	39 891	-9.5	87 164	82 094	-5.8
用途別						
居住用・・・・	73 779	72 263	-2.1	149 543	153 263	2.5
非居住用・・	48 460	47 203	-2.6	113 064	114 205	1.0
構造別						
木造・・・・・・	53 100	49 537	-6.7	91 484	87 291	-4.6
非木造・・・・	69 138	69 930	1.1	171 123	180 178	5.3

国土交通省「建築着工統計調査報告」（2022年計）より作成。床面積10m²を超えるすべての建築物の着工状況をまとめたもの。増改築を含む。公共は国、都道府県、市町村の計。

に転じ、2022年には再び減少した。2022年調査では、全建築物の着工床面積は1億1947万平方メートルで前年より2.3％減となり、特に公共建築物が減少している。民間の非居住建築物は、前年比0.5％減の4365万平方キロメートルであった。使途別では、工場や倉庫は増加したが、事務所および店舗が減少し、全体の床面積は減少となっている。新設住宅は、総戸数が前年比0.4％増の85万9529戸であったが、床面積では前年比2.3％減の6901万平方メートルとなっている。

表 21-6　着工建築物の使途別床面積の推移 （単位　千m²）

	1990	2000	2010	2020	2021	2022
居住用·······1)	155 865	127 076	76 934	69 508	73 779	72 263
非居住用·······	127 556	73 183	44 521	44 236	48 460	47 203
事務所·······	24 381	9 001	6 350	6 177	7 926	5 705
店舗·······	11 258	14 227	5 914	3 921	4 273	4 172
工場・作業場·	29 116	13 582	6 470	5 856	6 827	8 747
倉庫·······	18 813	7 698	4 228	11 459	13 157	13 291
学校の校舎···	6 745	4 533	4 453	2 212	2 041	2 476
病院・診療所	2 852	4 279	2 771	1 756	2 283	1 813
その他·······	34 390	19 863	14 335	12 854	11 952	11 000
計··········	283 421	200 259	121 455	113 744	122 239	119 466
民間非居住用·2)	111 289	62 128	37 653	39 688	43 874	43 652

国土交通省「建築着工統計調査報告」より作成。1) 産業併用型などを含む。2) 再掲。

表 21-7　利用関係別の新設住宅着工戸数 （単位　千戸）

	1990	2000	2010	2020	2021	2022
持家··········	487	452	305	261	286	253
貸家··········	806	421	298	307	321	345
給与住宅·······	35	12	8	7	6	6
分譲住宅·······	380	345	202	240	244	255
マンション···	239	218	91	108	101	108
一戸建······	133	125	110	131	141	146
計··········	1 707	1 230	813	815	856	860
床面積（千m²）	137 490	119 879	72 910	66 454	70 666	69 010

国土交通省「建築着工統計調査報告（住宅着工統計）」より作成。**持家**は建築主が自分で居住する目的で建築するもの。**貸家**は建築主が賃貸する目的で建築するもの。**分譲住宅**は建て売りまたは分譲の目的で建築するもので、建て方はほかに長屋建がある。マンションは分譲住宅のうち、建て方が共同建（一つの建築物内に2戸以上の住宅があり、広間、廊下、階段等の全部または一部を共用するもの）で、構造が鉄骨鉄筋コンクリート・鉄筋コンクリート・鉄骨造のもの。【☞長期統計516ページ、府県別統計520ページ】

第22章 サービス産業

　サービス産業は、運輸、商業、金融業、情報通信業など形のない財を提供する産業の総称で、第3次産業に該当する。モノの生産を行う製造業とは異なり、サービスを在庫として保管できず、生産調整が利かない。また、労働力を代替することが難しい業種が多く、生産性を高めるのが困難となっている。

　2020年、2021年のサービス産業は、新型コロナウイルス感染症の流行拡大で人々の外出自粛や行動制限により、多くの業種が打撃を受けた。新型コロナ関連給付金や助成金などの支援が行われたが、特に飲食などの対面型サービスでは、営業時間の短縮要請や休業が続いたことで廃業に追い込まれる店舗も多かった。2022年は状況がやや改善し、経済産業省の「第3次産業活動指数」をみると、2022年平均指数（2015年基準）は前年比1.7％増の99.1となっている（表22-5）。下落が激しかった宿泊業は、全国旅行支援も後押しして、前年比43.7％増の87.1であった。

　新しい動きとしては、コロナ禍を背景に、キャッシュレス決済の増加や非接触型のセルフ注文・セルフ精算システムの普及などがある。飲食店やホテル、スーパー、コンビニなどでは自動精算機が多く導入されており、省人化・効率化への取り組みが行われている。

表 22-1　第3次産業の地位

	2019	2020	2021	2022
国内総生産（億円）‥‥‥‥	5 579 108	5 390 824	5 493 793	5 563 872
第3次産業‥‥‥‥‥‥	4 055 119	3 918 299	3 991 507	…
〃割合（％）‥‥‥‥‥	72.7	72.7	72.7	…
就業者数（万人）‥‥‥‥	6 750	6 710	6 713	6 723
第3次産業‥‥‥‥‥‥	4 808	4 826	4 866	4 881
〃割合（％）‥‥‥‥‥	71.2	71.9	72.5	72.6

国内総生産は内閣府「国民経済計算」（2015年基準・2008SNA）、2022年は「2022年10〜12月期　2次速報値」より作成。暦年の名目値。就業者数は総務省「労働力調査」。基準人口の切り替えにより接続用に補正された時系列数値。

図 22-1 経済センサスによる第 3 次産業の内訳 (2021年速報)

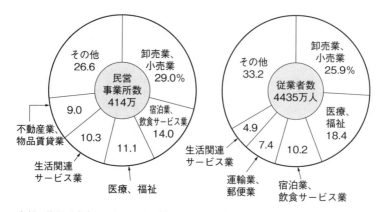

資料・注記は表22-2に同じ。2021年 6 月 1 日現在。

表 22-2 第 3 次産業の民営事業所数

	2021（速報）			（参考）2016	
	事業所数 （千）	従業者数 （千人）	1事業所 あたり(人)	事業所数 （千）	従業者数 （千人）
電気・ガス業‥‥‥ 1)	9	202	22.0	5	188
情報通信業‥‥‥‥	76	1 931	25.5	64	1 642
運輸業、郵便業‥‥	128	3 289	25.6	130	3 197
卸売業、小売業‥‥	1 201	11 477	9.6	1 355	11 844
金融業、保険業‥‥	83	1 495	17.9	84	1 530
不動産業、物品賃貸業	372	1 601	4.3	353	1 462
専門・技術サービス業2)	249	2 056	8.2	223	1 843
宿泊業、飲食サービス業	578	4 515	7.8	696	5 362
生活関連サービス業3)	428	2 191	5.1	471	2 421
教育、学習支援業・	160	1 922	12.0	168	1 828
医療、福祉‥‥‥‥	460	8 145	17.7	429	7 375
複合サービス事業 4)	33	453	13.9	34	484
サービス業‥‥‥‥ 5)	363	5 078	14.0	347	4 760
第 3 次産業計‥‥	**4 140**	**44 354**	10.7	**4 359**	**43 935**
割合（％）‥‥ 6)	*81.5*	*77.2*	*—*	*81.6*	*77.3*

総務省・経済産業省「2021年経済センサス‐活動調査（速報）」（事業所に関する集計）より作成。調査は 6 月 1 日現在。日本における民営事業所が対象。2021年調査より、「国税庁法人番号公表サイト」を用いて、これまで把握が困難だった事業所を調査対象に組み込むことができるようになったため、時系列比較はできない。従業者は、調査日現在、当該事業所に所属して働いているすべての人をいい、別会社へ派遣されている人も含む。一方、別会社から派遣されている人は含まず。1) 熱供給・水道業を含む。2) 学術研究を含む。3) 娯楽業を含む。4) 郵便局、農業協同組合など。5) 他に分類されないサービス業。6) 全産業の合計に対する割合。事業内容等不詳は除く。

表 22-3　第3次産業の企業数、売上金額、純付加価値額（2021年調査）

	企業数 （2021年 6月1日）	売上(収入) 金額 （十億円）	純付加 価値額 （十億円）	純付加 価値率 （％）
電気・ガス業・・・・・・・1)	5 494	36 217	4 091	11.3
情報通信業・・・・・・・・・	56 078	73 993	19 424	26.3
運輸業、郵便業・・・・・・	67 105	63 407	13 345	21.0
卸売業、小売業・・・・・・	739 837	481 465	48 558	10.1
金融業、保険業・・・・・2)	31 090	119 001	19 074	16.0
不動産業、物品賃貸業	327 814	58 041	10 901	18.8
専門・技術サービス業3)	213 865	50 717	20 270	40.0
宿泊業、飲食サービス業	422 908	20 593	6 052	29.4
生活関連サービス業・4)	333 402	30 863	4 696	15.2
教育、学習支援業・・・・	108 095	17 212	7 915	46.0
医療、福祉・・・・・・・・・・	298 952	173 193	71 292	41.2
複合サービス事業・・・5)	5 545	8 844	3 623	41.0
サービス業・・・・・・・・・6)	262 738	49 136	17 511	35.6
第3次産業計・・・・・7)	**2 872 923**	**1 182 681**	**246 751**	20.9
（参考）製造業・・・・・・	340 064	390 993	65 154	16.7

総務省・経済産業省「2021年経済センサス－活動調査（速報）」（企業に関する集計）より作成。調査対象は企業計。売上金額および純付加価値額は2020年1年間の数値で、対象は必要な事項の数値が得られた企業のみ。純付加価値額は、粗付加価値額から減価償却費を差し引いたもの。1) 熱供給・水道業を含む。国際統計では第2次産業に含まれる。2) 売上（収入）金額は経常収益。3) 学術研究を含む。4) 娯楽業を含む。5) 郵便局、農業協同組合など。6) 他に分類されないサービス業。7) 編者算出。

表 22-4　企業向けサービス価格指数（2015年平均＝100）

	ウエイト	2019	2020	2021	2022	〃 前年比 （％）
金融・保険・・・・	48.3	101.8	102.8	103.2	105.7	2.4
金融・・・・・・・・	34.7	101.4	102.8	102.2	103.3	1.0
保険・・・・・・・・	13.6	103.1	102.7	105.6	111.8	5.9
不動産・・・・・・	94.5	104.9	105.6	107.3	108.9	1.5
運輸・郵便・・1)	158.0	104.4	105.6	107.0	110.8	3.6
情報通信・・・・・・	228.3	101.3	102.5	102.7	102.5	-0.2
情報サービス	129.1	103.2	105.3	105.5	105.1	-0.4
リース・レンタル	79.2	99.5	100.4	100.2	103.8	3.6
広告・・・・・・・・	49.2	103.6	97.3	104.0	107.4	3.3
諸サービス・・・・	342.5	104.7	106.4	106.9	108.4	1.4
機械修理・・・2)	66.2	101.8	103.4	103.2	104.0	0.8
労働者派遣・3)	46.7	109.0	114.7	115.4	117.3	1.6
総平均・・・・・・	1 000.0	103.3	104.2	105.1	106.9	1.7

日本銀行「企業向けサービス価格指数」より作成。企業間で取引されるサービス対象。1) 倉庫・運輸附帯サービスを含む。2) 自動車整備を含む。3) 職業紹介を含む。

表 22-5　第 3 次産業活動指数（2015年平均＝100）

	ウエイト	2019	2020	2021	2022	〃前年比(％)
電気・ガス・水道業1)	378.3	99.5	97.5	98.7	100.0	1.3
情報通信業‥‥‥‥	946.9	105.6	102.8	104.4	105.4	1.0
運輸業、郵便業‥‥	968.8	103.7	90.5	91.6	96.4	5.2
卸売業‥‥‥‥‥	1 350.5	101.3	91.3	92.0	87.0	-5.4
金融業、保険業‥‥	878.5	100.3	100.9	105.2	110.8	5.3
金融業‥‥‥‥	512.6	107.6	112.8	119.5	125.2	4.8
保険業‥‥‥‥	365.9	89.9	84.2	85.4	90.6	6.1
物品賃貸業‥‥‥2)	249.1	107.5	105.3	104.1	102.8	-1.2
事業者向け関連サービス	881.7	107.5	102.4	103.4	105.3	1.8
職業紹介・労働者派遣業	217.6	107.8	95.4	98.1	108.6	10.7
小売業‥‥‥‥‥	1 182.6	101.4	97.5	98.0	97.1	-0.9
不動産業‥‥‥‥	809.2	102.1	101.4	101.3	99.1	-2.2
医療、福祉‥‥‥	1 238.9	107.8	104.7	109.4	112.1	2.5
生活娯楽関連サービス	1 115.5	98.7	74.1	73.2	82.9	13.3
宿泊業‥‥‥‥	90.3	105.2	59.5	60.6	87.1	43.7
飲食店,飲食サービス業	408.2	99.6	73.6	67.4	77.1	14.4
娯楽業‥‥‥‥	234.3	95.6	70.2	74.4	85.1	14.4
第 3 次産業総合3)	10 000.0	103.1	96.0	97.4	99.1	1.7
（広義）						
対個人サービス業‥	4 887.5	102.2	93.9	95.2	98.3	3.3
非選択的‥‥‥	2 611.7	102.4	100.1	102.6	103.9	1.3
し好的‥‥‥‥	2 275.8	102.0	86.7	86.7	91.8	5.9
対事業所サービス業	5 112.5	103.9	98.0	99.5	99.9	0.4
製造業依存型‥‥	1 409.3	102.6	94.6	96.0	93.5	-2.6
非製造業依存型‥	3 703.2	104.3	99.3	100.8	102.3	1.5

経済産業省「第 3 次産業活動指数」より作成。1) 熱供給業を含む。2) 自動車賃貸業を含む。3) 公務を含まない。

表 22-6　シェアリングエコノミー市場規模推計（会計年度）（単位　億円）

	市場規模計	スペース	モノ	移動	スキル	お金
2018	18 874	5 039	5 201	1 935	2 111	4 587
2020	21 004	3 249	9 577	2 313	2 425	3 439
2021	24 198	3 564	11 882	2 432	2 579	3 741
2022	26 158	3 797	13 119	2 630	2 749	3 863
2032予測	85 770	25 384	22 850	11 482	14 581	11 473

情報通信総合研究所、シェアリングエコノミー協会「シェアリングエコノミー関連調査」（2022年度調査）より作成。資産・サービス提供者と利用者の間の取引金額。スペースは民泊、駐車場など。モノは売買とレンタル。移動はカーシェア、サイクルシェア、その他（料理の運搬など）。スキルは家事や育児などの対面型とその他の非対面型がある。お金は購入型と寄付、貸付、株式購入など。2032年度は、現状ペースで成長した際の予測値。

表 22-7　サービス産業動向調査 (2021年平均確報)

	月間売上高(億円)	事業従事者数[1](万人)		
		総数	正社員・正職員	〃割合[2](%)
情報通信業‥‥‥‥‥‥	49 835	198.6	147.4	74.2
通信業‥‥‥‥‥‥‥	15 817	20.2	13.3	66.1
放送業‥‥‥‥‥‥‥	2 975	8.1	5.1	62.0
情報サービス業‥‥‥	22 679	131.7	101.5	77.1
インターネット附随サービス業	3 457	13.8	10.0	72.6
映像・音声・文字情報制作業	4 907	24.9	17.4	70.2
運輸業、郵便業‥‥‥‥	46 830	334.9	227.3	67.9
鉄道業‥‥‥‥‥‥‥	3 992	25.8	22.7	87.9
道路旅客運送業‥‥‥	1 917	47.2	33.9	71.8
道路貨物運送業‥‥‥	20 034	183.7	125.2	68.1
水運業‥‥‥‥‥‥‥	4 525	5.5	4.2	76.7
倉庫業‥‥‥‥‥‥‥	3 655	21.1	9.3	43.9
運輸に附帯するサービス業	11 205	45.7	27.1	59.3
不動産業、物品賃貸業‥‥	40 939	158.7	68.4	43.1
不動産取引業‥‥‥‥	12 560	33.4	18.4	55.0
不動産賃貸業・管理業‥	17 820	94.7	30.3	32.0
物品賃貸業‥‥‥‥‥	10 559	30.5	19.7	64.4
学術研究、専門・技術サービス業	28 344	175.6	110.3	62.8
専門サービス業‥‥‥	8 009	70.2	39.8	56.6
広告業‥‥‥‥‥‥‥	7 939	13.9	9.3	67.3
技術サービス業‥‥‥	12 396	91.5	61.2	66.9
宿泊業、飲食サービス業‥	17 754	491.2	98.2	20.0
宿泊業‥‥‥‥‥‥‥	3 232	64.3	24.1	37.5
飲食店‥‥‥‥‥‥‥	12 142	367.8	59.5	16.2
持ち帰り・配達飲食サービス	2 380	59.1	14.6	24.7
生活関連サービス業、娯楽業	33 263	237.5	81.0	34.1
洗濯・理容・美容・浴場業・	4 374	110.9	36.7	33.1
その他の生活関連サービス業	3 832	38.7	16.6	43.0
娯楽業‥‥‥‥‥‥‥	25 056	87.8	27.6	31.4
教育、学習支援業‥‥‥[3]	2 893	99.6	28.8	28.9
医療、福祉‥‥‥‥‥‥	49 071	849.5	477.3	56.2
医療業‥‥‥‥‥‥‥	34 776	430.5	265.1	61.6
保健衛生‥‥‥‥‥‥	571	12.3	6.3	50.9
社会保険・社会福祉・介護事業	13 724	406.6	205.9	50.6
サービス業(他に分類されないもの)	34 532	373.8	174.6	46.7
廃棄物処理業‥‥‥‥	4 497	33.7	22.9	67.9
自動車整備業‥‥‥‥	2 606	25.3	13.8	54.4
機械等修理業(別掲を除く)	3 658	24.2	16.2	67.0
職業紹介・労働者派遣業	6 112	42.2	21.2	50.2
その他の事業サービス業	17 308	242.4	97.6	40.2
サービス産業計‥‥‥[4]	**303 461**	**2 919.3**	**1 413.1**	48.4

総務省「サービス産業動向調査」(2021年) より作成。管理、補助的経済活動を行う事業所を除く。各月売上高の平均。1) 臨時雇用者、別会社からの出向・派遣を含む。2) 正社員・正職員の割合。3) 学校教育を含まず。4) 当調査の対象サービス産業の計。

表 22-8　主なサービス関連産業 (2021年6月1日調査)

	事業所数	従業者数 (千人)	年間 売上高 (億円)	個人 相手先[1] (％)
不動産業・・・・・・・・・・・・・・・・・	315 666	1 180	395 960	49.4
物品賃貸業・・・・・・・・・・・・・・・	25 003	235	154 418	9.1
学術・開発研究機関・・・・・・・・・	3 018	108	32 790	1.6
法律事務所・・・・・・・・・・・・・・・	10 604	47	5 296	47.5
公証人役場、司法書士事務所・・	10 584	30	2 503	72.1
行政書士事務所・・・・・・・・・・・・	6 717	13	623	29.2
税理士事務所・・・・・・・・・・・・・・	27 958	147	13 771	19.7
経営コンサルタント業・・・・・・・	15 898	120	42 772	2.2
広告業・・・・・・・・・・・・・・・・・・・	9 085	121	83 278	1.5
獣医業・・・・・・・・・・・・・・・・・・・	9 098	53	5 293	96.3
土木建築サービス業・・・・・・・・・	49 273	344	54 744	5.0
建築設計業・・・・・・・・・・・・・・・	37 821	256	44 084	5.1
写真業・・・・・・・・・・・・・・・・・・・	9 486	41	2 724	58.2
宿泊業・・・・・・・・・・・・・・・・・・・	38 151	541	38 335	77.5
飲食店・・・・・・・・・・・・・・・・・・・	430 360	2 909	130 272	94.1
持ち帰り飲食サービス業・・・・・	8 598	54	2 727	92.7
配達飲食サービス業・・・・・・・・・	29 993	350	18 489	28.8
理容業・・・・・・・・・・・・・・・・・・・	83 306	158	4 428	98.2
美容業・・・・・・・・・・・・・・・・・・・	149 460	354	16 532	97.1
旅行業・・・・・・・・・・・・・・・・・・・	6 306	70	16 595	49.6
冠婚葬祭業・・・・・・・・・・・・・・・	10 392	123	16 487	93.6
映画館・・・・・・・・・・・・・・・・・・・	536	19	1 914	95.9
ゴルフ場・・・・・・・・・・・・・・・・・	2 067	98	7 660	88.5
ゴルフ練習場・・・・・・・・・・・・・・	2 098	25	1 658	95.7
ボウリング場・・・・・・・・・・・・・・	489	16	903	96.6
フィットネスクラブ・・・・・・・・・	5 903	75	5 040	87.8
公園、遊園地・・・・・・・・・・・・・・	1 720	61	6 251	67.9
パチンコホール・・・・・・・・・・・・	7 228	147	125 333	99.2
カラオケボックス業・・・・・・・・・	3 822	39	1 424	93.3
図書館・・・・・・・・・・・・・・・・・・・	873	13	568	51.1
博物館、美術館・・・・・・・・・・・・	1 709	17	1 335	31.7
動物園、植物園、水族館・・・・・	263	10	860	64.7
学習塾・・・・・・・・・・・・・・・・・・・	45 546	315	10 329	95.2
音楽教授業・・・・・・・・・・・・・・・	15 710	27	864	92.3
書道教授業・・・・・・・・・・・・・・・	6 835	10	161	94.8
そろばん教授業・・・・・・・・・・・・	4 512	9	135	96.9
外国語会話教授業・・・・・・・・・・	8 492	32	1 888	85.7
廃棄物処理業・・・・・・・・・・・・・・	19 062	264	47 439	10.7
自動車整備業・・・・・・・・・・・・・・	44 715	196	25 138	34.9
職業紹介・労働者派遣業・・・・・	17 939	1 103	74 820	2.9
建物サービス業・・・・・・・・・・・・	24 274	895	60 458	4.0

総務省・経済産業省「2021年経済センサス－活動調査」(サービス関連産業に関する集計)より作成。管理・補助的経済活動を行う事業所を除く。年間売上高は2020年1年間の数値。
1) 年間売上高のうち、個人消費者から得た収入の割合。

第23章　卸売業・小売業

　経済産業省「商業動態統計」によると、2022年の商品販売額は前年比6.0％増で、そのうち卸売業が同比7.3％増、小売業が2.6％増となった（表23-3）。2022年はコロナ禍から経済・社会活動が回復しつつあると同時に、ロシアのウクライナ紛争といった外的理由で供給不足が生じ、原材料やエネルギー価格の高騰により物価が上昇したことが一因となっている。同調査では、卸売業と小売業の販売額伸び率に大きな差が出ているが、小売業は物価高騰によるコストの上昇分を転嫁できないことが伸び率が低い要因とされる。

　コロナ禍では、営業時間の短縮やインバウンド需要の激減、さらには人々の消費意欲の低下で、多くの小売店舗が業績を下げた。大手スーパーのイトーヨーカ堂が不採算店舗の閉鎖を決定するなど、大型店舗にとっても苦しい状況となっている。一方で、急成長したのが食材宅配サービスやネットス

図 23-1　商業販売額指数

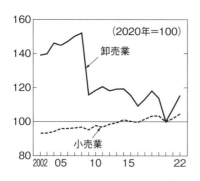

経済産業省「商業動態統計調査」より作成。

表 23-1　卸売業、小売業の概況（2021年調査）

	事業所数（千）			従業者数（千人）	年間商品販売額（十億円）	売場面積（千m²）
		法人	個人			
合計・・・・・・・・	1 229	897	332	11 397	539 814	136 953
卸売業・・・・	349	319	30	3 857	401 634	—
小売業・・・・	880	578	302	7 540	138 180	136 953

総務省統計局、経済産業省「2021年経済センサス-活動調査　産業別集計」（卸売業、小売業に関する集計）より作成。産業大分類「Ｉ-卸売業、小売業」に格付けられたすべての事業所が調査対象。調査日は2021年6月1日。年間商品販売額は、2020年1年間の販売額で、必要な事項の数値が得られた事業所を対象として集計されている。従業者数は、臨時雇用者を含まず。

ーパーなどの非接触な販売方法である。ネットスーパーは、近くの店舗で売っている生鮮食材や日用品をネットで注文すると、最速で即日家まで配達してくれるシステムで、子育て中の家族などに便利なサービスとなっている。また、キャッシュレス決済の導入も増えており、2021年のキャッシュレス決算比率は30％を超えた。

　近年、多くの小売店舗で問題となっているのは、必要な数の労働者を集められないことである。労働力不足はさまざまな業種で大きな問題となっているが、小売業における人手不足は恒常化しており、その原因は給与が安いことや勤務時間が長いことなどが挙げられる。近年は外国人労働者の受け入れを増やし、人手不足を補っている。また、多くのスーパーやコンビニではセルフレジの導入を進めており、レジ業務の所要時間を短縮するとともに、人件費の上昇を抑えている。

表23-2　産業分類別の卸売業、小売業 (2021年調査)

	事業所数	%	従業者数 (千人)	%	年間 商品 販売額 (十億円)	%
卸売業計・・・・・・・・	348 889	100.0	3 857	100.0	401 634	100.0
各種商品・・・・・・	1 694	0.5	41	1.1	20 344	5.1
繊維・衣服等・・	20 122	5.8	204	5.3	9 639	2.4
飲食料品・・・・・・	64 123	18.4	730	18.9	85 877	21.4
建築材料・・・・・1)	82 708	23.7	756	19.6	107 151	26.7
機械器具・・・・・・	98 363	28.2	1 246	32.3	105 634	26.3
その他・・・・・・・・	81 695	23.4	876	22.7	72 716	18.1
代理商、仲立業	2 426	0.7	15	0.4	54	0.0
小売業計・・・・・・・・	880 031	100.0	7 540	100.0	138 180	100.0
各種商品・・・・・・	2 870	0.3	288	3.8	8 000	5.8
百貨店、総合スーパー	1 097	0.1	246	3.3	7 527	5.4
織物・衣服・・・2)	113 470	12.9	589	7.8	7 663	5.5
飲食料品・・・・・・	258 910	29.4	3 128	41.5	39 974	28.9
機械器具・・・・・・	133 055	15.1	885	11.7	27 408	19.8
その他・・・・・・・・	328 791	37.4	2 260	30.0	41 164	29.8
医薬品・化粧品	90 343	10.3	657	8.7	13 395	9.7
燃料・・・・・・・・	43 677	5.0	287	3.8	10 922	7.9
無店舗・・・・・・・・	42 696	4.9	390	5.2	13 952	10.1
自動販売機・・	2 852	0.3	34	0.5	1 191	0.9
計・・・・・・・・・・・	1 228 920	―	11 397	―	539 814	―

資料・注記は表23-1に同じ。年間商品販売額は数値が得られた事業所のみで、2020年の1年間。1) 鉱物・金属材料等を含む。2) 身の回り品を含む。

表 23-3　商業動態統計による年間商品販売額（2022年）（単位　十億円）

	商品販売額	前年比(%)		商品販売額	前年比(%)
卸売業‥‥‥‥‥	430 580	7.3	家具・建具‥‥3)	4 329	-2.9
各種商品‥‥‥1)	22 340	0.1	医薬品・化粧品	31 850	3.8
繊維品‥‥‥‥2)	2 229	7.7	その他‥‥‥‥	37 749	5.9
衣服・身の回り品	4 126	3.4	小売業‥‥‥‥‥	154 402	2.6
農畜産物・水産物	37 681	8.4	各種商品‥‥‥1)	10 968	6.0
食料・飲料‥‥‥	57 185	7.0	織物・衣服‥4)	8 707	1.1
建築材料‥‥‥‥	21 108	-1.7	飲食料品‥‥‥	45 521	0.4
化学製品‥‥‥‥	26 534	7.6	自動車‥‥‥‥	16 285	-4.2
鉱物・金属材料	78 680	27.9	機械器具‥‥‥	9 745	-2.9
機械器具‥‥‥	106 769	0.3	燃料‥‥‥‥‥	15 248	10.2
産業機械器具	20 204	-1.8	医薬品・化粧品	16 256	8.2
自動車‥‥‥	16 143	-1.5	その他‥‥‥‥	20 304	7.6
電気機械器具	61 173	1.4	無店舗‥‥‥‥	11 369	-0.4
その他の機械器具	9 248	1.3	商業計‥‥‥‥	**584 982**	6.0

経済産業省「商業動態統計調査」より作成。「経済センサス－活動調査」の対象事業所を母集団名簿とした標本調査。商品販売額には、店頭販売のほか、インターネット等による通信販売や訪問販売での販売額を含む。店舗を持たずに通信販売を行う事業所は、無店舗小売業に分類される。1) 各種の商品を扱っているため主たる業種の判別ができない事業所で、卸売業は従業者が常時100人以上、小売業は従業者が常時50人以上。2) 衣服・身の回り品を除く。3) じゅう器を含む。4) 身の回り品小売業を含む。

表 23-4　キャッシュレス決済の動向（単位　億円）

	クレジットカード	デビットカード	電子マネー	コード決済	クレジットカードからの利用	(参考)決済比率(%)
2018	666 877	13 387	54 790	1 650	82	24.1
2019	734 311	17 153	57 506	11 206	1 598	26.8
2020	744 576	21 577	60 342	42 003	10 300	29.7
2021	810 173	26 987	59 696	73 487	20 753	32.5
2022	937 926	32 190	60 841	107 986	28 704	36.0

クレジットカードは、日本クレジット協会「日本のクレジット統計」のクレジットカードショッピング信用供与額（推計値）。デビットカードおよび電子マネーは、日本銀行「決済動向」による決済金額（調査提供先からの集計データ）。コード決済は、キャッシュレス推進協議会「コード決済利用動向調査」の店舗利用金額（調査提供先からの集計データ）。コード決済の一部は、バーコードやQRコードを介さない利用実績（オンライン、カード媒体等での利用分）も含む。コード決済とは、スマートフォンやタブレットでQRコードやバーコードを表示し、利用店舗の端末で読み取ることで決済を行うサービス。決済比率は、経済産業省による算出値（2023年4月6日発表）。2022年比率の内訳は、クレジットカードが30.4％、デビットカードが1.0％、電子マネーが2.0％、コード決済が2.6％。

図 23-2　店舗の種類別の販売額推移

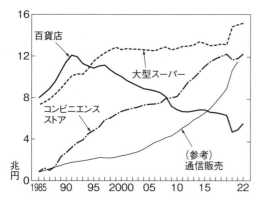

資料・注記は表23-5に同じ。ただし、1997年までのコンビニエンスストア売上高は一般社団法人日本フランチャイズチェーン協会資料で会計年度。通信販売（参考値）は、公益財団法人日本通信販売協会「通販市場売上高調査」より作成、会計年度。百貨店、大型スーパー、コンビニエンスストアの販売額には通信販売の売上高を含む。

表 23-5　大型小売店とコンビニエンスストアの販売額（単位　億円）

	2019	2020	2021	2022	〃前年比（%）
大型小売店計・・・・・・・・	193 962	195 050	199 071	206 603	3.8
百貨店・・・・・・・・・・・・	62 979	46 938	49 030	55 070	12.3
衣料品・・・・・・・・・・	26 699	18 687	19 571	23 049	17.8
飲食料品・・・・・・・・	17 756	14 899	15 353	16 148	5.2
その他・・・・・・・・・・	18 524	13 352	14 107	15 873	12.5
スーパー・・・・・・・・・・	130 983	148 112	150 041	151 533	1.0
衣料品・・・・・・・・・・	10 842	8 939	8 251	8 193	-0.7
飲食料品・・・・・・・・	98 469	116 268	119 405	120 635	1.0
その他・・・・・・・・・・	21 672	22 905	22 385	22 705	1.4
コンビニエンスストア	121 841	116 423	117 601	121 996	3.8
商品販売額・・・・・・・・	115 034	110 291	111 536	115 482	3.6
ファストフード・[1]	46 028	43 081	43 005	44 416	3.3
加工食品・・・・・・・・	32 494	30 883	30 765	31 437	2.2
非食品・・・・・・・・・・	36 513	36 327	37 766	39 629	5.0
サービス売上高・・・・	6 807	6 132	6 065	6 515	7.5
（参考）事業所数[2]					
百貨店・・・・・・・・・・・・	213	201	196	192	-2.0
大型スーパー・・・・・・・	5 036	5 806	5 849	5 911	1.1
コンビニエンスストア	56 502	56 542	56 352	56 232	-0.2

経済産業省「商業動態統計調査」より作成。この表での大型小売店とは、従業者50人以上の百貨店・総合スーパーをいう。百貨店は売場面積が政令都市で3000m²以上、その他の地域で1500m²以上。スーパーは売場面積の50％以上についてセルフサービス方式を採用している商店で、売場面積が1500m²以上。コンビニエンスストアは一定規模以上（直営店やフランチャイズ店などの形態に関係なく）を有するチェーン企業本部の集計で、調査は1998年から開始。前年比は調査対象店舗の見直しに伴うギャップを調整するリンク係数で処理したものである。1) 日配食品を含む。2) 調査対象事業所数。

表23-6　家電大型専門店、ドラッグストア、ホームセンターの販売額（単位　億円）

	2019	2020	2021	2022	前年比〃（％）
家電大型専門店・・・・・	45 454	47 928	46 867	46 844	*0.0*
AV家電・・・・・・・・・・・	6 527	7 175	6 680	6 068	*-9.2*
情報家電・・・・・・・・・1)	9 876	11 118	10 528	10 338	*-1.8*
通信家電・・・・・・・・・・	3 338	2 945	3 283	3 671	*11.8*
カメラ類・・・・・・・・・・	1 636	1 158	1 106	1 180	*6.7*
生活家電・・・・・・・・・・	19 377	20 896	20 193	20 248	*0.3*
その他・・・・・・・・・2)	4 700	4 635	5 076	5 337	*5.2*
ドラッグストア・・・・・・	68 356	72 841	73 066	77 087	*5.5*
調剤医薬品・・・・・・・・	5 525	5 955	6 292	7 192	*14.3*
OTC医薬品・・・・・・3)	9 002	8 906	8 682	9 104	*4.9*
ヘルスケア用品・・・4)	4 330	5 487	5 062	5 395	*6.6*
健康食品・・・・・・・・・・	2 218	2 264	2 310	2 560	*10.8*
ビューティケア・・・5)	10 082	9 036	9 057	9 619	*6.2*
トイレタリー・・・・・・・	6 287	6 546	6 540	6 385	*-2.4*
家庭用品など・・・・・6)	10 275	11 472	11 400	11 319	*-0.7*
食品・・・・・・・・・・・・	19 420	21 834	22 338	23 921	*7.1*
その他・・・・・・・・・・・・	1 218	1 342	1 384	1 591	*14.9*
ホームセンター・・・・・・	32 748	34 964	33 905	33 420	*-1.4*
DIY用具・素材・・・・	7 195	7 871	7 837	7 702	*-1.7*
電気・・・・・・・・・・・・	2 201	2 422	2 311	2 268	*-1.9*
インテリア・・・・・・・・・	2 253	2 436	2 259	2 098	*-7.1*
家庭用品・日用品・・	7 127	7 676	7 146	7 059	*-1.2*
園芸・エクステリア	4 762	5 260	5 373	5 361	*-0.2*
ペット・ペット用品7)	2 556	2 767	2 847	2 790	*-2.0*
カー用品・アウトドア	1 674	1 683	1 647	1 654	*0.4*
オフィス・カルチャー	1 627	1 483	1 444	1 386	*-4.0*
その他・・・・・・・・・・8)	3 352	3 366	3 041	3 101	*2.0*
（参考）事業所数9)					
家電大型専門店・・・・・	2 547	2 566	2 633	2 670	*1.4*
ドラッグストア・・・・・・	16 422	17 000	17 622	18 429	*4.6*
ホームセンター・・・・・・	4 357	4 420	4 377	4 437	*1.4*

経済産業省「商業動態統計調査」より作成。この表での対象範囲は、家電大型専門店が電気機械器具小売業に属する事業所（売場面積500m²以上）を10店舗以上持つ企業。ドラッグストアは、ドラッグストアに属する事業所を50店舗以上有する企業、もしくはドラッグストアの年間販売額が100円以上の企業。ホームセンターは、ホームセンターに属する事業所を10店舗以上有する企業、もしくはドラッグストアの年間販売額が200億円以上の企業。調査は2014年から開始。前年比は調査対象店舗の見直しに伴うギャップを調整するリンク係数で処理したもの。1）パソコン・パソコン周辺機器、ゲーム関連機器など。2）温水洗浄便座、24時間風呂、モニタ付ドアホン、火災警報器など、ほかの分類に含まれないもの。3）医師の処方箋によらない一般用の医薬品、漢方薬、生薬など。OTCとは "Over The Counter" の略。4）介護・ベビー用品を含む。5）化粧品・小物。6）日用消耗品・ペット用品を含む。7）生体（犬、猫、鳥、観賞魚、昆虫等）を含む。8）衣料品、食品、飲料、酒類、薬品、灯油、タバコなど。9）調査対象事業所数。

表 23-7　国内電子商取引（EC）の市場規模の推移（単位　億円）

	2018	2019	2020	2021
企業間（BtoB）‥‥‥	3 442 300	3 529 620	3 349 106	3 727 073
EC化率（％）‥‥‥‥1)	*30.2*	*31.7*	*33.5*	*35.6*
消費者向け（BtoC）‥	179 845	193 609	192 779	206 950
物販系分野‥‥‥‥‥	92 992	100 515	122 333	132 865
EC化率（％）‥‥‥‥2)	*6.22*	*6.76*	*8.08*	*8.78*
食品、飲料、酒類‥	16 919	18 233	22 086	25 199
生活家電、AV機器	16 467	18 239	23 489	24 584
書籍、映像ソフト‥	12 070	13 015	16 238	17 518
化粧品、医薬品‥‥	6 136	6 611	7 787	8 552
生活雑貨、家具‥‥	16 083	17 428	21 322	22 752
衣類・服装雑貨等‥	17 728	19 100	22 203	24 279
自転車、自動二輪車	2 348	2 396	2 784	3 016
その他‥‥‥‥‥‥	5 241	5 492	6 423	6 964
サービス系分野‥‥‥	66 471	71 672	45 832	46 424
旅行サービス‥‥‥	37 186	38 971	15 494	14 003
飲食サービス‥‥‥	6 375	7 290	5 975	4 938
チケット販売‥‥‥	4 887	5 583	1 922	3 210
金融サービス‥‥‥	6 025	5 911	6 689	7 122
理美容サービス‥‥	4 928	6 212	6 229	5 959
フードデリバリー‥	—	—	3 487	4 794
その他‥‥‥‥‥‥	7 070	7 706	6 036	6 398
デジタル系分野‥‥‥	20 382	21 422	24 614	27 661
電子出版‥‥‥‥‥	2 783	3 355	4 569	5 676
有料音楽配信‥‥‥	645	706	783	895
有料動画配信‥‥‥	1 477	2 404	3 200	3 791
オンラインゲーム‥	14 494	13 914	14 957	16 127
その他‥‥‥‥‥‥	984	1 043	1 105	1 171
個人間（CtoC）‥‥‥	15 891	17 407	19 586	22 121

第23章　卸売業・小売業

経済産業省「2021年度電子商取引に関する市場調査」より作成。この調査における電子商取引（EC）の定義は、コンピュータネットワークシステムを介して商取引（受発注）が行われ、かつ、その成約金額が捕捉されるもの。電子商取引化率（EC化率）とは、すべての商取引金額（商取引市場規模）に対する電子商取引市場規模の割合。1) 小売、その他のサービス業を含まず。2) 物販系分野のみを対象。

表 23-8　日本・アメリカ合衆国・中国3か国間の
　　　　　越境電子商取引（EC）市場規模（2021年）（単位　億円）

購入国	3か国間越境市場規模	対前年比（％）	購入経由先（from） 日本	アメリカ合衆国	中国
日本‥‥‥‥‥‥‥	3 727	*9.1*	—	3 362	365
アメリカ合衆国‥‥	20 409	*19.3*	12 224	—	8 185
中国‥‥‥‥‥‥	47 165	*10.7*	21 382	25 783	—

資料・注記は表23-7に同じ。

第24章　日本の貿易

　財務省が発表した2021年の日本の貿易額は、輸出が83兆914億円で前年から21.5％増となり、輸入は84兆8750億円で前年から24.8％増となった。コロナ禍で停滞した貿易活動が回復し、輸出入額は共にコロナ禍以前の2019年を大きく上回った。貿易収支は1兆7836億円の赤字で、主に原油など鉱物性燃料が輸入額を押し上げた。なお、2022年確々報によると、同年の輸出は98兆1750億円と増えたが、輸入が118兆1410億円と大きく増えて、貿易収支は過去最大の貿易赤字となる19兆9660億円であった（表24-1参照）。

図 24-1　　貿易額の推移

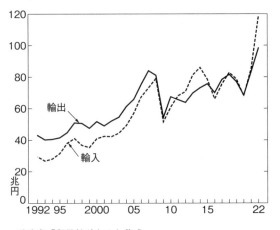

財務省「貿易統計」より作成。

表 24-1　　貿易額、入出超額の推移

	億円			百万ドル		
	輸出	輸入	入出超	輸出	輸入	入出超
1990	414 569	338 552	76 017	286 947	234 799	52 149
2000	516 542	409 384	107 158	479 276	379 708	99 567
2010	673 996	607 650	66 347	769 774	694 059	75 715
2020	683 991	680 108	3 883	641 283	635 402	5 880
2021	830 914	848 750	-17 836	757 066	772 276	-15 210
2022	981 750	1 181 410	-199 660	…	…	

財務省「貿易統計」より作成。円表示の2021年までは確定値、2022年は2023年3月公表の確々報（270ページ参照）。ドル表示は国連“Comtrade Database”より作成。【☞長期統計514ページ】

表 24-2　最近の貿易額（四半期別）

	2021		2022[1]			
	Ⅲ	Ⅳ	Ⅰ	Ⅱ	Ⅲ	Ⅳ
輸出（億円）‥‥‥	208 001	224 313	219 777	239 409	256 313	266 251
前年同期比（％）‥	*124.9*	*115.7*	*114.5*	*115.9*	*123.2*	*118.7*
輸入（億円）‥‥‥	216 841	240 986	253 742	285 369	319 428	322 870
前年同期比（％）‥	*137.1*	*137.6*	*135.0*	*140.6*	*147.3*	*134.0*

資料は前表に同じ。1) 確々報（270ページ参照）。

図 24-2　貿易数量指数と工業生産指数の対比 （2015年=100）

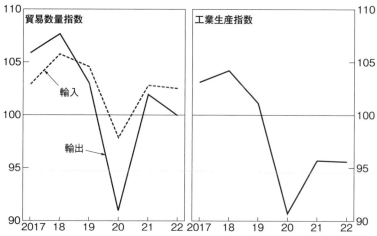

財務省および経済産業省資料より作成。貿易数量指数は金額指数と価格指数の比。工業生産指数（速報値）は製造工業、総合原指数、付加価値額生産。

表 24-3　貿易指数 （2015年=100）

	輸出			輸入			交易[2]条件指数
	金額指数	価格指数	数量指数	金額指数	価格指数	数量指数	
2017	103.5	97.8	105.9	96.1	93.4	102.9	104.7
2018	107.8	100.1	107.7	105.5	99.7	105.8	100.4
2019	101.7	98.8	103.0	100.2	95.9	104.6	103.0
2020	90.5	99.4	91.0	86.7	88.6	97.9	112.2
2021	109.9	107.8	101.9	108.3	105.3	102.8	102.4
2022[1]	129.8	129.9	100.0	150.7	147.0	102.5	88.4

資料は前表に同じ。1) 確々報（270ページ参照）。2) 輸出価格指数と輸入価格指数の比。

図 24-3　主要輸出入品

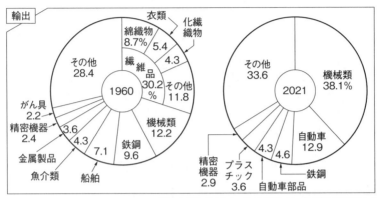

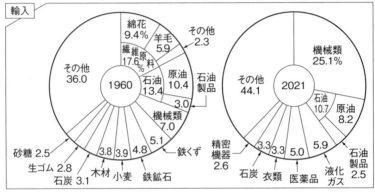

表24-4、-5より作成。

貿易統計「確々報」と「確定値」

　貿易統計は税関への輸出入の申告をもとに作成されているが、修正申告などで輸出入情報に修正等が生じることがある。そのため、速報公表後の修正等を反映したものが、輸出は対象月の1か月後、輸入は2か月後に確報として公表される。また、確報公表後に生じた修正等を反映させたものが「確々報」として、さらに、確々報公表後に生じた修正等を反映したものが「確定値」として公表される。確定値はその後修正等は生じない。

　2020年分の貿易統計から翌年3月に「確々報」が公表されるようになり、「確定値」の公表が11月に先延ばしとなった。このため、本章では単年度表記や順位付けのある統計表・図を「確定値」で作成し、それ以外は掲載年次の最新性を考慮して「確々報」で作成している。

表 24-4　**主要輸出品**（単位　億円）

1960		機械類	2019	2020	2021
繊維品‥‥‥‥‥	4 404	機械類‥‥‥‥1)	283 293	260 384	316 917
綿織物‥‥‥‥	1 265	半導体等製造装置5)	24 670	25 172	33 529
衣類‥‥‥‥	794	集積回路‥‥‥	28 361	29 054	33 461
化繊織物‥‥‥	631	電気回路用品‥	18 515	17 410	20 940
機械類‥‥‥‥1)	1 784	内燃機関‥‥‥	23 000	17 645	20 654
ラジオ受信機・	521	電気計測機器‥	16 268	15 303	18 486
鉄鋼‥‥‥‥‥	1 397	ポンプ、遠心分離機	12 295	11 732	13 966
船舶‥‥‥‥‥2)	1 037	建設・鉱山用機械	11 397	8 965	13 094
魚介類‥‥‥‥	629	自動車‥‥‥‥4)	119 712	95 796	107 222
金属製品‥‥‥	532	鉄鋼‥‥‥‥‥	30 740	25 737	38 143
精密機器‥‥‥3)	346	自動車部品‥‥‥	36 017	29 124	36 001
がん具‥‥‥‥	324	プラスチック‥‥	24 297	24 198	29 765
自動車‥‥‥‥4)	281	精密機器‥‥‥3)	22 305	20 409	24 165
はきもの‥‥‥	260	有機化合物‥‥6)	19 071	15 556	19 819
計×‥‥‥‥	**14 596**	計×‥‥‥‥	**769 317**	**683 991**	**830 914**

財務省「貿易統計」より作成。2021年の輸出額の多い品目。2022年は表24-6参照。1960年は経済産業省「通商白書」（1961年各論）によるドル建てを360円で編者換算。1) 一般機械と電気機械の合計で輸送用機械を含まず。2) 娯楽・スポーツ用船舶、浮き構造物などを含まず。3) 科学光学機器、時計など。4) 部品を含まず。5) フラットパネルディスプレイ製造装置を含む。6) 221ページ下欄参照。×その他とも。

表 24-5　**主要輸入品**（単位　億円）

1960		機械類	2019	2020	2021
繊維原料‥‥‥‥	2 843	機械類‥‥‥‥1)	195 746	183 969	213 296
綿花‥‥‥‥‥	1 512	通信機‥‥‥‥	28 463	28 503	33 252
羊毛‥‥‥‥‥	955	集積回路‥‥‥	20 083	19 905	27 452
石油‥‥‥‥‥‥	2 161	コンピュータ4)	22 108	24 062	23 915
原油‥‥‥‥‥	1 674	石油‥‥‥‥‥‥	95 063	58 916	90 693
機械類‥‥‥‥1)	1 137	原油‥‥‥‥‥	79 690	46 464	69 291
鉄くず‥‥‥‥‥	827	石油製品‥‥‥	15 373	12 452	21 401
鉄鉱石‥‥‥‥‥	769	液化ガス‥‥‥‥	48 826	36 356	50 108
小麦‥‥‥‥‥‥	637	医薬品‥‥‥‥‥	30 919	31 973	42 085
木材‥‥‥‥‥‥	613	衣類‥‥‥‥‥7)	32 045	27 237	28 352
石炭‥‥‥‥‥‥	508	石炭‥‥‥‥‥‥	25 282	17 076	28 013
生ゴム‥‥‥‥‥	453	精密機器‥‥‥3)	21 835	19 764	21 927
砂糖‥‥‥‥‥‥	400	鉄鉱石‥‥‥‥‥	11 883	10 344	19 586
大豆‥‥‥‥‥‥	387	有機化合物‥‥6)	16 911	16 688	18 204
鉄鋼‥‥‥‥‥‥	315	肉類‥‥‥‥‥‥	15 401	14 311	15 569
計×‥‥‥‥‥	**16 168**	計×‥‥‥‥	**785 995**	**680 108**	**848 750**

資料、脚注は前表を参照。2021年の輸入額の多い品目。2022年は表24-8参照。液化ガスは液化天然ガス、液化石油ガスなど。7) 附属品を含まず。×その他とも。

第24章　日本の貿易

表 24-6　**主要輸出品の輸出額の推移**（単位　億円）

	2000	2010	2020	2021	2022 （確々報）
石油製品‥‥‥‥‥	1 378	10 664	6 395	8 701	21 240
有機化合物‥‥‥‥ 1)	11 927	18 728	15 556	19 819	22 086
無機化合物‥‥‥‥ 1)	2 221	3 772	7 043	10 076	13 217
医薬品‥‥‥‥‥‥	2 944	3 787	8 360	8 611	11 428
化粧品類‥‥‥‥‥	1 292	2 479	9 141	10 954	10 695
プラスチック‥‥‥	10 575	23 360	24 198	29 765	31 545
タイヤ・チューブ‥	3 582	6 187	4 437	5 625	7 257
鉄鋼‥‥‥‥‥‥‥	16 003	36 754	25 737	38 143	47 386
銅・同合金‥‥‥‥	2 611	6 943	8 421	11 269	13 367
金属製品‥‥‥‥‥	6 940	9 818	10 407	12 770	13 569
内燃機関‥‥‥‥‥ 2)	13 539	17 955	17 645	20 654	23 594
コンピュータ‥‥‥ 3)	16 006	4 469	3 054	3 288	3 902
コンピュータ部品‥‥	13 698	12 753	8 682	10 051	10 245
金属加工機械‥‥‥	8 769	9 060	7 771	9 817	11 634
建設・鉱山用機械‥‥	3 744	8 753	8 965	13 094	16 911
ポンプ、遠心分離機・	7 068	11 606	11 732	13 966	15 472
荷役機械‥‥‥‥‥	3 858	5 955	4 979	5 984	7 127
半導体等製造装置‥‥ 4)	…	16 709	25 172	33 529	40 652
半導体製造装置‥‥ 3)	…	8 497	13 811	21 642	26 532
重電機器‥‥‥‥‥	6 335	7 604	9 923	12 252	13 850
電気回路用品‥‥‥ 5)	14 364	17 480	17 410	20 940	23 221
映像記録・再生機器 3)6)	9 241	8 318	2 585	2 924	3 587
音響・映像機器部品・	6 236	5 527	1 893	2 381	2 160
通信機‥‥‥‥‥‥ 7)	9 203	6 120	3 769	4 137	4 271
電池‥‥‥‥‥‥‥	4 606	3 390	5 191	6 639	7 611
半導体等電子部品‥‥ 8)	45 758	41 528	41 553	48 995	56 761
集積回路‥‥‥‥	29 338	27 368	29 054	33 461	39 751
電気計測機器‥‥‥	8 563	11 236	15 303	18 486	19 630
自動車‥‥‥‥‥‥ 3)	69 301	91 741	95 796	107 222	130 117
乗用車‥‥‥‥‥	61 230	78 980	86 334	93 860	113 814
自動車部品‥‥‥‥	18 642	30 833	29 124	36 001	38 483
二輪自動車‥‥‥‥ 3)9)	5 625	2 743	2 246	3 074	4 143
船舶‥‥‥‥‥‥‥ 10)	10 517	22 423	11 420	10 498	11 570
精密機器‥‥‥‥‥	27 726	21 051	20 409	24 165	26 140
科学光学機器‥‥ 11)	26 257	20 135	19 680	23 222	25 107
写真・映画用材料‥‥	4 289	4 105	4 997	5 962	6 696
金（非貨幣用）‥‥‥	704	5 214	8 887	8 387	14 213

財務省「貿易統計」より作成。2022年は確々報。270ページ参照。1) 221ページ下欄参照。
2) 航空機用を含まず。3) 部品を含まず。4) フラットパネルディスプレイを製造するた
めの装置を含む。5) 配電・制御盤、電気回路の開閉用・保護用機器など。6) 2004年に
VTR類から品名変更。2001年からデジタルカメラ、デジタルビデオカメラ、DVDプレー
ヤーなどを含む。7) 電話、ファクシミリなど。8) トランジスタ、集積回路（IC）、ダイ
オードなど。9) ノックダウン（組立完成型二輪自動車）を含む。10) 娯楽・スポーツ用、
浮き構造物などを含まず。11) 光ファイバー、メガネ、写真機用レンズ、偏光材料性のシ
ート、液晶デバイスなどの光学機器。

表 24-7　主要輸出品の輸出先 (2021年) (％)

石油製品………	韓国22.7　シンガポール14.8　オーストラリア14.0 マレーシア8.9　中国8.0　アメリカ合衆国6.8
有機化合物……1)	中国29.8　韓国15.7　(台湾)9.5　アメリカ合衆国8.9
無機化合物……1)	アメリカ合衆国17.8　インド15.4　中国12.2　タイ11.7
医薬品…………	アメリカ合衆国32.6　中国14.8　スイス13.1　韓国4.8
化粧品類………	中国47.2　香港13.7　韓国10.8　シンガポール8.0
プラスチック……	中国36.6　韓国11.5　(台湾)10.4　アメリカ合衆国7.0
タイヤ・チューブ	アメリカ合衆国25.7　オーストラリア10.7　ロシア7.1 アラブ首長国連邦4.2　インドネシア3.8　カナダ3.3
鉄鋼…………	中国16.5　タイ14.9　韓国13.2　(台湾)6.3　メキシコ5.8 インドネシア5.6　ベトナム5.0　アメリカ合衆国5.0
銅・同合金……	中国31.7　(台湾)16.4　タイ13.2　インド11.0　韓国5.9
金属製品………	中国23.8　アメリカ合衆国19.1　タイ9.0　韓国5.5
内燃機関………2)	アメリカ合衆国37.2　中国16.5　タイ6.3　イギリス3.4
コンピュータ…3)	アメリカ合衆国29.6　ドイツ20.4　オランダ9.8　中国9.2
コンピュータ部品	アメリカ合衆国25.3　中国19.3　オランダ16.3　(香港)6.2
金属加工機械……	中国32.1　アメリカ合衆国20.1　韓国6.1　(台湾)5.9
建設・鉱山用機械	アメリカ合衆国37.2　オランダ9.1　オーストラリア5.6
ポンプ、遠心分離機	中国22.8　アメリカ合衆国21.4　タイ7.2　中国6.2
荷役機械………	アメリカ合衆国23.4　中国12.2　韓国6.2　インドネシア5.6
半導体等製造装置4)	中国38.8　(台湾)20.9　韓国17.5　アメリカ合衆国12.4 シンガポール3.8　イスラエル1.1　ドイツ1.1
重電機器………	中国26.2　アメリカ合衆国22.7　韓国6.0　(台湾)4.9
電気回路用品…5)	中国30.2　アメリカ合衆国10.8　(香港)10.6　韓国7.8
映像記録・再生機器3)6)	アメリカ合衆国33.1　中国21.7　オランダ14.3
音響・映像機器部品	中国31.3　アメリカ合衆国18.0　タイ7.6　(香港)5.9 ベトナム5.4　メキシコ5.2
通信機………7)	中国31.3　アメリカ合衆国25.2　(台湾)6.6　タイ4.9 (香港)3.9　ドイツ3.4
電池…………	アメリカ合衆国38.9　中国17.2　シンガポール7.3
半導体等電子部品8)	中国25.3　(台湾)21.9　(香港)12.3　韓国7.1
集積回路……	(台湾)28.1　中国25.5　(香港)11.3　韓国8.6　ベトナム6.6
電気計測機器……	中国26.1　アメリカ合衆国18.0　韓国8.6　(台湾)7.8
自動車………3)	アメリカ合衆国33.4　オーストラリア9.2　中国8.8 カナダ3.4　ロシア3.3
自動車部品……	アメリカ合衆国24.9　中国18.8　タイ7.5　ベルギー6.0
二輪自動車…3)9)	アメリカ合衆国25.1　フランス11.0　オランダ10.2
船舶………10)	パナマ45.6　リベリア24.7　マーシャル諸島12.1 シンガポール8.0　フィリピン1.8　バハマ1.7
精密機器………	中国29.9　アメリカ合衆国16.1　韓国10.0　(台湾)8.1 (香港)6.9　ドイツ4.9
科学光学機器11)	中国30.5　アメリカ合衆国16.5　韓国10.4　(台湾)8.4 (香港)5.1　ドイツ5.1　オランダ3.3　タイ3.1
写真・映画用材料	中国26.5　(台湾)21.1　韓国15.1　アメリカ合衆国14.2
金(非貨幣用)…	(香港)29.5　シンガポール24.2　(台湾)10.4　スイス10.3

資料・脚注は前表に同じ。金額円による百分比。前表の日本の輸出品がどの国へ輸出され
たかを示したもの。

第24章 日本の貿易

表 24-8　主要輸入品の輸入額の推移（単位　億円）

	2000	2010	2020	2021	2022 (確々報)
肉類‥‥‥‥‥‥‥	9 213	9 663	14 311	15 569	19 254
魚介類‥‥‥‥‥ 1)	16 501	12 602	13 686	15 158	19 436
小麦‥‥‥‥‥‥ 2)	1 111	1 460	1 628	1 958	3 298
とうもろこし‥‥ 2)	2 033	3 464	3 517	5 201	7 645
果実‥‥‥‥‥‥	3 408	3 507	5 369	5 575	6 368
野菜‥‥‥‥‥‥	3 582	3 683	5 040	5 325	6 925
たばこ‥‥‥‥‥	3 128	3 474	5 810	5 967	6 202
木材‥‥‥‥‥‥	6 445	3 268	2 789	4 067	5 479
鉄鉱石‥‥‥‥‥	3 478	13 566	10 344	19 586	18 056
銅鉱‥‥‥‥‥‥	2 647	10 579	11 052	14 423	16 826
石炭‥‥‥‥‥‥	5 833	21 107	17 076	28 013	78 102
原油‥‥‥‥‥‥	48 189	94 059	46 464	69 291	132 691
石油製品‥‥‥‥‥	9 532	15 929	12 452	21 401	28 350
液化石油ガス（ＬＰＧ）	5 292	7 797	4 305	7 335	10 394
液化天然ガス（ＬＮＧ）	14 055	34 718	32 051	42 772	84 642
有機化合物‥‥‥‥ 3)	7 993	13 496	16 688	18 204	23 786
無機化合物‥‥‥‥ 3)	2 287	5 237	5 875	8 044	14 915
医薬品‥‥‥‥‥‥	5 149	15 226	31 973	42 085	57 373
プラスチック‥‥‥	3 476	6 542	8 814	11 323	14 683
織物用糸及び繊維製品	5 269	6 234	12 458	10 036	12 613
鉄鋼‥‥‥‥‥‥‥	3 943	7 618	7 060	10 645	14 803
銅‥‥‥‥‥‥‥ 4)	811	1 123	1 097	1 793	2 152
アルミニウム‥‥ 4)	5 270	5 839	4 952	8 192	11 110
金属製品‥‥‥‥‥	3 884	7 614	11 358	13 171	15 859
コンピュータ‥‥ 5)	18 826	15 480	24 062	23 915	27 090
コンピュータ部品‥‥	9 757	5 698	4 130	4 573	5 418
音響・映像機器‥‥‥	8 791	16 270	12 769	13 766	16 029
通信機‥‥‥‥‥‥ 6)	5 733	12 529	28 503	33 252	37 778
家庭用電気機器‥‥‥	1 708	4 164	6 836	7 633	8 729
半導体等電子部品‥ 7)	21 399	21 360	25 058	33 546	48 942
集積回路‥‥‥‥‥	19 185	17 732	19 905	27 452	41 144
電気計測機器‥‥‥‥	3 828	4 159	6 382	7 231	8 756
自動車‥‥‥‥‥‥ 5)	7 679	5 958	11 653	13 718	15 051
自動車部品‥‥‥‥‥	2 200	4 879	6 747	8 252	10 016
航空機類‥‥‥‥‥‥	3 210	3 671	4 413	6 192	4 139
家具‥‥‥‥‥‥‥	4 054	4 875	7 480	8 498	9 980
バッグ類‥‥‥‥‥	3 231	4 042	5 063	5 377	7 061
衣類‥‥‥‥‥‥ 8)	21 154	23 283	27 237	28 352	34 957
はきもの‥‥‥‥‥	3 214	4 191	4 734	4 992	6 869
精密機器‥‥‥‥‥	11 432	14 622	19 764	21 927	25 779

財務省「貿易統計」より作成。2022年は確々報。270ページ参照。1) 調整品を含む。2) 飼料用を含む。3) 221ページ下欄参照。4) 合金を含む。5) 部品を含まず。6) 電話、ファクシミリなど。7) トランジスタ、集積回路（IC）、ダイオードなど。8) 附属品を含む。

表 24-9　主要輸入品の輸入先（2021年）（％）

肉類‥‥‥‥‥‥	アメリカ合衆国29.1　タイ13.4　オーストラリア13.1 カナダ11.0　中国6.5　ブラジル6.3　メキシコ5.0
魚介類‥‥‥‥‥ 1)	中国18.0　チリ9.2　ロシア9.1　アメリカ合衆国8.6 ノルウェー7.3　ベトナム7.0　タイ6.3
小麦‥‥‥‥‥‥ 2)	アメリカ合衆国45.1　カナダ35.5　オーストラリア19.2
とうもろこし‥‥ 2)	アメリカ合衆国72.7　ブラジル14.2　アルゼンチン8.0
果実‥‥‥‥‥‥	フィリピン18.9　アメリカ合衆国18.7　中国14.1
野菜‥‥‥‥‥‥	中国49.4　アメリカ合衆国15.0　韓国5.4　タイ4.0
アルコール飲料‥	フランス42.3　イギリス12.7　アメリカ合衆国9.6
たばこ‥‥‥‥‥	イタリア40.1　韓国15.6　セルビア13.1　ギリシャ7.1
木材‥‥‥‥‥‥	カナダ29.8　アメリカ合衆国17.0　ロシア13.1
鉄鉱石‥‥‥‥‥	オーストラリア55.3　ブラジル28.3　カナダ7.0 南アフリカ共和国3.7　アメリカ合衆国1.4
銅鉱‥‥‥‥‥‥	チリ35.0　オーストラリア18.0　インドネシア13.0 ペルー9.9　カナダ8.5　パプアニューギニア4.8
石炭‥‥‥‥‥‥	オーストラリア67.2　インドネシア11.3　ロシア10.2 アメリカ合衆国4.8　カナダ4.4　中国0.6
原油‥‥‥‥‥‥	サウジアラビア40.0　アラブ首長国連邦34.8　クウェート8.5 カタール7.4　ロシア3.7　エクアドル1.6
石油製品‥‥‥‥	韓国24.5　アラブ首長国連邦14.3　カタール12.3 アメリカ合衆国9.1　サウジアラビア5.3
液化石油ガス‥‥	アメリカ合衆国68.4　カナダ12.5　オーストラリア9.0
液化天然ガス‥‥	オーストラリア36.0　マレーシア12.5　アメリカ合衆国11.0 カタール11.0　ロシア8.7　ブルネイ5.5
有機化合物‥‥‥ 3)	中国25.4　アメリカ合衆国16.7　韓国8.5　ドイツ7.6
無機化合物‥‥‥ 3)	中国42.9　アメリカ合衆国13.0　韓国8.2　(台湾)5.5
医薬品‥‥‥‥‥	アメリカ合衆国20.5　ドイツ12.8　ベルギー11.4
プラスチック‥‥	中国19.4　アメリカ合衆国15.0　(台湾)13.8　韓国13.2
織物用糸及び繊維製品	中国59.2　ベトナム9.4　インドネシア4.8　タイ4.5
鉄鋼‥‥‥‥‥‥	韓国33.2　中国21.4　(台湾)9.2　カザフスタン6.4
銅‥‥‥‥‥‥‥ 4)	中国29.6　(台湾)18.3　韓国13.9　タイ13.7　チリ4.1
アルミニウム‥‥ 4)	ロシア16.6　オーストラリア13.7　アラブ首長国連邦13.3
コンピュータ‥‥ 5)	中国77.6　タイ3.9　(台湾)3.4　アメリカ合衆国3.3
コンピュータ部品	中国63.7　(台湾)7.5　タイ5.0　ベトナム4.8　韓国4.6
音響・映像機器‥	中国58.3　マレーシア8.6　タイ7.0　ベトナム5.1
通信機‥‥‥‥‥ 6)	中国73.0　ベトナム6.7　タイ4.5　マレーシア3.4
集積回路‥‥‥‥	(台湾)56.3　中国9.7　アメリカ合衆国9.5　韓国7.7
自動車‥‥‥‥‥ 5)	ドイツ33.5　タイ9.6　アメリカ合衆国7.9　イギリス7.4 イタリア6.7　オーストリア5.4　スペイン3.8
自動車部品‥‥‥	中国39.2　タイ10.9　ドイツ7.3　ベトナム6.2
家具‥‥‥‥‥‥	中国62.5　ベトナム12.2　(台湾)4.5　タイ2.7
バッグ類‥‥‥‥	中国38.6　イタリア21.5　フランス14.3　ベトナム8.4
衣類‥‥‥‥‥‥	中国55.8　ベトナム14.1　バングラデシュ4.6
はきもの‥‥‥‥	中国49.1　ベトナム22.8　インドネシア7.9　イタリア7.2
精密機器‥‥‥‥	中国20.1　アメリカ合衆国19.3　スイス13.2

前表の貿易品の輸入先内訳。金額円による百分比。前表の脚注を参照。

第
24
章

日本の貿易

〔地域別・国別貿易〕　日本の貿易相手先は、地域別で見るとアジアの割合が最も高く、輸出入は共に全体の約6割を占めている。日本から輸出された部品や素材は、アジアで製品化されて、その国で販売されるほか、第3国へ輸出されるサプライチェーンが構築されている。そのため、企業の生産拠点が主にアジアに置かれていることが背景にある。特に中国はサプライチェーンの中心で、輸出入ともに全体の約2割を占める。

　2020年以降、新型コロナウイルスの感染拡大により、貿易が停滞した。中国など主要な生産拠点で都市封鎖が行われたことで、サプライチェーンが滞った。また、2022年2月のロシアによるウクライナ侵攻で資源価格が高騰し、各国の貿易に影響を与えている。日本では、2022年に急速に円安が進行したことで、更に輸入額を押し上げた。

図 24-4　地域別輸出入先

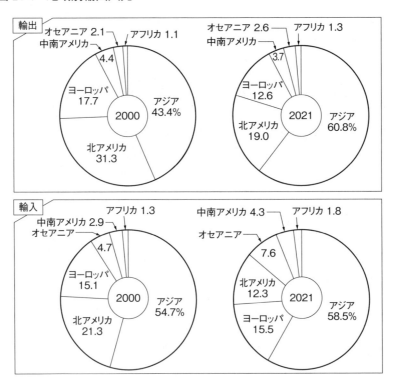

表24-10より作成。

図 24-5　輸出・輸入総額に占める各国の割合

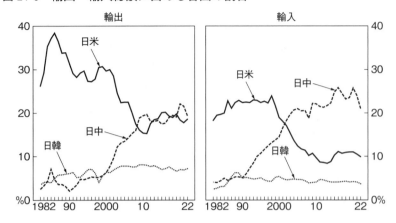

財務省「貿易統計」より作成。輸出入額の合計。2022年は確々報（270ページ参照）。

表 24-10　地域別貿易

	2000		2021		2022（確々報）	
	輸出	輸入	輸出	輸入	輸出	輸入
金額（億円）						
アジア‥‥‥‥ 1)	224 314	223 911	505 594	496 537	586 116	689 249
中東‥‥‥‥‥	11 771	53 284	24 012	85 597	32 040	155 579
中国‥‥‥‥‥	32 744	59 414	179 844	203 818	190 038	248 434
北アメリカ‥‥	161 624	87 277	157 484	104 302	193 870	139 128
アメリカ合衆国	153 559	77 789	148 315	89 156	182 550	117 331
中南アメリカ‥	22 653	11 833	30 861	36 791	37 369	48 301
ヨーロッパ‥ 2)	91 414	61 725	104 480	131 468	123 519	158 100
アフリカ‥‥‥	5 441	5 349	10 554	15 310	12 718	19 820
オセアニア‥‥	11 096	19 287	21 941	64 342	28 157	126 807
計×‥‥‥‥‥	**516 542**	**409 384**	**830 914**	**848 750**	**981 750**	**1 181 410**
構成比（％）						
アジア‥‥‥‥ 1)	43.4	54.7	60.8	58.5	59.7	58.3
中東‥‥‥‥‥	2.3	13.0	2.9	10.1	3.3	13.2
中国‥‥‥‥‥	6.3	14.5	21.6	24.0	19.4	21.0
北アメリカ‥‥	31.3	21.3	19.0	12.3	19.7	11.8
アメリカ合衆国	29.7	19.0	17.8	10.5	18.6	9.9
中南アメリカ‥	4.4	2.9	3.7	4.3	3.8	4.1
ヨーロッパ‥ 2)	17.7	15.1	12.6	15.5	12.6	13.4
アフリカ‥‥‥	1.1	1.3	1.3	1.8	1.3	1.7
オセアニア‥‥	2.1	4.7	2.6	7.6	2.9	10.7
計×‥‥‥‥‥	100.0	100.0	100.0	100.0	100.0	100.0

財務省「貿易統計」より作成。2022年は確々報（270ページ参照）。1）旧ソ連構成国を除く。
2）アジア地域の旧ソ連構成国を含む。×わずかに地域不明分を含む場合がある。

図24-6　主な貿易相手国 (2021年)

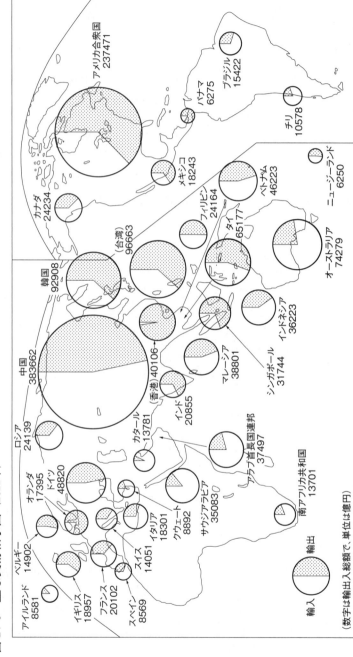

アメリカ合衆国 237471

カナダ 24234

メキシコ 18243

パナマ 6275

ブラジル 15422

チリ 10578

ベトナム 46223

ニュージーランド 6250

フィリピン 24164

タイ 65177

オーストラリア 74279

(台湾) 96663

インドネシア 36223

韓国 92908

シンガポール 31744

マレーシア 38801

中国 383662

(香港) 40106

インド 20855

ロシア 24139

カタール 13781

オランダ 17395

ドイツ 48820

アラブ首長国連邦 37497

サウジアラビア 35083

南アフリカ共和国 13701

ベルギー 14902

イタリア 18301

クウェート 8892

アイルランド 8581

イギリス 18957

フランス 20102

スイス 14051

スペイン 8569

輸出

輸入

(数字は輸出入総額で、単位は億円)

財務省「貿易統計」より作成。日本との輸出入合計が5000億円以上の相手国。

表 24-11　主要貿易相手国（Ⅰ）（単位　億円）

	輸出			輸入		
	2021	〃 %	2022 (確々報)	2021	〃 %	2022 (確々報)
中国············	179 844	21.6	190 038	203 818	24.0	248 434
アメリカ合衆国····	148 315	17.8	182 550	89 156	10.5	117 331
（台湾）··········	59 881	7.2	68 574	36 782	4.3	50 972
韓国············	57 696	6.9	71 062	35 213	4.1	44 163
オーストラリア····	16 745	2.0	21 727	57 533	6.8	116 118
タイ············	36 246	4.4	42 693	28 931	3.4	35 024
ドイツ··········	22 791	2.7	25 702	26 030	3.1	29 864
ベトナム·········	20 968	2.5	24 510	25 255	3.0	34 784
（香港）··········	38 904	4.7	43 574	1 202	0.1	1 343
マレーシア·······	17 137	2.1	21 663	21 664	2.6	34 328
アラブ首長国連邦··	7 717	0.9	11 155	29 780	3.5	60 188
インドネシア·····	14 654	1.8	19 792	21 569	2.5	37 606
サウジアラビア····	4 889	0.6	6 678	30 194	3.6	55 690
シンガポール·····	22 006	2.6	29 349	9 737	1.1	12 923
カナダ··········	9 169	1.1	11 320	15 065	1.8	21 692
フィリピン·······	12 197	1.5	15 975	11 968	1.4	14 252
ロシア··········	8 623	1.0	6 040	15 516	1.8	19 690
インド··········	14 111	1.7	18 314	6 744	0.8	8 527
フランス·········	7 309	0.9	8 399	12 792	1.5	13 288
イギリス·········	11 378	1.4	14 498	7 580	0.9	9 026
イタリア·········	5 492	0.7	6 978	12 809	1.5	15 408
メキシコ·········	11 895	1.4	14 412	6 348	0.7	8 427
オランダ·········	13 818	1.7	16 272	3 578	0.4	4 512
ブラジル·········	4 596	0.6	5 674	10 825	1.3	14 633
ベルギー·········	7 897	1.0	9 190	7 006	0.8	9 224
スイス··········	4 836	0.6	5 447	9 215	1.1	10 392
カタール·········	1 011	0.1	1 640	12 770	1.5	17 390
南アフリカ共和国··	2 593	0.3	3 090	11 109	1.3	13 174
チリ············	2 031	0.2	3 010	8 547	1.0	9 815
クウェート········	1 618	0.2	2 082	7 273	0.9	13 122
アイルランド······	1 109	0.1	3 269	7 472	0.9	8 602
スペイン··········	2 636	0.3	3 523	5 932	0.7	9 023
パナマ··········	5 277	0.6	4 527	998	0.1	1 424
ニュージーランド··	3 208	0.4	3 950	3 042	0.4	3 944
ポーランド········	3 683	0.4	5 497	1 283	0.2	1 691
スウェーデン·····	1 454	0.2	1 900	3 467	0.4	4 409
トルコ··········	3 490	0.4	4 225	886	0.1	1 345
チェコ··········	2 392	0.3	3 040	1 843	0.2	2 119
バングラデシュ····	2 578	0.3	3 350	1 589	0.2	2 241
ペルー··········	772	0.1	972	3 156	0.4	3 930
オーストリア·····	1 362	0.2	1 773	2 476	0.3	3 003
パプアニューギニア	203	0.0	262	3 332	0.4	6 013
イスラエル········	1 884	0.2	1 946	1 422	0.2	1 680

第 24 章

日本の貿易

主要貿易相手国（Ⅱ）（単位　億円）

	輸出			輸入		
	2021	〃 %	2022 （確々報）	2021	〃 %	2022 （確々報）
デンマーク………	627	0.1	752	2 633	0.3	3 121
ハンガリー………	1 910	0.2	1 983	1 310	0.2	1 555
プエルトリコ…… 1)	924	0.1	1 202	2 035	0.2	2 031
ノルウェー………	1 108	0.1	1 315	1 851	0.2	2 168
ブルネイ…………	256	0.0	78	2 594	0.3	3 422
オマーン…………	1 289	0.2	1 592	1 558	0.2	4 138
パキスタン………	2 529	0.3	2 077	294	0.0	406
フィンランド……	519	0.1	629	2 163	0.3	2 902
リベリア…………	2 638	0.3	3 485	3	0.0	19
カンボジア………	635	0.1	673	1 918	0.2	2 544
アルゼンチン……	955	0.1	1 246	1 064	0.1	1 554
バーレーン………	572	0.1	605	1 346	0.2	1 746
コロンビア………	1 335	0.2	1 790	550	0.1	1 306
エクアドル………	478	0.1	707	1 392	0.2	2 770
エジプト…………	1 196	0.1	1 014	349	0.0	489
ルーマニア………	497	0.1	592	1 028	0.1	1 553
ウクライナ………	640	0.1	357	799	0.1	471
ミャンマー………	369	0.0	585	1 054	0.1	1 883
ポルトガル………	838	0.1	836	497	0.1	555
マーシャル諸島……	1 320	0.2	1 624	9	0.0	8
ケニア……………	1 128	0.1	1 268	85	0.0	89
カザフスタン……	384	0.0	891	794	0.1	1 116
ナイジェリア……	315	0.0	324	835	0.1	1 670
ギリシャ…………	288	0.0	453	660	0.1	995
セルビア…………	50	0.0	66	826	0.1	737
コスタリカ………	338	0.0	609	482	0.1	600
ルクセンブルク……	640	0.1	865	112	0.0	110
イラク……………	466	0.1	803	252	0.0	0.4
アルジェリア……	97	0.0	273	615	0.1	852
スリランカ………	355	0.0	262	314	0.0	383
ボリビア…………	104	0.0	174	560	0.1	698
モロッコ…………	248	0.0	310	392	0.0	602
モンゴル…………	548	0.1	641	39	0.0	47
スロバキア………	156	0.0	182	409	0.0	537
グアテマラ………	350	0.0	437	187	0.0	254
ヨルダン…………	484	0.1	677	52	0.0	216
タンザニア………	426	0.1	606	101	0.0	197
エストニア………	221	0.0	292	220	0.0	281
総額×…………	830 914	100.0	981 750	848 750	100.0	1 181 410

財務省「貿易統計」より作成。2021年の貿易額（輸出と輸入の合計）の多い順。1）アメリカ合衆国領。×その他とも。

日本が結ぶEPA (経済連携協定)

〔TPP協定〕TPP（環太平洋経済連携協定）は、自由な貿易による経済発展のため、アメリカを含む日本や太平洋地域の各国間で立ち上げられた。TPPでは、関税の撤廃・削減やモノやサービス投資の規制緩和などが定められている。2015年10月には12か国間で大筋合意をしていたが、2017年に入り、米国第一主義を掲げるトランプ前大統領によってアメリカが離脱を表明した。その後、2018年12月に日本、シンガポール、メキシコ、カナダ、オーストラリア、ニュージーランド、ベトナムの7か国間での発効となった。2023年3月末現在、イギリス、マレーシア、ペルー、チリ、ブルネイも加わった合計12か国が参加し、そのうち10か国間で発効している。離脱したアメリカの復帰の見通しは立っていないが、中国、台湾なども参加を申請しており、TPPは今後も拡大する見込みである。

〔RCEP協定〕RCEP（地域的な包括的経済連携）協定は、農林水産品や工業製品の関税の減免、輸出入手続きの簡素化により、参加国同士の貿易やサービスの動きを自由化する協定である。2022年1月にASEAN6か国、日本、中国、オーストラリア、ニュージーランドの10か国で発効した。その後、同年5月までに韓国、マレーシアが加わり、2023年1月にはインドネシアで発効している。当初はインドが参加を表明していたが、国内製造業への影響や貿易赤字の拡大を警戒して離脱している。日本の最大の貿易相手国である中国の参加により、日本の対RCEPの貿易額は中国の割合が非常に大きい（下表参照）。

RCEPは、91％の品目で段階的に関税が撤廃されるが、TPPと比較すると関税撤廃率が低く、特に当初は貿易自由化の効果は少ない。ただし、RCEPは参加国全体の経済規模が大きく、世界のGDPの約3割を占めている。

第24章 日本の貿易

日本の経済連携協定別の貿易額 （単位　億円）

	2021	2022		2021	2022
TPP協定 ········	1 103	1 327	日ベトナム········	1 932	1 097
RCEP協定 ·······	—	7 139	日米·············	1 011	1 073
中国············	—	7 100	日インド·········	383	438
ベトナム·······	—	30	日チリ···········	363	365
タイ···········	—	9	日オーストラリア·	107	312
ニュージーランド	—	1	日メキシコ·······	239	201
日アセアン·······	3 042	2 580	日シンガポール···	143	125
日EU············	1 491	1 878	日スイス·········	58	92
日タイ···········	3 829	4 117	日英·············	31	42
日マレーシア·····	2 422	2 257	日ペルー·········	28	30
日インドネシア···	1 709	1 980	日ブルネイ·······	…	1
日フィリピン·····	1 053	1 192	日モンゴル·······	0.3	0.7

財務省「貿易統計」より作成。各協定別の貿易額。2022年は確々報。

表24-12〜39は財務省「貿易統計」より、2021年中の日本との輸出入合計額が多い国・地域を配列している。機械類は一般機械と電気機械の合計で輸送用機械を含まず。表24-6、-8の脚注を参照。×その他とも。

表 24-12 中国との貿易 (2021年)

中国への 輸出	百万円	%	中国からの 輸入	百万円	%
機械類‥‥‥‥	8 020 753	44.6	機械類‥‥‥‥	9 984 345	49.0
半導体等製造装置	1 301 019	7.2	通信機‥‥‥	2 427 308	11.9
集積回路‥‥	854 858	4.8	コンピュータ	1 854 777	9.1
電気回路用品	632 936	3.5	音響・映像機器	802 796	3.9
電気計測機器	482 812	2.7	家庭用電気機器	569 116	2.8
内燃機関‥‥	341 390	1.9	重電機器‥‥	428 008	2.1
重電機器‥‥	320 756	1.8	加熱用・冷却用機器	340 936	1.7
ポンプ、遠心分離機	318 565	1.8	コンピュータ部品	291 404	1.4
金属加工機械	315 611	1.8	電気回路用品	285 340	1.4
個別半導体‥	292 816	1.6	衣類‥‥‥‥‥	1 582 318	7.8
コンデンサー	224 242	1.2	金属製品‥‥‥	732 057	3.6
プラスチック‥	1 089 924	6.1	織物類‥‥‥‥	594 284	2.9
自動車‥‥‥‥	943 951	5.2	家具‥‥‥‥‥	531 427	2.6
科学光学機器‥	709 040	3.9	有機化合物‥‥	463 267	2.3
自動車部品‥‥	677 121	3.8	がん具‥‥‥‥	436 110	2.1
鉄鋼‥‥‥‥‥	630 129	3.5	プラスチック製品	419 109	2.1
有機化合物‥‥	589 726	3.3	科学光学機器‥	386 657	1.9
化粧品類‥‥‥	517 462	2.9	無機化合物‥‥	344 894	1.7
銅・同合金‥‥	357 768	2.0	自動車部品‥‥	323 347	1.6
金属製品‥‥‥	303 856	1.7	魚介類‥‥‥‥	272 615	1.3
計×‥‥‥‥	**17 984 372**	100.0	計×‥‥‥‥	**20 381 814**	100.0

表 24-13 韓国との貿易 (2021年)

韓国への 輸出	百万円	%	韓国からの 輸入	百万円	%
機械類‥‥‥‥	2 135 578	37.0	機械類‥‥‥‥	896 052	25.4
半導体等製造装置	588 340	10.2	集積回路‥‥	211 966	6.0
集積回路‥‥	289 297	5.0	石油製品‥‥‥	524 527	14.9
電気回路用品	163 145	2.8	鉄鋼‥‥‥‥‥	353 330	10.0
鉄鋼‥‥‥‥‥	504 283	8.7	有機化合物‥‥	154 966	4.4
プラスチック‥	342 958	5.9	プラスチック‥	149 279	4.2
有機化合物‥‥	310 681	5.4	銀‥‥‥‥‥‥	145 724	4.1
科学光学機器‥	240 871	4.2	たばこ‥‥‥‥	92 792	2.6
石油製品‥‥‥	197 849	3.4	金属製品‥‥‥	91 834	2.6
鉄鋼くず‥‥‥	172 482	3.0	医薬品‥‥‥‥	79 355	2.3
計×‥‥‥‥	**5 769 571**	100.0	計×‥‥‥‥	**3 521 261**	100.0

表 24-14　（台湾）との貿易 （2021年）

（台湾）への輸出	百万円	%	（台湾）からの輸入	百万円	%
機械類‥‥‥‥	2 785 427	46.5	機械類‥‥‥‥	2 170 758	59.0
集積回路‥‥	939 363	15.7	集積回路‥‥	1 545 396	42.0
半導体等製造装置	702 355	11.7	コンピュータ	80 132	2.2
電気計測機器	143 412	2.4	通信機‥‥‥	77 719	2.1
プラスチック‥	310 347	5.2	プラスチック‥	155 829	4.2
自動車‥‥‥‥	280 035	4.7	鉄鋼‥‥‥‥	97 581	2.7
鉄鋼‥‥‥‥	241 422	4.0	金属製品‥‥‥	85 498	2.3
科学光学機器‥	194 578	3.2	科学光学機器‥	77 554	2.1
有機化合物‥‥	188 059	3.1	有機化合物‥‥	51 169	1.4
銅・同合金‥‥	184 620	3.1	魚介類‥‥‥‥	48 270	1.3
計×‥‥‥‥	5 988 084	100.0	計×‥‥‥‥	3 678 193	100.0

表 24-15　タイとの貿易 （2021年）

タイへの輸出	百万円	%	タイからの輸入	百万円	%
機械類‥‥‥‥	1 386 298	38.2	機械類‥‥‥‥	1 044 988	36.1
集積回路‥‥	135 957	3.8	通信機‥‥‥	148 681	5.1
内燃機関‥‥	129 099	3.6	音響・映像機器	96 301	3.3
電気回路用品	120 656	3.3	コンピュータ	94 029	3.3
鉄鋼‥‥‥‥	568 282	15.7	肉類‥‥‥‥	208 402	7.2
自動車部品‥‥	269 485	7.4	自動車‥‥‥	132 134	4.6
銅・同合金‥‥	148 708	4.1	プラスチック‥	104 578	3.6
プラスチック‥	126 685	3.5	科学光学機器‥	103 829	3.6
無機化合物‥‥	118 073	3.3	金属製品‥‥‥	101 590	3.5
金属製品‥‥‥	115 315	3.2	魚介類‥‥‥‥	94 972	3.3
計×‥‥‥‥	3 624 600	100.0	計×‥‥‥‥	2 893 123	100.0

表 24-16　ベトナムとの貿易 （2021年）

ベトナムへの輸出	百万円	%	ベトナムからの輸入	百万円	%
機械類‥‥‥‥	829 615	39.6	機械類‥‥‥‥	872 038	34.5
集積回路‥‥	220 424	10.5	絶縁電線・ケーブル	248 281	9.8
電気回路用品	99 987	4.8	通信機‥‥‥	223 928	8.9
コンピュータ部品	47 172	2.2	衣類‥‥‥‥	399 510	15.8
鉄鋼‥‥‥‥	191 916	9.2	はきもの‥‥‥	114 005	4.5
プラスチック‥	114 110	5.4	魚介類‥‥‥‥	106 005	4.2
鉄鋼くず‥‥‥	106 242	5.1	家具‥‥‥‥	103 644	4.1
織物類‥‥‥‥	94 309	4.5	織物類‥‥‥‥	94 385	3.7
科学光学機器‥	67 804	3.2	プラスチック製品	77 345	3.1
自動車‥‥‥‥	52 627	2.5	ウッドチップ‥	70 024	2.8
計×‥‥‥‥	2 096 808	100.0	計×‥‥‥‥	2 525 535	100.0

第24章　日本の貿易

表 24-17　（香港）との貿易（2021年）

（香港） への輸出	百万円	%	（香港） からの輸入	百万円	%
機械類・・・・・・・	1 538 802	39.6	機械類・・・・・・・	13 577	11.3
集積回路・・・・	379 055	9.7	集積回路・・・・	3 691	3.1
電気回路用品	221 609	5.7	コンピュータ部品	2 216	1.8
個別半導体・・	217 347	5.6	魚介類・・・・・・	4 737	3.9
コンデンサー	146 658	3.8	うなぎの稚魚	4 705	3.9
金（非貨幣用）・	247 597	6.4	ダイヤモンド・・	3 345	2.8
化粧品類・・・・・	150 097	3.9	科学光学機器・・	2 998	2.5
科学光学機器・・	117 940	3.0	すず・同合金・・	2 525	2.1
プラスチック・・	110 102	2.8	銀・・・・・・・・・	2 178	1.8
貴石製品・・・・・	78 815	2.0	記録媒体・・・・・・	1 691	1.4
計×・・・・・・・・	3 890 409	100.0	計×・・・・・・・・	120 201	100.0

表 24-18　マレーシアとの貿易（2021年）

マレーシア への輸出	百万円	%	マレーシア からの輸入	百万円	%
機械類・・・・・・・	725 132	42.3	機械類・・・・・・・	678 592	31.3
集積回路・・・・	133 743	7.8	音響・映像機器	118 387	5.5
個別半導体・・	56 383	3.3	通信機・・・・・・	113 737	5.3
自動車・・・・・・・	103 791	6.1	集積回路・・・・	97 898	4.5
鉄鋼・・・・・・・・	100 728	5.9	液化天然ガス・・	533 936	24.6
プラスチック・・	82 484	4.8	衣類・・・・・・・・	102 863	4.7
石油製品・・・・・	77 644	4.5	石油製品・・・・・	63 481	2.9
自動車部品・・・・	66 275	3.9	プラスチック・・	62 902	2.9
金（非貨用）・	52 049	3.0	合板・・・・・・・・	52 621	2.4
銅・同合金・・・・	41 675	2.4	科学光学機器・・	49 468	2.3
計×・・・・・・・・	1 713 691	100.0	計×・・・・・・・・	2 166 397	100.0

表 24-19　シンガポールとの貿易（2021年）

シンガポール への輸出	百万円	%	シンガポール からの輸入	百万円	%
機械類・・・・・・・	808 472	36.7	機械類・・・・・・・	353 525	36.3
半導体等製造装置	128 897	5.9	半導体等製造装置	95 439	9.8
集積回路・・・・	96 108	4.4	集積回路・・・・	86 424	8.9
電気計測機器	49 581	2.3	コンピュータ	73 262	7.5
金（非貨幣用）・	203 069	9.2	医薬品・・・・・・	123 146	12.6
石油製品・・・・・	128 732	5.8	科学光学機器・・	75 649	7.8
化粧品類・・・・・・	87 688	4.0	有機化合物・・・・	39 175	4.0
船舶・・・・・・・・	83 707	3.8	石油製品・・・・・	37 217	3.8
自動車・・・・・・・	61 805	2.8	プラスチック・・	30 203	3.1
鉄鋼・・・・・・・・	51 571	2.3	調製石油添加剤	21 789	2.2
計×・・・・・・・・	2 200 638	100.0	計×・・・・・・・・	973 714	100.0

表 24-20　**インドネシアとの貿易**（2021年）

インドネシアへの輸出	百万円	%	インドネシアからの輸入	百万円	%
機械類‥‥‥‥	461 318	31.5	石炭‥‥‥‥‥	317 816	14.7
内燃機関‥‥	63 596	4.3	機械類‥‥‥‥	281 757	13.1
電気回路用品	42 559	2.9	絶縁電線・ケーブル	101 904	4.7
鉄鋼‥‥‥‥‥	213 497	14.6	銅鉱‥‥‥‥‥	187 866	8.7
自動車部品‥‥	164 531	11.2	液化天然ガス‥	105 033	4.9
自動車‥‥‥‥	62 386	4.3	天然ゴム‥‥‥	92 852	4.3
無機化合物‥‥	53 862	3.7	衣類‥‥‥‥‥	92 424	4.3
プラスチック‥	53 519	3.7	魚介類‥‥‥‥	64 474	3.0
金属製品‥‥‥	43 959	3.0	合板‥‥‥‥‥	63 220	2.9
有機化合物‥‥	41 572	2.8	織物類‥‥‥‥	48 634	2.3
計×‥‥‥‥	**1 465 403**	100.0	計×‥‥‥‥	**2 156 941**	100.0

表 24-21　**フィリピンとの貿易**（2021年）

フィリピンへの輸出	百万円	%	フィリピンからの輸入	百万円	%
機械類‥‥‥‥	518 036	42.5	機械類‥‥‥‥	542 414	45.3
集積回路‥‥	85 241	7.0	絶縁電線・ケーブル	151 793	12.7
電気回路用品	85 193	7.0	集積回路‥‥	59 172	4.9
コンピュータ部品	42 140	3.5	コンピュータ	38 652	3.2
自動車‥‥‥‥	84 674	6.9	通信機‥‥‥‥	37 730	3.2
鉄鋼‥‥‥‥‥	61 447	5.0	音響・映像機器	33 616	2.8
プラスチック‥	48 262	4.0	重電機器‥‥	30 315	2.5
銅・同合金‥‥	41 658	3.4	木製建具・建築用木工品	106 470	8.9
有機化合物‥‥	34 275	2.8	バナナ（生鮮）・	82 959	6.9
自動車部品‥‥	31 683	2.6	プラスチック製品	23 824	2.0
計×‥‥‥‥	**1 219 676**	100.0	計×‥‥‥‥	**1 196 764**	100.0

表 24-22　**インドとの貿易**（2021年）

インドへの輸出	百万円	%	インドからの輸入	百万円	%
機械類‥‥‥‥	458 995	32.5	機械類‥‥‥‥	103 695	15.4
電気回路用品	43 059	3.1	通信機‥‥‥‥	30 094	4.5
金属加工機械	39 056	2.8	有機化合物‥‥	102 588	15.2
無機化合物‥‥	154 828	11.0	石油製品‥‥‥	75 048	11.1
銅・同合金‥‥	123 934	8.8	魚介類‥‥‥‥	52 594	7.8
プラスチック‥	120 167	8.5	えび‥‥‥‥‥	39 816	5.9
鉄鋼‥‥‥‥‥	108 633	7.7	アルミニウム‥	33 602	5.0
自動車部品‥‥	64 813	4.6	ダイヤモンド‥	33 232	4.9
有機化合物‥‥	57 607	4.1	鉄鋼‥‥‥‥‥	31 283	4.6
金属製品‥‥‥	39 865	2.8	衣類‥‥‥‥‥	26 231	3.9
計×‥‥‥‥	**1 411 066**	100.0	計×‥‥‥‥	**674 395**	100.0

表 24-23　**サウジアラビアとの貿易**（2021年）

サウジアラビア への輸出	百万円	%	サウジアラビア からの輸入	百万円	%
自動車‥‥‥‥	302 247	61.8	原油‥‥‥‥‥	2 768 380	91.7
機械類‥‥‥‥	66 427	13.6	石油製品‥‥‥	112 845	3.7
ポンプ、遠心分離機	16 105	3.3	有機化合物‥‥	45 069	1.5
荷役機械‥‥	4 586	0.9	アルミニウム‥	35 753	1.2
絶縁電線・ケーブル	3 960	0.8	銅くず‥‥‥‥	14 658	0.5
鉄鋼‥‥‥‥‥	23 805	4.9			
自動車部品‥‥	20 242	4.1			
タイヤ・チューブ	16 148	3.3			
織物類‥‥‥‥	14 270	2.9			
金属製品‥‥‥	4 120	0.8			
計×‥‥‥‥	**488 938**	100.0	計×‥‥‥‥	**3 019 351**	100.0

表 24-24　**アラブ首長国連邦との貿易**（2021年）

アラブ首長国 連邦への輸出	百万円	%	アラブ首長国 連邦からの輸入	百万円	%
自動車‥‥‥‥	312 079	40.4	原油‥‥‥‥‥	2 409 351	80.9
機械類‥‥‥‥	181 058	23.5	石油製品‥‥‥	306 187	10.3
内燃機関‥‥	50 202	6.5	アルミニウム‥	108 933	3.7
ポンプ、遠心分離機	15 872	2.1	液化天然ガス‥	76 159	2.6
建設・鉱山用機械	15 861	2.1	液化石油ガス‥	11 458	0.4
コンピュータ部品	13 807	1.8			
自動車部品‥‥	45 156	5.9			
タイヤ・チューブ	23 419	3.0			
鉄鋼‥‥‥‥‥	19 536	2.5			
織物類‥‥‥‥	12 432	1.6			
計×‥‥‥‥	**771 683**	100.0	計×‥‥‥‥	**2 977 971**	100.0

表 24-25　**カタールとの貿易**（2021年）

カタール への輸出	百万円	%	カタール からの輸入	百万円	%
自動車‥‥‥‥	57 567	56.9	原油‥‥‥‥‥	512 378	40.1
機械類‥‥‥‥	13 095	12.9	液化天然ガス‥	469 061	36.7
ポンプ、遠心分離機	2 576	2.5	石油製品‥‥‥	262 837	20.6
加熱用・冷却用機器	1 296	1.3	液化石油ガス‥	11 945	0.9
内燃機関‥‥	1 063	1.1	アルミニウム‥	11 618	0.9
鉄鋼‥‥‥‥‥	9 867	9.8			
自動車部品‥‥	3 719	3.7			
タイヤ・チューブ	3 360	3.3			
鉄道用車両‥‥	3 108	3.1			
織物類‥‥‥‥	1 581	1.6			
計×‥‥‥‥	**101 144**	100.0	計×‥‥‥‥	**1 276 967**	100.0

表 24-26　アメリカ合衆国との貿易（2021年）

アメリカ合衆国 への輸出	百万円	%	アメリカ合衆国 からの輸入	百万円	%
機械類‥‥‥‥	5 885 382	39.7	機械類‥‥‥‥	2 027 461	22.7
内燃機関‥‥	767 701	5.2	航空機用内燃機関	384 085	4.3
建設・鉱山用機械	486 930	3.3	集積回路‥‥	260 896	2.9
半導体等製造装置	417 145	2.8	半導体等製造装置	210 158	2.4
電気計測機器	333 427	2.2	電気計測機器	179 075	2.0
ポンプ、遠心分離機	298 625	2.0			
重電機器‥‥	278 022	1.9	医薬品‥‥‥‥	864 541	9.7
電池‥‥‥‥	258 019	1.7	液化石油ガス‥	502 057	5.6
コンピュータ部品	254 073	1.7	液化天然ガス‥	472 346	5.3
電気回路用品	226 815	1.5	肉類‥‥‥‥‥	452 411	5.1
金属加工機械	197 667	1.3	科学光学機器‥	423 139	4.7
自動車‥‥‥‥	3 584 965	24.2	とうもろこし‥	378 031	4.2
自動車部品‥‥	898 001	6.1	有機化合物‥‥	303 705	3.4
科学光学機器‥	383 447	2.6	航空機類‥‥‥	245 905	2.8
医薬品‥‥‥‥	280 472	1.9	石油製品‥‥‥	195 129	2.2
金属製品‥‥‥	243 690	1.6	大豆‥‥‥‥‥	170 313	1.9
プラスチック‥	207 491	1.4	プラスチック‥	169 458	1.9
鉄鋼‥‥‥‥‥	188 910	1.3	石炭‥‥‥‥‥	133 629	1.5
無機化合物‥‥	179 458	1.2	魚介類‥‥‥‥	130 828	1.5
			飼料‥‥‥‥‥	128 494	1.4
計×‥‥‥‥	14 831 507	100.0	計×‥‥‥‥	8 915 629	100.0

表 24-27　カナダとの貿易（2021年）

カナダ への輸出	百万円	%	カナダ からの輸入	百万円	%
自動車‥‥‥‥	368 568	40.2	肉類‥‥‥‥‥	170 770	11.3
機械類‥‥‥‥	242 821	26.5	なたね‥‥‥‥	156 440	10.4
建設・鉱山用機械	38 175	4.2	鉄鉱石‥‥‥‥	137 760	9.1
重電機器‥‥	28 711	3.1	銅鉱‥‥‥‥‥	122 690	8.1
内燃機関‥‥	21 519	2.3	石炭‥‥‥‥‥	122 636	8.1
電気計測機器	16 073	1.8	木材‥‥‥‥‥	121 157	8.0
自動車部品‥‥	110 654	12.1	医薬品‥‥‥‥	109 540	7.3
鉄鋼‥‥‥‥‥	20 018	2.2	液化石油ガス‥	91 845	6.1
タイヤ・チューブ	18 313	2.0	小麦‥‥‥‥‥	69 534	4.6
金属製品‥‥‥	16 575	1.8	機械類‥‥‥‥	61 700	4.1
計×‥‥‥‥	916 910	100.0	計×‥‥‥‥	1 506 506	100.0

FTAとEPA　自由貿易協定（FTA：Free Trade Agreement）とは、特定の国・地域との間で、モノにかかる関税およびサービス貿易の障壁の撤廃を目的とした協定のこと。経済連携協定（EPA：Economic Partnership Agreement）は、FTAの内容に加え、投資規制の撤廃、紛争解決手続きの整備、人的交流の拡大、知的財産権の保護など、より幅広い経済関係の強化を目的とする協定。

表 24-28 **メキシコとの貿易**（2021年）

メキシコ への輸出	百万円	%	メキシコ からの輸入	百万円	%
機械類‥‥‥‥	439 246	36.9	機械類‥‥‥‥	212 363	33.5
内燃機関‥‥	54 078	4.5	通信機‥‥‥	43 212	6.8
電気回路用品	34 578	2.9	音響・映像機器	24 465	3.9
自動車用機器	28 196	2.4	コンピュータ	23 969	3.8
金属加工機械	22 910	1.9	肉類‥‥‥‥‥	77 828	12.3
鉄鋼‥‥‥‥‥	219 810	18.5	自動車‥‥‥‥	48 152	7.6
自動車部品‥‥	179 004	15.0	科学光学機器‥	39 792	6.3
自動車‥‥‥‥	118 366	10.0	果実‥‥‥‥‥	39 666	6.2
金属製品‥‥‥	39 080	3.3	自動車部品‥‥	33 920	5.3
プラスチック‥	25 381	2.1	銀‥‥‥‥‥‥	27 281	4.3
計×‥‥‥‥	**1 189 550**	100.0	計×‥‥‥‥	**634 751**	100.0

表 24-29 **ブラジルとの貿易**（2021年）

ブラジル への輸出	百万円	%	ブラジル からの輸入	百万円	%
機械類‥‥‥‥	174 387	37.9	鉄鉱石‥‥‥‥	554 125	51.2
内燃機関‥‥	24 687	5.4	肉類‥‥‥‥‥	97 543	9.0
電気計測機器	16 416	3.6	鶏肉‥‥‥‥	88 948	8.2
ポンプ, 遠心分離機	11 087	2.4	とうもろこし‥	73 931	6.8
荷役機械‥‥	9 935	2.2	有機化合物‥‥	57 569	5.3
電気回路用品	9 786	2.1	コーヒー‥‥‥	49 626	4.6
自動車部品‥‥	104 522	22.7	アルミニウム‥	38 477	3.6
有機化合物‥‥	40 485	8.8	鉄鋼‥‥‥‥‥	36 149	3.3
鉄鋼‥‥‥‥‥	25 523	5.6	大豆‥‥‥‥‥	32 022	3.0
金属製品‥‥‥	13 240	2.9	パルプ‥‥‥‥	22 721	2.1
計×‥‥‥‥	**459 618**	100.0	計×‥‥‥‥	**1 082 533**	100.0

表 24-30 **チリとの貿易**（2021年）

チリ への輸出	百万円	%	チリ からの輸入	百万円	%
自動車‥‥‥‥	80 538	39.7	銅鉱‥‥‥‥‥	505 485	59.1
石油製品‥‥‥	40 171	19.8	魚介類‥‥‥‥	140 150	16.4
機械類‥‥‥‥	25 285	12.5	モリブデン鉱‥	56 304	6.6
建設・鉱山用機械	9 620	4.7	ウッドチップ‥	24 288	2.8
荷役機械‥‥	4 481	2.2	無機化合物‥‥	19 417	2.3
内燃機関‥‥	2 550	1.3	肉類‥‥‥‥‥	16 970	2.0
タイヤ・チューブ	16 644	8.2	果実‥‥‥‥‥	16 459	1.9
鉄鋼‥‥‥‥‥	16 284	8.0	ぶどう酒‥‥‥	16 171	1.9
科学光学機器‥	2 366	1.2	パルプ‥‥‥‥	9 854	1.2
自動車部品‥‥	2 303	1.1	木材‥‥‥‥‥	7 597	0.9
計×‥‥‥‥	**203 078**	100.0	計×‥‥‥‥	**854 743**	100.0

表 24-31 ドイツとの貿易 （2021年）

ドイツへの輸出	百万円	%	ドイツからの輸入	百万円	%
機械類‥‥‥‥	1 063 638	46.7	機械類‥‥‥‥	673 442	25.9
電気計測機器	134 796	5.9	電気計測機器	78 938	3.0
コンデンサー	77 893	3.4	ポンプ, 遠心分離機	51 569	2.0
ポンプ, 遠心分離機	68 455	3.0	医薬品‥‥‥‥	538 228	20.7
コンピュータ	67 018	2.9	自動車‥‥‥‥	459 536	17.7
自動車‥‥‥‥	161 549	7.1	有機化合物‥‥	138 238	5.3
有機化合物‥‥	122 150	5.4	科学光学機器‥	127 688	4.9
科学光学機器‥	117 667	5.2	航空機類‥‥‥	61 329	2.4
遊戯用具‥‥‥	96 368	4.2	自動車部品‥‥	60 091	2.3
プラスチック‥	63 742	2.8	プラスチック‥	49 555	1.9
計×‥‥‥‥	**2 279 053**	100.0	計×‥‥‥‥	**2 602 954**	100.0

表 24-32 イギリスとの貿易 （2021年）

イギリスへの輸出	百万円	%	イギリスからの輸入	百万円	%
機械類‥‥‥‥	387 098	34.0	機械類‥‥‥‥	203 887	26.9
内燃機関‥‥‥	70 618	6.2	航空機用内燃機関	38 756	5.1
建設・鉱山用機械	47 125	4.1	電気計測機器	30 638	4.0
電池‥‥‥‥	38 699	3.4	ポンプ, 遠心分離機	12 722	1.7
重電機器‥‥‥	22 547	2.0	医薬品‥‥‥‥	110 145	14.5
自動車‥‥‥‥	210 018	18.5	自動車‥‥‥‥	101 816	13.4
金（非貨幣用）・	74 276	6.5	科学光学機器‥	34 971	4.6
自動車部品‥‥	54 222	4.8	ロジウム‥‥‥	34 322	4.5
医薬品‥‥‥‥	40 378	3.5	ウイスキー‥‥	32 785	4.3
コークス‥‥‥	26 019	2.3	化粧品類‥‥‥	12 398	1.6
計×‥‥‥‥	**1 137 751**	100.0	計×‥‥‥‥	**757 952**	100.0

表 24-33 フランスとの貿易 （2021年）

フランスへの輸出	百万円	%	フランスからの輸入	百万円	%
機械類‥‥‥‥	278 641	38.1	航空機類‥‥‥	268 378	21.0
内燃機関‥‥‥	40 044	5.5	機械類‥‥‥‥	167 750	13.1
重電機器‥‥‥	25 024	3.4	医薬品‥‥‥‥	128 514	10.0
農業用機械‥‥	19 917	2.7	ぶどう酒‥‥‥	110 164	8.6
電池‥‥‥‥	19 225	2.6	バッグ類‥‥‥	76 905	6.0
建設・鉱山用機械	17 453	2.4	化粧品類‥‥‥	73 044	5.7
自動車‥‥‥‥	101 120	13.8	美術・収集品等	36 033	2.8
二輪自動車‥‥	39 040	5.3	有機化合物‥‥	27 600	2.2
医薬品‥‥‥‥	19 786	2.7	自動車‥‥‥‥	19 378	1.5
自動車部品‥‥	17 685	2.4	科学光学機器‥	19 267	1.5
計×‥‥‥‥	**730 915**	100.0	計×‥‥‥‥	**1 279 235**	100.0

第24章 日本の貿易

表 24-34 **イタリアとの貿易** (2021年)

イタリア への輸出	百万円	%	イタリア からの輸入	百万円	%
機械類‥‥‥‥	179 816	*32.7*	たばこ‥‥‥‥	239 564	*18.7*
金属加工機械	21 130	*3.8*	医薬品‥‥‥‥	140 821	*11.0*
内燃機関‥‥	19 059	*3.5*	機械類‥‥‥‥	139 804	*10.9*
ポンプ、遠心分離機	16 888	*3.1*	バッグ類‥‥‥	115 533	*9.0*
自動車‥‥‥‥	103 439	*18.8*	自動車‥‥‥‥	92 094	*7.2*
二輪自動車‥‥	34 330	*6.3*	衣類‥‥‥‥‥	87 932	*6.9*
鉄鋼‥‥‥‥‥	32 762	*6.0*	有機化合物‥‥	62 828	*4.9*
有機化合物‥‥	24 644	*4.5*	はきもの‥‥‥	35 751	*2.8*
織物類‥‥‥‥	19 202	*3.5*	ぶどう酒‥‥‥	22 203	*1.7*
科学光学機器‥	15 884	*2.9*	野菜‥‥‥‥‥	16 414	*1.3*
計×‥‥‥‥	**549 215**	*100.0*	計×‥‥‥‥	**1 280 877**	*100.0*

表 24-35 **オランダとの貿易** (2021年)

オランダ への輸出	百万円	%	オランダ からの輸入	百万円	%
機械類‥‥‥‥	746 218	*54.0*	機械類‥‥‥‥	117 892	*33.0*
コンピュータ部品	164 326	*11.9*	半導体等製造装置	38 582	*10.8*
建設・鉱山用機械	119 733	*8.7*	重電機器‥‥	15 479	*4.3*
映像機器‥‥	43 293	*3.1*	コンピュータ	6 820	*1.9*
電気計測機器	42 696	*3.1*	医薬品‥‥‥‥	43 794	*12.2*
自動車部品‥‥	87 284	*6.3*	肉類‥‥‥‥‥	21 387	*6.0*
科学光学機器‥	77 030	*5.6*	科学光学機器‥	14 556	*4.1*
プラスチック‥	47 028	*3.4*	プラスチック‥	13 886	*3.9*
有機化合物‥‥	41 617	*3.0*	チーズ‥‥‥‥	13 799	*3.9*
二輪自動車‥‥	35 487	*2.6*	有機化合物‥‥	9 399	*2.6*
計×‥‥‥‥	**1 381 754**	*100.0*	計×‥‥‥‥	**357 762**	*100.0*

表 24-36 **スイスとの貿易** (2021年)

スイス への輸出	百万円	%	スイス からの輸入	百万円	%
医薬品‥‥‥‥	113 024	*23.4*	医薬品‥‥‥‥	370 662	*40.2*
金（非貨幣用）‥	86 758	*17.9*	時計・同部品‥	222 157	*24.1*
機械類‥‥‥‥	34 974	*7.2*	機械類‥‥‥‥	97 236	*10.6*
建設・鉱山用機械	9 757	*2.0*	電気計測機器	15 945	*1.7*
白金族の金属‥	34 703	*7.2*	コック・弁類	12 827	*1.4*
自動車‥‥‥‥	30 209	*6.2*	科学光学機器‥	66 346	*7.2*
有機化合物‥‥	16 478	*3.4*	有機化合物‥‥	43 035	*4.7*
プラスチック‥	6 541	*1.4*	たばこ‥‥‥‥	20 784	*2.3*
科学光学機器‥	5 259	*1.1*	白金族の金属‥	13 488	*1.5*
化粧品類‥‥‥	2 873	*0.6*	金属製品‥‥‥	7 410	*0.8*
計×‥‥‥‥	**483 562**	*100.0*	計×‥‥‥‥	**921 542**	*100.0*

表24-37 ロシアとの貿易 (2021年)

ロシア への輸出	百万円	%	ロシア からの輸入	百万円	%
自動車‥‥‥‥‥	357 468	*41.5*	液化天然ガス‥	371 586	*23.9*
機械類‥‥‥‥‥	232 678	*27.0*	石炭‥‥‥‥‥‥	286 279	*18.5*
建設・鉱山用機械	57 898	*6.7*	原油‥‥‥‥‥‥	257 771	*16.6*
内燃機関‥‥‥	40 721	*4.7*	白金族の金属‥	153 376	*9.9*
荷役機械‥‥‥	20 833	*2.4*	パラジウム‥	150 689	*9.7*
ポンプ, 遠心分離機	16 567	*1.9*	魚介類‥‥‥‥	137 443	*8.9*
自動車用電気機器	9 723	*1.1*	かに‥‥‥‥	37 989	*2.4*
自動車部品‥‥	100 054	*11.6*	アルミニウム‥	135 755	*8.7*
タイヤ・チューブ	40 178	*4.7*	木材‥‥‥‥‥	53 415	*3.4*
金属製品‥‥‥	12 217	*1.4*	鉄鋼‥‥‥‥‥	45 426	*2.9*
計×‥‥‥‥	**862 299**	*100.0*	計×‥‥‥‥	**1 551 643**	*100.0*

表24-38 南アフリカ共和国との貿易 (2021年)

南アフリカ共 和国への輸出	百万円	%	南アフリカ共 和国からの輸入	百万円	%
自動車‥‥‥‥‥	103 285	*39.8*	ロジウム‥‥‥	443 602	*39.9*
機械類‥‥‥‥‥	60 411	*23.3*	パラジウム‥‥	212 922	*19.2*
建設・鉱山用機械	11 061	*4.3*	白金‥‥‥‥‥	110 630	*10.0*
電気計測機器	6 257	*2.4*	鉄鉱石‥‥‥‥	72 141	*6.5*
内燃機関‥‥‥	5 881	*2.3*	鉄鋼‥‥‥‥‥	34 675	*3.1*
荷役機械‥‥‥	5 553	*2.1*	自動車‥‥‥‥	26 986	*2.4*
自動車部品‥‥	31 327	*12.1*	とうもろこし‥	24 263	*2.2*
鉄鋼‥‥‥‥‥	8 632	*3.3*	ウッドチップ‥	23 234	*2.1*
石油製品‥‥‥	7 498	*2.9*	マンガン鉱‥‥	13 384	*1.2*
タイヤ・チューブ	6 145	*2.4*	アルミニウム‥	11 873	*1.1*
計×‥‥‥‥	**259 267**	*100.0*	計×‥‥‥‥	**1 110 879**	*100.0*

表24-39 オーストラリアとの貿易 (2021年)

オーストラリア への輸出	百万円	%	オーストラリア からの輸入	百万円	%
自動車‥‥‥‥‥	984 606	*58.8*	石炭‥‥‥‥‥	1 881 312	*32.7*
機械類‥‥‥‥‥	258 973	*15.5*	液化天然ガス‥	1 540 057	*26.8*
建設・鉱山用機械	73 894	*4.4*	鉄鉱石‥‥‥‥	1 082 620	*18.8*
荷役機械‥‥‥	30 779	*1.8*	銅鉱‥‥‥‥‥	259 850	*4.5*
内燃機関‥‥‥	15 600	*0.9*	肉類‥‥‥‥‥	203 777	*3.5*
石油製品‥‥‥	121 697	*7.3*	牛肉‥‥‥‥‥	165 156	*2.9*
タイヤ・チューブ	60 421	*3.6*	アルミニウム‥	112 259	*2.0*
自動車部品‥‥	30 145	*1.8*	液化石油ガス‥	65 861	*1.1*
無機化合物‥‥	18 289	*1.1*	粗糖‥‥‥‥‥	47 023	*0.8*
鉄鋼‥‥‥‥‥	15 009	*0.9*	ウッドチップ‥	44 512	*0.8*
計×‥‥‥‥	**1 674 531**	*100.0*	計×‥‥‥‥	**5 753 335**	*100.0*

〔対中国貿易〕　2021年の日本と中国との貿易は、輸出が17兆9844億円で前年から19.2％増となり、輸入は20兆3818億円で同16.4％増となった。貿易収支は、2兆3974億円の赤字となっている（表24-40参照）。

　2022年は中国で新型コロナウイルスの感染が再拡大した。中国ではゼロコロナ政策がとられており、徹底的なコロナウイルスの封じ込めのため都市が封鎖された。工場が操業を停止して部品供給網が停滞したことで、日本でも自動車などの生産に支障が出る事態となった。

図 24-7　日本からみた日中間の主要貿易品に占める中国の割合
（2021年）（カッコ内の数字は中国の順位）

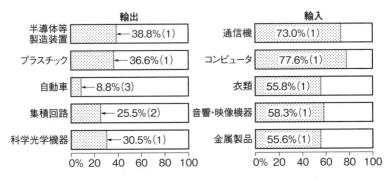

日中間の輸出入品目のうち金額の多い順。表24-12参照。

表 24-40　対中国貿易の推移（単位　百万円）

	中国への輸出	輸出総額比率（％）	中国からの輸入	輸入総額比率（％）	入出超
1990	1)　883 510	2.1	1 729 858	5.1	-846 349
1995	2 061 960	5.0	3 380 882	10.7	-1 318 922
2000	3 274 448	6.3	5 941 358	14.5	-2 666 910
2005	8 836 853	13.5	11 975 449	21.0	-3 138 596
2010	13 085 565	19.4	13 412 960	22.1	-327 395
2015	13 223 350	17.5	19 428 812	24.8	-6 205 461
2019	14 681 945	19.1	18 453 731	23.5	-3 771 786
2020	15 082 039	22.1	17 507 743	25.7	-2 425 704
2021	17 984 372	21.6	20 381 814	24.0	-2 397 442
2022 2)	19 003 792	19.4	24 843 385	21.0	-5 839 593

財務省「貿易統計」より作成。1) 1990年の輸出額は前年の1兆1647億円から24.1％減少した。前年の天安門事件に伴う対外経済関係の悪化や、中国の輸入抑制策の強化に伴い前年12月に人民元の公定為替レートを21.2％切り下げた影響などが指摘される。なお、輸入額は前年から12.7％増加した。2) 確々報（270ページ参照）。

　〔対米貿易〕　1979年の現行統計の開始以来、対米貿易は貿易黒字が続いている。2021年は5兆9158億円の黒字で、前年から14.7％増加した。アメリカはTPPから離脱後、少数国間での貿易協定を推進しており、日米間では2020年1月に日米貿易協定が発効している。アメリカは日本が求める工業製品など、日本はアメリカが求める牛肉など農産物を中心に関税撤廃・削減を定めている。一定枠まで低関税で畜産物などが国内市場に流入するため、畜産農家などでは危機感を強めている。

図24-8　日本からみた日米間の主要貿易品に占める米国の割合
（2021年）（カッコ内の数字は米国の順位）

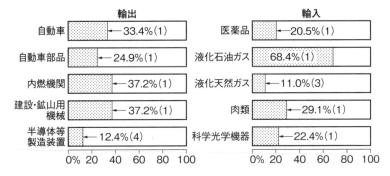

日米間の輸出入品目のうち金額の多い順。表24-26参照。

表24-41　対アメリカ合衆国貿易の推移（単位　百万円）

	アメリカへの輸出	輸出総額比率（％）	アメリカからの輸入	輸入総額比率（％）	入出超
1990	13 056 598	31.5	7 585 904	22.4	5 470 693
1995	11 332 952	27.3	7 076 404	22.4	4 256 548
2000	15 355 867	29.7	7 778 861	19.0	7 577 006
2005	14 805 465	22.5	7 074 270	12.4	7 731 196
2010	10 373 980	15.4	5 911 421	9.7	4 462 558
2015	15 224 592	20.1	8 059 781	10.3	7 164 811
2019	15 254 513	19.8	8 640 165	11.0	6 614 347
2020	12 610 824	18.4	7 453 557	11.0	5 157 268
2021	14 831 507	17.8	8 915 629	10.5	5 915 878
2022[1]	18 255 041	18.6	11 733 103	9.9	6 521 938

財務省「貿易統計」より作成。1）確々報（270ページ参照）。

〔対ASEAN・アジアNIEs貿易〕　2021年の日本とASEAN（東南アジア諸国連合）10か国との貿易は、輸出が12兆4610億円で前年から26.6％増となった。輸入は12兆4833億円で、同16.9％増であった（表24-42）。アジアNIEs 4か国・地域との貿易は、輸出が17兆8487億円で前年から20.5％増となり、輸入が8兆2934億円で前年から23.7％増であった（表24-43）。日本とアジア各国・地域との貿易は、製造業を中心にサプライチェーンの生産拠点として相互依存関係が確立しており、日本からアジア各国・地域に向けて部品や資材などを輸出し、各生産拠点で製造された製品の輸入を行っている。2021年はコロナ禍で停滞していた工場操業が正常化しはじめ、コロナ禍前の2019年を上回る輸出入額になっている。

ASEANに加盟する国の中では、4か国がTPPに加盟している。また、2023年1月時点では13か国でRCEP協定が発効されており、各国・地域間の通商関係の深化が期待される。

表 24-42　**対ASEAN貿易の推移**（単位　百万円）

	ASEANへの輸出	輸出総額比率(%)	ASEANからの輸入	輸入総額比率(%)
1990	4 754 382	11.5	4 206 885	12.4
1995	7 237 025	17.4	4 450 756	14.1
2000	7 381 211	14.3	6 423 810	15.7
2005	8 340 323	12.7	8 013 275	14.1
2010	9 881 694	14.7	8 844 436	14.6
2015	11 494 931	15.2	11 843 281	15.1
2020	9 842 963	14.4	10 677 797	15.7
2021	12 460 972	15.0	12 483 260	14.7
2022[1]	15 545 222	15.8	17 701 254	15.0

財務省「貿易統計」より作成。ASEANは、1990年がタイ、シンガポール、マレーシア、フィリピン、インドネシア、ブルネイ（1984年加盟）の6か国、2000年からベトナム（1995年加盟）、ラオス、ミャンマー（ともに1997年加盟）、カンボジア（1999年加盟）を加えた10か国。1）確々報（270ページ参照）。

表 24-43　**対アジアNIEs貿易の推移**（単位　百万円）

	アジアNIEsへの輸出	輸出総額比率(%)	アジアNIEsからの輸入	輸入総額比率(%)
1990	8 186 636	19.7	3 747 644	11.1
1995	10 394 585	25.0	3 870 601	12.3
2000	12 356 404	23.9	5 008 202	12.2
2005	15 958 212	24.3	5 601 993	9.8
2010	15 968 308	23.7	5 377 165	8.8
2015	16 437 726	21.7	7 245 234	9.2
2020	14 807 855	21.6	6 705 786	9.9
2021	17 848 702	21.5	8 293 370	9.8
2022[1]	21 255 878	21.7	10 940 098	9.3

資料、脚注は前表に同じ。アジアNIEsは韓国、（台湾）、（香港）、シンガポールの4つの国や地域。1）確々報（270ページ参照）。

〔対EU貿易〕　日本とEUは2019年にEPA（経済連携協定）を発効しており、EU側は全品目のうち約99％の関税を撤廃する。工業製品の関税撤廃率は他のEPAと比較しても高い。EPAによって段階的に関税が引き下げられ、最終的に年間2800億円程度が削減されるとみられる。

　2021年の対EU貿易は、医薬品などの輸入増加により、前年から30.2％増の１兆7851億円の貿易赤字であった。2022年の確々報でも輸入額は大幅に増加し、２兆331億円の赤字となっている（下表参照）。

表 24-44　**対EU貿易の推移**（単位　百万円）

	EUへの輸出	輸出総額比率(％)	EUからの輸入	輸入総額比率(％)	入出超
1990	7 733 880	18.7	5 070 705	15.0	2 663 175
1995	6 600 063	15.9	4 579 682	14.5	2 020 381
2000	8 431 938	16.3	5 042 937	12.3	3 389 001
2005	9 651 836	14.7	6 470 155	11.4	3 181 681
2010	7 615 809	11.3	5 821 018	9.6	1 794 791
2015	7 985 122	10.6	8 624 960	11.0	−639 837
2020	6 460 307	9.4	7 831 652	11.5	−1 371 345
2021	7 668 123	9.2	9 453 236	11.1	−1 785 113
2022[1)	9 358 561	9.5	11 391 679	9.6	−2 033 118

財務省「貿易統計」より作成。1990年はEC12か国（1990年11月分から旧東独を含む）、2000年はEU15か国、2005年は25か国、2010年は27か国、2015・20年は28か国（ただし、2020年1月31日にイギリスがEUを脱退したため、2020年のイギリスは1月分のみ計上）。2021年以降は27か国。1）確々報（270ページ参照）。

表 24-45　**対EU貿易の主要貿易品目**（2021年）

EUへの輸出	百万円	％	EUからの輸入	百万円	％
機械類·······	3 190 909	41.6	医薬品·······	2 227 362	23.6
電気計測機器	272 553	3.6	機械類·······	1 608 682	17.0
建設・鉱山用機械	238 856	3.1	電気計測機器	163 342	1.7
ポンプ、遠心分離機	209 737	2.7	自動車·······	882 227	9.3
内燃機関···	206 864	2.7	科学光学機器·	380 889	4.0
自動車······	903 722	11.8	有機化合物···	375 209	4.0
自動車部品···	452 687	5.9	航空機類····	341 947	3.6
科学光学機器·	302 457	3.9	バッグ類·····	222 635	2.4
有機化合物···	289 145	3.8	肉類·········	182 531	1.9
プラスチック·	209 557	2.7	衣類·········	139 770	1.5
計×·······	7 668 123	100.0	計×·······	9 453 236	100.0

資料は上表に同じ。×その他とも。

〔**港別貿易**〕　2021年の港別の輸出入額は、輸出入額上位の港の多くが前年を上回った。同年は、コロナ禍からの経済の回復に伴い物流が急増している。しかし、人員不足や港湾の処理能力の超過により、欧米でコンテナが滞留したことで、各国への物資供給が滞った。その結果、日本では自動車などの生産が滞り、輸出にも影響を与えた。

　港別で見ると、自動車の輸出入が大半を占める三河は、コロナ禍前の2019年と比べると2021年の輸出入額は共にマイナスであった。一方で、千葉は石油の輸入額の割合が非常に高い。2021年は石油の輸入額が大幅に増加しており、輸出入額は共に2019年比でプラスになっている。

表 24-46　**主要港別貿易額**（単位　億円）

	2020		2021			
	輸出	輸入	輸出	輸入	計	〃 %
成田国際空港‥	101 588	128 030	128 215	161 145	289 360	17.2
東京‥‥‥‥‥	52 331	109 947	64 938	122 281	187 218	11.1
名古屋‥‥‥‥	104 137	43 160	124 805	52 892	177 696	10.6
横浜‥‥‥‥‥	58 200	40 545	72 255	49 870	122 125	7.3
関西国際空港‥	49 899	37 464	57 362	41 858	99 220	5.9
大阪‥‥‥‥‥	38 087	45 168	46 981	50 967	97 948	5.8
神戸‥‥‥‥‥	49 017	30 033	58 960	35 862	94 822	5.6
博多‥‥‥‥‥	28 109	9 950	32 300	10 987	43 287	2.6
千葉‥‥‥‥‥	5 903	24 782	7 753	34 133	41 886	2.5
川崎‥‥‥‥‥	8 941	18 215	10 034	24 897	34 932	2.1
清水‥‥‥‥‥	16 684	9 184	20 298	10 850	31 149	1.9
三河‥‥‥‥‥	20 576	6 532	23 379	7 591	30 970	1.8
四日市‥‥‥‥	7 252	10 753	8 575	15 175	23 750	1.4
水島‥‥‥‥‥	7 332	9 555	8 612	14 569	23 181	1.4
大分‥‥‥‥‥	5 596	9 877	8 115	14 586	22 701	1.4
堺‥‥‥‥‥‥	3 692	9 701	7 507	13 658	21 165	1.3
中部国際空港‥	8 050	8 241	11 909	8 110	20 019	1.2
門司‥‥‥‥‥	8 748	6 861	9 446	8 395	17 841	1.1
鹿島‥‥‥‥‥	2 889	7 704	5 359	12 306	17 665	1.1
広島‥‥‥‥‥	11 789	3 447	13 368	3 498	16 866	1.0
木更津‥‥‥‥	1 893	6 762	3 035	11 545	14 580	0.9
日立‥‥‥‥‥	7 481	3 388	7 901	4 755	12 656	0.8
福山‥‥‥‥‥	3 518	3 559	5 415	5 760	11 175	0.7
鹿児島‥‥‥‥	782	6 986	1 206	9 871	11 077	0.7
計×‥‥‥‥‥	683 991	680 108	830 914	848 750	1 679 665	100.0

財務省「貿易統計」より作成。×その他とも。

図 24-9　主な港の貿易額（2021年）

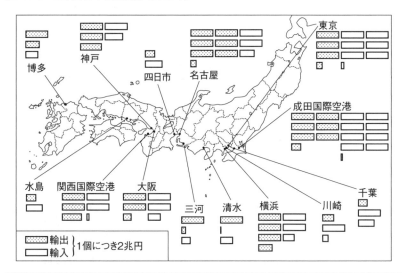

表24-47は財務省「貿易統計」より、2021年中の輸出入合計額の多い順に港別の主要な貿易品目を掲載したものである。輸入品目の石油は原油と石油製品の合計、液化ガスは液化天然ガス、液化石油ガスなど。表24-6、-8の脚注も参照のこと。×その他の品目とも。

表 24-47　港別の主要貿易品目（Ⅰ）（2021年）

成田国際空港 輸出品目	百万円	%	成田国際空港 輸入品目	百万円	%
半導体等製造装置	1 170 975	9.1	医薬品 ·········	2 560 551	15.9
科学光学機器 ···	738 629	5.8	通信機 ·········	2 219 587	13.8
金（非貨幣用）···	714 850	5.6	集積回路 ·······	1 456 085	9.0
集積回路 ·······	502 542	3.9	コンピュータ ···	1 294 736	8.0
電気計測機器 ···	492 635	3.8	科学光学機器 ···	906 757	5.6
計× ·········	**12 821 497**	100.0	計× ·········	**16 114 544**	100.0

東京 輸出品目	百万円	%	東京 輸入品目	百万円	%
半導体等製造装置	493 601	7.6	衣類 ··········	914 041	7.5
プラスチック ···	309 383	4.8	コンピュータ ···	645 234	5.3
自動車部品 ·····	308 143	4.7	集積回路 ·······	561 575	4.6
コンピュータ部品	290 199	4.5	肉類 ··········	529 200	4.3
内燃機関 ·······	253 445	3.9	魚介類 ·········	490 632	4.0
計× ·········	**6 493 775**	100.0	計× ·········	**12 228 072**	100.0

港別の主要貿易品目（Ⅱ）（2021年）

名古屋 輸出品目	百万円	%	名古屋 輸入品目	百万円	%
自動車·········	2 881 380	23.1	液化ガス········	408 444	7.7
自動車部品·····	2 100 565	16.8	石油···········	363 930	6.9
内燃機関·······	517 217	4.1	原油··········	217 068	4.1
電気計測機器···	429 213	3.4	衣類··········	305 329	5.8
金属加工機械···	414 544	3.3	アルミニウム···	291 300	5.5
ポンプ、遠心分離機	411 765	3.3	絶縁電線・ケーブル	263 497	5.0
計×·········	**12 480 464**	100.0	計×·········	**5 289 173**	100.0

横浜 輸出品目	百万円	%	横浜 輸入品目	百万円	%
自動車·········	1 212 187	16.8	石油··········	446 599	9.0
自動車部品·····	377 976	5.2	アルミニウム···	199 027	4.0
プラスチック···	326 026	4.5	有機化合物·····	162 245	3.3
内燃機関·······	321 335	4.4	液化ガス·······	152 056	3.0
金属加工機械···	198 097	2.7	金属製品·······	145 214	2.9
計×·········	**7 225 474**	100.0	計×·········	**4 986 990**	100.0

関西空港 輸出品目	百万円	%	関西空港 輸入品目	百万円	%
集積回路·······	1 173 050	20.4	医薬品·········	1 068 500	25.5
電気回路用品···	368 638	6.4	通信機·········	562 073	13.4
科学光学機器···	357 377	6.2	集積回路·······	330 697	7.9
半導体等製造装置	299 321	5.2	科学光学機器···	179 279	4.3
遊戯用具·······	277 358	4.8	有機化合物·····	121 891	2.9
計×·········	**5 736 248**	100.0	計×·········	**4 185 801**	100.0

大阪 輸出品目	百万円	%	大阪 輸入品目	百万円	%
集積回路·······	521 110	11.1	衣類··········	634 037	12.4
コンデンサー···	395 736	8.4	肉類··········	320 653	6.3
プラスチック···	255 065	5.4	織物類········	216 991	4.3
個別半導体·····	180 783	3.8	音響・映像機器・	179 744	3.5
電気回路用品···	169 829	3.6	家庭用電気機器・	176 617	3.5
計×·········	**4 698 073**	100.0	計×·········	**5 096 679**	100.0

神戸 輸出品目	百万円	%	神戸 輸入品目	百万円	%
プラスチック···	424 457	7.2	たばこ········	282 666	7.9
建設・鉱山用機械	381 491	6.5	衣類··········	263 517	7.3
織物類········	259 179	4.4	有機化合物·····	163 004	4.5
無機化合物·····	229 906	3.9	無機化合物·····	153 189	4.3
有機化合物·····	195 789	3.3	医薬品········	105 282	2.9
計×·········	**5 895 970**	100.0	計×·········	**3 586 180**	100.0

港別の主要貿易品目（Ⅲ）（2021年）

博多 輸出品目	百万円	%	博多 輸入品目	百万円	%
自動車········	863 584	26.7	魚介類·········	73 476	6.7
集積回路········	807 974	25.0	家具·········	65 387	6.0
半導体等製造装置	149 997	4.6	絶縁電線・ケーブル	56 772	5.2
タイヤ・チューブ	124 029	3.8	衣類··········	49 056	4.5
プラスチック···	107 456	3.3	肉類··········	39 133	3.6
計×·········	3 230 001	100.0	計×·········	1 098 684	100.0

千葉 輸出品目	百万円	%	千葉 輸入品目	百万円	%
石油製品········	237 214	30.6	石油··········	1 860 526	54.5
鉄鋼··········	162 999	21.0	液化ガス········	516 995	15.1
有機化合物·····	131 070	16.9	自動車·········	234 351	6.9
プラスチック···	52 314	6.7	鉄鋼··········	139 552	4.1
鉄鋼くず········	49 080	6.3	鉄鉱石·········	104 544	3.1
計×·········	775 306	100.0	計×·········	3 413 316	100.0

川崎 輸出品目	百万円	%	川崎 輸入品目	百万円	%
自動車·········	354 396	35.3	石油··········	770 522	30.9
有機化合物·····	126 160	12.6	液化ガス········	698 125	28.0
鉄鋼··········	88 553	8.8	肉類··········	371 154	14.9
石油製品········	66 981	6.7	魚介類·········	112 044	4.5
鉄鋼くず········	53 266	5.3	鉄鉱石·········	105 350	4.2
化粧品類········	41 713	4.2	石炭··········	64 188	2.6
計×·········	1 003 448	100.0	計×·········	2 489 704	100.0

清水 輸出品目	百万円	%	清水 輸入品目	百万円	%
内燃機関·······	243 165	12.0	魚介類·········	164 870	15.2
自動車部品·····	180 018	8.9	まぐろ·········	126 962	11.7
科学光学機器···	138 012	6.8	液化ガス········	62 604	5.8
二輪自動車·····	128 666	6.3	有機化合物·····	46 800	4.3
電気回路用品···	69 214	3.4	パルプ·········	42 442	3.9
計×·········	2 029 830	100.0	計×·········	1 085 042	100.0

三河 輸出品目	百万円	%	三河 輸入品目	百万円	%
自動車·········	2 191 221	93.7	自動車·········	672 418	88.6
鉄鋼··········	51 031	2.2	鉄鋼··········	32 937	4.3
船舶··········	18 462	0.8	航空機類·······	4 464	0.6
石油製品········	10 597	0.5	とうもろこし···	4 232	0.6
荷役機械········	8 973	0.4	有機化合物·····	4 055	0.5
計×·········	2 337 873	100.0	計×·········	759 104	100.0

第25章　世界の貿易

　2021年の世界の貿易量は、コロナ禍からの経済回復に伴い、輸出入とともに前年から大幅に増加した。コロナ禍以前の2019年と比較しても輸出は17.4％増加、輸入は16.8％の増加となっており、コロナ禍前を超える貿易額になっている（表25-1、2参照）。一方で、WTO（世界貿易機関）が2022年10月5日に公表した見通しによると、2022年の世界の物品貿易量は前年から3.5％の増加が予測されているが、2023年は同1.0％とされており、成長の減速が見込まれる。

　近年、日本や欧米のメーカーを中心に、中国に部品を輸出して、中国で製品の製造を行い、海外へ輸出するサプライチェーンが構築されてきた。2018年に、アメリカが中国に対して、貿易不均衡による貿易赤字の解消のため、追加の関税を適用した。中国も報復措置として、アメリカ

表 25-1　主要国の輸出貿易額の推移（単位　百万ドル）

	2018	2019	2020	2021	〃%
中国…………	2 486 695	2 499 457	2 589 952	3 363 835	15.1
アメリカ合衆国・	1 663 982	1 643 161	1 424 935	1 754 300	7.9
ドイツ………	1 560 539	1 489 412	1 382 533	1 631 931	7.3
オランダ……	726 697	708 596	674 602	836 512	3.7
日本…………	738 143	705 564	641 319	756 032	3.4
（香港）………	568 456	534 887	548 773	669 903	3.0
韓国…………	604 860	542 233	512 498	644 400	2.9
イタリア……	549 526	537 718	499 792	610 284	2.7
フランス……	582 222	570 951	488 637	584 768	2.6
ベルギー……	468 213	446 851	422 334	545 284	2.4
世界計×…	**19 549 257**	**19 014 239**	**17 648 397**	**22 328 088**	100.0
EU…… 1)	5 992 950	5 825 332	5 475 468	6 629 943	29.7
USMCA・ 2)	2 567 008	2 552 555	2 232 701	2 756 680	12.3
ASEAN …	1 445 973	1 423 179	1 385 241	1 720 027	7.7

WTO Stat "International Trade Statistics"（2023年2月14日閲覧）より作成。輸出額の上位10か国。本表は原則一般貿易方式（保税倉庫からの外国商品の移動に伴う貿易を含む）。輸出額はf.o.b.（本船渡し）価格、輸入額はc.i.f.（保険料・運賃込み）価格。1）欧州連合。イギリスを除く27か国（24ページ参照）。2）米国・メキシコ・カナダ協定。北米自由貿易協定を改訂して2020年7月に発効。×その他とも。

に関税を追加し、米中貿易摩擦に発展している。米中の対立は、互いの技術覇権をめぐる争いが安全保障上の懸念にまでエスカレートし、中国に生産拠点を置く企業のサプライチェーン再編に繋がるなど、各国の企業に影響を及ぼしている。また、コロナ禍も各国のサプライチェーンに構造的な変化を促している。2022年に中国で感染が再拡大し、都市が封鎖されたことで、工場の操業が停止した。その結果、部品供給の滞りによる製品生産の停滞を引き起こしている。各国は中国に生産拠点を集中することに伴うリスクに直面しており、アメリカの企業などでは「チャイナ・プラスワン」としてASEAN諸国に工場を移転、新設する動きがみられる。しかし、ASEAN諸国は中国への貿易依存度が高く、その影響を受ける可能性もあるほか、賃金コストの上昇もみられる。

　2022年2月のロシアによるウクライナ侵攻の開始から1年以上が経過した。当初、資源類は侵攻の影響から供給不足や大幅な価格上昇が懸念されたが、代替供給国の確保や各国政府の協力などにより、侵攻開始時の予測よりも抑えられている。一方で、欧州からの経済制裁の対抗措置として、ロシアが供給を制限した天然ガスは、エネルギー価格などの大幅な高騰につながり、欧州経済が落ち込む要因になっている。

第25章 世界の貿易

表25-2　**主要国の輸入貿易額の推移**（単位　百万ドル）

	2018	2019	2020	2021	〃 %
アメリカ合衆国·	2 614 221	2 567 445	2 406 932	2 935 314	13.0
中国· · · · · · · · · ·	2 135 748	2 078 386	2 065 964	2 688 634	11.9
ドイツ· · · · · · · · ·	1 284 353	1 233 978	1 171 782	1 420 129	6.3
日本· · · · · · · · · ·	748 488	720 957	635 460	768 976	3.4
オランダ· · · · · · ·	645 502	635 678	595 122	757 986	3.4
フランス· · · · · · · ·	676 441	654 658	581 297	714 102	3.2
（香港）· · · · · · · ·	626 616	577 834	569 769	712 358	3.2
イギリス· · · · · · · ·	672 450	696 208	638 251	693 774	3.1
韓国· · · · · · · · · ·	535 202	503 343	467 633	615 093	2.7
インド· · · · · · · · ·	514 464	486 059	373 202	572 909	2.5
世界計×· · · · ·	**19 818 778**	**19 337 525**	**17 878 604**	**22 586 577**	100.0
EU· · · · · · · · 1)	5 752 013	5 544 466	5 154 986	6 469 060	28.6
USMCA · · 2)	3 560 162	3 497 235	3 220 304	3 961 786	17.5
ASEAN · · ·	1 424 675	1 388 343	1 268 698	1 620 633	7.2

資料・脚注は前表に同じ。輸入額の上位10か国。

図 25-1 世界と主要国（地域）の貿易量の推移 （2010年平均＝100）

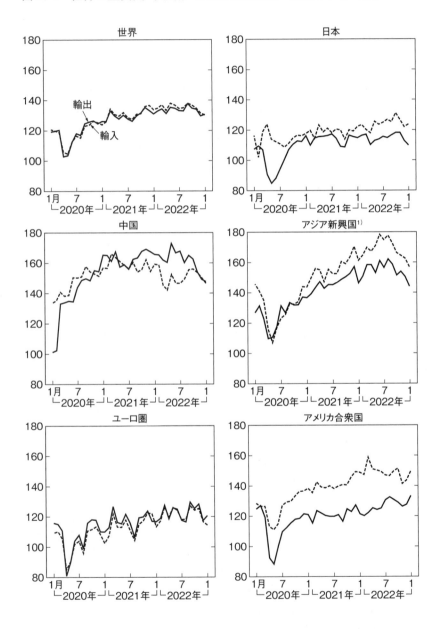

CPB「世界貿易モニター」より作成。1) 構成国（地域）はインド、インドネシア、韓国、シンガポール、タイ、（台湾）、パキスタン、フィリピン、ベトナム、（香港）、マレーシア。

表 25-3　各国の貿易額の推移（Ⅰ）（単位　百万ドル）

		2017	2018	2019	2020	2021
日本	輸出…	698 329	738 143	705 564	641 319	756 032
	輸入…	672 096	748 488	720 957	635 460	768 976
	入出超·	26 233	-10 345	-15 393	5 859	-12 944
中国	輸出…	2 263 346	2 486 695	2 499 457	2 589 952	3 363 835
	輸入…	1 843 792	2 135 748	2 078 386	2 065 964	2 688 634
	入出超·	419 554	350 947	421 071	523 988	675 201
韓国	輸出…	573 694	604 860	542 233	512 498	644 400
	輸入…	478 478	535 202	503 343	467 633	615 093
	入出超·	95 216	69 658	38 890	44 865	29 307
（香港）	輸出…	549 865	568 456	534 887	548 773	669 903
	輸入…	588 913	626 616	577 834	569 769	712 358
	入出超·	-39 048	-58 160	-42 947	-20 996	-42 455
（台湾）	輸出…	317 249	335 909	330 622	347 193	447 693
	輸入…	259 266	286 333	287 164	288 053	382 101
	入出超·	57 983	49 576	43 458	59 140	65 592
シンガ ポール	輸出…	373 446	412 955	390 763	362 534	457 357
	輸入…	327 923	370 881	359 266	329 830	406 226
	入出超·	45 523	42 074	31 497	32 704	51 131
タイ	輸出…	236 635	252 957	246 269	231 634	272 006
	輸入…	221 519	248 201	236 260	206 156	266 882
	入出超·	15 116	4 756	10 009	25 478	5 124
マレー シア	輸出…	218 130	247 455	238 195	234 127	299 028
	輸入…	195 417	217 602	204 998	189 856	237 980
	入出超·	22 713	29 853	33 197	44 271	61 048
ベトナム	輸出…	215 014	243 699	264 268	282 629	335 929
	輸入…	212 919	236 862	253 393	262 701	331 582
	入出超·	2 095	6 837	10 875	19 928	4 347
インド ネシア	輸出…	168 811	180 124	167 683	163 306	229 850
	輸入…	156 925	188 708	171 276	141 622	196 041
	入出超·	11 886	-8 584	-3 593	21 684	33 809
フィリ ピン	輸出…	68 713	67 488	70 334	63 879	74 618
	輸入…	101 902	115 119	112 909	90 759	124 386
	入出超·	-33 189	-47 631	-42 575	-26 880	-49 768
インド	輸出…	299 241	324 778	324 340	276 410	395 425
	輸入…	449 925	514 464	486 059	373 202	572 909
	入出超·	-150 684	-189 686	-161 719	-96 792	-177 484
トルコ	輸出…	164 495	177 169	180 833	169 638	225 218
	輸入…	238 715	231 152	210 345	219 517	271 426
	入出超·	-74 220	-53 983	-29 512	-49 879	-46 208
サウジ アラビア	輸出…	221 835	294 373	261 603	173 854	276 179
	輸入…	134 519	137 065	153 163	137 998	152 850
	入出超·	87 316	157 308	108 440	35 856	123 329

第 25 章

世界の貿易

各国の貿易額の推移（Ⅱ）（単位　百万ドル）

		2017	2018	2019	2020	2021
南アフリカ共和国	輸出・・・	88 947	93 970	90 016	85 834	123 572
	輸入・・・	101 576	113 971	107 540	84 062	113 989
	入出超・	-12 629	-20 001	-17 524	1 772	9 583
エジプト	輸出・・・	25 604	27 624	28 993	26 630	43 626
	輸入・・・	61 627	72 000	70 919	59 843	83 503
	入出超・	-36 023	-44 376	-41 926	-33 213	-39 877
ドイツ	輸出・・・	1 448 191	1 560 539	1 489 412	1 382 533	1 631 931
	輸入・・・	1 162 907	1 284 353	1 233 978	1 171 782	1 420 129
	入出超・	285 284	276 186	255 434	210 751	211 802
フランス	輸出・・・	535 298	582 222	570 951	488 637	584 768
	輸入・・・	619 334	676 441	654 658	581 297	714 102
	入出超・	-84 036	-94 219	-83 707	-92 660	-129 334
イギリス	輸出・・・	440 997	486 439	460 026	399 529	468 177
	輸入・・・	641 002	672 450	696 208	638 251	693 774
	入出超・	-200 005	-186 011	-236 182	-238 722	-225 597
オランダ	輸出・・・	652 065	726 697	708 596	674 602	836 512
	輸入・・・	574 646	645 502	635 678	595 122	757 986
	入出超・	77 419	81 195	72 918	79 480	78 526
イタリア	輸出・・・	507 418	549 526	537 718	499 792	610 284
	輸入・・・	453 122	503 240	475 006	426 867	557 524
	入出超・	54 296	46 286	62 712	72 925	52 760
ベルギー	輸出・・・	429 645	468 213	446 851	422 334	545 284
	輸入・・・	409 220	455 188	428 933	397 435	510 208
	入出超・	20 425	13 025	17 918	24 899	35 076
スペイン	輸出・・・	319 531	346 754	334 018	308 317	382 993
	輸入・・・	351 981	390 562	372 750	326 192	418 176
	入出超・	-32 450	-43 808	-38 732	-17 875	-35 183
スイス	輸出・・・	299 603	310 749	313 934	319 318	380 194
	輸入・・・	269 834	279 528	277 830	291 981	324 069
	入出超・	29 769	31 221	36 104	27 337	56 125
ポーランド	輸出・・・	234 364	263 569	266 595	273 835	337 908
	輸入・・・	233 812	268 959	265 282	261 626	338 341
	入出超・	552	-5 390	1 313	12 209	-433
ロシア	輸出・・・	352 943	443 914	419 721	333 374	493 820
	輸入・・・	238 384	248 856	253 876	239 641	303 994
	入出超・	114 559	195 058	165 845	93 733	189 826
アメリカ合衆国	輸出・・・	1 546 273	1 663 982	1 643 161	1 424 935	1 754 300
	輸入・・・	2 408 476	2 614 221	2 567 445	2 406 932	2 935 314
	入出超・	-862 203	-950 239	-924 284	-981 997	-1 181 014
カナダ	輸出・・・	420 665	452 313	448 790	390 595	507 615
	輸入・・・	443 651	469 106	462 672	420 094	504 017
	入出超・	-22 986	-16 793	-13 882	-29 499	3 598

各国の貿易額の推移（Ⅲ）（単位　百万ドル）

		2017	2018	2019	2020	2021
メキシコ	輸出⋯	409 433	450 713	460 604	417 171	494 765
	輸入⋯	432 179	476 835	467 118	393 278	522 455
	入出超⋅	-22 746	-26 122	-6 514	23 893	-27 690
ブラジル	輸出⋯	214 988	231 890	221 127	209 180	280 815
	輸入⋯	165 855	192 840	193 162	166 336	234 690
	入出超⋅	49 133	39 050	27 965	42 844	46 125
チリ	輸出⋯	68 823	74 839	68 794	74 085	94 677
	輸入⋯	65 230	74 612	69 855	59 212	92 197
	入出超⋅	3 593	227	-1 061	14 873	2 480
アルゼンチン	輸出⋯	58 644	61 781	65 116	54 884	77 935
	輸入⋯	66 937	65 482	49 124	42 354	63 185
	入出超⋅	-8 293	-3 701	15 992	12 530	14 750
オーストラリア	輸出⋯	231 131	257 098	271 005	250 823	344 829
	輸入⋯	228 780	235 386	221 564	211 824	261 165
	入出超⋅	2 351	21 712	49 441	38 999	83 664
ニュージーランド	輸出⋯	38 075	39 673	39 517	38 919	44 758
	輸入⋯	40 125	43 793	42 363	37 152	49 855
	入出超⋅	-2 050	-4 120	-2 846	1 767	-5 097

WTO Stat "International Trade Statistics"（2023年2月15日閲覧）より作成。一般貿易方式（保税倉庫からの外国商品の移動に伴う貿易を含む）による貿易額。輸出はf.o.b.（本船渡し）価格、輸入はc.i.f.（保険料・運賃込み）価格。

第25章　世界の貿易

ウクライナ情勢で変化する世界貿易

　2022年2月のロシアによるウクライナ侵攻で、世界貿易は変化が起きている。侵攻の当初、欧州諸国は輸出入の規制による経済制裁を行い、ロシアへの半導体など工業製品の輸出や、石炭エネルギー類などの欧州への輸入を禁止した。その後、ロシアは欧州の経済制裁に対抗して、パイプラインから供給される天然ガスの欧州への輸出を制限している。

　ロシアと欧州間の貿易量が大きく減少した一方で、中国では、ロシアのウクライナ侵攻後に対ロシア貿易額が急増した。中国からロシアへ半導体や自動車などが輸出され、ロシアから中国には原油などが輸出されている。そのほか、インドもロシアとの関係を強めており、対ロシア貿易額が2021年から大幅に増加している。インドは、ウクライナ侵攻に対して国際的に中立な立場をとっており、欧米諸国が取引を減らしたロシアの石油などの輸入を積極的に行っている。中立国は、侵攻で分断された経済圏のマイナスの影響が比較的少なく、利益を増やしている国もみられる。

図 25-2　世界の輸出貿易に占める主要国の割合

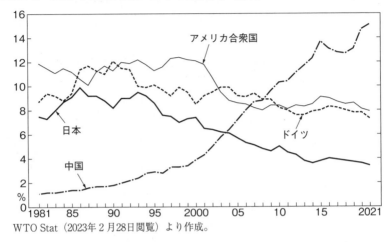

16
14
12
10
8
6
4
2
%
0
1981
85
90
95
2000
05
10
15
2021
アメリカ合衆国
日本
ドイツ
中国

WTO Stat（2023年２月28日閲覧）より作成。

図 25-3　各国の１人あたり貿易額と貿易依存度（2021年）

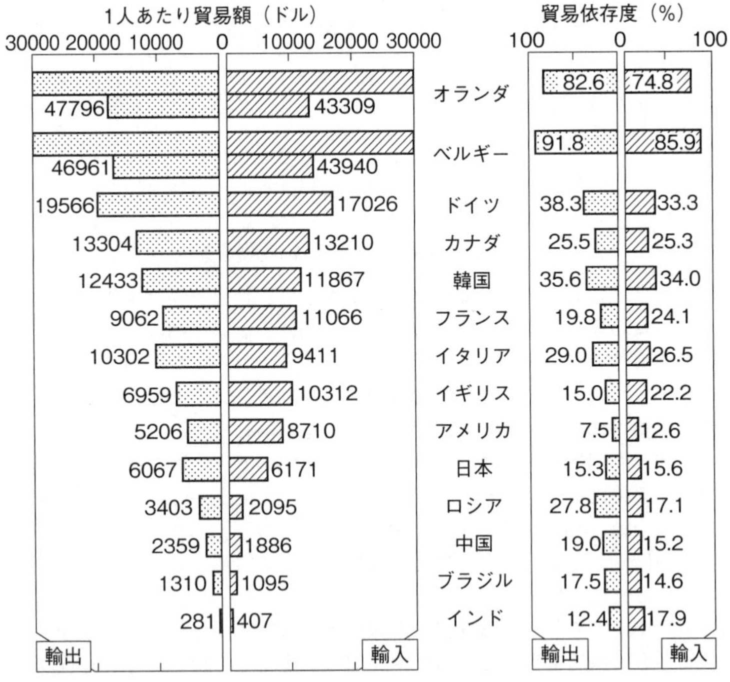

1人あたり貿易額（ドル）
30000 20000 10000 0 10000 20000 30000
貿易依存度（%）
100 0 100
オランダ 47796 43309 82.6 74.8
ベルギー 46961 43940 91.8 85.9
ドイツ 19566 17026 38.3 33.3
カナダ 13304 13210 25.5 25.3
韓国 12433 11867 35.6 34.0
フランス 9062 11066 19.8 24.1
イタリア 10302 9411 29.0 26.5
イギリス 6959 10312 15.0 22.2
アメリカ 5206 8710 7.5 12.6
日本 6067 6171 15.3 15.6
ロシア 3403 2095 27.8 17.1
中国 2359 1886 19.0 15.2
ブラジル 1310 1095 17.5 14.6
インド 281 407 12.4 17.9
輸出
輸入

表25-3の資料より編者算出。貿易依存度はGDPに対する輸出入額の割合。１人あたり貿易額の多い順ではなく、主要国のみを取り上げた。

表25-4　主要国の相手先別貿易（Ⅰ）（2021年）

		輸出 百万ドル	%		輸入 百万ドル	%
日本	中国‥‥‥‥	163 599	21.6	中国‥‥‥‥	185 246	24.1
	アメリカ合衆国	135 775	18.0	アメリカ合衆国	82 664	10.8
	（台湾）‥‥‥	54 456	7.2	オーストラリア	51 642	6.7
	韓国‥‥‥‥	52 507	6.9	（台湾）‥‥‥	33 574	4.4
	（香港）‥‥‥	35 413	4.7	韓国‥‥‥‥	32 005	4.2
	計×‥‥‥‥	**756 166**	100.0	計×‥‥‥‥	**768 736**	100.0
	EU‥‥‥	69 869	9.2	EU‥‥‥	85 666	11.1
中国	アメリカ合衆国	577 636	17.1	（台湾）‥‥‥	251 460	9.4
	（香港）‥‥‥	351 640	10.4	韓国‥‥‥‥	213 555	8.0
	日本‥‥‥‥	165 902	4.9	日本‥‥‥‥	206 153	7.7
	韓国‥‥‥‥	150 554	4.5	アメリカ合衆国	180 839	6.8
	ベトナム‥‥‥	137 954	4.1	オーストラリア	162 183	6.1
	ドイツ‥‥‥	115 267	3.4	ドイツ‥‥‥	120 019	4.5
	計×‥‥‥‥	**3 368 217**	100.0	計×‥‥‥‥	**2 678 857**	100.0
	EU‥‥‥	519 182	15.4	EU‥‥‥	310 140	11.6
韓国	中国‥‥‥‥	162 913	25.3	中国‥‥‥‥	138 628	22.5
	アメリカ合衆国	96 307	14.9	アメリカ合衆国	73 662	12.0
	ベトナム‥‥‥	56 729	8.8	日本‥‥‥‥	54 642	8.9
	（香港）‥‥‥	37 467	5.8	オーストラリア	32 918	5.4
	日本‥‥‥‥	30 062	4.7	サウジアラビア	24 271	3.9
	計×‥‥‥‥	**644 399**	100.0	計×‥‥‥‥	**615 093**	100.0
	EU‥‥‥	63 721	9.9	EU‥‥‥	65 948	10.7
（香港）	中国‥‥‥‥	401 860	59.8	中国‥‥‥‥	316 165	44.3
	アメリカ合衆国	40 193	6.0	（台湾）‥‥‥	70 951	9.9
	（台湾）‥‥‥	19 039	2.8	シンガポール‥	54 198	7.6
	インド‥‥‥	17 536	2.6	韓国‥‥‥‥	42 000	5.9
	日本‥‥‥‥	15 344	2.3	日本‥‥‥‥	37 229	5.2
	計×‥‥‥‥	**671 993**	100.0	計×‥‥‥‥	**713 802**	100.0
	EU‥‥‥	43 812	6.5	EU‥‥‥	27 562	3.9
シンガポール	中国‥‥‥‥	67 747	14.8	中国‥‥‥‥	54 611	12.0
	（香港）‥‥‥	60 147	13.2	マレーシア‥‥	53 729	11.8
	マレーシア‥‥	42 130	9.2	（台湾）‥‥‥	47 234	10.4
	アメリカ合衆国	39 317	8.6	アメリカ合衆国	40 573	8.9
	インドネシア‥	28 801	6.3	韓国‥‥‥‥	22 195	4.9
	計×‥‥‥‥	**456 430**	100.0	計×‥‥‥‥	**453 857**	100.0
	EU‥‥‥	34 443	7.5	EU‥‥‥	41 617	9.2

第25章　世界の貿易

IMF Data,“Direction of Trade Statistics”（2023年2月15日閲覧）より作成。二国間（例えば日中間）の輸出入の数値に大きな開きがあるのは、主に第三国経由の貿易があるためである。EUはイギリスを除いた27か国。×その他とも。

主要国の相手先別貿易（Ⅱ）（2021年）

		輸出			輸入	
		百万ドル	%		百万ドル	%
タイ	アメリカ合衆国	41 080	15.4	中国········	66 375	24.9
	中国·········	36 584	13.7	日本········	35 580	13.3
	日本·········	24 583	9.2	アメリカ合衆国	14 379	5.4
	ベトナム·····	12 330	4.6	マレーシア···	11 984	4.5
	マレーシア···	11 864	4.5	（台湾）········	10 482	3.9
	計×········	**266 292**	100.0	計×········	**266 713**	100.0
	EU······	21 010	7.9	EU······	17 977	6.7
マレーシア	中国·········	46 307	15.5	中国·········	55 517	23.2
	シンガポール·	41 826	14.0	シンガポール·	22 681	9.5
	アメリカ合衆国	34 348	11.5	アメリカ合衆国	18 205	7.6
	（香港）········	18 482	6.2	（台湾）········	18 133	7.6
	日本·········	18 167	6.1	日本·········	17 833	7.5
	計×········	**299 038**	100.0	計×········	**239 208**	100.0
	EU······	25 157	8.4	EU······	18 603	7.8
インドネシア	中国·········	53 782	23.2	中国·········	49 927	25.4
	アメリカ合衆国	25 820	11.2	シンガポール·	13 776	7.0
	日本·········	17 855	7.7	日本·········	13 302	6.8
	インド········	13 289	5.7	アメリカ合衆国	10 104	5.2
	マレーシア···	12 006	5.2	（香港）········	8 898	4.5
	計×········	**231 522**	100.0	計×········	**196 183**	100.0
	EU······	18 007	7.8	EU······	12 862	6.6
インド	アメリカ合衆国	71 444	18.1	中国·········	87 482	15.3
	アラブ首長国連邦	25 423	6.4	アラブ首長国連邦	43 035	7.5
	中国·········	23 044	5.8	アメリカ合衆国	41 388	7.3
	バングラデシュ	14 073	3.6	スイス········	29 510	5.2
	（香港）········	11 294	2.9	サウジアラビア	27 633	4.8
	シンガポール·	10 657	2.7	イラク········	26 514	4.7
	計×········	**394 464**	100.0	計×········	**570 020**	100.0
	EU······	58 955	14.9	EU······	45 929	8.1
ドイツ	アメリカ合衆国	144 898	8.9	オランダ·····	207 442	14.6
	中国·········	123 715	7.6	中国·········	115 961	8.2
	フランス·····	121 548	7.4	ベルギー·····	90 681	6.4
	オランダ·····	119 429	7.3	イタリア·····	78 974	5.6
	イタリア·····	89 299	5.5	フランス·····	77 890	5.5
	オーストリア·	85 577	5.2	チェコ·······	66 570	4.7
	計×········	**1 636 742**	100.0	計×········	**1 421 512**	100.0
	EU······	888 335	54.3	EU······	904 983	63.7

資料は表（Ⅰ）に同じ。

主要国の相手先別貿易（Ⅲ）（2021年）

		輸出			輸入	
		百万ドル	%		百万ドル	%
フランス	ドイツ‥‥‥‥	83 483	*14.3*	ドイツ‥‥‥‥	120 120	*16.8*
	イタリア‥‥‥	46 699	*8.0*	ベルギー‥‥‥	76 217	*10.7*
	ベルギー‥‥‥	44 763	*7.7*	オランダ‥‥‥	63 472	*8.9*
	スペイン‥‥‥	43 947	*7.5*	イタリア‥‥‥	59 512	*8.3*
	アメリカ合衆国	41 515	*7.1*	スペイン‥‥‥	56 516	*7.9*
	イギリス‥‥‥	33 611	*5.7*	中国‥‥‥‥‥	48 095	*6.7*
	計×‥‥‥‥	**585 021**	*100.0*	計×‥‥‥‥	**715 083**	*100.0*
	EU‥‥‥‥	319 348	*54.6*	EU‥‥‥‥	472 169	*66.0*
イギリス	アメリカ合衆国	63 182	*13.7*	中国‥‥‥‥‥	94 841	*14.3*
	ドイツ‥‥‥‥	40 868	*8.9*	ドイツ‥‥‥‥	74 902	*11.3*
	オランダ‥‥‥	35 628	*7.8*	アメリカ合衆国	54 979	*8.3*
	アイルランド・	31 133	*6.8*	オランダ‥‥‥	43 324	*6.5*
	フランス‥‥‥	26 631	*5.8*	ノルウェー‥‥	36 163	*5.4*
	スイス‥‥‥‥	25 473	*5.5*	フランス‥‥‥	32 048	*4.8*
	計×‥‥‥‥	**459 609**	*100.0*	計×‥‥‥‥	**664 677**	*100.0*
	EU‥‥‥‥	213 012	*46.3*	EU‥‥‥‥	306 877	*46.2*
イタリア	ドイツ‥‥‥‥	79 785	*13.0*	ドイツ‥‥‥‥	90 931	*16.0*
	フランス‥‥‥	63 236	*10.3*	フランス‥‥‥	46 166	*8.1*
	アメリカ合衆国	58 290	*9.5*	中国‥‥‥‥‥	45 571	*8.0*
	スイス‥‥‥‥	32 260	*5.2*	オランダ‥‥‥	33 103	*5.8*
	スペイン‥‥‥	31 010	*5.0*	スペイン‥‥‥	30 101	*5.3*
	計×‥‥‥‥	**615 635**	*100.0*	計×‥‥‥‥	**567 421**	*100.0*
	EU‥‥‥‥	323 715	*52.6*	EU‥‥‥‥	321 603	*56.7*
オランダ	ドイツ‥‥‥‥	206 420	*24.6*	中国‥‥‥‥‥	131 385	*17.3*
	ベルギー‥‥‥	94 897	*11.3*	ドイツ‥‥‥‥	111 713	*14.7*
	フランス‥‥‥	75 048	*8.9*	ベルギー‥‥‥	61 896	*8.2*
	イギリス‥‥‥	47 119	*5.6*	アメリカ合衆国	53 294	*7.0*
	イタリア‥‥‥	38 054	*4.5*	ロシア‥‥‥‥	31 230	*4.1*
	計×‥‥‥‥	**840 032**	*100.0*	計×‥‥‥‥	**757 380**	*100.0*
	EU‥‥‥‥	578 740	*68.9*	EU‥‥‥‥	310 888	*41.0*
ロシア	中国‥‥‥‥‥	68 423	*13.9*	中国‥‥‥‥‥	72 686	*24.8*
	オランダ‥‥‥	42 161	*8.6*	ドイツ‥‥‥‥	27 340	*9.3*
	ドイツ‥‥‥‥	29 650	*6.0*	アメリカ合衆国	17 520	*6.0*
	トルコ‥‥‥‥	26 516	*5.4*	ベラルーシ‥‥	15 620	*5.3*
	ベラルーシ‥‥	22 826	*4.6*	韓国‥‥‥‥‥	12 983	*4.4*
	計×‥‥‥‥	**492 048**	*100.0*	計×‥‥‥‥	**293 656**	*100.0*
	EU‥‥‥‥	188 162	*38.2*	EU‥‥‥‥	93 812	*31.9*

資料は表（Ⅰ）に同じ。

第25章 世界の貿易

主要国の相手先別貿易（Ⅳ）（2021年）

		輸出			輸入	
		百万ドル	%		百万ドル	%
アメリカ合衆国	カナダ‥‥‥‥	307 758	17.5	中国‥‥‥‥‥	504 935	17.8
	メキシコ‥‥‥	276 491	15.8	メキシコ‥‥‥	384 649	13.6
	中国‥‥‥‥‥	151 442	8.6	カナダ‥‥‥‥	357 788	12.6
	日本‥‥‥‥‥	74 565	4.3	ドイツ‥‥‥‥	135 216	4.8
	韓国‥‥‥‥‥	65 942	3.8	日本‥‥‥‥‥	134 860	4.8
	ドイツ‥‥‥‥	65 333	3.7	ベトナム‥‥‥	101 896	3.6
	イギリス‥‥‥	61 425	3.5	韓国‥‥‥‥‥	94 919	3.4
	計×‥‥‥‥	**1 754 300**	100.0	計×‥‥‥‥	**2 831 111**	100.0
	EU‥‥‥	272 405	15.5	EU‥‥‥	490 704	17.3
カナダ	アメリカ合衆国	380 011	75.7	アメリカ合衆国	251 476	48.6
	中国‥‥‥‥‥	23 002	4.6	中国‥‥‥‥‥	72 331	14.0
	イギリス‥‥‥	12 904	2.6	メキシコ‥‥‥	28 076	5.4
	日本‥‥‥‥‥	11 400	2.3	ドイツ‥‥‥‥	15 976	3.1
	メキシコ‥‥‥	6 485	1.3	日本‥‥‥‥‥	13 108	2.5
	計×‥‥‥‥	**501 740**	100.0	計×‥‥‥‥	**517 411**	100.0
	EU‥‥‥	23 405	4.7	EU‥‥‥	56 696	11.0
メキシコ	アメリカ合衆国	398 989	80.6	アメリカ合衆国	234 244	43.7
	カナダ‥‥‥‥	13 061	2.6	中国‥‥‥‥‥	107 076	20.0
	中国‥‥‥‥‥	9 255	1.9	韓国‥‥‥‥‥	20 198	3.8
	ドイツ‥‥‥‥	7 541	1.5	ドイツ‥‥‥‥	18 266	3.4
	韓国‥‥‥‥‥	6 915	1.4	日本‥‥‥‥‥	18 110	3.4
	計×‥‥‥‥	**494 761**	100.0	計×‥‥‥‥	**536 041**	100.0
	EU‥‥‥	21 435	4.3	EU‥‥‥	53 445	10.0
ブラジル	中国‥‥‥‥‥	88 436	31.4	中国‥‥‥‥‥	50 509	21.7
	アメリカ合衆国	31 479	11.2	アメリカ合衆国	42 071	18.1
	アルゼンチン‥	12 065	4.3	アルゼンチン‥	12 666	5.4
	オランダ‥‥‥	9 308	3.3	ドイツ‥‥‥‥	12 027	5.2
	チリ‥‥‥‥‥	7 007	2.5	インド‥‥‥‥	7 130	3.1
	計×‥‥‥‥	**281 645**	100.0	計×‥‥‥‥	**232 718**	100.0
	EU‥‥‥	36 562	13.0	EU‥‥‥	40 563	17.4
オーストラリア	中国‥‥‥‥‥	129 773	37.7	中国‥‥‥‥‥	72 481	27.5
	日本‥‥‥‥‥	46 642	13.6	アメリカ合衆国	27 157	10.3
	韓国‥‥‥‥‥	26 244	7.6	日本‥‥‥‥‥	16 149	6.1
	（台湾）‥‥‥	19 020	5.5	タイ‥‥‥‥‥	12 002	4.6
	インド‥‥‥‥	14 139	4.1	ドイツ‥‥‥‥	11 406	4.3
	計×‥‥‥‥	**344 139**	100.0	計×‥‥‥‥	**263 283**	100.0
	EU‥‥‥	10 570	3.1	EU‥‥‥	42 746	16.2

資料は表（Ⅰ）に同じ。

図 25-4　各国の輸出額に占める対EU、対米、対中国の割合（2021年）

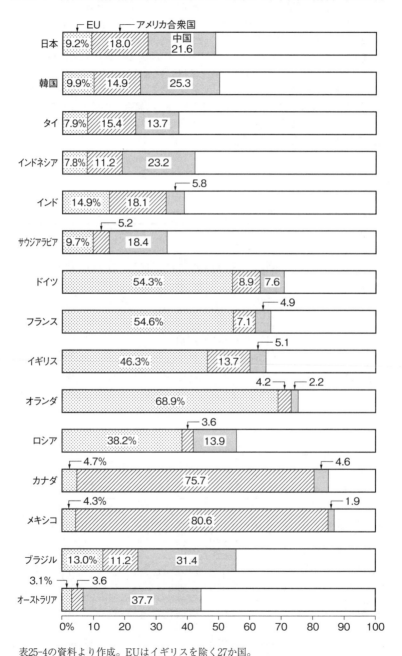

第25章　世界の貿易

表25-4の資料より作成。EUはイギリスを除く27か国。

〔主な国の商品別貿易〕　表25-5～27は国連"Comtrade Database"より作成。商品の分類は標準国際貿易分類（SITC）Rev.4を採用。この商品分類は、財務省や世界税関機構（WCO）が定めた品目番号とは異なる。輸出額はf.o.b（本船渡し）価格、輸入額はc.i.f（保険料・運賃込み）価格。ただし、「fob」の注記がある輸入はf.o.b価格。繊維品には衣類を含まない。有機化合物は石油化学工業などでつくられる薬品類の総称。機械類は一般機械と電気機械の合計で、自動車や航空機などの輸送用機械および精密機械を含まないので注意が必要。自動車は部品、二輪自動車およびその他の道路走行車両を含む。×その他とも。

表 25-5　**日本**　（単位　億ドル）

輸出	2020	2021	輸入	2020	2021
機械類・・・・・・・・	2 287	2 717	機械類・・・・・・・・	1 648	1 861
半導体等製造装置	236	305	通信機器・・・・	344	384
集積回路・・・・	265	305	集積回路・・・・	186	250
自動車・・・・・・・・	1 210	1 357	原油・・・・・・・・	435	631
乗用車・・・・・・	810	855	液化天然ガス・・	301	390
精密機械・・・・・	340	394	医薬品・・・・・・	295	381
鉄鋼・・・・・・・・	241	348	衣類・・・・・・・・・	263	265
自動車部品・・・・	275	330	石炭・・・・・・・・・	161	263
プラスチック・・	227	271	精密機械・・・・・	231	253
有機化合物・・・・	149	184	自動車・・・・・・・・	196	229
計×・・・・・・・・	**6 413**	**7 571**	計×・・・・・・・・	**6 354**	**7 723**

表 25-6　**中国**　（単位　億ドル）

輸出	2020	2021	輸入	2020	2021
機械類・・・・・・・・	11 501	14 470	機械類・・・・・・・・	7 421	9 021
通信機器・・・・	2 708	3 149	集積回路・・・・	3 500	4 325
コンピュータ	1 702	2 045	通信機器・・・・	654	816
集積回路・・・・	1 165	1 538	原油・・・・・・・・・	1 785	2 581
衣類・・・・・・・・・	1 415	1 760	鉄鉱石・・・・・・	1 237	1 826
繊維品・・・・・・・	1 541	1 456	精密機械・・・・・	933	1 035
金属製品・・・・・	1 070	1 440	自動車・・・・・・・・	739	863
自動車・・・・・・・・	817	1 411	プラスチック・・	657	765
精密機械・・・・・	786	957	有機化合物・・・・	455	615
家具・・・・・・・・	691	869	銅鉱・・・・・・・・	366	570
計×・・・・・・・・	**25 891**	**33 623**	計×・・・・・・・・	**20 696**	**26 844**

表25-7 **（台湾）** （単位 億ドル）

輸出	2020	2021	輸入	2020	2021
機械類 ·········	2 102	2 665	機械類 ·········	1 345	1 765
集積回路 ····	1 231	1 558	集積回路 ····	623	812
通信機器 ····	166	199	半導体等製造装置	182	255
コンピュータ	106	120	原油 ··········	126	199
プラスチック··	150	224	精密機械 ·····	137	164
精密機械 ·····	169	199	鉄鋼 ··········	66	120
金属製品 ·····	120	154	液化天然ガス··	55	110
鉄鋼 ··········	83	138	有機化合物 ····	72	107
自動車 ········	101	136	自動車 ········	95	106
計× ········	**3 472**	**4 477**	計× ········	**2 874**	**3 826**

原資料ではその他アジア（国連によると国籍不明を除き台湾のみ該当）。

表25-8 **韓国** （単位 億ドル）

輸出	2020	2021	輸入	2020	2021
機械類 ·········	2 189	2 657	機械類 ·········	1 504	1 823
集積回路 ····	826	1 089	集積回路 ····	402	503
通信機器 ····	274	341	半導体等製造装置	155	222
自動車 ········	535	661	通信機器 ····	182	197
乗用車 ······	356	443	原油 ··········	445	670
石油製品 ·····	249	393	液化天然ガス··	157	255
プラスチック··	277	388	石油製品 ·····	136	250
鉄鋼 ··········	222	309	精密機械 ·····	184	215
有機化合物 ···	151	233	自動車 ········	181	200
船舶 ··········	187	220	鉄鋼 ··········	108	172
計× ········	**5 127**	**6 444**	計× ········	**4 675**	**6 150**

表25-9 **シンガポール** （単位 億ドル）

輸出	2020	2021	輸入	2020	2021
機械類 ·········	1 861	3 116	機械類 ·········	1 604	2 637
集積回路 ····	847	1 482	集積回路 ····	692	1 228
半導体等製造装置	112	238	通信機器 ····	137	199
通信機器 ····	141	228	コンピュータ	81	117
石油製品 ·····	299	604	半導体等製造装置	52	107
精密機械 ·····	188	277	石油製品 ·····	315	631
金（非貨幣用）··	166	208	原油 ··········	144	304
プラスチック··	119	196	精密機械 ·····	130	201
有機化合物 ····	107	180	金（非貨幣用）··	179	194
医薬品 ········	98	145	有機化合物 ····	72	127
計× ········	**3 737**	**6 141**	計× ········	**3 286**	**5 459**

表 25-10　**マレーシア** （単位　億ドル）

輸出	2020	2021	輸入	2020	2021
機械類‥‥‥‥‥	1 101	1 220	機械類‥‥‥‥‥	745	924
集積回路‥‥	450	549	集積回路‥‥	254	334
通信機器‥‥	82	100	通信機器‥‥	60	68
石油製品‥‥‥	142	220	石油製品‥‥‥	139	211
衣類‥‥‥‥‥	99	145	プラスチック‥	67	80
パーム油‥‥‥	98	142	鉄鋼‥‥‥‥‥	49	69
精密機械‥‥‥	99	112	精密機械‥‥‥	54	64
有機化合物‥‥	52	90	自動車‥‥‥‥	44	58
液化天然ガス‥	71	88	有機化合物‥‥	35	55
プラスチック‥	64	82	金（非貨幣用）‥	24	44
計×‥‥‥‥	**2 341**	**2 992**	計×‥‥‥‥	**1 904**	**2 382**

表 25-11　**タイ** （単位　億ドル）

輸出	2020	2021	輸入	2020	2021
機械類‥‥‥‥	725	846	機械類‥‥‥‥	665	800
コンピュータ	118	142	集積回路‥‥	88	109
通信機器‥‥	79	86	通信機器‥‥	86	103
自動車‥‥‥‥	229	313	原油‥‥‥‥‥	176	254
乗用車‥‥‥	83	106	鉄鋼‥‥‥‥‥	100	158
プラスチック‥	94	127	自動車‥‥‥‥	78	99
野菜・果実‥‥	72	99	金属製品‥‥‥	74	92
石油製品‥‥‥	54	88	金（非貨幣用）‥	50	84
ゴム製品‥‥‥	73	88	プラスチック‥	57	75
自動車部品‥‥	67	87	自動車部品‥‥	52	67
計×‥‥‥‥	**2 314**	**2 667**	計×‥‥‥‥	**2 077**	**2 682**

表 25-12　**インドネシア** （単位　億ドル）

輸出	2020	2021	輸入	2020	2021
石炭‥‥‥‥‥	165	316	機械類‥‥‥‥	411	485
パーム油‥‥‥	174	267	通信機器‥‥	78	85
鉄鋼‥‥‥‥‥	112	214	石油製品‥‥‥	86	150
機械類‥‥‥‥	145	182	鉄鋼‥‥‥‥‥	78	124
有機化合物‥‥	55	95	プラスチック‥	60	88
衣類‥‥‥‥‥	75	94	繊維品‥‥‥‥	53	71
自動車‥‥‥‥	65	85	有機化合物‥‥	48	71
はきもの‥‥‥	48	62	原油‥‥‥‥‥	34	70
銅鉱‥‥‥‥‥	24	54	自動車‥‥‥‥	39	65
魚介類‥‥‥‥	48	53	医薬品‥‥‥‥	15	48
計×‥‥‥‥	**1 632**	**2 315**	計×‥‥‥‥	**1 416**	**1 962**

表 25-13　ベトナム　（単位　億ドル）

輸出	2020	2021	輸入	2020	2021
機械類………	1 296	1 556	機械類………	1 172	1 424
通信機器……	722	849	集積回路……	380	461
集積回路……	138	141	通信機器……	251	328
衣類…………	281	306	繊維品………	155	186
はきもの……	173	182	プラスチック…	123	161
家具…………	113	130	鉄鋼…………	91	129
鉄鋼…………	61	129	金属製品……	67	80
繊維品………	98	116	精密機械……	80	76
魚介類………	83	88	自動車………	53	74
野菜・果実……	65	73	野菜・果実……	31	58
計×………	2 814	3 358	計×………	2 613	3 308

表 25-14　インド　（単位　億ドル）

輸出	2020	2021	輸入	2020	2021
石油製品……	268	548	原油…………	646	1 064
機械類………	325	446	機械類………	785	1 057
ダイヤモンド…	152	247	通信機器……	177	196
鉄鋼…………	126	236	集積回路……	76	123
繊維品………	150	222	金（非貨幣用）…	219	558
医薬品………	201	211	石炭…………	165	266
有機化合物……	161	200	有機化合物……	171	264
自動車………	123	177	ダイヤモンド…	158	262
衣類…………	130	162	プラスチック…	106	174
貴金属製品……	77	106	植物性油脂……	105	173
計×………	2 755	3 948	計×………	3 680	5 704

表 25-15　南アフリカ共和国　（単位　億ドル）

輸出	2020	2021	輸入 fob	2020	2021
白金族………	107	231	機械類………	163	202
自動車………	84	106	通信機器……	31	39
乗用車……	46	53	石油製品……	37	86
貨物車……	28	40	自動車………	42	60
鉄鉱石………	61	99	乗用車……	21	31
機械類………	65	84	原油…………	51	54
金（非貨幣用）…	67	73	医薬品………	25	32
鉄鋼…………	41	64	プラスチック…	15	23
石炭…………	39	61	衣類…………	16	21
野菜・果実……	47	53	鉄鋼…………	11	21
計×………	852	1 213	計×………	689	934

表 25-16　ドイツ　（単位　億ドル）

輸出	2020	2021	輸入	2020	2021
機械類‥‥‥‥	3 976	4 568	機械類‥‥‥‥	2 949	3 508
自動車‥‥‥‥	2 051	2 377	自動車‥‥‥‥	1 198	1 296
乗用車‥‥‥	1 228	1 403	乗用車‥‥‥	660	677
医薬品‥‥‥‥	1 008	1 206	医薬品‥‥‥‥	698	836
精密機械‥‥‥	616	692	衣類‥‥‥‥‥	401	466
自動車部品‥‥	556	660	天然ガス‥‥‥	228	460
金属製品‥‥‥	434	520	原油‥‥‥‥‥	275	403
プラスチック‥	390	510	精密機械‥‥‥	347	397
鉄鋼‥‥‥‥‥	244	342	有機化合物‥‥	367	392
有機化合物‥‥	247	315	自動車部品‥‥	348	391
計×‥‥‥‥	**13 859**	**16 356**	計×‥‥‥‥	**11 732**	**14 247**

表 25-17　フランス　（単位　億ドル）

輸出	2020	2021	輸入	2020	2021
機械類‥‥‥‥	940	1 091	機械類‥‥‥‥	1 258	1 504
自動車‥‥‥‥	426	488	自動車‥‥‥‥	633	732
乗用車‥‥‥	186	208	乗用車‥‥‥	365	402
医薬品‥‥‥‥	388	401	医薬品‥‥‥‥	332	369
航空機‥‥‥‥	291	310	衣類‥‥‥‥‥	237	271
化粧品類‥‥‥	150	187	石油製品‥‥‥	176	265
プラスチック‥	116	177	金属製品‥‥‥	160	207
鉄鋼‥‥‥‥‥	102	164	精密機械‥‥‥	170	202
精密機械‥‥‥	141	158	原油‥‥‥‥‥	124	192
自動車部品‥‥	129	142	プラスチック‥	136	186
計×‥‥‥‥	**4 886**	**5 851**	計×‥‥‥‥	**5 828**	**7 148**

表 25-18　イギリス　（単位　億ドル）

輸出	2020	2021	輸入	2020	2021
機械類‥‥‥‥	874	975	機械類‥‥‥‥	1 271	1 416
金（非貨幣用）‥	220	418	通信機器‥‥‥	231	216
自動車‥‥‥‥	349	390	自動車‥‥‥‥	569	607
乗用車‥‥‥	266	302	乗用車‥‥‥	347	341
医薬品‥‥‥‥	262	277	金（非貨幣用）‥	898	554
原油‥‥‥‥‥	161	197	医薬品‥‥‥‥	270	276
精密機械‥‥‥	150	178	原油‥‥‥‥‥	156	239
白金族‥‥‥‥	116	136	衣類‥‥‥‥‥	263	232
航空機‥‥‥‥	123	128	天然ガス‥‥‥	35	207
石油製品‥‥‥	80	122	精密機械‥‥‥	172	167
計×‥‥‥‥	**3 957**	**4 705**	計×‥‥‥‥	**6 342**	**6 882**

表 25-19　イタリア　（単位　億ドル）

輸出	2020	2021	輸入	2020	2021
機械類・・・・・・・	1 224	1 468	機械類・・・・・・・・	787	997
自動車・・・・・・・・	362	430	自動車・・・・・・・・	364	428
乗用車・・・・・	146	162	乗用車・・・・・	227	250
医薬品・・・・・・・	378	383	医薬品・・・・・・・	320	340
衣類・・・・・・・・・	225	275	原油・・・・・・・・・	162	299
鉄鋼・・・・・・・・・	167	264	鉄鋼・・・・・・・・・	146	268
金属製品・・・・・・	182	229	プラスチック・・	144	221
プラスチック・・	139	185	天然ガス・・・・・	81	199
石油製品・・・・・・	89	164	衣類・・・・・・・・・	157	181
自動車部品・・・・	129	152	有機化合物・・・・	139	167
計×・・・・・・・・	**4 960**	**6 017**	計×・・・・・・・・	**4 226**	**5 572**

表 25-20　ベルギー　（単位　億ドル）

輸出	2020	2021	輸入	2020	2021
医薬品・・・・・・・・	481	757	機械類・・・・・・・・	450	519
機械類・・・・・・・・	327	381	医薬品・・・・・・・・	385	498
自動車・・・・・・・・	340	380	自動車・・・・・・・・	360	395
乗用車・・・・・	220	233	乗用車・・・・・	223	242
プラスチック・・	146	200	有機化合物・・・・	168	299
石油製品・・・・・・	119	197	原油・・・・・・・・・	89	175
有機化合物・・・・	188	164	天然ガス・・・・・	31	163
鉄鋼・・・・・・・・・	104	147	石油製品・・・・・・	87	148
ダイヤモンド・・	82	124	ダイヤモンド・・	79	114
天然ガス・・・・・・	19	108	プラスチック・・	76	105
計×・・・・・・・・	**2 951**	**3 864**	計×・・・・・・・・	**2 942**	**3 937**

表 25-21　ロシア　（単位　億ドル）

輸出	2020	2021	輸入	2020	2021
原油・・・・・・・・・	726	1 110	機械類・・・・・・・	745	923
石油製品・・・・・	477	717	通信機器・・・・	122	148
鉄鋼・・・・・・・・・	168	293	コンピュータ	63	78
石炭・・・・・・・・・	134	196	自動車・・・・・・・・	180	262
金（非貨幣用）・・	185	174	医薬品・・・・・・・・	115	145
機械類・・・・・・・	125	168	自動車部品・・・・	92	127
化学肥料・・・・・	70	125	金属製品・・・・・・	82	99
白金族・・・・・・・	78	85	プラスチック・・	67	94
アルミニウム・・	52	83	衣類・・・・・・・・・	77	91
計×・・・・・・・・	**3 371**	**4 923**	計×・・・・・・・・	**2 317**	**2 935**

ロシアの輸出天然ガスは特殊取扱品に含められ不詳（320ページ参照）。

表 25-22　**アメリカ合衆国**　（単位　億ドル）

輸出	2020	2021	輸入	2020	2021
機械類‥‥‥‥	3 514	4 005	機械類‥‥‥‥	7 025	8 432
集積回路‥‥	432	516	通信機器‥‥	1 201	1 418
通信機器‥‥	382	422	コンピュータ	1 049	1 182
自動車‥‥‥‥	1 019	1 181	自動車‥‥‥‥	2 502	2 777
石油製品‥‥‥	648	919	医薬品‥‥‥‥	1 474	1 585
医薬品‥‥‥‥	579	818	原油‥‥‥‥‥	816	1 384
精密機械‥‥‥	666	732	衣類‥‥‥‥‥	824	1 063
原油‥‥‥‥‥	503	694	精密機械‥‥‥	751	887
プラスチック‥	466	585	金属製品‥‥‥	592	751
有機化合物‥‥	337	436	自動車部品‥‥	608	748
計×‥‥‥‥	**14 303**	**17 531**	計×‥‥‥‥	**24 054**	**29 330**

原資料での2021年の航空機輸出額は95億ドルだが、米商務省資料では894億ドル。

表 25-23　**カナダ**　（単位　億ドル）

輸出	2020	2021	輸入fob	2020	2021
原油‥‥‥‥‥	476	819	機械類‥‥‥‥	1 017	1 185
機械類‥‥‥‥	402	460	通信機器‥‥	136	159
自動車‥‥‥‥	447	437	自動車‥‥‥‥	546	650
乗用車‥‥‥	320	291	乗用車‥‥‥	220	278
金（非貨幣用）‥	166	156	医薬品‥‥‥‥	153	195
木材‥‥‥‥‥	82	142	金属製品‥‥‥	119	148
石油製品‥‥‥	84	134	石油製品‥‥‥	89	143
プラスチック‥	84	120	自動車部品‥‥	145	143
天然ガス‥‥‥	51	106	鉄鋼‥‥‥‥‥	77	135
航空機‥‥‥‥	97	104	プラスチック‥	96	132
計×‥‥‥‥	**3 884**	**5 015**	計×‥‥‥‥	**4 049**	**4 894**

表 25-24　**メキシコ**　（単位　億ドル）

輸出	2020	2021	輸入fob	2020	2021
機械類‥‥‥‥	1 504	1 711	機械類‥‥‥‥	1 469	1 764
コンピュータ	320	333	集積回路‥‥	187	218
自動車‥‥‥‥	997	1 117	通信機器‥‥	180	213
乗用車‥‥‥	402	399	自動車‥‥‥‥	314	373
貨物車‥‥‥	247	307	自動車部品‥‥	220	260
自動車部品‥‥	269	307	石油製品‥‥‥	178	260
原油‥‥‥‥‥	147	240	プラスチック‥	145	207
野菜・果実‥‥	170	186	精密機械‥‥‥	148	192
精密機械‥‥‥	164	175	金属製品‥‥‥	125	160
計×‥‥‥‥	**4 170**	**4 946**	計×‥‥‥‥	**3 830**	**5 066**

表 25-25　ブラジル　（単位　億ドル）

輸出	2020	2021	輸入	2020	2021
鉄鉱石········	258	447	機械類········	475	616
大豆·········	286	386	通信機器····	71	81
原油·········	196	306	化学肥料·····	87	166
肉類·········	169	195	自動車········	100	150
機械類·······	115	147	石油製品·····	84	149
鉄鋼·········	91	145	有機化合物····	106	136
砂糖·········	87	92	医薬品·······	83	124
自動車·······	66	86	プラスチック··	58	90
石油製品······	52	77	自動車部品····	53	77
計×········	**2 092**	**2 808**	計×········	**1 663**	**2 347**

表 25-26　アルゼンチン　（単位　億ドル）

輸出	2020	2021	輸入	2020	2021
とうもろこし··	60	84	機械類········	113	164
植物性油かす··	76	74	通信機器····	21	30
大豆油········	37	54	自動車········	45	64
自動車········	28	46	医薬品·······	23	35
貨物車······	20	32	有機化合物····	24	32
肉類··········	33	33	自動車部品····	18	31
小麦·········	20	25	石油製品······	9	30
大豆·········	22	22	大豆·········	20	26
野菜・果実····	22	19	プラスチック··	17	25
計×········	**549**	**779**	計×········	**424**	**632**

表 25-27　オーストラリア　（単位　億ドル）

輸出	2020	2021	輸入	2020	2021
鉄鉱石········	799	1 158	機械類········	569	681
石炭········	302	466	通信機器····	103	112
液化天然ガス··	174	372	コンピュータ	73	84
金（非貨幣用）·	175	175	自動車········	238	335
肉類·········	101	112	乗用車······	132	181
機械類·······	74	82	石油製品·····	122	208
原油·········	30	76	医薬品·······	97	114
小麦·········	27	71	衣類·········	73	87
銅鉱·········	37	58	金属製品·····	64	86
アルミナ······	27	57	精密機械·····	68	79
計×········	**2 472**	**3 420**	計×	**2 102**	**2 616**

オーストラリアの液化天然ガスの2021年の輸出額は国際貿易センター（ITC）資料による
と366億ドル。

第
25
章

世界の貿易

図 25-5　開発途上国の輸出品目割合 (2021年)

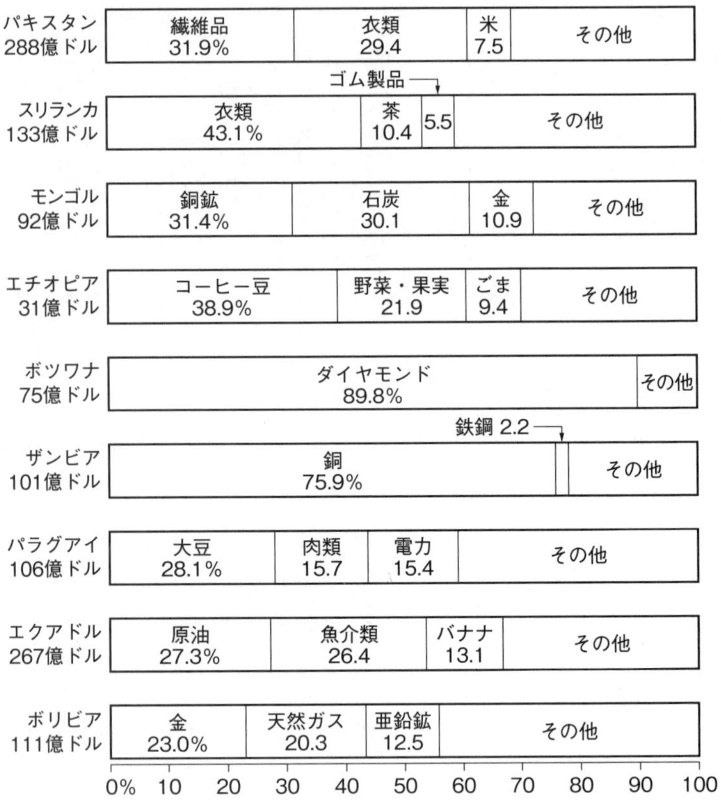

国				
パキスタン 288億ドル	繊維品 31.9%	衣類 29.4	米 7.5	その他
スリランカ 133億ドル	衣類 43.1%	茶 10.4	ゴム製品 5.5	その他
モンゴル 92億ドル	銅鉱 31.4%	石炭 30.1	金 10.9	その他
エチオピア 31億ドル	コーヒー豆 38.9%	野菜・果実 21.9	ごま 9.4	その他
ボツワナ 75億ドル	ダイヤモンド 89.8%			その他
ザンビア 101億ドル	銅 75.9%		鉄鋼 2.2	その他
パラグアイ 106億ドル	大豆 28.1%	肉類 15.7	電力 15.4	その他
エクアドル 267億ドル	原油 27.3%	魚介類 26.4	バナナ 13.1	その他
ボリビア 111億ドル	金 23.0%	天然ガス 20.3	亜鉛鉱 12.5	その他

0%　10　20　30　40　50　60　70　80　90　100

国連 "Comtrade Database" より作成。

特殊取扱品と貿易統計

　貿易統計に「特殊取扱品」という品目がある。これは、SITCなど貿易統計における商品分類にある項目の1つで、狭義には再輸出品など、広義には郵便小包や貨幣、非貨幣用の金などが含まれる。しかし、近年は一部の国で特定の品目の輸出額や数量を非公表にして、特殊取扱品に含めることが増えている。国連統計では、ロシアやオーストラリアの天然ガス、アメリカ合衆国の航空機、サウジアラビアの原油などが特殊取扱品に含まれており、個々の数値が不詳である。これらは、各国政府などが公表する統計では数値が明らかな場合もあり、本書ではこれらを注記に掲載している。

表 25-28　主要国のサービス貿易（Ⅰ）（単位　百万ドル）

日本	2020			2021		
	輸出 （受取）	輸入 （支払）	輸出 －輸入	輸出 （受取）	輸入 （支払）	輸出 －輸入
輸送・・・・・・・・・・	20 883	27 547	-6 664	25 275	31 887	-6 612
旅行・・・・・・・・・・	10 598	5 448	5 150	4 733	2 830	1 902
維持修理サービス	1 237	7 085	-5 849	1 167	5 704	-4 536
建設・・・・・・・・・・	7 506	5 528	1 978	8 306	5 510	2 796
保険・年金サービス	2 162	10 409	-8 246	2 185	11 604	-9 419
金融サービス・・・	15 726	10 682	5 043	13 556	10 026	3 530
知的財産権等使用料	43 316	28 550	14 765	48 174	29 537	18 637
情報等サービス[1]	10 210	22 561	-12 351	10 409	25 750	-15 341
その他業務サービス	45 306	72 005	-26 699	48 632	75 449	-26 817
個人向けサービス[2]	1 412	984	428	1 919	2 170	-250
公的サービス等・	4 001	1 816	2 184	3 917	2 131	1 785
計×・・・・・・・・・	**163 791**	**198 035**	**-34 245**	**170 029**	**208 420**	**-38 391**

韓国	2020			2021		
	輸出 （受取）	輸入 （支払）	輸出 －輸入	輸出 （受取）	輸入 （支払）	輸出 －輸入
輸送・・・・・・・・・・	23 931	22 835	1 097	45 513	30 086	15 427
旅行・・・・・・・・・・	10 276	16 092	-5 816	10 457	16 683	-6 226
維持修理サービス	408	1 299	-890	541	1 546	-1 006
建設・・・・・・・・・・	7 251	1 394	5 857	5 828	1 728	4 100
保険・年金サービス	627	871	-244	786	1 081	-295
金融サービス・・・	3 912	2 228	1 684	4 377	2 731	1 647
知的財産権等使用料	6 895	9 888	-2 993	8 070	11 129	-3 059
情報等サービス[1]	8 159	6 117	2 042	11 378	7 863	3 515
その他業務サービス	23 604	33 348	-9 744	28 366	40 588	-12 222
個人向けサービス[2]	1 126	944	183	1 519	736	783
公的サービス等・	752	1 338	-586	768	1 425	-658
計×・・・・・・・・・	**89 596**	**104 266**	**-14 670**	**121 187**	**124 296**	**-3 108**

中国	2020			2021		
	輸出 （受取）	輸入 （支払）	輸出 －輸入	輸出 （受取）	輸入 （支払）	輸出 －輸入
輸送・・・・・・・・・・	56 689	94 680	-37 991	127 280	147 865	-20 585
旅行・・・・・・・・・・	9 951	131 050	-121 100	11 328	105 689	-94 361
維持修理サービス	7 671	3 361	4 310	7 865	3 821	4 044
建設・・・・・・・・・・	12 599	8 074	4 524	15 363	9 740	5 623
保険・年金サービス	2 987	12 406	-9 419	4 903	19 295	-14 393
金融サービス・・・	4 838	4 011	827	5 154	4 716	437
知的財産権等使用料	8 583	37 871	-29 288	11 740	46 849	-35 108
情報等サービス[1]	38 984	32 551	6 433	50 722	40 095	10 627
その他業務サービス	69 848	50 343	19 505	86 914	53 056	33 858
個人向けサービス[2]	1 018	3 008	-1 990	1 438	3 284	-1 846
公的サービス等・	2 507	3 558	-1 050	1 552	3 233	-1 681
計×・・・・・・・・・	**228 883**	**381 414**	**-152 530**	**338 441**	**438 357**	**-99 916**

第
25
章

世界の貿易

主要国のサービス貿易（Ⅱ）（単位　百万ドル）

インド	2020			2021		
	輸出 （受取）	輸入 （支払）	輸出 －輸入	輸出 （受取）	輸入 （支払）	輸出 －輸入
輸送…………	20 791	19 883	908	29 341	30 467	-1 126
旅行…………	13 036	12 574	462	8 650	14 280	-5 630
維持修理サービス	146	933	-787	253	1 150	-897
建設…………	2 799	2 601	198	2 801	2 913	-112
保険・年金サービス	2 352	1 918	434	3 060	2 214	846
金融サービス…	4 105	4 617	-512	5 115	5 518	-403
知的財産権等使用料	1 254	7 241	-5 987	870	8 632	-7 761
情報等サービス[1]	99 471	11 007	88 464	119 524	14 390	105 135
その他業務サービス	47 310	48 604	-1 294	55 456	50 660	4 796
個人向けサービス[2]	2 197	2 751	-554	2 921	4 130	-1 208
公的サービス等・	653	1 064	-412	802	939	-137
計×………	203 145	116 037	87 108	240 655	137 974	102 681

ドイツ	2020			2021		
	輸出 （受取）	輸入 （支払）	輸出 －輸入	輸出 （受取）	輸入 （支払）	輸出 －輸入
輸送…………	54 847	65 645	-10 797	80 087	94 289	-14 202
旅行…………	22 068	38 752	-16 685	22 113	47 815	-25 703
維持修理サービス	12 098	11 729	370	12 137	12 375	-238
建設…………	2 333	1 893	440	2 561	2 378	183
保険・年金サービス	13 872	8 350	5 522	14 540	9 021	5 519
金融サービス…	29 342	17 662	11 680	34 788	24 454	10 333
知的財産権等使用料	36 883	16 880	20 002	58 520	20 895	37 626
情報等サービス[1]	35 539	43 591	-8 052	40 968	49 872	-8 904
その他業務サービス	92 869	97 898	-5 029	99 141	109 131	-9 990
個人向けサービス[2]	2 978	5 565	-2 587	3 295	6 360	-3 065
公的サービス等・	5 459	1 632	3 827	5 864	1 701	4 163
計×………	318 690	315 574	3 116	386 709	386 039	670

フランス	2020			2021		
	輸出 （受取）	輸入 （支払）	輸出 －輸入	輸出 （受取）	輸入 （支払）	輸出 －輸入
輸送…………	42 584	43 317	-733	70 102	50 786	19 316
旅行…………	32 646	27 758	4 888	40 582	34 648	5 934
維持修理サービス	10 555	7 632	2 923	10 612	7 604	3 009
建設…………	2 609	2 179	431	1 297	2 155	-858
保険・年金サービス	10 088	10 620	-532	9 320	14 040	-4 720
金融サービス…	15 020	8 100	6 920	16 517	8 035	8 483
知的財産権等使用料	13 972	12 506	1 467	15 317	13 128	2 189
情報等サービス[1]	20 546	27 517	-6 972	22 972	31 121	-8 149
その他業務サービス	83 285	72 914	10 371	96 081	83 329	12 752
個人向けサービス[2]	2 966	2 968	-2	3 365	3 313	52
公的サービス等・	475	5	470	642	7	635
計×………	246 325	224 555	21 771	300 679	257 990	42 688

主要国のサービス貿易（Ⅲ）（単位　百万ドル）

イギリス	2020			2021		
	輸出 （受取）	輸入 （支払）	輸出 －輸入	輸出 （受取）	輸入 （支払）	輸出 －輸入
輸送·········	25 037	18 527	6 510	25 636	20 328	5 308
旅行·········	26 668	24 500	2 168	32 959	29 953	3 006
維持修理サービス	3 600	1 117	2 483	4 555	1 504	3 051
建設·········	4 036	5 105	-1 069	3 347	5 654	-2 308
保険・年金サービス	17 230	4 151	13 080	26 312	8 552	17 760
金融サービス···	91 116	18 469	72 646	94 131	20 932	73 199
知的財産権等使用料	23 017	15 743	7 274	24 651	17 200	7 451
情報等サービス[1]	37 150	16 059	21 092	42 653	17 843	24 811
その他業務サービス	157 301	97 344	59 957	186 013	117 380	68 634
個人向けサービス[2]	5 020	8 601	-3 581	6 200	11 600	-5 400
公的サービス等·	3 268	4 764	-1 496	2 474	4 443	-1 969
計×·········	397 287	216 253	181 034	454 412	260 427	193 985

アメリカ 合衆国	2020			2021		
	輸出 （受取）	輸入 （支払）	輸出 －輸入	輸出 （受取）	輸入 （支払）	輸出 －輸入
輸送·········	57 166	72 763	-15 597	65 776	105 258	-39 482
旅行·········	72 483	34 159	38 324	70 215	56 850	13 365
維持修理サービス	13 197	6 203	6 994	12 526	7 982	4 544
建設·········	2 395	1 131	1 264	3 128	1 496	1 632
保険・年金サービス	20 277	57 675	-37 398	22 741	59 376	-36 635
金融サービス···	151 033	45 314	105 719	171 741	49 530	122 211
知的財産権等使用料	115 557	47 708	67 849	124 614	43 342	81 272
情報等サービス[1]	56 458	39 728	16 730	59 796	43 142	16 654
その他業務サービス	195 047	112 980	82 067	217 426	129 603	87 823
個人向けサービス[2]	20 819	24 325	-3 506	23 916	28 302	-4 386
公的サービス等·	22 003	24 553	-2 550	23 394	25 147	-1 753
計×·········	726 435	466 539	259 896	795 273	550 028	245 245

第25章　世界の貿易

IMF Data, "Balance of Payments Statistics"（2023年2月19日閲覧）より作成。輸送は旅客や貨物の輸送および輸送に付随するサービスの取引を計上したもの。旅行は旅行者が滞在先で取得した財貨やサービスの取引を計上したもの。**維持修理サービス**は各種の修理、点検、アフターサービスなどを計上したもの。**建設**は自国外で行った建設・据え付け工事にかかる取引を計上したもの。**保険・年金サービス**は様々な形態の保険や年金を提供するサービスを計上したもの。**金融サービス**は、金融仲介およびこれに付随するサービスの取引を計上したもの。**知的財産権等使用料**は、研究開発やマーケティングによって生じた財産権の使用料のほか、著作物の複製・頒布権料、上映・放映権料などを計上したもの。**情報等サービス**は、ITや情報に関連した取引を計上したもの。**その他業務サービス**は上記以外の幅広い事業者向けサービスの取引を計上したもので、特許権など産業財産権の売買なども含まれる。**個人向けサービス**は、個人向けサービスや文化・娯楽に関連したサービスの取引を計上したもの。**公的サービス等**は、在外公館や駐留軍の経費のほか、政府や国際機関が行うサービス取引のうち他の項目に該当しないものを計上。1)原資料では、通信・コンピュータ・情報サービス。2) 原資料では個人・文化・娯楽サービス。×その他とも。

第26章　国際収支・国際協力

〔国際収支〕　国際収支は国の一年間における国内居住者と外国人（非居住者）の間で行われたすべての経済取引を記録した統計で、財貨・サービスの取引や所得の受払、経常移転を表す「経常収支」、対価の受領を伴わない「資本移転等収支」、金融資産にかかる債権・債務の移動を

表 26-1　国際収支総括表（単位　億円）

	2019	2020	2021	2022
経常収支・・・・・・・・・・・	192 513	159 917	215 363	115 466
貿易・サービス収支	-9 318	-8 773	-24 834	-211 638
貿易収支・・・・・・・1)	1 503	27 779	17 623	-157 436
輸出・・・・・・・・・	757 753	672 629	823 526	987 688
輸入・・・・・・・・・	756 250	644 851	805 903	1 145 124
サービス収支・・・・	-10 821	-36 552	-42 457	-54 202
第一次所得収支・・・	215 531	194 387	263 788	351 857
第二次所得収支・・・	-13 700	-25 697	-23 591	-24 753
資本移転等収支・・・・・・	-4 131	-2 072	-4 232	-1 144
金融収支・・・・・・・・・・・	248 624	141 251	168 376	64 922
直接投資・・・・・・・・・	238 591	93 898	192 428	169 582
証券投資・・・・・・・・・	93 666	43 916	-219 175	-192 565
金融派生商品・・・・・・	3 700	7 999	21 685	51 362
その他投資・・・・・・・・	-115 372	-16 541	104 539	107 114
外貨準備・・・・・・・・・	28 039	11 980	68 899	-70 571
誤差脱漏・・・・・・・・・・・	60 242	-16 594	-42 755	-49 400

財務省「国際収支状況」より作成。2014年1月取引分から国際収支統計は「IMF国際収支マニュアル第6版」に準拠する。符号表示は、金融収支のプラスは純資産の増加、マイナスは純資産の減少を示す。1) 貿易統計の輸出がF.O.B.（輸出国での船積み価格）、輸入がC.I.F.（船積み価格に仕向地までの運賃、保険料を含む）であるのに対し、国際収支統計は輸出入ともにF.O.B.であることなどから、両者間で差が生じる。

国際収支はフロー統計で、国の一年間の国際取引の受け取りと支払い勘定の記録
【経常収支】財（モノ）やサービスの取引
　　貿易・サービス収支：貿易収支はモノの輸出入の収支、サービス収支は旅行、運輸、通信、文化的活動、特許権使用料などのサービス取引の収支
　　第一次所得収支（旧名は所得収支）：海外での資産から生じる収支
　　第二次所得収支（旧名は経常移転収支）：対価を伴わない資産の提供に係る収支（政府・民間による無償資金援助、海外で働く人の本国への送金など）
【資本移転等収支】対価を伴わない固定資産の提供（債務免除など）
【金融収支】債権・債務の移動を伴う金融取引上の収支で、日本企業が海外で工場を建てるなどの直接投資、外国の証券を買うなどの証券投資、外貨準備など

伴う「金融収支」の大項目で構成される（表26-1注記参照）。

　2022年の経常収支は、資源価格の高騰と円安の影響を受けて、前年比46％減の11兆5466億円の黒字であった。内訳をみると、輸出から輸入を差し引いた貿易収支は、エネルギー価格等の高騰で輸入額が前年比42％増の114兆5124億円に膨れ上がったため、15兆7436億円の赤字となっている。サービス収支は、新型コロナウイルス感染症対策で入国規制がし

表 26-2　経常収支（単位　億円）

	2019	2020	2021	2022
貿易・サービス収支‥	-9 318	-8 773	-24 834	-211 638
貿易収支‥‥‥‥‥	1 503	27 779	17 623	-157 436
サービス収支‥‥‥	-10 821	-36 552	-42 457	-54 202
輸送‥‥‥‥‥‥	-8 749	-7 120	-7 655	-9 379
旅行‥‥‥‥‥‥	27 023	5 552	2 227	7 327
その他サービス‥	-29 095	-34 984	-37 030	-52 151
委託加工‥‥‥	-3 535	-4 251	-4 466	-4 370
維持修理‥‥‥	-7 934	-6 251	-4 997	-5 937
建設‥‥‥‥‥	3 522	2 099	3 052	2 143
保険・年金‥‥	-6 441	-8 793	-10 332	-14 358
金融サービス‥	6 267	5 372	3 862	3 305
知的財産権等				
使用料‥‥‥	22 254	15 791	20 464	24 667
通信・コンピュ				
ータ・情報‥	-16 140	-13 178	-16 949	-15 988
その他業務‥‥	-30 340	-28 557	-29 361	-43 810
個人・文化・娯楽	379	451	-272	724
公的サービス等	2 874	2 333	1 969	1 473
第一次所得収支‥‥‥	215 531	194 387	263 788	351 857
雇用者報酬‥‥‥‥	-214	-231	-246	-242
投資収益‥‥‥‥‥	216 406	195 204	264 656	352 479
直接投資収益‥‥	112 322	97 596	166 905	231 806
配当金等‥‥‥	51 926	51 581	67 791	117 748
再投資収益‥‥	58 842	45 151	98 475	113 156
利子所得等‥‥	1 554	863	639	902
証券投資収益‥‥	97 355	90 573	84 720	102 878
配当金‥‥‥‥	3 120	1 973	3 337	13 830
債券利子‥‥‥	94 235	88 599	81 384	89 048
その他投資収益‥	6 729	7 035	13 031	17 795
その他第一次				
所得収支‥‥‥‥	-661	-585	-622	-380
第二次所得収支‥‥‥	-13 700	-25 697	-23 591	-24 753
計‥‥‥‥‥‥‥‥	**192 513**	**159 917**	**215 363**	**115 466**

資料・注記は表26-1に同じ。【☞長期統計は514ページ】

第26章

国際収支・国際協力

ばらく続いたために旅行収支が伸びず、マイナス5兆4202億円と赤字幅を広げた。一方、外国との投資のやり取りを示す第一次所得収支は、円安を背景に海外投資の利子や海外子会社から受け取る配当金などが増えて、前年比33.4％増の35兆1857億円となっている。

　近年、サービス収支は、2015年に旅行収支が黒字となり、さらに知的財産権等使用料の黒字が拡大して、赤字幅を縮小する傾向を見せていた

図 26-1　経常収支の推移

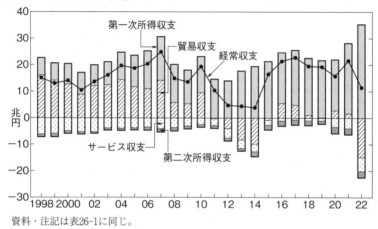

資料・注記は表26-1に同じ。

図 26-2　サービス収支の推移

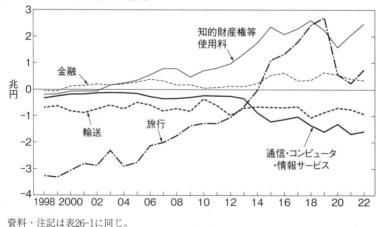

資料・注記は表26-1に同じ。

（図26-2）。しかし、2022年の旅行収支は7327億円の黒字に留まり、赤字幅を広げているのは「その他業務サービス」である。その他業務サービスには、「研究開発サービス」、「専門・経営コンサルティングサービス」、「技術・貿易関連・その他業務サービス」があり、研究開発の産業財産権（特許権、実用新案権、意匠権）の取引やウェブサイトの広告スペース売買、スポーツ大会のスポンサー料などを含んでいる。

図 26-3　金融収支の推移

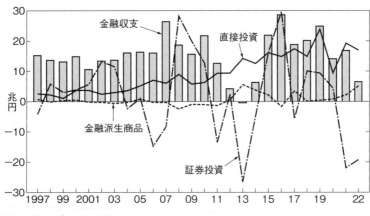

資料・注記は表26-1に同じ。

表 26-3　金融収支（単位　億円）

	2019	2020	2021	2022
直接投資・・・・・・・・・・・	238 591	93 898	192 428	169 582
株式資本・・・・・・・・・・	187 304	85 699	72 634	49 124
収益の再投資・・・・・・	58 842	45 151	98 475	113 156
負債性資本・・・・・・・・	-7 555	-36 953	21 318	7 302
証券投資・・・・・・・・・・・・	93 666	43 916	-219 175	-192 565
株式・・・・・・・・・・・・・	-32 081	29 712	-93 671	-9 662
投資ファンド持分・・	26 940	15 093	51 387	45 729
中長期債・・・・・・・・・・	62 535	201 190	-161 187	-127 468
短期債・・・・・・・・・・・	36 272	-202 080	-15 704	-101 164
金融派生商品・・・・・・・・	3 700	7 999	21 685	51 362
その他投資・・・・・・・・・・	-115 372	-16 541	104 539	107 114
外貨準備・・・・・・・・・・・・	28 039	11 980	68 899	-70 571
計・・・・・・・・・・・・・・	**248 624**	**141 251**	**168 376**	**64 922**

資料・注記は表26-1に同じ。【☞長期統計は514ページ】

表 26-4　**地域別・国別の対外・対内直接投資**（単位　億円）

日本の相手先	対外直接投資（資産）		対内直接投資（負債）	
	2021	2022	2021	2022
アジア・・・・・・・・・・・・・	70 137	55 417	24 326	18 181
中国・・・・・・・・・・・・・	13 544	12 070	926	1 487
シンガポール・・・・・・	22 366	7 772	8 540	9 368
インドネシア・・・・・・	3 244	3 352	37	15
インド・・・・・・・・・・・	4 102	4 093	3	3
北アメリカ・・・・・・・・・	92 509	83 985	11 093	19 049
アメリカ合衆国・・・・	90 797	80 527	10 589	12 924
中南米・・・・・・・・・・・・・	11 770	18 681	5 824	8 486
（ケイマン諸島）・・・・	3 138	7 933	5 496	7 682
オセアニア・・・・・・・・・・	8 570	14 738	4 104	1 262
ヨーロッパ・・・・・・・・・・	45 074	56 279	-7 762	15 478
ドイツ・・・・・・・・・・・・	8 176	6 661	1 833	2 063
イギリス・・・・・・・・・・	19 213	9 627	-3 179	11 045
フランス・・・・・・・・・・	887	831	2 582	1 447
中東・・・・・・・・・・・・・・・	389	779	59	18
アフリカ・・・・・・・・・・・	1 717	2 144	96	-31
合計・・・・・・・・・・・・・・	**230 167**	**232 024**	**37 739**	**62 442**
ASEAN（再掲）・・・	39 264	28 390	8 544	10 563
EU（再掲）・・・・・・・・	21 658	36 888	-1 050	1 488

財務省「国際収支状況（対外・対内直接投資）」（国際収支マニュアル第6版準拠）より作成。
ネット、フロー。対外直接投資は資産、対内直接投資は負債となる。国際収支マニュアル
第5版では、資金の流出入に着目して流入をプラス（＋）、流出をマイナス（－）として
いたが、第6版では資産・負債の増減に着目して資産・負債の増加をプラス（＋）、減少
をマイナス（－）としている。そのため、対外直接投資のマイナス（－）は資産の減少、
対内直接投資のマイナス（－）は負債の減少を示す。

表 26-5　**対外・対内証券投資**（単位　億円）

	対外証券投資（資産）		対内証券投資（負債）	
	2021	2022	2021	2022
株式・投資ファンド持分	-21 558	29 554	20 727	-6 513
中長期債・・・・・・・・・・・	18 810	-237 810	179 996	-110 342
短期債・・・・・・・・・・・・・	-3 338	-20 341	12 366	80 824
合計・・・・・・・・・・・・・・	**-6 086**	**-228 597**	**213 089**	**-36 032**

財務省「国際収支状況（対外・対内証券投資）」（国際収支マニュアル第6版準拠）より作成。
ネット、フロー。対外証券投資は居住者による非居住者発行証券への投資で、対内証券投
資は非居住者による居住者発行証券への投資。資産・負債の増減に着目し、対外証券投資
のプラス（＋）は資産の増加（取得超：資金の流出）、マイナス（－）は資産の減少（処
分超：資金の流入）を意味し、対内証券投資のプラス（＋）は負債の増加（取得超：資金
の流入）、マイナス（－）は負債の減少（処分超：資金の流出）を意味する。

表 26-6　地域別・国別の経常収支（2021年）（単位　億円）

日本の相手先	経常収支計	貿易・サービス収支		第一次所得収支	第二次所得収支
		貿易	サービス		
アジア・・・・・・・・・・・	118 281	58 621	-5 612	70 835	-5 564
中国・・・・・・・・・・・	12 561	-17 064	3 928	26 294	-596
（香港）・・・・・・・・・	42 977	40 564	-1 212	3 202	423
（台湾）・・・・・・・・・	27 323	27 282	-2 867	2 979	-71
韓国・・・・・・・・・・・	23 675	16 747	-780	8 100	-392
シンガポール・・・・	17 587	24 580	-14 283	7 051	238
タイ・・・・・・・・・・・	5 045	-8 891	4 844	9 615	-524
インドネシア・・・・	-8 399	-13 443	1 165	4 551	-673
マレーシア・・・・・・	-5 015	-8 076	676	2 348	38
フィリピン・・・・・・	-4 489	-4 535	-421	1 530	-1 063
ベトナム・・・・・・・・	-4 982	-6 989	933	2 580	-1 505
インド・・・・・・・・・・	9 847	7 657	615	2 143	-569
北アメリカ・・・・・・・	131 683	78 313	-16 270	76 684	-7 045
アメリカ合衆国・・	131 476	83 541	-17 242	71 811	-6 634
カナダ・・・・・・・・・・	285	-5 150	972	4 874	-411
中南アメリカ・・・・・	12 564	-11 363	-8 955	38 520	-5 639
メキシコ・・・・・・・・	6 779	4 097	1 235	1 505	-59
ブラジル・・・・・・・・	-850	-5 051	112	4 425	-336
（ケイマン諸島）・1)	24 534	-1 944	985	25 502	-9
オセアニア・・・・・・・	-26 740	-45 711	-895	20 062	-197
オーストラリア・・	-25 485	-44 076	-577	19 336	-168
ヨーロッパ・・・・・・・	50 444	11 162	-12 102	52 348	-964
ドイツ・・・・・・・・・・	11 078	10 230	-2 351	3 625	-425
イギリス・・・・・・・・	27 510	11 666	2 398	13 289	157
フランス・・・・・・・・	214	-3 896	-405	4 563	-48
オランダ・・・・・・・・	28 872	18 620	-2 563	13 021	-206
イタリア・・・・・・・・	-3 668	-6 058	-255	2 691	-46
ベルギー・・・・・・・・	5 053	1 267	360	3 469	-43
ルクセンブルク・・	3 493	398	116	2 625	354
スイス・・・・・・・・・・	-4 313	-4 665	1 790	-1 005	-433
スウェーデン・・・・	-2 927	-1 821	-2 415	1 081	228
スペイン・・・・・・・・	-1 273	-2 901	-625	2 292	-39
ロシア・・・・・・・・・・	-7 247	-7 626	-178	800	-243
中東・・・・・・・・・・・・	-66 426	-69 217	1 602	1 304	-115
サウジアラビア・・	-25 217	-25 830	53	573	-14
アラブ首長国連邦	-25 010	-24 993	-43	59	-33
イラン・・・・・・・・・・	58	58	0	-1	0
アフリカ・・・・・・・・・	-3 824	-5 094	-195	1 606	-141
南アフリカ共和国	-7 086	-8 401	244	1 141	-69
計×・・・・・・・・・・・	215 910	16 701	-42 316	265 814	-24 289

財務省「国際収支状況（地域別国際収支）」より作成。1) イギリス領。法人税などの税率
が無税もしくは著しく低い税しか課さないタックス・ヘイブン。×その他を含む。

第26章 国際収支・国際協力

表 26-7　地域別・国別の金融収支　（単位　億円）

日本の相手先	2018	2019	2020	2021
アジア・・・・・・・・・・・・・	41 884	-34 841	-75 450	-53 177
中国・・・・・・・・・・・・・	-92 255	-137 056	-151 784	-136 399
（香港）・・・・・・・・・・・	-152	-4 771	-4 611	-33 362
（台湾）・・・・・・・・・・・	7 878	-4 320	548	-350
韓国・・・・・・・・・・・・・	5 894	952	3 292	2 219
シンガポール・・・・・	90 191	75 518	62 584	69 286
タイ・・・・・・・・・・・・	5 590	4 853	285	5 381
インドネシア・・・・・	4 930	12 599	1 072	1 901
マレーシア・・・・・・・・	1 400	3 167	3 201	3 721
フィリピン・・・・・・・・	3 353	3 092	188	1 068
ベトナム・・・・・・・・・	4 169	2 352	1 145	3 856
インド・・・・・・・・・・・	4 890	6 968	2 697	25 718
北アメリカ・・・・・・・・・	96 986	263 973	223 803	332 501
アメリカ合衆国・・・・	89 478	261 142	195 268	338 873
カナダ・・・・・・・・・・・	7 507	2 831	28 535	-6 372
中南アメリカ・・・・・・・	182 310	107 894	-11 326	-62 812
メキシコ・・・・・・・・・	4 039	821	915	663
ブラジル・・・・・・・・・	758	866	206	2 290
（ケイマン諸島）・・・・	137 461	65 064	-55 783	-78 192
オセアニア・・・・・・・・	60 800	45 810	99 183	34 072
オーストラリア・・・・	60 567	44 258	91 408	27 296
ニュージーランド・・	2 337	2 623	6 577	7 569
ヨーロッパ・・・・・・・・・	-273 578	-238 238	-368 870	-349 778
ドイツ・・・・・・・・・・・	-14 198	-1 290	-4 156	-38 226
イギリス・・・・・・・・・	-951 514	-951 642	-970 205	-1 064 033
フランス・・・・・・・・・	-153 956	-153 770	-264 386	-220 974
オランダ・・・・・・・・・	29 650	-2 154	26 496	19 721
イタリア・・・・・・・・・	773	7 548	23 856	15
ベルギー・・・・・・・・・	351 619	294 769	320 886	365 868
ルクセンブルク・・・・	331 315	418 287	426 097	398 279
スイス・・・・・・・・・・・	5 115	63 763	41 939	39 247
スウェーデン・・・・・・	3 304	-4 531	-730	1 615
スペイン・・・・・・・・・	16 726	11 237	7 377	-2 589
ロシア・・・・・・・・・・・	2 477	315	2 604	58 835
中東・・・・・・・・・・・・・	34 518	39 019	21 826	53 742
サウジアラビア・・・・	7 209	7 354	7 132	5 358
アラブ首長国連邦・・	10 716	925	2 543	6 922
イラン・・・・・・・・・・・	932	-243	277	31
アフリカ・・・・・・・・・・・	5 762	-1 336	-6 847	879
南アフリカ共和国	3 312	-964	-6 819	357
計×・・・・・・・・・・・・・	201 361	248 624	139 034	168 560

資料と注記は表26-6に同じ。前表とも改定前の数値であるため、表26-1、2とは数値が異なる。ケイマン諸島はイギリス領。×その他を含む。

〔対外資産負債残高〕　対外資産負債残高は、ある時点において居住者が保有する海外金融資産（対外資産）と、非居住者が保有する日本の金融資産（対外負債）の残高を表している。対外資産から対外負債を差し引いた金額が対外純資産（純負債）で、金額がプラスの場合は債権国、マイナスの場合は債務国となる。

　2021年末現在、日本の対外純資産残高は411兆1841億円と前年比15.8％増となり、31年連続で世界最大の債権国となった（表26-10）。内訳では、公的部門がマイナスであるのに対して、民間部門は441兆6477

表 26-8　対外資産負債残高（各年末現在）（単位　十億円）

	2018	2019	2020	2021
資産残高‥‥‥‥‥	1 018 047	1 090 549	1 144 628	1 249 879
直接投資‥‥‥‥	181 882	204 168	204 637	228 763
株式‥‥‥‥‥	124 039	143 696	146 553	163 986
収益の再投資‥	39 828	42 351	39 971	46 011
負債性資本‥‥	18 015	18 121	18 113	18 765
証券投資‥‥‥‥	450 942	494 979	525 594	578 347
株式・投資ファンド	180 847	207 866	215 194	252 955
債券‥‥‥‥‥	270 095	287 113	310 400	325 392
金融派生商品‥‥	32 137	34 301	44 698	35 806
その他投資‥‥‥	212 809	212 579	225 486	245 212
外貨準備‥‥‥‥	140 276	144 521	144 214	161 751
貨幣用金‥‥‥	3 481	4 090	4 807	5 699
特別引出権(SDR)	2 041	2 093	2 088	7 177
IMFリザーブポジション	1 266	1 223	1 565	1 226
その他外貨準備‥	133 488	137 116	135 753	147 649
負債残高‥‥‥‥‥	676 597	733 534	789 597	838 695
直接投資‥‥‥‥	30 683	34 330	40 188	40 504
株式‥‥‥‥‥	16 651	18 339	18 734	21 326
収益の再投資‥	7 268	7 812	7 720	7 283
負債性資本‥‥	6 764	8 180	13 734	11 895
証券投資‥‥‥‥	351 191	396 243	426 043	471 027
株式・投資ファンド	176 300	209 923	219 682	243 602
債券‥‥‥‥‥	174 890	186 320	206 361	227 425
金融派生商品‥‥	30 698	33 305	42 350	35 108
その他投資‥‥‥	264 026	269 656	281 017	292 055
対外純資産残高‥‥	341 450	357 015	355 031	411 184
公的部門‥‥‥‥1)	-6 906	-17 894	-31 213	-30 464
民間部門‥‥‥‥	348 356	374 909	386 244	441 648

財務省「本邦対外資産負債残高」および日本銀行「国際収支統計」より作成。国際収支マニュアル第6版に準拠。符号の表示は国際収支に同じ。1) 中央銀行および一般政府の計。
【☞長期統計514ページ】

億円のプラスである。円安が進む中で、日本企業が海外に持つ外貨建て資産の価値が膨らんだことが要因となっている。対外資産残高は前年より9.2％増の1249兆8789億円で、そのうち証券投資が578兆3468億円である。近年は、企業による海外への直接投資が増加しており、日本国内よりも海外への投資が魅力的であることを示している。

図 26-4 **対外資産負債残高の推移**（各年末）

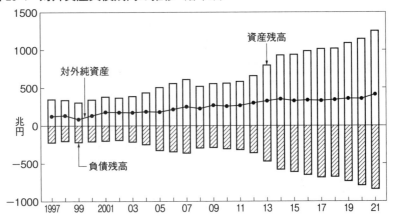

資料・注記は表26-8に同じ。

表 26-9 **証券投資残高**（2021年末）（単位 兆円）

日本の相手先	証券投資 （資産）	株式等	債券	証券投資 （負債）	株式等	債券
アジア‥‥‥‥‥	19.2	9.6	9.7	56.3	17.0	39.3
中国‥‥‥‥‥	4.1	1.4	2.7	25.4	1.2	24.2
北米‥‥‥‥‥‥	264.5	104.4	160.1	177.4	134.5	42.9
アメリカ合衆国	253.2	101.1	152.1	167.9	127.0	40.9
中南米‥‥‥‥	115.0	90.3	24.7	13.2	2.1	11.1
（ケイマン諸島）	107.5	86.4	21.1	9.6	1.6	8.0
オセアニア‥‥	19.7	2.6	17.0	7.3	4.4	2.9
ヨーロッパ‥‥	148.7	44.7	104.0	193.9	80.5	113.3
イギリス‥‥	21.1	4.7	16.3	46.2	32.3	14.0
中東‥‥‥‥‥	2.1	0.8	1.3	8.0	4.6	3.4
アフリカ‥‥‥	0.7	0.5	0.2	0.3	0.0	0.3
計×‥‥‥‥	578.3	253.0	325.4	471.0	243.6	227.4

財務省「本邦対外資産負債残高」（証券投資残高）（国際収支マニュアル第6版準拠）より作成。証券投資の「資産」には非居住者発行証券の取引を、「負債」には居住者発行証券の取引を計上する。株式等は、株式・投資ファンド持分。×その他を含む。

表 26-10 **主要国・地域の対外純資産**（各年末）（単位　兆円）

	2017	2018	2019	2020	2021
日本・・・・・・・・・	329.3	341.6	364.5	357.0	411.2
ドイツ・・・・・・・・	261.2	260.3	299.8	323.5	315.7
（香港）・・・・・・・	157.4	143.5	170.6	223.1	242.7
中国・・・・・・・・・	204.8	236.1	231.8	222.8	226.5
カナダ・・・・・・・	35.9	42.9	84.1	109.7	152.3
ロシア・・・・・・・	30.2	41.1	38.9	52.3	55.2
イタリア・・・・・	−15.5	−8.8	−3.6	3.9	17.1
フランス・・・・・	−62.5	−34.0	−69.1	−77.4	−110.8
イギリス・・・・・	−39.7	−20.1	−79.9	−88.9	−113.7
アメリカ合衆国	−885.8	−1 077.0	−1 199.4	−1 460.4	−2 067.3

財務省「本邦対外資産負債残高」参考資料より作成。各年末の為替レートによる円換算。

表 26-11 **主な国・地域の外貨準備高**（各年末）（単位　億ドル）

	2005	2010	2015	2020	2021	2022
中国・・・・・・・・・・	8 225	28 679	33 479	32 419	33 170	31 927
日本・・・・・・・・・・	8 469	10 962	12 332	13 947	14 058	12 276
スイス・・・・・・・・	384	2 253	5 686	10 219	10 506	8 646
（台湾）・・・・・・・・	2 540	3 827	4 267	5 306	5 491	5 556
インド・・・・・・・・	1 325	2 762	3 352	5 502	5 955	5 226
サウジアラビア・	1 553	4 453	6 165	4 537	4 555	4 599
（香港）・・・・・・・・	1 242	…	3 587	4 917	4 967	4 239
アメリカ合衆国・	672	1 355	1 192	1 470	2 530	2 449
イギリス・・・・・・	545	845	1 380	1 617	1 765	1 588
世界計×・・・・・	**44 390**	**97 021**	**113 415**	**131 739**	**139 945**	**130 052**

IMF Data "International Financial Statistics"（2023年4月11日閲覧）より作成。日本は財務省資料による。イギリスとアメリカ合衆国以外は外貨準備高の多い国・地域順。×その他を含む。【☞長期統計514ページ】

外貨準備　外貨準備とは、通貨当局（財務省と日本銀行）の管理下にあって直ちに利用できる公的な対外資産のことである。輸入代金の決済や対外債務の返済が困難な時や、急激な為替相場の変動を抑制するために行う為替市場介入等に用いられる。日本の2022年末の外貨準備高は1兆2276億ドルと、前年比12.7％の減少であった。急激な円安の進行を食い止めるため、日銀が円買い・ドル売りの為替介入を行ったことが要因である。

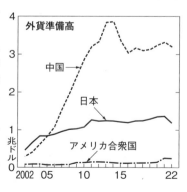

第26章　国際収支・国際協力

〔国際協力・ODA〕　国際協力とは、安定や発展を目指す開発途上国、地域に対して、国境を越えて支援を提供することである。国や公的機関が行う政府開発援助（ODA）は、二国間援助と国際機関向けへの出資・拠出で構成されており、二国間援助には返済義務のない贈与（無償資金協力と技術協力）と、政府への貸付等がある。

外務省の「開発協力白書」（2022年版）によると、2021年のODA実績は、

表 26-12　**政府開発援助（ODA）事業予算の内訳**（会計年度）（単位　億円）

	2019	2020	2021	2022	2023	対前年増減額
贈与・・・・・・・・・・	7 970	8 604	9 053	8 623	8 528	-95
二国間・・・・・・・	4 925	4 890	4 860	4 777	4 878	101
国際機関・・・ 1)	3 045	3 714	4 192	3 846	3 650	-196
借款・・・・・・・・・・	14 092	14 096	15 071	14 268	19 005	4 738
計（事業規模）	22 062	22 700	24 124	22 890	27 533	4 643
純額・・・・・・・ 2)	14 936	15 687	17 357	15 736	20 415	4 679

外務省「開発協力白書」（2022年版）、「ODA予算」（政府全体）より作成。当初予算。ODA事業予算の財源には、一般会計以外に出資・拠出国債、財政投融資等がある。1）国際機関への出資・拠出。2）計より回収金を差し引いたもの。

表 26-13　**ODA実績**（卒業国向け援助を除く）（単位　百万ドル）

	2020			2021		
	総額	純額	贈与相当額	総額	純額	贈与相当額
二国間・・・・・・・・・・	16 887	10 243	13 181	17 807	11 621	13 716
贈与・・・・・・・・・・・	5 470	5 470	—	5 680	5 680	—
無償資金協力	1 275	1 275	—	1 162	1 162	—
技術協力・・・・	2 401	2 401	—	2 423	2 423	—
政府貸付等・・・・	11 417	4 774	7 712	12 126	5 940	8 036
国際機関・・・・・・ 1)	3 417	3 417	3 079	4 145	4 145	3 918
ODA計・・・・・・・	20 304	13 660	16 260	21 951	15 765	17 634
対GNI比（％）	—	0.26	0.31	—	0.31	0.34

外務省「開発協力白書」（2022年版）より作成。総額ベースは当該年に実施した贈与と借款等の計、純額ベースは総額から過去の借款等の返済額を差し引いたもの、贈与相当額ベースは贈与に相当する借款等の額を計上したもの。OECD開発援助委員会（DAC）は、2018年実績から、ODA実績額の算出方法として従来の「純額方式」に代えて「贈与相当額計上方式」（GE方式）を導入した。**贈与相当額計上方式**は、有償資金協力がどれだけ緩やかな条件で供与されているかに着目し、有償資金で供与される総額のうち、贈与に相当する額をODAの実績額として計上するものである。卒業国は贈与相当額の算出が不可能なため除かれることに注意。1）国際機関向け拠出・出資等。

前年比8.4％増の176億3414万ドル（円ベースでは前年比11.5％増の１兆9356億円）であった（GE方式、表26-13脚注参照）。内訳は、二国間ODAが全体の77.8％を占め、国際機関等への援助が22.2％である。国別でみると、総額、純額ともにインドが最大の供与相手国で、政府への貸

表 26-14　二国間ODA地域別実績（2021年）（単位　百万ドル）

	贈与	無償資金協力	政府貸付等	貸付実行額	計（純額）	計（総額）
アジア·······	1 337	538	4 076	9 184	5 413	10 520
南西アジア·	400	123	4 128	5 444	4 528	5 844
東アジア···	795	381	-506	3 110	289	3 905
中東·北アフリカ	703	61	508	1 248	1 211	1 952
サハラ以南アフリカ	986	350	644	706	1 630	1 692
中南米·······	248	93	233	464	480	711
オセアニア···	161	76	458	459	619	620
ヨーロッパ···	33	15	18	64	51	97
複数地域援助等1)	2 219	32	2	2	2 221	2 221
計·········	5 686	1 165	5 939	12 126	11 625	17 812

外務省「開発協力白書」（2022年版）より作成。卒業国向け援助を含むため、表26-13の数値とは異なる。各地域の開発途上国への援助額。政府貸付等は、貸付実行額から回収額を差し引いたもの。1）地域分類が不可能なものを含む。

表 26-15　二国間ODA供与相手国（2021年）（単位　百万ドル）

	贈与	無償資金協力	政府貸付等	貸付実行額	計（純額）	計（総額）
インド·······	120.32	15.99	2 266.95	3 262.16	2 387.27	3 382.48
バングラデシュ	102.02	29.32	1 850.90	1 963.64	1 952.92	2 065.66
フィリピン···	87.41	23.43	645.50	1 087.65	732.91	1 175.06
インドネシア·	151.68	96.59	-465.78	881.41	-314.10	1 033.10
カンボジア···	95.02	54.97	363.98	375.42	459.00	470.44
イラク·······	56.23	1.13	231.90	403.15	288.13	459.38
ベトナム·····	133.95	79.23	-297.14	305.64	-163.19	439.59
ミャンマー···	150.87	71.40	253.56	253.76	404.43	404.63
ウズベキスタン	13.06	6.50	335.31	375.84	348.37	388.90
エジプト·····	38.87	12.64	139.09	330.29	177.96	369.16
パプアニューギニア	27.51	10.16	318.15	318.15	345.67	345.67
ブラジル·····	31.06	0.77	215.93	281.86	247.00	312.93
モーリシャス·	19.99	16.40	266.76	275.72	286.75	295.71
ケニア·······	42.51	6.92	186.01	200.30	228.52	242.81
モロッコ·····	3.35	0.28	144.42	229.98	147.78	233.33
タイ·········	35.69	15.01	-99.42	179.69	-63.73	215.38

外務省「開発協力白書」(2022年版）より作成。表26-14の注記参照。

付実行額が32億6216万ドルとなっている（表26-15）。インドは、電力や運輸、人材育成などで経済・社会インフラの整備に取り組んでおり、円借款の案件として、デリーとムンバイ間を結ぶ貨物専用鉄道の建設やチェンナイにおける地下鉄建設などがある。

　現在、日本政府は、ODAの指針である開発協力大綱の改定に向けて検討を進めている。これまでは、高所得国として低所得国の経済成長に向けての援助を行ってきた。しかし、多くの国が一定の成長を遂げる情勢の中で、時代に即した開発援助を進める構えである。

図 26-5　**主要援助国のODA実績の推移**（支出純額ベース）

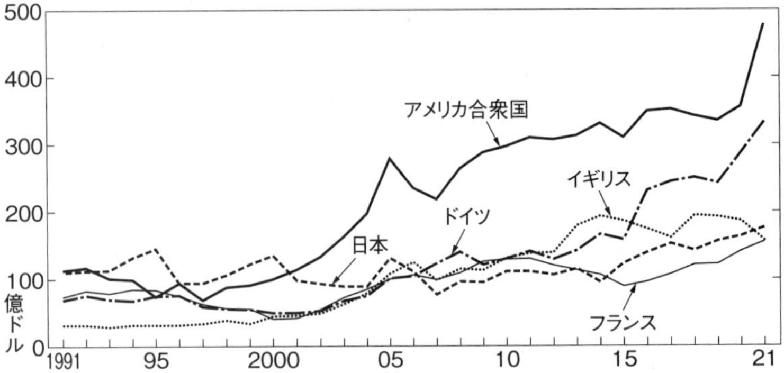

OECD資料より作成（2023年3月17日閲覧）。2015年以降は贈与相当額ベース。

表 26-16　**DAC加盟国のODA実績**（単位　百万ドル）

	2017	2018	2019	2020	2021	対GNI比（％）
アメリカ合衆国	35 250	34 152	33 492	35 576	47 805	0.20
ドイツ・・・・・・	24 406	24 977	24 198	28 708	33 272	0.76
日本・・・・・・・・	15 230	14 164	15 588	16 260	17 634	0.34
イギリス・・・・・	16 085	19 397	19 154	18 568	15 712	0.50
フランス・・・・・	10 699	12 136	12 211	14 125	15 506	0.51
カナダ・・・・・・	4 346	4 679	4 725	5 052	6 303	0.32
イタリア・・・・・	5 865	5 190	4 411	4 248	6 085	0.29
スウェーデン・	5 564	6 001	5 205	6 349	5 934	0.91
オランダ・・・・・	5 001	5 659	5 292	5 359	5 288	0.52
ノルウェー・・・	…	4 258	4 298	4 196	4 673	0.93
DAC加盟国計×	144 192	153 482	151 499	162 201	185 930	0.33

OECD資料より作成。純額ベース。卒業国向け援助を除く。2018年以降の実績額はGE方式。

第27章　物価・地価

〔**物価**〕　戦後一貫して上昇した消費者物価指数は、1999年以降緩やかに下落するようになった。この慢性的なデフレ脱却を目指して、日本銀行は2013年1月に物価目標を2％に定め、大規模な金融緩和政策を継続したが、賃金の上昇を伴う物価の上昇は実現しなかった。2021年の初頭から企業物価指数が、2021年の半ば以降消費者物価指数が前年同月比で上昇するようになった背景には、2020年に新型コロナウイルスの蔓延で世界経済が一時大きく落ち込んだことがある。2021年の経済活動の再開後も、各国は国際物流や供給面での制約解消に手間取った。さらに、2022年2月にロシアがウクライナへ侵攻すると、原油や穀物の供給不安が高まった。資源や食料の国際価格の高騰は、多くを輸入に頼る日本に波及した。企業の海外生産増加に伴い、電子機器や化学製品、自動車などの工業製品輸入も増加していること

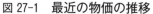

図 27-1　**最近の物価の推移**

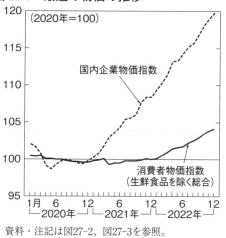

（2020年＝100）

国内企業物価指数

消費者物価指数
（生鮮食品を除く総合）

1月　6　12　6　12　6　12
└─2020年─┘└─2021年─┘└─2022年─┘

資料・注記は図27-2、図27-3を参照。

図 27-2　**消費者物価指数の構成**（2020年基準）

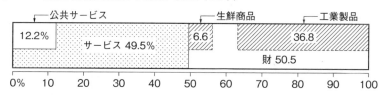

公共サービス　　　　生鮮商品　　　工業製品

| 12.2% | サービス 49.5% | 6.6 | 36.8 |
| | | | 財 50.5 |

0%　10　20　30　40　50　60　70　80　90　100

総務省「消費者物価指数」より作成。消費者物価指数は、家計の消費構造を一定のものに固定し、これに要する費用が物価の変動によってどう変化するかを指数値で示したもの。有価証券の購入、土地・住宅の購入などの支出は指数の対象に含めない。

第27章　物価・地価

から、輸入品の価格が日本経済に与える影響は大きくなっている。

欧米では賃金上昇を背景に物価が上昇し、さらなるインフレを警戒した中央銀行が政策金利を引き上げた結果、2022年の金融市場ではおよそ40年ぶりの急激な金利上昇がみられた。一方、日本銀行は金融緩和の姿勢を崩さず、為替市場では円の売り圧力が強まり、一時1ドル150円を超える急激な円安が進んだ。2022年7月の輸入物価指数は前年同月比で49.2%上昇したが、その要因の半分近くを円安が占め、エネルギー価格の上昇は幅広い分野に波及した。年末にかけては円安と資源高の一服を

図 27-3　企業物価指数の構成（2020年基準）

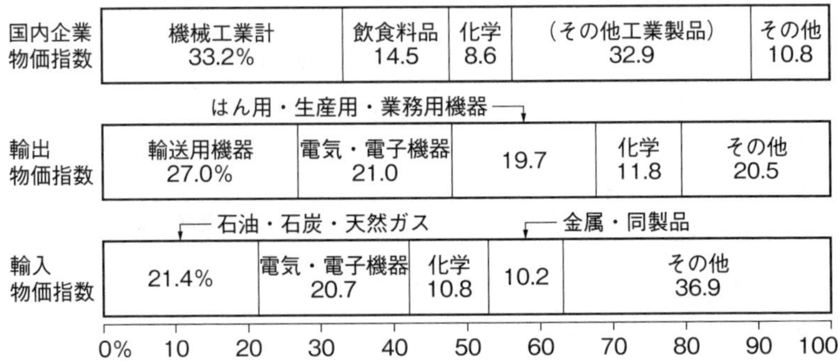

国内企業物価指数
機械工業計 33.2%
飲食料品 14.5
化学 8.6
（その他工業製品） 32.9
その他 10.8
はん用・生産用・業務用機器
輸出物価指数
輸送用機器 27.0%
電気・電子機器 21.0
19.7
化学 11.8
その他 20.5
石油・石炭・天然ガス
金属・同製品
輸入物価指数
21.4%
電気・電子機器 20.7
化学 10.8
10.2
その他 36.9
0% 10 20 30 40 50 60 70 80 90 100

日本銀行「企業物価指数」より作成。企業間で取引される商品の価格を継続的に調査し、価格の変動を指数化したもの。国内企業物価指数、輸出物価指数、輸入物価指数の3つを基本分類指数と呼び、これに参考指数を合わせたものが企業物価指数。

図 27-4　企業物価指数の推移（2020年＝100）

220
200
180
160
140
120
100
80
60
40
輸出物価指数（円ベース）
国内企業物価指数
輸入物価指数（円ベース）
1972 75 80 85 90 95 2000 05 10 15 22

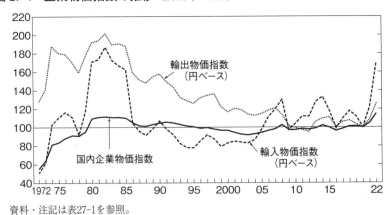

資料・注記は表27-1を参照。

受けて、輸入価格指数の上昇の勢いはやわらいだものの、2022年の企業
物価指数は前年比で比較可能な1981年以来最高の9.7％の上昇となった
（表27-1）。特に「電力・都市ガス・水道」「鉄鋼」が全体を押し上げた。
　輸入品の価格上昇は、家庭で消費するモノやサービスの値動きをみる
消費者物価指数にも大きく影響し、天候の変動による影響が大きい生鮮
食品を除いた指数が2022年平均で2.3％上昇した（表27-3）。12月の同指

表27-1　企業物価指数（2020年＝100）

	ウエイト	2019	2020	2021	2022	前年比(％)
国内企業物価指数 1)	1 000.0	101.2	100.0	104.6	114.7	9.7
工業製品‥‥‥‥	892.3	100.8	100.0	104.7	113.6	8.4
飲食料品‥‥‥	144.6	99.3	100.0	101.9	107.7	5.6
化学製品‥‥‥	86.1	104.6	100.0	105.9	116.6	10.1
石油・石炭製品	52.8	119.4	100.0	128.6	151.7	18.0
プラスチック製品	41.0	100.4	100.0	100.0	107.6	7.6
鉄鋼‥‥‥‥‥	50.6	100.7	100.0	114.8	145.4	26.7
金属製品‥‥‥	43.7	98.2	100.0	101.5	112.3	10.6
生産用機器‥‥	45.8	99.0	100.0	100.1	103.9	3.7
電気機器‥‥‥	50.0	99.0	100.0	100.0	103.1	3.1
情報通信機器‥	18.2	99.6	100.0	98.9	102.7	3.8
輸送用機器‥‥	150.9	98.7	100.0	100.0	103.8	3.9
農林水産物‥‥‥	40.3	101.0	100.0	100.1	99.0	-1.1
電力・都市ガス・水道	58.4	106.0	100.0	100.2	136.4	36.1
輸出物価指数‥‥ 2)	—	103.3	100.0	108.3	125.8	16.2
輸入物価指数‥‥ 2)	—	111.5	100.0	121.6	169.0	39.0

日本銀行「企業物価指数」（2020年基準）より作成（2023年3月31日閲覧）。前年比は編者
算出。1) 国内市場向けの国内生産品を対象とし、主として生産者出荷段階、一部を卸売
出荷段階で調査。2) 通関段階における船積み・荷降ろし時点の価格を調査。円ベース。

表27-2　企業向けサービス価格指数（2015年＝100）

	ウエイト	2019	2020	2021	2022	前年比(％)
総平均‥‥‥‥‥‥	1 000.0	103.3	104.2	105.1	106.9	1.7
国際運輸を除く‥	989.5	103.3	104.3	105.0	106.3	1.2
金融・保険‥‥‥‥	48.3	101.8	102.8	103.2	105.7	2.4
不動産‥‥‥‥‥‥	94.5	104.9	105.6	107.3	108.9	1.5
運輸・郵便‥‥‥‥	158.0	104.4	105.6	107.0	110.8	3.6
情報通信‥‥‥‥‥	228.3	101.3	102.5	102.7	102.5	-0.2
リース・レンタル‥	79.2	99.5	100.4	100.2	103.8	3.6
広告‥‥‥‥‥‥‥	49.2	103.6	97.3	104.0	107.4	3.3
諸サービス‥‥‥‥	342.5	104.7	106.4	106.9	108.4	1.4

日本銀行「企業向けサービス価格指数」（2015年基準）より作成（2023年3月31日閲覧）。

第27章　物価・地価

数は、前年同月の100.1から104.1に4.0％上昇し、第2次石油危機の影響
が続いていた1981年12月以来41年ぶりの上昇率を記録した。このため家
計は加工食品などの「値上げラッシュ」と光熱費、ガソリンの上昇によ
る生活費の増加に直面した。

　1980年代の物価上昇期と違い、今回の物価上昇ではエネルギーと食料
など財の値上がりが顕著である一方で、賃金との関連が深いサービス価
格の上昇の寄与度はほとんどなかった。この結果、消費者物価の上昇率

図27-5　**消費者物価指数の推移**（2020年＝100）

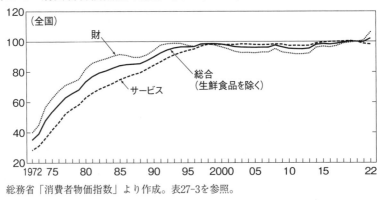

総務省「消費者物価指数」より作成。表27-3を参照。

図27-6　**主な費目別の消費者物価指数の推移**（2020年＝100）

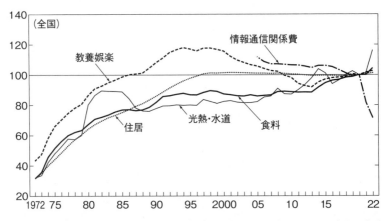

資料は図27-5に同じ。表27-3を参照。10大費目指数のうち、食料、住居、光熱・水道、
教養娯楽を使用。

は欧米に比べて小幅だが、実質賃金の低下によって低所得層を中心に国民生活への影響は大きい。日本銀行の「展望リポート」は、2023年度半ばにかけて、物価上昇は落ち着きを見せると予想している。その後物価は緩やかに上昇すると予想するが、国際経済の環境からみて不確実性がきわめて高いとしている。日本で賃上げが実現しなければ、引き続き国民生活に悪影響を与えるおそれがある。

第 27-3　消費者物価指数（全国）（2020年 = 100）

	ウエイト	2019	2020	2021	2022	前年比（％）
総合・・・・・・・・・・	10 000	100.0	100.0	99.8	102.3	*2.5*
生鮮食品を除く・	9 604	100.2	100.0	99.8	102.1	*2.3*
持家の帰属家賃を除く	8 420	100.0	100.0	99.7	102.7	*3.0*
生鮮食品とエネルギーを除く ・・・	8 892	99.8	100.0	99.5	100.5	*1.1*
10大費目指数						
食料・・・・・・・・・・・	2 626	98.7	100.0	100.0	104.5	*4.5*
住居・・・・・・・・・・・	2 149	99.4	100.0	100.6	101.3	*0.6*
光熱・水道・・・・・	693	102.5	100.0	101.3	116.3	*14.8*
家具・家事用品・	387	97.7	100.0	101.7	105.5	*3.8*
被服・はき物・・・	353	98.9	100.0	100.4	102.0	*1.6*
保健医療・・・・・・	477	99.7	100.0	99.6	99.3	*-0.3*
交通・通信・・・・・	1 493	100.2	100.0	95.0	93.5	*-1.5*
教育・・・・・・・・・・	304	108.4	100.0	100.0	100.9	*0.9*
教養娯楽・・・・・・・	911	100.6	100.0	101.6	102.7	*1.1*
諸雑費・・・・・・・・	607	102.1	100.0	101.1	102.2	*1.1*
（別掲）						
エネルギー・・・・ [1]	712	104.4	100.0	103.9	121.7	*17.1*
教育関係費・・・・・	378	106.2	100.0	100.1	101.0	*0.9*
教養娯楽関係費・	968	100.6	100.0	101.5	102.7	*1.1*
情報通信関係費・	500	99.4	100.0	81.8	71.4	*-12.7*
財・サービス分類						
財・・・・・・・・・・・・・	5 046	99.5	100.0	100.8	106.3	*5.5*
サービス・・・・・・・	4 954	100.5	100.0	98.7	98.2	*-0.5*
公共サービス・	1 219	102.5	100.0	100.5	100.0	*-0.4*
一般サービス・	3 735	99.8	100.0	98.2	97.6	*-0.6*
（別掲）						
耐久消費財・・・・・	673	98.7	100.0	99.7	103.4	*3.7*
半耐久消費財・・・	696	98.5	100.0	100.2	102.0	*1.8*
非耐久消費財・・・	3 677	99.9	100.0	101.1	107.6	*6.5*
公共料金・・・・・・	1 793	102.4	100.0	100.6	105.5	*4.8*

総務省「消費者物価指数」（2022年平均）より作成。1) 電気代、都市ガス代、プロパンガス、灯油およびガソリン。

第27章　物価・地価

〔地価・不動産価格〕　2023年の公示地価は、全国の住宅地、商業地の平均がいずれも2年連続で上昇し、上昇率も拡大した。商業地では、都市部を中心に店舗やオフィスなどの需要が増えており、コロナ禍から景気が緩やかに回復する中で、都心回帰の傾向がみられる。三大都市圏の商業地は2.9%上昇し、特に大阪圏では3年ぶりの上昇となり、東京圏、名古屋圏は2年連続で上昇した。住宅地は、都市中心部や生活利便性に優れている地域で住宅需要が堅調で、地価が上昇している。その背景として、低金利環境の継続や住宅取得支援施策による下支えがある。

　そのほか、再開発事業等が進む地方4市などでも地価が上昇しており、住宅地と商業地ともに上昇率が前年から大幅に拡大した。

表 27-4　圏域別の地価変動率（％）

	住宅地			商業地		
	2021	2022	2023	2021	2022	2023
三大都市圏········	-0.6	0.5	1.7	-1.3	0.7	2.9
東京圏··········	-0.5	0.6	2.1	-1.0	0.7	3.0
大阪圏··········	-0.5	0.1	0.7	-1.8	0.0	2.3
名古屋圏········	-1.0	1.0	2.3	-1.7	1.7	3.4
地方圏··········	-0.3	0.5	1.2	-0.5	0.2	1.0
地方4市······ 1)	2.7	5.8	8.6	3.1	5.7	8.1
全国··············	-0.4	0.5	1.4	-0.8	0.4	1.8

国土交通省「2023年地価公示」より作成。各年1月1日時点。前年に対する地価変動率。地価の内容は、国土交通省土地鑑定委員会が都市計画区域等で標準地を選定して、毎年1月1日時点の1m²あたりの正常価格（市場に即した適正な価格）を公表するもの。1) 札幌市、仙台市、広島市、福岡市の地方4市。

表 27-5　三大都市圏のオフィス平均賃料（1坪単価）（単位　円）

	2016	2017	2018	2019	2020	2021	2022
東京··· 1)	18 540	19 173	20 887	22 206	21 999	20 596	20 059
大阪··· 2)	11 051	11 267	11 423	11 794	11 925	11 796	11 872
名古屋· 3)	10 805	10 926	11 152	11 568	11 819	12 008	12 109

三鬼商事 オフィスマーケットデータ（2023年1月版）より作成。各年12月現在。貸事務所を主とするビルが対象。1) 千代田、中央、港、新宿、渋谷区内の基準階面積100坪以上のビル。2) 梅田、南森町、淀屋橋・本町、船場、心斎橋・難波、新大阪地区内の延床面積1000坪以上のビル。3) 名古屋駅、伏見、栄、丸の内地区の延床面積500坪以上のビル。

図 27-7　三大都市圏のオフィス空室率推移

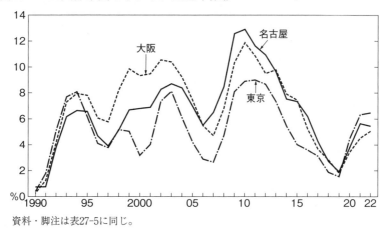

資料・脚注は表27-5に同じ。

表 27-6　新築分譲マンション平均価格推移 （単位　万円）

	2017	2018	2019	2020	2021	2022	対前年比(%)
首都圏·····	5 908	5 871	5 980	6 083	6 260	6 288	*0.4*
東京23区·	7 089	7 142	7 286	7 712	8 293	8 236	*-0.7*
東京都下[1]	5 054	5 235	5 487	5 460	5 061	5 233	*3.4*
近畿圏·····	3 836	3 844	3 866	4 181	4 562	4 635	*1.6*
大阪府···	3 668	3 742	3 820	4 250	4 757	4 683	*-1.6*
全国·······	4 739	4 759	4 787	4 971	5 115	5 121	*0.1*

不動産経済研究所「全国 新築分譲マンション市場動向」（2022年版）より作成。首都圏のみファミリータイプを対象とし、投資用物件を含まず。1）東京23区を除く。

表 27-7　中古マンション （70m²） 平均価格推移 （単位　万円）

	2017	2018	2019	2020	2021	2022	対前年比(%)
首都圏·····	3 577	3 638	3 709	3 734	4 166	4 716	*13.2*
東京都···	4 825	4 884	5 003	5 167	5 739	6 301	*9.8*
東京23区	5 319	5 385	5 566	5 766	6 333	6 842	*8.0*
近畿圏·····	2 118	2 188	2 330	2 454	2 607	2 816	*8.0*
大阪府···	2 293	2 389	2 357	2 641	2 820	3 047	*8.0*
中部圏·····	1 711	1 817	1 938	1 949	2 078	2 214	*6.5*
愛知県···	1 839	1 960	2 106	2 080	2 200	2 347	*6.7*

東京カンテイ「三大都市圏・主要都市別 中古マンション70m²価格年別推移」（2022年版）より作成。

第27章
物価・地価

第28章　財政

　日本の財政は、歳出の４割ほどを国債の発行に依存する状態が続いてきた。一般会計歳出について、主要経費別の推移をみると、1990年度には11.5兆円であった社会保障費が、2023年度予算では３倍以上に増加しているほか、国債費も増加している。さらに2023〜27年度、増額される防衛費の財源も、他の歳出削減や増税でまかなえない場合には特例国債の発行がありうる。一方、公共事業費や文教科学振興費などは、水準に大きな変化はない（図28-2）。社会保障費や国債費の割合が増えることで、政策の自由度が低下しており（財政の硬直化）、インフラや教育といった将来への投資に予算を振り分ける余地が狭まる構造となっている。2023年度一般会計予算によると、国債の利払費は8.5兆円で、前年度よ

図 28-1　一般会計歳出と税収および国債発行額の推移（会計年度）

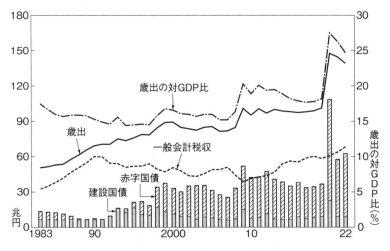

財務省「財政統計」および「日本の財政関係資料」、内閣府「国民経済計算」などより作成。国債発行額は実績ベースで、2022年度は２次補正後の値。歳出と、一般会計税収は決算額で、2022年度は２次補正後。GDPは名目で、2021年度までは実績値、2022年度は実績見込み。【☞一般会計歳出の長期統計515ページ】
上図の説明　日本の財政は税収不足を補うための国債発行が続いている。2020年度にはコロナ対策に伴う財政出動により、歳出と国債発行額が大幅に増加し、歳出の対GDP比は27.5％となった。

り2250億円増加する。金融政策次第で、さらなる金利上昇が予想され、利払費が大幅に増加するおそれがある。限られた財源で社会・経済の活力を生む、支出の見極めがますます重要になる。

表28-1　一般会計、特別会計の純計（決算）（会計年度）（単位　十億円）

		2019	2020	2021	2022 (当初予算)	2023 (当初予算)
歳入	一般会計······	109 162	184 579	169 403	3)107 596	114 381
	特別会計······	386 552	417 561	455 554	470 533	…
	純計······ 1)	251 292	353 277	2)335 202	271 533	…
歳出	一般会計······	101 366	147 597	144 650	3)107 596	114 381
	特別会計······	374 170	404 519	441 081	467 282	441 909
	純計······ 2)	232 905	305 846	2)327 800	269 708	…

財務省資料より作成。1) 重複額（各会計間の繰入関係や財政融資資金の運用による利子の支払、受取等）および国債整理基金特別会計における公債金収入額や借換償還額を差し引いたもの。2) 決算見込みでの純計。3) 物価高騰対策などの補正予算が2022年12月に成立し、予算総額は139兆2196億円となった。

表28-2　一般会計歳出の所管別内訳（決算）（会計年度）（単位　十億円）

	2019	2020	2021	2022 (当初予算)	2023 (当初予算)	22/23増 減率(%)
皇室費······	8	9	8	7	7	-8.2
国会········	147	121	130	128	128	-0.1
裁判所······	317	312	320	323	322	-0.2
会計検査院···	17	15	16	17	16	-6.5
内閣········	127	140	146	107	106	-0.7
内閣府······	3 198	3 535	6 434	3 943	4 896	24.2
デジタル庁··	—	—	65	472	495	4.9
総務省······	16 661	32 631	27 254	16 462	16 863	2.4
法務省······	819	821	794	744	725	-2.5
外務省······	858	887	840	690	743	7.7
財務省······	23 747	26 929	30 968	31 169	*35 476	13.8
文部科学省···	5 720	7 169	7 126	5 282	5 294	0.2
厚生労働省···	31 532	40 375	44 730	33 516	33 169	-1.0
農林水産省···	2 826	3 273	3 221	2 104	2 094	-0.5
経済産業省···	1 992	17 114	7 624	902	881	-2.4
国土交通省··	7 343	8 269	8 470	6 031	6 052	0.4
環境省······	425	490	472	329	326	-1.0
防衛省······	5 631	5 508	6 033	5 369	6 788	26.4
計········	101 366	147 597	144 650	107 596	114 381	6.3

財務省資料より作成。*新型コロナウイルス感染症および原油価格・物価高騰対策予備費4兆円、ウクライナ情勢経済緊急対応予備費1兆円、その他合計5.5兆円を含む。

第28章　財政

〔2023年度予算〕　2023年3月に成立した2023年度予算の一般会計総額は114兆3812億円で、初めて110兆円を超えて過去最大を更新した。政府はこの予算を「わが国が直面する内外の重要課題に対して道筋をつけ、未来を切り拓くための予算」と位置づけている。

表28-3　一般会計歳出の主要経費別内訳（会計年度）（単位　億円）

	2022 (当初予算)	2023 (当初予算)	2023 (%)	増減	増減率 (%)
社会保障関係費・・・・・・	362 735	368 889	32.3	6 154	1.7
年金給付費・・・・・・・・	127 641	130 857	11.4	3 216	2.5
医療給付費・・・・・・・・	120 925	121 517	10.6	592	0.5
介護給付費・・・・・・・・	35 803	36 809	3.2	1 007	2.8
少子化対策費・・・・・・	31 094	31 412	2.7	318	1.0
生活扶助等社会福祉費	41 759	43 093	3.8	1 334	3.2
保健衛生対策費・・・・	4 756	4 754	0.4	-2	0.0
雇用労災対策費・・・・	758	447	0.0	-312	-41.1
文教及び科学振興費・・	53 901	54 158	4.7	257	0.5
義務教育費国庫負担金	15 015	15 216	1.3	201	1.3
科学技術振興費・・・・	13 787	13 942	1.2	154	1.1
文教施設費・・・・・・・・	743	743	0.1	-1	-0.1
教育振興助成費・・・・	23 139	23 054	2.0	-85	-0.4
育英事業費・・・・・・・・	1 217	1 204	0.1	-13	-1.1
国債費・・・・・・・・・・・・	243 393	252 503	22.1	9 111	3.7
恩給関係費・・・・・・・・	1 221	970	0.1	-252	-20.6
地方交付税交付金・・・・	156 558	161 823	14.1	5 264	3.4
地方特例交付金・・・・・	2 267	2 169	0.2	-98	-4.3
防衛関係費・・・・・・・・・・	53 687	1) 101 686	8.9	47 999	89.4
公共事業関係費・・・・・・	60 574	60 600	5.3	26	0.0
治山治水対策・・・・・・	9 507	9 544	0.8	36	0.4
道路整備・・・・・・・・・・	16 660	16 711	1.5	51	0.3
港湾空港鉄道等整備	3 988	3 976	0.3	-12	-0.3
住宅都市環境整備・・	7 299	7 307	0.6	7	0.1
公園水道廃棄物			0.0		
処理等施設整備・・	1 619	1 784	0.2	165	10.2
農林水産基盤整備・・	6 079	6 078	0.5	-1	0.0
社会資本総合整備・・	13 973	13 805	1.2	-168	-1.2
推進費等・・・・・・・・・・	676	619	0.1	-56	-8.3
災害復旧等事業費・・	772	776	0.1	4	0.5
経済協力費・・・・・・・・	5 105	5 114	0.4	8	0.2
中小企業対策費・・・・・	1 713	1 704	0.1	-9	-0.5
エネルギー対策費・・・・	8 756	8 540	0.7	-217	-2.5
食料安定供給関係費・・	12 699	12 654	1.1	-46	-0.4
その他の事項経費・・・・	58 354	58 004	5.1	-350	-0.6
コロナ対策及び原油価格・ 　物価高騰対策予備費・・	2) 50 000	3) 50 000	4.4	0	0.0
予備費・・・・・・・・・・・・・	5 000	5 000	0.4	0	0.0
合計・・・・・・・・・・・・・	**1 075 964**	**1 143 812**	100.0	**67 848**	6.3

財務省資料より作成。1）防衛力強化資金（仮称）への繰り入れ3兆3806億円を含む。2）コロナ対策予備費のみ。3）ウクライナ情勢経済緊急対応予備費1兆円を含む。

　一般会計歳出の内訳では、5年間で緊急的に防衛力を強化するため、国家安全保障戦略等に基づいて、これまでを大きく上回る6.8兆円の防衛関係費を確保する（別途防衛力強化資金繰入3.4兆円）。社会保障費は36.9兆円で歳出全体の32％を占めるほか、国債の償還や利払いにあてる

図 28-2　一般会計歳出の主要経費別推移（会計年度）

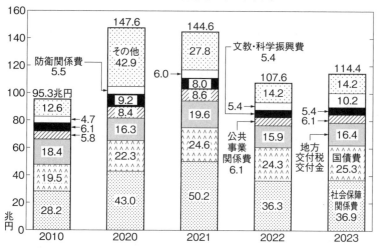

財務省「財政統計」などより作成。決算。2022年度以降は当初予算。地方交付税交付金には地方特例交付金を含む。防衛関係費は防衛力強化資金（仮称）繰入を含む。

図 28-3　一般会計歳入の主要科目別推移（会計年度）

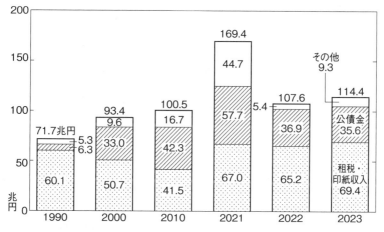

資料、脚注とも上図に同じ。

国債費は過去最高の25.3兆円で、全体の約22％となっている。

　歳入は、企業業績の回復で法人税等の収入が増加する見込みをもとに、税収が過去最高額の69.4兆円とされた一方、新規国債発行額は35.6兆円と1.3兆円の減少となった。歳出に対する国債発行額の割合である国債依存度は31.1％と、前年度の34.3％（当初予算）から低下した。

表28-4　一般会計歳入の内訳（決算）（会計年度）（単位　十億円）

	2018	2019	2020	2021	2022 （当初予算）	2023 （当初予算）
租税・印紙収入・	60 356	58 442	60 822	67 038	65 235	69 440
官業益金・官業収入	51	51	46	61	51	51
政府資産整理収入	268	226	293	319	252	671
雑収入・・・・・・・・・	5 098	7 139	7 068	7 349	5 080	8 597
公債金・・・・・・・・・	34 395	36 582	108 554	57 655	36 926	35 623
前年度剰余金受入	5 528	6 723	7 796	36 981	53	―
計・・・・・・・・・	105 697	109 162	184 579	169 403	107 596	114 381

財務省「2023年度予算及び財政投融資計画の説明」および「財政金融統計月報」より作成。

図28-4　普通国債残高と利払費、金利の推移

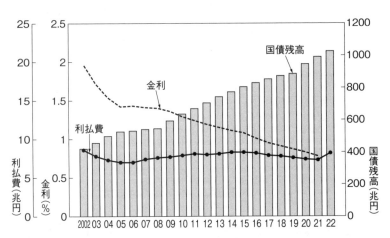

財務省資料より作成。金利は普通国債の利率加重平均の値。普通国債残高は年度末時点の額面ベース。2021年度までは実績、2022年度は当初予算ベース。利払費は2020年度までは決算、2021年度は補正後予算、2022年度は当初予算による。
【☞普通国債残高の長期統計515ページ】

国債残高とは、償還されずに残っている国債の総額のことで、2023年度末には1068兆円に達する見込みとなっている。

図 28-5　国債発行額と国債依存度の推移（決算）（会計年度）

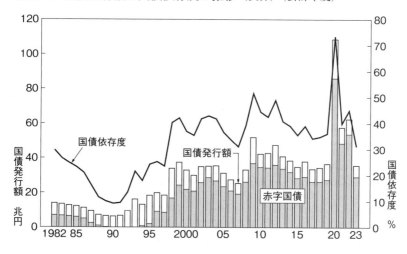

財務省資料より作成。実績ベース。国債発行額は、収入金ベース。2021年度までは実績、2022年度は 2 次補正後、2023年度は当初予算。国債依存度は、（ 4 条債＋特例債）／一般会計歳出額。2021年度までは実績。2022年度は 2 次補正後。特別税の創設等によって償還財源が別途確保されている、いわゆる「つなぎ公債」は除いて算出。

国債依存度とは、一般会計に占める新規の公債（国債）発行割合のことである。日本の国債依存度の推移をみると、1990年以降、税収減や景気対策のための国債発行が増加して、国債依存度は急速に高まり2009年には50％を超えた。その後景気回復による税収増と歳出総額の抑制によって、概ね30％台で推移していたものの、新型コロナウイルスの感染拡大により歳出が大幅に増加したことで、2020年度の国債依存度は73.5％まで跳ね上がった。2023年度予算案では、新規国債発行額は 2 年ぶりに減少し、国債依存度は31.1％に低下する見込みである（一般会計総額114兆3812億円のうち、新規国債発行額は35兆6230億円）。【☞国債発行額、国債依存度の長期統計515ページ】

表 28-5　一般会計公債の推移（実績ベース）（会計年度）（単位　十億円）

	2018	2019	2020	2021	2022	2023
国債発行額・・	34 395	36 582	108 554	57 655	62 479	35 623
うち特例債・	26 298	27 438	85 958	48 487	53 752	29 065
国債依存度（%）	*34.8*	*36.1*	*73.5*	*39.9*	*44.9*	*31.1*
国債残高・・・・	874 043	886 695	946 647	991 411	1 042 590	1 068 021
対GDP比（%）	*157.0*	*159.2*	*176.1*	*180.1*	*186.1*	*186.7*
国債費・・・・・・	23 302	23 508	23 352	23 759	24 339	25 250
対一般会計比（%）	*23.8*	*23.2*	*22.7*	*22.3*	*22.6*	*22.1*

財務省「国債発行額の推移（実績ベース）」および「我が国の財政事情」より作成。国債発行額、国債依存度、国債残高は2021年度までは実績、2022年度は 2 次補正後見込み、2023年度は当初予算。国債費、対一般会計比は当初予算ベース。

図の説明　国税と地方税の国民所得に対する割合を租税負担率といい、租税負担率に社会保障負担を加えたものが国民負担率である。わが国の国民負担率はアメリカより高く、概してヨーロッパ各国より低い。国民負担率に財政赤字分を加えたものが潜在的国民負担率で、2023年度のわが国の潜在的国民負担率は53.9％の見通しとなっている（図28-7）。

図 28-6　国民負担率の国際比較 （2020年）

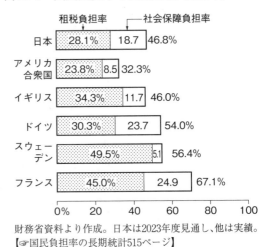

財務省資料より作成。日本は2023年度見通し、他は実績。
【☞国民負担率の長期統計515ページ】

表 28-6　国民の租税負担 （会計年度）（単位　十億円）

	2010	2015	2019	2020	2021	2022
国税‥‥‥‥	43 707	59 969	62 175	64 933	68 493	70 038
地方税‥‥‥	34 316	39 099	41 212	40 826	41 390	42 203
計‥‥‥‥	78 024	99 068	103 387	105 759	109 883	112 241
国民1人あたり(円)	609 403	779 534	817 124	838 283	…	…
租税負担率(%)	21.4	25.2	25.8	28.2	28.7	27.8

財務省「財政金融統計月報」(841号) などより作成。国税は、特別会計分および日本専売公社納付金を含む。2020年度以前は決算額、2021年度は補正後予算額、2022年度は予算額。地方税は2020年度以前は決算額、2021年度は実績見込額、2022年度は見込額である。地方分与税、地方交付税および地方譲与税を含まない。租税負担率は国民所得に対する割合。
【☞租税負担率の長期統計515ページ】

プライマリーバランス（基礎的財政収支）　税収・税外収入（公債金を除く）と、国債費を除く歳出との収支のことを表し、公共事業や社会保障などの政策のために使われる経費について、借金（国債発行）に頼ることなくまかなえているかを示す指標である。

　2023年度の一般会計政府予算によるプライマリーバランスは、10.7兆円のマイナスの見込みとなっている。当初予算ベースで13兆円のマイナスだった2022年度に続き2年度続けて改善がみられる。政府は2025年の黒字化目標を維持している。内閣府は2023年1月、実質2％、名目3％程度の高成長を前提とした場合は、2026年度に黒字化するとの試算を経済諮問会議に提出した。

図 28-7 国民負担率の推移

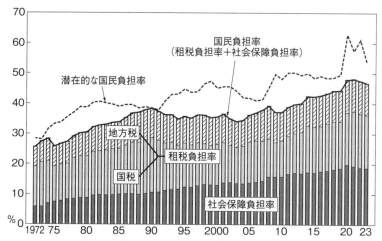

2021年度までは実績、2022年度は実績見込み、2023年度は見通し。1994年度以降は08SNA、1980〜93年は93SNA、1979年度以前は68SNAに基づく計数。租税負担の計数は租税収入ベースで、SNAベースとは異なる。国税は特別会計および日本専売公社納付金を含む。地方法人特別税は国税に含める。2009年度以降の社会保障負担の計数は、2008年度以前の実績値との整合性を図るための調整を行っている。

潜在的な国民負担率　租税負担と社会保障負担に、将来世代の潜在的な負担として財政赤字を加えた額が、国民所得に占める割合。

表 28-7　国税の税目別収入（2022年度当初予算）

	十億円	%		十億円	%
直接税‥‥‥‥ 1)	40 482	57.8	（間接税等続き）		
所得税‥‥‥‥	20 382	29.1	航空機燃料税	34	0.0
源泉分‥‥‥	17 084	24.4	石油石炭税‥‥	660	0.9
申告分‥‥‥	3 298	4.7	電源開発促進税	313	0.4
法人税‥‥‥‥‥	13 336	19.0	自動車重量税3)	385	0.5
相続税‥‥‥‥‥	2 619	3.7	国際観光旅客税	9	0.0
間接税等　‥ 2)	29 556	42.2	関税‥‥‥‥‥	825	1.2
消費税‥‥‥‥	21 573	30.8	とん税‥‥‥‥	9	0.0
酒税‥‥‥‥‥	1 128	1.6	印紙収入‥‥‥	944	1.3
たばこ税‥‥‥	934	1.3	地方揮発油税	223	0.3
揮発油税‥‥‥	2 079	3.0			
石油ガス税‥‥	5	0.0	計‥‥‥‥ 4)	**70 038**	100.0

財務省資料より作成。1）地方法人税1兆7127億円、特別法人事業税2兆44億円、復興特別所得税4280億円を含む。2）その他の間接税等4357億円を含む。3）譲与分。4）特別会計の特定財源分を含むため、表28-4の租税・印紙収入の数値とは相違する。

〔**特別会計**〕　特別会計は、特定の事業や資金運用の状況を明確化するために、一般会計とは別に設けられている会計を指す。2023年度予算では、国債整理基金、財政投融資、エネルギー対策、年金、食料安定供給など13の特別会計が設けられており、歳出総額は441.9兆円となっている。一般会計や特別会計の他の勘定間でのやりとりや、国債の借換費を除いた純計は197.3兆円となっている。さらに純計から、国債の償還や利子支払いに必要となる償還費（82.0兆円）や、年金や健康保険給付費などの社会保障給費（75.4兆円）、地方交付税交付金等（19.9兆円）、財政投融資資金への繰入（12.0兆円）、東日本大震災の復興経費（0.7兆円）などを差し引いた額は7.4兆円となり、その約4割は保険事業、約2割はエネルギー対策に充てられる。

表 28-8　特別会計歳出（当初予算）（会計年度）（単位　十億円）

	2019	2020	2021	2022	2023
交付税及び譲与税配付金	51 140	51 587	51 805	49 955	49 544
地震再保険	201	124	107	110	109
国債整理基金	190 715	193 024	246 789	245 791	239 474
外国為替資金	1 047	985	1 079	1 147	2 419
財政投融資	27 586	25 082	72 624	48 594	24 937
財政融資資金勘定	26 575	24 339	71 933	47 855	23 902
投資勘定	987	727	673	716	1 017
エネルギー対策	14 584	14 338	14 054	13 776	14 059
原子力損害賠償支援勘定	12 020	11 762	11 505	11 217	10 938
労働保険	6 419	6 761	7 609	7 858	8 657
雇用勘定	2 695	2 918	3 820	3 594	3 508
年金	93 331	95 269	96 512	96 912	99 506
基礎年金勘定	25 696	26 457	27 087	27 668	28 855
国民年金勘定	3 688	3 744	3 829	3 812	3 926
厚生年金勘定	48 514	48 890	49 498	49 338	50 409
健康勘定	12 112	12 517	12 421	12 400	12 515
子ども・子育て支援勘定	2 910	3 239	3 245	3 274	3 345
食料安定供給	1 294	1 268	1 216	1 341	1 528
国有林野事業債務管理	358	365	362	355	344
特許	164	165	156	154	145
自動車安全	484	718	453	448	456
東日本大震災復興	2 135	2 074	932	841	730
計	389 457	391 759	493 699	467 282	441 909

財務省「特別会計ガイドブック」（2022年版）などより作成。

表 28-9 特別会計歳出の内訳 (2022年度当初予算) (単位 十億円)

	歳出総額	一般会計繰入	他会計・他勘定へ繰入	借換債償還	歳出純計額(A)	Aから国債償還費等を除いた額
交付税及び譲与税配付金	49 955	—	30 183	—	19 772	3
地震再保険	110	—	—	—	110	110
国債整理基金	245 792	—	120	152 940	92 731	0
外国為替資金	1 148	0	496	—	651	651
財政投融資	48 594	270	22 773	—	25 551	425
エネルギー対策	13 776	5	12 672	—	1 100	1 100
労働保険	7 858	0	3 179	—	4 679	1 787
年金	96 912	1	25 294	—	71 617	948
食料安定供給	1 341	9	348	—	984	984
国有林野事業債務管理	355	—	355	—	—	—
特許	154	0	—	—	154	154
自動車安全	448	3	35	—	410	410
東日本大震災復興	841	0	112	—	729	729
計	467 282	289	95 567	152 940	218 487	7 301

資料は前表と同じ。

表 28-10 特別会計歳入の内訳 (2022年度当初予算) (単位 十億円)

	歳入総額1)	一般会計より受入	うち特定財源	他特会・他勘定より受入	借入金等	その他
交付税及び譲与税配付金	51 419	15 937	54	142	29 612	5 713
地震再保険	110	—	—	—	—	28
国債整理基金	245 792	24 339	—	68 015	152 940	385
外国為替資金	2 491	—	—	—	—	2 491
財政投融資	48 832	—	—	0	25 000	23 832
エネルギー対策	13 776	834	834	—	12 711	232
労働保険	7 955	56	—	3 173	—	1 597
年金	96 912	14 764	—	23 848	1 447	12 173
食料安定供給	1 342	307	—	137	336	556
国有林野事業債務管理	355	20	19	—	335	—
特許	190	0	—	—	—	190
自動車安全	519	37	32	1	165	316
東日本大震災復興	841	83	—	0	172	159
計	470 533	56 375	938	95 315	222 717	47 671

資料は前表と同じ。1) 特定財源直入分、保険料および再保険収入を含んだ総額。

第28章 財政

〔財政投融資〕　財政投融資とは、税金を財源とせず、国債の一種である財投債の発行によって調達した資金によって行われる、国の投融資活動を指す。民間では実施が難しい社会資本整備などについて、後で資金を回収することを前提に、財政融資、産業投資、政府保証といった手法を用いて実施される。財政融資は、財投債により調達された資金などを活用し、特別会計や地方公共団体、政府関係機関、独立行政法人等に対して、長期・固定・低利で資金を融資するものである。産業投資は、国が保有するNTT株やJT株の配当や、国際協力銀行からの国庫納付金を

表 28-11　**財政投融資の原資**（当初計画）（会計年度）（単位　億円）

	2021	2022	2023	22/23 増減率 (%)
財政融資‥‥‥‥‥‥‥	383 027	164 488	127 099	-22.7
財政融資資金‥‥‥‥	383 027	164 488	127 099	-22.7
産業投資‥‥‥‥‥‥‥	3 626	3 262	4 298	31.8
財政投融資特別　　会計投資勘定‥‥‥	3 626	3 262	4 298	31.8
政府保証‥‥‥‥‥‥‥	22 403	21 105	31 290	48.3
政府保証国内債‥‥‥	10 648	6 525	17 825	173.2
政府保証外債‥‥‥‥	11 340	14 180	13 065	-7.9
政府保証外貨借入金	415	400	400	0.0
計‥‥‥‥‥‥‥‥	**409 056**	**188 855**	**162 687**	-13.9

財務省「予算及び財政投融資計画の説明」（2023年度）より作成。

表 28-12　**財政投融資の対象別金額**（当初計画）（会計年度）（単位　億円）

	2021	2022	2023	22/23 増減率 (%)
特別会計‥‥‥‥‥‥‥	1 300	1 757	1 276	-27.4
政府関係機関‥‥‥‥‥	275 900	72 836	95 445	31.0
独立行政法人等	83 455	78 053	31 797	-59.3
地方公共団体‥‥‥‥‥	36 847	26 264	24 238	-7.7
特殊会社等‥‥‥‥‥‥	11 554	9 945	9 931	-0.1
計‥‥‥‥‥‥‥‥	**409 056**	**188 855**	**162 687**	-13.9

資料は前表と同じ。

もとに行う投資で、産業の開発と貿易の振興を目的として実施される。政府保証は、政府関係機関や独立行政法人などが金融市場で発行する債券や借入金に対して、政府が保証することで、事業に必要な資金を調達しやすくするものである。

　2023年度の財政投融資計画は16.3兆円となっている。新型コロナ感染症と物価高騰の影響も重なって厳しい状況にある事業者の資金繰り支援に万全を期すとともに、「新しい資本主義」の加速や外交・安全保障環境の変化に対応などを行うとしている。

表 28-13　財政投融資の規模の推移（会計年度）（単位　億円）

	2019	2020	2021	2022	2023
財政投融資（A）	1) 125 736	1) 265 423	2) 155 247	3) 188 855	3) 162 687
一般会計歳出‥	1 013 665	1 475 974	1 446 495	1 075 964	11 438 124
国内総生産（B）	5 568 363	5 375 615	5 505 304	5 646 000	5 719 000
A／B（％）‥ 4)	2.3	4.9	2.8	3.3	2.8

財務省「財政金融統計月報・財政投融資特集」および同「予算及び財政投融資計画の説明」（2023年度）、内閣府「国民経済計算年次推計」、同「経済見通し」（2023年度）より作成。一般会計歳出は、2019年度〜2021年度は決算、2022年度以降は当初予算。国内総生産は2021年度までは実績、2022・23年度は見通し。1) 実績。2) 実績見込み。3) 当初計画。4) 編者算出。

表 28-14　財政投融資の使途別分類の推移（会計年度）（単位　億円）

	2020	2021	2022	2023	22/23 増減率（％）
中小零細企業‥‥‥‥	29 025	145 207	35 667	49 715	39.4
農林水産業‥‥‥‥‥	5 901	7 593	6 988	7 962	13.9
教育‥‥‥‥‥‥‥‥	8 981	48 594	56 706	8 047	-85.8
福祉・医療‥‥‥‥‥	4 769	20 422	10 440	4 362	-58.2
環境‥‥‥‥‥‥‥‥	539	571	927	1 007	8.6
産業・イノベーション	11 655	12 134	10 086	10 521	4.3
住宅‥‥‥‥‥‥‥‥	5 206	7 920	8 148	7 681	-5.7
社会資本‥‥‥‥‥‥	37 518	30 647	26 341	29 211	10.9
海外投融資等‥‥‥‥	20 387	20 293	24 718	35 430	43.3
その他‥‥‥‥‥‥‥	8 213	115 675	8 836	8 751	-1.0
計‥‥‥‥‥‥‥‥	132 195	409 056	188 855	162 687	-13.9

財務省「予算及び財政投融資計画の説明」（2023年度）より作成。当初計画。

第28章
財政

〔**地方財政**〕 地方財政は、都道府県と市区町村の財政活動のことで、学校教育や社会福祉、警察、消防など、生活に身近な行政サービスを提供している。地方財政の状況は、財源の調達能力の地域格差などもあり、

図 28-8 **地方財政の歳入・歳出の構成**（2023年度）

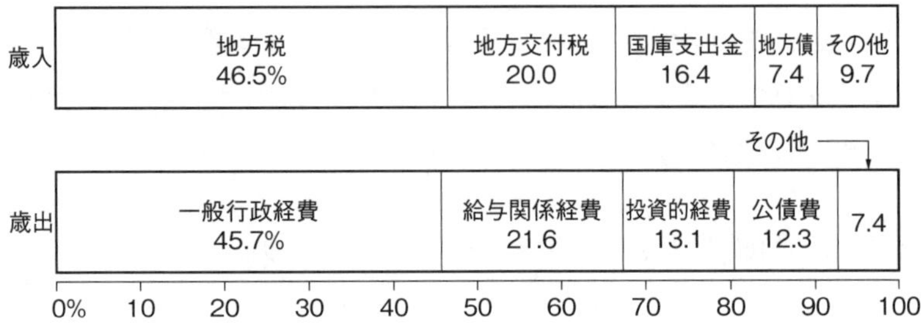

総務省「地方財政計画の概要」(2023年度) より作成。

表 28-15 **地方財政計画**（会計年度）（単位　億円）

	2021	2022	2023	22/23 増減率（％）
給与関係経費･･･････････････	201 605	199 702	199 107	-0.3
退職手当以外･･･････････	186 881	185 341	187 778	1.3
退職手当･･･････････････	14 724	14 361	11 329	-21.1
一般行政経費･････････････	410 510	415 851	422 129	1.5
補助･･････････････････	230 419	235 499	240 633	2.2
単独･･････････････････	148 979	149 164	150 070	0.6
国民健康保険・後期高齢者　医療制度関係事業費･････	14 912	14 988	14 726	-1.7
デジタル田園都市国家構想事業費	12 000	12 000	12 500	4.2
地方創生推進費･･･････	10 000	10 000	10 000	0.0
地域デジタル社会推進費･	2 000	2 000	2 500	25.0
地域社会再生事業費･････	4 200	4 200	4 200	0.0
公債費･･･････････････････	118 968	115 365	113 269	-1.8
維持補修費･･･････････････	14 694	14 948	15 237	1.9
投資的経費･･･････････････	120 770	121 213	120 968	-0.2
直轄・補助･･･････････	58 546	58 074	57 829	-0.4
単独･･････････････････	62 224	63 139	63 139	-0.0
うち緊急防災・減災事業費･･	5 000	5 000	5 000	0.0
公共施設等適正管理推進事業費	4 800	5 800	4 800	-17.2
緊急自然災害防止対策事業費	4 000	4 000	4 000	0.0
公営企業繰出金･････････････	24 431	24 349	23 974	-1.5
不交付団体水準超経費･･････	11 500	18 500	28 900	56.2
歳出総額･･･････････････	**902 478**	**909 928**	**923 584**	1.5

総務省「地方財政計画の概要」(2023年度) より作成。通常収支分と東日本大震災分の合計。

地方公共団体それぞれで状況が異なる。そのため、国は国民の租税負担の公平化や行政水準を一定に維持することを目的に、地方交付税などの交付によって、地域ごとの財政力格差の調整や財源保障を行っている。地方財政を総体的にとらえた「地方財政計画」は、全国の地方公共団体の歳入・歳出の見込み総額を示しており、国と地方の財政運営の指針となる。地方交付税の総額は、地方財政計画の歳入と歳出の差額を補てんする中で決定され、財政力指数（表28-18脚注参照）の低い自治体には交付税の比重が大きくなるよう、調整が行われる。2023年度の地方財政計画によると、地方交付税の総額は18.5兆円で、地域のデジタル化や脱炭素事業の支援交付金などにより5年連続の増加となった。

表 28-16　地方財政歳入計画（会計年度）

	2021	2022	2023	22/23 増減率 （％）
地方税・・・・・・・・・・・・・・・・	383 448	413 073	429 397	4.0
地方譲与税・・・・・・・・・・・・	18 462	25 978	26 001	0.1
地方特例交付金等・・・・・・・	3 577	2 267	2 169	-4.3
地方交付税・・・・・・・・・・・	175 711	181 607	184 546	1.6
うち震災復興 　　特別交付税 ・・・・・・・	1 326	1 069	935	-12.5
国庫支出金・・・・・・・・・・・・	149 544	150 648	151 717	0.7
地方債・・・・・・・・・・・・・・・	112 415	76 086	68 172	-10.4
使用料・手数料・・・・・・・・	15 487	15 729	15 646	-0.5
雑収入・・・・・・・・・・・・・・・	43 834	44 540	45 936	3.1
歳入総額・・・・・・・・・・・・	**902 478**	**909 928**	**923 584**	1.5

資料は前表と同じ。通常収支分と東日本大震災分の合計。

表 28-17　地方財政計画の伸び率等の推移
（対前年度増減率）（会計年度）（％）

	2000	2010	2015	2021	2022	2023
地方財政計画	0.5	-0.5	2.3	-1.0	0.9	1.6
地方一般歳出	-0.9	0.2	2.3	-0.6	0.6	0.8
地方税・・・・・	-0.7	-10.2	7.1	-7.0	8.3	4.0
地方交付税・・	2.6	6.8	-0.8	5.1	3.5	1.7

総務省「地方財政計画の概要」(2023年度）より作成。通常収支分が対象。

表 28-18　都道府県の財政構造（決算）（2021年度）

	財政力指数	経常収支比率(%)	実質公債費比率(%)		財政力指数	経常収支比率(%)	実質公債費比率(%)
北海道·	0.44595	92.7	19.1	滋賀···	0.54836	86.3	10.4
青森···	0.34205	88.9	12.5	京都···	0.56803	94.4	15.9
岩手···	0.35856	88.2	13.3	大阪···	0.75219	87.1	12.2
宮城···	0.59731	89.0	11.2	兵庫···	0.62258	97.2	15.2
秋田···	0.31066	86.6	14.9	奈良···	0.41700	84.8	9.0
山形···	0.36209	88.7	12.0	和歌山·	0.32297	86.9	7.7
福島···	0.52158	93.8	7.1	鳥取···	0.27259	82.8	9.4
茨城···	0.63115	88.3	9.2	島根···	0.25379	83.9	5.3
栃木···	0.61976	88.8	9.6	岡山···	0.51083	89.4	11.1
群馬···	0.61177	87.6	9.4	広島···	0.59332	87.6	13.5
埼玉···	0.74351	90.1	10.7	山口···	0.43531	86.6	8.4
千葉···	0.75112	84.8	8.1	徳島···	0.31217	86.9	11.3
東京···	1.07301	77.8	1.5	香川···	0.46068	89.9	9.5
神奈川·	0.85330	88.6	9.2	愛媛···	0.42493	84.7	10.9
新潟···	0.45700	89.3	17.5	高知···	0.26105	89.6	10.6
富山···	0.46248	88.6	13.4	福岡···	0.62808	89.2	11.1
石川···	0.49718	87.7	12.6	佐賀···	0.34218	88.8	8.4
福井···	0.40511	91.1	12.1	長崎···	0.33484	89.2	10.1
山梨···	0.38432	84.5	11.6	熊本···	0.40305	84.9	7.3
長野···	0.50787	89.6	9.8	大分···	0.37501	87.1	8.6
岐阜···	0.53634	84.7	6.1	宮崎···	0.34168	83.7	10.6
静岡···	0.69278	88.4	13.1	鹿児島·	0.33756	92.8	11.3
愛知···	0.88545	89.2	13.1	沖縄···	0.36177	88.0	7.1
三重···	0.58573	87.4	12.0	全国·	0.50034	87.3	10.1

総務省「全都道府県の主要財政指標」より作成。財政力指数および実質公債費比率は2019〜21年度の平均値。全国は財政力指数が単純平均、経常収支比率、実質公債費比率は加重平均。財政力指数、経常収支比率の平均を求めるにあたり東京都特別区を含まず。

財政力指数　基準財政収入額（自治体が標準的に収入しうるものとして算定された税収入の額）を、基準財政需要額（一定水準の行政を実施するのに必要な一般財源額）で除して得た数値のこと。この指数が高いほど、自主財源の割合が高く、財政力が強いとされる。

経常収支比率　その使途について制限がなく、地方税、普通交付税などのように毎年経常的に入ってくる財源（これを一般財源という。対して、国庫支出金や地方債などのように一定の使途のみに使用できる財源を特定財源という）のうち、人件費や公債費のように、毎年度経常的に支出される経費に充当されたものが占める割合のこと。この比率が高いほど財政の弾力性が失われつつあるとされる。

実質公債費比率　地方債の発行が許可制から協議制に移行したことに伴い、起債にあたり自治体財政の健全度を判断するために導入された指標。毎年度経常的に入ってくる財源のうち、公債費や公営企業債に対する繰出金などの公債費に準ずるものを含めた実質的な公債費負担額が占める割合のこと。この比率が18%以上の自治体は起債に許可が必要となり、25%以上の自治体は起債が制限される。

第29章　金融

　〔金融〕　日本銀行はわが国の中央銀行として、物価の安定を通じて国民経済の健全な発展に資するために金融政策を運営している。2013年1月、政府は成長力強化に取り組むことを表明し、日銀は2％の物価安定目標を導入して、金融緩和の推進によりデフレ脱却の早期実現を目指すと共同声明に明記した。同年4月に就任した黒田東彦日銀総裁は、就任直後の金融政策決定会合で金融政策の操作対象を金利から資金供給量（マネタリーベース）に変更することを決定した。マネタリーベースの拡大や長期国債の保有額を増やす「量」の拡大に加えて、長期国債の買い入れ対象の拡大や平均残存期間の延長、上場投資信託（ETF）の保有残高を増やすなど、買入資産を多様化して「質」にも配慮するという大胆な金融緩和政策を打ち出した。日銀は、これを「量的・質的金融緩和」と表現した。その後2016年1月には、金融機関が保有する日銀当座預金の一部にマイナス金利を導入。さらに同年9月には、10年物国債利回りがゼロ％程度で推移するよう長期国債を買い入れる「イールドカー

図 29-1　国債・財投債の保有者内訳の推移（各会計年度末現在）

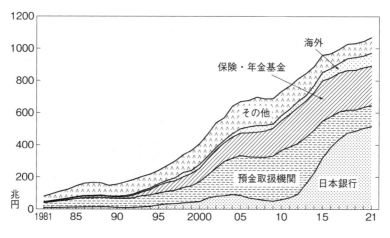

日本銀行データ（2023年2月24日閲覧）より作成。

ブ・コントロール（YCC）」と、物価上昇率が安定的に2％を超えるまでマネタリーベースの拡大方針を約束する「オーバーシュート型コミットメント」を導入した。YCC政策はのちに修正が加えられ、2021年3月には、長期金利の変動許容幅について「プラスマイナス0.25％程度である」ことを明記した。

　この結果、マネタリーベースは、2012年末の138兆円から、2021年末には670兆円に達し、2022年末は632兆円の水準にある（図29-4）。また日銀が保有する国債等の残高は大幅に増加し（図29-1）、2022年9月には536兆円と国債発行残高の半分を超えた。これらの政策により企業業績を圧迫していた円高は解消され、株価は上昇したものの、日本経済全体では物価目標を持続

図29-2　日銀によるETF・REITの買入額

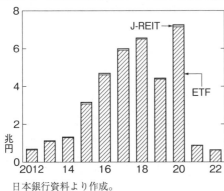

日本銀行資料より作成。

表29-1　通貨流通高
（2022年末現在）

	兆円	％
日本銀行券*·	125.1	96.3
一万円····	116.5	89.7
五千円····	3.7	2.8
二千円····	0.2	0.1
千円······	4.5	3.5
貨幣*······	4.9	3.7
五百円····	2.4	1.8
百円······	1.1	0.8
五十円····	0.2	0.2
十円······	0.2	0.1
五円······	0.1	0.0
一円······	0.0	0.0
計······	**129.9**	*100.0*

日本銀行「通貨流通高」より作成。
*その他、記念貨などを含む。

図29-3　通貨流通高と対GDP比の推移

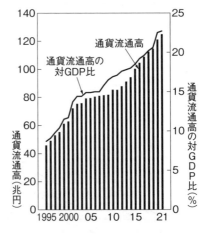

日本銀行、内閣府データより作成。
会計年度末現在。

的・安定的に達成できない状況が続いてきた。

　2022年に入ると、資源・エネルギーの国際価格上昇により各国でインフレが加速し、欧米の主要中央銀行は金融引き締めを進めた。一方で日銀は大規模な金融緩和を継続したことから、為替相場は急激に円安に動き、輸入物価を押し上げ、これが消費者物価にも波及した。また日銀が買入れを続けたことによって、国債市場にゆがみが生じるなど悪影響が

表 29-2　マネーストック（各年平均残高）（単位　兆円）

	2017	2018	2019	2020	2021	2022
M2・・・・・・・・・・・	974.0	1 002.5	1 026.2	1 092.6	1 162.7	1 201.2
M3・・・・・・・・・・・	1 299.6	1 332.5	1 359.5	1 432.4	1 511.7	1 555.8
M1・・・・・・・・・・	711.9	755.6	795.7	882.3	969.0	1 023.4
現金通貨・・・	95.9	99.7	102.3	106.5	111.1	114.4
預金通貨・・・	616.0	655.9	693.4	775.8	857.9	908.9
準通貨・・・・・・	556.3	546.7	534.9	521.7	508.4	496.5
CD（譲渡性預金）	31.5	30.2	28.9	28.5	34.3	35.9
広義流動性・・・・・	1 735.6	1 773.0	1 802.6	1 876.0	1 980.2	2 058.4

日本銀行データ（2023年2月24日閲覧）より作成。各項目については下の解説欄参照。【☞長期統計516ページ】

マネーストック　通貨保有主体が保有する通貨量の残高（金融機関や中央政府が保有する預金などは含まない）。通貨保有主体の範囲は、居住者のうち、一般法人、個人、地方公共団体・地方公営企業が含まれる（一般法人は預金取扱機関、保険会社、証券会社などを除く）。
M1　現金通貨＋預金通貨。対象金融機関は、M2対象金融機関（下記参照）、ゆうちょ銀行、農業協同組合、信用組合など（すなわち全預金取扱機関）。
現金通貨　銀行券発行高＋貨幣流通高。
預金通貨　要求払預金（当座、普通、貯蓄預金など）－対象金融機関が保有する小切手・手形。
M2　現金通貨＋国内銀行等に預けられた預金。対象金融機関は、日本銀行、国内銀行（ゆうちょ銀行を除く）、外国銀行在日支店、信金中央金庫、信用金庫、農林中央金庫、商工組合中央金庫。
M3　M1＋準通貨＋CD。すなわち、現金通貨＋全預金取扱機関に預けられた預金。なお、準通貨は定期性預金、外貨預金、定期積金など。CDは譲渡性預金で、銀行が発行する無記名の預金証書。対象金融機関は、M1に同じ。
広義流動性　M3に金銭信託、投資信託、金融債、銀行発行普通社債、国債、外債などを加えたもの。対象金融機関は、M3対象金融機関、国内銀行信託勘定、中央政府、保険会社等、外債発行機関。

第29章

金融

目立ってきた。この状況を受けて、2022年12月、日銀は長期金利の変動許容幅を0.25％から0.5％程度に広げ、10年間続いた大規模な金融緩和策を修正した。日銀は、市場機能を改善するためと説明しているが、市場には事実上の利上げとの見方があり、さらなる修正の観測も広がった。

図 29-4　マネタリーベースの推移（各年末現在）

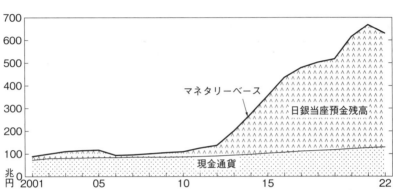

日本銀行データ（2023年2月24日閲覧）より作成。マネタリーベースとは、市中に出回る現金通貨と、金融機関が日銀に預けている当座預金の残高の合計。

表 29-3　マネタリーサーベイ（各年末現在）（単位　兆円）

	2018	2019	2020	2021	2022
資産					
対外資産（純額）‥‥‥‥‥	80.9	79.6	92.7	95.7	81.5
国内信用‥‥‥‥‥‥‥‥‥	1 542.6	1 598.0	1 701.0	1 743.6	1 782.0
政府向け信用（純額）‥‥‥	570.3	580.7	607.3	609.7	642.8
その他金融機関向け信用	295.6	318.7	352.1	376.7	363.1
地方公共団体向け信用‥‥	75.1	78.3	82.4	85.9	85.0
その他部門向け信用‥‥‥	601.5	620.3	659.3	671.2	691.2
負債					
通貨（M1）‥‥‥‥‥‥‥‥	787.4	829.5	943.9	1 006.9	1 050.9
現金通貨‥‥‥‥‥‥‥‥	105.5	107.0	112.4	116.2	119.0
預金通貨‥‥‥‥‥‥‥‥	681.8	722.5	831.6	890.8	931.8
準通貨（定期性預金）＋CD‥	570.0	555.3	547.2	533.4	524.6
その他（純額）‥‥‥‥‥‥	266.2	292.8	302.6	299.0	288.0

日本銀行データ（2023年2月24日閲覧）より作成。マネタリーサーベイとは、IMF（国際通貨基金）が採用している国際基準に基づき、日本銀行と全預金取扱機関（ゆうちょ銀行、信用組合、農業協同組合、労働金庫などを含む）の諸勘定を統合・調整（金融機関預金など金融機関相互間の重複勘定を相殺）した貸借対照表である。

表 29-4　国内銀行の預金者別預金残高（各年末現在）（単位　兆円）

	2018	2019	2020	2021	2022
一般公金預金‥‥‥‥	740.8	761.2	836.7	869.9	898.1
一般法人‥‥‥‥‥	247.5	253.3	296.4	306.0	312.3
個人‥‥‥‥‥‥	472.3	487.4	517.9	540.5	557.6
公金‥‥‥‥‥‥ 1)	21.0	20.5	22.5	23.4	28.3
（一般公金預金の種類別）	0.0	0.0	0.0	0.0	0.0
要求払預金‥‥‥‥ 2)	492.4	519.2	595.9	635.0	661.7
定期性預金‥‥‥‥	229.6	221.8	219.2	213.8	215.3
非居住者円預金‥‥	2.1	2.4	2.5	2.6	2.4
外貨預金‥‥‥‥	16.7	17.8	19.1	18.5	18.7
金融機関預金‥‥‥‥	34.5	34.5	35.9	33.9	34.0
政府関係預り金‥‥‥	0.1	0.1	0.1	0.1	0.1
計‥‥‥‥‥‥	**775.4**	**795.8**	**872.7**	**903.8**	**932.2**

日本銀行「預金・貸出関連統計（預金・現金・貸出金）」より作成。銀行勘定。整理回収機構やゆうちょ銀行を除く。1）地方公共団体や地方公営企業からの預金。2）当座預金、普通預金、貯蓄預金、通知預金、別段預金、納税準備預金の合計。

表 29-5　国内銀行の業種別貸出金残高（各年末現在）（単位　兆円）

	2018	2019	2020	2021	2022
製造業‥‥‥‥‥‥	56.5	58.3	67.4	61.9	65.2
不動産業‥‥‥‥‥	82.2	85.1	88.1	91.2	95.7
個人による貸家業‥‥	27.7	28.1	28.0	27.8	27.6
金融業、保険業‥‥‥	44.5	43.0	41.7	45.2	51.8
非預金信用機関‥‥‥ 1)	21.1	21.4	21.5	21.9	24.0
卸売業‥‥‥‥‥	26.7	26.2	27.3	28.0	29.3
運輸業、郵便業‥‥‥	17.2	17.0	19.1	19.2	19.2
電気・ガス等‥‥‥‥ 2)	13.4	14.5	15.4	16.4	18.2
物品賃貸業‥‥‥‥	14.3	15.4	17.7	16.4	17.3
小売業‥‥‥‥‥	15.8	15.9	16.9	17.0	17.2
法人計×‥‥‥‥‥	**325.3**	**331.3**	**354.8**	**356.0**	**374.9**
地方公共団体‥‥‥‥	28.1	28.4	29.4	30.0	29.7
個人‥‥‥‥‥‥	138.1	141.2	144.5	149.2	153.4
住宅・消費‥‥‥‥ 3)	129.0	132.4	136.4	141.4	145.7
国内銀行貸出計×‥‥	**504.4**	**513.7**	**541.0**	**547.9**	**572.3**
中小企業‥‥‥‥ 4)	353.3	361.6	376.9	385.4	402.2
（参考）信用金庫貸出高‥	71.8	72.5	78.2	78.9	79.7
その他金融機関貸出高‥	58.0	59.6	74.2	73.9	76.4

日本銀行「預金・貸出関連統計（貸出先別貸出金）」より作成。銀行勘定、信託勘定、海外店勘定（国内向け）の合計。ゆうちょ銀行を除く。割引手形、手形貸付、証書貸付、当座貸越。1）貸金業、クレジットカード業等。2）電気・ガス・熱供給・水道業。3）割賦返済分。4）中小企業の定義は中小企業基本法に同じ。便宜上、個人を含む。×その他とも。

第29章

金融

表 29-6　個人向け貸出金（消費財・サービス購入資金）（単位　億円）

	1990	2000	2010	2021	2022
国内銀行					
新規貸出・・・・・・・・・・・	74 596	19 423	8 248	12 838	12 151
残高・・・・・・・・・・・・・・	178 257	109 500	71 434	93 544	92 115
うちカードローン等・1)	61 602	46 644	32 061	50 399	48 011
信用金庫					
新規貸出・・・・・・・・・・・	14 487	5 365	3 702	4 618	5 136
残高・・・・・・・・・・・・・・	34 344	29 035	16 732	20 919	20 789
うちカードローン等・1)	7 510	10 124	5 576	5 246	4 951

資料は前表と同じ。個人（事業目的を除く）に対する消費財・サービス購入資金の貸出。割賦返済方式とカードローン等の合計。使途を指定しない一般消費資金を含む。1）カードローン（当座貸越方式）、応急ローン、キャッシング。

表 29-7　全国銀行の不良債権（金融再生法開示債権）の推移（単位　億円）

	2018年3月末	2019年3月末	2020年3月末	2021年3月末	2022年3月末
都銀・旧長信銀・信託					
金融再生法開示債権・・・	21 910	19 630	20 550	26 430	34 000
破産更生等債権・・・・	3 120	2 670	2 830	3 540	2 610
危険債権・・・・・・・・・・	10 540	12 230	11 400	13 510	22 010
要管理債権・・・・・・・・・	8 250	4 730	6 330	9 380	9 370
不良債権比率（％）・・・ 1)	*0.7*	*0.6*	*0.6*	*0.7*	*0.9*
地域銀行2)					
金融再生法開示債権・・・	45 050	47 640	47 920	52 790	54 930
破産更生等債権・・・・	7 920	9 250	9 410	8 990	9 240
危険債権・・・・・・・・・・	29 580	29 480	28 420	32 690	35 050
要管理債権・・・・・・・・・	7 540	8 920	10 090	11 110	10 630
不良債権比率（％）・・・ 1)	*1.7*	*1.7*	*1.7*	*1.8*	*1.8*
全国銀行					
金融再生法開示債権・・・	66 950	67 270	68 480	79 220	88 920
破産更生等債権・・・・	11 040	11 930	12 240	12 530	11 860
危険債権・・・・・・・・・・	40 130	41 700	39 820	46 200	57 060
要管理債権・・・・・・・・・	15 790	13 650	16 420	20 490	20 000
不良債権比率（％）・・・ 1)	*1.1*	*1.1*	*1.1*	*1.2*	*1.3*
（参考）信用金庫					
金融再生法開示債権・・・	31 340	29 660	28 880	30 240	31 680
破産更生等債権・・・・	6 800	6 580	6 410	6 010	5 850
危険債権・・・・・・・・・・	21 890	20 610	20 070	21 770	23 480
要管理債権・・・・・・・・・	2 650	2 480	2 400	2 470	2 350
不良債権比率（％）・・・ 1)	*4.0*	*3.7*	*3.5*	*3.5*	*3.6*

金融庁資料より作成。**破産更生等債権**は、破産や会社更生などにより経営破たんに陥っている債務者に対する債権。**危険債権**は、経営が悪化し元本の回収および利息の受取ができない可能性の高い債権。**要管理債権**は、3 か月以上延滞債権および貸出条件緩和債権。1）金融再生法開示債権÷総与信。2）地方銀行と第 2 地方銀行の合計。

図 29-5　家計の金融資産構成の比較（2022年3月末）（%）

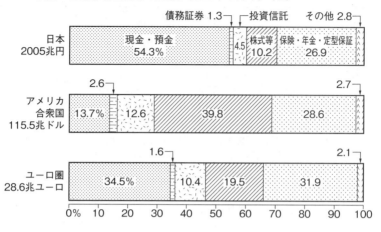

日本銀行「資金循環の日米欧比較」より作成。

表 29-8　家計の金融資産残高（各年末現在）（単位　兆円）

	2018	2019	2020	2021	2022*
現金・預金‥‥‥‥‥‥	985.2	1 007.4	1 056.7	1 093.1	1 116.1
現金‥‥‥‥‥‥‥	94.0	96.4	102.0	107.2	109.7
流動性預金‥‥‥‥‥	453.5	485.1	540.4	587.0	622.9
定期性預金‥‥‥‥‥	431.0	418.4	406.2	391.7	377.1
外貨預金‥‥‥‥‥	6.7	7.5	8.2	7.1	6.3
債務証券‥‥‥‥‥‥	24.6	25.9	26.7	25.9	25.6
国債・財投債‥‥‥‥	13.0	13.5	13.4	12.7	12.7
政府関係機関債‥‥‥	1.5	1.5	1.6	1.6	1.5
事業債‥‥‥‥‥‥	5.7	6.5	6.7	6.5	6.3
信託受益権‥‥‥‥	4.0	4.1	4.8	4.9	5.0
株式等・投資信託受益証券	247.4	267.7	260.3	301.6	285.8
株式等‥‥‥‥‥‥	180.5	194.3	183.6	210.0	199.3
上場株式‥‥‥‥‥	101.9	116.0	117.7	133.8	123.6
非上場株式‥‥‥‥	73.8	73.1	60.8	71.3	71.7
投資信託受益証券‥‥	66.8	73.4	76.7	91.6	86.4
保険・年金・定型保証‥	522.9	527.4	532.1	536.8	536.3
生命保険受給権‥‥‥	217.3	221.1	222.2	224.1	223.9
年金保険受給権‥‥‥	100.4	101.0	101.2	102.7	103.6
年金受給権‥‥‥‥‥1)	149.3	150.3	154.2	155.9	155.3
計×‥‥‥‥‥‥‥	**1 834.6**	**1 885.2**	**1 929.6**	**2 014.1**	**2 022.8**

日本銀行データ（2023年3月27日閲覧）より作成。1) 私的年金。*速報値。×その他とも。

表 29-9　キャッシュレス決済の現状

	キャッシュレス決済比率(%)[1] (2020年)	1人あたり保有数 (2019年)（単位　枚）		
		クレジットカード[2]	デビットカード[2][3]	電子マネー[2]
韓国·········	[4] 93.6	2.2	3.2	0.7
中国·········	[4] 83.0	0.5	5.5	···
アメリカ合衆国	55.8	3.3	1.0	···
日本·········	29.8	2.3	3.6	3.6

キャッシュレス推進協議会「キャッシュレス・ロードマップ2022」より作成。原資料は世界銀行およびBIS資料。1) 非現金手段による年間支払額より算出。2) カードに複数の機能がある場合は、重複して計上。国・地域により一部カードの計数が欠損している。3) ディレイデビットカードを含む。4) 他の国と原資料が異なり参考値。

表 29-10　コード決済の利用状況 (年間)（単位　億円）

	2018	2019	2020	2021	2022
店舗利用金額·········	1 650	11 206	42 003	73 487	107 986
うちクレジットカードから[1]	82	1 598	10 300	20 753	28 704
店舗利用件数（百万件）	52	816	2 718	4 895	7 893
送金金額·············	83	474	1 649	3 521	6 530
送金件数（百万件）····	3	13	44	97	182
チャージ残高········ 2)	···	1 123	2 474	3 380	5 060
ユーザー数（千人）· 2)3)	3 548	18 546	36 363	48 733	60 629

キャッシュレス推進協議会「コード決済利用動向調査」(2023年3月3日公表) より作成。QRコードなどによる決済。1) クレジットカードおよびブランドデビットカード紐付け利用分、クレジットカードおよびブランドデビットチャージ分。2) 各年12月末時点。3) 各サービスの月間アクティブユーザー数。

表 29-11　電子マネーの利用状況

	2010	2015	2019	2020	2021	2022
決済件数（百万件）···	1 915	4 678	6 234	5 923	5 740	5 882
決済金額（億円）·····	16 363	46 443	57 506	60 342	59 696	60 841
1件あたり（円）···	854	993	923	1 019	1 040	1 034
発行枚数[1]（万枚）···	14 647	29 453	42 371	44 786	47 007	50 021
うち携帯電話 ·······	1 672	2 887	4 007	4 440	4 970	5 697
端末台数[1][2]（万台）···	84	177	357	522	600	707
残高[3]（億円）········	1 196	2 311	3 233	3 656	3 846	4 249

日本銀行「決済動向」(2023年1月) より作成。プリペイド方式のうちIC型電子マネーが対象で、SuicaやICOCAなど交通系（乗車や乗車券購入への利用分を除く）、小売流通企業発行のWAON、nanaco、専業の楽天Edyから提供されたデータを集計したもの。1) 各年末時点。2) 2020年に集計方法を見直し。3) 各年9月末時点。

〔証券・為替〕 2022年4月に東京証券取引所の市場再編が実施された。第一部、第二部など4市場の区分が、「プライム市場」、「スタンダード市場」、「グロース市場」の3区分に再編された。市場ごとのコンセプトを明確にすることで投資家の利便性を高めるほか、上場会社に持続的な企業価値向上の動機付けを行うことが目的とされた。新市場区分では、コンセプトに応じて株式の流動性やコーポレートガバナンスなどに関する上場基準が設けられ、プライム市場はガバナンスの基準が他より厳しく、グローバルな投資家との対話が意識された。再編の背景には上場企

表 29-12　東証の市場別売買代金 （単位　十億円）

	2020	2021		2022 4〜12月
東証一部・・・・・・・・・	671 672	765 250	プライム・・・・・・・・・	605 605
1日平均・・・・・・・・	2 764.1	3 123.5	1日平均・・・・・・・・	3 291.3
東証二部・・・・・・・・・	10 658	8 510	スタンダード・・・・・・	16 476
1日平均・・・・・・・・	43.9	34.7	1日平均・・・・・・・・	89.5
マザーズ・・・・・・・・・	44 377	41 899	グロース・・・・・・・・	25 277
1日平均・・・・・・・・	182.6	171.0	1日平均・・・・・・・・	137.4
JASDAQスタンダード	14 431	13 686	TOKYO PRO MARKET	4
1日平均・・・・・・・・	59.4	55.9	1日平均・・・・・・・・	0.02
JASDAQグロース・	1 108	2 119		
1日平均・・・・・・・・	4.6	8.6		
TOKYO PRO MARKET[1]	2	4		
1日平均・・・・・・・・	0.01	0.02		

日本取引所グループホームページより作成。1）特定投資家向けの市場。

表 29-13　東証再編に伴う新市場区分の選択状況 （単位　社）

	グロース市場[1]	スタンダード市場[1]	プライム市場[1]	計
市場第一部・・・・・・・・[1]	…	338	1 839	2 177
市場第二部・・・・・・・・[1]	…	475	…	475
マザーズ・・・・・・・・・[1]	431	1	…	432
JASDAQ スタンダード・・・・・[1]	…	652	…	652
JASDAQグロース・・・	34	…	…	34
計・・・・・・・・・・・・・	465	1 466	1 839	3 770

日本取引所グループホームページより作成。2022年4月4日再編時。1）外国株を含む。

業の新陳代謝を促し、海外投資家をも呼び込む株式市場の活性化があっ
た。しかし1年を経て1日平均売買代金に目立った変化は見られていな
い（表29-12）。当初から、基準未達の企業に当面の上場を認めた経過措

表 29-14　株式の所有者別分布（全上場会社）（会計年度末現在）

	株主数（千人）		株式数（千単元）		
	2020	2021	2020	2021	〃 %
政府・地方公共団体	1.4	1.2	6 031	6 055	0.2
金融機関‥‥‥‥‥	92.5	79.7	838 800	870 534	26.5
銀行・信託銀行‥	55.8	43.5	695 733	720 783	21.9
投資信託‥‥‥	10.7	10.6	240 885	254 898	7.7
年金信託‥‥‥	11.5	11.6	27 998	27 386	0.8
生命保険会社‥‥	17.7	16.8	93 526	96 206	2.9
損害保険会社‥‥	3.7	3.6	26 597	30 179	0.9
その他の金融機関	15.2	15.8	22 943	23 365	0.7
証券会社‥‥‥‥‥	91.7	91.0	89 364	91 614	2.8
事業法人等‥‥‥‥	774.5	802.5	736 746	775 316	23.6
外国法人等‥‥‥ 1)	543.5	559.6	766 805	827 484	25.1
個人・その他‥‥‥	59 814.5	64 610.0	687 244	719 352	21.9
計‥‥‥‥‥‥‥	**61 318.0**	**66 144.0**	**3 124 989**	**3 290 355**	100.0

資料は表29-12に同じ。全上場会社は、東京、名古屋、福岡、札幌の4証券取引所に上場
している会社で、東証マザーズやジャスダックなどの新興企業向けの市場を含む。会社数
は2020年度が3823社、21年度が3874社。株主数は延べ数。1) 法人と個人の合計。

表 29-15　所有単元数別の分布状況（全上場会社）（会計年度末現在）

所有単元数	株主数（千人）			株式数（千単元）		
	2020	2021	〃 %	2020	2021	〃 %
1～4‥‥‥‥‥‥	42 136	45 854	69.3	67 579	73 225	2.2
5～9‥‥‥‥‥‥	6 688	7 295	11.0	40 127	43 543	1.3
10～49‥‥‥‥‥	10 173	10 613	16.0	172 601	179 616	5.5
50～99‥‥‥‥‥	1 111	1 160	1.8	70 754	73 696	2.2
100～499‥‥‥‥	906	928	1.4	166 562	169 647	5.2
500～999‥‥‥‥	112	110	0.2	76 189	74 873	2.3
1000～4999‥‥‥	131	125	0.2	279 789	267 412	8.1
5000単元以上‥‥	61	59	0.1	2 251 389	2 408 344	73.2
計‥‥‥‥‥‥	**61 318**	**66 144**	100.0	**3 124 989**	**3 290 355**	100.0

日本取引所グループホームページより作成。単元株とは、企業が株式の売買単位を自由に
決められる制度。従来の単位株制度にかわり、2001年の改正商法で導入された。

置が課題として指摘されていた。2022年12月末で経過措置の対象はプライムが269社、スタンダードが200社、グロースが41社あり、各市場の1〜2割を占める。東京証券取引所は2023年1月に、経過措置を2026年までの実質4年で終わらせる案を発表した。市場を活性化するためには、今後も企業側の意識改革と継続的な制度改正が課題である。

　2022年、欧米各国はエネルギー・資源価格の上昇による急激なインフレに見舞われ、米国では就業者数や賃金の伸びが高水準で、連邦準備制度理事会は3月にゼロ金利政策を解除し、矢継ぎ早に政策金利を引き上げた。日米の金利差拡大で為替市場では円安が進み、10月には一時1ドル150円を超える1990年以来の円安を記録した。

図 29-6　株式時価総額のランキング（2022年末現在）

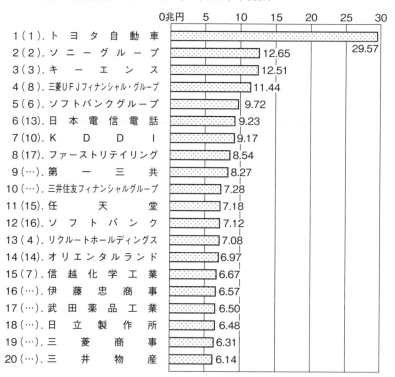

順位	企業名	時価総額（兆円）
1（1）．	トヨタ自動車	29.57
2（2）．	ソニーグループ	12.65
3（3）．	キーエンス	12.51
4（8）．	三菱UFJフィナンシャル・グループ	11.44
5（6）．	ソフトバンクグループ	9.72
6（13）．	日本電信電話	9.23
7（10）．	KDDI	9.17
8（17）．	ファーストリテイリング	8.54
9（…）．	第一三共	8.27
10（…）．	三井住友フィナンシャルグループ	7.28
11（15）．	任天堂	7.18
12（16）．	ソフトバンク	7.12
13（4）．	リクルートホールディングス	7.08
14（14）．	オリエンタルランド	6.97
15（7）．	信越化学工業	6.67
16（…）．	伊藤忠商事	6.57
17（…）．	武田薬品工業	6.50
18（…）．	日立製作所	6.48
19（…）．	三菱商事	6.31
20（…）．	三井物産	6.14

日本取引所グループホームページより作成。株式時価総額とは、当日の終値に上場株数を掛けて算出するもので、上場株式の財産価値を示す。カッコ内は前年の順位。

表 29-16 **主要通貨の国際決済シェア**（各年12月）（%）

	2017	2018	2019	2020	2021	2022
米ドル（USD）···	39.9	41.6	42.2	38.7	40.5	41.9
ユーロ（EUR）···	35.7	33.0	31.7	36.7	36.7	36.3
英ポンド（GBP）··	7.1	6.8	7.0	6.5	5.9	6.1
日本円（JPY）····	3.0	3.4	3.5	3.6	2.6	2.9
中国人民元（CNY）	1.6	2.1	1.9	1.9	2.7	2.2
カナダドル（CAD）	1.6	1.8	2.0	1.8	1.6	1.8

国際銀行間通信協会（SWIFT）資料より作成。国際決済に占める各通貨の割合。

表 29-17 **主要市場の外国為替取引高**（1営業日平均）（単位 十億ドル）

	2007	2010	2013	2016	2019	2022
イギリス·········	1 483	1 854	2 726	2 406	3 576	3 755
アメリカ合衆国···	745	904	1 263	1 272	1 370	1 912
シンガポール·····	242	266	383	517	640	929
（香港）··········	181	238	275	437	632	694
日本·············	250	312	374	399	376	433
計×··········	4 281	5 045	6 686	6 514	8 280	9 843
日本の割合（%）	5.8	6.2	5.6	6.1	4.5	4.4

国際決済銀行（BIS）"Triennial Central Bank Survey of Foreign Exchange and Over-the-counter（OTC）Derivatives Markets in 2022" より作成。3年ごとの調査。各年4月の1営業日あたり平均取引高で、国内分の二重計上を調整した値。各国の係数は今後修正される可能性があることに留意。×その他とも。

図 29-7 **主要市場の外国為替取引高**（1営業日平均）

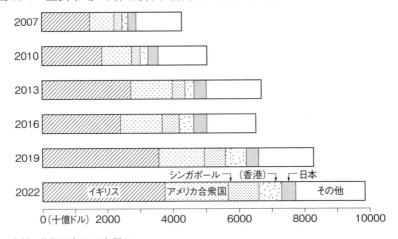

資料、注記は表29-17と同じ。

表 29-18　日本の外国為替市場における取引額 (単位　億ドル)

	2010	2013	2016	2019	2022	19/22増減率(％)
スポット‥‥‥	1 015	1 566	1 099	976	1 487	52.4
フォワード‥‥	316	352	627	611	624	2.1
為替スワップ‥	1 683	1 696	2 057	1 953	2 049	4.9
通貨スワップ‥	22	64	58	60	44	-26.5
通貨オプション	87	64	149	154	121	-21.5
計‥‥‥‥‥	3 123	3 742	3 990	3 755	4 325	15.2

日本銀行「外国為替およびデリバティブに関する中央銀行サーベイ」より作成。日本の外国為替市場の1営業日あたりの平均取引高で、3年に1度の調査。原資料は、表29-17と同じ。対象は、本邦銀行等12行庫、外資系銀行16行、本邦証券会社2社、外資系証券会社7社。

表 29-19　主要通貨ペア別取引量の推移 (単位　十億ドル)

	2010	2013	2016	2019	2022	％
米ドル/ユーロ‥‥‥‥	1 098.6	1 291.8	1 171.8	1 581.5	1 704.8	22.7
米ドル/日本円‥‥‥‥	567.0	979.9	900.8	871.2	1 013.4	13.5
米ドル/英ポンド‥‥‥	359.9	472.6	469.7	630.0	713.5	9.5
米ドル/中国人民元‥‥	31.3	112.7	192.2	270.2	494.4	6.6
米ドル/カナダドル‥‥	181.8	199.9	218.3	287.1	410.1	5.5
米ドル/豪ドル‥‥‥‥	248.4	364.3	262.0	358.6	380.8	5.1
ユーロ/英ポンド‥‥‥	108.9	101.8	99.8	130.2	153.5	2.0
ユーロ/日本円‥‥‥‥	110.5	148.1	79.2	113.5	102.7	1.4
日本円/豪ドル‥‥‥‥	24.0	45.6	31.3	35.0	36.8	0.5
計×‥‥‥‥‥‥‥	3 972.8	5 356.6	5 066.4	6 581.0	7 506.0	100.0

資料は表29-17に同じ。各年4月の1営業日あたりの平均取引量で、国内・海外分の二重計上を調整した値。×その他とも。

実質実効為替レート　ドル円など特定の通貨間でなく、相対的な通貨の実力を測るため、貿易ウエイトや物価変動をもとに算出された対外的な購買力の指標。貿易黒字拡大や日米貿易摩擦で1995年にかけて上昇した。以後、金融緩和の常態化で内外金利差が拡大。貿易黒字の減少とともに企業の海外直接投資が伸び、円の需要が減少した。2023年1月の実質実効為替レートは1971年以来の低水準にある。

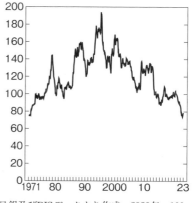

日銀及びBISデータより作成。2020年＝100。

第29章　金融

〔**保険**〕生命保険のうち、個人保険の保有契約件数は2021年度末現在1億9302万件（前年度比101.5％）で、14年連続の増加だった。一方、個人保険の保有契約高は、死亡保障の金額を抑えて医療保障を充実させる傾向を反映して減少しており、前年度比1.1％減の806兆8784億円となった。保有契約件数の内訳は、医療保険が全体の22.4％で最も多く、次いで終身保険（19.5％）、定期保険（14.9％）、がん保険（13.1％）と続いている（図29-8参照）。新型コロナ感染症による営業活動の制約が続いてきたが、メールやオンラインを活用した対顧客活動等により、転換分を含めた個人保険の新契約件数は1887万件（前年度比110.8％）、新契約高は46兆4807億円（同105.3％）と3年ぶりに増加した。従来保険会社の業績は死亡保障金額の契約高で判断されていたが、医療、がん保険

表 29-20　**生命保険の保有契約の推移**（会計年度末）

	1990	2000	2010	2020	2021
契約金額（十億円）					
個人保険‥‥‥	1 092 117	1 311 993	879 596	815 763	806 878
個人年金保険‥	41 791	74 096	95 710	101 796	101 113
団体保険‥‥‥	471 430	415 986	371 519	404 837	408 831
計‥‥‥‥‥	**1 605 338**	**1 802 075**	**1 346 826**	**1 322 397**	**1 316 823**
契約件数（千件）					
個人保険‥‥‥	118 013	112 718	121 912	190 250	193 019
個人年金保険‥	7 516	13 717	18 988	20 789	20 394

生命保険協会「生命保険事業概況」（2021年）、「生命保険の動向」（2022年版）より作成。本表は日本国内で営業している民間生命保険会社の生命保険事業に関する統計である。2010年度以降はかんぽ生命を含む。

保有契約高（金額）　生命保険会社が顧客に対して保障する金額の総合計額。

図 29-8　**個人保険の保有契約件数の内訳**（2021年度末現在）

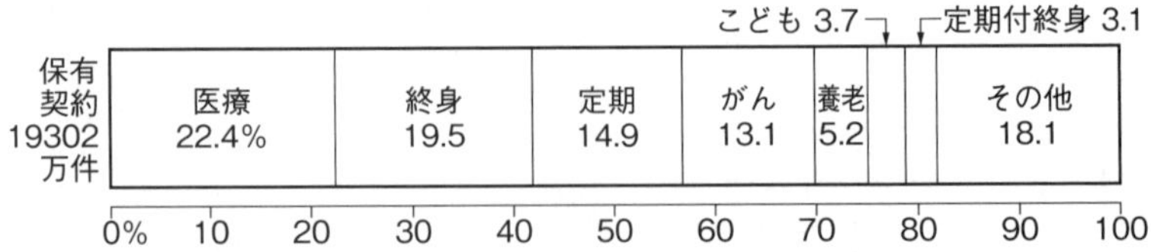

資料は表29-20参照。本来その他保険等に含まれる医療保険、がん保険、こども保険を個別に計上している。

や個人年金などの死亡保障金額が小さい、もしくは無い商品の普及を反映し、補完する指標として「年換算保険料」が使われるようになった（表29-22脚注参照）。2021年度の新規契約にかかる年換算保険料は、個人保険が1兆5161億円（前年度比113.7％）、個人年金保険が3246億円（同124.4％）で、ともに3年ぶりに増加した。保有契約ベースでの年換算保険料は個人保険、個人年金保険合計で27兆9000億円であった。医療保

表 29-21　生命保険の新規契約の推移（会計年度）

	1990	2000	2010	2020	2021
契約金額（十億円）					
個人保険‥‥‥‥	207 536	133 559	62 992	44 129	46 481
個人年金保険‥	13 077	3 606	6 894	3 976	5 262
団体保険‥‥‥‥	23 176	7 055	2 483	4 458	4 524
計‥‥‥‥‥‥	**243 789**	**144 220**	**72 370**	**52 563**	**56 267**
契約件数（千件）					
個人保険‥‥‥‥	16 687	12 430	15 861	17 025	18 872
個人年金保険‥	2 167	886	1 443	679	879

資料は表29-20参照。転換後の契約分を含む。2010年度以降は、かんぽ生命を含む。

新規契約高（金額）　保険会社が事業年度において新たに契約した保障金額の総合計額。

表 29-22　生命保険保有契約の年換算保険料（会計年度末）（単位　十億円）

	新契約＋転換純増			年度末保有契約		
	2019	2020	2021	2019	2020	2021
第一分野（除く年金）	982	851	974	15 104	14 832	14 798
終身保険（定額）‥	246	152	203	4 132	4 117	4 227
利率変動型終身保険	183	188	185	1 605	1 725	1 837
養老保険（定額）‥	189	96	117	2 624	2 374	2 190
定期保険‥‥‥‥‥	179	228	233	4 663	4 460	4 249
第三分野[1)]‥‥‥‥	563	483	542	6 972	7 034	7 119
医療保険‥‥‥‥‥	256	231	256	3 338	3 380	3 423
がん保険‥‥‥‥‥	93	70	80	1 354	1 345	1 344
年金‥‥‥‥‥‥‥	393	261	325	6 160	6 099	5 982
個人年金（定額）‥	281	197	220	4 767	4 742	4 702
計‥‥‥‥‥‥‥	**1 939**	**1 594**	**1 841**	**28 236**	**27 965**	**27 900**

資料は表29-20参照。1) 生命保険（第一分野）と損害保険（第二分野）の中間に位置する保険のことで、医療保険、がん保険、介護保険、就業不能保険などさまざま種類がある。

年換算保険料　年払いや一括払いなど商品による支払い方法の違いを調整し、生保会社が保険契約から1年間に得る保険料。契約高は死亡保障額が小さい医療保険や介護保険などの伸びが反映されにくいため、これを補完する指標として用いられるようになった。

険や就業不能保険などの第三分野の年換算保険料は、新規契約は5419億円、保有契約は 7 兆1194億円で、一貫して増加を続けている（生命保険協会「生命保険の動向（2022年版）」）。新型コロナに関して、2022年12月までに生命保険会社が支払った入院給付金は9264億円で、そのうち95％が宿泊療養や自宅療養の「みなし入院」であった。

　損害保険の2021年度の正味収入保険料は、自動車保険や火災保険の増加によって 8 兆8063億円となった。一方、支払い保険金は前年度から

表 29-23　生命保険の保険金等支払状況（会計年度）（単位　億円）

	2017	2018	2019	2020	2021
保険金・・・・・・・・・・・・	104 069	102 898	95 989	93 445	92 204
死亡保険金・・・・・・	30 054	30 860	32 008	33 259	35 174
満期保険金・・・・・・	19 383	28 175	26 830	27 013	25 794
年金・・・・・・・・・・・・・	47 546	46 037	48 984	46 007	45 529
給付金・・・・・・・・・・・・	38 626	38 981	40 067	39 892	42 593
入院給付金・・・・・・	7 039	7 159	7 330	7 022	7 622
手術給付金・・・・・・	4 282	4 450	4 684	4 402	4 445
計・・・・・・・・・・・・・	**190 241**	**187 916**	**185 041**	**179 345**	**180 327**

資料は表29-20参照。

表 29-24　損害保険の種目別保険料の推移（ I ）（元受正味保険料）
（会計年度）（単位　億円）

	1990	2000	2010	2020	2021
任意保険					
火災・・・・・・・・・・・・	17 351	15 836	13 159	17 772	17 727
自動車・・・・・・・・・・・	24 618	36 500	34 314	42 756	43 072
傷害・・・・・・・・・・・・・	24 950	18 313	10 403	8 936	8 769
新種1)・・・・・・・・・・・	7 193	7 586	8 966	15 973	16 554
海上・運送・・・・・・・・	3 081	2 505	2 573	2 740	3 091
小計・・・・・・・・・・	77 192	80 739	69 414	88 177	89 213
強制保険					
自動車賠償責任保険・	12 051	9 878	8 063	8 096	7 495
計・・・・・・・・・・・・・・	**89 243**	**90 617**	**77 478**	**96 273**	**96 709**

日本損害保険協会資料より作成。1) 賠償責任保険、動産総合保険、労働者災害補償責任保険、航空保険、盗難保険、建設工事保険、ペット保険など。

元受正味保険料　保険契約者との直接の保険契約に係る収入を表すもので、元受保険料－諸返戻金（満期返戻金は除く）で算出。

3.2％増の４兆7112億円となっている。福島県沖地震に係る地震保険の
支払いや、コロナ禍の影響による事故件数減少の反動などが影響した。
2018、2019年度には自然災害による保険金支払いが１兆円を超えたこと
から、損保会社の収益が悪化した。このため、損害保険料率算定機構は
参考純率を10.9％引き上げ、2022年10月より損保各社の住宅向けの火災
保険料が2000年以降最大となる11〜13％引き上げられた。築年数の古い
住宅の増加などの影響を受け、今後も火災保険料は上昇する可能性があ
るとみられる。

損害保険の種目別保険料の推移 （Ⅱ）（正味収入保険料）
（会計年度）（単位　億円）

	1990	2000	2010	2020	2021
任意保険					
火災	9 735	10 537	10 073	14 693	15 071
自動車	24 781	36 501	34 564	41 881	42 288
傷害	6 670	6 766	6 477	6 205	6 315
新種	6 014	6 923	8 189	13 331	13 931
海上・運送	2 941	2 315	2 324	2 426	2 729
小計	50 140	63 043	61 627	78 537	80 334
強制保険					
自動車賠償責任保険	6 147	5 698	8 083	8 390	7 729
計	**56 287**	**68 741**	**69 710**	**86 927**	**88 063**

日本損害保険協会資料より作成。

正味収入保険料　元受正味保険料に再保険に係る収支を加味し、収入積立保険料を控除し
たもの。

表 29-25　損害保険の保険金・満期金支払額 （会計年度）（単位　億円）

	2017	2018	2019	2020	2021
正味支払保険金	47 023	53 242	50 268	45 637	47 112
火災	6 924	12 408	9 360	8 075	9 491
自動車	21 837	22 415	22 411	20 243	20 619
傷害	3 243	3 204	3 192	2 859	2 839
新種	6 192	6 410	6 953	6 896	7 120
海上・運送	1 413	1 600	1 608	1 385	1 415
自賠責	7 415	7 204	6 744	6 177	5 627
満期金 [1]	7 594	6 754	6 614	6 633	6 272

日本損害保険協会資料より作成。1) 満期返戻金＋契約者配当金。

正味支払保険金　支払った保険金から再保険により回収した再保険金を控除したもの。

表 29-26　地震保険契約の推移（会計年度）

	2001	2005	2010	2015	2020	2021
世帯加入率（％）[1]	16.2	20.1	23.7	29.5	33.9	34.6
付帯率（％）‥‥[2]	33.5	40.3	48.1	60.2	68.3	69.0
保有契約件数（万件）	788	1 025	1 275	1 694	2 036	2 080

日本損害保険協会資料より作成。1) 年度末の契約件数を住民基本台帳に基づく世帯数で除した数値。2015年以降は、12月末の数値。2) 年度中に契約された火災保険契約に地震保険契約が付帯されている割合。

地震保険　火災保険では補償されない地震・噴火や津波を原因とした損害を補償する地震災害専用の保険。対象は居住用の建物と家財で、主に火災保険に付帯する方式で契約する。

図 29-9　保険会社の総資産の内訳（2021年度末）

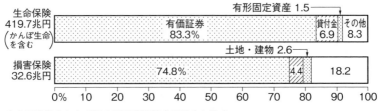

生命保険協会および日本損害保険協会資料より作成。

表 29-27　少額短期保険の推移（会計年度末）

	2017	2018	2019	2020	2021
会社数（社）‥‥‥‥‥	97	101	103	110	115
募集人資格					
取得者数（千人）‥‥‥	205	220	237	261	283
保有契約件数（万件）‥‥	753	831	883	957	1 054
収入保険料（億円）‥‥‥	923	1 032	1 074	1 178	1 277

日本少額短期保険協会資料より作成。以下内訳は2021年度決算概況。
契約件数の内訳　家財79％、ペット7％、生保系7％、その他7％
保険料収入の内訳　家財65％、ペット15％、生保系13％、その他7％

少額短期保険　少額の保険料でペット保険をはじめとした日常のさまざまなトラブルに備える保険であり、通称ミニ保険と呼ばれている。以前は無認可共済として販売されていたが、少額短期保険として保険業法が適用された。2021年度末の保有契約件数は前年度比110％の1054万件となった。また保険会社に比べ参入障壁が低いため、異業種などの新規参入も多く、少額短期保険を扱う会社数は2015年度末の84社から2021年度末には115社に増えている。

第30章　運輸・観光

　日本では、1960年代以降、新幹線や高速道路が整備され、輸送量が急速に増えた。しかし、1990年代初頭にバブル経済が崩壊して景気が低迷すると、大都市と地方では輸送需要の格差が広がっていった。人口が減り、輸送需要が落ち込んだ地域では、一定の人口規模のもとで採算が成り立つ鉄道を中心とした交通網を維持することは難しく、都市機能を中心地に集約し（コンパクトシティ化）、鉄道の代わりに路線バスを軸にするなど、町づくりと一体になった交通網の整備が進められている。一方、東京など大都市圏には人口が集中し、道路の渋滞や鉄道のラッシュが慢性的に発生してきた。

　2020年以降は、コロナ禍により、人々の移動の自粛やテレワークの普及から大都市でも輸送量が減少して、鉄道業などが大きな打撃を受けた。新幹線の旅客輸送量では、2019年の993億3200万人キロから2020年には349億3600万人キロ、2021年には465億3300万人キロに減少している（表30-5）。営業用のバスによる輸送量は、2019年の558億人キロから、2020

表30-1　運輸業、郵便業の概況

	2019	2020	2021	2022
国内総生産（億円）…	5 579 108	5 390 824	5 493 793	5 563 872
運輸業、郵便業…	299 095	227 547	226 261	…
割合（％）…	5.4	4.2	4.1	…
就業者数（万人）… 1)	6 750	6 710	6 713	6 723
運輸業、郵便業… 1)2)	348	349	352	351
鉄道業…	24	25	26	26
道路旅客運送業…	48	46	42	41
道路貨物運送業…	196	194	199	201
水運業…	6	7	6	5
航空運輸業…	5	5	6	6
倉庫業…	26	26	25	27
郵便業…	10	10	12	12
割合（％）…	5.2	5.2	5.2	5.2

国内総生産は内閣府「国民経済計算」（2015年基準・2008SNA）、2022年は「2022年10～12月期　2次速報値」より作成。暦年の名目値。就業者数は総務省「労働力調査」。1) 基準人口の切り替えにより補正された時系列数値。2) 運輸に附帯するサービス業を含む。

年には225億人キロ、2021年には270億人キロに減少した（表30-11）。航空業界では、国境が封鎖されたこともあって需要が激減し、2020年の国際線の座席利用率は19.0％、2021年はやや回復したものの25.9％と低水

図 30-1　国内の輸送機関別輸送量の推移（会計年度）

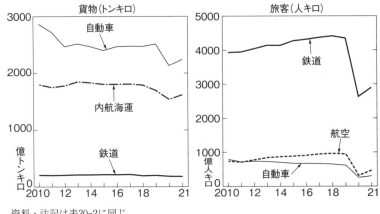

資料・注記は表30-2に同じ。

表 30-2　国内の輸送機関別輸送量（会計年度）

貨物	輸送トン数（百万トン）			輸送トンキロ（百万トンキロ）		
	2019	2020	2021	2019	2020	2021
鉄道‥‥‥	43	39	39	19 993	18 340	18 042
自動車‥ 1)	4 117	3 787	3 888	251 471	213 419	224 095
内航海運・	341	306	325	169 680	153 824	161 795
航空‥‥ 2)3)	0.8	0.4	0.5	835	464	528

旅客	輸送人員（百万人）			輸送人キロ（百万人キロ）		
	2019	2020	2021	2019	2020	2021
鉄道‥‥‥	25 190	17 670	18 805	435 063	263 211	289 891
自動車‥ 1)	5 800	4 000	4 270	61 301	25 593	30 189
旅客船‥‥	80	45	…	3 076	1 523	…
航空‥‥ 2)	102	34	50	94 490	31 543	46 658

国土交通省「鉄道輸送統計調査」、「自動車輸送統計調査」、「内航船舶輸送統計調査」、「数字で見る海事」、「航空輸送統計調査」より作成。自動車は、2010年10月および2020年4月調査よりそれぞれ調査方法・集計方法が変更された。本書では編集時点で、最新公表のデータを掲載している。1）貨物自家用自動車のうち軽自動車および旅客自家用自動車を調査対象に含まず。2）定期輸送のみ。3）超過手荷物や郵便物を含まない。

輸送トンキロ：輸送した貨物の重さ（トン）に、それぞれの貨物の輸送距離を乗じたもの。
輸送人キロ：輸送した旅客の人員数に、それぞれの旅客の輸送距離を乗じたもの。

準であった（表30-19）。

　貨物輸送では、海外からの輸出入の停滞が続き、事業所の営業自粛などから輸送量が減少した。しかし一方で、コロナによる巣ごもり需要から個人向けのインターネット通販市場などが拡大しており、宅配貨物数が増加している。2021年度の宅配便総数は49億5323万個で、コロナ以前の2019年度と比較すると14.6％増となった（表30-12）。物流業界では、トラックドライバーの長時間労働と人手不足が深刻な問題となっており、再配達の削減など輸送の効率化が急務となっている。

図 30-2　輸送機関別輸送量とエネルギー消費の割合（2020年度）

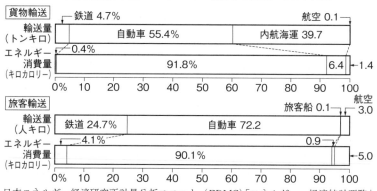

日本エネルギー経済研究所計量分析ユニット（EDMC）「エネルギー・経済統計要覧」（2022年版）より作成。国土交通省は2020年度調査より自動車に関して調査方法等の見直しを行っているが、本グラフでは全体のエネルギー消費を見るため、旅客部門で自家用乗用車等を含む数値で算出されている。

表 30-3　国際輸送量

	2000	2005	2010	2015	2020	2021
貨物重量（千 t ）						
海上貿易量‥	889 737	949 992	915 449	946 713	815 654	856 168
国際航空輸送1)	1 188	1 319	1 323	1 402	1 282	1 768
旅客数（千人）						
出国者総数‥	23 085	24 896	26 225	35 842	7 911	1 085
入国者総数‥2)	23 046	24 908	26 201	36 101	8 045	904

法務省「出入国管理統計年報」（2021年）、国土交通省「数字で見る海事」（2022年版）、「航空輸送統計年報」（2021年）より作成。1) 超過手荷物および郵便物を含まず。2) 一時上陸客、通過観光客を含み、永住の目的で入国した者を除く。

〔鉄道〕　1872年10月に新橋－横浜間で鉄道が開業されてから、2022年で150年を迎えた。開業以来、鉄道は主要な旅客輸送の陸上交通機関として重要な役割を果たしている。2019年の旅客輸送人員は251億9000万人で、コロナ禍の2020、21年度は減少したものの、自家用自動車を除いて日本国内で輸送人員が最多であった（表30-2）。旅客輸送を主流とするため、大都市圏の鉄道では、慢性的で激しい混雑が発生しており、多くの路線で複々線化などによる輸送力の増強が進められてきた。利用者には時差出勤などをうながして、混雑緩和への協力を求めている。2020年からは移動の自粛やテレワークの普及により混雑状況が一時的に緩和したが、コロナ感染状況が落ち着くと、鉄道の利用は再び増加している。JR東日本は、2023年3月より変動運賃制を導入し、通常料金よりも値下げしたオフピーク定期券の発行を始めた。

　貨物輸送では、自動車輸送で深刻な人手不足と、2024年にはトラックドライバーに対する時間外労働の規制が強化されることから、一度に大量の荷物を運べる「貨物鉄道」が注目を集めている。

表 30-4　鉄道旅客営業キロ数と旅客輸送量（2021年度）

	旅客営業キロ（km）	旅客輸送人数（万人）			旅客輸送人キロ（百万人キロ）
		定期	定期外	合計	
ＪＲ‥‥‥‥‥	19 675.6	457 591	248 530	706 121	170 190
新幹線‥‥‥ 1)	2 997.1	4 176	15 360	19 536	46 533
北海道線‥	148.8	1	60	61	89
東北線‥‥	713.7	1 342	3 246	4 588	6 898
上越線‥‥	303.6	579	1 673	2 252	2 393
東海道線‥	552.6	1 247	7 322	8 569	25 336
北陸線‥‥	345.5	259	1 289	1 547	1 720
山陽線‥‥	644.0	818	3 118	3 936	9 119
九州線‥‥	288.9	239	559	798	978
民鉄‥‥‥‥‥	7 841.0	676 809	497 610	1 174 419	119 700
大手‥‥‥‥	2 912.1	466 960	318 209	785 170	92 532
中小‥‥‥‥	4 439.1	100 400	95 961	196 361	14 411
公営‥‥‥‥	489.8	109 448	83 440	192 888	12 757
計‥‥‥‥‥	27 516.6	1 134 399	746 140	1 880 540	289 891

国土交通省「鉄道輸送統計」より作成。旅客営業キロは旅客営業線の長さで、2022年3月末現在の数値。1）旅客輸送人数は、新幹線の各路線間の重複分があるため、各路線の輸送人数を合計しても新幹線全体の輸送人数とは一致しない。

表 30-5　新幹線の路線別旅客輸送量（会計年度）（単位　百万人キロ）

	2005	2010	2015	2019	2020	2021
東海道線‥‥	43 777	43 741	52 167	54 027	18 344	25 336
山陽線‥‥‥	14 849	15 547	18 960	19 325	7 212	9 119
東北線‥‥‥	13 484	12 594	15 536	15 490	5 356	6 898
上越線‥‥‥	4 590	4 303	4 913	4 825	1 775	2 393
北陸線‥‥‥	800	753	3 888	3 495	1 326	1 720
九州線‥‥‥	409	493	1 919	1 917	844	978
北海道線‥‥	—	—	14	253	79	89
計‥‥‥‥	77 908	77 431	97 398	99 332	34 936	46 533

国土交通省「鉄道輸送統計」より作成。

表 30-6　大手民鉄の輸送人員と営業収益（会計年度）（単位　百万人）

	2021	2022	営業収益 （億円）		2021	2022	営業収益 （億円）
東京メトロ	1 819	1 904	2 728	京急‥‥	335	360	599
東急‥‥	806	897	1 223	名鉄‥‥	296	315	698
東武‥‥	677	735	1 264	京成‥‥	209	225	429
小田急‥	525	581	920	京阪‥‥	208	219	409
阪急‥‥	485	511	790	阪神‥‥	184	194	284
西武‥‥	472	508	808	相鉄‥‥	175	184	274
京王‥‥	451	501	641	南海‥‥	178	183	417
近鉄‥‥	426	456	1 070	西鉄‥‥	79	84	163

日本民営鉄道協会「大手民鉄の素顔」(2022年版) より作成。2022年の輸送人員の多い順に掲載。営業収益は、鉄軌道部門の収益のみ。

表 30-7　主な国の鉄道輸送量（2021年）

	貨物 （億トン キロ）	旅客 （億人 キロ）		貨物 （億トン キロ）	旅客 （億人 キロ）
日本‥‥‥‥1)	180	2 899	イギリス‥‥2)	152	242
イラン‥‥‥	329	112	イタリア‥‥	243	277
インド‥‥‥	7 198	2 311	ウクライナ‥2)	1 756	107
カザフスタン2)	3 022	86	スペイン‥‥	103	170
中国‥‥‥‥3)	30 182	9 465	ドイツ‥‥‥	1 231 2)	588
トルコ‥‥‥	159	107	フランス‥‥	358	869
アメリカ合衆国	22 394	125	ロシア‥‥‥	26 386	1 034
カナダ‥‥‥	4 302	5	オーストラリア	4 531	93

世界銀行 "World Development Indicators"(2023年3月20日閲覧) より作成。国有鉄道や旧国有鉄道など主に全国的なネットワークを持つ鉄道が対象。ただし、日本は国土交通省資料による国内すべての鉄道。1) 2021年度。2) 2020年。3) 2019年。2019年のデータはコロナ禍の影響を受けていないことに留意。

第30章

運輸・観光

〔道路〕　日本の道路の実延長は122.8万キロメートルで、そのうち0.7％が高速自動車国道（高速道路）である（表30-8）。高速道路は、1963年に名神高速道路の尼崎 − 栗東間で開通して以降、65年に名神、69年には東名が全線開通した。現在も延伸は進んでおり、日本の大動脈となっている。名神、東名の渋滞緩和や災害時の代替補完機能を担うため、並行する新東名、新名神の整備などが行われて、最近では、2021年8月に山梨と静岡を結ぶ中部横断自動車道が全線開通し、工場や物流施設の新設が相次ぐなど大きな経済効果をもたらしている。同年12月には三陸沿岸道路で仙台 − 八戸間が直結し、翌年10月には東北中央自動車道の首都圏 − 新庄区間が接続されている。

表30-8　道路実延長（2020年3月31日現在）（訂正後）（単位　km）

| | 実延長（A） | 車道幅5.5m以上 | | 自動車交通不能 | 舗装道1)（C） | C／A（％） |
		延長（B）	B／A（％）			
高速自動車国道・	9 082	9 082	100.0	—	9 082	100.0
一般国道・・・・・・	55 944	52 044	93.0	138	55 662	99.5
都道府県道・・・・	129 724	91 971	70.9	1 643	125 690	96.9
市町村道・・・・・・	1 033 030	193 472	18.7	139 003	823 940	79.8
合計・・・・・・・・	**1 227 780**	**346 568**	28.2	**140 784**	**1 014 374**	82.6

国土交通省「道路統計年報」（2021年）より作成。当資料は数値に誤りがあることが判明し、後に訂正データが発表されている。自動車交通不能とは幅員・勾配・曲線などの関係で最大積載量4トンの普通貨物自動車が通行できない区間。1）簡易舗装道を含む。

EU、e-fuelガソリン車の販売容認

2023年2月、ヨーロッパ連合（EU）の欧州議会は、2035年までに電気自動車（EV）や水素を使う燃料電池車などゼロエミッションの車のみを販売可能とし、ガソリン車やディーゼル車の新車販売を禁止する法案を可決した。2050年までに温室効果ガスの排出を実質ゼロにするための政策の一つであり、本法案が承認されると、二酸化炭素（CO_2）を排出する新車はEU域内で販売できなくなる。しかし、ドイツやイタリアから、CO_2を実質排出しない合成燃料（e-fuel）で走る車の販売を容認するよう強い要請があり、EUは条件付きでガソリン車の販売を認めるよう変更することとなった。この方針転換は、ハイブリッド車（HV）などを得意とする日本メーカーにも大きな影響を与えるとみられている。

〔**自動車**〕　自家用使用を含む自動車は、人や貨物を最も多く運ぶ輸送
機関である。ただし、近年、国土交通省の「自動車輸送統計調査」の調
査方法および集計方法が変更されたため、統計データの時系列比較には
注意が必要となっている。2010年10月分調査より、調査対象から自家用
軽貨物自動車および自家用旅客自動車が除外され、自家用使用の自動車
を組み込まない方向に変更された。変更後の調査結果によると、2021年
度の自動車輸送量は、貨物が2241億トンキロ、旅客が302億人キロとな
っている（表30-2、表30-11参照）。

　貨物輸送では、少量物品輸送において自動車の利用度が高い。1970年

表 30-9　**自動車保有台数**（単位　千台）

	1990	2000	2010	2020	2021	2022
四輪車‥‥‥‥‥	56 491	70 898	73 859	76 703	76 680	76 740
乗用車‥‥‥‥	34 924	52 437	58 347	62 194	62 164	62 158
うち軽四輪車‥‥	2 585	9 901	17 987	22 858	22 988	23 177
トラック‥‥ 1)	21 321	18 226	15 285	14 283	14 298	14 369
バス‥‥‥‥‥	246	235	227	225	218	213
三輪車‥‥‥‥ 2)	3	3	3	3	3	3
二輪車‥‥‥‥ 3)	2 862	3 078	3 566	3 802	3 899	3 997
特種(殊)用途‥‥	…	…	1 503	1 759	1 794	1 806
被けん引車‥‥‥	…	…	153	185	190	194

国土交通省「自動車保有車両数統計」より作成。各年12月末現在。1) 被けん引車を除く。
2) 乗用車、トラックに分類される三輪車の計。3) エンジン総排気量126cc以上で原動機
付自転車を含まず。【☞長期統計516ページ、府県別統計520ページ】

表 30-10　**電気自動車等保有台数**（単位　千台）

	2016	2017	2018	2019	2020	2021
電気自動車（EV）	94	112	126	138	146	161
乗用車‥‥‥‥	73	91	106	117	124	138
軽自動車‥‥‥	19	19	19	19	20	21
PHV‥‥‥‥‥ 1)	70	103	122	136	151	174
FCV‥‥‥‥‥ 2)	2	2	3	4	5	7
HEV‥‥‥‥‥ 3)	6 975	8 211	9 469	10 688	11 876	13 026
乗用車‥‥‥‥	6 474	7 410	8 331	9 145	9 863	10 631
軽自動車‥‥‥	476	776	1 106	1 498	1 955	2 322

次世代自動車振興センター資料より作成。各年度末時点の推定値。1) プラグインハイブ
リッド自動車。乗用車のみ。2) 燃料電池自動車。乗用車のみ。3) ハイブリッド自動車。

第30章　運輸・観光

代後半に始まった宅配便事業は、インターネット通販の市場拡大により
貨物数が急増した。コロナ禍以降も、巣ごもり需要の増大によって貨物
数は増え続けている。トラック輸送はドライバーが慢性的に不足してい

表 30-11　自動車の輸送量（会計年度）

	2010	2015	2019	2020	2021
貨物（億トンキロ）	2 865	2 402	2 515	2 134	2 241
営業用········	2 567	2 119	2 240	1 870	1 964
自家用······ 1)	299	283	275	264	277
(参考)自家用軽自動車	16	17	16	15	14
旅客（億人キロ）・2)	790	670	613	256	302
バス········· 3)	712	605	558	225	270
乗用車······ 4)	77	65	55	30	32
(参考)自家用 ····	7 992	8 085	8 440	7 438	7 203

国土交通省「自動車輸送統計年報」より作成。2010年10月および2020年4月調査よりそれ
ぞれ調査方法・集計方法が変更された（表30-2注記参照）。参考として表示している項目
は調査対象に含まず。データは別掲で推計値。1) 軽自動車を含まず。2) 営業用のみ。3)
定員11人以上。4) 定員10人以下。

表 30-12　小量物品の輸送量（会計年度）（単位　万個）

	宅配便計	トラック輸送	航空等利用運送	メール便（万冊）	郵便小包*	旧国鉄
1980	1) 10 682	1) 10 682	—	—	18 392	4 152
1985	49 303	49 303	—	—	15 098	1 230
1990	110 050	110 050	—	—	35 143 2)	688
1995	143 403	141 933	1 470	—	40 018	—
2000	257 379	254 027	3 352	···	31 048	—
2005	292 784	289 714	3 070	206 823	207 498	—
2010	321 983	319 329	2 654	524 264	(296 840)	—
2015	374 493	370 447	4 047	526 394	(405 243)	—
2019	432 349	429 063	3 286	470 192	(454 307)	—
2020	483 647	478 494	5 153	423 870	(439 010)	—
2021	495 323	488 206	7 117	428 714	(433 487)	—

国土交通省「宅配便取扱実績について」（2021年度）、日本郵政グループ「郵便物・荷物の
引受件数」より作成。宅配便は重量30kg以下の一口一個の貨物。メール便とは重量1kg(ゆ
うメールは3kg)以下の一口一冊の貨物で、1997年より開始。航空等利用運送とは、ト
ラック輸送と鉄道、海上、航空輸送を組み合わせて利用する運送。*2007年10月の郵政民
営化により、郵便小包は名称が「荷物」に変わった。2007年度以降は、ゆうパックは宅配
便に、ゆうメールはメール便に含まれる（2007年度以降は数値をカッコ内で示している）。
2016年10月以降のゆうパックはゆうパケットを含む。1) 1981年度。2) 1986年度（1987年
度以降のJRの手荷物小荷物の扱いは廃止）。

る。2021年は燃料費の高騰に加えて、ディーゼル車に必要な尿素水不足も輸送業者に打撃を与えた。2024年4月以降、働き方改革関連法によって、自動車運転業務の年間時間外労働が上限960時間に制限されるが、輸送業者にはこの「2024年問題」への対応も急がれている。

図 30-3　世界の電気自動車（EV）販売シェア

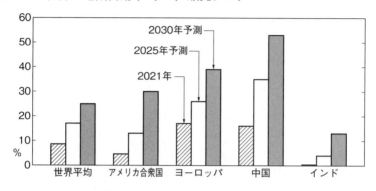

IEA（国際エネルギー機関）"Global EV Outlook 2022" より作成。乗用車のみ。2021年は推計値で、2025年、2030年は予測値。

表 30-13　各国の自動車保有台数 （単位　千台）

	2000 合計 (A)	2020				B／A (倍)
		乗用車	トラック・バス	合計 (B)	100人あたり　台	
アメリカ合衆国·	221 475	116 261	172 776	289 037	86.0	1.3
中国··········	16 089	226 914	46 476	273 390	19.2	17.0
日本··········	72 649	62 194	16 268	78 462	62.6	1.1
インド·········	7 540	37 941	30 590	68 531	4.9	9.1
ロシア·········	25 394	56 001	9 231	65 232	44.8	2.6
ドイツ········1)	47 306	48 249	4 027	52 276	62.7	…
ブラジル·······	15 468	37 862	7 860	45 722	21.4	3.0
メキシコ·······	14 850	33 988	11 099	45 087	35.8	3.0
イタリア·······	36 165	39 718	5 282	45 000	75.6	1.2
フランス·······	33 813	32 289	8 249	40 539	62.9	1.2
イギリス·······	31 463	35 083	5 268	40 351	60.2	1.3
ポーランド·····	11 045	25 413	4 363	29 775	77.5	2.7
スペイン·······	21 427	25 169	4 538	29 708	62.7	1.4
インドネシア···	5 205	18 253	10 993	29 246	10.8	5.6

日本自動車工業会「世界自動車統計年報」（2005年）、同「日本の自動車工業」（2022年）より作成。100人あたり台数は、国連"World Population Prospects"（2022年版）の2020年年央人口を用いて編者算出。1) 2000年と2020年のデータに連続性がない。

第30章　運輸・観光

〔海運〕　外航海運は、海外貿易を行う上で欠かせない輸送手段であり、長年にわたって大量・長距離輸送を担ってきた。航空輸送よりも重量・距離あたりの輸送コストが安く、また、輸送単位あたりの環境負荷も小さいことから、地球温暖化対策が大きな課題となる中で環境にやさしい輸送手段となっている。

表 30-14　日本商船隊の輸送量（単位　千 t ）

	2020			2021 （暫定値）		
	日本籍船	外国用船	計	日本籍船	外国用船	計
輸出·····	2 310	56 101	58 411	2 371	73 526	75 897
定期船·	661	15 314	15 975	353	17 708	18 061
油送船·	121	8 596	8 717	195	6 745	6 940
輸入·····	113 819	321 200	435 019	103 220	335 062	438 283
定期船·	634	14 778	15 411	645	15 977	16 622
油送船·	54 527	89 283	143 811	52 306	89 750	142 056
三国間···	51 273	344 662	395 935	46 917	321 946	368 863
定期船·	4 652	83 504	88 156	4 163	75 546	79 709
油送船·	4 744	34 369	39 113	920	32 804	33 724
合計···	**167 403**	**721 962**	**889 365**	**152 508**	**730 534**	**883 042**

国土交通省「数字で見る海事」より作成。日本商船隊とは、日本の外航海運会社が運航する2000総トン以上の外航商船群を指し、日本籍船と外国用船（外国の船舶を借り上げて輸送を行うもの）で構成される。三国間輸送とは、自国以外の海外2か国間以上での輸送に従事すること。油送船には化学薬品船、LPG船等を含む。

表 30-15　日本籍船船腹量の推移

	乾貨物船		タンカー		合計 （その他を含む）		油送船 割合[1] （％）
	隻	総トン数 （千トン）	隻	総トン数 （千トン）	隻	総トン数 （千トン）	
1980	4 808	19 593	2 466	18 138	8 825	39 015	*46.5*
1990	3 986	14 121	1 992	9 502	7 668	25 186	*37.7*
2000	2 779	5 924	1 540	7 332	5 880	14 874	*49.3*
2010	1 941	6 493	1 140	6 166	4 255	13 864	*44.5*
2019	1 910	16 653	1 043	9 265	4 039	27 108	*34.2*
2020	1 918	16 727	1 059	8 959	4 069	26 915	*33.3*
2021	1 867	16 645	1 055	8 869	4 009	26 758	*33.1*

日本船主協会「海運統計要覧」より作成。100総トン以上の鋼船で、漁船、官庁船、その他特殊船を含まず。各年央の数値。タンカーは油送船、化学薬品船、液化ガス船の合計。1）船腹量全体に占める油送船の比率。【☞長期統計516ページ】

世界の海上輸送量は、2020年にコロナ禍の影響で減少したものの、それ以前は年々増加傾向を続けていた。2021年の海上輸送量は前年比4.5％増の119億8200万トンで、品目別では原油が全体の15.3％を占めている（表30-18）。船舶登録別の船腹量は、外国所有船舶の登録を認めるパナマやリベリア、マーシャル諸島などで多く、日本の海運会社もそれ

図 30-4　日本の海上輸送量の品目構成 （2021年）

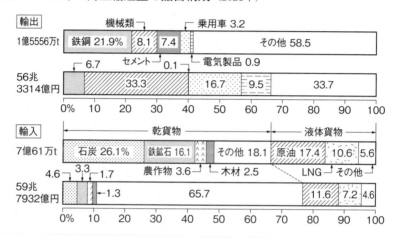

国土交通省「数字で見る海事」（2022年）より作成。木材にはパルプ、チップを含む。農作物は米、小麦、大麦、裸麦、トウモロコシ、大豆の合計。

表 30-16　港湾入港船舶の隻数と総トン数

	2010 隻数（千隻）	2010 総トン数（万トン）	2020 隻数（千隻）	2020 総トン数（万トン）	2021 隻数（千隻）	2021 総トン数（万トン）
外航·········	112	187 983	89	178 390	86	174 238
商船········	111	186 801	89	177 943	86	173 851
自動車航送船	1	1 181	0	447	0	386
内航·········	2 650	172 419	2 082	165 670	2 027	166 092
商船·······	1 742	83 708	1 363	84 950	1 325	85 723
自動車航送船	908	88 711	719	80 720	702	80 368
漁船·········	1 234	2 018	767	1 429	750	1 336
その他······ 1)	235	7 502	177	5 834	175	6 074
計·········	4 231	369 921	3 115	351 322	3 038	347 740

国土交通省「港湾統計年報」より作成。総トン数5万トン以上。1) 避難船を含む。

第30章　運輸・観光

らの国々で登録した便宜置籍船を多く所有している。日本の海運会社の運行する船は日本商船隊と呼ばれ、2021年6月末時点の数は2283隻である。そのうち日本船籍は273隻で、最も多いのはパナマ籍の1223隻、次いでリベリアの210隻、マーシャル諸島の130隻などとなっている。日本商船隊による2021年の輸送量は、世界全体の7.4％にあたる8億8304万トンであった。日本籍船による輸送量は17.3％を占め、1億5251万トンとなっている（表30-14）。

表 30-17　世界の船舶登録国別船腹量（単位　万総トン）

	2020	油送船	2021	油送船	2022	油送船
パナマ‥‥‥‥‥	21 836	3 209	22 712	3 415	23 052	3 688
リベリア‥‥‥‥	17 163	5 014	18 519	5 295	20 737	5 829
マーシャル諸島‥	16 118	5 316	16 809	5 576	17 780	5 722
（香港）‥‥‥‥	12 735	2 280	12 974	2 420	13 123	2 427
シンガポール‥‥	9 294	2 304	9 104	1 954	8 895	1 585
マルタ‥‥‥‥‥	8 048	2 083	8 189	2 039	8 324	1 970
中国‥‥‥‥‥‥	6 766	908	7 089	1 073	7 526	1 142
バハマ‥‥‥‥‥	6 332	1 587	6 144	1 453	6 130	1 351
ギリシャ‥‥‥‥	3 996	2 416	3 753	2 205	3 644	2 070
日本‥‥‥‥‥‥	2 940	534	2 870	546	2 995	546
世界計×‥‥‥	**140 013**	**33 038**	**143 986**	**33 998**	**148 564**	**34 514**

国連貿易開発会議（UNCTAD）"UNCTADSTAT"より作成。各年1月1日現在。100総トン以上の鋼船。漁船は含まない。×その他とも。

表 30-18　世界の海上輸送量（単位　百万 t）

	1990	2000	2010	2019	2020	2021
石油‥‥‥‥‥	1 548	2 332	2 829	2 827	2 826	2 842
原油‥‥‥‥	1 133	1 745	1 917	2 016	1 868	1 839
石油製品‥‥	415	586	913	1 080	958	1 003
鉄鉱石‥‥‥‥	356	447	990	1 454	1 502	1 517
石炭‥‥‥‥‥	331	509	926	1 284	1 165	1 231
穀物‥‥‥‥‥	195	230	319	478	512	525
その他‥‥‥‥	1 855	2 902	4 122	5 962	5 593	5 867
計‥‥‥‥‥	**4 285**	**6 420**	**9 186**	**12 005**	**11 598**	**11 982**
船腹量‥‥‥‥	667	792	1 349	1 979	2 025	2 116

日本海事広報協会「日本の海運　SHIPPING NOW 2022-2023」、国土交通省「数字で見る海事」より作成。船腹量は百万重量トン。

〔航空〕　世界の航空旅客数は、2019年までほぼ一貫して増加傾向であ
ったが、2020年は新型コロナウイルス感染症対策として各国が国境閉鎖、
渡航規制などを実施したことで大きく減少した。2021年はワクチン接種
が普及し、徐々に規制対策が緩和されて、再び増加に転じている。世界
の民間航空の旅客輸送量は、2020年が2兆9623億人キロ、2021年が前年
比22.4％増の3兆6260億人キロであった（表30-23）。日本でも、コロナ
禍で不要不急の外出が自粛されて2020年度の旅客数は大きく落ち込ん
だ。2021年度は2020年度より少し回復し、国内線（定期便のみ）旅客数
は前年度比47％増の4969万5000人、国際線は同比121％増の176万1000人
となっている（表30-19）。国内線の座席利用率は50.5％、国際線は
25.9％であった。

　航空輸送は海上輸送に比べて運賃が高く、利用は限られてきた。しか
し、コロナ禍による海上輸送の世界的なコンテナ不足と運賃の高騰の影
響で、空輸の利用が増加している。2021年度の国際便の航空貨物は、コ
ロナワクチンなど医薬品の輸入や半導体などの輸出が増えて、輸送量、
金額ともに増加した（表30-19、表30-22）。

表 30-19　航空輸送状況 （年度）

	旅客				貨物	
	旅客数 （千人）	人キロ （百万）	座席 キロ （百万）	座席 利用率 （％）	重量 （千トン）	トンキロ （百万）
国内定期						
2017	102 119	94 427	130 282	72.5	904	969
2018	103 903	96 171	131 600	73.1	823	881
2019	101 873	94 490	133 364	70.9	781	835
2020	33 768	31 543	68 793	45.9	428	464
2021	49 695	46 658	92 479	50.5	480	528
国際						
2017	22 387	98 805	125 119	79.0	1 763	9 829
2018	23 396	102 841	129 469	79.4	1 447	7 890
2019	21 434	98 602	131 464	75.0	1 459	8 208
2020	798	5 106	26 816	19.0	1 359	7 694
2021	1 761	11 712	45 157	25.9	1 764	10 434

国土交通省「航空輸送統計年報」より作成。貨物には超過手荷物および郵便物を含まず。
国際線は本邦航空運送事業者によるもので、定期、不定期の区別はない。

第30章　運輸・観光

表 30-20　主な国内路線の旅客輸送量

	2020年度		2021年度		旅客数増減率（％）
	旅客数（人）	座席利用率（％）	旅客数（人）	座席利用率（％）	
羽田—福岡	3 004 256	49.8	4 539 460	57.8	151.1
羽田—新千歳	2 919 202	49.6	4 164 242	52.7	142.7
羽田—大阪	2 050 527	51.1	2 878 732	59.1	140.4
羽田—那覇	2 254 779	47.3	2 834 614	50.8	125.7
羽田—鹿児島	660 299	41.7	1 085 523	50.8	164.4
成田—新千歳	476 673	60.3	966 558	72.0	202.8
福岡—那覇	735 381	50.2	941 125	49.0	128.0
成田—福岡	435 484	61.9	903 610	76.2	207.5
羽田—熊本	519 540	42.9	848 890	49.9	163.4
羽田—広島	536 768	48.4	760 429	49.9	141.7
中部—新千歳	482 450	47.6	719 500	52.8	149.1
羽田—長崎	435 125	43.4	681 193	49.7	156.6
大阪—新千歳	467 789	54.9	613 656	56.5	131.2
関西—新千歳	357 106	50.7	605 363	56.7	169.5

資料は表30-19に同じ。旅客数増減率は、2021年度の2020年度比。

表 30-21　航空会社別の国内線旅客輸送状況 （会計年度）

	旅客数（千人）		旅客輸送量（百万人キロ）	
	2020	2021	2020	2021
全日本空輸・・・・・・・・・・・・・1)	12 709	17 993	11 576	16 385
日本航空・・・・・・・・・・・・・・2)	10 440	14 653	9 516	13 416
Peach Aviation ・・・・・・・・・・	2 069	4 276	2 394	4 862
スカイマーク・・・・・・・・・・・・	2 963	4 168	3 063	4 339
ジェットスター・ジャパン	1 452	2 920	1 557	3 050
日本トランスオーシャン航空	1 261	1 220	1 191	1 106
AIRDO・・・・・・・・・・・・・・・	580	1 162	548	1 091
ソラシドエア・・・・・・・・・・・	660	1 123	691	1 274
スターフライヤー・・・・・・・	458	677	430	646
スプリング・ジャパン・・・・	64	84	60	79
フジドリームエアラインズ	435	706	315	513
琉球エアーコミューター・・	328	361	80	88
アイベックスエアラインズ	62	234	50	206
オリエンタルエアブリッジ	57	74	12	17
新中央航空・・・・・・・・・・・・	53	71	8	11
天草エアライン・・・・・・・・・	15	26	5	8
東邦航空・・・・・・・・・・・・・・	14	15	1	1

国土交通省「航空輸送サービスに係る情報公開」より作成。コードシェアを実施している場合は、自社販売分を計上。1）ANAウイングスを含む。2）ジェイエア、日本エアコミューター、北海道エアシステム、日本トランスオーシャン航空（一部路線）を含む。

表 30-22　主要航空貨物の貿易額（単位　億円）

輸出	2021	2022	輸入	2021	2022
機械機器・・・・・・	157 384	179 456	機械機器・・・・・・・	147 481	180 446
半導体等電子部品	47 000	54 505	半導体等電子部品	30 859	45 644
科学光学機器[1]	14 609	16 045	事務用機器・・・	17 689	18 987
電気計測機器・	9 391	10 198	科学光学機器[1]	14 482	17 311
映像機器・・・・[2]	2 633	5 677	航空機用内燃機関	4 694	7 052
事務用機器・・・	5 190	4 850	電気計測機器・	5 561	6 709
航空機・・・・・・	857	998	音響・映像機器・	4 980	6 125
化学製品・・・・・・	29 983	33 734	航空機・・・・・・	5 731	3 757
医薬品・・・・・・	6 979	9 070	時計・・・・・・・・	2 793	3 432
金属および同製品	9 933	10 954	化学製品・・・・・・	49 549	63 930
窯業製品・・・・・・	3 355	3 960	医薬品・・・・・・	37 991	52 205
織物・衣類・・・・	2 768	3 470	非鉄金属・・・・・・	13 130	13 652
食料品・・・・・・・・	1 686	1 738	食料品・・・・・・・・	3 050	5 368
計×・・・・・・・・	**266 031**	**316 453**	計×・・・・・・・・	**247 398**	**304 516**

財務省「貿易統計」より作成。2022年は確々報。1) カメラ・レンズ・計測機器など。2)
テレビ・VTR・テレビカメラなど。×その他とも。

表 30-23　世界の民間航空輸送量（定期輸送）

	2017	2018	2019	2020	2021
旅客（億人キロ）・・・	77 185	82 809	86 640	29 623	36 260
貨物（億トンキロ）・	2 272	2 338	2 284	1 928	2 316

国際民間航空機関（ICAO）"ANNUAL REPORT OF THE COUNCIL 2021" より作成。

表 30-24　各国の民間航空輸送量（定期輸送）

航空会社の所属国	旅客（百万人キロ）			貨物（百万トンキロ）		
	2020	2021	増減率（%）	2020	2021	増減率（%）
アメリカ合衆国・	608 724	1 107 096	*81.9*	40 793	46 005	*12.8*
中国・・・・・・・・・・	629 669	652 334	*3.6*	19 264	20 961	*8.8*
ロシア・・・・・・・・	131 906	204 942	*55.4*	4 315	5 888	*36.5*
トルコ・・・・・・・・	73 686	119 308	*61.9*	6 870	9 338	*35.9*
アラブ首長国連邦	111 408	106 901	*-4.0*	12 172	15 301	*25.7*
アイルランド・・・	75 429	95 000	*25.9*	132	86	*-34.8*
インド・・・・・・・・	85 619	88 510	*3.4*	875	908	*3.8*
フランス・・・・・・	69 374	85 545	*23.3*	2 468	4 107	*66.4*
メキシコ・・・・・・	50 926	78 477	*54.1*	733	963	*31.4*
ブラジル・・・・・・	58 124	73 352	*26.2*	1 210	1 294	*6.9*
世界計×・・・・・	**2 962 287**	**3 626 024**	*22.4*	**192 824**	**231 635**	*20.1*

資料・注記は表30-23に同じ。国内線と国際線の合計。貨物には郵便物を含まず。2021年
の旅客輸送量の多い順に掲載。×その他とも。

〔郵便〕　郵便の集配など生活に欠かせないサービスは、全国の人が均一の料金で同じサービスを受けられること(ユニバーサルサービス)が必要である。郵便事業は、2007年10月の民営化後もユニバーサルサービスの提供義務が課され、全国一律のサービスを維持している。国内の郵便物数は近年大きく減少し、一方で荷物の取扱い数が増加している。荷物の急増や人手不足により、従来のサービスの継続は困難で、2021年10月から普通郵便物とゆうメールの土曜日配達が休止され、2022年2月末までには平日の翌日配達も全国の郵便局で順次廃止された。また、無線で遠隔操作できるドローンの実用化など、配送効率を上げる方法が検討されている。

表 30-25　**郵便局数と郵便ポスト数**（会計年度末現在）

	2010	2015	2018	2019	2020	2021
郵便局数・・・・・・・・	24 529	24 452	24 367	24 341	24 311	24 284
直営郵便局・・ 1)	20 096	20 097	20 074	20 074	20 070	20 050
簡易郵便局・・・・	4 041	4 029	3 879	3 815	3 742	3 676
一時閉鎖中・・・・	392	326	414	452	499	558
郵便ポスト（本）・	186 753	181 692	180 774	179 129	178 211	176 683

日本郵政グループ資料より作成。郵便局は、2007年10月の郵政民営化により、普通郵便局、特定郵便局の分類はなくなり、直営郵便局と簡易郵便局とに分けられた。民営化以降、簡易郵便局などの一時閉鎖が相次ぎ、2021年度末現在の一時閉鎖中の郵便局のうち、直営は95局、簡易は463局。1) 分室（2021年度は9局）を含む。

表 30-26　**郵便物数**（会計年度）（単位　百万通、百万個）

	2010	2015	2018	2019	2020	2021
国内郵便物・・・・・・	19 758	17 981	16 739	16 309	15 221	14 833
年賀・・・・・・・・・・	2 812	2 351	1 911	1 726	1 557	1 368
国内荷物・・・・・・・・	2 968	4 052	4 593	4 543	4 390	4 335
ゆうパック・・・・	343	513	974	974	1 091	989
ゆうメール・・・・	2 622	3 539	3 650	3 569	3 299	3 346
国際（差立）・・・ 1)	54	49	42	41	23	25
通常・・・・・・・・・・	44	25	24	25	13	13
小包・・・・・・・・・・	1.4	4.8	3.5	2.8	2.5	2.8
EMS ・・・・・・・ 2)	8.9	19.2	14.2	13.5	7.2	8.6
計・・・・・・・・・・・	22 780	22 082	21 373	20 893	19 634	19 193

日本郵政グループ資料より作成。2007年10月より郵政事業は民営化された。1) 差立とは、郵便物を発送すること。2) Express Mail Service（国際スピード郵便）。

〔観光〕 観光業は観光施設や宿泊業のほか、飲食業や運輸業など他産業への波及効果が大きく、地域の発展にとって重要な産業である。政府は、2003年からビジット・ジャパン・キャンペーンを開始し、観光地としての日本の認知度向上に取り組んできた。アニメなどを通じた日本へ

表30-27　日本人延べ旅行者数と旅行消費額

	2019	2020	2021	2022 (速報)	2019年 比(%)	前年比 (%)
延べ旅行者数(万人)						
国内旅行‥‥‥‥‥	58 710	29 341	26 821	41 805	*-28.8*	*55.9*
宿泊旅行‥‥‥	31 162	16 070	14 177	23 255	*-25.4*	*64.0*
日帰り旅行‥‥	27 548	13 271	12 644	18 550	*-32.7*	*46.7*
海外旅行‥‥‥‥ 1)	2 003	342	…	…	…	…
旅行消費額(億円)						
国内旅行‥‥‥‥‥	219 312	99 738	91 835	171 695	*-21.7*	*87.0*
宿泊旅行‥‥‥	171 560	77 723	69 925	137 341	*-19.9*	*96.4*
日帰り旅行‥‥	47 752	22 015	21 910	34 355	*-28.1*	*56.8*
海外旅行‥‥‥‥ 1)	48 412	9 717	…	…	…	…

観光庁「旅行・観光消費動向調査」より作成。抽出調査。1) 2020年は1〜3月のみのデータ。以降、新型コロナ感染症の影響により回答数が少ないことから、データ集計無し。

表30-28　宿泊施設の宿泊者数と客室稼働率

	2018	2019	2020	2021	2022 (速報)
延べ宿泊者数(千人泊)	538 002	595 921	331 654	317 774	453 973
うち外国人宿泊者‥‥	94 275	115 656	20 345	4 317	16 760
客室稼働率(%)‥‥‥	*61.2*	*62.7*	*34.3*	*34.3*	*46.5*

観光庁「宿泊旅行統計調査」より作成。

表30-29　旅券(パスポート)の発行冊数と有効旅券数 (単位　千冊)

	2000	2010	2019	2020	2021	2022
旅券計‥‥‥‥‥‥	5 994	4 315	4 514	1 339	628	1 367
一般旅券‥‥‥‥	5 954	4 284	4 485	1 324	613	1 345
国内‥‥‥‥‥	5 858	4 185	4 365	1 235	514	1 219
在外公館‥‥‥	96	99	120	89	99	126
公用旅券‥‥‥‥	40	30	28	15	15	22
有効旅券数‥‥‥‥ 1)	…	…	30 225	27 672	24 367	21 708

外務省「旅券(パスポート)統計」より作成。公用旅券とは国の用務のため外国に渡航する者等へ発給される旅券。1) 一般旅券のみ。各年末現在の有効旅券数。

の関心の高まりやアジアの人々の所得が増えたこともあって訪日外客数
は急増し、2003年の521万人から2016年には2404万人となり、2019年に
は過去最多の3188万人となった（図30-5）。

　しかし、2020年以降、新型コロナウイルス感染症の拡大を防ぐため、
日本への入国者数が制限され（撤廃は2022年10月）、ほとんどの外国人
観光客は入国できなくなった。国内旅行は、政府が費用を補助する
「GoToトラベル」を2020年7月より開始し、2020年12月までに8000万人
泊以上が利用された。コロナの感染が再拡大してキャンペーンは12月に
停止されたが、その後もGoToトラベルの代替策として、観光関連ビジネスを支援するために、県民割・ブロック割などが実施され、2022年10月からは全国旅行支援を開始した。

図 30-5　訪日外客数と出国日本人数

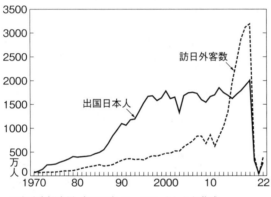

日本政府観光局（JNTO）ウェブサイトより作成。

表 30-30　訪日外客数と旅行消費額

	2018	2019	2020	2021	2022
訪日外客数（千人）·	31 192	31 882	4 116	246	3 832
韓国··············	7 539	5 585	488	19	1 013
（台湾）··········	4 757	4 891	694	5	331
アメリカ合衆国··	1 526	1 724	219	20	324
ベトナム·········	389	495	153	27	284
（香港）··········	2 208	2 291	346	1	269
タイ··············	1 132	1 319	220	3	198
中国··············	8 380	9 594	1 069	42	189
旅行消費額（億円）[1]	45 189	48 135	7 446	1 208	…

日本政府観光局（JNTO）ウェブサイト（法務省「出入国管理統計」に基づく）、観光庁「訪日外国人消費動向調査」より作成。1) 新型コロナ感染症の影響で調査が中止となった期間があったことから、2020、2021年の数値は試算値。

第31章　情報通信

　情報通信産業は従業者176万人、売上高53兆円（2020年度）の規模を
持つ産業である。技術革新により新たなサービスが続々と生まれており、
新聞、放送などのマスコミや、映画、音楽などの文化産業といった長い
歴史を持つ業界もその影響を大きく受けている。

表 31-1　情報通信業の概況（2020年度）

	アクティビティベース			主要格付けベース		
	企業数	従業者数（千人）	当該事業売上高（億円）	企業数	従業者数（千人）	情報通信業売上高（億円）
電気通信業…………	392	214	178 321	157	149	179 563
民間放送業…………	377	43	20 177	341	28	21 678
有線放送業…………	197	25	5 414	134	12	6 277
ソフトウェア業……	3 047	918	166 619	2 286	630	166 205
情報処理・提供サービス業……	2 019	748	79 429	1 107	375	74 550
インターネット附随サービス業	733	241	46 939	355	99	34 837
映像情報制作・配給業	450	55	8 059	276	27	7 128
音声情報制作業……	101	10	1 306	32	3	1 376
新聞業………………	128	39	11 505	111	38	12 128
出版業………………	349	75	9 542	208	23	9 313
広告制作業…………	179	29	3 312	65	5	1 260
映像・音声・文字情報制作に附帯するサービス業	214	32	1 703	97	11	1 485
(再掲)テレビ・ラジオ番組制作業	365	35	3 763	228	20	4 063
情報通信業以外の業種	—	—	—	818	356	18 697
計………………	5 987	1 756	534 498	5 987	1 756	534 498

総務省・経済産業省「情報通信業基本調査」（2021年）より作成。従業者数には受け入れ派
遣従業者を含まない。調査対象は一部に全数調査を含むが、多くは資本金または出資金
3000万円以上の企業。**アクティビティベース**は、副業を含めて情報通信業の各業種を行う
企業の集計。兼業が多く、企業数と従業者数は重複がある。当該事業売上高は、個別の売
上をその他として回答する企業があり、内訳の合計は計より少ない。**主要格付けベース**は、
主業（売上高が最も多い業種）で集計したもので重複がない（計には分類不能の情報通信
業を含む）。情報通信業売上高は、主業以外の情報通信業売上を含む。

注意　本調査は、回答企業からの集計で、調査内容によって回答企業が異なり本表以降の
各表と数値が一致しない。

〔電話・インターネット〕　2020年度の電気通信事業の売上高は15兆2405億円で、前年度より2.5％増加した（２カ年継続回答企業では2.3％の増加）。電気通信事業者数も、2020年度末は２万1913事業者で前年度から4.6％増加となり、2021年度末には、さらに5.5％増の２万3111事業者に増加しており、増加傾向にある。

固定系通信のうち、固定電話は通信技術の発達によるコミュニケーション手段の多様化等で年々契約数が減少している。また、IP電話への移

表31-2　電気通信業のサービス別内訳 （2020年度）

	企業数	売上高（億円）		企業数	売上高（億円）
データ伝送········	256	78 292	音声伝送·········	140	47 429
固定データ伝送··	233	24 870	国内固定音声伝送	120	18 845
インターネット[1]	178	17 740	うちIP電話·····	61	4 521
IP-VPN ······	21	154	国際固定音声伝送	11	65
広域イーサネット	23	836	うちIP電話·····	7	1
携帯またはPHS··			携帯またはPHS		
データ伝送····	38	52 141	音声伝送	48	28 518
BWAデータ伝送[2]	18	1 280	その他の電気通信··	216	22 396
専用·········	39	2 640	計·········	443	152 405
公衆無線LAN ·····	10	312	（再掲）固定通信	252	43 781
IDC ··········· [3]	62	1 336	移動通信	82	81 939

資料、脚注は表31-1参照。回答企業分のみで表31-1より売上高が少ない。1) インターネットプロバイダやADSLなどインターネットアクセス。2) BWAはWiMAXなど。3) インターネット・データ・センター。

表31-3　固定電話契約数の推移 （会計年度末現在）（単位　万件）

	1990	2000	2010	2020	2021	2022[1]
固定電話········	5 456	6 196	5 747	5 284	5 188	5 139
加入電話········	5 453	5 226	3 454	1 486	1 383	1 330
ISDN···········	3	970	503	231	212	203
IP電話········	—	—	2 580	4 467	4 535	4 558
0ABJ-IP電話··	—	—	1 790	3 568	3 594	3 607
050-IP電話····	—	—	790	899	941	951
公衆電話········	83	71	25	15	14	···

総務省「電気通信サービスの契約数及びシェアに関する四半期データ」（2022年度第２四半期（９月末））および同情報通信統計データベースより作成。IP電話のうち通話品質が加入電話と同等などの基準を満たすものは、東京03など0ABJの電話番号が付与される。近年は加入電話からIP電話への代替が進んでおり、固定電話は加入電話とISDN、0ABJ-IP電話の合算になっている。1) 2022年９月末現在。

行が進んでおり、2024年には音声通信の提供設備をIP網へ切り替えることが予定されている。一方、固定系ブロードバンドサービスの契約数は増加している。特に、光ファイバーを利用したFTTHの契約が全国的

表 31-4　移動系通信の契約数（会計年度末現在）（単位　万件）

	1990	2000	2010	2020	2021	2022[6]
移動系通信・・・・・・	87	6 678	12 410	19 510	20 342	20 548
携帯電話・・・・ 1)	87	6 094	11 954	19 433	20 292	20 515
5G ・・・・・・・・	—	—	—	1 423	4 512	5 750
LTE ・・・・・・・	—	—	3	15 433	13 895	13 258
PHS・・・・・・・ 2)	—	584	375	66	34	18
BWA・・・・・・・ 3)	—	—	81	7 571	7 973	8 197
通信モジュール 4)	…	…	…	3 517	4 100	4 332
MVNO ・・・・・・・ 5)	—	—	…	2 610	2 654	2 757
携帯電話・PHS	—	—	…	2 406	2 481	2 593
BWA・・・・・・・・・	—	—	…	204	173	163

資料は表31-3に同じ。1) 2015年以降はショップの在庫等を除く。2) 2021年1月末サービス終了（自販機との通信など法人向けテレメンタリングは2023年3月末までの予定）。3) WiMAXなど。4) 移動系通信の内数。機械同士の通信などに利用するもので、LTEやBWAなど通信の種類を問わない。電波の占有免許を持つ携帯キャリア等が、最終利用者に提供した契約数。5) 格安スマホなどの事業者で、携帯キャリア等から電波を借りて事業を行うもの。携帯キャリア等自身が他社の回線を利用してMVNOとして契約したものを除く。6) 2022年9月末現在。

表 31-5　国内、国際電話の利用状況（会計年度）

		2000	2010	2015	2020	2021
国内電話	通信回数（億回）・・・・・	1 447.5	1 106.5	893.7	678.7	666.6
	固定系発信・・・・・・・・	973.2	1) 497.8	1) 375.5	1) 262.1	1) 254.2
	移動系発信・・・・・・・・	474.2	608.7	518.1	416.5	412.4
	通信時間（百万時間）・	7 027	4 123	3 372	3 032	2 975
	固定系発信・・・・・・・・・	5 573	1) 1 705	1) 1 142	1) 778	1) 734
	移動系発信・・・・・・・・	1 453	2 418	2 231	2 254	2 241
国際電話	通信回数（億回）・・・・・	8.2	10.9	5.1	3.7	5.0
	発信・・・・・・・・・・・・・・	4.5	6.1	2.5	0.5	0.4
	着信・・・・・・・・・・・・・・	3.7	4.7	2.7	3.2	4.6
	通信時間（百万時間）・	63.4	87.9	31.4	13.1	11.6
	発信・・・・・・・・・・・・・・	36.3	58.0	16.2	4.3	2.9
	着信・・・・・・・・・・・・・・	27.0	29.9	15.3	8.8	8.7

総務省「通信量からみた我が国の音声通信利用状況」より作成。1) IP電話を含む。

に伸びており、2021年度末現在の契約数は3667万件と、前年度と比べて4.7％増加した。新型コロナウイルスの影響で、テレワーク等が普及したことで自宅やオフィスへの導入が加速したとみられる。移動系通信の契約数は、2億342万件（2021年度末現在）で、2011年に契約数が日本の人口を上回った以降も、年々件数が伸びている。WiMAXなどのBWAの契約数は7973万件と、前年度と比べて5.3％増となった。

　2020年に利用が開始された5Gの契約数は、2021年度は4512万件と大幅に増加した。5Gは、超高速通信で大量同時接続かつ低遅延であるため、自動車などの製品に通信モジュールが組み込まれ、契約数は増加傾向にある。また、5Gに対応する携帯電話も続々と増え、一般ユーザーにも5Gが拡大しつつある。

　携帯電話は、政府による利用料金の値下げ要請や、低価格のキャリア等の参入によって、2020年末から値下げ競争が激化していたが、料金値下げは一旦打ち止めになっている。政府は、

図 31-1　情報通信機器保有世帯割合

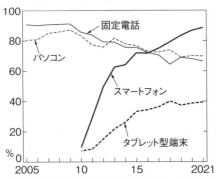

総務省「通信利用動向調査」（2021年）より作成。各年末（2016年以降は9月末）現在。モバイル端末全体は携帯電話、PHS、スマートフォンを含む。

表 31-6　ブロードバンドサービス契約数 （会計年度末現在）（単位　万件）

	2005	2010	2015	2020	2021	2022[4]
固定系ブロードバンド	2 329	3 410	3 791	4 268	4 383	4 430
FTTH(光ファイバー)	545	2 022	2 797	3 502	3 667	3 733
DSL(主にADSL)	1 452	820	320	107	69	54
CATV(ケーブルテレビ)	331	567	673	658	647	642
固定系高速‥‥‥ 1)	…	2 179	3 140	3 960	4 128	4 197
移動系高速‥‥‥ 2)						
LTEと5G‥ 3)	—	3	8 747	16 856	18 407	19 009
BWA(WiMAXなど)3)	…	81	3 514	7 571	7 973	8 197

資料は表31-3に同じ。1) FTTHとCATV（下り30Mbps以上）。2) 1端末でLTEとBWAを両方契約しているものは、それぞれに含む。3) 表31-4と同じ。4) 2022年9月末現在。

今後は値下げではなく、５Ｇの展開を促進して、早期に産業応用の拡大を進めていく方針である。また、次世代通信規格である６Ｇも技術開発が進められており、2030年の実用化を目指している。

表 31-7　インターネット利用動向（各年末時点）

	2000年末	2005年末	2010年末	2015年末	2020年8月末	2021年8月末
人口普及率（％）·	37.1	70.8	78.2	83.0	83.4	82.9
利用者数（万人）·	4 708	8 529	9 462	10 046	…	…

総務省「通信利用動向調査」より作成。調査対象は6歳以上。ただし2000年末は15〜79歳。インターネット接続機器はパソコン、携帯電話、ゲーム機等（機器の保有は問わない）。無回答を除く。利用者数は2017年調査より公表していない。

表 31-8　日本のインターネットサービス利用割合（2022年）（％）

国内総利用者率1)（パソコンを含む）				国内利用時間シェア2)			
Yahoo Japan	68	Amazon · · ·	47	YouTube · ·	41	Instagram ·	2
Google· · · · ·	66	Twitter · · ·	43	LINE· · · · · ·	9	Rakuten · · ·	1
LINE· · · · · ·	60	Instagram ·	40	Yahoo Japan	9	MSN · · · · 3)	1
YouTube · ·	58	PayPay · · ·	33	Google· · · · ·	6	Amazon · · ·	1
Rakuten · · ·	51	Facebook · ·	29	Twitter · · ·	3	SmartNews	1

ニールセン デジタル "Nielsen Digital Content Rating" より作成。2022年1月〜10月の月間利用者率や利用時間シェアの平均。PCは2歳以上、スマートフォンは18歳以上。ブランドレベルで集計。1) モバイルキャリア系サービスを除く。利用者率は2歳以上人口をベースに算出。2) 利用時間はYouTubeはビデオのみ、他のサービスはテキストコンテンツのみを対象に算出。3) Outlook、Bing、Skypeを含む。

表 31-9　年代別主なソーシャルメディア等利用率（2021年度）（％）

	10代	20代	30代	40代	50代	60代	全体
LINE· · · · · · · · · · ·	92.2	98.1	96.0	96.6	90.2	82.6	92.5
Twitter · · · · · · · ·	67.4	78.6	57.9	44.8	34.3	14.1	46.2
Facebook · · · · · · ·	13.5	35.3	45.7	41.4	31.0	19.9	32.6
Instagram · · · · · ·	72.3	78.6	57.1	50.3	38.7	13.4	48.5
TikTok· · · · · · · · · ·	62.4	46.5	23.5	18.8	15.2	8.7	25.1
YouTube · · · · · · ·	97.2	97.7	96.8	93.2	82.5	67.0	87.9
ニコニコ動画· · · · ·	19.1	28.8	19.0	12.7	10.4	7.6	15.3

総務省情報通信政策研究所「情報通信メディアの利用時間と情報行動に関する調査」（2021年度）より作成。調査対象は13〜69歳。

第31章　情報通信

図 31-2　インターネットの通信量

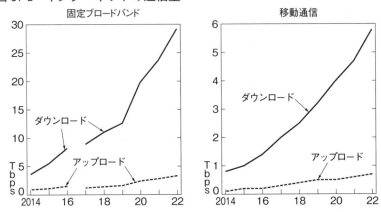

総務省「我が国のインターネットにおけるトラヒックの集計結果」および同「我が国の移動通信トラヒックの現状」より作成。固定ブロードバンドは2016年までプロバイダ5社、17年以降は9社のトラヒック量とシェアから推定。各年11月現在。移動通信は音声や公衆無線LANの通信量を除く。各年12月（2021年以降は9月）の月間平均。

表 31-10　主要国のインターネット利用者率 (2021年)(%)

日本	82.9	タイ	85.3	アメリカ合衆国	91.8
インド	46.3	シンガポール	91.1	カナダ	92.8
韓国	97.6	ナイジェリア	55.4	イギリス	96.7
中国	73.1	メキシコ	75.6	フランス	86.1
(台湾)	90.1	ロシア	88.2	ドイツ	91.4

ITUウェブサイト（2023年2月28日閲覧）より作成。各国で調査対象が異なる場合がある。世界全体は2021年で62.6％。

表 31-11　100人当たりブロードバンド契約数 (2022年6月)(単位　件)

	日本	韓国	アメリカ合衆国	フランス	ドイツ
固定系	35.1	45.0	38.3	46.5	44.4
FTTH(光ファイバー)	29.5	39.3	7.6	23.9	3.6
DSL（主にADSL）	0.5	0.8	4.7	16.3	30.1
CATV(ケーブルテレビ)	5.1	4.9	24.1 1)	5.5	10.6
無線系	193.1	166.6	171.6	100.3	94.8
データと音声通話 2)	64.0	113.1	…	87.2	90.9
データ通信のみ 3)	88.1	6.0	…	5.5	3.9
5G	41.0	47.5	…	7.5	…

OECD "Broadband Portal"（2023年2月更新データ）より作成。1) VDSL2と固定4G回線を含む。2) 携帯電話（スマートフォン）等。3) WiMAX等。

〔情報サービス業・コンテンツ産業〕　コロナ禍でテレワークやウェブ会議などの導入が進み、情報サービスへの需要が拡大した。テレワークの普及を背景に、クラウドコンピューティングサービスを導入する企業も増加し、IT投資は増加している。また、コロナ禍で人員縮小など省人化による働き方の変化もあり、店舗のレジや電話受付などで業務の自動化が普及した。IT環境の整備に留まらず、事業全体を見直すDX推進企業も増えており、企業のデジタル投資は今後も拡大するとみられている。

2021年のコンテンツ産業の市場規模は12兆7582億円で、前年から大幅に増加しており、コロナ禍以前の2019年の12兆8915億円に近づき、回復しはじめている。メディア別で

表 31-12　情報サービス業の現況（2020年度）

	企業数	売上高（億円）	うち海外売上
受託開発ソフトウェア	2 382	87 673	3 379
組込みソフトウェア・	253	3 452	15
パッケージソフトウェア	714	11 640	731
ゲームソフトウェア・	85	7 699	1 468
情報処理サービス…	1 098	45 805	1 659
情報提供サービス…	212	3 834	81
市場調査・世論調査等	98	1 698	40
その他の情報サービス	1 118	26 126	165
計………	**3 735**	**187 928**	**7 538**

資料、注記は表31-1参照。アクティビティベース。

表 31-13　インターネット付随サービス業の現況（2020年度）

	企業数	売上高	広告収入割合[1]（％）
ウェブ情報検索サービス………	64	1 483	*88.2*
ショッピングサイト・オークションサイト運営	55	6 473	*13.9*
電子掲示板・ブログサービス・SNS運営…	21	239	*59.3*
ウェブコンテンツ配信………	142	9 316	*18.8*
うちIPTV………	10	360	—
クラウドコンピューティング………	117	2 223	—
電子認証………	11	133	—
情報ネットワーク・セキュリティ・サービス	74	1 156	—
課金・決済代行………	29	2 653	—
サーバ管理受託………	70	313	—
その他のインターネット附随サービス…	163	10 300	—
計………	**558**	**34 289**	…

資料、注記は表31-1参照。アクティビティベース。インターネットサービスの利用割合は表31-8参照。1）売上高および広告収入額の両方に回答があった企業のみの集計。

みると、インターネットの動画配信は4229億円で前年から14.1％の増加となり、静止画・テキスト配信も5507億円で前年から14.4％増加した。また、映画館やコンサートなどの劇場・専用スペースも1兆1457億円で前年から28.2％増加しており、コロナ禍の外出自粛で落ち込んだ需要が急回復している。特にコンサート入場料収入は、前年から162.8％増の1547億円となっている。しかし、コロナ禍以前の2019年と比較すると、劇場・専用スペース全体では37.8％減で、コンサート入場料収入も63.5％減となっており、完全な回復には至っていない。

表31-14　**コンテンツ産業の市場規模の推移**（メディア別）（単位　億円）

	2010	2015	2019	2020	2021
パッケージ…………	53 022	43 429	35 587	32 887	31 780
動画ソフト………	4 814	3 469	2 437	2 051	1 886
音声・音楽ソフト…	4 298	3 595	3 076	2 765	2 650
ゲームソフト………	3 442	1 949	1 657	1 906	1 585
静止画・テキスト…	40 467	34 416	28 416	26 165	25 658
書籍……………	8 213	7 420	6 723	6 661	6 804
雑誌…………1)	13 269	10 244	7 312	6 799	6 500
新聞…………2)	16 346	14 450	12 271	11 166	10 912
ネットワーク	14 489	24 724	39 291	43 522	49 595
動画配信…………	600	1 397	2 766	3 708	4 229
音楽・音声配信……	200	744	1 148	1 263	1 445
ゲームソフト……3)	—	131	259	322	400
オンラインゲーム…	1 064	10 475	14 469	15 703	16 368
静止画・テキスト…4)	83	1 774	3 738	4 814	5 507
フィーチャーフォン向け	6 465	1 009	281	146	75
インターネット広告・	4 876	9 194	16 630	17 567	21 571
劇場・専用スペース…	15 046	16 108	18 415	8 936	11 457
動画……………	3 766	3 885	4 670	1 951	3 144
映画興行収入……	2 207	2 171	2 612	1 433	1 619
音楽・音声………	6 322	7 885	8 337	2 799	3 289
コンサート入場料・	1 600	3 405	4 237	589	1 547
放送………………	36 396	36 369	35 623	33 139	34 751
テレビ・関連サービス	35 000	34 970	34 286	31 986	33 589
ラジオ・関連サービス	1 396	1 399	1 337	1 153	1 161
計………………	**118 953**	**120 630**	**128 915**	**118 484**	**127 582**

デジタルコンテンツ協会「デジタルコンテンツ白書」（2022年）より作成。1) 雑誌販売＋雑誌広告。2) 新聞販売＋新聞広告。3) ダウンロード販売。4) 電子書籍および電子雑誌。電子書籍は、PC、電子書籍リーダーやマルチデバイスで閲覧可能な電子書籍配信サービス等を含む。

　2021年は2020年と比較すると外出する人々が増えてきているが、政府が定める自粛期間の影響などにより、外出を控える傾向も強くみられる。一方で、コンテンツ視聴やゲームは、コロナ禍で浸透した巣ごもり生活になじみ、これまでこれらの娯楽に興味を示さなかった層の取り込みにもつながっている。

　大容量で高速の通信技術の発達や、PC・スマートフォンの高機能化によって、劇場観覧などのクオリティに近い動画配信プラットフォームが浸透してきている。インターネット環境があれば、場所を問わず国内外のコンテンツを気軽に楽しめる。コンテンツ産業の市場は世界的に拡大しているが、日本国内の市場規模は、約11〜12兆円で推移しており成長は横ばいとなっている。政府は、制作現場のデジタル経営改革や取引

表 31-15　メディア・ソフトの市場規模 （単位　億円）

| | 2010 | 2015 | 2020 | うち通信系1) | | |
				2010	2015	2020
映画ソフト	7 060	7 368	7 045	520	1 960	3 584
ビデオソフト	3 410	4 050	4 096	1 024	1 963	2 602
地上テレビ番組	28 492	27 964	25 904	381	688	1 574
衛星・CATV番組	8 353	9 211	8 295	292	594	898
ゲームソフト	7 565	11 849	17 199	3 141	9 204	14 696
ネットオリジナル	1 573	2 104	5 305	1 573	2 104	5 305
映像系計	56 454	62 547	67 844	6 931	16 513	28 659
音楽ソフト	6 427	5 341	6 194	3 476	2 865	4 310
ラジオ番組	1 932	2 020	1 739	16	79	84
ネットオリジナル	16	79	84	16	79	84
音声系計	8 375	7 440	8 017	3 508	3 023	4 477
新聞記事	17 247	16 326	13 190	819	1 769	1 908
コミック	5 277	4 750	5 170	726	1 117	2 326
雑誌ソフト	13 147	10 494	7 102	169	427	426
書籍ソフト	7 130	8 272	8 410	511	1 982	2 902
データベース情報	2 930	2 718	2 913	2 095	2 268	2 106
ネットオリジナル	2 371	2 534	5 629	2 371	2 534	5 629
テキスト系計	48 101	45 095	42 414	6 692	10 097	15 296
合計	112 931	115 081	118 275	17 131	29 633	48 433

総務省情報通信政策研究所「メディア・ソフトの制作および流通の実態に関する調査研究」より作成。1）インターネットなど通信ネットワークで流通するもの。

ガイドラインの整備、コンテンツのローカライズ(字幕、吹替等)やプロ
モーション支援などにより、日本のコンテンツの海外展開を後押しして
いる。また、5Gが一般ユーザーの間に広まることで、高速通信が可能
となり、デジタルコンテンツの消費はより活発化すると期待されている。

表31-16　音楽配信売上実績の推移 （単位　億円）

	2005	2010	2015	2020	2021	2022
Master ringtones ·······1)	207.7	133.0	7.9	1.5	0.9	—
Ringback tones ·········2)	12.3	100.8	29.8	10.2	7.8	—
シングル·············	85.5	538.9	189.9	3)109.9	3) 90.1	3) 70.2
アルバム·············	4.5	32.5	92.3	3) 67.9	3) 50.0	3) 43.5
ダウンロード···········	—	—	—	179.1	141.2	114.5
ストリーミング·········	—	—	—	589.2	743.8	928.0
サブスクリプション／音楽	—	—	—	507.0	637.9	756.2
サブスクリプション／音楽ビデオ	—	—	—	19.2	28.9	46.2
広告収入／音楽··	—	—	—	24.2	26.1	59.9
広告収入／音楽ビデオ··	—	—	—	38.9	50.9	65.7
計·················	342.8	859.9	470.7	782.6	895.4	1050.2

日本レコード協会ウェブサイトより作成。×その他とも。2017年、2022年に統計区分が変更になっている。1) フィーチャーフォンで音楽をダウンロードできるサービス。2) 電話で、相手に聞かせる呼び出し音を楽曲等に変更できるサービス。3) ダウンロード版。

表31-17　モバイルコンテンツ関連市場 （単位　億円）

	2005	2010	2015	2020	2021
モバイルコンテンツ市場····1)	3 150	6 465	15 632	26 295	28 224
スマートフォン等··········	···	(123)	14 623	26 149	28 149
フィーチャーフォン·········	3 150	6 465	1 009	146	75
（コンテンツ別）·············					
ゲーム・ソーシャルゲーム等1)	589	2 211	9 877	15 288	15 973
電子書籍·············1)	16	516	1 684	3 946	4 395
動画・エンターテイメント1)	123	589	1 528	3 430	4 147
音楽コンテンツ··········1)	1 623	1 598	1 059	1 467	1 651
モバイルコマース市場········	4 074	10 085	28 596	44 863	48 837
物販系·················	1 542	4 392	14 632	27 849	31 377
サービス系·············2)	1 646	4 109	10 970	9 519	9 568
トランザクション系·······3)	886	1 584	2 994	7 495	7 892
計·················	7 224	16 550	44 228	71 158	77 061

モバイル・コンテンツ・フォーラム「モバイルコンテンツ関連市場規模」より作成。1) 2010年以前はフィーチャーフォンのみ。2) 興業、旅行券等。3) オークション手数料等。

表 31-18　家庭用ゲームの出荷額（単位　億円）

| | 2019 | 2020 | 2021 | 国内メーカー[1] | | |
				2019	2020	2021
ハードウェア‥‥‥‥	12 799	15 753	20 585	11 258	13 237	16 523
国内出荷‥‥‥‥‥	1 655	1 924	1 861	1 652	1 910	1 823
海外出荷‥‥‥‥‥	11 144	13 830	18 723	9 606	11 326	14 699
ソフトウェア‥‥‥‥	12 984	13 240	12 370	2 166	2 086	1 785
国内出荷‥‥‥‥‥	1 309	1 527	1 278	1 221	1 462	1 204
海外出荷‥‥‥‥‥	11 676	11 713	11 092	945	625	581
計‥‥‥‥‥‥‥	25 784	28 994	32 955	13 424	15 323	18 308

コンピューターエンターテインメント協会（CESA）「CESAゲーム白書」（2022年版）より
作成。メーカー出荷ベース。ソフトウェアはパッケージ版のみ（国内ダウンロード販売額
は2021年で244億円）。1）ハードウェア出荷額はXbox OneおよびXbox 360の海外法人を
含まない。ソフトウェア出荷額は海外法人を含まない。

表 31-19　主要国のゲーム市場規模（単位　億円）

	2018	2019	2020	2021	ハード ウェア	ソフト ウェア
アメリカ合衆国‥‥‥	10 192	8 273	9 410	10 142	6 477	3 666
日本‥‥‥‥‥‥‥	3 506	3 330	3 759	3 719	2 028	1 691
ドイツ‥‥‥‥‥‥	2 024	1 762	1 829	1 880	1 122	758
フランス‥‥‥‥‥	2 055	1 633	1 640	1 640	966	674
イギリス‥‥‥‥‥	2 157	1 542	2 190	2 682	1 731	951
（参考）中国‥‥‥‥	798	852	2 754	1 470	…	…
韓国‥‥‥‥	663	710	1 243	924	…	…

資料は上表に同じ。IDG CONSULTING調査による。家庭用ゲーム機およびゲームソフト、
パソコン用ゲームソフトで、ダウンロード販売を除く。IMF年平均レートで編者換算。日
本はCESAによる推計値で、家庭用ゲームの小売店等でのパッケージ販売ベース。

表 31-20　主要国のスマートデバイスゲームアプリ市場規模（単位　億円）

	2019	2020	2021	Android	iOS	1人あた り（円）
中国‥‥‥‥‥‥‥	17 805	20 767	21 781	10 680	11 101	1 540
アメリカ合衆国‥‥	16 343	19 396	24 157	13 294	10 863	7 270
日本‥‥‥‥‥‥‥	13 431	12 113	13 060	6 647	6 413	10 410
韓国‥‥‥‥‥‥‥	5 051	5 442	7 211	6 419	792	13 950
イギリス‥‥‥‥‥	2 333	2 300	2 363	1 316	1 047	3 500
計×‥‥‥‥‥‥	71 805	77 255	91 697	53 733	37 964	…

資料は上表に同じ。㈱インターアローズから提供されたAirnow：PRIORI DATAのデー
タ等を基に、コンピュータエンターテインメント協会が算出した推計値。×その他とも。
調査対象の55の国や地域の計。

表 31-21　**映像・音声・文字情報制作業**（2020年度）

	企業数	売上高（億円）		企業数	売上高（億円）
映画・ビデオ制作‥	125	964	広告制作‥‥‥‥‥	172	3 224
アニメ制作‥‥‥‥	33	652	映画・番組配給‥‥	43	1 389
レコード制作‥‥‥	24	1 248	制作附帯サービス‥	236	1 796
新聞‥‥‥‥‥‥‥	115	8 281	ニュース供給‥‥‥	25	183
出版‥‥‥‥‥‥‥	317	8 449	計‥‥‥‥‥‥‥	757	26 004

資料、注記は表31-1参照。アクティビティベース。放送番組制作業は表31-24参照。

表 31-22　**映画産業の概況**

	1990	2000	2010	2020	2021	2022
映画館スクリーン数	1 836	2 524	3 412	3 616	3 648	3 634
公開本数‥‥‥‥‥	704	644	716	1 017	959	1 143
邦画‥‥‥‥‥‥	239	282	408	506	490	634
洋画‥‥‥‥‥‥	465	362	308	511	469	509
興行収入（億円）‥	1 719	1 709	2 207	1 433	1 619	2 131
邦画‥‥‥‥‥‥	…	543	1 182	1 093	1 283	1 466
洋画‥‥‥‥‥‥	…	1 165	1 025	340	336	665
入場者数（万人）‥	14 600	13 539	17 436	1 061	11 482	15 201
平均料金（円）‥‥	1 177	1 262	1 266	1 350	1 410	1 402

日本映画製作者連盟ウェブサイトより作成。

表 31-23　**主なメディアの1日あたり利用時間**（2021年度）（単位　分）

	年代別	10代	20代	30代	40代	50代	60代	全体
平日	テレビ‥‥‥‥‥‥	57.3	71.2	107.4	132.8	187.7	254.6	146.0
	テレビ（録画）‥‥	12.1	15.1	18.9	13.6	18.7	25.8	17.8
	インターネット‥‥	191.5	275.0	188.2	176.8	153.6	107.4	176.8
	ソーシャルメディア*	64.4	84.1	46.2	32.2	25.7	13.3	40.2
	投稿動画視聴・1)*	89.3	83.2	43.0	35.7	25.0	17.3	43.3
	新聞‥‥‥‥‥‥‥	0.4	0.9	1.5	4.3	9.1	22.0	7.2
	ラジオ‥‥‥‥‥‥	3.3	7.0	4.8	12.9	23.6	14.4	12.2
休日	テレビ‥‥‥‥‥‥	73.9	90.8	147.6	191.1	242.6	326.1	193.6
	テレビ（録画）‥‥	12.3	17.2	30.3	28.5	28.9	31.4	26.3
	インターネット‥‥	253.8	303.1	212.3	155.7	119.0	92.7	176.5
	ソーシャルメディア*	74.2	114.2	50.5	32.0	22.7	11.3	45.1
	投稿動画視聴・1)*	129.9	110.1	72.8	44.6	26.2	18.1	58.1
	新聞‥‥‥‥‥‥‥	0.0	0.7	1.5	4.9	9.2	22.3	7.3
	ラジオ‥‥‥‥‥‥	0.0	1.8	3.2	6.3	14.2	11.2	7.0

資料は表31-9に同じ。調査対象は13〜69歳。並行利用がある。*ネット利用項目別利用時間で、項目別の合計はネット利用時間と一致しない。1) 動画投稿・共有サービスの視聴。

〔放送〕　放送業は、不特定多数に一方的に情報を送信するため、社会的な影響が大きい。放送法では、表現の自由を保障しつつも、報道は事実を曲げないことなどを求めている。日本の放送事業には、受信料収入をもとに公共放送を行うNHKと、広告収入や有料放送の料金をもとに経営を行う民間放送事業者がある。

2022年のテレビメディア広告費は、2021年の東京オリンピック・パラリンピックの反動減で前年から2.0％減となった。また、地上波放送はロシアによるウクライナ侵攻の影響による広告主の事業環境の不透明感

表 31-24　放送業のサービス別内訳（2020年度）

	企業数	売上高（億円）		企業数	売上高（億円）
NHK ‥‥‥‥‥‥	1	7 138	有線テレビ放送‥‥	192	5 069
民間放送‥‥‥‥	373	20 115	ベーシック‥‥‥	175	2 903
地上テレビ放送‥	111	15 368	ペイサービス‥‥	135	214
地上ラジオ放送‥	245	943	（再掲）IPTV ‥	12	14
地上文字・データ放送	—		難視聴用再放送‥	29	34
衛星放送‥‥‥‥	39	3 525	その他‥‥‥‥‥	115	1 917
BS ‥‥‥‥‥	13	1 686	計‥‥‥‥‥‥2)	566	32 322
東経110度CS ‥	19	899	（別掲）		
その他CS ‥‥1)	20	940	放送番組制作‥‥‥	313	3 532
その他‥‥‥‥‥	30	279			

資料は表31-1に同じ。1）東経110度CSの値を除いたもの。2）NHK、民間放送、有線テレビ放送の合計。

表 31-25　放送受信契約数（会計年度末現在）（単位　千件）

	1990	2000	2010	2021	2022
NHK受信契約数‥‥‥‥	33 543	37 274	39 751	44 611 1)	44 327
うち衛星契約‥‥‥‥	2 358	10 621	15 672	22 715 1)	22 626
WOWOW ‥‥‥‥‥‥	200	2 565	2 512	2 680	2 560
スカパー！‥‥‥‥‥2)	—	2 220	3 725	2 395	2 261
ケーブルテレビ‥‥‥3)	6 768	18 705	34 865	32 382	…
自主放送を行う施設‥3)	1 019	10 476	26 933	31 386	…

日本放送協会「放送受信契約数統計要覧」、衛星放送協会資料、スカパーJSAT公表資料、および総務省「ケーブルテレビの現状」より作成。1）2023年2月末現在。2）視聴料の支払いが生じているICカード単位の加入件数。CS放送のプラットフォームは2000年度末以降はスカパー！のみ。本データは光ファイバーを利用した放送サービスを含む。3）2005年度以降IPマルチキャスト方式を含む。2011年度以降は引込端子数501以上の施設。

などで、広告収入が落ち込んだ。一方で、テレビメディアデジタル広告費は358億円となり、前年から40.9％の増加となっている。

　近年、スマホやPCなどの接触時間が増加している一方、テレビの視聴時間は減少している。世界的なスポーツイベントがウェブで中継されるなど、放送事業を取り巻く環境は変化している。

表 31-26　**NHK総合テレビの１日あたり放送時間**(会計年度)（単位　時間.分)

	1980	1990	2000	2010	2020	2021
報道・・・・・・・・・・・	6.33	9.24	10.32	12.14	10.51	10.55
教育・・・・・・・・・・・	2.52	2.07	2.42	2.35	2.23	2.56
教養・・・・・・・・・・・	4.08	4.31	7.05	5.18	6.04	5.40
娯楽・・・・・・・・・・・	4.09	4.00	3.40	3.50	4.30	4.16
計・・・・・・・・・・	17.41	20.02	24.00	23.56	23.48	23.47

日本放送協会「NHK年鑑」より作成。東京での放送で、2010年以降はデジタル放送。

表 31-27　**放送コンテンツの輸出額**（2020年度）（単位　億円）

ジャンル別	輸出額	うち番組販売権	主要地域別	輸出額	うち番組販売権
アニメ・・・・・・・・・・	496.3	255.8	アジア・・・・・・・	283.6	190.3
ドラマ・・・・・・・・・	30.4	26.9	北アメリカ・・・・・・・	144.6	70.9
バラエティ・・・・・・・	25.4	10.2	ヨーロッパ・・・・・・・	42.3	14.8
計×・・・・・・・・・	575.5	313.1	中南アメリカ・・・・・	8.6	5.3

総務省「放送コンテンツの海外展開に関する現状分析」(2020年度）より作成。国際交流基金事業で提供されたものを含む。番組販売権は放送権やネット配信権など。地域別は不明分が45.7億円（うち番組販売権18.3億円）で、数値の扱いに注意。×その他とも。

表 31-28　**国内動画市場規模**（単位　億円）

	2005	2010	2015	2020	2021	2022
動画配信市場規模・・・・1)	306	762	1 410	3 710	4 230	・・・
動画広告市場規模・・・・	・・・	・・・	535	2 954	4 205	5 601
スマートフォン向け・	・・・	・・・	297	2 635	3 483	4 621
コネクテッドTV向け2)	・・・	・・・	・・・	・・・	344	540
パソコン向け・・・・・・	・・・	・・・	238	319	378	440

動画配信市場規模はデジタルコンテンツ協会「動画配信市場調査レポート」(2022年版）より作成。動画広告市場規模はサイバーエージェント公表資料より作成。1) 有料での動画配信で、ネット書店等の有料会員向けサービスの一環として行われる動画配信などは除く。2) インターネットに接続されたテレビ。

〔新聞〕 日本の新聞社は、大手新聞社による全国紙や、複数の県をまたいで販売されるブロック紙、個々の県で発行される県紙など多様で、特定の地域で高いシェアを占める地方紙も少なくない。新聞販売は、95.9％が戸別配達で（2022年）、地域の新聞販売所の配達網によって支えられているが、インターネットの普及によって、新聞を購読する人は減っている。1世帯あたりの発行部数は、2008年に1を下回ってから減少が続き、2022年には0.53となった。

2022年の新聞発行部数は前年から6.6％減

表 31-29　新聞販売所の概況

	2010	2020	2022
販売所数（店）…	19 261	14 839	13 773
従業者数（人）…	391 832	261 247	234 540
うち少年 …… 1)	6 382	793	552
戸別配達率（％）・	94.9	95.5	95.9

日本新聞協会「データブック 日本の新聞」および同資料より作成。各年10月現在。1) 18歳未満。

表 31-30　新聞発行部数と広告面比率（単位　千部）

	1990	2000	2010	2020	2021	2022
一般紙…………	46 060	47 402	44 907	32 455	30 657	28 695
スポーツ紙……	5 848	6 307	4 415	2 637	2 370	2 152
朝夕刊セット…	20 616	18 187	13 877	7 253	6 485	5 928
朝刊のみ………	29 268	33 703	34 259	27 064	25 914	24 400
夕刊のみ………	2 023	1 819	1 185	775	628	518
総数…………	51 908	53 709	49 322	35 092	33 027	30 847
1世帯あたり・・	1.26	1.13	0.92	0.61	0.57	0.53
広告面比率（％）・	44.0	40.1	33.5	30.6	30.0	…

日本新聞協会「データブック 日本の新聞」および同資料より作成。各年10月現在。世帯数は住民基本台帳により、2014年以降は1月1日現在、2013年までは3月31日現在。広告面比率は、新聞の総段数に対する広告面段数の割合で、暦年の数値。

表 31-31　新聞社の売上高（会計年度）（単位　億円）

	1990	2000	2010	2019	2020	2021
販売収入………	10 464	12 839	11 841	9 179	8 620	8 229
広告収入………	9 969	9 012	4 505	3 092	2 546	2 669
その他収入……	3 096	3 372	3 029	4 253	3 661	3 792
計…………	23 529	25 223	19 375	16 524	14 827	14 690

資料は上表に同じ。新聞協会加盟新聞社の推計合計。2001年以前は暦年。

となった。2022年の新聞広告費は、ウクライナ情勢や円安、2021年の東京オリンピック・パラリンピックの反動減により、前年から3.1%減少した。一方で、電子版のデジタル広告は、2022年冬季オリンピックや参議院議員通常選挙、FIFAワールドカップによる記事閲覧の増加などで、前年から3.8%増となった。新聞広告費は、発行部数の減少とともに、全体の収入も減少傾向にあるが、デジタル広告費は増加傾向にある。新聞社は電子版への移行を進めることで、収益の確保を目指している。

表 31-32　新聞発行種類別企業数と発行紙 （2020年6月1日現在）

	一般紙		スポーツ紙	専門・業界紙等	計
	全国紙	地方紙1)			
企業数 （社）·····	7	327	13	366	698
発行種類数 （紙）·	7	352	14	438	810

総務省・経済産業省「経済構造実態調査　二次集計結果（乙調査）」（2020年）より作成。標本調査の拡大推計であり、内訳と計が一致しない場合がある。1）ブロック紙を含む。

表 31-33　新聞・通信社のデジタルメディア提供状況 （2022年4月現在）

自社の総合ニュースサービス		収益モデル		会員制度	
ペイウォール型· 1)2)	36	有料課金・広告併用	42	有料会員···3)	25
有料電子版·サービス1)	25	広告···········3)	41	購読者会員·3)	7
無料ニュースサイト	35	有料課金········3)	29	無料会員···3)	3

資料は表31-29に同じ。調査回答のあった82社121サービスの内訳。ペイウォール型は一部記事が無料で、そのほか会員限定記事がある。有料電子版はサービス購入者のみが利用可能（本紙購読者は利用可能なものもある）。1）本紙購読者限定を含む。2）有料電子サービス会員限定を含む。3）単独のもの。

表 31-34　主要国の新聞発行部数 （2021年）

	発行部数（千部）		発行部数（千部）		発行部数（千部）
中国······	142 739	タイ·····	6 757	ロシア····	5 465
インド·····	131 336	ブラジル···	6 373	インドネシア	4 629
アメリカ合衆国	28 703	メキシコ···	6 267	エジプト···	4 296
ドイツ·····	15 701	韓国·····	5 913	トルコ····	4 107
イギリス···	6 780	パキスタン·	5 864	ベトナム···	3 811

日本新聞協会ウェブサイトより作成。世界ニュース発行者協会（WAN-IFRA）が外部委託した部数調査に基づくもの。電子版は含まない。

〔出版〕 2022年の出版市場（紙＋電子の推定販売金額）は、前年から2.6％減少の１兆6305億円となり、４年ぶりの減少となった。特に紙の出版物の販売額は前年から6.5％減少した一方で、電子出版の販売額は前年から7.5％増加した。しかし、増加率は縮小しており、コロナ禍からの回復に向かうなか、出版市場では巣ごもり需要の終息がみられる。

　出版業には出版社が出版物を書店に預け、売れ残りが返品される特殊な流通の仕組みがある。この物流は、出版取次と呼ばれる卸業者が担っており、同一基準の運賃コストで出版社と書店間の流通を行っている。

　近年は、ネット書店の拡大にともなう書店の減少などにより、取次業者

表 31-35　出版業の概況（2020年６月１日現在）

	出版業務	書籍販売	雑誌販売	広告	ロイヤリティ	出版業全体[1]
該当出版社数····	2 908	2 472	1 140	1 019	237	2 908
年間売上高（億円）	16 244	10 022	3 275	1 609	788	18 223

総務省・経済産業省「経済構造実態調査　二次集計結果（乙調査）」（2020年）より作成。年間売上高は原則として2019年の１年間。1）年間売上高は出版業務以外のものを含む。

表 31-36　販売ルート別出版物販売額（会計年度）（単位　億円）

	1980	1990	2000	2010	2020	2021
書店············	9 699	15 719	16 433	14 668	8 519	8 343
コンビニ········	93	2 334	4 911	2 860	1 231	1 173
インターネット 1)	…	…	…	1 285	2 636	2 808
その他取次経由··	2 758	1 961	1 548	1 052	425	372
出版社直販···· 2)	…	…	…	2 383	1 810	1 779
計············	12 550	20 014	22 892	22 247	14 621	14 474

日本出版販売株式会社「出版物販売額の実態」（2022年）より作成。紙媒体の書籍や雑誌等。本調査は1982、2001、2006年度に算出方法を変更しており、数値が接続しない。1）インターネット書店で2007年度からの集計。2）2006年度からの集計。

表 31-37　書店数の推移（各年５月１日現在）

	2000	2005	2010	2015	2019	2020
書店数（店）····	21 654	17 839	15 314	13 488	11 446	11 024

株式会社アルメディア資料より作成。

の流通網の維持が困難になっている。取次同士で協業するなど対策を進めているが、取次を介さずネット書店と直取引する出版社が増えている。

　仮想空間上の店舗内での選書や対話型AIによる本の紹介など、IT技術を活用した書籍のプロモーションが始まっている。書店来訪客が減少するなか、本と顧客との接点を増やすことで、若い世代など新しい層の獲得が目指されている。

表 31-38　**書籍・雑誌の出版状況**（取次ルート）

		1990	2000	2010	2021	2022
書籍	出版点数（点）	…	67 522	74 714	69 052	66 885
	推定販売部数（万冊）	91 131	77 364	70 233	52 832	49 759
	推定販売額（億円）	8 660	9 706	8 213	6 804	6 497
	返品率（％）1)	34.0	39.4	39.0	32.5	32.6
雑誌	発行銘柄数（点）	2 802	3 433	3 453	2 536	2 482
	推定販売部数（万冊）	358 892	340 542	217 222	88 069	77 132
	月刊誌	202 435	210 401	146 094	66 794	57 475
	週刊誌	156 457	130 141	71 128	21 275	19 657
	推定販売額（億円）	12 638	14 261	10 535	5 276	4 795
	返品率（％）1)	20.7	28.9	35.5	41.2	41.2
	推定販売額計（億円）	21 299	23 966	18 748	12 080	11 292

全国出版協会・出版科学研究所「出版月報」（2023年1月号）および同「出版指標年報」（2022年版）より作成。取次ルートを経由した一般出版物で、直販ルート（一部の雑誌を除く）の出版物や検定教科書等を含まない。表31-36とは調査が異なる。1) 金額ベース。

表 31-39　**紙の出版と電子出版の市場規模**（単位　億円）

	2017	2018	2019	2020	2021	2022
紙媒体	13 701	12 921	12 360	12 237	12 080	11 292
書籍	7 152	6 991	6 723	6 661	6 804	6 497
雑誌	6 548	5 930	5 637	5 576	5 276	4 795
電子出版	2 215	2 479	3 072	3 931	4 662	5 013
電子コミック	1 747	2 002	2 593	3 420	4 114	4 479
電子書籍	290	321	349	401	449	446
電子雑誌	178	156	130	110	99	88
計	15 916	15 400	15 432	16 168	16 742	16 305

資料は表31-38に同じ。紙媒体の数値は表31-38と同じで取次ルートのみ。電子出版市場規模は読者が支払った金額を推計したもので、広告収入は含まない。電子コミック誌は、電子雑誌ではなく電子コミックに含む。

〔広告〕 2022年の日本の広告費は、コロナ禍の落ち込みから大きく回復し、1947年の統計開始以来、過去最高となる7兆1021億円（前年から4.4％増）となった。2022年の広告需要は、北京冬季オリンピック・パラリンピックで増加し、それに加えて、外食、交通・レジャーサービスでもコロナ禍からの回復で増加している。また、社会でデジタル化が拡大したことによる、インターネット広告費の成長も全体に影響している。インターネット広告費は、前年から14.3％増で総広告費の43.5％を占めた。特にインターネット広告媒体費は、インストリーム広告など動画広告の需要増で、前年から15.0％増加している。

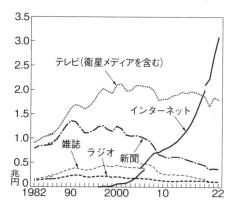

図 31-3　**広告費の推移**（下表より作成）

表 31-40　**媒体別広告費**（単位　億円）

	1990	2000	2010	2020	2021	2022
マスコミ4媒体‥	35 833	39 973	28 533	22 536	24 538	23 985
新聞‥‥‥‥‥	13 592	12 474	6 396	3 688	3 815	3 697
雑誌‥‥‥‥ 1)	3 741	4 369	2 733	1 223	1 224	1 140
ラジオ‥‥‥‥	2 335	2 071	1 299	1 066	1 106	1 129
テレビ‥‥‥‥	16 165	21 059	18 105	16 559	18 393	18 019
地上波テレビ	16 046	20 793	17 321	15 386	17 184	16 768
衛星メディア 2)	119	266	784	1 173	1 209	1 251
インターネット 2)	…	3) 590	7 747	22 290	27 052	30 912
PM‥‥‥‥ 4)	19 815	20 539	22 147	16 768	16 408	16 124
DM‥‥‥ 5)	1 968	3 455	4 075	3 290	3 446	3 381
屋外広告‥‥ 6)	3 815	3 110	3 095	2 715	2 740	2 824
折込‥‥‥‥ 7)	3 286	4 546	5 279	2 525	2 631	2 652
計‥‥‥‥‥	55 648	61 102	58 427	61 594	67 998	71 021

電通「日本の広告費」より作成。1）2005年より専門誌や地方誌を含む。2）2019年以降は物販系ECプラットフォーム（インターネットモール等に出店する物販事業者が、そのモール等に投下した広告費）を含む。3）広告制作費を含まない。4）プロモーションメディア。1985年より電話帳等を、2005年よりフリーペーパー等、2019年以降イベントを追加。5）2005年より民間メール便配達料を計上。6）2005年より屋外ビジョン等を追加。7）2005年に折込料金を見直し。

第32章　科学技術

　日本の2021年度の科学技術研究費は、2022年科学技術研究調査によると19兆7408億円で、前年から2.6％増加した。物価の変動分を考慮した実質研究費で見ると、19兆1296億円で前年から0.6％の減少となってい

図 32-1　主要国の研究開発費と自然科学系の注目度の高い論文数

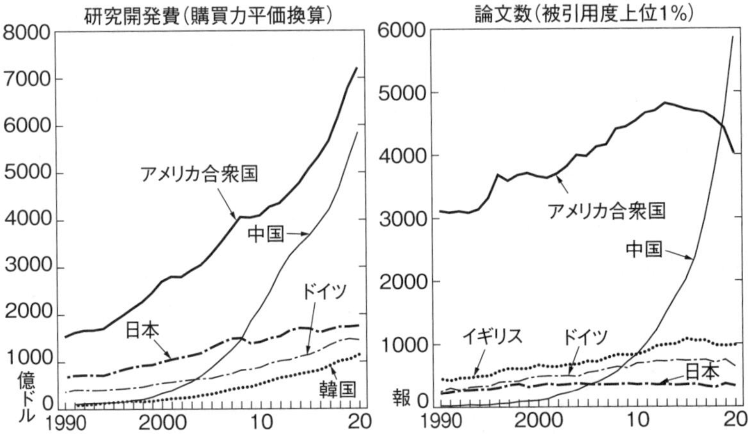

左図の研究開発費はOECD STAT（2023年3月28日閲覧）より作成。右図の論文数は、文部科学省 科学技術・学術政策研究所「科学技術指標」（2022年）より作成。22分野ごとに2021年末現在で被引用度の高い上位1％の論文を集計。国別集計で国際共著論文（欧米や日本で増加）は共著者の研究機関数で按分。論文数の拡大は、研究活動の量的拡大に加えて、分析されたジャーナルの増加も影響している。

表 32-1　研究費と研究者数 （会計年度）（単位　億円）

	1980	1990	2000	2010	2020	2021
研究費総額・・・・・・	52 462	130 783	162 893	171 100	192 365	197 408
企業・・・・・・・・・・	31 423	92 672	108 602	120 100	138 608	142 244
非営利・公的機関	7 639	15 142	22 207	16 659	16 997	17 324
大学等・・・・・・・・	13 401	22 970	32 084	34 340	36 760	37 839
研究費対GDP比（％）	*2.11*	*2.90*	*3.03*	*3.39*	*3.58*	*3.59*
研究者数（千人）[1]	394.3	603.5	750.7	842.9	890.5	908.3

総務省「科学技術研究調査報告」（2022年）より作成。人文科学を含む。1996年度よりソフトウェア業を、2001年度より卸売業、金融・保険業等を含む。1) 会計年度末現在。2000年度以前は文部科学省「科学技術要覧」による翌年4月1日現在の数値。

る。アメリカと中国では、急速に科学技術研究投資が拡大しており、被引用度の高い論文（注目度が高く、重要な論文とされる）も突出して多い。特に中国の2020年の論文数（被引用度上位1％）は5868報と、急増している。一方で、日本の被引用度上位の論文数は2000年代以降減少の

表 32-2　特定目的別研究費 (2021年度)

	億円	%		億円	%
ライフサイエンス・	32 994	16.7	エネルギー・・・・・・・	9 904	5.0
情報通信・・・・・・・・	27 655	14.0	宇宙開発・・・・・・・・	2 969	1.5
ナノテクノロジー・材料	13 184	6.7	海洋開発・・・・・・・・	1 217	0.6
環境・・・・・・・・・・・	13 807	7.0	研究費総額×・・・	197 408	100.0

資料は表32-1に同じ。×その他とも。

表 32-3　企業の産業別研究費 (社内使用研究費) (2021年度)

	億円	%		億円	%
製造業・・・・・・・・・・	122 108	85.8	生産用機械・・・	6 304	4.4
機械工業・・・・・・・	82 791	58.2	化学工業・・・・・ 2)	9 431	6.6
輸送用機械・・・	36 852	25.9	医薬品・・・・・・	13 986	9.8
自動車・・・・・	35 768	25.1	金属工業・・・・・・	3 517	2.5
電子部品等・ 1)	10 964	7.7	食料品工業・・・・・	2 884	2.0
情報通信機械・	10 226	7.2	学術研究等・・・・・ 3)	8 295	5.8
業務用機械・・・	7 158	5.0	情報通信業・・・・・・	4 853	3.4
電気機械・・・・	8 377	5.9	全産業計×・・・・・	142 244	100.0

資料は表32-1に同じ。1) 電子部品・デバイス・電子回路。2) 石油・石炭製品製造業を含まず。3) 学術研究、専門・技術サービス業。×その他とも。

表 32-4　研究費の多い企業 (2021年) (単位　百万ユーロ)

世界の企業	研究費	対売上高(%)	日本企業	研究費	対売上高(%)
アルファベット（米）・1)	27 867	12.3	トヨタ自動車	8 691	3.6
メタ（米）・・・・・・・・・・2)	21 768	20.9	ホンダ・・・・・・	6 373	5.7
マイクロソフト（米）・・	21 642	12.4	NTT・・・・・・・	5 732	6.1
ファーウェイ（中）・・・・	19 534	16.0	ソニー・・・・・・	4 902	6.4
アップル（米）・・・・・・・・	19 348	6.0	武田薬品工業	4 065	14.7
サムスン電子（韓）・・・・	16 813	8.1	デンソー・・・・	3 846	9.0

EU "EU Industrial R&D Investment Scoreboard"（2022年）より作成。アマゾン（米）は決算書で技術投資とコンテンツ投資を合算しており、研究費は不明。EUはアマゾンの研究費をアルファベットより少し多いと推定している。1) グーグルの持ち株会社。2) 2021年10月に、フェイスブックから社名変更。

傾向にあり、大学や研究機関での研究費不足などが指摘されている。こうした中、政府は2021年から5年間で研究開発投資を30兆円、官民の研究開発投資総額120兆円を目標にしている。若手や女性研究者の支援も行い、国の研究力の強化が目指される。

　2022年12月、政府は経済安全保障推進法における「特定支援物資」と

表 32-5　科学研究費の研究機関別採択状況（2022年度）

	東京大学	京都大学	大阪大学	東北大学	九州大学	総数×
採択件数（件）·	4 041	3 025	2 592	2 480	2 062	83 444
うち女性·····	646	427	449	386	332	…
うち40歳未満·	1 464	896	855	804	658	…
配分額（億円）·	211	141	101	101	69	2 219

文部科学省「科学研究費助成事業の配分について」（2022年度）より作成。新規採択分と継続分の合計。採択件数の上位5研究機関。×その他とも。

表 32-6　各国の業務におけるICT関連技術等の活用状況（％）

	AI	IoT	データ分析	クラウド	ロボット3)	RPA4)	5G
日本········ 1)	24.3	27.9	42.0	54.2	10.2	13.6	6.7
アメリカ合衆国2)	35.1	34.9	62.7	60.5	26.8	17.9	32.1
ドイツ······· 2)	29.3	27.3	58.1	65.5	14.1	9.1	24.1

総務省「情報通信白書」（2021年版）より作成。対象国に本社を置く、従業員数10名以上の企業の就業者を対象にしたアンケート調査。対象産業は製造業、情報通信業、インフラ、商業、サービス業等。1) 2021年2月調査。2) 2021年3月調査。3) ドローンを含む。4) パソコンで行う事務作業等を自動化するロボット技術。

世界で活用が進むAI、追随する日本

　アメリカや中国など各国で、AIの活用が進展している。2022年11月にアメリカの非営利法人によって公開された「ChatGPT」は、資料の作成やプログラミング等、幅広い業務に応用でき、導入企業が急増した。

　日本は、先進諸国と比較するとAIの導入事例は少ない。この一因には、デジタル化に対応する人材不足や技術情報の共有の制約等が挙げられる。政府は、今後、若手人材の活躍支援や技術情報の提供環境の整備等により、AIの社会実装を拡大する方針である。一方、AIは雇用や教育への影響のほか、情報漏洩などが懸念され、利用を制限する国もでてきている。

して、半導体や蓄電池など11分野の指定を閣議決定した。指定分野は、国内での生産体制の強化や備蓄の拡充、関連企業への支援が行われる。近年、新型コロナウイルスの感染拡大やウクライナ情勢で物資供給の停滞がみられたが、今後はより安定した物資供給が見込まれている。

　特許は、技術の独占的権利を認める代わりに技術を公開するもので、社会全体での研究開発の重複を防ぐことができる。日本企業は他社から

表 32-7　産業財産権の出願・登録状況（単位　件）

	1980	1990	2000	2010	2020	2021
特許出願数‥‥‥	191 020	367 590	436 865	344 598	288 472	289 200
〃 登録数‥‥‥	46 106	59 401	125 880	222 693	179 383	184 372
うち外国人‥‥‥	8 074	9 031	13 611	35 456	39 061	42 519
国際特許出願数 1)	334	1 742	9 447	31 524	49 314	49 040
実用新案出願数 2)	191 785	138 294	9 587	8 679	6 018	5 239
〃 登録数 2)	50 001	43 300	12 613	8 573	5 518	5 499
うち外国人‥‥‥	533	367	1 731	1 816	1 597	1 588
意匠出願数‥‥‥	55 631	44 290	38 496	31 756	31 798	32 525
〃 登録数‥‥‥	31 289	33 773	40 037	27 438	26 417	27 490
うち外国人‥‥‥	593	905	2 098	2 980	7 635	8 095
商標出願数‥‥‥	127 151	171 726	145 668	113 519	181 072	184 631
〃 登録数‥‥‥	65 739	117 219	94 493	97 780	135 313	174 098
うち外国人‥‥‥	5 290	9 867	15 031	18 442	32 196	48 821

特許庁「特許行政年次報告書」より作成。**国際出願**は、1つの特許出願願書で特許協力条約加盟国すべてに同時に出願したのと同じ効果を持つもので（2003年以前は出願国を指定）、各国に対して実際に手続をするまでに出願日から原則30ヶ月の猶予期間を得られる。1) 日本国特許庁での受理件数。2) 旧実用新案と新実用新案の合計。

表 32-8　日本人の主要国・地域別特許出願数（単位　件）

	2000	2005	2010	2015	2020	2021
アメリカ合衆国‥	52 883	71 994	84 017	86 359	78 308	75 364
中国‥‥‥‥‥‥	8 300	30 976	33 882	40 078	47 862	47 010
欧州特許庁‥‥ 1)	17 124	21 470	21 824	21 418	21 906	21 591
韓国‥‥‥‥‥‥	12 261	16 468	14 346	15 283	14 026	14 165
ドイツ‥‥‥‥‥	3 632	3 449	2 970	6 425	7 247	6 118
インド‥‥‥‥‥	787	1 555	4 215	4 857	4 826	4 617
タイ‥‥‥‥‥‥	1 110	2 150	430	2 947	1 444	2 921

WIPO "IP Statistics Data Center" より作成。2023年2月更新データ。各国の特許庁に日本国籍を有する人が出願した件数。各国特許庁への直接出願のほか、国際出願件数を含む。1) ヨーロッパ各国は、欧州特許庁のほかに各国特許庁へ直接出願する分がある。

の技術侵害を防止するための取得が多く、国内特許の約半数が未利用になっている。政府は大学と企業の共同特許について、一定の期間を超えて正当な理由がなく不実施の場合には第三者の実施を可能とし、スタートアップ企業等での活用を促進する方針である。

表 32-9　**国際特許出願件数**（単位　件）

国籍別	2021	2022	企業別	2021	2022
中国・・・・・・・・・・	69 594	70 016	ファーウェイ（中）・・	6 952	7 689
アメリカ合衆国・	59 404	58 622	サムスン電子（韓）・・	3 041	4 387
日本・・・・・・・・・・	50 277	50 349	クアルコム（米）・・・・	3 931	3 855
韓国・・・・・・・・・・	20 723	22 012	三菱電機（日）・・・・・・	2 673	2 320
ドイツ・・・・・・・・	17 265	17 527	エリクソン・・・・・・・ 1)	1 877	2 158
フランス・・・・・・・	7 333	7 744	OPPO（中）・・・・・・・・	2 208	1 963
計×・・・・・・・・	**277 183**	**277 286**	NTT（日）・・・・・・・・・	1 508	1 884

WIPOデータベース（2023年3月27日閲覧）および同プレスリリース（2023年2月28日）より作成。1) スウェーデン。×その他とも。

表 32-10　**技術貿易額**（企業分）（会計年度）（単位　億円）

	1990	2000	2010	2020	2021	うち親子会社
技術輸出額(受取額)	3 394	10 579	24 366	31 010	36 206	25 630
機械工業・・・・・・	2 077	8 433	17 724	20 958	23 693	18 633
自動車工業 1)	920	5 890	12 821	16 396	18 388	15 531
化学工業・・・・ 2)	582	1 305	3 687	6 905	7 913	3 959
医薬品・・・・・・	・・・	・・・	3 128	6 341	7 110	3 289
技術輸入額(支払額)	3 719	4 433	5 301	5 598	6 201	2 401
化学工業・・・・ 2)	540	652	706	2 031	2 581	・・・
機械工業・・・・・・	2 541	2 976	3 299	1 673	1 196	199

資料や調査範囲は表32-1に同じ。2020年度の国別割合は輸出がアメリカ合衆国35.6％、中国16.4％など。輸入はアメリカ70.8％、スイス7.5％など。1) 2000年度以前は他の輸送用機械を含む。2) 石油・石炭製品製造業を含まず。

表 32-11　**主要国の知的財産使用料収支**（2021年）（単位　百万ドル）

	日本	韓国	中国	アメリカ合衆国	ドイツ	イギリス
受取額・・・・・・・・・・	48 174	8 071	11 740	124 614	58 520	24 651
支払額・・・・・・・・・・	29 537	11 116	46 849	43 342	20 895	17 200
収支・・・・・・・・ 1)	18 637	-3 046	-35 108	81 272	37 626	7 451

IMFデータベース（2023年4月19日閲覧）より作成。1) 受取額－支払額で編者算出。

第33章　国民の生活

〔家計〕　2022年は、新型コロナウイルスの感染拡大から2年ほどが経過し、コロナ禍が経済活動に与える影響は徐々に減少した。二人以上勤労者世帯の月平均消費支出は32万627円となり、前年より3.6％増加した。2022年になって個人消費は回復基調で、コロナ禍以前の2019年の月平均消費支出であった32万3853円に近づいてきている。

　消費支出のうち、被服及び履物は2021年から7.9％増となり、交通費は25.4％増、交際費も10.4％増となった。2022年はコロナ禍による外出制限の期間が2021年より短く、その影響が少なくなっている。一方、コロナ禍以前の2019年と比べると、被服及び履物は12.7％減、交通費は

図 33-1　勤労者世帯の家計収支（2022年）

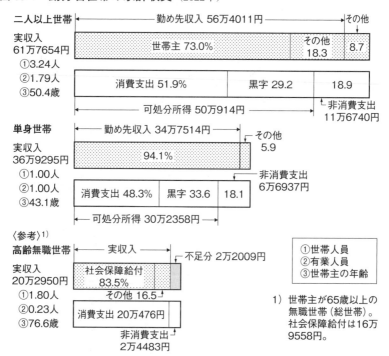

総務省「家計調査報告（家計収支編）」より作成。1世帯あたり1か月平均。

24.9％減、交際費は14.9％減であり、依然としてコロナ禍以前の水準に届いていない。これには、在宅勤務の普及など、コロナ禍を契機とした生活スタイルの変化による影響もみられる。

　2022年はロシアがウクライナに侵攻し、その影響が家計にも現れた。侵攻により世界的に資源価格が上昇したが、これに加えて急速に円安が進行し、穀物や光熱費等の物価が高騰した。政府による補助金があった

図 33-2　二人以上勤労者世帯の可処分所得と消費支出の増減率

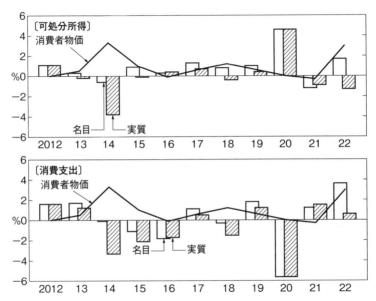

資料は図33-1に同じ。農林漁家世帯を含む。対前年増減率。消費者物価は帰属家賃を除く総合。2018年と2019年の増減率は家計簿改正の影響を調整した変動調整値。

図 33-3　家計調査の世帯区分

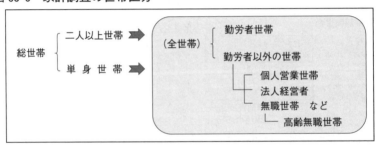

ものの、灯油や石炭を含む「他の光熱」の支出額は前年から29.4％増となり、電気代は23.5％増、ガス代は10.7％増であった。

　家計収入をみると、2022年の二人以上勤労者世帯の月平均実収入は61万7654円で、前年から2.0％増となった。収入の内訳をみると、副業収入などが含まれる事業・内職収入が前年から37.1％増加している。物価が上昇する一方で賃金が伸び悩む中、本業以外の事業を副業として行うことで、家計収入を増加させている。

　その他では、有価証券の購入が前年から36.0％増加しており、資産運用や積立投資など将来の備えに対して、人々の意識の高まりがみられる。

表33-1　二人以上世帯の消費支出の内訳（1世帯あたり、各年1か月平均）

用途分類	全世帯		勤労者世帯1)		無職世帯	
	2021	2022	2021	2022	2021	2022
消費支出（円）	279 024	290 865	309 469	320 627	229 131	241 081
食料‥‥‥‥‥	75 761	77 474	78 576	80 502	69 057	70 980
外食‥‥‥ 2)	9 380	10 881	12 282	14 145	4 459	5 395
住居‥‥‥‥‥	18 329	18 645	19 848	20 115	16 393	16 761
光熱・水道‥‥	21 530	24 522	21 448	24 421	20 944	24 081
家事用品‥‥ 3)	11 932	12 121	12 720	13 000	10 466	10 569
被服・履物‥‥	8 709	9 106	10 463	11 293	5 247	5 162
保健医療‥‥‥	14 238	14 705	13 130	13 708	15 539	15 815
交通・通信‥‥	39 702	41 396	49 512	50 688	27 106	28 593
教育‥‥‥‥‥	11 902	11 436	19 197	18 126	466	567
教養娯楽‥‥‥	24 545	26 642	27 452	29 737	19 775	21 725
交際費‥‥‥‥	15 044	16 732	13 412	14 810	17 110	19 035
割合（％）	100.0	100.0	100.0	100.0	100.0	100.0
食料‥‥‥‥‥	27.2	26.6	25.4	25.1	30.1	29.4
外食‥‥‥ 2)	3.4	3.7	4.0	4.4	1.9	2.2
住居‥‥‥‥‥	6.6	6.4	6.4	6.3	7.2	7.0
光熱・水道‥‥	7.7	8.4	6.9	7.6	9.1	10.0
家事用品‥‥ 3)	4.3	4.2	4.1	4.1	4.6	4.4
被服・履物‥‥	3.1	3.1	3.4	3.5	2.3	2.1
保健医療‥‥‥	5.1	5.1	4.2	4.3	6.8	6.6
交通・通信‥‥	14.2	14.2	16.0	15.8	11.8	11.9
教育‥‥‥‥‥	4.3	3.9	6.2	5.7	0.2	0.2
教養娯楽‥‥‥	8.8	9.2	8.9	9.3	8.6	9.0
交際費‥‥‥‥	5.4	5.8	4.3	4.6	7.5	7.9

総務省「家計調査報告（家計収支編）」より作成。外国人世帯、料理飲食店、下宿屋などを除く。消費支出計にはその他の内訳を含む。1) 世帯主が企業や官公庁で働くサラリーマン世帯。2) 出前や宅配、学校給食を含む。3) 家具を含む。

図 33-4　１世帯あたり１か月間の消費支出の内訳（全世帯）

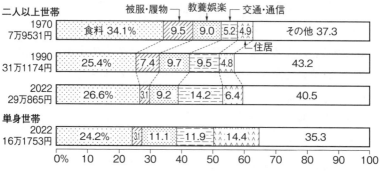

総務省「家計調査報告（家計収支編）」より作成。二人以上世帯は1990年まで農林漁家世帯を含まない。

表 33-2　単身世帯の消費支出の内訳（１世帯あたり、各年１か月平均）

用途分類	全世帯		勤労者世帯		高齢無職世帯1)	
	2021	2022	2021	2022	2021	2022
消費支出（円）	154 937	161 753	171 593	178 434	132 476	143 139
食料‥‥‥‥‥	38 410	39 069	39 884	40 301	36 322	37 485
外食‥‥‥ 2)	7 324	7 840	10 777	11 492	3 098	4 001
住居‥‥‥‥‥	22 117	23 300	29 638	32 314	13 090	12 746
光熱・水道‥‥	11 358	13 098	10 175	11 138	12 610	14 704
家事用品‥‥ 3)	5 687	5 487	6 151	5 267	5 077	5 956
被服・履物‥‥	4 606	5 047	5 932	6 714	2 940	3 150
保健医療‥‥‥	7 625	7 384	6 540	6 847	8 429	8 128
交通・通信‥‥	18 819	19 303	23 658	22 766	12 213	14 625
教育‥‥‥‥‥	7	0	14	0	0	0
教養娯楽‥‥‥	17 082	17 993	19 662	21 046	12 609	14 473
交際費‥‥‥‥	12 948	13 831	11 418	11 362	15 394	17 893
割合（％）	100.0	100.0	100.0	100.0	100.0	100.0
食料‥‥‥‥‥	24.8	24.2	23.2	22.6	27.4	26.2
外食‥‥‥ 2)	4.7	4.8	6.3	6.4	2.3	2.8
住居‥‥‥‥‥	14.3	14.4	17.3	18.1	9.9	8.9
光熱・水道‥‥	7.3	8.1	5.9	6.2	9.5	10.3
家事用品‥‥ 3)	3.7	3.4	3.6	3.0	3.8	4.2
被服・履物‥‥	3.0	3.1	3.5	3.8	2.2	2.2
保健医療‥‥‥	4.9	4.6	3.8	3.8	6.4	5.7
交通・通信‥‥	12.1	11.9	13.8	12.8	9.2	10.2
教育‥‥‥‥‥	0.0	0.0	0.0	0.0	0.0	0.0
教養娯楽‥‥‥	11.0	11.1	11.5	11.8	9.5	10.1
交際費‥‥‥‥	8.4	8.6	6.7	6.4	11.6	12.5

資料は表33-1に同じ。学生、外国人世帯を除く。消費支出計にはその他の内訳を含む。1) 65歳以上の無職単身世帯。2) 出前、宅配を含む。3) 家具を含む。

図 33-5　世帯消費動向指数（2020年 = 100）（二人以上の世帯）（各月平均）

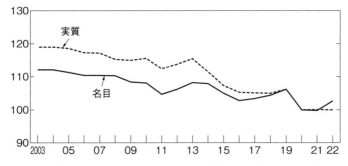

総務省「消費動向指数」より作成。調整系列原数値の名目値。**世帯消費動向指数**（CTI
ミクロ）とは、世帯の消費支出の平均額の推移を示す指数であり、家計調査、家計消
費状況調査および家計消費単身モニター調査の結果を合成した支出金額より作成した
もの。消費水準指数は2018年末で作成中止となった。

表 33-3　勤労者世帯の非消費支出の内訳（1世帯あたり、各年1か月平均）

	二人以上世帯			単身世帯		
	2020	2021	2022	2020	2021	2022
実収入（円）‥‥	609 535	605 316	617 654	359 437	356 376	369 295
可処分所得（円）	498 639	492 681	500 914	289 239	292 157	302 358
非消費支出（円）1)	110 896	112 634	116 740	70 198	64 219	66 937
直接税‥‥‥‥	46 155	47 242	49 445	28 931	25 287	26 354
勤労所得税・	18 487	19 718	21 227	12 306	10 763	11 450
個人住民税・	20 239	20 231	20 397	13 217	12 101	11 922
その他‥‥2)	7 429	7 294	7 820	3 407	2 423	2 982
社会保険料‥‥	64 672	65 331	67 175	41 244	38 906	40 571
公的年金保険料	38 683	39 165	39 938	25 577	24 432	25 398
健康保険料・	21 370	21 272	22 058	13 404	12 334	12 828
介護保険料・	3 454	3 701	3 785	1 518	1 467	1 508
実収入割合（%）	*100.0*	*100.0*	*100.0*	*100.0*	*100.0*	*100.0*
可処分所得‥‥‥	*81.8*	*81.4*	*81.1*	*80.5*	*82.0*	*81.9*
非消費支出‥‥1)	*18.2*	*18.6*	*18.9*	*19.5*	*18.0*	*18.1*
直接税‥‥‥‥	*7.6*	*7.8*	*8.0*	*8.0*	*7.1*	*7.1*
勤労所得税・	*3.0*	*3.3*	*3.4*	*3.4*	*3.0*	*3.1*
個人住民税・	*3.3*	*3.3*	*3.3*	*3.7*	*3.4*	*3.2*
その他‥‥2)	*1.2*	*1.2*	*1.3*	*0.9*	*0.7*	*0.8*
社会保険料‥‥	*10.6*	*10.8*	*10.9*	*11.5*	*10.9*	*11.0*
公的年金保険料	*6.3*	*6.5*	*6.5*	*7.1*	*6.9*	*6.9*
健康保険料・	*3.5*	*3.5*	*3.6*	*3.7*	*3.5*	*3.5*
介護保険料・	*0.6*	*0.6*	*0.6*	*0.4*	*0.4*	*0.4*

資料は表33-1に同じ。外国人世帯、料理飲食店、下宿屋などを除く。1）罰金や示談金な
どほかに含まれない非消費支出を含む。2）贈与税、相続税など。

第
33
章

国民の生活

図 33-6　年間収入階級別の消費支出割合（2022年）

（二人以上勤労者世帯）（年間収入五分位階級別）

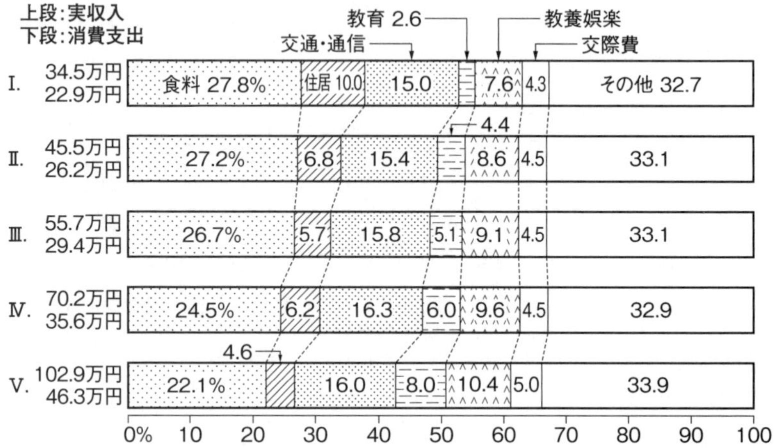

上段：実収入
下段：消費支出

教育 2.6　教養娯楽
交通・通信　交際費

| | 実収入 | 消費支出 | 食料 | 住居 | | 交通・通信 | 教育 | 教養娯楽 | 交際費 | その他 |

I.　34.5万円 / 22.9万円　食料 27.8%　住居 10.0　15.0　7.6　4.3　その他 32.7

II.　45.5万円 / 26.2万円　27.2%　6.8　15.4　4.4　8.6　4.5　33.1

III.　55.7万円 / 29.4万円　26.7%　5.7　15.8　5.1　9.1　4.5　33.1

IV.　70.2万円 / 35.6万円　24.5%　6.2　16.3　6.0　9.6　4.5　32.9

V.　102.9万円 / 46.3万円　22.1%　4.6　16.0　8.0　10.4　5.0　33.9

0% 10 20 30 40 50 60 70 80 90 100

総務省「家計調査報告（家計収支編）」より作成。二人以上勤労者世帯。1世帯あたり1か月間平均の消費支出の割合。五分位階級は、年間の実収入の低い世帯から高い世帯へ順に並べて単純に五等分したもの（I～V）。

表 33-4　都市階級別・地方別の収入と支出（二人以上勤労者世帯）（2022年）

	実収入 実数（円）	格差（全国=100）	可処分所得（円）	消費支出（円）	平均消費性向（%）5)
全国	617 654	100.0	500 914	320 627	64.0
大都市 1)	640 081	103.6	517 357	326 487	63.1
中都市 2)	628 016	101.7	508 665	331 079	65.1
小都市A 3)	606 126	98.1	491 210	310 436	63.2
小都市Bと町村 4)	571 247	92.5	468 577	303 746	64.8
北海道	584 894	94.7	472 608	317 849	67.3
東北	576 143	93.3	477 463	306 823	64.3
関東	667 769	108.1	535 687	334 792	62.5
北陸	646 520	104.7	524 969	335 767	64.0
東海	605 495	98.0	492 160	318 024	64.6
近畿	619 570	100.3	502 120	325 864	64.9
中国	549 556	89.0	453 149	307 929	68.0
四国	573 733	92.9	471 004	285 925	60.7
九州	545 284	88.3	449 017	291 757	65.0
沖縄	441 782	71.5	374 801	249 427	66.5

総務省「家計調査報告（家計収支編）」より作成。1世帯あたり1か月平均。2018年調査より人口5万人以上の市の項目は廃止された。1) 政令指定都市と東京都区部。2) 大都市を除く人口15万人以上の市。3) 人口5万人以上15万人未満の市。4) 人口5万人未満の市と町村。5) 可処分所得に対する消費支出割合。

表 33-5　**貯蓄・負債状況**（二人以上世帯 1 世帯あたり）

（2021年平均）（単位　万円）

	全世帯	勤労者世帯	持家世帯		負債保有世帯	
			全世帯	勤労者世帯	全世帯	勤労者世帯
集計世帯数‥‥‥‥	5 905	3 282	4 881	2 512	2 235	1 763
持家率（％）‥‥‥	84.1	78.7	100.0	100.0	90.5	90.0
年間収入‥‥‥‥‥	633	749	642	776	762	783
世帯人員（人）‥‥	2.94	3.28	2.94	3.33	3.35	3.48
有業人員（人）‥‥	1.35	1.78	1.34	1.82	1.75	1.83
世帯主年齢（歳）‥	59.6	49.9	61.3	51.2	51.5	47.8
貯蓄現在高‥‥‥‥	1 880	1 454	2 043	1 561	1 250	1 087
通貨性預貯金‥‥	584	521	616	543	426	400
定期性預貯金‥‥	615	399	686	441	302	246
生命保険など‥‥	357	293	392	323	326	278
有価証券‥‥‥‥	295	198	321	211	160	125
金融機関外‥‥‥	29	44	28	43	36	38
負債現在高‥‥‥ 1)	567	856	654	1 052	1 505	1 603
住宅・土地‥‥ 2)	513	791	598	985	1 359	1 482

総務省「家計調査（貯蓄・負債編）」より作成。1) 月賦・年賦およびその他の負債を含む。2) 住宅・土地のための負債。

表 33-6　**二人以上世帯の貯蓄現在高および負債残高の推移**（単位　万円）

	2006	2010	2014	2019	2020	2021
全世帯						
年間収入‥‥‥‥	645	616	614	629	634	633
貯蓄現在高‥‥‥	1 722	1 657	1 798	1 755	1 791	1 880
負債現在高‥‥ 1)	506	489	509	570	572	567
住宅・土地‥ 2)	440	431	458	518	518	513
貯蓄年収比（％）・	267.0	269.0	292.8	279.0	282.5	297.0
負債年収比（〃）・	78.4	79.4	82.9	90.6	90.2	89.6
住宅・土地（〃）・	68.2	70.0	74.6	82.4	81.7	81.0
勤労者世帯						
年間収入‥‥‥‥	713	697	702	736	740	749
貯蓄現在高‥‥‥	1 264	1 244	1 290	1 376	1 378	1 454
負債現在高‥‥ 1)	624	679	756	855	851	856
住宅・土地‥ 2)	577	629	710	798	791	791
貯蓄年収比（％）・	177.3	178.5	183.8	187.0	186.2	194.1
負債年収比（〃）・	87.5	97.4	107.7	116.2	115.0	114.3
住宅・土地（〃）・	80.9	90.2	101.1	108.4	106.9	105.6

総務省「家計調査（貯蓄・負債編）」より作成。二人以上世帯における 1 世帯あたりの貯蓄・負債状況。注記は表33-5に同じ。

第33章　国民の生活

図 33-7　年間収入階級別による貯蓄現在高の種類別割合 (2021年)

（二人以上勤労者世帯）（年間収入五分位階級別）

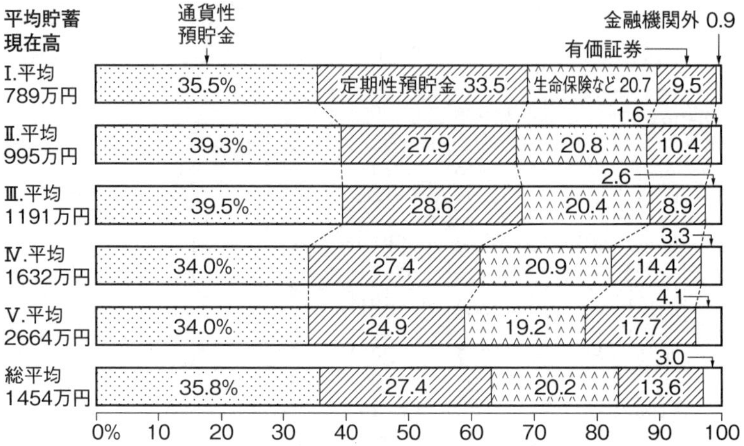

資料・注記は表33-7に同じ。1世帯あたり貯蓄現在高の年平均。五分位階級は、年間収入の低い世帯から高い世帯へ順に並べて単純に五等分したもの（I〜V）。

表 33-7　住宅の所有関係別貯蓄・負債現在高

（二人以上勤労者世帯）（2021年平均）（単位　万円）

	平均	持家		借家		
		総数	うち住宅ローン返済世帯	民営	公営	給与住宅
貯蓄現在高‥‥‥ 1)	1 454	1 561	1 057	1 013	739	1 781
金融機関‥‥ 1)	1 411	1 519	1 020	967	717	1 689
通貨性預貯金	521	543	415	408	344	733
定期性預貯金	399	441	227	235	148	424
生命保険など	293	323	260	172	165	280
有価証券‥‥	198	211	118	152	59	253
株式‥‥‥	106	113	68	82	35	131
投資信託‥	73	76	41	60	23	108
金融機関外‥‥	44	43	38	45	22	92
負債現在高‥‥ 2)	856	1 052	1 793	135	51	203
住宅・土地‥ 3)	791	985	1 701	79	22	109
貯蓄年収比（％）	194.1	201.2	131.1	154.7	155.9	210.8
負債年収比（％）	114.3	135.6	222.5	20.6	10.8	24.0

総務省「家計調査（貯蓄・負債編）」（2021年版）より作成。1世帯あたり。二人以上勤労者世帯の平均持家率は80.1％。1）預貯金のほか、生命保険（掛捨を除く）、積立型損害保険に対する払込額、有価証券の保有額の合計。2）金融機関からの借入金のほか、消費者金融や質屋などからの借り入れを含む。3）住宅・土地のための負債で、家賃は含まない。

〔**食生活**〕　2022年は新型コロナウイルスの感染対策による外出自粛が緩和されて、消費者の生活はコロナ禍以前の状態に戻りつつあった。2022年家計調査によると、二人以上勤労者世帯では外食の消費支出が2年ぶりに増加し、前年より15.2％上昇した。また、調理食品など内食の消費支出も依然として増えている。一方で、卵の消費は減少しており、価格高騰による買い控えがみられる。2022年2月のロシアのウクライナ

図 33-8　二人以上勤労者世帯の主な食料費の推移

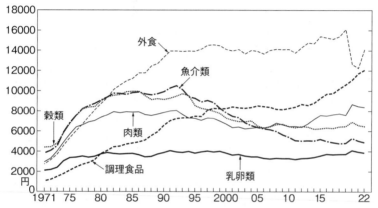

資料は表33-8に同じ。1世帯あたり1か月平均。2000年から農林漁家世帯を含む。外食には学校給食を含む。

表 33-8　二人以上世帯の年間食料品購入数量（全世帯）（単位　100g）

	1990	2000	2010	2019	2020	2021	2022
米（kg）…	125.8	99.2	83.0	62.2	64.5	60.8	57.4
生鮮魚介…	473.0	441.9	339.8	229.7	239.1	229.6	195.2
塩干魚介…1)	141.6	111.8	94.1	67.2	72.4	66.2	61.5
牛肉……	108.2	101.3	69.2	65.4	71.9	67.4	62.0
豚肉……	172.9	162.2	185.0	211.8	229.9	225.5	223.0
鶏肉……	129.7	117.0	137.5	169.1	187.7	183.0	181.2
牛乳（L）…	112.9	108.4	85.4	75.8	78.2	74.2	73.3
バター…	4.9	5.3	5.0	5.3	6.5	6.4	6.0
チーズ…	17.1	22.8	25.9	35.5	40.5	40.7	38.0
卵……	385.5	343.1	311.9	317.5	340.0	328.6	319.3

総務省「家計調査報告（家計収支編）」より作成。料理・飲食店、旅館、下宿屋、4人以上の住込み雇用者がいる世帯、外国人世帯などを除く。2000年から農林漁家を含む。1) かつお節や塩辛などの加工品を除く。

侵攻による飼料価格の高騰に加えて、鳥インフルエンザの流行でニワトリの殺処分数増加や感染対策によるコスト増が背景にある。そのほかの食材でも、円安の影響もあって小麦などの価格の上昇が続いており、食料費が家計を圧迫している。

図 33-9　食料費の内訳（2022年）（1世帯あたり1か月平均）

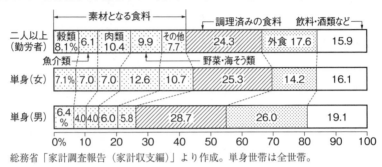

総務省「家計調査報告（家計収支編）」より作成。単身世帯は全世帯。

表 33-9　食料供給量（1人1日あたり）（会計年度）（単位　g）

	1970	1980	1990	2000	2010	2020	2021（概算）
穀類‥‥‥‥	351.4	309.3	283.5	269.9	255.9	230.0	231.7
米‥‥‥‥	260.4	216.2	191.9	177.0	163.0	139.1	141.0
小麦‥‥‥	84.3	88.3	86.9	89.2	89.5	87.0	86.6
大麦‥‥‥	2.0	1.4	0.5	0.8	0.5	0.5	0.6
その他‥‥	4.6	3.4	4.2	3.0	2.9	3.5	3.6
いも類・でん粉	66.3	79.1	100.1	105.5	96.5	93.8	95.3
豆類‥‥‥‥	27.7	23.3	25.2	24.8	23.1	24.5	23.7
野菜‥‥‥‥	316.2	309.4	297.0	280.6	241.5	242.9	234.8
果実‥‥‥‥	104.3	106.3	106.3	113.8	100.2	93.5	88.8
肉類‥‥‥‥	36.6	61.6	71.2	78.8	79.6	91.8	93.2
鶏卵‥‥‥‥	39.8	39.2	44.1	46.5	45.3	47.0	47.1
牛乳・乳製品	137.2	179.0	228.0	258.2	236.7	258.5	258.6
魚介類‥‥‥	86.5	95.3	102.8	101.8	80.6	64.7	63.6
海そう類‥‥	2.5	3.7	3.9	3.8	2.7	2.5	2.2
砂糖類‥‥‥	73.8	63.9	59.7	55.4	51.9	45.5	46.3
油脂類‥‥‥	24.5	34.5	38.9	41.5	36.9	39.4	38.2
みそ‥‥‥‥	20.1	16.5	13.4	11.9	9.9	9.9	9.7
しょうゆ‥‥	32.4	30.1	26.3	22.6	17.7	14.3	14.4
その他の食料	5.1	7.2	10.9	12.4	12.4	12.6	12.4

農林水産省「食料需給表」より作成。生産量に輸出入分の増減や在庫変動を含めた供給可能量から動物飼料や種子・加工用などに使われる量を差し引き、歩留り（可食部分の割合）を乗じて算出した純食料の供給量。1970年度は沖縄県を含まず。

表 33-10　食品群別カロリー供給構成の推移（会計年度）（％）

	1970	1980	1990	2000	2010	2020	2021（概算）
穀類･･････････	49.8	43.4	38.6	36.8	37.7	34.7	35.1
いも類・でん粉･･	4.5	5.9	7.7	8.3	8.4	8.1	8.3
豆類･･･････ 1)	6.8	5.7	5.7	5.4	5.3	5.6	5.4
野菜・果実････	5.2	5.2	5.5	5.6	5.4	5.8	5.7
動物性食品･･･ 2)	13.0	17.3	19.3	20.5	20.4	21.6	21.8
（うち魚介類）	(4.0)	(5.2)	(5.4)	(5.1)	(4.5)	(3.7)	(3.7)
砂糖類･･･････	11.2	9.6	8.7	8.0	8.1	7.8	8.0
油脂類･･･････	9.0	12.5	13.6	14.5	13.9	15.4	14.9
その他の食料･･･	0.5	0.4	0.9	0.9	0.8	0.9	0.8
総数･･･････	100.0	100.0	100.0	100.0	100.0	100.0	100.0
1人1日あたりkcal	2 530	2 563	2 640	2 643	2 447	2 271	2 265

資料は表33-9に同じ。酒類を除く。1970年度は沖縄県を含まず。食料需給表における食料の量は、消費者に到達する食料の量を表すもので、個人が実際に消費する数量とは異なることに注意。1) みそ・しょうゆを含む。2) 動物性油脂を除く。

図 33-10　主な国の食品群別カロリー供給構成（2020年）

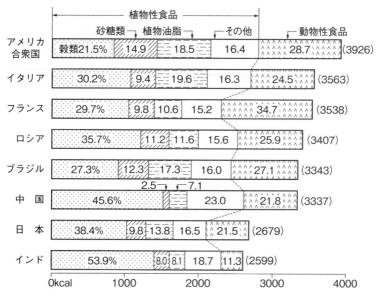

FAOSTATより作成（2023年2月20日ダウンロード）。1人1日あたり。酒類を含む。データの見直しが行われたため、以前の数値と接続しない。家畜の飼料や種子、非食料製造（せっけんなど）分を除いた人間の消費に向けられた量で、実際の消費量とは異なる。その他にはいも類、豆類、野菜、果物、酒類などが含まれる。（　）内の数値は1人1日あたりの総カロリー量。

〔住宅〕　2018年の「住宅・土地統計調査」（5年に一度の調査）によると、全国の総住宅戸数は6241万戸で前回調査より178万戸増加した。居住世帯のある住宅は5362万戸で、居住世帯のない住宅は879万戸である。居住世帯のある住宅のうち持ち家が3280万戸で、持ち家の取得方法別では、新築が30.2％、新築住宅の購入が22.5％、建て替えが17.2％で、中古住宅の購入は14.7％であった。

　空き家は849万戸で、前回調査より約30万戸増えた。管理不全の空き家は、周辺地域の治安悪化など、地域住民への影響が懸念される。政府は、2018年4月に民間企業と提携して「全国版空き家・空き地バンク」

表33-11　**総住宅数および世帯数**（各年10月1日現在）

	総住宅数[1]		総世帯数[2]		世帯人員[2]		1世帯あたり住宅数（戸）
	実数（千戸）	増減率（％）	実数（千世帯）	増減率（％）	実数（千人）	増減率（％）	
1993	45 879	9.2	41 159	8.9	124 607	1.6	1.11
1998	50 246	9.5	44 360	7.8	126 331	1.4	1.13
2003	53 891	7.3	47 255	6.5	127 458	0.9	1.14
2008	57 586	6.9	49 973	5.8	127 519	0.0	1.15
2013	60 629	5.3	52 453	5.0	127 129	-0.3	1.16
2018	62 407	2.9	54 001	3.0	126 308	-0.6	1.16

総務省「住宅・土地統計調査」より作成。5年ごとの調査。増減率は前回調査との比較。1）居住世帯なしの住宅を含む。2）単身の下宿人・間借り人、寄宿舎などの住宅以外の建物に住む単身者や世帯および世帯人員を含む。

表33-12　**居住世帯の有無別・住宅の種類別住宅数**（単位　千戸）

	居住世帯あり				居住世帯なし		
	総数	専用住宅	農林漁業併用住宅	その他の併用住宅	総数[1]	空き家[2]	建築中[3]
1993	40 773	38 457	168	2 149	5 106	4 476	201
1998	43 922	41 744	124	2 054	6 324	5 764	166
2003	46 863	45 258 [4]	…	1 605	7 028	6 593	109
2008	49 598	48 281 [4]	…	1 317	7 988	7 568	93
2013	52 102	50 982 [4]	…	1 121	8 526	8 196	88
2018	53 616	52 642 [4]	…	974	8 791	8 489	86

資料は表33-11に同じ。各年10月1日現在。併用住宅とは業務に使用される設備と居住部分が結合している住宅のこと。1）ほかに、一時現在者のみの住宅がある。2）別荘などの二次的住宅を含む。3）棟上げ後の建築中の住宅。4）その他の併用住宅に含まれる。

の本格運用を開始した。2022年4月末日時点で884の自治体が参加し、全国の自治体の空き家などの情報が検索できる。これにより、空き家の売買や賃貸の促進につながり、放置される空き家の減少が期待される。

　借入金の金利負担を軽減する住宅ローン減税制度が、2022年に改正された。改正により、新築の住宅ローン減税の控除期間が原則10年から13年に延長される。一方で、新築の控除率は年末の住宅ローン残高の1％から0.7％に縮小する。改正前は1％を下回る変動金利などにより、借

図 33-11　建て方別・構造別の住宅割合

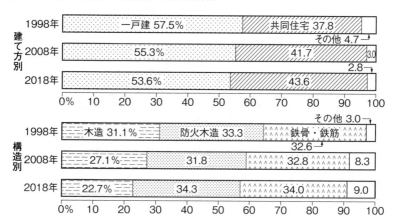

資料は表33-11に同じ。各年10月1日現在。5年ごとの調査。居住世帯あり住宅数に占める割合。鉄骨・鉄筋はコンクリート造のもの。

表 33-13　所有関係別住宅数と質的水準 (専用住宅) (各年10月1日現在)

	持ち家				借家		
	総数 (千戸)	居住室数 (室)	居住室の 畳数(畳)	延べ面積 (m²)	総数 (千戸)	居住室数 (室)	居住室の 畳数(畳)
1993	24 376	6.08	40.60	118.45	15 691	2.90	16.83
1998	26 468	6.00	40.84	119.97	16 730	2.83	17.09
2003	28 666	5.91	41.45	121.67	17 166	2.84	17.74
2008	30 316	5.79	41.34	121.03	17 770	2.74	17.70
2013	32 166	5.68	41.24	120.93	18 519	2.67	17.83
2018	31 960	5.49	41.44	119.07	18 976	2.57	18.08

資料は表33-11に同じ。5年に1度の調査。居住室数および居住室の畳数は1住宅あたりのデータで、対象は専用住宅のみ。持ち家と借家の計と居住世帯あり住宅の総数が合わないのは、所有関係が不詳の住宅があるため。

入金利が住宅ローン減税の控除率を下回り、住宅ローンを借りると得を
する状態が多くみられたが、本改正で是正が図られる。また、住宅ロー
ン金利は長期間低く抑えられていたが、2022年12月の日銀の金融緩和政
策の修正により、各銀行が固定金利を一斉に引き上げた。変動金利は据
え置きとなったものの、金利上昇に直面し戸惑う契約者は多い。

図 33-12　住宅ローン返済世帯の返済額の推移（二人以上勤労者世帯）

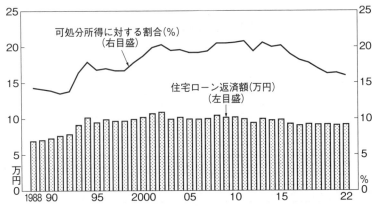

総務省「家計調査報告（家計収支編）」より作成。住宅ローン返済世帯の1世帯あた
り1か月平均の土地家屋借金返済額。

表 33-14　住宅ローン返済世帯の家計（2022年、1か月平均）（単位　円）

	平均	世帯主の年間収入五分位階級別[1]				
		I	II	III	IV	V
世帯人員（人）‥	3.58	3.37	3.65	3.59	3.60	3.60
世帯主の年齢（歳）	46.9	45.9	45.5	46.7	46.7	49.0
年間収入（万円）	820	403	562	699	871	1 296
可処分所得‥‥‥	573 330	355 012	428 911	498 852	610 574	832 480
消費支出‥‥‥	336 403	229 246	259 847	296 814	358 879	466 300
黒字‥‥‥‥‥	236 927	125 767	169 064	202 038	251 695	366 180
土地家屋借金返済[2]	91 874	73 289	79 698	84 694	94 904	114 642
対可処分所得(%)	16.0	20.6	18.6	17.0	15.5	13.8
平均消費性向[3](%)	58.7	64.6	60.6	59.5	58.8	56.0

総務省「家計調査報告（家計収支編）」より作成。二人以上勤労者世帯。1) 年間収入の低
い世帯から高い世帯へ順に並べて単純に五等分したもの。2) 住宅ローン返済。3) 可処分
所得（手取り収入）に占める消費支出の割合。

〔**耐久消費財**〕 内閣府の消費動向調査によると、2022年のスマートフォンの普及率は91.9％（前年比3.0ポイント増）で、いわゆるガラケーからの移行が進んでいる。一方で、ビデオカメラは前年から0.9ポイント減、デジタルカメラは2.8ポイント減と共に減少した。スマートフォンはカメラや動画撮影など多機能化しており、デジタルカメラやビデオカメラの代わりに日常で使用する傾向が強まっている。

第
33
章

国民の生活

図 33-13　**耐久消費財普及率の推移**（二人以上の世帯）

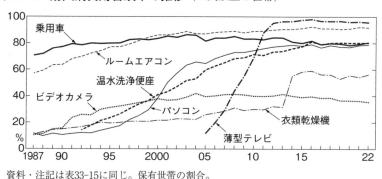

資料・注記は表33-15に同じ。保有世帯の割合。

表 33-15　**耐久消費財の普及率・保有台数**（2022年）（保有世帯の割合　％）

	普及率（％）				保有台数(台)
	全体	持ち家一戸建	持ち家マンション等	民営賃貸住宅	全体
温水洗浄便座····	80.3	86.9	88.6	52.4	113.3
衣類乾燥機······	56.3	57.5	67.6	42.7	69.6
食器洗い機······	36.3	42.2	40.3	10.7	36.9
ルームエアコン··	91.8	92.9	96.9	84.1	285.4
空気清浄機······	45.7	46.1	47.2	44.1	64.8
薄型カラーテレビ	95.7	96.2	96.9	93.7	206.3
ブルーレイ······	50.9	52.2	55.1	43.4	66.7
ビデオカメラ····	35.5	37.7	33.9	27.1	38.9
デジタルカメラ··	56.6	59.5	58.0	44.1	76.6
パソコン········	78.9	79.8	85.5	71.1	128.4
スマートフォン··	91.9	91.0	95.0	93.2	220.3
乗用車·········	80.6	86.5	69.5	71.1	127.2

内閣府「消費動向調査」より作成。3月末現在。二人以上の世帯。約5000世帯の抽出調査のため、調査世帯の変更によってデータにばらつきが生じることがある。保有台数は100世帯あたりの台数。

〔生活時間と余暇活動〕 総務省の「社会生活基本調査」によると、2021年のレジャー活動の行為者率は、カラオケが13.5％とコロナ前の2016年調査と比べて17.2ポイント減となった。遊園地、動植物園、水族館などは、19.0％で同14.8ポイント減である。一方、スマートフォン・家庭用ゲームは42.9％で同7.1ポイント増となった。コロナ禍で外出自粛が進み、巣ごもり生活になじみやすいゲームをする人が増えている。

表 33-16　1日の生活時間 （2021年）（単位　時間.分）

	平日			日曜日		
	行為者率(%)	行為者の平均	全員の平均	行為者率(%)	行為者の平均	全員の平均
睡眠・・・・・・・・・・・	99.9	7.43	7.42	99.9	8.33	8.32
身の回りの用事・	88.5	1.34	1.23	84.0	1.43	1.27
食事・・・・・・・・・・・	97.2	1.39	1.36	97.6	1.51	1.48
通勤・通学・・・・・	48.7	1.19	0.38	12.5	1.10	0.09
仕事・・・・・・・・・・・	50.7	8.17	4.12	17.7	7.00	1.14
学業・・・・・・・・・・・	12.3	6.36	0.49	5.2	3.34	0.11
家事・・・・・・・・・・・	47.0	3.04	1.26	49.2	3.02	1.30
介護・看護・・・・・	2.4	2.08	0.03	2.1	2.11	0.03
育児・・・・・・・・・・・	6.8	3.10	0.13	7.1	3.54	0.17
買い物・・・・・・・・・	28.8	1.10	0.20	40.8	1.41	0.41
移動(通勤・通学を除く)	22.4	1.20	0.18	29.4	1.45	0.31
テレビ・ラジオ・新聞・雑誌	55.8	3.33	1.59	60.2	4.26	2.40
休養・くつろぎ・	69.5	2.33	1.46	71.2	3.32	2.31
学習・訓練・・・ 1)	9.4	2.11	0.12	8.5	2.39	0.14
趣味・娯楽・・・・・	22.9	2.51	0.39	31.3	3.57	1.14
スポーツ・・・・・・・	11.5	1.36	0.11	12.3	2.14	0.17
ボランティア活動2)	1.4	1.54	0.02	2.4	2.26	0.04
交際・付き合い・	5.7	2.14	0.08	8.7	3.06	0.16
受診・療養・・・・・	5.9	2.17	0.08	1.6	2.55	0.03
その他・不明・・・	10.9	2.08	0.14	14.3	2.22	0.20
行動分類						
1次活動・・・ 3)	100.0	10.42	10.42	100.0	11.47	11.47
2次活動・・・ 4)	91.0	8.27	7.42	77.7	5.15	4.04
3次活動・・・ 5)	94.4	5.57	5.37	96.8	8.25	8.09

総務省「社会生活基本調査」(2021年) より作成。1976年から5年ごとの調査。全国の10歳以上で1日単位の平均。全体の平均は、その行動を行っていない人も含めた平均時間。行動者の平均は該当の行動を少しでも行った人の平均時間で、行為者率は全体に占める行動者数の割合。1) 学業以外。自己啓発を含む。2) 社会参加活動を含む。3) 睡眠や食事など生理的に必要な活動。4) 仕事や家事など社会生活を営む上で義務的な性格の強い活動。5) 1次活動、2次活動以外で各人が自由に使える時間における活動。

表 33-17　余暇市場の推移（単位　十億円）

	2017	2018	2019	2020	2021
余暇市場・・・・・・・・・・・・・・	71 825	71 914	72 307	55 204	55 760
対国内総支出（％）・・・・	*13.0*	*12.9*	*13.0*	*10.2*	*10.1*
対民間最終消費支出(%)	*23.8*	*23.6*	*23.8*	*19.0*	*19.0*

日本生産性本部「レジャー白書」より作成。2015年版のレジャー白書から、「パチンコ・パチスロ」市場の推計方法が変更され、また「オンライン・ソーシャルゲーム」や「電子出版」などの新たな項目が加わった。そのため、余暇市場は過去に遡って変更されている。国内総支出および民間最終消費支出は、内閣府「国民経済計算」による名目値（2023年2月27日閲覧）を使用。

表 33-18　余暇活動の種類別行動者率（％）（10歳以上）

	2001	2006	2011	2016	2021
外国語学習・・・・・・・・・・・・・	*10.7*	*10.3*	*10.8*	*12.9*	*14.1*
商業実務・ビジネス関係学習1)	*19.3*	*15.7*	*15.3*	*16.2*	*20.1*
芸術・文化・・・・・・・・・・・・・	*9.5*	*11.2*	*10.0*	*11.7*	*11.2*
野球（キャッチボールを含む）	*10.8*	*8.6*	*7.1*	*7.2*	*6.3*
サッカー・フットサル・・・・	*5.8*	*6.0*	*5.6*	*6.0*	*4.7*
テニス・・・・・・・・・・・・・・・	*6.2*	*5.6*	*4.2*	*5.0*	*3.4*
ゴルフ（練習を含む）・・・・・	*11.1*	*8.9*	*8.1*	*7.9*	*6.9*
水泳・・・・・・・・・・・・・・・・・	*19.8*	*13.8*	*10.5*	*11.0*	*5.7*
映画鑑賞・・・・・・・・・・・・・ 2)	*35.8*	*37.3*	*35.1*	*39.6*	*29.8*
パチンコ・・・・・・・・・・・・・・	*15.3*	*11.8*	*10.0*	*8.5*	*6.3*
カラオケ・・・・・・・・・・・・・・	*39.1*	*31.8*	*29.0*	*30.7*	*13.5*
ゲーム（テレビ・パソコンでの)3)	*29.1*	*33.0*	*33.3*	*35.8*	*42.9*
遊園地、動植物園、水族館など	…	*34.5*	*31.5*	*33.8*	*19.0*

総務省「社会生活基本調査（生活行動に関する結果）」より作成。対象は10歳以上のみ。行動者とは過去1年間に該当種類の活動を行った者。1) パソコンなどの情報処理関連学習を含む総数。2) テレビ・DVDなどは除く。3) 家庭で行うもの。スマートフォンを含む。

表 33-19　犬と猫の推定飼育頭数（単位　千頭）

	2017	2018	2019	2020	2021	2022
犬・・・・・・・・・・・・	7 682	7 616	7 579	7 341	7 106	7 053
うち新規飼育・	333	360	350	416	397	426
猫・・・・・・・・・・・・	8 672	8 849	8 764	8 628	8 946	8 837
うち新規飼育・	444	351	394	460	489	432

ペットフード協会「全国犬猫飼育実態調査」より作成。各年10月現在。20～79歳に対する調査で、世帯飼育率と飼育世帯の平均飼育頭数から推定したもの。2021年より調査方法を改定し、二人以上世帯と単身世帯の推計値を合計して算出。2020年以前にも改定内容を反映。

〔宗教〕 日本には多種多様な宗教文化が混在し、特に神道と仏教は神仏習合の考え方により、古くから日常生活に深く結びついてきた。

多くの人々は年中行事や冠婚葬祭など人生の節目で、神社や寺院、教会等に関わりを持って生活している。日本人は自分自身を無宗教と認識する人が多いといわれているが、文化庁の調査では、2021年末の日本の宗教団体の信者総数は重複を含めて約1億7960万人となっている。

図 33-14　宗教団体と教師の系統別割合 （2021年末現在）

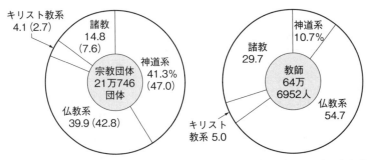

資料・注記は下表参照。宗教団体のうち（　）内のパーセントは宗教団体のうち非法人を除く宗教法人17万9558法人における割合。教師は宗教団体が決める教師資格を有している者で、それぞれ基準が異なる。外国人教師を含む。

表 33-20　全国の宗教団体数と信者数 （2021年末現在）

	宗教団体[1] （非法人 を含む）	宗教法人[2]					信者[3] （万人）
		神社	寺院	教会	布教所	計	
神道系······	87 072	80 599	13	3 331	144	84 316	8 724
仏教系······	83 988	21	75 340	920	91	76 774	8 324
キリスト教系	8 567	–	–	4 015	6	4 765	197
諸教······ [4]	31 119	53	49	13 231	43	13 703	711
総数······	210 746	80 673	75 402	21 497	284	179 558	17 956

文化庁「宗教統計調査」より作成。原則として宗教法人を対象とした統計調査であるため、非法人のみで存在する宗教団体は範囲に含まれていない。1) 宗教法人が包括する非法人宗教団体、および宗教法人を包括する非法人宗教団体などを含む。2) それぞれの名称によって分類されている。布教所は、講義所、伝道所などの名称も含む。計にはその他を含む。3) 各宗教団体が、それぞれ氏子、檀徒、教徒、信者、会員などと称するすべてを含む。定義や資格などはそれぞれの宗教団体が独自に定めている。信者の総数が日本の総人口を超えることからみて、重複してカウントされていると推測される。4) いずれの系統にも属さないと見なされるもの。

第34章　教育

　2020年に広がった新型コロナ感染症は、2023年5月より感染法上の位置づけが5類に移行されるなど、ようやく収束の方向に向かっている。コロナ禍によりオンライン授業が普及し、柔軟な学びが可能になった反面、家庭環境、生徒の能力などにより学習効果が低下する懸念が指摘されたほか、生徒の心理面の不安が増長し、不登校やうつ病の発症者が増加した。また、文化祭、運動会、修学旅行などの学校行事が制限されたため、生徒の体験や交流の場が失われ、地域や学校との結びつきを深める機会は減った。日本の教育は、学力の低下や不登校、教師不足に加え、いじめなどの問題が根深い。一方で国は、生涯学習社会の実現を目標に掲げ、社会が変化する中で職業に必要な新たな知識やスキルを身に付けるための社会人の学び直し（リカレント教育）の推進などを打ち出している。さらに、グローバル化に対応するための外国語教育や、科学技術分野の教育力の強化を喫緊の課題として取り組んでいる。

図34-1　在学者数の変化 （各年5月1日現在）

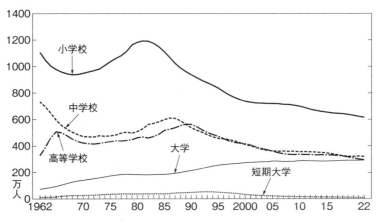

文部科学省「学校基本調査」(2022年度) より作成。通信教育を含まず。教員数は本務者のみ。高等学校、大学、短期大学は専攻科、別科の学生を含む。大学と短期大学は聴講生などを含む。大学は大学院生を含む。【☞府県別統計521ページ】

　2018年に改訂された新学習指導要領は、生徒に適したプログラムの構築や学校教育計画の策定、教員の教育実践力の向上を目指している。また、日本では学校の授業中にデジタル機器を利用する時間がOECDで最下位にあり（2018年）、2019年から学習の充実にICTを活用する文部科学省のGIGAスクール構想が始まった。2025年までに全ての学校にインターネット環境を整備し、児童・生徒にデジタル端末を配布することを目指している。しかし、デバイスの調達費用や、管理や保守などの運用面に不安を抱えているほか、教員の知識や技術不足も指摘され、支援や対策が必要とされる。

表34-1　通信教育の現状（2022年5月1日現在）

		学校数	教員数 （本務者） （人）	在学者数 （人）
高等学校……	1)	274	5 708	238 267
大学………	2)3)	45	555	222 964
大学院………	2)3)	27	129	7 007
短期大学……	2)	11	200	21 330

文部科学省「学校基本調査」（2022年度）より作成。表34-2の外数。在学者は正規課程以外の者や併修者を含む。大学院の教員は大学院の専従者のみの数値で、大学の教員に含まれるものを除く。1）独立校126校、併置校148校の合計274校で、このほか高等学校の通信教育について協力する高等学校（協力校）が356校ある。2）通信教育部を置くもの。このうち通信教育のみを行う学校が、短大2校、大学のみ設置する学校3校、大学院のみ設置する学校1校、大学と大学院を併置する学校2校がある。3）大学と大学院の両方で通信教育を行う18校を含む。

図34-2　教育機関に対する支出の対GDP比（2019年）

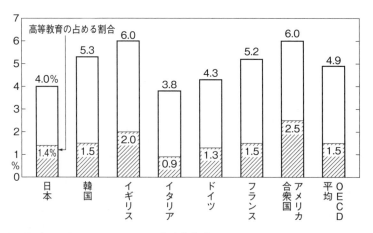

OECD "Education at a Glance 2022" より作成。

　OECDによると、日本は25〜34歳人口の半数が高等教育修了者である。ただし、教育支出は2019年でGDP比4.0％と、OECD平均の4.9％よりも低い。高等教育に限るとOECD平均に近いが、高等教育の私費負担割合が67％とOECD平均の31％を上回るのが要因で、特に初等中等教育で低く、教育支出の一般政府割合は7.8％とOECD平均を下回る。

表34-2　学校・教員・在学者数（2022年5月1日現在）

		学校数	教員数 （千人）	在学者数 （千人）	〃 ％
幼稚園	計・・・・・・・・・	9 111	87.8	923.3	100.0
	うち私立・・・・	6 152	73.0	807.8	87.5
幼保連携型 認定こども園1)	計・・・・・・・・・ 5)	6 657	136.5	821.4	100.0
	うち私立・・・・	5 744	121.4	723.6	88.1
小学校	計・・・・・・・・・	19 161	423.4	6 151.3	100.0
	うち私立・・・・	243	5.5	79.9	1.3
中学校	計・・・・・・・・・	10 012	247.3	3 205.2	100.0
	うち私立・・・・	780	15.7	246.3	7.7
義務教育 学校2)	計・・・・・・・・・	178	6.4	67.8	100.0
	うち私立・・・・	1	0.03	0.2	0.3
高等学校	計・・・・・・・・・ 6)	4 824	224.7	2 956.9	100.0
	うち私立・・・・	1 320	62.5	1 015.2	34.3
中等教育 学校3)	計・・・・・・・・・	57	2.7	33.4	100.0
	うち私立・・・・	18	0.7	7.1	21.2
特別支援 学校4)	計・・・・・・・・・	1 171	86.8	148.6	100.0
	うち私立・・・・	15	0.3	0.9	0.6
専修学校	計・・・・・・・・・	3 051	40.0	635.6	100.0
	うち私立・・・・	2 860	37.2	612.8	96.4
各種学校	計・・・・・・・・・ 5)	1 046	8.5	102.1	100.0
	うち私立・・・・	1 041	8.5	101.7	99.6
大学	計・・・・・・ 6)	807	190.6	2 930.8	100.0
	うち私立・・	620	112.4	2 171.5	74.1
うち大学院	計・・・・ 6)7)	657	…	261.8	100.0
	うち私立・・	482	…	90.9	34.7
短期大学	計・・・・・・・・ 5)6)	309	6.8	94.7	100.0
	うち私立・・・・	295	6.4	89.6	94.6
高等専門 学校	計・・・・・・・・・	57	4.0	56.8	100.0
	うち私立・・・・	3	0.1	1.7	3.1

資料は表34-1に同じ。学校数は本校と分校の合計。教員は本務者のみ。在学者数は、専攻科、別科、その他（聴講生、研究生など）を含む。1) 2015年度から設置された、就学前の子どもの教育と保育を一体的に行う施設。2) 2016年度から設置された、義務教育を一貫して行う学校。3) 中高一貫校。4) 盲・ろう・養護の各学校の制度を一本化した学校。5) 国立はない。6) 通信教育のみ行う学校数は表34-1の脚注参照。7) 教員数は大学に含まれる。

第34章

教育

図 34-3　大学・短期大学進学率の推移（各年 5 月 1 日現在）

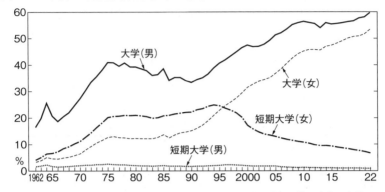

資料は図34-1に同じ。大学・短期大学の入学者を 3 年前の前期中等教育修了者数で除した比率。

表 34-3　子供の学習費調査（2021年度，1 人あたり年額）（単位　円）

	幼稚園		小学校	
	公立	私立	公立	私立
学校教育費·····1)	61 156	134 835	65 974	961 013
授業料·········	5 533	27 972	—	536 232
学校給食費·····	13 415	29 917	39 010	45 139
学校外活動費····	90 555	144 157	247 582	660 797
補助学習費···2)	29 885	42 118	120 499	377 663
学習塾費····	11 621	17 636	81 158	273 629
芸術文化活動··	14 766	25 355	31 986	92 380
スポーツ活動·3)	24 765	46 424	56 751	87 705
学習費総額····	**165 126**	**308 909**	**352 566**	**1 666 949**

	中学校		高等学校（全日制）	
	公立	私立	公立	私立
学校教育費·····1)	132 349	1 061 350	309 261	750 362
授業料·········	—	476 159	52 120	288 443
学校給食費·····	37 670	7 227	—	—
学校外活動費····	368 780	367 776	203 710	304 082
補助学習費···2)	303 136	262 322	171 377	246 639
学習塾費····	250 196	175 435	120 397	171 149
芸術文化活動··	19 567	33 591	9 460	16 501
スポーツ活動·3)	30 247	28 795	6 778	12 956
学習費総額····	**538 799**	**1 436 353**	**512 971**	**1 054 444**

文部科学省「子供の学習費調査」（2021年度）より作成。1) 学用品や制服等を含む。2) 学習塾費のほか家庭教師費など。3) レクリエーション活動を含む。

表 34-4　不登校・中途退学・自殺の状況（会計年度）（単位　人）

	2000	2005	2010	2015	2020	2021
不登校者数[1]						
小学校········	26 373	22 709	22 463	27 583	63 350	81 498
不登校者率(%)[2]	*0.36*	*0.32*	*0.32*	*0.42*	*1.00*	*1.30*
中学校········	107 913	99 578	97 428	98 408	132 777	163 442
不登校者率(%)[2]	*2.63*	*2.75*	*2.73*	*2.83*	*4.09*	*5.00*
中途退学者数[3]						
全日制普通科··	57 866	39 626	26 984	19 650	14 946	17 589
退学者率(%)[2]	*1.9*	*1.6*	*1.1*	*0.8*	*0.7*	*0.8*
全日制専門学科	32 102	19 032	12 707	8 035	5 536	6 259
退学者率(%)[2]	*3.2*	*2.3*	*1.7*	*1.1*	*0.9*	*1.0*
定時制高校····	17 061	15 263	13 123	9 769	5 460	5 165
退学者率(%)[2]	*15.8*	*13.9*	*11.3*	*10.0*	*6.9*	*6.9*
中途退学者計[4]	**109 146**	**76 693**	**55 415**	**49 263**	**34 965**	**38 928**
自殺者数[5]						
小学生········	4	3	1	4	7	8
中学生········	49	25	43	56	103	109
高校生········	94	75	112	155	305	251

文部科学省「児童生徒の問題行動・不登校等生徒指導上の諸課題に関する調査」(2021年度)より作成。2006年度以降は中等教育学校を、16年度以降は義務教育学校を含む。小・中・高校には義務教育学校と中等教育学校の該当学年を含む。1) 30日以上欠席した児童生徒のうち不登校を理由とする者。2) 児童、生徒数に対する割合。3) 2004年度までは公・私立高校を調査、05年度からは国立高校、13年度からは高校通信制課程も調査。4) 全日制総合学科と、2013年度からは通信制を含む。5) 2005年度までは公立校を調査、06年度からは国・私立校、13年度からは高校通信制課程も調査。学校が把握し、計上したもの。

表 34-5　暴力行為・いじめの状況（単位　件）

	2006年度		2020年度		2021年度	
	校内暴力発生件数	発生率(%)	暴力行為発生件数[3]	発生率(%)	暴力行為発生件数[3]	発生率(%)
小学校········	3 494	*4.9*	41 056	*30.0*	48 138	*32.7*
中学校········	27 540	*36.1*	21 293	*41.6*	24 450	*44.2*
高等学校····· [1]	8 985	*48.0*	3 852	*34.2*	3 853	*32.7*

	いじめ認知件数	発生率(%)	いじめ認知件数	発生率(%)	いじめ認知件数	発生率(%)
小学校········	60 897	*48.0*	420 897	*86.4*	500 562	*88.1*
中学校········	51 310	*71.1*	80 877	*82.2*	97 937	*83.2*
高等学校····· [1]	12 307	*59.1*	13 126	*54.5*	14 157	*53.1*
特別支援学校· [2]	384	*15.0*	2 263	*40.5*	2 695	*42.7*

出典、校種は上表と同じ。発生率は、校内暴力が発生した学校数・いじめを認知した学校数の学校総数に対する割合。1) 2013年度以降は通信制課程を含む。2) 盲・ろう・養護学校の制度を一本化した学校。3) 学校内と学校外の暴力の合計。

図 34-4　日本人学生の留学状況の推移（会計年度）

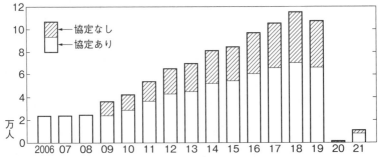

日本学生支援機構「日本人学生留学状況調査」（2021年度）より作成。教育や研究など
を目的に、年度内に海外の大学などで留学を開始した日本人学生について調査したも
の。2013年度調査より、高等専門学校と専修学校も対象としている。なお、この調査
での留学には、単位取得が可能な学習活動や、語学の実地習得などを含む。協定とは、
海外の大学と学生交流に関して取り交わした正式文書や、学生交流に関わる事務上の
取り決めのこと。2021年度は8151人（アメリカ2995人、韓国1037人など）。

図 34-5　日本人学生の留学先と外国人留学生の出身国（地域）

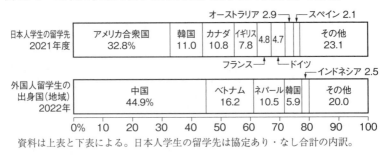

資料は上表と下表による。日本人学生の留学先は協定あり・なし合計の内訳。

表 34-6　校種別外国人留学生の推移（各年5月1日現在）（単位　人）

	2000	2010	2019	2020	2021	2022
大学院‥‥‥‥‥	23 585	39 097	53 089	53 056	52 759	53 122
大学・短大・高専	30 612	72 665	92 952	83 077	76 499	74 390
専修学校‥‥‥‥	8 815	27 872	78 844	79 598	70 268	51 955
準備教育機関・ [1)]	999	2 140	3 518	3 052	2 351	2 274
日本語教育機関	…	…	83 811	60 814	40 567	49 405
計‥‥‥‥‥‥	**64 011**	**141 774**	**312 214**	**279 597**	**242 444**	**231 146**

日本学生支援機構「外国人留学生在籍状況調査結果」（2022年度）より作成。留学生とは留
学の在留資格で日本の教育機関において教育を受ける外国人学生。2010年に留学と就学の
在留資格が一本化され、2011年度より日本語教育機関を含む。1) 中等教育修了に12年を
要しない国の学生に対し、日本の大学入学資格を与えるために2000年に設けられた課程。

表 34-7 学習塾の状況 （2021年の調査対象は会社経営のみ）

	2009	2015	2019	2020	2021
事業所数・・・・・・・・・・・・・・	49 682	48 572	52 699	52 070	18 850
うち会社以外の経営 ・・・	35 873	32 734	31 809	31 230	・・・
従業者数（千人）・・・・・・・	323	312	387	399	217
うち正社員・正職員（千人）	46	43	49	51	・・・
うち会社以外の経営（千人）	136	117	119	117	・・・
受講生数（千人）・・・・・・・	4 004	3 734	3 726	3 698	1 778
うち会社以外の経営（千人）	1 939	1 814	1 435	1 330	・・・
年間売上高（億円）・・・・・	9 468	9 282	11 334	11 940	8 446
うち会社以外の経営（億円）	2 271	2 048	2 044	2 074	・・・

経済産業省「特定サービス産業実態調査」、同「経済構造実態調査（乙調査)」、同「経済センサス-活動調査」より作成。調査対象は、小・中・高校生などを対象として、学習指導を行う学校で、予備校など各種学校以外のもの。従業者数は講師以外の職員なども含む。

表 34-8 社会教育施設数と利用者数

	施設数		利用者数（千人）	
	2011	2021	2010	2020
公民館（類似施設含む)・	15 399	13 798	204 517	110 203
図書館（同種施設を含む)	3 274	3 394	187 562	142 490
博物館・・・・・・・・・・・・・・・・	1 262	1 305	122 831	65 047
博物館類似施設・・・・・・・・	4 485	4 466	153 821	74 657
青少年教育施設・・・・・・・・	1 048	840	20 043	7 553
女性教育施設・・・・・・・・・・	375	358	10 172	4 302
社会体育施設・・・・・・・・・・	47 571	45 658	486 283	280 631
民間体育施設・・・・・・・・・・	15 532	29 821	136 424	179 328
劇場・音楽堂等・・・・・・・・	1 866	1 832	・・・	・・・
生涯学習センター・・・・・・	409	496	26 483	11 698
計・・・・・・・・・・・・・・・・・・	91 221	101 968	1 348 136	875 908

文部科学省「社会教育調査」より作成。施設数は各年10月1日現在、利用者数は会計年度で、学級・講座での利用や諸集会の参加を除く。博物館、博物館類似施設には、動物園などが含まれる。社会体育施設とは、地方自治体が設置した体育館やプールなどの施設。図書館と体育施設の利用者数はそれぞれ、図書の帯出者数、体育館などの利用者のみ。

表 34-9 社会教育関係施設などでの学級・講座の受講者数
（会計年度)（単位 千人）

	教育委員会	都道府県・市町村	公民館	青少年教育施設	女性教育施設	生涯学習センター	計×
2010	5 547	7 087	10 896	603	300	625	29 705
2020	1 932	3 155	3 897	223	149	267	11 886

資料は上表と同じ。×その他とも。

第35章　社会保障・社会福祉

〔社会保障〕　社会保障制度は、国民の生活や健康を支える仕組みである。医療保険や年金などの社会保険、生活に困難を抱える人々を支える社会福祉、生活保護などの公的扶助、保健医療・公衆衛生からなる。

　現行の社会保障制度の骨格は高度経済成長期に築かれた。1961年の国民皆保険・皆年金実施がその軸である。以来、1983年の老人保健制度（現在の後期高齢者医療制度）導入、2000年の介護保険制度開始など、内容

表 35-1　**社会保障給付費**（会計年度）（単位　億円）

	1990	2000	2010	2019	2020
医療	186 254	266 062	336 453	407 242	427 193
年金	237 772	405 367	522 286	554 520	556 336
福祉その他	50 212	112 646	194 921	277 481	338 682
介護対策	—	32 806	75 082	107 347	114 169
計	474 238	784 075	1 053 660	1 239 244	1 322 211
対国民所得（%）	13.7	20.1	28.9	30.9	35.2
1 人あたり（千円）	383.7	617.7	822.8	982.2	1 048.2

国立社会保障・人口問題研究所「社会保障費用統計」（2020年度）より作成。

表 35-2　**政策分野別社会支出**（2020年度）

	億円	対GDP比（%）		億円	対GDP比（%）
高齢	487 975	9.1	労働市場 2)	40 202	0.8
遺族	64 199	1.2	失業	12 717	0.2
障害、傷病 1)	66 020	1.2	住宅	6 048	0.1
保健	559 026	10.4	計×	1 363 600	25.5
家族	107 536	2.0			

資料は表35-1に同じ。社会支出は表35-1に示した社会保障給付のほか、施設整備等を含む。
1）業務災害を含む。2）トレーニングなど積極的労働市場政策。×その他とも。

表 35-3　**主要国の社会支出の対GDP比**（2020年度）（%）

日本	25.5	イギリス	22.5	フランス	35.6
アメリカ合衆国	29.7	ドイツ 1)	28.2	スウェーデン 1)	25.5

資料は表35-1に同じ。1）2019年度。

は時代とともに変化している。2019年以降は、子どもから高齢者まで広く支える「全世代型」の社会保障が検討されている。

　社会保障給付費はここ30年で約2.8倍に増加した。財源は社会保険料、公費負担、資産収入などで、給付と負担は表裏一体の関係にある。政府は2022年10月から75歳以上の医療費の窓口負担を１割から一部２割に引き上げるなど、現役世代の負担抑制を課題としている。

図35-1　部門別社会保障給付費の推移（会計年度）

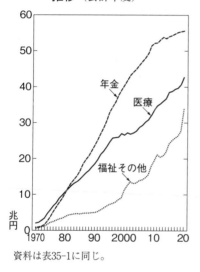

資料は表35-1に同じ。

図35-2　所得再分配による所得階級別世帯分布（2017年）

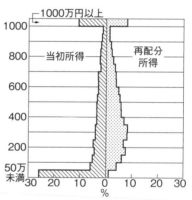

厚生労働省「所得再分配調査報告書」（2017年）より作成。税と社会保障による所得の再分配の動向。50万円ごとの世帯階級別割合。

第35章
社会保障・社会福祉

表35-4　社会保障の財源（会計年度）（単位　億円）

	1990	2000	2010	2019	2020	〃%
社会保険料・・・・	395 154	549 637	584 822	740 082	735 410	*39.8*
被保険者拠出	184 966	266 560	303 291	389 665	387 032	*20.9*
事業主拠出・・	210 188	283 077	281 530	350 417	348 378	*18.9*
公費負担・・・・・・	161 908	251 644	407 983	518 937	589 527	*31.9*
国庫負担・・・・	134 936	198 006	295 287	343 867	410 026	*22.2*
他の公費負担	26 972	53 638	112 697	175 070	179 502	*9.7*
資産収入・・・・・・	83 580	64 976	8 388	15 929	439 400	*23.8*
その他・・・・・・・・	12 443	25 155	95 594	48 582	83 823	*4.5*
計・・・・・・・・・・	653 086	891 411	1 096 787	1 323 531	1 848 160	*100.0*

資料は表35-1に同じ。資産収入は公的年金制度等における運用実績により変動する。

〔医療保険〕　日本では全国民が公的医療保険に加入する。医療費の財源には被保険者と事業主の保険料のほか公費が使われ、2020年度の患者負担割合は11.5％に抑えられている。窓口での負担額は、69歳までは3割（未就学児は2割）、70～74歳は2割（現役並み所得者は3割）である。

75歳以上は後期高齢者医療制度に加入する。後期高齢者医療費は全体の38％以上を占めており、今後も増大が見込まれる。現役世代の負担を抑制するため、自己負担額が2022年10月に1割から2割（一定所得以上の場合）に変更されたほか、保険料の引き上げも検討されている。

図35-3　国民医療費（会計年度）

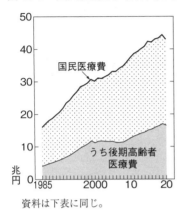

資料は下表に同じ。

表35-5　医療保障適用人口（2020年度末現在）（単位　千人）

	被用者	被扶養者	計	総人口比（％）
被用者保険・・・・・・・・・・・ 1)	46 082	31 705	77 788	*61.81*
全国健康保険協会管掌 健康保険・・・・・・・・ 2)	24 877	15 419	40 296	*32.02*
組合管掌健康保険・・・ 3)	16 419	12 262	28 681	*22.79*
共済組合・・・・・・・・・・ 4)	4 718	3 961	8 679	*6.90*
国民健康保険・・・・・・・・・・・	28 904	—	28 904	*22.97*
市町村国民健康保険・・・	26 193	—	26 193	*20.81*
国民健康保険組合・・・ 5)	2 711		2 711	*2.15*
後期高齢者医療制度・・・ 6)	18 060	—	18 060	*14.35*
医療保険適用者計・・・・・	**93 047**	**31 705**	**124 752**	*99.12*
生活保護法適用者・・・・・・・	—	—	2 053	*1.63*

厚生労働省「医療保険に関する基礎資料」（2020年度）より作成。日本ではすべての人が医療保障の適用を受ける（国民皆保険）。総人口比は2021年4月1日現在の人口推計による総人口に対する割合。統計の不突合により、医療保険と生活保護法の適用者合計が人口と一致しない。1）内訳に示したもののほか、船員保険や、臨時雇用・短期雇用者が被保険者のものがある。2）通称、協会けんぽ。以前は国（社会保険庁）が保険者で、政府管掌健康保険と呼ばれていた。3）大企業単独や、同業種間で共同設立するものもある。4）国家公務員共済組合連合会、地方職員共済組合、日本私立学校振興・共済事業。5）医師、薬剤師や建設業など特定の従事者で組織される国民健康保険の組合。6）75歳以上が対象。

〔**公的年金**〕　公的年金制度は、社会保険の一つであり、20歳以上60歳
未満の国民全員が加入する。公的年金の目的は、老齢や障害などが原因
で生活に必要な所得が得られない人々を、集団で支えることにある。

　給付の種類には、老齢年金、障害年金、遺族年金などがある。老齢年
金は、現役時代の加入期間に応じた金額を、原則65歳以降に受け取るこ
とができる。障害年金は、病気やけがなどで生活や仕事が制限される場
合に給付を受けられる。遺族年金は、年金の被保険者が亡くなったとき
に、その人によって生計を維持されていた遺族が受け取ることができる。

　従来の年金制度は、就業形態ごとに分立していたが、産業構造の変化
によって加入者数と受給者数のバランスが崩れ、財政基盤が不安定にな

図35-4　年金制度の仕組み

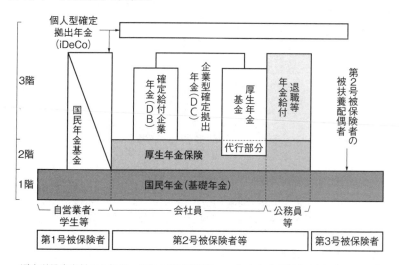

厚生労働省資料より作成。日本の年金制度は、いわゆる「3階建て」になっている。
1階部分は**国民年金**で、現役世代全員が加入し、将来老齢基礎年金を受ける。加えて、
会社員や公務員などは、2階部分の**厚生年金**や共済（2015年10月に厚生年金に統一）に
加入し、追加の給付を受ける。また、希望者は3階部分の**私的年金**に加入し、さらに
上乗せの給付を受けられる。**確定給付企業年金（DB）**は、事業主が運用し、あらかじめ
給付額が定められている年金制度。**確定拠出年金（DC）**は、加入者自らが運用し、拠
出額とその運用収益との合計額を基に給付額が決まる制度。企業型と個人型（iDeCo）
がある。**厚生年金基金**は、企業が厚生年金の給付の一部を代行するとともに、実情に
応じた上乗せ給付を行う制度。2014年4月以降は新規設立が廃止された。**国民年金基
金**は、国民年金第1号の保険者が任意加入できる制度。**退職等年金給付**は、2015年9
月まで公務員の年金の3階部分であった職域加算に代わって導入された制度。

るという問題が生じた。そこで、1985年の改正で、全国民が加入する国民年金（基礎年金）と、会社員や公務員が追加で加入する厚生年金保険および共済（のちに厚生年金保険に統合）の２段重ねに再編成された。

　現在、公的年金の被保険者は、国民年金（基礎年金）のみに加入する第１号被保険者、国民年金に加えて厚生年金保険に加入する第２号被保険者、第２号被保険者に扶養される第３号被保険者の３種類に分けられる。被保険者の職業は、第１号は自営業者や学生など、第２号は会社員や公務員などである。2000年度には、第１号被保険者の割合が全加入者の31％、第２号被保険者が53％であったが、近年の自営業者の減少を反映し、2021年度では第１号の割合が21％、第２号が67％となっている。

表 35-6　公的年金の被保険者 (加入者)（会計年度末現在）（単位　千人）

	国民年金第１号	国民年金第２号等1)	厚生年金第１号	厚生年金第２〜4号	国民年金第３号	加入者総数	総人口比（％）
2010	19 382	38 829	34 411	4 418	10 046	68 258	53.4
2020	14 495	45 134	40 472	4 662	7 930	67 558	53.7
2021	14 312	45 354	40 645	4 709	7 627	67 293	53.8

厚生労働省「厚生年金保険・国民年金事業年報」より作成。1) 国民年金第２号のほか、65歳以上で老齢又は退職を支給事由とする年金給付の受給権者を含む。

表 35-7　公的年金受給者数と受給者の年金総額 (会計年度末現在)

		国民年金	厚生年金保険		福祉年金	計1)	実受給権者
			第１号	第２〜4号			
受給者（千人）	2010	28 343	29 433	4 101	5	61 882	37 962
	2020	35 961	35 815	4 876	0	76 652	40 507
	2021	36 142	35 878	4 957	0	76 977	40 226
年金額（億円）	2010	185 352	258 761	67 199	21	511 332	(14.0)
	2020	243 212	255 715	61 151	0	560 078	(14.9)
	2021	244 997	254 996	60 681	0	560 674	(14.2)

資料は上表に同じ。年金額は、各年度末現在の受給者で決定済の年金額（年額）合計。一部支給停止分を含む。福祉年金は国民年金制度が発足した1961年当時ですでに高齢で、拠出年金を受けるための受給資格期間を満たせない人を救済するための制度。年金額計のかっこは、国民所得に占める年金総額の割合。1) 受給者計は重複を含む。

　国民皆年金化以降も、高齢化や社会の変化に伴い、年金制度の改正は続いている。2004年には、将来の現役世代の減少と年金受給者の増加に備え、年金給付額を抑制する仕組みであるマクロ経済スライドが導入された。2022年には、老齢年金の受給開始年齢を遅らせ、月々の受給額を増やせる繰下げ受給の上限年齢が、70歳から75歳に引き上げられた。

　将来、公的年金の給付水準はゆるやかに低下する見通しだ。老後の生活維持のため、公的年金に上乗せで給付を受けられる私的年金の加入者が増えている。個人型確定拠出年金（iDeCo）の加入者数は、2017年1月からの対象範囲の拡大に伴い、5年で約5.3倍に増加した。

表35-8　公的年金受給者の平均年金月額 （会計年度末現在）（単位　円）

	厚生年金保険 （第1号）[1]		国民年金[2]	
	2020	2021	2020	2021
老齢年金・・・・・・・・・・・・・・	146 145	145 665	56 358	56 479
基礎または定額あり・[3]	151 543	150 548	—	—
基礎および定額なし・・・	66 934	68 618	—	—
通算老齢年金・25年未満・	62 116	63 308	19 282	19 398
障害年金・・・・・・・・・・・・・・	102 477	102 368	72 039	71 868
遺族年金・・・・・・・・・・・・・・	82 947	82 371	84 173	84 349

資料は表35-6に同じ。1）新法老齢厚生年金のうち、旧法の老齢年金に相当するものは「老齢年金」に、それ以外のものは「通算老齢年金・25年未満」に計上。2）新法基礎年金について、老齢基礎年金の支給資格期間を原則として25年以上有するものは「老齢年金」に、それ以外のものは「通算老齢年金・25年未満」に計上。なお、公的年金を受け取るのに必要な受給資格期間は、2017年に25年から10年に短縮された。3）老齢基礎年金または特別支給の老齢厚生年金の定額部分を受給している者。

（参考）私的年金加入者数（単位　千人）

確定給付企業年金（DB）・[1]	9 369	国民年金第2号加入者[3]	2 422
確定拠出年金（DC）		国民年金第3号加入者[3]	126
企業型・・・・・・・・・・・・・・[2]	7 820	国民年金第4号加入者[3]	5
個人型（iDeCo）・・・・・・[3]	2 862	厚生年金基金・・・・・・・・・・[4]	125
国民年金第1号加入者[3]	309	国民年金基金・・・・・・・・・・[5]	343

厚生労働省資料および国民年金基金連合会資料より作成。1）2020年度。事業年度末日が2020年度中のもの。運用方法が生命保険一般勘定に限定され、積立不足の生じない設計となっている受託保証型を除く。2）2022年3月末現在。運営管理機関連絡協議会「確定拠出年金統計資料」による。3）2023年2月末現在。4）2021年度。厚生年金基金より提出された決算書に基づく。5）2021年度末現在。

〔**高齢者福祉**〕　高齢化や高齢者を支える家族形態の変化に対応するため、2000年から介護保険制度が始まった。40歳以上から徴収する保険料5割、公費5割を財源に運営され、要介護・要支援認定を受けた人が介護サービスを1割負担（一部2割・3割負担）で受けられる。介護サービスには、都道府県や大都市が指定・監督を行うもののほか、市町村が指定・監督を行う地域密着型介護・介護予防サービスがある。

表35-9　**介護保険の要介護認定とサービス受給者**（2020年度）（単位　千人）

	要介護 要支援 認定者	居宅介護 サービス 受給者1)	地域 密着型 サービス 受給者1)	施設介護 サービス 受給者	介護老人 福祉施設	介護老人 保健施設
要支援1‥‥	961.1	307.5	5.3	0.0	0.0	0.0
要支援2‥‥	949.2	480.8	8.1	0.0	0.0	0.0
要介護1‥‥	1 401.1	1 038.4	250.3	50.1	6.5	42.7
要介護2‥‥	1 165.8	920.5	228.3	87.8	19.0	67.0
要介護3‥‥	905.6	552.6	174.7	229.2	139.1	86.0
要介護4‥‥	849.8	386.0	123.6	332.3	218.0	96.6
要介護5‥‥	585.5	239.5	81.1	256.9	174.0	59.8
総数‥‥‥	**6 818.2**	**3 925.4**	**871.5**	**956.3**	**556.7**	**352.1**

厚生労働省「介護保険事業状況報告」（2020年度）より作成。認定者数は2020年度末現在で、65歳未満を含む。65歳以上認定者は6688.7千人で、65歳以上介護保険被保険者全体（35788千人）の18.7％。受給者数は、2020年3月から翌年2月サービス分の平均。
居宅介護サービスは、訪問介護や通所介護、短期入所介護など、要介護・要支援者が基本的に居宅で受けるサービスで、都道府県が指定・監督を行う。**地域密着型サービス**は、市町村が指定・監督を行う比較的小規模のもので、訪問介護などのほか、入所定員が29人以下の特別養護老人ホーム（地域密着型介護老人福祉施設）を含む。**施設介護サービス**は、介護保険施設（表35-12参照）でのサービス受給者。1）介護予防サービスを含む。

表35-10　**介護保険給付費**（単位　億円）

	2000 1)	2010 2)	2015	2019	2020	〃 費用額
居宅サービス‥‥	10 956	35 456	46 874	46 722	47 872	53 367
地域密着型サービス	—	6 240	10 105	15 992	16 459	18 482
施設サービス‥‥	21 336	26 700	28 483	30 810	31 629	35 398
計×‥‥‥‥‥	**32 427**	**72 536**	**90 976**	**99 622**	**102 311**	**110 542**

資料は上表に同じ。各年3月から翌年2月まで。給付額は費用額から自己負担分を除いたもの。**介護保険**の財源は、40歳以上の人からの保険料（事業主負担を含む）が50％、国や地方自治体による公費負担が50％。1）4月サービス分から翌年2月までで、ほかの年次より集計期間が1か月短い。2）東日本大震災により、福島県内の5町1村を含まず。×高額介護サービス費、高額医療合算介護サービス費、特定入所者介護サービス費を含む。

　今後のさらなる医療・介護ニーズの増加を見込み、近年は地域での高齢者福祉が推進されている。政府は、団塊の世代が75歳以上となる2025年を目途に、要介護状態でも住み慣れた地域で暮らすことができるよう、住まいや医療、介護といったサービスが一体的に提供される「地域包括ケアシステム」の構築を目指す。

表 35-11　居宅介護サービス利用者（2021年9月中）（単位　千人）

	介護	介護予防		介護	介護予防
訪問介護·······	1 180.4	—	短期入所生活介護[2]	290.2	7.7
訪問入浴介護···	70.2	0.4	短期入所療養介護[1]	39.5	0.8
訪問看護			特定施設入居者		
ステーション·	944.5	100.4	生活介護·····	220.7	33.0
通所介護·······	1 251.1		福祉用具貸与···	2 204.0	678.8
通所リハビリ· [1]	405.7	165.7	居宅介護支援···	2 794.4	1 169.5

厚生労働省「介護サービス施設・事業所調査」（2021年）より作成。1) 介護老人保健施設、介護医療院、医療施設の合計。2) 空床利用型を含まない。

（参考） 地域密着型介護サービスでの介護利用者は、通所介護（地域密着型）が446.4千人、同（認知症対応型）52.6千人、小規模多機能型居宅介護102.2千人、認知症対応型共同生活介護208.4千人など。

表 35-12　介護保険施設の概況（2021年10月1日現在）

	施設数	定員 （千人）	在所者数[1] （千人）	平均[1] 要介護度	常勤換算 従事者数[1] （千人）
介護老人福祉施設· [2]	8 414	586.1	559.5	3.94	383.6
介護老人保健施設· [3]	4 279	371.3	329.0	3.16	229.9
介護医療院······· [4]	617	38.2	35.8	4.21	25.0
介護療養型医療施設[5]	421	13.5	11.4	4.29	11.9

資料は上表に同じ。施設数、定員数は全数調査。**介護保険施設**は介護保険法による都道府県知事の認可を受けた施設。1) 9月末日の状況。2) 定員30人以上の特別養護老人ホーム。3) 老健施設。リハビリ等で在宅復帰を目指す。4) 医療の必要な要介護者の長期療養・生活施設。5) 長期療養を必要とする患者を入院させる医療施設。定員は介護指定病床数。2023年度末に廃止される予定で、介護医療院への移行が進んでいる。

（参考） 地域密着型介護サービスに含まれる地域密着型介護老人福祉施設（入所定員30人未満の特別養護老人ホーム）は、9月末日現在の在所者数が62.5千人。

（参考） 介護保険施設に含まれない老人福祉施設では、2021年10月1日現在の在所者数が、養護老人ホームで54.4千人、軽費老人ホーム87.6千人（うちケアハウス75.5千人）。有料老人ホーム（サービス付き高齢者向け住宅以外）は540.0千人、有料老人ホームのうちサービス付き高齢者向け住宅は在所者数が公表されていないが、定員数が202.5千人（厚生労働省「社会福祉施設等調査」(2021年) による）。

〔児童福祉〕　少子化が進む中で、子どもや家庭への支援が重要視されている。子育て世帯が利用できる給付制度には、子どものいる家庭に支給される児童手当、ひとり親家庭に支給される児童扶養手当などがある。2019年10月からは、さらなる負担軽減のため、幼児教育・保育の無償化が開始された。また、認定こども園の整備や、柔軟に育児休業を取得できる「産後パパ育休」の創設など、環境づくりも行われている。

　一方、児童相談所における児童虐待の相談件数が年々増加するなど、子育てに困難を抱える家庭の存在が顕著になっている。2020年に成立した改正児童福祉法により、支援体制の強化が進められている。

　現在、少子化対策は最重要課題とみなされている。政府は「次元の異なる少子化対策」を実現するとし、具体策の作成に取り組んでいる。

表 35-13　児童手当の概況 （会計年度）

	受給者[1] （千人）		支給対象児童[1] （千人）		支給額 （億円）	
	2020	2021	2020	2021	2020	2021
一般受給資格者・	9 754	9 602	16 115	15 872	20 297	19 905
児童手当・・・・・	8 711	8 575	14 463	14 247	19 333	18 945
特例給付・・・・・	1 043	1 027	1 652	1 625	964	960
施設等受給資格者	6	6	35	35	43	42
計・・・・・・・・・	9 760	9 608	16 150	15 907	20 340	19 946

内閣府「児童手当事業年報」(2021年度) より作成。児童手当は1人あたり月額で、3歳未満は1万5千円、3歳～小学校修了前は1万円（第3子以降は1万5千円)、中学生は一律1万円。受給には所得制限が設けられている（前年の所得額と扶養親族等の数で設定される)。所得制限限度額以上の場合は、特例給付として児童1人につき月額5千円支給される。なお、2022年10月支給分より、所得上限限度額が設けられ、所得が上限を超える場合は特例給付が支給されなくなった。施設等受給資格者は、児童養護施設や里親など。1) 各年度2月末現在。

表 35-14　児童扶養手当受給者数 （会計年度末現在）（単位　千人）

	2020	2021		2020	2021
母子世帯・・・・・・・・	803	782	父子世帯・・・・・・・・	43	42
離婚・・・・・・・・・・	691	670	離婚・・・・・・・・・・	39	37
未婚の母子世帯・	99	100	総数×・・・・・・・・	878	855

厚生労働省「福祉行政報告例」より作成。ひとり親世帯等の児童について手当を支給するもの。2010年度より父子家庭も支給対象となった。×その他とも。

図 35-5　育児休業取得率の推移（各年10月1日現在）

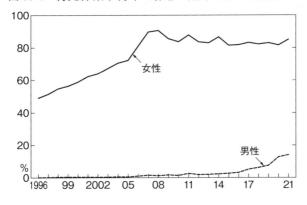

厚生労働省「雇用均等基本調査」より作成。前々年10月から前年9月までの1年間で、本人または配偶者が出産した者のうち、育休開始者の割合。2007年より前は隔年または3年毎の調査。2011年は岩手県、宮城県、福島県を除いた割合。

表 35-15　保育所等の概況（各年4月1日現在）

	2005	2010	2015	2020	2021	2022
保育所等数（か所）	22 570	23 069	28 783	37 652	38 666	39 244
うち保育所 ・・・・			23 533	23 759	23 896	23 899
定員（千人）・・・・	2 053	2 158	2 507	2 967	3 017	3 044
うち保育所 ・・・・			2 263	2 219	2 215	2 199
利用児童数（千人）	1 994	2 080	2 374	2 737	2 742	2 730
うち保育所 ・・・・			2 159	2 039	2 004	1 961
利用率（％）・・・ 1)	*28.9*	*32.2*	*37.9*	*47.7*	*49.4*	*50.9*
待機児童数（千人）	23.3	26.3	23.2	12.4	5.6	2.9

厚生労働省「保育所等関連状況取りまとめ」より作成。2010年以前は保育所のみ。保育所等は、保育所のほか幼保連携型認定こども園、幼稚園型認定こども園等や特定地域型保育事業。これらは、2015年度より子ども・子育て支援新制度が本格施行され、新たに位置づけられた。1) 保育所等（2010年以前は保育所）の利用率。

表 35-16　放課後児童クラブ利用者数

	2005	2010	2015	2020	2021	2022
クラブ数（か所）・支援の単位数・ 1)	15 184	19 946	22 608	26 625	26 925	2) 26 683
	—	—	26 528	34 577	35 398	36 209
登録児童数（千人）	655	814	1 025	1 311	1 348	1 392
待機児童数（千人）	11.4	8.0	16.9	16.0	13.4	15.2

厚生労働省「放課後児童健全育成事業（放課後児童クラブ）の実施状況」（2022年）より作成。各年5月1日（2020年のみ7月1日）現在。本表における待機児童数は、放課後児童クラブを利用できなかった児童。1) 支援の単位とは、2015年度から導入された、クラブ活動を行う児童集団の規模を示す基準。1単位につき児童数がおおむね40人以下、支援員が2人と規定されている。2) 2022年のクラブ数減少は、2021年まで支援の単位数をクラブ数として報告していた自治体が、その是正を図ったことが大きな要因と考えられる。

第35章　社会保障・社会福祉

表 35-17　児童養護施設等在所者数（2021年10月1日現在）（単位　千人）

児童養護施設・・・・・・・・・・・	24.1	児童心理治療施設・・・・・・・・	1.4
障害児入所施設(福祉型)・・	6.1	児童自立支援施設・・・・・・・・	1.1
〃 (医療型)・・	10.5	乳児院・・・・・・・・・・・・・・・・・	2.6
児童発達支援センター(福祉型)	39.9	母子生活支援施設・・・・・・・・	7.4
〃 (医療型)	2.0		

厚生労働省「社会福祉施設等調査」(2021年) より作成。2021年9月末日の在所者が対象。18歳以上を含む。母子生活支援施設の在所者数は世帯人員数。

表 35-18　児童相談所における相談の種類別対応件数（単位　千件）

	養護相談[1]	障害相談	育成相談[2]	非行相談	保健相談	総数×
2010[3]	101.3	181.1	51.0	17.3	2.6	373.5
2020	281.0	162.4	38.9	10.6	1.3	527.3
2021	283.0	203.6	41.5	10.7	1.4	572.0

厚生労働省「福祉行政報告例」より作成。会計年度。1) 虐待や養育困難に関する相談など。2) 不登校や性格、しつけに関する相談など。3) 東日本大震災の影響により福島県を除く。×その他の相談を含む。

表 35-19　児童虐待相談対応件数とその対応（会計年度）（単位　千件）

	身体的虐待	ネグレクト	心理的虐待	総数×	一時保護[1]	施設入所等[2]
2010	21.6	18.4	15.1	56.4	12.7	4.4
2020	50.0	31.4	121.3	205.0	27.4	4.3
2021	49.2	31.4	124.7	207.7	27.3	4.4

上記資料より作成。一時保護と施設入所等は集計が異なり、施設入所は一時保護の内数ではない。1) 児童相談所のほか委託保護を含む。2) 児童福祉施設への入所または通所のほか、里親委託を含む。×性的虐待を含む。

こども家庭庁が設置

　2023年4月1日、内閣府の外局として、こども家庭庁が設置された。政策の立案や情報発信などを行う長官官房のほか、母子の支援や子どもの居場所づくりなどを行う「成育局」、困難を抱える子どもの支援などを行う「支援局」の3部門体制で業務を実施する。これまで別々の組織で担われてきた子どもに関する行政を一本化することで、縦割りの行政を改善し、誰一人取り残さない支援を目指す。設置の背景となった「こども政策の新たな推進体制に関する基本方針」には、子どもの視点に立った政策の立案や、子どもの健やかな成長、幸福度の向上などが盛り込まれている。

〔**障害者福祉**〕 障害者への主な福祉施策は、障害者総合支援法で定められている（2013年に障害者自立支援法から名称変更）。障害者総合支援法は、すべての人が障害の有無にかかわらず、等しく尊重されることを理念とし、介護や訓練、相談などのサービスによって障害者を支える。障害福祉サービスの利用者は年々増加している。政府は今後も法改正などを通じ、多様なニーズへの対応や、地域での支援を強化する方針である。

表 35-20 障害者数（推計値）（単位 千人）

	在宅	65歳以上	〃 %	施設入所	計	人口千人あたり（人）
身体障害者・児・	4 287	3 112	*72.6*	73	4 360	34
知的障害者・児・	962	149	*15.5*	132	1 094	9
精神障害者・・・・・	1) 3 891	1 447	*37.2*	2) 302	4 193	33

内閣府「障害者白書」(2022年版)より作成。原資料は厚生労働省で、身体障害、知的障害の在宅者は2016年、施設入所者は2018年（ただし高齢者関係施設入所者を含まず）。精神障害は2017年で、医療機関を利用したものであり、日常生活や社会生活上の相当な制限を継続的には有しない者が含まれている可能性がある。1) 外来患者。2) 入院患者。

表 35-21 障害者手帳交付数（2021年度末現在）（単位 千人）

身体障害者手帳・・・・・・・・・	4 910	肢体不自由・・・・・・・・・・・	2 463
視覚障害・・・・・・・・・・・・・・	322	内部障害・・・・・・・・・・・・・	1 623
聴覚・平衡機能障害・・・	443	療育手帳・・・・・・・・・・・・・	1 213
音声・言語・咀嚼障害・	59	精神障害者保健福祉手帳1)	1 263

厚生労働省「福祉行政報告例」および同「衛生行政報告例」より作成。それぞれの手帳の交付台帳登載数。1) 有効期限切れを除く。

表 35-22 民間企業における障害者の雇用状況（単位 千人）

	2005	2010	2015	2020	2021	2022
身体障害者・・・・・	229	272	321	356	359	358
知的障害者・・・・・	40	61	98	134	141	146
精神障害者・・・・・	…	10	35	88	98	110
障害者計・・・・・	**269**	**343**	**453**	**578**	**598**	**614**
実雇用率(%)*・	*1.49*	*1.68*	*1.88*	*2.15*	*2.20*	*2.25*

厚生労働省「障害者雇用状況の集計結果」より作成。各年6月1日現在。障害者雇用促進法で障害者の雇用義務がある企業が対象。2005年は精神障害者を含まない。障害の程度や労働時間でカウント数が異なる。民間企業の法定雇用率は、2012年までが1.8％、2013〜17年が2.0％、2018〜20年が2.2％、2021年以降が2.3％。＊就労困難な職種を除く割合。

第35章

社会保障・社会福祉

〔公的扶助〕　公的扶助は、医療保険や年金などの社会保険とともに、国民の生活を保障する制度である。社会保険が、被保険者が納付した保険料に基づいて給付されるのに対し、公的扶助は、国民の健康と生活の最終的な保障を公的責任で行う制度であり、すべて公費でまかなわれる。

公的扶助の主な制度として生活保護がある。生活保護は、生活に困窮する人に対し、困窮の程度に応じて必要な保護を行う制度である。保護の内容には、生活費が支給される生活扶助、家賃が支給される住宅扶助、学用品費が支給される教育扶助など、さまざまな種類がある。2020年以降、コロナ禍の影響で申請数が増加している。

2015年4月からは、生活困窮者自立支援制度が始まった。自治体に設置された窓口で相談を受け付け、支援員が困りごとに応じた支援を行う。

表35-23　生活保護被保護実世帯数（会計年度）（単位　千世帯）

	1990	2000	2010	2020	2021
高齢者世帯・・・・・・・・・・・	231.6	341.2	603.5	904.0	908.8
母子世帯・・・・・・・・・・・・・	72.9	63.1	108.8	75.6	71.1
障害者・傷病者世帯・・・・・	267.1	290.6	465.5	404.8	404.8
その他の世帯・・・・・・・・・・	50.6	55.2	227.4	245.1	249.0
計×・・・・・・・・・・・・・・・・	**623.8**	**751.3**	**1 410.0**	**1 637.0**	**1 641.5**
被保護実人員（千人）・・・・	1 014.8	1 072.2	1 952.1	2 052.1	2 038.6
保護率（千人あたり　人）	8.2	8.4	15.2	16.3	16.2

厚生労働省「被保護者調査」より作成。月次調査の会計年度での1か月平均。×保護停止中（2021年度の1か月平均で7.7千世帯、被保護実人員10.0千人）を含む。

表35-24　生活困窮者自立支援制度（会計年度）（単位　千件、千人）

	2016	2017	2018	2019	2020	2021
新規相談受付件数・・・・	222.4	229.7	237.7	248.4	786.2	555.8
就労支援対象者数・・・・	32.0	31.9	34.0	35.4	76.1	79.4
就労者数・・・・・・・・・・・	25.6	25.3	25.0	25.2	20.7	23.1
増収者数・・・・・・・・・・・	7.2	6.4	9.0	8.7	11.9	18.1
就労、増収率（%）・・ 1)	*71.0*	*70.1*	*63.0*	*61.0*	*26.8*	*34.7*

厚生労働省資料より作成。生活困窮者自立支援制度は2015年度より開始。同制度により、自立相談支援、住居確保給付金の支給、就労準備支援、家計改善支援、就労訓練、生活困窮世帯の子どもの学習・生活支援、一時生活支援が行われる。1）就労支援対象者のうち、支援プランが作成され、就労や増収に至った人の割合。

第36章　保健・衛生

　日本は1961年に国民皆保険となり、誰もが少ない自己負担で医療を受けられるようになった。以来、超高齢化社会の中で、医療ニーズは高まり続けている。国民1人あたりの年間医療費は、1990年には16.7万円であったが、2011年に30万円を超えた。2020年は新型コロナウイルス感染症の影響で受診を控える人が増え、医療費が減少したが、2021年度の概算医療費は44.2兆円となり、2年ぶりに過去最高を更新した。

　需要の拡大に合わせて、医療提供体制の整備も進められてきた。病床数の地域格差を是正するため、1985年に医療法が大幅に改正され、都道府県が国の基準に合わせて医療計画を定める医療計画制度が始まった。2014年には地域医療構想が策定され、病床の機能分化が進められた。し

表36-1　各国の死亡率

	死亡率[1]		乳児死亡率[2]		5歳未満児死亡率[3]	
	2010	2021	2010	2021	2010	2021
日本・・・・・・・・・・・	9.5	11.7	2.3	1.7	3.2	2.4
中国・・・・・・・・・・・	6.5	7.4	13.0	5.7	15.9	6.9
インド・・・・・・・・・	7.4	9.4	45.2	25.5	58.1	31.2
イギリス・・・・・・・	9.0	9.7	4.4	3.6	5.1	4.1
アメリカ合衆国・・	8.0	9.7	6.2	5.4	7.2	6.3
ブラジル・・・・・・・	6.2	8.3	16.5	12.8	18.7	14.4

国連"World Population Prospects 2022"より作成。ただし、日本の死亡率と乳児死亡率は厚生労働省「人口動態統計」による。1) 人口千人あたりの死亡数。2) 出生千人あたりの満1歳未満での死亡数。3) 出生千人あたりの満5歳未満での死亡数。

表36-2　乳児死亡

	1980	1990	2000	2010	2020	2021
乳児死亡数（人）・・	11 841	5 616	3 830	2 450	1 512	1 399
出生千人あたり（人）	7.5	4.6	3.2	2.3	1.8	1.7
死亡総数に占める乳児の割合（%）・	*1.64*	*0.68*	*0.40*	*0.20*	*0.11*	*0.10*

厚生労働省「人口動態統計」より作成。生後1年未満の死亡。【☞長期統計509ページ】

かし、2020年以降のコロナ禍では、全国の病床使用率が一時60％を超え、医療のひっ迫が続いた。2021年の医療法改正では、医療計画に記載する項目に「新興感染症への対応」が追加された。

　医療の充実により、年齢調整死亡率（高齢化などの影響を受けないよう調整した死亡率）は減少傾向にある。しかし、現役世代の減少に伴う担い手不足により、医療水準の持続可能性が懸念されている。政府は、2035年を見据えた保健医療政策のビジョンである「保健医療2035」を掲げ、より質を重視し、地域に根差した新しい医療体制の構築を目指す。

表36-3　**主要傷病別総患者数**（単位　千人）

	2011[1]	2014	2017	2020	男	女
悪性新生物（がん）‥	3 042	3 450	3 724	3 656	1 806	1 851
胃‥‥‥‥‥‥‥‥	347	367	376	281	187	95
結腸および直腸‥‥	426	526	569	488	278	210
肺・気管（支）‥‥	238	267	292	328	195	134
糖尿病‥‥‥‥‥‥	4 468	5 278	5 649	5 791	3 385	2 406
脂質異常症‥‥‥‥	…	…	3 650	4 010	1 249	2 762
統合失調症‥‥‥‥ 2)	885	974	1 002	880	420	460
気分（感情）障害‥ 3)	1 266	1 481	1 679	1 721	667	1 054
神経症性障害‥‥‥ 4)	857	1 037	1 188	1 243	464	779
白内障‥‥‥‥‥‥	2 278	2 093	2 382	1 714	629	1 086
高血圧性疾患‥‥‥	12 823	14 484	14 898	15 111	6 882	8 230
心疾患‥‥‥‥‥‥ 5)	2 791	3 046	3 173	3 055	1 763	1 292
脳血管疾患‥‥‥‥	2 012	1 988	1 950	1 742	941	801
急性上気道感染症‥	1 168	1 236	1 286	848	388	460
ぜん息‥‥‥‥‥‥	1 730	1 968	1 993	1 796	826	970
う蝕‥‥‥‥‥‥‥	2 547	2 355	2 605	2 890	1 256	1 634
歯肉炎および歯周疾患	4 368	5 373	7 086	8 604	3 388	5 215
胃炎および十二指腸炎	858	1 207	1 125	1 054	409	645
炎症性多発性関節障害	880	932	1 000	1 146	464	681
脊柱障害‥‥‥‥‥	3 276	3 544	3 647	3 831	1 622	2 209
骨の密度および構造の障害	761	920	1 150	1 380	91	1 289

厚生労働省「患者調査」より作成。3年ごとの調査。調査期日は各年10月のうち病院ごとに指定された1日。傷病は世界保健機関の「疾病、傷害および死因の統計分類（ICD-10）」の分類による。総患者数とは、調査日現在において継続的に医療を受けている者の推計数で、調査日に医療施設で受療していない者も含む。2020年に、推計に用いる診療間隔の上限が30日から98日に変更された。2011〜17年の総患者数は、新推計を遡及適用した場合の参考値。1）宮城県の石巻医療圏、気仙沼医療圏および福島県を除いた数値。2）統合失調症型障害および妄想性障害を含む。3）躁うつ病を含む。4）ストレス関連障害、身体表現性障害を含む。5）高血圧性のものを除く。

図 36-1　都道府県別の人口10万人あたり一般病床数 （2021年）

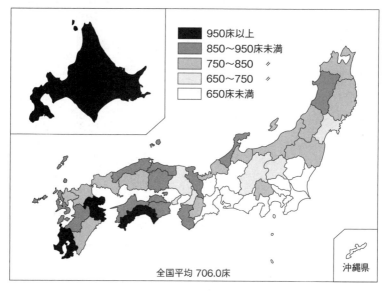

	950床以上
	850〜950床未満
	750〜850　〃
	650〜750　〃
	650床未満

全国平均 706.0床

沖縄県

資料は表36-4に同じ。2021年10月１日現在。一般病床とは、精神病床、感染症病床、結核病床、療養病床以外の病床のことである。人口10万人あたりの一般病床数が全国で最も多いのは高知県の1118.7床、最も少ないのは神奈川県の510.8床。

表 36-4　医療施設 （活動中の施設） （2021年10月１日現在）

医療施設数	施設数	人口10万人あたり	病床数	千床	人口10万人あたり
病院・・・・・・・・・・・	8 205	6.5	病院・・・・・・・・・	1 500.1	1 195.2
一般病院・・・・・・	7 152	5.7	感染症病床 2)	1.9	1.5
地域医療支援1)	667	0.5	結核病床・・・・	3.9	3.1
感染症病床2)有り	372	0.3	療養病床・・ 3)	284.7	226.8
療養病床3)有り	3 515	2.8	一般病床・・・・	886.1	706.0
精神科病院・・・4)	1 053	0.8	精神病床・・・・	323.5	257.8
一般診療所・・・・・・	104 292	83.1	一般診療所・・・・	83.7	66.7
療養病床3)有り	642	0.5	療養病床・・ 3)	6.3	5.0
歯科診療所・・・・・・	67 899	54.1	歯科診療所・・・・	0.1	0.0
総数・・・・・・・・・	**180 396**	143.7	総数・・・・・・・・	**1 583.8**	1 262.0

厚生労働省「医療施設調査」（2021年）より作成。病院は患者20人以上の入院施設を有する医療施設。診療所は患者19人以下。1）地域医療支援病院。かかりつけ医等の支援を行う能力を備えた病院で、紹介患者に対する医療提供等を担う。2）結核病床を除く。3）長期にわたり療養を必要とする患者を入院させるための病床。精神病床や感染症病床などを除く。4）精神病床のみを有する病院。【☞府県別統計521ページ】

表 36-5 **医療関係者数** (各年末現在)

	実数（人）			人口10万人あたり（人）		
	2000	2010	2020	2000	2010	2020
医師・・・・・・・・・・・	255 792	295 049	339 623	201.5	230.4	269.2
歯科医師・・・・・・・・	90 857	101 576	107 443	71.6	79.3	85.2
薬剤師・・・・・・・・・	217 477	276 517	321 982	171.3	215.9	255.2
保健師・・・・・・・・	36 781	45 028	55 595	29.0	35.2	44.1
助産師・・・・・・・・	24 511	29 672	37 940	19.3	23.2	30.1
看護師・・・・・・・・	653 617	952 723	1 280 911	515.0	744.0	1 015.4
准看護師・・・・・・・	388 851	368 148	284 589	306.4	287.5	225.6
歯科衛生士・・・・・・	67 376	103 180	142 760	53.1	80.6	113.2
歯科技工士・・・・・・	37 244	35 413	34 826	29.3	27.7	27.6

厚生労働省「医師・歯科医師・薬剤師統計」、同「衛生行政報告例」より作成。調査は2年ごとに行われる。医師・歯科医師・薬剤師は届出数、その他は就業者数。2020年の医師数のうち、医療施設の従事者は32万3700人（人口10万人あたり256.6人）であった。

表 36-6 **主要国の医師数・病床数** (2021年) (人口1万人あたり)

		医師数（人）	病床数（床）				医師数（人）	病床数（床）
日本・・・・・・・・・	1)	25.9	126.2	ドイツ・・・・・・・・・		45.2	4)	80.0
韓国・・・・・・・・・・・	1)	25.1	3) 124.3	イタリア・・・・・・・・		41.3	3)	31.4
中国・・・・・・・・・・・	1)	23.9	4) 43.1	スペイン・・・・・・・・	1)	45.8	3)	29.7
インド・・・・・・・・・	1)	7.3	4) 5.3	スイス・・・・・・・・・		44.4	3)	46.3
インドネシア・・・		7.0	4) 10.4	オーストリア・・・		54.6	3)	72.7
シンガポール・・・	2)	24.3	4) 24.9	スウェーデン・・・	1)	70.6	3)	21.4
アフガニスタン・	1)	2.5	3.9	ポーランド・・・・・	1)	37.1	3)	65.4
イラン・・・・・・・・	3)	15.1	4) 15.6	ロシア・・・・・・・・・		38.3	3)	71.2
アラブ首長国連邦	1)	28.8	4) 13.8	アメリカ合衆国・	1)	35.6	4)	28.7
サウジアラビア・		27.9	4) 22.4	カナダ・・・・・・・・・		24.6	2)	25.2
アルジェリア・・・	3)	17.3	6) 19.0	メキシコ・・・・・・・	1)	24.4	3)	9.8
エジプト・・・・・・・・	2)	7.1	4) 14.3	キューバ・・・・・・・	3)	84.3	4)	53.3
エチオピア・・・・・	1)	1.0	5) 3.3	ブラジル・・・・・・・		21.4		20.9
ケニア・・・・・・・・・		2.3	7) 14.0	ペルー・・・・・・・・・		16.5		15.9
南アフリカ共和国		8.1	7) 23.0	アルゼンチン・・	1)	39.0	4)	49.9
イギリス・・・・・・・		31.7	2) 24.6	オーストラリア・	1)	41.0	5)	38.4
フランス・・・・・・・	1)	33.2	3) 59.1	ニュージーランド		35.2	2)	25.7

WHO（世界保健機関）"Global Health Observatory（GHO）data"より作成。ただし、日本は表36-4、表36-5の資料による。歯科医師は含まず。国により医師の定義および調査方法が異なる。日本の人口あたり医師数は、医療施設の従事者32万3700人と介護老人保健施設の従事者3405人の合計を、2020年10月1日現在の国勢調査人口を用いて編者算出。1) 2020年。2) 2019年。3) 2018年。4) 2017年。5) 2016年。6) 2015年。7) 2010年。

図36-2　年齢別の国民医療費（2020年度）

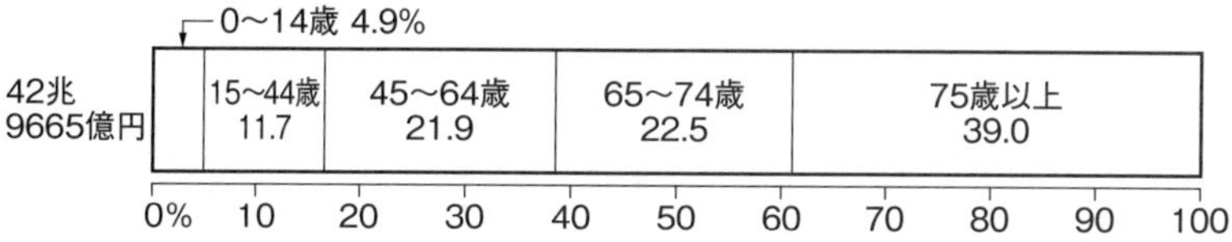

┌─0～14歳 4.9%

| 42兆9665億円 | 15～44歳 11.7 | 45～64歳 21.9 | 65～74歳 22.5 | 75歳以上 39.0 |

0%　10　20　30　40　50　60　70　80　90　100

資料は表36-7に同じ。**国民医療費**とは、国民が1年間に医療機関などで病気やけがの治療に使った費用の合計で、自己負担分や医療保険等給付分、後期高齢者医療給付分などを合わせたもの。保険診療の対象となるものに限る。

表36-7　国民医療費の推移（会計年度）

	1990	2000	2010	2019	2020
国民医療費（億円）…1)	206 074	301 418	374 202	443 895	429 665
公費負担医療給付分2)	11 001	18 514	26 447	32 301	31 222
医療保険等給付分…	112 543	140 214	178 950	200 457	193 653
医療保険………	109 217	137 073	176 132	197 263	190 562
被用者保険……	66 440	77 603	84 348	106 624	102 934
国民健康保険…	42 778	59 470	91 784	90 639	87 628
その他………	3 326	3 141	2 818	3 194	3 091
後期高齢者医療給付分3)	57 646	102 399	116 876	156 596	152 868
患者等負担分……	24 884	40 291	50 103	54 540	51 922
国民1人あたり（千円）	166.7	237.5	292.2	351.8	340.6
対GDP比（％）……	4.56	5.61	7.41	7.97	8.02

厚生労働省「国民医療費」より作成。2000年4月の介護保険制度施行により、それまで国民医療費に含まれていた費用の一部が介護保険費用に移行しており、本表でも同年度より含んでいない。1）2010年度と2019年度は軽減特例措置分を含む。2）生活保護などによる公費負担。3）2007年度までは老人保健給付分。

表36-8　診療種類別国民医療費（会計年度）（単位　億円）

	1990	2000	2010	2019	2020
医科診療………	1)179 764	1)237 960	272 228	319 583	307 813
うち入院	85 553	113 019	140 908	168 992	163 353
歯科診療………	20 354	25 569	26 020	30 150	30 022
薬局調剤………	5 290	27 605	61 412	78 411	76 480
入院時食事・生活…	…	10 003	8 297	7 901	7 494
訪問看護………	…	282	740	2 727	3 254
療養費等………2)	…	…	5 505	5 124	4 602
計……………	3)206 074	301 418	374 202	443 895	429 665

資料・注記は表36-7に同じ。1）療養費等を含む。2）健康保険等の給付対象となる柔道整復師・はり師等による治療費、移送費、補装具等の費用。3）老人保健施設療養費666億円を含む（介護認定を受けた人が入所対象で、2000年度以降は国民医療費に含まない）。

第36章　保健・衛生

図 36-3 都道府県別の1人あたり国民医療費（2020年度）

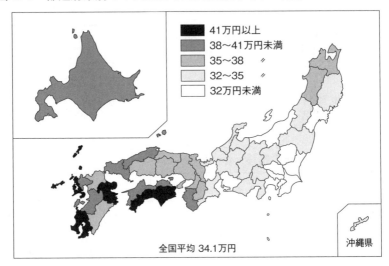

凡例：
- 41万円以上
- 38～41万円未満
- 35～38　〃
- 32～35　〃
- 32万円未満

全国平均 34.1万円

沖縄県

厚生労働省「国民医療費」(2020年度) より作成。国民医療費（図36-2の脚注参照）を患者の住所地に基づいて推計したもの。2020年度の1人あたり国民医療費が最も多いのは高知県の45.8万円、最も少ないのは埼玉県の29.8万円であった。

表 36-9　あん摩、はり等施術所数（各年末現在）（単位　か所）

	2000	2010[2]	2016	2018	2020
あん摩・・・・・・・・・・[1]	21 272	19 983	19 618	19 389	18 342
はり、きゅう・・・・・・	14 216	21 065	28 299	30 450	32 103
あん摩[1]、はり、きゅう	32 024	36 251	37 780	38 170	38 309
その他の施術所・・・・	2 884	2 693	2 739	2 679	2 661
柔道整復・・・・・・・・・	24 500	37 997	48 024	50 077	50 364

厚生労働省「衛生行政報告例」より作成。2年ごとの調査。1) あん摩、マッサージ、指圧。2) 東日本大震災の影響により宮城県を含まない。

表 36-10　保健所数の推移（各年4月1日現在）（単位　か所）

	1990	2000	2010	2020	2021	2022
都道府県・・・・・・・・	634	460	374	355	354	352
市・特別区・・・・[1]	216	134	120	114	116	116
計・・・・・・・・・・・	850	594	494	469	470	468

厚生労働省「厚生労働白書」および国立社会保障・人口問題研究所「社会保障統計年報」より作成。1) 保健所設置市および特別区。

〔**死因別死亡**〕　2021年の日本人の死因で最も多かったのはがんで、全死因の26.5％を占める。がんは、1981年に初めて死因順位1位になって以来、常に1位を維持している。ただし、がんの死亡者数増加の大きな原因は高齢化と考えられ、高齢化の影響を除いた年齢調整死亡率は低下している。とはいえ、現在の日本では4人に1人ががんで死亡しており、がんは最も大きな健康課題に位置付けられている。政府は、早期発見につなげるため、がん検診を推奨している。約4000万人が加入する全国健康保険協会では、2023年度からがん検診の自己負担額を軽減する。

　戦後の日本人の死因は、1950年までは結核が最も多かったが、国を挙げての対策により結核の罹患率は減少し、1951年から約30年にわたって脳血管疾患が最大となった。近年はがんに加え、高齢化の影響により老衰も増加しており、2018年に脳血管疾患を抜いて死因順位3位となった。10代から30代では自殺が最も多く、厚生労働省「自殺対策白書」（2022年版）によると、大学生の自殺が2019年以降増加している。

図 36-4　**死因別死亡率の推移**

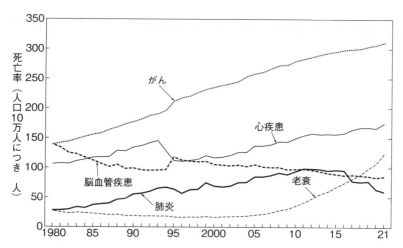

厚生労働省「人口動態統計」より作成。1995年の心疾患の低下と脳血管疾患の上昇、および2017年の肺炎の減少は、死因分類の改正による影響が考えられる。また、心疾患は1994年から減少しているが、1995年に実施された死亡診断書改正の事前周知による影響が指摘される。都道府県からの報告漏れ（2019年3月29日公表）による再集計を行ったことにより、2017年以前のデータとは数値が一致しない箇所がある。

第
36
章

保
健
・
衛
生

表36-11　主要死因別死亡数

	実数（人）			人口10万人あたり（人）		
	2010[1]	2020	2021	2010[1]	2020	2021
結核・・・・・・・・・・・・	2 129	1 909	1 845	1.7	1.5	1.5
悪性新生物（がん）	353 499	378 385	381 505	279.7	306.6	310.7
糖尿病・・・・・・・・・	14 422	13 902	14 356	11.4	11.3	11.7
アルツハイマー病	4 166	20 852	22 960	3.3	16.9	18.7
高血圧性疾患・・・・	6 760	10 003	10 223	5.3	8.1	8.3
心疾患・・・・・・・ 2)	189 361	205 596	214 710	149.8	166.6	174.9
脳血管疾患・・・・・・	123 461	102 978	104 595	97.7	83.5	85.2
肺炎・・・・・・・・・・・	118 888	78 450	73 194	94.1	63.6	59.6
慢性閉塞性肺疾患	16 293	16 125	16 384	12.9	13.1	13.3
誤嚥性肺炎3) ・・・・	22 066	42 746	49 488	17.5	34.6	40.3
胃・十二指腸潰瘍	3 233	2 265	2 329	2.6	1.8	1.9
肝疾患・・・・・・・・・	16 216	17 688	18 017	12.8	14.3	14.7
腎不全・・・・・・・・・	23 725	26 948	28 688	18.8	21.8	23.4
老衰・・・・・・・・・・・	45 342	132 440	152 027	35.9	107.3	123.8
不慮の事故・・・・・	40 732	38 133	38 355	32.2	30.9	31.2
うち交通事故・・・・	7 222	3 718	3 536	5.7	3.0	2.9
自殺・・・・・・・・・・・	29 554	20 243	20 291	23.4	16.4	16.5
計×・・・・・・・・・	1 197 014	1 372 755	1 439 856	947.1	1 112.5	1 172.7

厚生労働省「人口動態統計」より作成。死因分類は2010年は「ICD（国際疾病分類）-10（2003年版）」（2006年適用）により、20、21年は「ICD-10（2013年版）」（2017年適用）による。2017年以降、肺炎による死亡数が低下したが、その主な要因はICD-10（2013年版）による原死因選択ルールの明確化によるものと考えられる。1) 都道府県からの報告漏れ（2019年3月29日公表）による再集計を行ったことにより、2017年以前のデータとは数値が一致しない箇所がある。2) 高血圧性のものを除く。3) 2017年より追加された分類項目で、10年は「固形物および液状物による肺臓炎」の数値。×その他とも。

表36-12　がん死亡者数（単位　人）

	1980	1990	2000	2010	2020	2021
肺・気管（支）・	21 294	36 486	53 724	69 813	75 585	76 212
大腸・・・・・・・・・ 1)	14 739	24 632	35 948	44 238	51 788	52 418
胃・・・・・・・・・・・	50 443	47 471	50 650	50 136	42 319	41 624
すい臓・・・・・・・・	7 835	13 318	19 094	28 017	37 677	38 579
肝臓・・・・・・・・・ 2)	13 968	24 233	33 981	32 765	24 839	24 102
胆のう・胆道・・	6 599	11 871	15 153	17 585	17 773	18 172
乳房・・・・・・・・・	4 185	5 882	9 248	12 545	14 779	14 908
悪性リンパ腫・・	・・・	・・・	7 918	10 172	13 998	13 994
前立腺・・・・・・・・	1 736	3 460	7 514	10 722	12 759	13 217
食道・・・・・・・・・	5 733	7 274	10 256	11 867	10 981	10 958
計×・・・・・・・・	161 764	217 413	295 484	353 499	378 385	381 505

厚生労働省「人口動態統計」より作成。表36-11の注記参照。1) 結腸と直腸S状結腸移行部および直腸。2) 肝および肝内胆管。×その他とも。

表36-13　主要死因の男女別死亡数（2021年）

	男		女		人口10万人あたり（人）	
	人	%	人	%	男	女
全死因‥‥‥‥‥‥	738 141	*100.0*	701 715	*100.0*	1 236.7	1 112.2
悪性新生物（がん）	222 467	*30.1*	159 038	*22.7*	372.7	252.1
心疾患‥‥‥‥ 1)	103 700	*14.0*	111 010	*15.8*	173.7	175.9
老衰‥‥‥‥‥‥	41 286	*5.6*	110 741	*15.8*	69.2	175.5
脳血管疾患‥‥‥‥	51 594	*7.0*	53 001	*7.6*	86.4	84.0
肺炎‥‥‥‥‥‥	42 341	*5.7*	30 853	*4.4*	70.9	48.9

厚生労働省「人口動態統計」より作成。男女を合わせた死因の上位5位までを掲載。男女別順位は、男性は①がん②心疾患③脳血管疾患④肺炎⑤老衰、女性は①がん②心疾患③老衰④脳血管疾患⑤肺炎となっている。1）高血圧性のものを除く。

表36-14　年齢階級別死因（2021年）

	1位	人口10万人あたり（人）	2位	人口10万人あたり（人）	3位	人口10万人あたり（人）
0歳	先天異常2)	1) 60.5	呼吸障害等3)	1) 26.2	突然死4)	1) 9.1
1～4歳	先天異常2)	2.8	がん	1.5	不慮の事故	1.4
5～9〃	がん	1.8	不慮の事故	0.9	先天異常2)	0.9
10～14〃	自殺	2.4	がん	1.5	不慮の事故	1.0
15～19〃	自殺	11.5	不慮の事故	2.9	がん	2.3
20～24〃	自殺	21.8	不慮の事故	4.1	がん	2.7
25～29〃	自殺	20.9	がん	3.8	不慮の事故	3.4
30～34〃	自殺	19.0	がん	8.3	心疾患	3.2
35～39〃	自殺	18.3	がん	13.4	心疾患	5.3
40～44〃	がん	25.6	自殺	19.2	心疾患	9.5
45～49〃	がん	45.0	自殺	20.4	心疾患	17.7
50～54〃	がん	82.0	心疾患	30.8	自殺	20.4
55～59〃	がん	147.8	心疾患	46.1	脳血管疾患	26.0
60～64〃	がん	242.0	心疾患	70.2	脳血管疾患	36.2
65～69〃	がん	409.5	心疾患	107.8	脳血管疾患	57.2
70～74〃	がん	620.9	心疾患	169.7	脳血管疾患	94.2
75～79〃	がん	898.8	心疾患	303.5	脳血管疾患	172.0
80～84〃	がん	1 216.6	心疾患	567.6	脳血管疾患	310.9
85～89〃	がん	1 673.8	心疾患	1 204.1	老衰	794.9
90～94〃	老衰	2 597.3	心疾患	2 472.7	がん	2 054.6
95～99〃	老衰	7 311.9	心疾患	4 585.8	がん	2 260.6
100歳以上	老衰	18 194.1	心疾患	6 296.5	脳血管疾患	2 234.1
総数	がん	310.7	心疾患	174.9	老衰	123.8

厚生労働省「人口動態統計」より作成。1）出生10万人あたり。2）先天奇形、変形および染色体異常。3）周産期に特異的な呼吸障害等。4）乳幼児突然死症候群。

第36章

保健・衛生

〔平均寿命〕　2021年の日本人の平均寿命は、男性が81.47年、女性が87.57年で、東日本大震災の影響を受けた2011年以来、10年ぶりに前年を下回った。新型コロナウイルス感染症による死亡率の変化などが原因とされる。ただし、長期的には平均寿命は延び続けており、2021年の簡易生命表によると、日本は国際的にみても長寿国である（表36-17）。

近年は健康寿命が注目されている。健康寿命とは、健康上の問題で日常生活が制限されることなく生活できる期間のことで、厚生労働省によると、2019年時点で男性が72.68年、女性が75.38年となっている。平均寿命と健康寿命の差は、日常生活に支障のある期間を意味する。政府は、社会保障制度を維持するためには平均寿命と健康寿命の差の縮小が重要だとし、2019年に策定された「健康寿命延伸プラン」などの政策を通じ、国民の健康増進に取り組んでいる。

表 36-15　平均余命 (2021年) (単位　年)

年齢	男	2020〜21年の増減	女	2020〜21年の増減
0	81.47	-0.09	87.57	-0.14
5	76.67	-0.09	82.76	-0.14
10	71.70	-0.08	77.78	-0.15
15	66.73	-0.08	72.81	-0.14
20	61.81	-0.09	67.87	-0.14
25	56.95	-0.09	62.95	-0.14
30	52.09	-0.09	58.03	-0.13
35	47.23	-0.10	53.13	-0.12
40	42.40	-0.09	48.24	-0.13
45	37.62	-0.11	43.39	-0.13
50	32.93	-0.11	38.61	-0.14
55	28.39	-0.11	33.91	-0.14
60	24.02	-0.11	29.28	-0.14
65	19.85	-0.11	24.73	-0.14
70	15.96	-0.13	20.31	-0.14
75	12.42	-0.12	16.08	-0.14
80	9.22	-0.12	12.12	-0.13
85	6.48	-0.10	8.60	-0.13
90	4.38	-0.11	5.74	-0.12
95	2.90	-0.16	3.66	-0.12
100	1.91	-0.30	2.41	-0.12

厚生労働省「簡易生命表」より作成。増減の算出に用いた2020年の平均余命は「第23回完全生命表」による。

平均余命　ある年齢の人々が、平均してあと何年生きられるかを示す。

平均寿命　0歳における平均余命を示す。

完全生命表と簡易生命表　平均寿命を算出する生命表には、完全生命表と簡易生命表がある。完全生命表は、国勢調査人口と人口動態統計（確定数）による出生・死亡数を基に5年ごとに作成される。簡易生命表は、人口推計による人口と人口動態統計月報年計（概数）による出生・死亡数を基に毎年作成される。

表 36-16 平均寿命の推移 （単位 年）

	調査年次	公表年次	男	女
第 1 回生命表・・・・・・・・・・	1891～1898	1902	42.8	44.3
第 2 回 〃 ・・・・・・・・・・	1899～1903	1911	43.97	44.85
第 3 回 〃 ・・・・・・・・・・	1909～1913	1918	44.25	44.73
第 4 回 〃 ・・・・・・・・・・	1921～1925	1931	42.06	43.20
第 5 回 〃 ・・・・・・・・・・	1926～1930	1936	44.82	46.54
第 6 回 〃 ・・・・・・・・・・	1935～1936	1941	46.92	49.63
第 8 回 〃 ・・・・・・・・・・	1947	1950	50.06	53.96
第 9 回 〃 （修正表）・・・・	1950～1952	1955	59.57	62.97
第10回 〃 ・・・・・・・・・・	1955	1960	63.60	67.75
第11回 〃 ・・・・・・・・・・	1960	1966	65.32	70.19
第12回 〃 ・・・・・・・・・・	1965	1969	67.74	72.92
第13回 〃 ・・・・・・・・・・	1970	1976	69.31	74.66
第14回 〃 ・・・・・・・・・・	1975	1979	71.73	76.89
第15回 〃 ・・・・・・・・・・	1980	1982	73.35	78.76
第16回 〃 ・・・・・・・・・・	1985	1987	74.78	80.48
第17回 〃 ・・・・・・・・・・	1990	1992	75.92	81.90
第18回 〃 ・・・・・・・・・・	1995	1997	76.38 (76.46)	82.85 (82.96)
第19回 〃 ・・・・・・・・・・	2000	2002	77.72	84.60
第20回 〃 ・・・・・・・・・・	2005	2007	78.56	85.52
第21回 〃 ・・・・・・・・・・	2010	2012	79.55	86.30
第22回 〃 ・・・・・・・・・・	2015	2017	80.75	86.99
第23回 〃 ・・・・・・・・・・	2020	2022	81.56	87.71
簡易生命表・・・・・・・・・・・・・	2021	2022	81.47	87.57

厚生労働省「完全生命表」および「簡易生命表」より作成。第 7 回は資料焼失のため発表されなかった。1947～70年は沖縄を除く。第18回の（ ）内は阪神・淡路大震災の影響を除去した値。【☞長期統計510ページ】【☞府県別統計521ページ】

表 36-17 平均寿命の国際比較 （単位 年）

	男	女		男	女
日本 （2021）・・・・・・・	81.47	87.57	イギリス（2018～20）	79.04	82.86
韓国 （2020）・・・・・・・	80.5	86.5	フランス （2021）・・・	79.26	85.37
中国 （2015）・・・・・・・	73.64	79.43	ドイツ （2018～20）・	78.64	83.40
インド （2015～19）・	68.4	71.1	イタリア （2021）・・・	80.135	84.691
インドネシア（2020）	71.49	75.27	スペイン （2021）・・・	80.24	85.83
タイ （2020）・・・・・・・	73.2	80.3	ロシア （2020）・・・・・	66.49	76.43
シンガポール（2021）	81.1	85.9	アメリカ合衆国（2020）	74.2	79.9
エジプト （2021）・・・	73.4	75.9	カナダ （2018～20）・	79.82	84.11
コンゴ民主共和国（2018）	56.5	59.7	ブラジル （2020）・・・	73.31	80.31
南アフリカ共和国（2020）	62.5	68.5	オーストラリア（2018～20）	81.19	85.34

厚生労働省「簡易生命表」より作成。

〔健康〕　医療需要の拡大を抑えるため、健康の増進が重要視されている。がんや糖尿病などの生活習慣病は、健康を阻害する最大の要因とされ、「健康日本21（第二次）」などの施策を通じて予防が推進されている。2019年の「国民健康・栄養調査」によると、多くの病気の原因となる肥満の割合は、女性は40年間でほぼ横ばいだが、男性は増加傾向にある。政府は、健康無関心層や時間にゆとりがない人への働きかけを課題としている。健康に重大な影響を及ぼすとされる喫煙への対策も強まっており、屋内は原則禁煙とする改正健康増進法が2020年度から施行された。

図 36-5　肥満率の推移

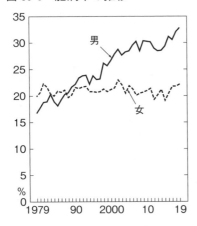

資料は表36-18に同じ。20歳以上でBMI25以上の人の割合。

図 36-6　喫煙率の推移

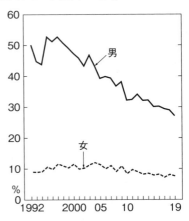

資料は表36-18に同じ。習慣的に喫煙している人の割合。

表 36-18　身長、体重、BMIの年齢階級別平均（2019年）（20歳以上）

	身長（cm）		体重（kg）		BMI	
	男	女	男	女	男	女
20〜29歳········	171.5	157.5	67.6	52.0	22.9	21.0
30〜39歳········	171.5	158.2	70.0	54.3	23.7	21.7
40〜49歳········	171.5	158.1	72.8	55.6	24.7	22.3
50〜59歳········	169.9	156.9	71.0	55.2	24.6	22.4
60〜69歳········	167.4	154.0	67.3	54.7	24.0	23.1
70歳以上········	163.1	149.4	62.4	51.1	23.4	22.9
総数········　＊	167.7	154.3	67.4	53.6	23.9	22.5

厚生労働省「国民健康・栄養調査」より作成。女性の平均体重は妊婦を除いて集計。2020、21年は新型コロナの影響により調査が中止された。＊20歳以上平均。

新型コロナウイルス感染症

2019年12月、中国で新型コロナウイルス（COVID-19）に感染した人が初めて確認され、以降世界中で感染が爆発した。感染が拡大した2020年には、外出規制や渡航制限の影響で人やモノの流れが滞り、世界経済は大きく落ち込んだ。その後、各国の製薬会社などが開発したワクチンの接種が進んだことで、徐々に活動制限は緩和され、経済も回復傾向にある。

国内でも、感染拡大の波が繰り返し発生し、何度も緊急事態宣言が発令された。結果、経済のみならず、生活にも多大な影響が及んだ。その後も感染は続いているが、重症化率や致死率は低下している。政府は2023年5月8日以降、新型コロナウイルスの感染法上の位置付けを、季節性インフルエンザなどと同じ「5類」に引き下げ、医療提供体制を見直す。2023年3月13日からは、それまで屋内では原則必要とされていたマスクの着用が、個人の判断に委ねられた。

国内のコロナ死者数

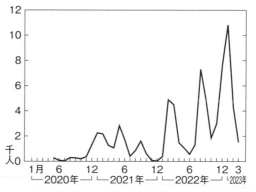

厚生労働省資料より作成。月別累計。

新型コロナ死者数とワクチン接種回数（単位　千人、千回）

	死者数	人口千人あたり（人）	ワクチン接種回数	人口千人あたり（回）
アメリカ合衆国······	1 117	3.30	673 465	2 029
ブラジル············	700	3.25	486 436	2 259
インド·············	531	0.37	2 206 573	1 557
ロシア·············	397	2.75	186 576	1 289
メキシコ···········	334	2.62	223 159	1 750
ペルー·············	220	6.45	88 651	2 604
イギリス···········	211	3.13	151 249	2 240
日本···············	74	0.60	383 332	3 093
中国···············	121	0.08	3 491 077	2 448
世界計×·········	**6 890**	0.86	13 366 508	1 676

Our World in Data（2023年4月11日閲覧）より作成。日本、中国以外は死者数の多い順。死者数は2023年3月31日現在。ワクチン接種回数は、2023年3月31日以前の最新の日付における公表数。×その他とも。

第36章　保健・衛生

第37章　環境問題

〔地球温暖化〕　2020年からの新型コロナウイルス感染症の世界的な流行や、2022年に始まったロシアのウクライナ侵攻で、世界のエネルギー事情と地球温暖化問題の動きは一変した。コロナ対策で経済活動が停滞したことで、温室効果ガスの排出量は一時的に抑えられた。一方、ロシアのウクライナ侵攻は、インフラの破壊や避難民の移動による環境負荷の増大を招いているほか、ミサイル等による都市や森林の火災などをもたらし、大量の温室効果ガスが排出されている。さらに、ロシアからの天然ガス供給が不安定となったことで、世界中で石炭の使用量が増加しており、脱炭素への動きが停滞している。

　日本は、ロシアへのエネルギー依存度が低いこともあって、ウクライナ侵攻による直接的な影響はヨーロッパ各国と比べて軽微である。しかし、東日本大震災以降に停止された原子力発電所の再稼働が一部に留まり、石炭火力への依存度が高い。政府は、2030年までに温室効果ガス排出量を2013年度比で46％減少し、2050年までに実質ゼロ（カーボンニュートラル）とする目標を掲げている。2021年に定められた「第6次エネ

図 37-1　世界の温室効果ガス排出量の推移

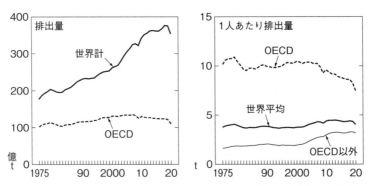

IEA "Greenhouse Gas Emissions from Energy Highlights"（2022年版）より作成。二酸化炭素換算。世界計には国際航空、国際船舶からの排出量を含む。

ルギー基本計画」では、発電量に占める再生エネルギーや原子力発電の割合を増やし、石炭や液化天然ガス（LNG）、石油といった化石燃料を使う火力発電を減らすことを目指している。近年、火力発電では、燃焼時に二酸化炭素を排出しないアンモニアや水素を活用する技術の開発を進めており、温室効果ガスの排出量を抑えていく姿勢を示している。

　世界気象機関（WMO）によると、大気中の主要な温室効果ガス（二酸化炭素、メタン、一酸化二窒素）の濃度は、2021年に観測史上最高を更新した。2022年11月、エジプトのシャルム・エル・シェイクで開催された国連気候変動枠組条約第27回締約国会議（COP27）では、パリ協

図 37-2　世界の温室効果ガス排出量の割合

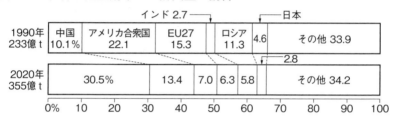

資料・注記は表37-1を参照。二酸化炭素換算。

表 37-1　主な国の温室効果ガス排出量（CO$_2$換算）（単位　百万トン）

	1971	1990	2020	燃料燃焼によるCO$_2$排出量	1人あたり（t）	GDPあたり[1]（kg）
中国・・・・・・・・・・	911	2 359	10 819	10 081	7.15	0.69
アメリカ合衆国	4 604	5 135	4 744	4 258	12.90	0.22
EU（27か国）・・・	16	3 554	2 467	2 394	5.34	0.17
インド・・・・・・・・	215	621	2 224	2 075	1.50	0.81
ロシア・・・・・・・・	—	2 637	2 055	1 552	10.77	1.09
日本・・・・・・・・・	762	1 063	1 003	990	7.87	0.23
世界計×・・・・・	**16 144**	**23 281**	**35 469**	**31 665**	4.08	0.39
（再掲）						
OECD・・・・・・・・	9 835	11 663	11 085	10 293	7.52	0.21
OECD以外・・・・・	5 781	10 983	23 446	20 443	3.20	0.63

国際エネルギー機関（IEA）"Greenhouse Gas Emissions from Energy Highlights"（2022年）より作成。EUとOECDは、2021年現在の加盟国の合計で遡って算出された値。温室効果ガス排出量には、燃料の燃焼による非CO$_2$温室効果ガスおよび温室効果ガス漏えいを含む。
1）2015年価格１米ドルあたりGDP（国内総生産）あたり。×その他を含む。

第37章

環境問題

定の1.5℃目標（世界の平均気温上昇を産業革命以前に比べ1.5℃に抑える目標）の重要性が改めて確認され、締約国には脱炭素促進のために目標の再検討や強化が求められた。また、気候変動の悪影響に対してぜい弱な国々に向けて、「ロス＆ダメージ」に関する技術支援を促進し、専門の基金を設置することで合意している。自国のみでは適応しきれない大規模な気象災害のロス（損失）とダメージ（損害）は、2022年にも、豪雨、干ばつ、熱波など、世界各地で発生した。特にパキスタンでは2022年8月末に起きた大洪水によって国の約3分の1が水没したと報告されており、1700人以上が死亡するなどの甚大な被害が生じた。

　地球環境については朗報もある。1989年発効の「モントリオール議定書」に基づき、オゾン層を破壊するフロンなどの生産や消費を禁止されたことで、近年大気中のフロン濃度が減少した。国連環境計画（UNEP）などでは、南極上空のオゾン層は2066年ごろまでに破壊前のレベルに回復すると予測している。

表 37-2　**日本の温室効果ガス排出量**（会計年度）（単位　百万 t -CO_2換算）

	1990	2013	2019	2020	2021（暫定）
二酸化炭素（CO_2）‥‥‥‥‥	1 164	1 318	1 109	1 045	1 057
エネルギー起源‥‥‥‥‥‥	1 068	1 235	1 029	968	980
産業部門（工場等）‥‥‥	503	464	387	354	373
運輸部門（自動車等）‥‥	208	224	206	185	187
業務その他部門‥‥‥‥ 1)	131	237	191	184	186
家庭部門‥‥‥‥‥‥‥	129	208	159	167	153
エネルギー転換部門‥‥ 2)	96	106	90	82	86
非エネルギー起源‥‥‥‥ 3)	96.1	82.5	79.5	76.7	77.7
メタン（CH_4）‥‥‥‥‥‥‥	44.1	30.1	28.5	28.4	28.3
一酸化二窒素（N_2O）‥‥‥‥	32.4	22.0	20.3	20.0	20.0
代替フロン等4ガス‥‥‥‥‥	35.4	39.1	55.4	57.5	59.4
ハイドロフルオロカーボン類4)	15.9	32.1	49.7	51.7	53.8
パーフルオロカーボン類‥ 5)	6.5	3.3	3.4	3.5	3.1
六ふっ化硫黄（SF_6）‥‥‥	12.9	2.1	2.0	2.0	2.0
三ふっ化窒素（NF_3）‥‥‥	0.03	1.6	0.26	0.29	0.38
総排出量‥‥‥‥‥‥‥‥‥	1 275	1 409	1 213	1 151	1 165

国立環境研究所「2021年度の温室効果ガス排出量」（暫定値）より作成。地球温暖化係数（GWP）を用いてCO_2の当該程度に換算したもの。CO_2排出量の分類は、電気・熱配分後のデータ。1) 商業・サービス・事業所等。2) 製油所、発電所等。3) 工業プロセスや製品の使用、廃棄物の焼却等。4) HFCs。5) PFCs。

表 37-3　PM2.5の環境基準達成状況（会計年度）（単位　局）

	一般環境大気測定局			自動車排出ガス測定局		
	環境基準達成	環境基準非達成	うち黄砂の影響	環境基準達成	環境基準非達成	うち黄砂の影響
2017	732	82	16	193	31	6
2018	765	53	9	216	16	2
2019	824	11	2	234	4	0
2020	830	14	10	233	4	2
2021	858	0	0	240	0	0

環境省「大気汚染状況」（2021年度）より作成。有効測定局（2021年度の一般局858、自排局240）のデータ。PM2.5は微小粒子状物質で、粒径が2.5マイクロメートル以下と小さく、肺の奥深くまで入りやすいため肺がん等のリスク上昇が懸念される。黄砂の影響は各自治体の報告によるもの。

図 37-3　公共用水域の環境基準達成率の推移（会計年度）

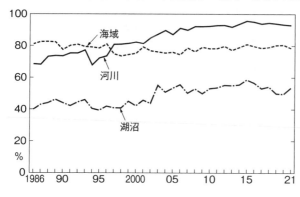

環境省「公共用水域水質測定結果」より作成。河川はBOD（生物化学的酸素要求量）、湖沼と海域はCOD（化学的酸素要求量）における環境基準の達成率。

表 37-4　農用地土壌汚染地域の進捗状況（2021年度末）（単位　ha）

	基準値以上の検出地域	対策地域1)指定地域	事業完了	事業実施中	県単独事業完了地域	未指定地域
カドミウム‥‥	6 709 (97)	6 119 (64)	5 955 (64)	79 (11)	394 (53)	196 (17)
銅‥‥‥‥‥‥	1 405 (37)	1 225 (12)	1 219 (12)	6 (1)	171 (25)	9 (1)
ヒ素‥‥‥‥‥	391 (14)	164 (7)	164 (7)	— (—)	162 (7)	65 (5)
計（重複除く）	7 592 (134)	6 609 (73)	6 442 (73)	82 (11)	714 (81)	269 (22)

環境省「農用地土壌汚染防止法の施行状況」（2021年度）より作成。カッコ内は検出または指定地域数で重複を含むもの。1) 対策計画策定中地域を含む。

図 37-4　公害病の現存被認定者数 (2021年12月末現在)

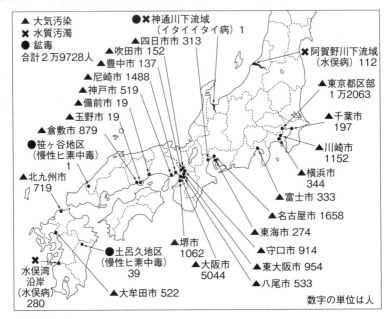

▲ 大気汚染
✕ 水質汚濁
● 鉱毒
合計2万9728人

●✕神通川下流域
　（イタイイタイ病）1
▲四日市市 313
▲吹田市 152
▲豊中市 137
▲尼崎市 1488
▲神戸市 519
▲備前市 19
▲玉野市 19
▲倉敷市 879
●笹ヶ谷地区
　（慢性ヒ素中毒）
　1
▲北九州市
　719
✕阿賀野川下流域
　（水俣病）112
▲東京都区部
　1万2063
▲千葉市
　197
▲川崎市
　1152
▲横浜市
　344
▲富士市 333
▲名古屋市 1658
▲東海市 274
▲守口市 914
▲東大阪市 954
▲八尾市 533
●土呂久地区
　（慢性ヒ素中毒）
　39
▲堺市
　1062
▲大阪市
　5044
✕水俣湾
沿岸
（水俣病）
280
▲大牟田市 522

数字の単位は人

環境省「環境白書」(2022年版) より作成。公害健康被害補償法の被認定者数で、地方自治体による認定数を含んでいない。同法の改正により1988年3月1日で第一種地域（大気汚染）の指定が解除され、新たな患者の認定は以降なされていない。特異的疾患の被認定者の総数は、水俣病が2999人（熊本県1790人、鹿児島県493人、新潟県716人、2021年11月末まで）、イタイイタイ病が200人（2021年12月末まで）、慢性ヒ素中毒症が土呂久地区で211人、笹ヶ谷地区で21人（2021年12月末まで）。

表 37-5　公害苦情受付件数の推移 (会計年度) (単位　件)

	2017	2018	2019	2020	2021	〃 (%)
典型7公害… 1)	47 437	47 656	46 555	56 123	51 395	69.7
大気汚染…	14 450	14 481	14 317	17 099	14 384	19.5
水質汚濁…	6 161	5 841	5 505	5 631	5 353	7.3
土壌汚染…	166	168	186	194	192	0.3
騒音………	15 743	15 665	15 434	19 769	18 755	25.4
低周波…	191	216	249	313	294	0.4
振動………	1 831	1 931	1 743	2 174	2 301	3.1
悪臭………	9 063	9 543	9 349	11 236	10 387	14.1
その他の公害…	20 678	19 147	23 903	25 434	22 344	30.3
廃棄物投棄…	9 076	8 602	10 421	11 978	9 867	13.4
計………	68 115	66 803	70 458	81 557	73 739	100.0

公害等調整委員会「公害苦情調査」(2021年度) より作成。1) 地盤沈下を含む。

〔**廃棄物・リサイクル**〕「大量生産・大量消費・大量廃棄」型の経済社会から脱却し、環境への負荷が少ない「循環型社会」を形成するために、リデュース（発生抑制）、リユース（再利用）、リサイクル（再生利用）の「３R（スリーアール）」が重要となっている。個別リサイクル法（容器包装、家電、食品、建設、自動車、小型家電など）が制定され、人々の分別収集や減量化への意識が高まったことで、廃棄物は減少してきた。天然資源の消費を抑えることになる廃棄物のリユースやリサイクルも増えており、2019年度の物質フロー（図37-6、表37-8）をみると、

表 37-6　一般廃棄物処理の概況（会計年度）（単位　千ｔ）

	2005	2010	2015	2019	2020
ごみ総排出量‥‥‥‥	52 720	45 359	43 981	42 737	41 669
計画収集量‥‥‥‥	44 633	38 827	37 867	37 020	36 160
直接搬入量‥‥‥‥	5 090	3 803	3 720	3 808	3 866
集団回収量‥‥‥‥	2 996	2 729	2 394	1 909	1 643
1日1人あたり（ｇ）	1 131	976	939	918	901
ごみ総処理量‥‥‥‥	49 754	42 791	41 699	40 949	40 085
直接焼却量‥‥‥‥	38 486	33 799	33 423	32 947	31 872
直接最終処分量‥‥	1 444	662	468	398	367
資源化等の中間処理量	7 283	6 161	5 777	5 721	5 923
粗大ごみ‥‥‥‥	2 588	2 002	1 795	1 848	1 974
ごみ堆肥化‥‥	99	165	176	183	181
ごみ飼料化‥‥	0	5	8	10	9
メタン化‥‥‥	21	22	59	89	95
ごみ燃料化‥‥	755	676	639	569	535
その他の資源化等	3 618	3 198	3 027	2 953	3 071
その他の施設‥	202	93	73	68	57
直接資源化量‥‥	2 541	2 170	2 031	1 884	1 923
中間処理後再生利用量	4 488	4 547	4 576	4 605	4 760
リサイクル率（％）・[1]	*19.0*	*20.8*	*20.4*	*19.6*	*20.0*
最終処分量‥‥‥‥	7 328	4 837	4 165	3 798	3 638
ごみ焼却施設					
施設数‥‥‥‥‥	1 318	1 221	1 141	1 070	1 056
処理能力（トン／日）	189 458	185 372	181 891	177 001	176 202
最終処分場					
残余容量（千m³）	132 976	114 458	104 044	99 577	99 836
残余年数（年）‥[2]	14.8	19.3	20.4	21.4	22.4

環境省「日本の廃棄物処理」(2020年度版) より作成。災害廃棄物は除く。1)（直接資源化量＋中間処理後再生利用量＋集団回収量）÷（ごみ総処理量＋集団回収量）×100。2) 埋立てごみの比重を１m³＝0.8163ｔで換算。

出口側で廃棄物として発生した量（5億4600万トン）の43.0%（2億3500万トン）が資源として循環利用（再使用・再生利用）されている。これは入口側で総物質投入量（14億4900万トン）の15.7%を占めているが、「第四次循環基本計画」の2025年度の目標である18%には届いていない。また、資源生産性（表37-8の注記参照）は43.6万円/トンで、2025年度の目標49万円/トンには届かず、さらに循環利用を推進する必要がある。ごみとして最終処分される量をみると、2005年度の3110万トンから2019年度は1300万トンに大きく減少している。

　近年、循環型社会実現への新しい取り組みとして、衣類の廃棄物削減が始まっている。環境省によると、衣服は、原材料調達から製造におい

図 37-5　**産業廃棄物の業種別・種類別排出量**（2020年度）

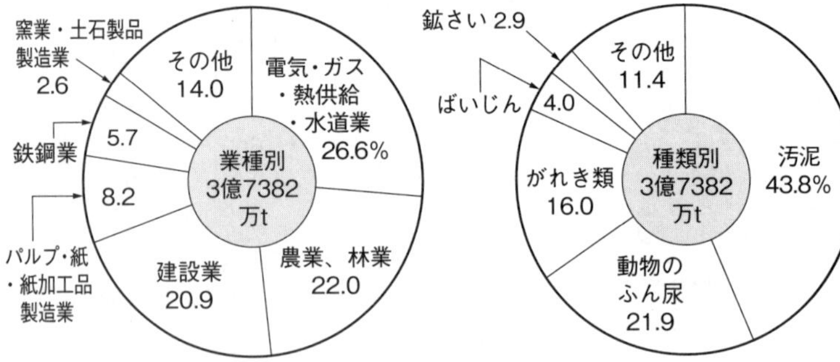

下表の2020年度排出量の内訳。

表 37-7　**産業廃棄物処理の概況**（会計年度）（単位　千 t ）

	2000	2010	2018	2019	2020
排出量・・・・・・・・・・	406 037	385 988	378 832	385 955	373 818
再生利用量・・・・・	184 237	204 733	199 008	203 569	199 022
減量化量・・・・・・・	176 933	167 000	170 698	173 228	165 708
最終処分量・・・・・	44 868	14 255	9 126	9 157	9 089
最終処分場[1]					
残余容量（千m³）	176 089	194 528	158 650	153 971	…
残余年数（年）・[2]	3.9	13.6	17.4	16.8	…

環境省「産業廃棄物の排出及び処理状況等」および同「産業廃棄物処理施設の設置、産業廃棄物処理業の許認可に関する状況」より作成。排出量などは推計値。1) 次年4月1日現在。2) 最終処分される産業廃棄物の比重を1m³＝1 tとしている。

て多くの水資源を消費し、二酸化炭素（CO_2）を排出している。2020年時点、家庭から手放した衣服は75.1万トンで、古着などとして再活用される割合は約34%、残りはごみとなって最終処分される（日本総合研究所「ファッションと環境」調査結果）。衣類の焼却や埋め立てを減らすために、大量消費、大量廃棄からの転換が必要となっている。

図 37-6　**物質フロー**（2019年度）（単位　百万 t ）

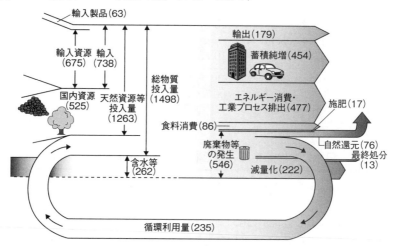

環境省「環境白書」(2022年版）より作成。含水等とは、汚泥や家畜のふん尿などの廃棄物に含まれる水のほか、経済活動に伴う土砂等に付随して投入される水分を含む。

表 37-8　**資源生産性、循環利用率、最終処分量の推移**（会計年度）

	1995	2005	2015	2019	2025 （目標）
資源生産性（万円／t）···	23.0	31.3	39.7	43.6	49
循環利用率（%） 　入口側··············	8.7	12.2	15.6	15.7	18
出口側··············	32.3	39.5	44.4	43.0	47
最終処分量（百万 t）····	81.6	31.1	14.3	13.0	13

環境省「第四次循環型社会形成推進基本計画」より作成。資源生産性とは1トンあたりの天然資源等投入量（国産・輸入天然資源および輸入製品の量）から生じる実質国内総生産（GDP）で、より少ない資源でどれだけ大きな豊かさを生み出しているかを総合的に表す指標。入口側の循環利用率は、社会に投入される資源のうち、どれだけ循環利用された資源が投入されているかを表す指標。出口側の循環利用率は、廃棄物等として発生した量のうち、どれだけ循環利用されたかを表す指標。最終処分量は廃棄物の埋め立て量。

第37章　環境問題

表 37-9 **国の環境保全予算**（会計年度）（単位　億円）

	2019	2020	2021	2022	2023
地球環境の保全‥‥‥‥‥	5 816	5 841	5 403	5 647	6 017
生物多様性の保全‥‥‥ 1)	1 805	1 768	1 545	1 591	1 606
循環型社会の形成‥‥‥‥	1 024	1 120	674	722	706
水・土壌・地盤環境の保全	952	1 106	1 175	1 352	1 507
大気環境の保全‥‥‥‥‥	1 887	1 750	1 737	1 565	1 433
化学物質対策‥‥‥‥‥ 2)	52	50	57	51	52
放射性物質‥‥‥‥‥‥ 3)	5 652	6 758	3 945	3 746	3 543
各種施策の基盤となる施策等	1 484	1 508	1 504	1 557	1 536
環境保全経費‥‥‥‥‥	**18 671**	**19 902**	**16 040**	**16 230**	**16 399**
一般会計‥‥‥‥‥‥	7 813	7 811	7 469	7 850	8 073
特別会計‥‥‥‥‥‥	10 858	12 091	8 571	8 380	8 326

財務省「予算及び財政投融資計画の説明」（付表）より作成。当初予算額。一般会計と特別会計の計で、特別会計にはエネルギー対策や東日本大震災復興などを含む。1) 生物多様性の持続可能な利用を含む。2) 包括的な化学物質対策。3) 放射性物質による環境汚染の防止。

表 37-10 **日本における絶滅のおそれのある野生生物数**（2020年）

分類群	絶滅	野生絶滅	絶滅危惧	準絶滅危惧	情報1)不足	絶滅のお2)それのある地域個体群
動物‥‥‥‥‥‥	49	1	1 446	943	349	63
ほ乳類‥‥‥‥	7	—	34	17	5	26
鳥類‥‥‥‥‥	15	—	98	22	17	2
は虫類‥‥‥‥	—	—	37	17	3	5
両生類‥‥‥‥	—	—	47	19	1	—
汽水・淡水魚類	3	1	169	35	37	15
昆虫類‥‥‥‥	4	—	367	351	153	2
貝類‥‥‥‥ 3)	19	—	629	440	89	13
その他無脊椎動物4)	1	—	65	42	44	—
植物等‥‥‥‥	61	13	2 270	421	195	—
維管束植物‥‥ 5)	28	11	1 790	297	37	—
蘚苔類‥‥‥ 6)	—	—	240	21	21	—
藻類‥‥‥‥‥	4	1	116	41	40	—
地衣類‥‥‥ 7)	4	—	63	41	46	—
菌類‥‥‥‥‥	25	1	61	21	51	—
合計‥‥‥‥	**110**	**14**	**3 716**	**1 364**	**544**	**63**

環境省「レッドリスト2020」より作成。今回は13分類群のうち11分類群の合計74種についてカテゴリーを再検討した結果、絶滅危惧種が40種増加し（ほ乳類のシベリアイタチなど）、3716種となった。1) 絶滅危惧のカテゴリーに移行し得る属性を有するもので、評価するだけの情報が不足している種。2) 地域的に孤立している個体群で、絶滅のおそれが高いもの。3) 汽水域の貝類も対象。4) くも類、甲殻類など。5) シダ植物と種子植物。6) コケ類。7) 菌類の仲間で、必ず藻類と共生しているもの。

第 38 章 　 災害と事故

〔災害〕　日本の国土は地形が険しく河川が急で、洪水や土砂災害を起こしやすい。台風や梅雨、秋雨など大雨の被害を受けやすいほか、日本海側は世界有数の豪雪地帯である。さらに環太平洋地震帯に位置し、世界の活火山の約1割がある世界有数の火山国で、地震が非常に多い。また、四方を海に囲まれており、地震に伴う津波被害が深刻なものになりやすい。2022年はラニーニャ現象で日本近海に台風が発生する傾向があり、9月の台風14号は上陸時の中心気圧が過去5番目に低かった。

表 38-1　2022年の主な自然災害

	死者・行方不明者（人）	負傷者（人）	住家被害（棟）		
			全壊	半壊	床上浸水
2021～22年冬の大雪・・・ 1)2)	99	1 597	9	12	1
2022年8月台風8号と大雨3)	3	9	37	762	1 539
2022年9月台風14号・・・・ 4)	5	161	17	248	612
2022～23年冬の大雪・・・ 1)5)	59	856	2	—	—

消防庁資料（2023年3月27日閲覧）より作成。1) 除雪作業中以外の交通事故や転倒は含まない。2) 2021年11月～22年4月。3) 山形、新潟など。4) 中国、四国、九州など。5) 2022年11月～23年2月まで。

表 38-2　自然災害による被害状況

	2016	2017	2018	2019	2020	2021
死者・行方不明者(人)	297	129	452	159	128	150
負傷者（人）・・・・	3 840	1 509	4 573	1 350	993	2055
住家被害（棟）						
全壊・・・・・・・・	9 286	366	7 441	3 705	1 640	286
半壊・・・・・・・・	36 709	2 294	14 852	34 479	4 600	4 605
床上浸水・・・・・・	2 375	5 632	8 566	8 776	1 956	1 586
耕地被害（千ha) 1)	11.8	17.2	14.2	13.2	8.4	8.5
り災世帯数(世帯)2)	85 190	7 338	29 926	48 343	9 087	5 774
り災者数（人）・・2)	60 880	14 892	62 548	86 419	19 321	10 909
被害総額（億円）・	17 553	5 994	11 719	12 417	7 081	4 145

消防庁「消防白書」より作成。暴風、豪雨、洪水、高潮、地震、津波、火山噴火、その他異常な自然現象などによる被害。1) 冠水を含む。2) 住家の全壊、半壊、床上浸水により日常生活を営めないもの。各都道府県で把握したもののみ。

〔**交通事故**〕　2022年は、引き続きコロナ禍による外出自粛等の影響で交通量が減少し、交通事故件数はコロナ禍以前の2019年と比べて21％減となる30万839件であった。前年と比べても、1.4％減少している。死者数は前年から26人減の2610人であった。高齢者（65歳以上）の死者数は1471人で前年より49人減少し、死者数全体に占める割合も1.3％減少した。状態別では、歩行中（955人）が最も多く、次いで自動車乗車中（870

図 38-1　**交通事故件数と死者数**

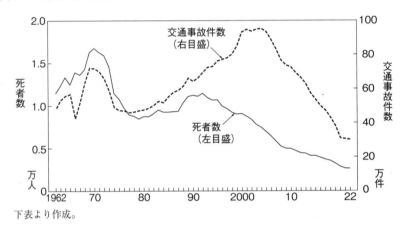

下表より作成。

表 38-3　**道路交通事故**（単位　人）

	1990	2000	2010	2020	2021	2022
交通事故件数(件)	643 097	931 950	725 924	309 178	305 196	300 839
うち死亡事故 …	10 651	8 713	4 808	2 784	2 583	2 550
死者数(24時間以内)1)	11 227	9 073	4 948	2 839	2 636	2 610
30日以内死者数・2)	…	10 410	5 828	3 416	3 205	3 216
負傷者数………	790 295	1 155 707	896 297	369 476	362 131	356 601
うち重傷者 ……	79 126	80 105	51 536	27 775	27 204	26 027
人口10万人あたり3)						
死者数………	9.1	7.1	3.9	2.3	2.1	2.1
負傷者数……	639.3	910.5	699.9	292.9	288.5	285.4

警察庁資料より作成。表36-11における交通事故死者数は、交通事故を原死因とする死者数で、本表とは定義が異なる。1) 交通事故発生から24時間以内に死亡した者。2) 交通事故発生から30日以内に死亡した者。3) 人口10万あたりは、総務省統計局「国勢調査」または同「人口推計」による各年10月1日現在人口を用いて編者算出。

人）、二輪車乗車中（435人）と続く。また、最も多い歩行中では高齢者の割合が増えており、高齢者の歩行中死者数のうち8割近くが横断中であった。

児童の交通事故死者・重傷者数は、618人と前年から91人減少している。歩行中が最も多く、その約4割が登下校中であった。また、特に低学年が多く、死亡事故の時間帯は学校・学童保育・習い事などの帰宅時間とみられる14時〜17時台に集中している。

飲酒運転の死亡事故率は、飲酒運転以外と比較して7.1倍高い。特に、操作不適や安全不確認によるものが多かった。

表 38-4　状態別交通事故死者数（単位　人）

	1990	2000	2010	2020	2021	2022
自動車乗車中····	4 501	3 953	1 637	882	860	870
二輪車乗車中····	2 492	1 575	881	526	463	435
自転車乗車中····	1 161	984	668	419	361	339
歩行中·········	3 042	2 540	1 744	1 002	941	955
計×·········	**11 227**	**9 066**	**4 948**	**2 839**	**2 636**	**2 610**
うち19歳以下···	2 285	899	310	149	124	113
65歳以上···	2 673	3 166	2 489	1 596	1 520	1 471
（参考）75歳以上	1 367	1 698	1 564	1 072	1 029	1 015

警察庁資料より作成。死者数について、遡及訂正が一部反映されていないため、2000年の数値が表38-3と一致しない。×その他とも。

表 38-5　運転免許保有者数（単位　千人）

	1970年末			2021年末		
	男	女	計	男	女	計
16〜19歳········	1 670	269	1 939	484	363	847
20〜24〃········	3 995	1 195	5 190	2 521	2 151	4 672
25〜34〃········	6 566	1 777	8 344	5 917	5 246	11 163
35〜44〃········	5 397	1 207	6 604	7 517	6 893	14 410
45〜54〃········	2 675	294	2 970	9 257	8 561	17 818
55〜64〃········	1 168	22	1 190	7 188	6 519	13 707
65歳以上········	213	1	214	11 575	7 704	19 279
うち75歳以上···	…	…	…	4 157	1 942	6 098
計··········	**21 684**	**4 766**	**26 449**	**44 460**	**37 436**	**81 896**
高齢者割合（％）	*1.0*	*0.0*	*0.8*	*26.0*	*20.6*	*23.5*

警察庁「運転免許統計」（2021年）より作成。高齢者割合は65歳以上。

第38章　災害と事故

〔火災〕　2021年の出火件数は前年から531件増の３万5222件で、死者数は前年から91人増の1417人であった。コロナ禍による自粛が続いた2020年と比較すると増加しているが、この10年間の出火件数と火災による死者数は、おおむね減少傾向にある。出火件数のうち、たばこによる火災が3042件で、出火原因の第１位である。火災による死傷者の多くが建物火災によるものであり、用途別にみると住宅火災が最も多い。

表 38-6　火災被害の状況

	1980	1990	2000	2010	2020	2021
出火件数（件）···	59 885	56 505	62 454	46 620	34 691	35 222
建物火災······	38 014	34 768	34 028	27 137	19 365	19 549
林野火災······	4 120	2 858	2 805	1 392	1 239	1 227
車両火災······	3 773	6 173	8 303	5 042	3 466	3 512
焼損面積						
建物火災（千m²)¹⁾	2 128	1 674	1 594	1 187	1 015	992
林野火災（a)··	530 685	133 325	145 451	75 549	44 885	78 947
損害額（百万円)·	150 707	148 458	150 426	101 762	103 739	104 213
建物損害額···²⁾	144 991	142 088	139 988	94 195	97 378	97 987
林野損害額····	2 081	467	708	71	201	176
車両損害額····	1 419	3 291	4 032	3 533	2 134	2 607
り災世帯数（世帯)	37 948	32 853	30 999	23 865	17 931	17 844
死者（人)·····³⁾	1 947	1 828	2 034	1 738	1 326	1 417
負傷者（人)·····	8 049	7 097	8 281	7 305	5 583	5 433

消防庁「消防白書」(2022年版) より作成。1995年より爆発のみの火災を含む。1) 床面積。2) 収容物の損害額を含む。3) 火災により48時間以内に死亡したもの。

表 38-7　出火原因別火災損害状況（2021年）

	出火件数（件）	建物焼損床面積（千m²)	林野焼損面積（a)	り災世帯数（世帯）	損害額（百万円)
たばこ·········	3 042	41.4	18 152	1 980	3 694
たき火·········	2 764	27.8	7 434	177	1 314
こんろ·········	2 678	36.0	77	2 407	2 781
放火···········	2 333	29.6	211	938	6 668
電気機器·······	1 816	25.4	1	878	3 740
火入れ·········	1 640	7.9	22 962	58	372
放火の疑い······	1 555	55.4	1 187	420	26 176
電灯電話等の配線	1 473	70.9	58	952	5 030
計×·········	35 222	992.4	78 947	17 844	104 213

消防庁「消防白書」(2022年版) より作成。×その他とも。

第39章　犯罪・司法

〔犯罪〕　2022年の刑法犯の認知件数は60.1万件で、20年ぶりに前年を上回った。コロナ禍で減少した人の流れの回復などが原因とみられる。

　戦後の刑法犯の認知件数は、1980年ごろから緩やかに増加したが、1997年以降、増加幅が大きくなり、2002年にピークの285万件に達した。政府は、2003年の「犯罪に強い社会の実現のための行動計画」の策定な

表 39-1　**刑法犯の状況**（単位　千件、千人）

	2000	2010	2020	2021	2022	対前年増減率（%）
認知件数‥‥‥‥	2 443.5	1 604.0	614.2	568.1	601.3	5.8
凶悪犯‥‥‥ 1)	10.6	7.6	4.4	4.1	4.4	6.9
殺人‥‥‥‥	1.4	1.1	0.9	0.9	0.9	-2.4
強盗‥‥‥‥	5.2	4.1	1.4	1.1	1.1	0.9
粗暴犯‥‥‥ 2)	64.4	63.8	51.8	49.7	52.7	6.0
傷害‥‥‥‥	30.2	26.6	19.0	18.1	19.5	7.5
窃盗犯‥‥‥‥	2 131.2	1 229.1	417.3	381.8	407.9	6.8
知能犯‥‥‥ 3)	55.2	44.5	34.1	36.7	41.3	12.7
風俗犯‥‥‥ 4)	9.8	10.9	7.7	7.9	8.1	3.2
その他‥‥‥‥	172.3	248.0	98.9	87.9	86.8	-1.2
発生率（件）‥‥ 5)	1 925	1 253	487	453	481	6.3
検挙件数‥‥‥‥	576.8	497.4	279.2	264.5	250.4	-5.3
検挙率（%）‥‥	23.6	31.0	45.5	46.6	41.6	—
検挙人員‥‥‥‥	309.6	322.6	182.6	175.0	169.4	-3.2
凶悪犯‥‥‥‥	7.5	5.0	4.3	4.1	4.0	-2.8
殺人‥‥‥‥	1.4	1.0	0.9	0.8	0.8	-7.4
強盗‥‥‥‥	3.8	2.6	1.7	1.5	1.3	-9.5
粗暴犯‥‥‥‥	50.4	49.5	48.1	45.7	45.7	-0.1
傷害‥‥‥‥	29.4	22.0	18.8	17.5	17.5	0.0
窃盗犯‥‥‥‥	162.6	175.2	88.5	84.4	79.2	-6.1
知能犯‥‥‥‥	11.3	14.1	10.5	12.5	12.5	0.4
風俗犯‥‥‥‥	6.1	6.0	5.2	5.4	5.4	0.2
その他‥‥‥‥	71.7	72.7	26.0	23.0	22.5	-1.8

警察庁「犯罪統計資料」および法務省「犯罪白書」（2022年版）より作成。交通関係の業務上過失致死傷罪と重過失致死傷罪、自動車運転過失致死傷罪、危険運転致死傷罪を含まない。1）殺人、強盗、放火、強制性交等（2017年に強姦から変更）。2）暴行、傷害、脅迫、恐喝、凶器準備集合。3）詐欺、横領、偽造、汚職、背任など。4）賭博、わいせつ。5）人口10万人あたりの犯罪認知件数。2022年は10月1日の推計人口より編者算出。

ど、犯罪対策を強化した。以降、人口構造や社会情勢の変化もあり、刑法犯の認知件数は減り続け、2021年には戦後最少となった。

　認知件数を罪名別にみると、窃盗が全体の67.8％を占めており、中でも乗り物盗は、前年から19.4％増加した。重要犯罪では、強制性交等および強制わいせつが２年連続で増加した。2017年の刑法改正で強姦から名称変更され、厳罰化された強制性交等は、改正以来最多となった。

図 39-1　刑法犯の人口千人あたり検挙人員（成人・少年別）

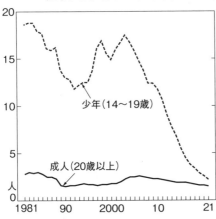

警察庁資料より作成。成人・少年それぞれの人口比。少年は犯行時および処理時の年齢がともに14歳以上20歳未満のもの。

　近年対策が強まっている犯罪は、特殊詐欺やサイバー犯罪などである。2022年の特殊詐欺の認知件数は１万7520件で、検挙件数とともに前年より増加した。2022年から23年にかけて特殊詐欺グループがSNS上で募集した「闇バイト」による強盗事件が相次いで発生し、政府はSNSの取り締まりなどを通じて緊急対策を行っている。サイバー犯罪は、情報通信の発達とともに増加し続けている。特に、2022年

表 39-2　少年（14〜19歳）犯罪の検挙人員の推移 （単位　人）

	2000	2010	2020	2021	2022	対前年増減率（％）
凶悪犯・・・・・・	2 120	783	522	410	495	*20.7*
殺人・・・・・・	105	43	50	35	49	*40.0*
強盗・・・・・・	1 638	565	323	214	235	*9.8*
粗暴犯・・・・・・	19 691	7 729	3 060	2 815	2 844	*1.0*
傷害・・・・・・	10 687	4 895	1 748	1 614	1 552	*-3.8*
窃盗犯・・・・・・	77 903	52 435	9 222	7 421	7 503	*1.1*
刑法犯総数×	132 336	85 846	17 466	14 818	14 887	*0.5*

資料・脚注は表39-1に同じ。×その他とも。

のランサムウェア（コンピュータ等をウイルスに感染させて制限をかけ、解除と引き換えに金銭を要求するもの）による被害は、前年比で57.5%増加した。テレワーク等で利用される機器の脆弱性を狙ったとみられる。

　銃器発砲事件数は、日本では極めて少なく、大部分が暴力団によるものである。しかし、2022年7月、街頭演説中の安倍晋三元首相が銃撃を受けて死亡する事件が発生し、国民に衝撃を与えた。警察庁は、警備に不備があったとして、警護の規則を定めた「警護要則」を28年ぶりに改正し、要人警護の際に都道府県警への関与を強める方針を示している。

図 39-2　刑法犯の認知件数および検挙率の推移

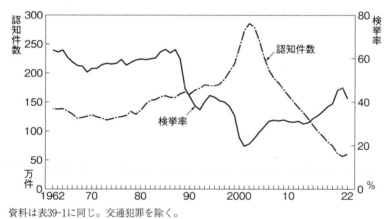

資料は表39-1に同じ。交通犯罪を除く。

表 39-3　特別法犯の状況

	検挙件数（件）			検挙人員（人）		
	2020	2021	2022	2020	2021	2022
迷惑防止条例····	7 694	8 765	9 800	6 291	6 702	7 526
覚せい剤取締法··	11 825	11 299	8 532	8 245	7 631	5 944
軽犯罪法·········	9 123	8 431	7 888	9 193	8 455	7 820
大麻取締法······	5 865	6 733	6 493	4 904	5 339	5 184
廃棄物処理法····	5 999	6 183	5 621	6 680	6 651	6 007
銃刀法··········	5 458	5 252	5 164	4 819	4 521	4 552
入管法··········	6 846	4 831	4 201	5 005	3 528	3 129
特別法犯総数×	72 913	71 005	67 477	61 345	58 156	55 639

警察庁「犯罪統計資料」より作成。自動車の運転により人を死傷させる行為等の処罰に関する法律および交通法令違反を除く。×その他とも。

第39章　犯罪・司法

表 39-4　**銃器使用犯罪の状況**

	2017	2018	2019	2020	2021
発砲事件数（件）‥‥‥	22	8	13	17	10
暴力団等‥‥‥‥‥‥	13	4	10	14	8
死傷者数（人）‥‥‥‥	8	3	12	9	5
けん銃押収丁数（丁）‥	360	315	401	355	295
暴力団から‥‥‥‥‥	79	73	77	54	31

警察庁「日本の銃器情勢」(2021年版) より作成。

表 39-5　**サイバー犯罪の罪名別検挙件数**（単位　件）

	2000	2010	2020	2021	2022[1]
不正アクセス禁止法‥[2]	67	1 601	609	429	522
コンピュータ・ 　電磁的記録対象犯罪[3]	44	133	563	729	948
詐欺‥‥‥‥‥‥‥‥	306	1 566	1 297	3 457	3 304
児童買春・ 　児童ポルノ禁止法‥	121	1 193	2 015	2 009	2 113
青少年保護育成条例‥	2	481	1 013	952	781
総数×‥‥‥‥‥‥‥	913	6 933	9 875	12 209	12 369

法務省「犯罪白書」(2022年版) および警察庁「令和4年におけるサイバー空間をめぐる脅威の情勢等について」より作成。1) 暫定値。2) 2012年の改正でフィッシングサイトの開設等が新たに規定された。3) データの書き換えや不正操作など。×その他とも。

表 39-6　**特殊詐欺の種類別検挙件数**（単位　件）

	2010	2015	2020	2021	2022[1]
オレオレ詐欺‥‥‥‥‥	1 742	1 958	1 890	1 460	1 771
預貯金詐欺‥‥‥‥‥[2]	…	…	1 715	2 128	1 427
架空料金請求詐欺‥‥‥	1 607	1 119	490	251	179
還付金詐欺‥‥‥‥‥‥	240	413	450	747	1 070
融資保証金詐欺‥‥‥[3]	1 600	65	198	30	37
キャッシュカード詐欺盗[4]	…	…	2 591	1 961	2 102
総数×‥‥‥‥‥‥‥	5 189	4 112	7 424	6 600	6 629

警察庁「特殊詐欺認知・検挙状況等について」より作成。特殊詐欺とは、被害者に電話をかけるなどして対面することなく信頼させ、指定した預貯金口座への振込みなどにより、現金等をだまし取る犯罪の総称。1) 暫定値。2) キャッシュカード等をだまし取るもの。従来オレオレ詐欺に含まれていたが、2020年から新たな手口として分類された。3) 融資を申し込んできた人に対し、保証金等の名目で金銭等をだまし取るもの。4) キャッシュカード等を準備させ、隙を見て盗み取るもの。×その他とも。

表 39-7　暴力団犯罪の検挙件数と検挙人員

	検挙件数（件）			検挙人員（人）		
	2021	2022	暴力団[1]割合（%）	2021	2022	暴力団[1]割合（%）
刑法犯··········	12 236	11 306	*4.5*	6 875	6 155	*3.6*
殺人··········	58	40	*4.9*	91	79	*10.1*
強盗·········	105	87	*8.2*	217	146	*11.0*
暴行·········	709	616	*2.6*	676	602	*2.5*
傷害·········	1 119	1 012	*6.4*	1 353	1 142	*6.5*
恐喝·········	391	352	*37.6*	456	453	*39.1*
窃盗·········	6 012	5 482	*3.7*	1 008	847	*1.1*
詐欺··········	1 933	1 986	*12.3*	1 555	1 424	*13.6*
特別法犯·······	7 189	5 528	*8.2*	4 860	3 748	*6.7*
風営適正化法··	87	91	*10.4*	79	111	*11.6*
売春防止法····	36	9	*1.9*	19	5	*1.4*
銃刀法·······	121	114	*2.2*	90	79	*1.7*
麻薬等取締法··	158	189	*17.8*	51	78	*12.1*
大麻取締法····	1 205	1 042	*16.0*	764	619	*11.9*
覚せい剤取締法	4 512	3 224	*37.8*	2 985	2 141	*36.0*
総数··········	**19 425**	**16 834**	*5.3*	**11 735**	**9 903**	*4.4*

警察庁「犯罪統計資料」より作成。交通関係の犯罪を除く。1）各犯罪全体に占める暴力団の割合。

表 39-8　外国人による犯罪の検挙件数と検挙人員

	検挙件数（件）			検挙人員（人）		
	2000	2020	2021	2000	2020	2021
来日外国人···· [1]	30 971	17 865	15 893	12 711	11 756	10 677
刑法犯········	22 947	9 512	9 105	6 329	5 634	5 573
特別法犯·····	8 024	8 353	6 788	6 382	6 122	5 104
その他の外国人··	10 765	6 571	6 335	5 832	5 105	4 997
刑法犯·····	9 351	5 024	4 945	4 634	3 895	3 831
特別法犯·····	1 414	1 547	1 390	1 198	1 210	1 166
総数·········	**41 736**	**24 436**	**22 228**	**18 543**	**16 861**	**15 674**
刑法犯······	32 298	14 536	14 050	10 963	9 529	9 404
特別法犯····	9 438	9 900	8 178	7 580	7 332	6 270

法務省「犯罪白書」（2022年版）より作成。交通犯罪を除く。刑法犯と特別法犯については表39-1、39-3を参照のこと。1）日本にいる外国人から定着居住者（永住権を有する者など）、在日米軍関係者および在留資格不明の者を除いた者。

2021年の来日外国人の刑法犯検挙件数9105件を罪名別にみると、最も多いのは窃盗犯の5425件で、刑法犯全体の59.6％を占めている。同様に特別法犯6788件のうち、最も多いのは入管法違反の4562件で全体の67.2％を占めている。なお、2022年の来日外国人犯罪の検挙件数は1万4662件、検挙人員は9548人である（警察庁「犯罪統計資料」による）。

第39章　犯罪・司法

〔司法〕　裁判所で取り扱う事件には、民事事件、刑事事件、家事事件、少年事件などがある。民事事件は、個人間や企業間の紛争を解決するための手続に関する事件である。刑事事件は、罪を犯したと疑われる人に対し、罪の有無や重さを決めるための手続に関する事件である。対象が少年の場合は少年事件となる。家事事件は、離婚や相続など、家族の争いを解決するための手続に関する事件である。

表 39-9　**全裁判所の新受事件数の推移**（単位　万件、万人）

	1980	1990	2000	2010	2019	2020	2021
民事・行政････ 1)	147.0	171.5	305.2	217.9	152.3	135.0	137.4
刑事･･･････ 2)	269.7	169.4	163.8	115.8	88.5	85.2	84.5
家事･･･････ 3)	35.0	34.3	56.1	81.5	109.2	110.5	115.1
少年･･･････ 4)	58.8	48.3	28.6	16.5	5.8	5.3	4.7
計･･･････	**510.4**	**423.5**	**553.7**	**431.8**	**355.8**	**336.1**	**341.7**

最高裁判所「裁判所データブック2022」より作成。全国の裁判所において受け付けられた事件数（刑事および少年は被告人および少年の人員）。全国の裁判所数は、最高裁 1、高等裁14、地方裁253、家庭裁330、簡易裁438である（支部、出張所を含む）。1) 再審を含まない。2) 医療観察事件を含む。3) 2004年 4 月以降は人事訴訟事件（再審を含まない）を、2013年以降は家事調停事件を含む。4) 家庭裁判所で受理した成人の刑事事件を含む。

表 39-10　**裁判確定人員の推移**（単位　人）

	1990	2000	2010	2020	2021
有罪･･･････	1 270 520	986 305	472 729	220 688	212 919
死刑･･･････	6	6	9	2	4
無期懲役･･･	32	59	49	19	18
有期懲役･･･	54 116	73 184	64 865	44 232	43 556
一部執行猶予	…	…	…	1 298	1 015
全部執行猶予	30 744	45 117	37 242	27 163	26 905
有期禁錮･･･ 1)	4 387	2 887	3 351	2 738	2 670
罰金･･････	1 206 144	906 947	401 382	172 326	165 276
拘留･･････	74	81	6	5	5
科料･･････	5 761	3 141	3 067	1 366	1 390
無罪･･････	107	46	86	76	94
その他･････ 2)	768	563	411	293	302
総数･･････	**1 271 395**	**986 914**	**473 226**	**221 057**	**213 315**

法務省「犯罪白書」(2022年版) より作成。ここ20年の人員の大幅な減少は、道路交通法違反の略式手続に係る罰金確定者の減少によるところが大きい。1) 有期禁錮のうち、2021年で98％が執行猶予。2) 免訴、公訴棄却、管轄違いおよび刑の免除。

刑事事件は、犯罪の認知件数とともに減少しており、2021年に全国の裁判所で新しく取り扱った刑事事件の被告人数は84.5万人で、戦後最少であった。一方、家事事件は115万件で、戦後最多となった。中でも高齢化に伴い、成年後見制度に関する裁判が増えている。

法曹人口は戦後一貫して増加しており、特に2000年ごろからは弁護士数を中心に急増している。背景には、多様化する法曹需要に対応するため、司法制度改革の一環として法曹人口の増員が進められたことがある。しかし、新人弁護士が就職難に陥るなどの問題が発生し、日本弁護士連合会は2012年、司法試験の合格者数を減らすよう提言した。

2009年5月からの裁判員制度により、法曹のみならず、国民の中から選ばれた裁判員も刑事裁判に参加する。2022年度から成年年齢が18歳に引き下げられたことで、裁判員に選ばれる年齢も18歳以上となった。

表 39-11　刑務所・拘置所等の収容人員 (2021年末現在)（単位　人）

| | 死刑確定者 | 懲役 | | 禁錮 | 総数× | (別掲)少年院 |
		無期	有期			
男‥‥	99	1 629	33 303	100	40 632	1 251
女‥‥	8	94	3 230	9	3 913	138
計‥	107	1 723	36 533	109	44 545	1 389

法務省「矯正統計調査」および同「少年矯正統計調査」より作成。×その他とも。

表 39-12　裁判官数・検察官数・弁護士数の推移（単位　人）

	裁判官数[1]	女性の割合(%)	検察官数[2]	女性の割合(%)	弁護士数[3]	女性の割合(%)
2000	2 213	…	1 375	9.2	17 126	8.9
2010	2 805	20.3	1 806	19.0	28 789	16.2
2020	2 798	27.0	1 977	25.4	42 164	19.0
2021	2 797	27.2	1 967	26.0	43 206	19.3
2022	2 784	28.2	1 980	26.4	44 101	19.6

日本弁護士連合会「弁護士白書」（2022年版）より作成。1) 前年12月（2000、10年は各年4月）現在。簡裁判事を除く。2) 各年3月末現在（2022年は5月末現在）。副検事を除く。3) 各年3月末現在（2022年は5月末現在）。日本弁護士連合会正会員数。

第40章　国防と自衛隊

　2022年2月、ロシアによるウクライナへの軍事侵攻が始まり、世界全体の安全保障体制は大きく揺らいでいる。力による一方的な現状変更を目指す動きが繰り広げられる中、日本では自国への侵略を阻止するため防衛力を強化すべきとの声が高まってきた。日本周辺では、中国の軍備増強や北朝鮮の核開発が進んでおり、特に北朝鮮はミサイル関連技術や運用能力を急速に進展させて、2022年以降、大陸間弾道ミサイル（ICBM）級を含め30回以上のミサイル発射を繰り返している。

　こうした背景の下で、2022年12月、日本の安全保障に関する最上位の基本方針となる「国家安全保障戦略」が策定された。国家安全保障戦略は、10年程度の期間を念頭に、外交や防衛に加えて、経済安保、技術、

図 40-1　**アジア太平洋地域における主な兵力の状況**（概数）

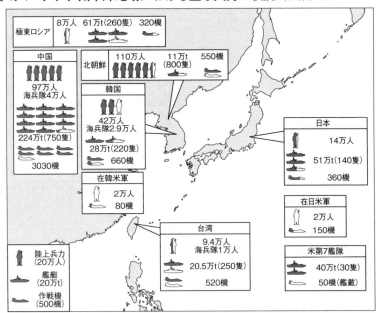

防衛省「防衛白書」（2022年版）より作成。原資料は米国防省公表資料など。在日・在韓米軍の陸上兵力は海兵隊を含む。作戦機は海軍と海兵隊機を含む。米第7艦隊は日本およびグアムに前方展開している兵力。日本は2021年度末。

サイバー、情報など多分野の政策において、国家安全保障に関連する指針を与えるものである。その保障戦略に従い「国家防衛戦略」および「防衛力整備計画」が新たに決定された。国家防衛戦略は、従来の「防衛計画の大綱」に替えて定められたもので、日本防衛力の目標を設定し、それを達成するためのアプローチと手段を示している。防衛力整備計画は、

図40-2　2023年度（令和5年度）の防衛関係費（当初予算）

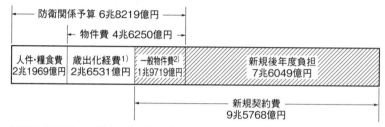

防衛省「2023年度（令和5年度）予算の概要」より作成。SACO関係経費や米軍再編関係経費のうち地元負担軽減分（表40-1）などを含む。防衛力整備は艦船や航空機の調達など複数年を要するものが多い。そのため、調達費用等を複数年度にわたって支払うよう契約し、後年度に支払う分を後年度負担と呼ぶ。1）2022年度以前に契約された後年度負担の2023年度支払分。2）当年度の契約に基づき支払われた分。

表40-1　使途別の防衛関係予算（当初）の推移（会計年度）（単位　億円）

	2019	2020	2021	2022	2023
人件・糧食費・・・・・・・・・・	21 831	21 426	21 919	21 740	21 969
物件費・・・・・・・・・・・・・・	30 744	31 708	31 504	32 265	46 250
装備品等購入費等・・・1)	8 329	8 543	9 187	8 165	13 622
研究開発費・・・・・・・・・	1 283	1 273	1 133	1 644	2 201
施設整備費等・・・・・・・・	1 407	1 512	2 029	1 932	2 465
維持費等・・・・・・・・・2)	12 027	12 610	11 609	12 788	18 731
基地対策経費等・・・・・3)	4 470	4 584	4 618	4 718	4 872
ＳＡＣＯ関係経費4)（A）	256	138	144	137	115
米軍再編関係経費5)（A）	1 679	1 799	2 044	2 080	2 103
防衛関係予算計・・・・・・・	52 574	53 133	53 422	54 005	68 219
対GDP比（％）・・・・・6)	*0.929*	*0.932*	*0.955*	*0.957*	*1.193*
（A）等を除く防衛関係予算	50 070	50 688	51 235	51 788	66 001

防衛省「防衛白書」、「2023年度予算の概要」、財務省「2023年度防衛関係予算のポイント」より作成。1）新しい装備品（戦車、護衛艦、戦闘機など）の購入費。2）隊員の教育訓練、艦船・航空機等などの油、装備費の修理費。3）基地地元への支援と在日米軍駐留経費負担など。4）SACOは沖縄における施設・区域に関する特別行動委員会。5）地元負担軽減分のみ。6）2023年データは「政府経済見通し」のGDPを使い編者算出。

日本が保有すべき防衛力の水準を示した上で、およそ10年後を念頭にした自衛隊の体制や（表40-6）、今後５年間の経費の総額、主要装備の整備数量（表40-4）を記載している。

　2023年度（令和５年度）の防衛関係予算は、新しい防衛力整備計画に基づき、これまでの水準を大きく上回り6.8兆円となった。このほか、

図 40-3　**防衛関係費予算（当初）の推移**（会計年度）

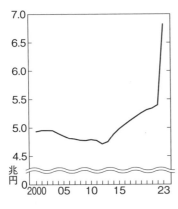

資料は表40-1に同じ。

図 40-4　**主な国の軍事支出の対GDP比の推移**

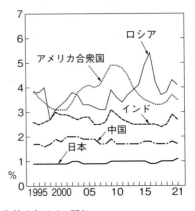

資料は表40-2に同じ。

表 40-2　**主な国の軍事支出**（名目値）

	軍事支出（億ドル）			国民1人あたり支出額（ドル）（2021）	GDPに対する割合(%)（2021）
	2019	2020	2021		
アメリカ合衆国·	7 343	7 784	8 007	2 405	3.48
中国··········	2 403	2 580	2 934	203	1.74
インド·········	715	729	766	55	2.66
イギリス·······	569	607	684	1 002	2.22
ロシア·········	652	617	659	452	4.08
フランス·······	501	527	566	866	1.95
ドイツ·········	490	532	560	668	1.34
サウジアラビア	654	646	556	1 572	6.59
日本···········	510	520	541	429	1.07
韓国···········	439	455	502	979	2.78
世界計×··· 1)	19 321	19 922	20 066	…	…

ストックホルム国際平和研究所（SIPRI）"Military Expenditure Database"より作成。軍事支出額が明らかでない国は含まれない。1) 2021年基準実質値。×その他を含む。

防衛力強化資金（国有資産の売却など、税金以外の収入を積み立てて防衛費増額の財源にあてるもので、所管は財務省）を繰り入れると10兆円を超える。５年間の「防衛力整備計画」（2023～2027年度）の総額は43兆円程度と発表されており、スタンド・オフ防衛能力（脅威圏外の離れた位置から侵攻する相手方へ攻撃できる能力）強化のため、アメリカの巡航ミサイル「トマホーク」などを取得する予定である。

図 40-5　**主な国の兵力**（2021年）（概数）

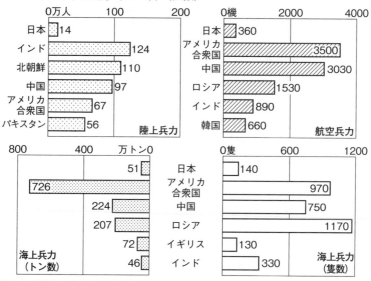

防衛省「防衛白書」（2022年版）より作成。陸上兵力は陸軍の兵員数。海上兵力は艦船トン数および隻数。航空兵力は作戦機数。日本は2021年度末の数値。中国では2015年末から軍の改革が行われ、陸軍の余剰兵員が大幅に削減された。

表 40-3　**自衛官現員数**（年度末現在）（単位　人）

	1990	2000	2010	2020	2021	〃定員
陸上自衛隊・・・・1)	148 413	148 676	140 278	141 443	139 620	150 590
海上自衛隊・・・・・	42 245	44 227	41 755	43 419	43 435	45 307
航空自衛隊・・・・・	43 359	45 377	42 748	43 830	43 720	46 928
統合幕僚監部等・	160	1 527	3 169	3 817	3 979	4 329
計・・・・・・・・・1)	234 177	239 807	227 950	232 509	230 754	247 154

防衛省「防衛白書」（2022年版）、朝雲新聞社「防衛ハンドブック」より作成。1) 常備自衛官で、即応予備自衛官員数（有事等の場合に招集される）を含まず。

第40章

国防と自衛隊

表 40-4　防衛力整備計画（2023〜2027年度）

種類	整備規模	種類	整備規模
12式地対艦誘導弾‥‥‥ 1) （地上、艦艇、航空機発射型）	地上発射型 11個中隊	UUV（無人水中航走体）	—
		護衛艦‥‥‥‥‥‥‥	12隻
島嶼防衛用高速滑空弾‥	—	潜水艦‥‥‥‥‥‥‥	5隻
極超音速誘導弾‥‥‥‥	—	哨戒艦‥‥‥‥‥‥‥	10隻
トマホーク‥‥‥‥‥‥	—	固定翼哨戒機（P-1）‥‥	19機
03式中距離地対空誘導弾 1)	14個中隊	戦闘機（F-35A）‥‥‥‥	40機
イージス・システム搭載艦	2隻	戦闘機（F-35B）‥‥‥‥	25機
早期警戒機（E-2D）‥‥‥	5機	戦闘機（F-15）‥‥‥‥ 1)	54機
弾道ミサイル防衛用迎撃ミサイル	—	スタンド・オフ電子戦機	1機
迎撃ミサイル（PAC-3MSE） 1)	—	ネットワーク電子戦システム	2式
長距離艦対空ミサイルSM-6	—	電波情報収集機（RC-2）	3機
各種無人機（UAV）‥‥	—	輸送船舶‥‥‥‥‥‥‥	8隻
USV（無人水上航走体）	—	輸送機（C-2）‥‥‥‥‥	6機
UGV（陸上無人車両）‥	—	空中給油・輸送機‥‥‥	13機

防衛省「防衛力整備計画について」より作成。「国家防衛戦略」（2022年12月閣議決定）に従い定められた防衛装備品の取得計画（旧中期防衛力整備計画）。1）能力向上型。

図 40-6　緊急発進回数の推移（会計年度）

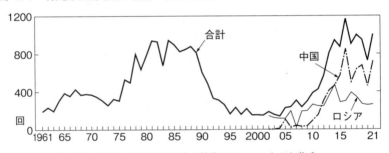

防衛省統合幕僚監部「2021年度の緊急発進実施状況について」より作成。

表 40-5　在日米軍の施設と兵力

	1975 （3月末）	2022 （3月末）		1975 （12月末）	2022年 （9月末）
施設（専用施設）			兵力計（人）‥ 1)	50 500	53 973
件数（件）‥‥	136	76	陸軍‥‥‥‥‥	5 000	2 455
土地面積（km²）	362	263	海軍‥‥‥‥‥	31 000	20 647
うち沖縄県‥	269	185	海兵隊‥‥‥‥	2) ‥‥	17 995
〃 ％	74.3	70.3	空軍‥‥‥‥‥	14 500	12 859

施設は防衛省「在日米軍施設・区域（専用施設）面積」、兵力は米国防総省のDMDC（国防人員データ・センター）"Military and Civilian Personnel by Service/Agency by State / Country" より作成。兵力数は現役数。1）沿岸警備隊を含む。2）海軍に含まれる。

表40-6　**防衛力整備計画**（おおむね10年後の達成計画）

共同の部隊	サイバー防衛部隊 海上輸送部隊		1個防衛隊 1個輸送群
陸上自衛隊		常備自衛官定員	14万9千人
	基幹部隊	作戦基本部隊	9個師団 5個旅団 1個機甲師団
		空挺部隊 水陸機動部隊 空中機動部隊	1個空挺団 1個水陸機動団 1個ヘリコプター団
		スタンド・オフ・ミサイル部隊	7個地対艦ミサイル連隊 2個島嶼防衛用高速滑空弾大隊 2個長射程誘導弾部隊
		地対空誘導弾部隊	8個高射特科群
		電子戦部隊 うち対空電子戦部隊	1個電子作戦隊 （1個対空電子戦部隊）
		無人機部隊	1個多用途無人航空機部隊
		情報戦部隊	1個部隊
海上自衛隊	基幹部隊	水上艦艇部隊 潜水艦部隊 哨戒機部隊 うち固定翼哨戒機部隊 無人機部隊 情報戦部隊	6個群（21個隊） 6個潜水隊 9個航空隊 （4個隊） 2個隊 1個部隊
	主要装備	護衛艦 うちイージス・システム搭載 イージス・システム搭載艦 哨戒艦 潜水艦 作戦用航空機	54隻 （10隻） 2隻 12隻 22隻 約170機
航空自衛隊	主要部隊	航空警戒管制部隊 戦闘機部隊 空中給油・輸送部隊 航空輸送部隊 地対空誘導弾部隊 宇宙領域専門部隊 無人機部隊 作戦情報部隊	4個航空警戒管制団 1個警戒航空団（3個飛行隊） 13個飛行隊 2個飛行隊 3個飛行隊 4個高射群（24個高射隊） 1個隊 1個飛行隊 1個隊
	主要装備	作戦用航空機 うち戦闘機	約430機 （約320機）

資料は表40-4に同じ。「国家防衛戦略」（2022年12月閣議決定）に従い定められたおおむね10年後までの防衛力目標。以前の防衛計画大綱の「別表」にあたる。

表 40-7　自衛隊の国内災害派遣（会計年度）

	件数 （件）	人員 （人）	車両 （両）	航空機 （機）	艦艇 （隻）
2017* ‥‥‥‥‥‥‥	501	23 838	3 340	792	39
〃九州北部豪雨‥‥‥‥	—	81 950	7 140	169	—
2018* ‥‥‥‥‥‥‥	430	22 665	3 090	644	11
〃7月豪雨‥‥‥‥‥‥	12	957 000	49 500	340	150
〃北海道胆振東部地震	1	211 000	17 800	230	20
2019* ‥‥‥‥‥‥‥	447	43 285	7 597	707	9
〃房総半島台風（15号）	1	96 000	19 000	20	20
〃東日本台風（19号）‥	1	880 000	49 400	1 610	100
2020* ‥‥‥‥‥‥‥	530	58 828	8 132	567	4
〃7月豪雨‥‥‥‥‥‥	1	350 000	13 000	270	4
2021* ‥‥‥‥‥‥‥	382	18 000	3 200	450	—
〃7月1日からの大雨	1	27 000	3 500	30	—

防衛省「防衛白書」（2022年版）より作成。延べ数。国内災害派遣は、被災地への救援や重症患者の空輸、民間火災や山火事などの消火などにあたる。*各年度のデータには、別掲の豪雨、地震、台風などへの派遣数は含まない。人員数は、現地活動人員に加えて、整備・通信要員などの後方活動人員を含める。

表 40-8　自衛隊の国際緊急援助活動（概数）（2023年3月現在）

派遣地域	派遣期間	延べ人数 （人）	派遣地域	派遣期間	延べ人数 （人）
インドネシア‥‥ （航空機事故）	2014.12 ～2015. 1	353	ジブチ‥‥‥‥‥‥ （大雨・洪水）	2019.11 ～2019.12	230
ネパール‥‥‥‥ （地震災害）	2015. 4 ～2015. 5	144	オーストラリア‥ （森林火災）	2020. 1 ～2020. 2	80
ニュージーランド （地震災害）	2016.11	30	トンガ‥‥‥‥‥ 1) （火山島噴火）	2022. 1 ～2022. 2	…
インドネシア‥‥ （地震・津波）	2018.10	70	トルコ‥‥‥‥‥ 2) （地震）	2023. 2 ～2023. 3	…

防衛省資料より作成。国際緊急援助法に基づく。1）飲用水輸送。2）トルコ東南部を震源とする地震。必要な機材の輸送。以降、医療チームなどが派遣される。

北朝鮮のミサイル開発　北朝鮮は、2022年から2023年にかけて日本海側へのミサイル発射を30回以上実施している。短距離弾道ミサイルに加えて、「火星17」型の大陸間弾道ミサイル（ICBM）や潜水艦発射弾道ミサイル（SLBM）、長距離巡航ミサイルなども確認され、これらのミサイルには核弾頭の装着が可能とみられる。日本も敵基地攻撃用に導入を進めている長距離巡航ミサイルは、大気圏外の放物線軌道で飛翔する弾道ミサイルと異なり低空飛行が可能で、レーダーで捉えるのが難しいミサイルである。北朝鮮は、長距離巡航ミサイルの発射実験を繰り返しており、すでに実戦配備段階にあると発表している。

表40-9 ソマリア沖・アデン湾における海賊対処（2022年12月累計）（単位 隻）

水上部隊 直接護衛		水上部隊 ゾーンディフェンス		P-3C哨戒機	
日本籍船数···	26	確認商船数··	28 115	確認商船数··	261 546
外国籍船数		実施日数（日）	2 476	飛行回数（回）	3 041
日本運航事業者	700			飛行時間（時間）	21 870
その他·····	3 221			情報提供（回）1)	15 873

防衛省統合幕僚監部資料より作成。2009年7月から海賊対処法に基づいて護衛した船の累計。1）護衛艦、諸外国の艦艇等および民間商船への情報提供。

表40-10 自衛隊の主な国際平和協力活動（2023年2月現在）

	主な派遣地	派遣期間	延べ人数 （人）
PKO：平和維持活動			
国連カンボジア暫定機構（UNTAC）	カンボジア	1992. 9～93. 9	1 216
国連モザンビーク活動（ONUMOZ）	モザンビーク	1993. 5～95. 1	154
国連兵力引き離し監視隊（UNDOF）	ゴラン高原1)	1996. 2～2013. 1	1 501
国連東ティモール暫定行政機構 2)	東ティモール	2002. 2～04. 6	2 304
国連スーダンミッション（UNMIS）	スーダン3)	2008.10～11. 9	12
ハイチ国連安定化ミッション·· 4)	ハイチ	2010. 2～13. 1	2 196
国連東ティモール統合ミッション （UNMIT） ·················	東ティモール	2010. 9～12. 9	8
国連南スーダン共和国ミッション （UNMISS） ················· 5)	南スーダン	2011.11～17. 5	3 961
国連政治ミッション			
国連ネパール政治ミッション （UNMIN） ·················	ネパール	2007. 3～11. 1	24
人道的な国際救援活動			
ルワンダ難民救援·············	ゴマ6)	1994. 9～94.12	378
東ティモール避難民救援·······	インドネシア	1999.11～2000. 2	113
アフガニスタン難民救援·······	パキスタン7)	2001.10	138
イラク難民救援·············	ヨルダン8)	2003. 3～03. 4	50
イラク被災民救援·············	ヨルダン8)	2003. 7～03. 8	98
ウクライナ被災民救援活動···· 9)	ドバイ9)	2022. 5～22.06	142
MFO：多国籍部隊・監視団			
シナイ半島国際平和協力業務···	エジプト	2019. 4～	8

防衛省、外務省、内閣府資料より作成。国連平和維持活動法などに基づく自衛隊員派遣で、司令部要員を含む。延べ人数は概数。1）イスラエル、シリア。2）UNTAET。2002年5月20日以降は国連東ティモール支援団（UNMISET）に継続参加。3）ダルフールを除く。4）MINUSTAH。5）施設部隊派遣は2017年5月に終了したが、その後も司令部要員（4名）の派遣は継続中。6）旧ザイール（コンゴ民主共和国）の都市。7）パキスタンのイスラマバードへ援助物資の航空輸送を実施。8)ヨルダンのアンマンへ援助物資の航空輸送を実施。9）国連難民高等弁務官事務所（UNHCR）への協力。UNHCRのドバイ倉庫および近隣国（ポーランド、ルーマニア）へ、毛布、ビニールシート、スリーピングマットを輸送。

国際平和協力法（PKO法） 1992年6月に成立し、自衛隊のPKO活動が開始。

索引

各項目の主たるページはゴシック体とした。

	1	2	3							4	5
	総人口 （千人）	人口密度 （人／km²）	自然動態（日本における日本人）							合計 特殊 出生率	乳児 死亡率 （出生千 あたり）
			実数（千人）			人口千人あたり（人）					
			出生	死亡	自然 増減	出生率	死亡率	自然 増減率			
1950（昭25）	83 200	225.9	2 338	905	1 433	28.1	10.9	17.2		3.65	60.1
1955（〃30）	89 276	241.5	1 731	694	1 037	19.4	7.8	11.6		2.37	39.8
1960（〃35）	93 419	252.7	1 606	707	899	17.2	7.6	9.6		2.00	30.7
1965（〃40）	98 275	265.8	1 824	700	1 123	18.6	7.1	11.4		2.14	18.5
1970（〃45）	103 720	280.3	1 934	713	1 221	18.8	6.9	11.8		2.13	13.1
1975（〃50）	111 940	300.5	1 901	702	1 199	17.1	6.3	10.8		1.91	10.0
1980（〃55）	117 060	314.1	1 577	723	854	13.6	6.2	7.3		1.75	7.5
1984（〃59）	120 305	322.7	1 490	740	750	12.5	6.2	6.3		1.81	6.0
1985（〃60）	121 049	324.7	1 432	752	679	11.9	6.3	5.6		1.76	5.5
1986（〃61）	121 660	326.3	1 383	751	632	11.4	6.2	5.2		1.72	5.2
1987（〃62）	122 239	327.9	1 347	751	595	11.1	6.2	4.9		1.69	5.0
1988（〃63）	122 745	329.3	1 314	793	521	10.8	6.5	4.3		1.66	4.8
1989（平1）	123 205	330.5	1 247	789	458	10.2	6.4	3.7		1.57	4.6
1990（〃2）	123 611	331.6	1 222	820	401	10.0	6.7	3.3		1.54	4.6
1991（〃3）	124 101	332.9	1 223	830	393	9.9	6.7	3.2		1.53	4.4
1992（〃4）	124 567	334.2	1 209	857	352	9.8	6.9	2.9		1.50	4.5
1993（〃5）	124 938	335.2	1 188	879	310	9.6	7.1	2.5		1.46	4.3
1994（〃6）	125 265	336.0	1 238	876	362	10.0	7.1	2.9		1.50	4.2
1995（〃7）	125 570	336.8	1 187	922	265	9.6	7.4	2.1		1.42	4.3
1996（〃8）	125 859	337.6	1 207	896	310	9.7	7.2	2.5		1.43	3.8
1997（〃9）	126 157	338.4	1 192	913	278	9.5	7.3	2.2		1.39	3.7
1998（〃10）	126 472	339.2	1 203	936	267	9.6	7.5	2.1		1.38	3.6
1999（〃11）	126 667	339.7	1 178	982	196	9.4	7.8	1.6		1.34	3.4
2000（〃12）	126 926	340.4	1 191	962	229	9.5	7.7	1.8		1.36	3.2
2001（〃13）	127 316	341.5	1 171	970	200	9.3	7.7	1.6		1.33	3.1
2002（〃14）	127 486	341.9	1 154	982	171	9.2	7.8	1.4		1.32	3.0
2003（〃15）	127 694	342.5	1 124	1 015	109	8.9	8.0	0.9		1.29	3.0
2004（〃16）	127 787	342.7	1 111	1 029	82	8.8	8.2	0.7		1.29	2.8
2005（〃17）	127 768	342.7	1 063	1 084	−21	8.4	8.6	−0.2		1.26	2.8
2006（〃18）	127 901	343.0	1 093	1 084	8	8.7	8.6	0.1		1.32	2.6
2007（〃19）	128 033	343.3	1 090	1 108	−19	8.6	8.8	−0.1		1.34	2.6
2008（〃20）	128 084	343.5	1 091	1 142	−51	8.7	9.1	−0.4		1.37	2.6
2009（〃21）	128 032	343.3	1 070	1 142	−72	8.5	9.1	−0.6		1.37	2.4
2010（〃22）	128 057	343.4	1 071	1 197	−126	8.5	9.5	−1.0		1.39	2.3
2011（〃23）	127 834	342.8	1 051	1 253	−202	8.3	9.9	−1.6		1.39	2.3
2012（〃24）	127 593	342.1	1 037	1 256	−219	8.2	10.0	−1.7		1.41	2.2
2013（〃25）	127 414	341.7	1 030	1 268	−239	8.2	10.1	−1.9		1.43	2.1
2014（〃26）	127 237	341.1	1 004	1 273	−269	8.0	10.1	−2.1		1.42	2.1
2015（〃27）	127 095	340.8	1 006	1 291	−285	8.0	10.3	−2.3		1.45	1.9
2016（〃28）	127 042	340.6	977	1 308	−331	7.8	10.5	−2.6		1.44	2.0
2017（〃29）	126 919	340.3	946	1 341	−394	7.6	10.8	−3.2		1.43	1.9
2018（〃30）	126 749	339.8	918	1 362	−444	7.4	11.0	−3.6		1.42	1.9
2019（令1）	126 555	339.3	865	1 381	−516	7.0	11.2	−4.2		1.36	1.9
2020（〃2）	126 146	338.2	841	1 373	−532	6.8	11.1	−4.3		1.33	1.8
2021（〃3）	125 502	336.5	812	1 440	−628	6.6	11.7	−5.1		1.30	1.7
2022（〃4）	124 947	335.0									

資料は各章を参照のこと。数値は後に改訂される場合がある。1）〜2）1950〜70年は沖縄県を除く。
各年10月1日現在。2）国立社会保障・人口問題研究所「人口統計資料集」より作成。2021、22年
は編者算出。3）1950〜70年は沖縄県を除く。4）女性が生涯に産む子どもの平均数。

	6		7	8	9		10	11	12
	平均寿命（年）		完全失業率（年平均）（男女計）（%）	平均月間実労働時間（製造業）（時間）	国内総生産		石油製品販売量（燃料油）（千kL）	原油輸入量（千kL）	総発電量（百万kWh）
	男	女			名目（十億円）	実質（十億円）			
1950（昭25）	58.00	61.50	…	…	3 947	16	1 810	1 541	46 266
1955（〃30）	*63.60	*67.75	2.5	198.0	8 598	47 939	9 590	8 553	65 240
1960（〃35）	*65.32	*70.19	1.7	207.0	16 681	73 504	25 983	31 116	115 497
1965（〃40）	*67.74	*72.92	1.2	191.8	33 765	113 362	76 385	83 280	190 250
1970（〃45）	*69.31	*74.66	1.1	187.4	75 299	190 448	180 442	195 825	359 539
1975（〃50）	*71.73	*76.89	1.9	167.8	152 362	237 330	208 824	262 806	475 794
1980（〃55）	*73.35	*78.76	2.0	178.2	248 376	287 366	215 083	256 833	577 521
1984（〃59）	74.54	80.18	2.7	180.5	308 238	334 111	191 095	214 602	648 572
1985（〃60）	*74.78	*80.48	2.6	179.7	330 397	355 096	181 404	198 330	671 952
1986（〃61）	75.23	80.93	2.8	178.2	342 266	361 807	183 782	194 515	676 352
1987（〃62）	75.61	81.39	2.8	179.1	362 297	383 873	187 445	185 380	719 068
1988（〃63）	75.54	81.30	2.5	181.1	387 686	408 446	201 720	193 851	753 728
1989（平 1 ）	75.91	81.77	2.3	179.3	415 885	427 115	208 877	209 692	798 756
1990（〃 2 ）	*75.92	*81.90	2.1	176.6	451 683	453 604	217 171	228 760	857 272
1991（〃 3 ）	76.11	82.11	2.1	173.2	473 608	464 210	220 342	242 697	888 088
1992（〃 4 ）	76.09	82.22	2.2	168.1	483 256	467 519	227 709	251 234	895 336
1993（〃 5 ）	76.25	82.51	2.5	163.4	482 608	465 277	225 501	255 096	906 705
1994（〃 6 ）	76.57	82.98	2.9	163.1	510 916	446 522	237 416	270 848	964 330
1995（〃 7 ）	*76.38	*82.85	3.2	163.9	521 614	458 270	242 870	266 921	989 880
1996（〃 8 ）	77.01	83.59	3.4	165.8	535 562	472 632	246 812	263 445	1 009 349
1997（〃 9 ）	77.19	83.82	3.4	165.5	543 545	477 270	245 265	271 701	1 037 938
1998（〃10）	77.16	84.01	4.1	162.7	536 497	471 207	238 905	254 828	1 046 288
1999（〃11）	77.10	83.99	4.7	161.9	528 070	469 633	244 838	250 426	1 066 130
2000（〃12）	*77.72	*84.60	4.7	164.7	535 418	482 617	244 450	250 578	1 091 500
2001（〃13）	78.07	84.93	5.0	162.9	531 654	484 480	239 835	247 089	1 075 890
2002（〃14）	78.32	85.23	5.4	163.8	524 479	484 684	237 714	235 649	1 101 260
2003（〃15）	78.36	85.33	5.3	165.6	523 969	492 124	243 569	248 496	1 093 956
2004（〃16）	78.64	85.59	4.7	167.8	529 401	502 882	236 269	243 395	1 137 341
2005（〃17）	*78.56	*85.52	4.4	166.8	532 516	511 954	238 280	245 186	1 157 926
2006（〃18）	79.00	85.81	4.1	167.9	535 170	518 980	228 939	243 139	1 161 110
2007（〃19）	79.19	85.99	3.9	167.6	539 282	526 681	219 210	238 822	1 195 032
2008（〃20）	79.29	86.05	4.0	165.5	527 824	520 233	207 670	243 207	1 146 269
2009（〃21）	79.59	86.44	5.1	156.0	494 938	490 615	193 396	211 863	1 112 622
2010（〃22）	*79.55	*86.30	5.1	163.3	505 531	510 720	197 249	215 381	1 156 888
2011（〃23）	79.44	85.90	4.6	162.2	497 449	510 842	193 107	206 979	1 107 829
2012（〃24）	79.94	86.41	4.3	164.6	500 475	517 864	200 534	212 538	1 093 950
2013（〃25）	80.21	86.61	4.0	163.7	508 701	528 248	193 196	210 583	1 090 482
2014（〃26）	80.50	86.83	3.6	164.5	518 811	529 813	185 224	199 697	1 053 717
2015（〃27）	*80.75	*86.99	3.4	164.6	538 032	538 081	182 014	195 873	1 024 179
2016（〃28）	80.98	87.14	3.1	164.5	544 365	542 137	178 299	192 724	997 911
2017（〃29）	81.09	87.26	2.8	165.1	553 073	551 220	175 599	187 639	1 007 341
2018（〃30）	81.25	87.32	2.4	165.1	556 630	554 767	169 779	177 477	1 000 409
2019（令 1 ）	81.41	87.45	2.4	162.0	557 911	552 535	165 514	175 489	970 770
2020（〃 2 ）	*81.56	*87.71	2.8	155.8	539 082	528 895	151 715	143 880	948 979
2021（〃 3 ）	81.47	87.57	2.8	159.0	549 379	540 237	154 215	144 663	970 249
2022（〃 4 ）			2.6	159.3	556 387	545 794	151 591	158 642	

6) 1970年以前は沖縄県を除く。*完全生命表。8) 事業所規模30人以上。9) 1950年は国民総生産で実質は1934〜36年平均価格。1979年までの実質値は1990暦年価格基準、1980〜1993年までは2000暦年連鎖価格、1994年からは2015暦年連鎖価格。2022年は速報。10) 燃料油のみ。12) 会計年度。一定規模（表10-1参照）以上の発電所。1950〜70年度は沖縄県を含まず。

	13		14	15	16	17	18	19	20
	米（水稲・陸稲）（玄米）		水稲の10aあたり収穫高（kg）	牛飼育頭数（千頭）	豚飼育頭数（千頭）	採卵鶏飼養羽数（百万羽）	肉用若鶏飼養羽数（百万羽）	立木伐採高（千m³）	漁業生産量（千t）
	作付面積（千ha）	収穫高（千t）							
1950（昭25）	3 011	9 651	327	2 450	608	…	…	65 631	3 373
1955（〃30）	3 222	12 385	396	3 058	825	…	…	71 938	4 907
1960（〃35）	3 308	12 858	401	3 163	1 918	52	…	75 467	6 193
1965（〃40）	3 255	12 409	390	3 175	3 976	114	18	72 222	6 908
1970（〃45）	2 923	12 689	442	3 593	6 335	161	54	65 996	9 315
1975（〃50）	2 764	13 165	481	3 644	7 684	146	88	43 768	10 545
1980（〃55）	2 377	9 751	412	4 248	9 998	…	…	42 932	11 122
1984（〃59）	2 315	11 878	517	4 682	10 423	166	143	41 248	12 816
1985（〃60）	2 342	11 662	501	4 698	10 718	167	150	42 067	12 171
1986（〃61）	2 303	11 647	508	4 742	11 061	170	156	40 154	12 739
1987（〃62）	2 146	10 627	498	4 694	11 354	177	155	38 440	12 465
1988（〃63）	2 110	9 935	474	4 667	11 725	179	155	38 554	12 785
1989（平1）	2 097	10 347	496	4 682	11 866	180	153	38 114	11 913
1990（〃2）	2 074	10 499	509	4 760	11 817	177	150	37 613	11 052
1991（〃3）	2 049	9 604	470	4 873	11 335	178	143	36 091	9 978
1992（〃4）	2 106	10 573	504	4 980	10 966	187	137	34 445	9 266
1993（〃5）	2 139	7 834	367	5 024	10 783	189	135	32 638	8 707
1994（〃6）	2 212	11 981	544	4 989	10 621	187	127	31 349	8 103
1995（〃7）	2 118	10 748	509	4 916	10 250	184	120	29 285	7 489
1996（〃8）	1 977	10 344	525	4 828	9 900	181	118	28 725	7 417
1997（〃9）	1 953	10 025	515	4 750	9 823	184	114	27 503	7 411
1998（〃10）	1 801	8 960	499	4 708	9 904	183	112	25 610	6 684
1999（〃11）	1 788	9 175	515	4 658	9 879	180	107	24 744	6 626
2000（〃12）	1 770	9 490	537	4 587	9 806	178	108	24 650	6 384
2001（〃13）	1 706	9 057	532	4 531	9 788	177	106	21 138	6 126
2002（〃14）	1 688	8 889	527	4 564	9 612	177	106	20 116	5 880
2003（〃15）	1 665	7 792	469	4 524	9 725	176	104	20 387	6 083
2004（〃16）	1 701	8 730	514	4 478	9 724	175	105	20 770	5 776
2005（〃17）	1 706	9 074	532	4 402	…	…	103	34 659	5 765
2006（〃18）	1 688	8 556	507	4 391	9 620	177	104	35 784	5 735
2007（〃19）	1 673	8 714	522	4 398	9 759	183	105	39 690	5 720
2008（〃20）	1 627	8 823	543	4 423	9 745	182	103	41 194	5 592
2009（〃21）	1 624	8 474	522	4 423	9 899	178	107	43 484	5 432
2010（〃22）	1 628	8 483	522	4 376	…	…	…	44 152	5 313
2011（〃23）	1 576	8 402	533	4 230	9 768	176	…	45 931	4 766
2012（〃24）	1 581	8 523	540	4 172	9 735	175	…	39 455	4 853
2013（〃25）	1 599	8 607	539	4 065	9 685	172	132	40 202	4 774
2014（〃26）	1 575	8 439	536	3 962	9 537	172	136	41 881	4 765
2015（〃27）	1 506	7 989	531	3 860	…	…	…	43 806	4 631
2016（〃28）	1 479	8 044	544	3 824	9 313	173	134	45 682	4 368
2017（〃29）	1 466	7 824	534	3 822	9 346	176	135	48 051	4 306
2018（〃30）	1 470	7 782	529	3 842	9 189	182	139	47 630	4 427
2019（令1）	1 470	7 764	528	3 835	9 156	182	138	48 390	4 204
2020（〃2）	1 462	7 765	531	3 907	…	…	…	47 733	4 235
2021（〃3）	1 404	7 564	539	3 961	9 290	181	140		4 215
2022（〃4）	1 355	7 270	536	3 985	8 949	180	139		

13）〜18）1950〜70年は沖縄県を含まず。15）〜18）各年2月1日現在。18）1960年は肉用若鶏（ブロイラー）を含む。19）会計年度。推計方法の違いにより、2004年度以前とそれ以降とでは数値が接続しない。20）漁業（漁獲量）と養殖業（収獲量）の計。捕鯨業を除く。

	21		22	23	24		25		
	鉱工業生産指数 (2015年=100)		粗鋼生産高 (千t)	銅生産高 (千t)	自動車の生産と輸出（千台）		民生用電子機器の生産と貿易		
	指数	対前年上昇率(%)			生産	輸出	生産額(億円)	輸出額(億円)	輸入額(億円)
1950（昭25）	…	…	4 839	85	32	6	18	…	…
1955（〃30）	6.5	7.6	9 408	113	69	1	253	3	…
1960（〃35）	13.6	24.8	22 138	248	482	39	2 414	573	2
1965（〃40）	23.7	3.7	41 161	366	1 876	194	3 447	1 511	16
1970（〃45）	48.9	13.8	93 322	705	5 289	1 087	14 658	5 870	49
1975（〃50）	52.7	-11.0	102 313	819	6 942	2 678	15 605	8 755	184
1980（〃55）	73.0	4.7	111 395	1 014	11 043	5 967	28 140	20 471	382
1984（〃59）	83.4	9.4	105 586	935	11 465	6 109	45 921	34 954	231
1985（〃60）	86.4	3.7	105 279	936	12 271	6 730	47 615	38 055	237
1986（〃61）	86.2	-0.2	98 275	943	12 260	6 605	42 722	29 409	324
1987（〃62）	89.2	3.4	98 513	980	12 249	6 305	37 974	23 172	610
1988（〃63）	97.8	9.5	105 681	955	12 700	6 104	40 474	22 078	978
1989（平1）	103.5	5.8	107 908	990	13 026	5 884	39 518	22 868	1 454
1990（〃2）	107.7	4.1	110 339	1 008	13 487	5 831	41 540	26 178	1 131
1991（〃3）	109.5	1.7	109 649	1 076	13 245	5 753	44 496	26 964	1 357
1992（〃4）	102.8	-6.1	98 132	1 161	12 499	5 668	35 686	22 575	1 560
1993（〃5）	98.8	-4.5	99 623	1 189	11 228	5 018	30 621	17 517	1 725
1994（〃6）	99.9	0.9	98 295	1 119	10 554	4 460	27 758	15 415	2 385
1995（〃7）	103.0	3.2	101 640	1 188	10 196	3 791	24 400	13 133	3 333
1996（〃8）	105.4	2.3	98 801	1 251	10 347	3 712	22 117	12 830	4 104
1997（〃9）	109.2	3.6	104 545	1 279	10 975	4 553	22 416	13 933	4 038
1998（〃10）	101.7	-7.2	93 548	1 277	10 042	4 529	21 189	15 155	4 003
1999（〃11）	101.9	0.2	94 192	1 342	9 892	4 409	20 132	14 260	4 270
2000（〃12）	107.8	5.7	106 444	1 437	10 141	4 455	22 214	15 309	5 301
2001（〃13）	100.5	-6.8	102 866	1 426	9 777	4 166	19 126	14 095	6 681
2002（〃14）	99.3	-1.3	107 745	1 401	10 257	4 699	20 258	16 295	6 101
2003（〃15）	102.2	3.3	110 511	1 430	10 286	4 756	23 138	17 196	6 013
2004（〃16）	107.1	4.9	112 718	1 380	10 512	4 958	24 880	17 889	7 341
2005（〃17）	108.6	1.3	112 471	1 395	10 800	5 053	25 592	16 886	7 812
2006（〃18）	113.4	4.5	116 226	1 532	11 484	5 967	27 813	16 444	7 010
2007（〃19）	116.7	2.8	120 203	1 577	11 596	6 550	27 188	16 833	7 296
2008（〃20）	112.7	-3.4	118 739	1 540	11 576	6 727	27 622	15 188	6 699
2009（〃21）	88.1	-21.9	87 534	1 440	7 934	3 616	22 173	9 346	6 287
2010（〃22）	101.8	15.6	109 599	1 549	9 629	4 841	23 957	9 172	10 223
2011（〃23）	98.9	-2.8	107 601	1 328	8 399	4 464	15 711	7 543	9 311
2012（〃24）	99.6	0.6	107 232	1 516	9 943	4 804	11 336	8 168	5 905
2013（〃25）	99.2	-0.8	110 595	1 468	9 630	4 675	8 223	6 492	6 699
2014（〃26）	101.2	2.0	110 666	1 554	9 775	4 466	6 930	5 568	7 007
2015（〃27）	100.0	-1.2	105 134	1 483	9 278	4 578	6 806	5 216	6 824
2016（〃28）	100.0	0.0	104 775	1 553	9 205	4 634	6 597	4 607	5 965
2017（〃29）	103.1	3.1	104 661	1 488	9 691	4 706	6 407	4 483	6 866
2018（〃30）	104.2	1.1	104 319	1 595	9 730	4 817	5 826	4 190	7 336
2019（令1）	101.1	-3.0	99 284	1 495	9 684	4 818	5 013	3 453	7 872
2020（〃2）	90.6	-10.4	83 186	1 580	8 068	3 741	3 891	2 930	7 346
2021（〃3）	95.7	5.6	96 336	1 517	7 847	3 819	3 801	3 231	7 951
2022（〃4）	95.6	-0.1	89 227	1 556	7 835	3 813	3 689	3 965	8 529

23）電気銅。24）四輪車のみ。輸出台数は2017年12月より一部メーカーを含まず。25）民生用電子機器とは、テレビや録画再生機、ラジオや音楽再生機など、家庭を中心に一般に広く利用される電子機器。215ページ参照。

付録 I
主要長期統計

	26	27	28	29	30	31	32	33	
	工作機械生産（台）	プラスチック生産（千t）	硫酸生産（千t）	織物生産（百万m²）	セメント生産（千t）	紙・板紙生産（千t）	第3次産業活動指数（2015年=100）	輸出数量指数（2015年=100）	輸入数量指数（2015年=100）
1950（昭25）	4 039	25	2 030	2 059	4 462	871	…	…	…
1955（〃30）	18 147	124	3 290	4 477	10 563	2 204	…	…	…
1960（〃35）	80 143	599	4 452	6 173	22 537	4 513	…	3.9	4.7
1965（〃40）	90 356	1 685	5 655	6 607	32 486	7 299	…	8.7	8.1
1970（〃45）	256 694	5 149	6 925	7 750	57 189	12 973	…	17.5	18.1
1975（〃50）	88 108	5 167	5 997	5 955	65 517	13 601	…	28.2	22.3
1980（〃55）	178 890	7 518	6 777	6 737	87 957	18 088	…	43.7	27.7
1984（〃59）	172 928	8 914	6 458	6 565	78 860	19 345	…	59.5	30.1
1985（〃60）	175 238	9 232	6 580	6 326	72 847	20 469	…	62.1	30.2
1986（〃61）	137 159	9 374	6 562	6 000	71 264	21 062	…	61.7	33.1
1987（〃62）	125 536	10 032	6 541	5 623	71 551	22 537	…	61.8	36.2
1988（〃63）	169 326	11 016	6 767	5 718	77 554	24 624	…	65.1	42.2
1989（平1）	177 972	11 912	6 885	5 757	79 717	26 809	…	67.5	45.6
1990（〃2）	196 131	12 630	6 887	5 587	84 445	28 086	…	71.3	48.2
1991（〃3）	172 034	12 796	7 057	5 315	89 564	29 068	…	73.1	50.0
1992（〃4）	116 649	12 580	7 100	5 054	88 253	28 310	…	74.2	49.8
1993（〃5）	88 930	12 248	6 937	4 334	88 046	27 766	…	73.0	52.0
1994（〃6）	88 109	13 034	6 594	4 117	91 624	28 518	…	74.2	59.0
1995（〃7）	100 293	14 027	6 888	3 804	90 474	29 659	…	77.0	66.3
1996（〃8）	106 813	14 661	6 851	3 664	94 492	30 012	…	78.0	70.0
1997（〃9）	115 149	15 224	6 828	3 721	91 938	31 014	…	87.1	71.2
1998（〃10）	96 805	13 909	6 739	3 232	81 328	29 886	…	86.0	67.4
1999（〃11）	71 710	14 567	6 943	2 945	80 120	30 631	…	87.8	73.9
2000（〃12）	90 916	14 736	7 059	2 645	81 097	31 828	…	96.1	82.0
2001（〃13）	74 572	13 638	6 727	2 458	76 550	30 717	…	87.0	80.4
2002（〃14）	55 807	13 609	6 763	2 164	71 828	30 686	…	93.9	82.0
2003（〃15）	65 673	13 624	6 534	2 031	68 766	30 457	…	98.5	87.8
2004（〃16）	79 500	14 084	6 444	1 974	67 376	30 892	…	109.0	93.9
2005（〃17）	92 385	14 145	6 546	1 837	69 629	30 952	…	109.9	96.6
2006（〃18）	100 171	14 050	6 843	1 737	69 942	31 108	…	118.4	100.4
2007（〃19）	106 282	14 199	7 098	1 699	67 685	31 266	…	124.1	100.2
2008（〃20）	95 310	13 041	7 227	1 554	62 810	30 627	…	122.2	99.6
2009（〃21）	28 281	10 915	6 396	1 067	54 800	26 268	…	89.7	85.3
2010（〃22）	67 607	12 320	7 037	983	51 526	27 363	…	111.4	97.1
2011（〃23）	85 483	11 283	6 416	1 127	51 291	26 609	…	107.2	99.6
2012（〃24）	93 649	10 520	6 711	1 078	54 737	25 957	…	102.0	102.0
2013（〃25）	56 780	10 579	6 429	1 062	57 962	26 241	100.2	100.5	102.3
2014（〃26）	99 407	10 608	6 536	1 085	57 913	26 479	99.6	101.1	102.9
2015（〃27）	102 101	10 838	6 278	1 081	54 827	26 228	100.0	100.0	100.0
2016（〃28）	67 991	10 753	6 461	1 030	53 255	26 275	100.6	100.5	98.8
2017（〃29）	88 644	11 020	6 169	1 022	55 195	26 512	101.5	105.9	102.9
2018（〃30）	84 803	10 673	6 539	1 030	55 307	26 056	102.8	107.7	105.8
2019（令1）	62 240	10 505	6 226	1 064	53 462	25 401	103.1	103.0	104.6
2020（〃2）	45 569	9 639	6 460	858	50 905	22 869	96.0	91.0	97.9
2021（〃3）	67 601	10 453	6 118	876	50 083	23 939	97.4	101.9	102.8
2022（〃4）	70 004	9 511	6 332	920	48 533	23 661	99.1	100.0	102.5

27）繊維用樹脂を除く個々の樹脂の合計値であり、分類項目の変更などにより接続しない年がある。
29）2013年以降の計には麻織物を含まない。33）2021年は確々報。

		34		35	36	37	38	39	40	41
		貿易額 （億円）		経常収支 （億円）	経常収支 対名目 GDP比 （%）	貿易・ サービス 収支 （億円）	資本 移転等 収支 （億円）	金融収支 （億円）	外貨 準備高 （各年末） （百万 ドル）	対外 純資産 （各年末） （十億円）
		輸出	輸入							
1950（昭25）		2 980	3 482	…	…	…	…	…	…	…
1955（〃30）		7 238	8 897	…	…	…	…	…	839	…
1960（〃35）		14 596	16 168	…	…	…	…	…	1 824	…
1965（〃40）		30 426	29 408	…	…	…	…	…	2 107	…
1970（〃45）		69 544	67 972	7 052	1.0	…	…	…	4 399	…
1975（〃50）		165 453	171 700	-2 001	-0.1	…	…	…	12 815	…
1980（〃55）		293 825	319 953	-25 763	-1.1	…	…	…	25 232	…
1984（〃59）		403 253	323 211	83 489	2.7	…	…	…	26 313	…
1985（〃60）		419 557	310 849	119 698	3.7	106 736	…	…	26 510	…
1986（〃61）		352 897	215 507	142 437	4.2	129 607	…	…	42 239	28 865
1987（〃62）		333 152	217 369	121 862	3.4	102 931	…	…	81 479	30 199
1988（〃63）		339 392	240 063	101 461	2.7	79 349	…	…	97 662	36 745
1989（平 1 ）		378 225	289 786	87 113	2.1	59 695	…	…	84 895	42 543
1990（〃 2 ）		414 569	338 552	64 736	1.5	38 628	…	…	77 053	44 016
1991（〃 3 ）		423 599	319 002	91 757	2.0	72 919	…	…	68 980	47 498
1992（〃 4 ）		430 123	295 274	142 349	3.0	102 054	…	…	68 685	64 153
1993（〃 5 ）		402 024	268 264	146 690	3.0	107 013	…	…	95 589	68 823
1994（〃 6 ）		404 976	281 043	133 425	2.6	98 345	…	…	122 845	66 813
1995（〃 7 ）		415 309	315 488	103 862	2.0	69 545	…	…	182 820	84 072
1996（〃 8 ）		447 313	379 934	74 943	1.4	23 174	-3 537	72 723	217 867	103 359
1997（〃 9 ）		509 380	409 562	115 700	2.1	57 680	-4 879	152 467	220 792	124 587
1998（〃10）		506 450	366 536	149 981	2.8	95 299	-19 313	136 226	215 949	133 273
1999（〃11）		475 476	352 680	129 734	2.5	78 650	-19 088	130 830	288 080	84 735
2000（〃12）		516 542	409 384	140 616	2.6	74 298	-9 947	148 757	361 638	133 047
2001（〃13）		489 792	424 155	104 524	2.0	32 120	-3 462	105 629	401 959	179 257
2002（〃14）		521 090	422 275	136 837	2.6	64 690	-4 217	133 968	469 728	175 308
2003（〃15）		545 484	443 620	161 254	3.1	83 553	-4 672	136 860	673 529	172 818
2004（〃16）		611 700	492 166	196 941	3.7	101 961	-5 134	160 928	844 543	185 797
2005（〃17）		656 565	569 494	187 277	3.5	76 930	-5 490	163 444	846 897	180 699
2006（〃18）		752 462	673 443	203 307	3.8	73 460	-5 533	160 494	895 320	215 081
2007（〃19）		839 314	731 359	249 490	4.6	98 253	-4 731	263 775	973 365	250 221
2008（〃20）		810 181	789 547	148 786	2.8	18 899	-5 583	186 502	1 030 647	225 908
2009（〃21）		541 706	514 994	135 925	2.7	21 249	-4 653	156 292	1 049 397	268 246
2010（〃22）		673 996	607 650	193 828	3.8	68 571	-4 341	217 099	1 096 185	255 906
2011（〃23）		655 465	681 112	104 013	2.1	-31 101	282	126 294	1 295 841	265 741
2012（〃24）		637 476	706 886	47 640	1.0	-80 829	-804	41 925	1 268 125	299 302
2013（〃25）		697 742	812 425	44 566	0.9	-122 521	-7 436	-4 087	1 266 815	325 732
2014（〃26）		730 930	859 091	39 215	0.8	-134 988	-2 089	62 782	1 260 548	351 114
2015（〃27）		756 139	784 055	165 194	3.1	-28 169	-2 714	218 764	1 233 214	327 189
2016（〃28）		700 358	660 420	213 910	3.9	43 888	-7 433	286 059	1 216 903	336 306
2017（〃29）		782 865	753 792	227 779	4.1	42 206	-2 800	188 113	1 264 283	329 302
2018（〃30）		814 788	827 033	195 047	3.5	1 052	-2 105	201 361	1 270 975	341 450
2019（令 1 ）		769 317	785 995	192 513	3.5	-9 318	-4 131	248 624	1 323 750	357 015
2020（〃 2 ）		683 991	680 108	159 917	2.9	-8 773	-2 072	141 251	1 394 680	355 031
2021（〃 3 ）		830 914	848 750	215 363	3.9	-24 834	-4 232	168 376	1 405 750	411 184
2022（〃 4 ）		981 750	1 181 410	115 466	…	-211 638	-1 144	64 922	1 227 576	…

34）2022年は確々報。35）〜39）1984年以前は国際収支統計（IMF国際収支マニュアル第 3 版、第 4 版ベース）のドル表示額を換算したもの。85〜95年は同第 4 版ベースを同第 5 版、96〜2013年は第 5 版ベースを第 6 版の概念に組み替えたもの。40）2000年末より現行の公表基準に基づいており、それ以前とは連続性が無い。41）暦年末現在。国際収支統計の改訂で、1994年以前と95年、95年と96年以降が接続しない。

	42		43	44	45	46	47	48	49
	為替相場 （円／1米ドル）		財政 一般会計 歳出 決算 （億円）	租税 負担率 （％）	国民 負担率 （％）	国債 発行額 （億円）	国債 依存度 （％）	普通国債 残高 （億円）	国債 流通 利回り （％）
	年末	年平均							
1950(昭25)	…	…	6 333	…	…	—	—	—	—
1955(〃 30)	…	…	10 182	…	…	—	—	—	—
1960(〃 35)	…	…	17 431	18.9	22.4	—	—	—	—
1965(〃 40)	…	…	37 230	18.0	23.0	1 972	5.3	2 000	…
1970(〃 45)	357.65	360.00	81 877	18.9	24.3	3 472	4.2	28 112	7.07
1975(〃 50)	305.15	296.79	208 609	18.3	25.7	52 805	25.3	149 731	8.53
1980(〃 55)	203.00	226.74	434 050	21.7	30.5	141 702	32.6	705 098	8.86
1984(〃 59)	251.10	237.52	514 806	24.0	33.7	127 813	24.8	1 216 936	6.65
1985(〃 60)	200.50	238.54	530 045	24.0	33.9	123 080	23.2	1 344 314	5.87
1986(〃 61)	159.10	168.52	536 404	25.2	35.3	112 549	21.0	1 451 267	5.82
1987(〃 62)	123.50	144.64	577 311	26.7	36.8	94 181	16.3	1 518 093	5.61
1988(〃 63)	125.85	128.15	614 711	27.2	37.1	71 525	11.6	1 567 803	4.57
1989(平 1)	143.45	137.96	658 589	27.7	37.9	66 385	10.1	1 609 100	5.75
1990(〃 2)	134.40	144.79	692 687	27.7	38.4	73 120	10.6	1 663 379	6.41
1991(〃 3)	125.20	134.71	705 472	26.6	37.4	67 300	9.5	1 716 473	5.51
1992(〃 4)	124.75	126.65	704 974	25.1	36.3	95 360	13.5	1 783 681	4.77
1993(〃 5)	111.85	111.20	751 025	24.8	36.3	161 740	21.5	1 925 393	3.32
1994(〃 6)	99.74	102.21	736 136	23.2	34.9	164 900	22.4	2 066 046	4.57
1995(〃 7)	102.83	94.06	759 385	23.3	35.7	212 470	28.0	2 251 847	3.19
1996(〃 8)	116.00	108.78	788 479	22.9	35.2	217 483	27.6	2 446 581	2.76
1997(〃 9)	129.95	120.99	784 703	23.5	36.3	184 580	23.5	2 579 875	1.91
1998(〃 10)	115.60	130.91	843 918	23.0	36.2	340 000	40.3	2 952 491	1.97
1999(〃 11)	102.20	113.91	890 374	22.3	35.4	375 136	42.1	3 316 687	1.64
2000(〃 12)	114.90	107.77	893 210	22.6	35.6	330 040	36.9	3 675 547	1.64
2001(〃 13)	131.80	121.53	848 111	22.7	36.5	300 000	35.4	3 924 341	1.36
2002(〃 14)	119.90	125.39	836 743	21.2	35.0	349 680	41.8	4 210 991	0.90
2003(〃 15)	107.10	115.93	824 160	20.5	34.1	353 450	42.9	4 569 736	1.36
2004(〃 16)	104.12	108.19	848 968	21.0	34.5	354 900	41.8	4 990 137	1.43
2005(〃 17)	117.97	110.22	855 196	22.4	36.2	312 690	36.6	5 269 279	1.47
2006(〃 18)	118.95	116.30	814 455	22.9	37.0	274 700	33.7	5 317 015	1.67
2007(〃 19)	114.00	117.75	818 426	23.5	37.9	253 820	31.0	5 414 584	1.50
2008(〃 20)	90.75	103.36	846 974	23.4	39.2	331 680	39.2	5 459 356	1.16
2009(〃 21)	92.06	93.57	1 009 734	21.4	37.2	519 550	51.5	5 939 717	1.28
2010(〃 22)	81.45	87.78	953 123	21.4	37.2	423 030	44.4	6 363 117	1.11
2011(〃 23)	77.72	79.81	1 007 154	22.2	38.9	427 980	42.5	6 698 674	0.98
2012(〃 24)	86.55	79.79	970 872	22.8	39.8	474 650	48.9	7 050 072	0.79
2013(〃 25)	105.30	97.60	1 001 889	23.2	40.1	408 510	40.8	7 438 676	0.73
2014(〃 26)	120.64	105.94	988 135	25.1	42.4	384 929	39.0	7 740 831	0.33
2015(〃 27)	120.50	121.04	982 303	25.2	42.3	349 183	35.5	8 054 182	0.27
2016(〃 28)	116.80	108.79	975 418	25.1	42.7	380 346	39.0	8 305 733	0.04
2017(〃 29)	112.90	112.17	981 156	25.5	43.3	335 546	34.2	8 531 789	0.04
2018(〃 30)	110.83	110.42	989 747	26.1	44.2	343 954	34.8	8 740 434	-0.01
2019(令 1)	109.12	109.01	1 013 665	25.8	44.3	365 819	36.1	8 866 945	-0.02
2020(〃 2)	103.63	106.77	1 475 974	28.2	47.9	1 085 539	73.5	9 466 468	0.02
2021(〃 3)	114.21	109.75	1 446 495	28.7	48.1	576 550	39.9	9 914 111	0.07
2022(〃 4)	132.65	131.50	1 392 196	27.8	47.5	624 789	44.9	10 424 369	0.22

43）～48）会計年度。43）2022年度は2次補正後。44）～45）国民所得に対する割合。国民負担率は租税と社会保障の負担率。2022年度は実績見込み。46）収入金ベース。2022年度は2次補正後の値。47）特別税の創設等によって償還財源が別途確保されている、「つなぎ公債」を除く。48）2022年度は2次補正予算ベースの見込み。49）1997年以前は東証上場国債10年物最長期利回りの末値、1998年以降は新発10年国債流通利回りの末値。小数点第3位以下は切り捨て。

	50	51		52	53		54	55	56
	マネーストック(M2)平均残高(億円)	国内銀行主要勘定(銀行勘定)(年末) 預金(億円)	貸出金(億円)	国内銀行貸出約定平均金利(%)	消費者物価指数(2020年=100) 指数(全国)	対前年上昇率(%)	新設住宅着工戸数(千戸)	自動車保有台数(年末)(千台)	日本籍船船腹量(千総トン)
1950（昭25）	…	10 485	9 947	…	—	—	359	337	1 711
1955（〃30）	…	37 243	31 958	…	—	—	257	901	3 253
1960（〃35）	…	88 722	81 826	8.08	—	—	424	2 176	6 002
1965（〃40）	…	206 531	192 179	7.61	—	—	843	6 983	10 302
1970（〃45）	477 718	413 088	394 793	7.69	31.2	—	1 485	17 826	23 715
1975（〃50）	1 130 832	929 213	887 672	8.51	53.6	11.9	1 356	28 139	38 198
1980（〃55）	1 978 716	1 529 783	1 364 746	8.27	73.5	7.5	1 269	37 874	39 015
1984（〃59）	2 723 601	2 462 383	2 390 408	6.57	82.6	2.1	1 187	44 530	38 013
1985（〃60）	2 951 827	2 681 505	2 677 943	6.47	84.2	2.0	1 236	46 163	38 141
1986（〃61）	3 207 324	2 936 055	3 001 653	5.51	84.9	0.8	1 365	47 978	35 619
1987（〃62）	3 540 364	3 510 500	3 377 842	4.94	85.2	0.3	1 674	49 907	32 831
1988（〃63）	3 936 668	3 947 843	3 721 757	4.93	85.5	0.4	1 685	52 455	29 193
1989（平1）	4 326 710	4 598 039	4 124 079	5.78	87.5	2.4	1 663	55 097	26 367
1990（〃2）	4 831 186	4 954 026	4 433 042	7.70	89.9	2.7	1 707	57 702	25 186
1991（〃3）	5 006 817	4 779 069	4 626 442	6.99	92.5	2.9	1 370	59 919	24 741
1992（〃4）	5 036 241	4 530 473	4 739 132	5.55	94.5	2.2	1 403	61 662	23 736
1993（〃5）	5 089 787	4 560 668	4 799 773	4.41	95.8	1.3	1 486	63 266	23 595
1994（〃6）	5 194 212	4 623 480	4 802 675	4.04	96.5	0.8	1 570	65 015	21 888
1995（〃7）	5 351 367	4 787 705	4 863 560	2.78	96.5	0.0	1 470	66 857	19 030
1996（〃8）	5 525 715	4 775 812	4 882 907	2.53	96.7	0.2	1 643	68 805	17 845
1997（〃9）	5 694 907	4 816 539	4 930 232	2.36	98.4	1.7	1 387	70 007	17 582
1998（〃10）	5 923 528	4 833 759	4 888 201	2.25	98.6	0.3	1 198	70 818	16 853
1999（〃11）	6 162 653	4 900 339	4 688 104	2.10	98.6	0.0	1 215	71 727	16 198
2000（〃12）	6 292 840	4 861 908	4 639 163	2.11	98.3	-0.4	1 230	72 653	14 874
2001（〃13）	6 468 026	4 897 859	4 482 233	1.88	97.5	-0.8	1 174	73 411	13 519
2002（〃14）	6 681 972	5 044 469	4 316 425	1.83	96.6	-0.9	1 151	73 993	12 955
2003（〃15）	6 782 578	5 141 813	4 138 534	1.79	96.3	-0.3	1 160	74 218	12 579
2004（〃16）	6 889 343	5 206 184	4 040 009	1.73	96.2	-0.1	1 189	74 659	12 058
2005（〃17）	7 013 739	5 281 472	4 085 480	1.62	96.1	-0.1	1 236	75 690	11 836
2006（〃18）	7 084 273	5 308 017	4 155 770	1.76	96.2	0.1	1 290	75 862	11 535
2007（〃19）	7 195 822	5 471 432	4 176 394	1.94	96.2	0.0	1 061	75 718	11 440
2008（〃20）	7 346 008	5 587 141	4 368 485	1.86	97.6	1.5	1 094	75 531	11 677
2009（〃21）	7 544 922	5 709 912	4 285 679	1.65	96.4	-1.3	788	75 328	12 684
2010（〃22）	7 753 911	5 796 794	4 204 178	1.55	95.4	-1.0	813	75 365	13 864
2011（〃23）	7 966 101	5 998 260	4 258 582	1.45	95.2	-0.3	834	75 516	15 366
2012（〃24）	8 165 213	6 151 781	4 338 238	1.36	95.1	-0.1	883	76 140	16 542
2013（〃25）	8 458 837	6 468 269	4 491 346	1.25	95.5	0.4	980	76 635	17 428
2014（〃26）	8 745 965	6 619 353	4 611 476	1.18	98.0	2.6	892	77 205	19 206
2015（〃27）	9 064 060	6 798 664	4 759 372	1.11	98.5	0.5	909	77 422	20 166
2016（〃28）	9 368 699	7 350 014	4 915 734	0.99	98.2	-0.3	967	77 769	21 479
2017（〃29）	9 739 925	7 639 463	5 052 386	0.94	98.7	0.5	965	78 097	23 393
2018（〃30）	10 024 562	7 797 912	5 154 804	0.90	99.5	0.9	942	78 310	25 094
2019（令1）	10 261 994	8 001 229	5 246 636	0.86	100.2	0.6	905	78 438	27 108
2020（〃2）	10 926 258	8 765 116	5 544 439	0.81	100.0	-0.2	815	78 485	26 915
2021（〃3）	11 626 931	9 080 594	5 611 372	0.79	99.8	-0.2	856	78 477	26 758
2022（〃4）	12 012 025	9 369 424	5 884 641	0.77	102.1	2.3	860	78 549	

50）1998年以前はマネーサプライ統計におけるM2＋CD（外国銀行在日支店等を含まないベース）、1999～2002年はM2＋CDの値。2003年以降はマネーストック統計におけるM2の値。月平残の平均値。
51）1986年以降は特別国際金融取引勘定を含む。52）ストック分の総合の末値。小数点第3位以下は切り捨て。53）生鮮食品を除く総合。55）被けん引車を除き、三輪自動車と特種（殊）車を含む。
56）1950年は年末現在で、55年以降70年までは3月末現在、75年からは年央の数値。

	1		2		3	4	5	6
	面積 (2022年 10月1日) (km²)	人口 (2022年 10月1日) (千人)	15歳未満 人口 (%)	65歳以上 人口 (%)	人口密度 (2022年 10月1日) (人/km²)	世帯数 (2022年 1月1日) (千世帯)	1世帯 あたり人員 (2022年 1月1日) (人)	完全 失業率 (2022年 平均) (%)
北海道	83 424	5 140	10.3	32.8	65.5	2 797	1.85	3.2
青森	9 646	1 204	10.2	34.8	124.9	594	2.09	2.9
岩手	15 275	1 181	10.6	34.6	77.3	532	2.27	2.5
宮城	7 282	2 280	11.3	28.9	313.1	1 024	2.22	2.9
秋田	11 638	930	9.3	38.6	79.9	426	2.25	2.5
山形	9 323	1 041	10.9	34.8	111.7	420	2.52	2.0
福島	13 784	1 790	11.0	32.7	129.9	794	2.32	2.2
茨城	6 098	2 840	11.3	30.4	465.7	1 282	2.25	2.5
栃木	6 408	1 909	11.4	29.9	297.9	854	2.28	2.3
群馬	6 362	1 913	11.3	30.8	300.7	866	2.24	2.0
埼玉	3 798	7 337	11.5	27.4	1 932.0	3 432	2.15	2.7
千葉	5 157	6 266	11.4	28.0	1 215.1	2 987	2.11	2.5
東京	2 194	14 038	10.9	22.8	6 398.3	7 354	1.88	2.6
神奈川	2 416	9 232	11.4	25.8	3 820.9	4 468	2.06	2.8
新潟	12 584	2 153	10.9	33.5	171.1	911	2.40	2.2
富山	4 248	1 017	10.9	33.0	239.3	428	2.42	1.8
石川	4 186	1 118	11.8	30.3	267.0	494	2.28	2.1
福井	4 191	753	12.2	31.2	179.7	300	2.56	1.7
山梨	4 465	802	11.1	31.5	179.6	368	2.22	1.8
長野	13 562	2 020	11.6	32.5	148.9	884	2.33	2.1
岐阜	10 621	1 946	11.9	31.0	183.2	839	2.38	1.5
静岡	7 777	3 582	11.7	30.7	460.6	1 619	2.26	2.2
愛知	5 173	7 495	12.6	25.6	1 448.8	3 386	2.22	2.0
三重	5 774	1 742	11.7	30.5	301.7	807	2.21	1.8
滋賀	4 017	1 409	13.2	26.8	350.7	602	2.35	2.3
京都	4 612	2 550	11.1	29.6	552.8	1 233	2.04	2.5
大阪	1 905	8 782	11.4	27.7	4 609.4	4 434	1.98	3.1
兵庫	8 401	5 402	11.9	29.8	643.1	2 583	2.12	2.6
奈良	3 691	1 306	11.4	32.4	353.8	604	2.21	2.4
和歌山	4 725	903	11.2	34.0	191.2	443	2.11	2.3
鳥取	3 507	544	12.2	33.1	155.0	240	2.30	2.0
島根	6 708	658	12.0	34.7	98.1	293	2.27	1.3
岡山	7 115	1 862	12.1	30.8	261.8	861	2.18	2.1
広島	8 479	2 760	12.3	29.9	325.5	1 328	2.10	2.2
山口	6 113	1 313	11.2	35.2	214.9	659	2.03	1.8
徳島	4 147	704	10.7	35.0	169.7	337	2.15	2.2
香川	1 877	934	11.8	32.4	497.7	446	2.17	2.2
愛媛	5 676	1 306	11.3	33.9	230.2	656	2.05	1.9
高知	7 103	676	10.6	36.1	95.1	351	1.98	1.9
福岡	4 988	5 116	12.8	28.3	1 025.7	2 489	2.05	2.9
佐賀	2 441	801	13.2	31.4	328.1	341	2.38	1.6
長崎	4 131	1 283	12.3	33.9	310.6	632	2.09	2.1
熊本	7 409	1 718	13.0	32.1	231.9	796	2.19	2.6
大分	6 341	1 107	11.8	33.9	174.6	542	2.09	1.8
宮崎	7 734	1 052	12.9	33.4	136.1	530	2.03	2.5
鹿児島	9 186	1 563	12.9	33.5	170.1	811	1.98	2.3
沖縄	2 282	1 468	16.3	23.5	643.4	684	2.17	3.2
全国	377 973	124 947	11.6	29.0	335.0	59 761	2.11	2.6

資料等については各章を参照。1）北方領土、竹島を含む。2）2022年人口推計による。3）1）と2）より算出（北方領土および竹島を除く）。4）〜5）総務省「住民基本台帳に基づく人口、人口動態及び世帯数」による。6）モデル推計。

	7				8	9	10	11
	就業者（2020年10月1日現在）				1人あたり県民所得(2019年度)(千円)	県内総生産(2019年度)(億円)	発電電力量(2021年度)(百万kWh)	耕地面積(2022年7月15日)(ha)
	総数(千人)	第1次産業(%)	第2次産業(%)	第3次産業(%)				
北海道	2 637	6.3	16.9	76.8	2 832	204 646	32 646	1 141 000
青森	624	11.3	20.0	68.7	2 628	45 332	5 166	149 300
岩手	627	9.6	24.8	65.5	2 781	48 476	3 487	148 700
宮城	1 181	4.0	22.3	73.7	2 943	98 294	13 054	125 300
秋田	483	8.6	23.9	67.5	2 713	36 248	16 418	146 300
山形	562	8.7	28.6	62.8	2 909	43 367	6 823	115 000
福島	943	6.2	29.6	64.2	2 942	79 870	55 827	136 100
茨城	1 478	5.2	29.0	65.8	3 247	140 922	42 174	160 700
栃木	1 011	5.2	31.3	63.5	3 351	92 619	9 430	121 400
群馬	1 008	4.5	31.4	64.1	3 288	93 083	5 402	64 900
埼玉	3 832	1.5	23.0	75.5	3 038	236 428	607	73 300
千葉	3 285	2.4	19.1	78.5	3 058	212 796	84 835	121 500
東京	7 970	0.4	15.0	84.6	5 757	1 156 824	6 588	6 290
神奈川	4 895	0.8	20.3	79.0	3 199	352 054	82 406	18 000
新潟	1 136	5.2	28.4	66.4	2 951	91 852	37 320	167 700
富山	548	3.0	33.2	63.8	3 316	49 102	15 705	57 900
石川	597	2.6	27.8	69.6	2 973	47 795	10 532	40 400
福井	415	3.2	31.6	65.1	3 325	36 946	44 593	39 700
山梨	426	6.7	27.9	65.3	3 125	35 660	3 062	23 200
長野	1 087	8.5	28.7	62.8	2 924	84 543	7 702	104 800
岐阜	1 032	2.8	32.7	64.4	3 035	79 368	9 057	54 800
静岡	1 924	3.5	32.7	63.8	3 407	178 663	7 470	60 400
愛知	4 012	1.9	32.4	65.7	3 661	409 107	67 037	72 900
三重	919	3.2	32.0	64.8	2 989	80 864	18 486	57 000
滋賀	732	2.4	33.0	64.6	3 323	69 226	167	50 500
京都	1 297	1.9	22.4	75.7	3 005	108 460	12 530	29 500
大阪	4 490	0.5	22.5	77.0	3 055	411 884	18 904	12 200
兵庫	2 674	1.8	24.8	73.4	3 038	221 952	38 447	72 400
奈良	632	2.4	22.1	75.5	2 728	39 252	1 153	19 600
和歌山	463	8.1	22.3	69.6	2 986	37 446	3 551	31 300
鳥取	286	7.8	21.7	70.5	2 439	18 934	1 877	33 700
島根	348	6.6	23.5	69.9	2 951	26 893	7 348	36 000
岡山	935	4.2	27.0	68.9	2 794	78 425	8 212	62 300
広島	1 431	2.7	26.1	71.2	3 153	119 691	12 403	51 800
山口	658	4.1	26.4	69.5	3 249	63 505	23 391	43 800
徳島	344	7.6	23.5	68.9	3 153	32 224	18 757	27 800
香川	478	4.8	25.1	70.0	3 021	40 087	3 953	29 000
愛媛	654	6.7	23.8	69.5	2 717	51 483	13 430	45 300
高知	345	10.1	16.9	73.0	2 663	24 646	4 198	25 800
福岡	2 547	2.4	19.9	77.7	2 838	199 424	11 591	78 900
佐賀	417	7.5	24.0	68.5	2 854	32 196	18 992	50 200
長崎	648	6.7	19.3	74.0	2 655	47 898	22 426	45 700
熊本	875	8.6	21.1	70.2	2 714	63 634	9 397	105 900
大分	550	6.1	23.2	70.7	2 695	45 251	18 027	54 200
宮崎	533	9.8	20.7	69.5	2 426	37 040	4 725	64 400
鹿児島	769	8.3	19.2	72.5	2 558	57 729	16 875	111 800
沖縄	731	3.9	14.4	81.7	2 396	46 333	7 576	36 300
全国	65 468	3.2	23.4	73.4	3 345	5 808 469	863 757	4 325 000

7）15歳以上で不詳補完したもの。10）電気事業者のみ。表10-3とは合計がわずかに合わない。

	農業 産出額 (2021年) (億円)	海面漁業 漁獲量 (2021年) (千 t)	工業統計　(2021年6月1日)			卸売業・小売業(2021年6月1日)		
						年間商品 販売額 (2020年) (億円)	うち小売 販売額	小売業 売場面積 (千m²)
			事業所数	従業者数 (千人)	製造品 出荷額等 (2020年) (億円)			
北海道	13 108	910	6 419	166	56 493	177 327	64 222	6 728
青森	3 277	67	1 502	56	16 872	31 597	14 230	1 788
岩手	2 651	80	2 144	85	25 033	32 826	13 188	1 771
宮城	1 755	184	3 119	113	43 853	112 823	28 509	3 032
秋田	1 658	6	1 778	59	13 171	21 940	10 624	1 450
山形	2 337	3	2 717	98	28 441	24 964	11 966	1 525
福島	1 913	63	3 919	156	47 903	46 513	21 751	2 428
茨城	4 263	300	5 690	266	122 108	66 979	29 858	3 711
栃木	2 693	—	4 860	197	82 639	52 949	21 724	2 690
群馬	2 404	—	5 711	215	79 328	55 461	21 305	2 514
埼玉	1 528	—	13 062	386	129 533	172 479	70 041	7 191
千葉	3 471	106	5 864	208	119 770	136 274	60 998	6 340
東京	196	29	14 861	250	72 029	1 809 393	200 549	10 452
神奈川	660	25	9 805	354	159 161	223 192	88 336	6 995
新潟	2 269	24	5 806	180	47 784	65 569	24 620	3 090
富山	545	23	2 985	123	36 649	29 899	11 272	1 464
石川	480	46	3 167	96	26 498	38 170	11 997	1 635
福井	394	9	2 563	73	21 594	19 927	8 375	1 012
山梨	1 113	—	2 094	73	25 409	17 434	8 358	1 032
長野	2 624	—	6 106	201	60 729	55 746	21 917	2 650
岐阜	1 104	—	6 488	202	56 708	44 463	20 389	2 626
静岡	2 084	250	10 536	406	165 147	112 195	39 015	4 218
愛知	2 922	53	18 248	816	441 162	405 604	83 464	8 158
三重	1 067	107	3 846	203	105 138	36 576	17 920	2 354
滋賀	585	—	3 096	166	76 155	26 538	13 780	1 855
京都	663	8	5 247	142	53 048	82 344	26 782	2 376
大阪	296	18	18 020	426	171 202	555 304	94 421	7 119
兵庫	1 501	48	8 478	351	153 303	146 880	53 679	5 385
奈良	391	—	1 867	58	17 367	18 656	10 995	1 369
和歌山	1 135	17	1 740	51	24 021	20 326	8 806	1 046
鳥取	727	85	860	31	7 437	12 577	6 029	852
島根	611	89	1 210	41	11 711	13 897	6 530	879
岡山	1 457	3	3 892	149	70 881	53 920	20 285	2 393
広島	1 213	18	5 872	210	89 103	114 878	31 329	3 375
山口	643	21	2 003	96	56 275	31 050	16 485	1 886
徳島	930	11	1 294	45	18 020	15 101	7 066	943
香川	792	10	2 358	70	25 444	33 430	11 409	1 495
愛媛	1 244	77	2 560	78	38 203	39 392	14 723	1 801
高知	1 069	64	1 115	24	5 532	14 238	7 038	840
福岡	1 968	24	5 989	222	89 950	220 984	56 780	5 746
佐賀	1 206	8	1 435	62	20 334	18 086	8 290	1 117
長崎	1 551	247	1 643	53	16 301	27 997	12 493	1 339
熊本	3 477	12	2 222	90	28 311	42 918	18 859	2 203
大分	1 228	29	1 673	65	38 579	24 323	11 867	1 657
宮崎	3 478	101	1 550	54	16 463	27 138	10 764	1 400
鹿児島	4 997	48	2 521	70	20 027	39 036	15 292	1 775
沖縄	922	15	977	23	4 730	28 826	13 475	1 186
全国	88 384	3 236	220 912	7 560	3 035 547	5 398 139	1 381 804	136 953

12）府県データは他府県間で取引された種苗や子豚など中間生産物を含む。本表の全国は、中間生産物を計上していない。13）養殖業は含まない。14）個人経営事業所を除く。15）事業所調査。必要な事項が得られた事業所のみの集計。小売販売額は、卸売業による小売を含む。

	16	17	18	19	20	21		22
	国内銀行預金高（2022年12月末）（億円）	国内銀行貸出高（2022年12月末）（億円）	乗用車保有台数（2022年末）（千台）	消費者物価地域差指数（全国＝100）（2021年）	住宅地平均価格（2022年7月1日）（円／m²）	住宅着工（新設）（2022年）		汚水処理人口普及率（2021年度末）（％）
						戸数（戸）	床面積（千m²）	
北海道	196 625	115 094	2 805	100.8	22 000	29 804	2 483	*96.2*
青森	49 058	28 267	728	97.9	15 900	5 257	521	*81.5*
岩手	51 482	26 789	744	99.4	25 600	6 585	550	*84.4*
宮城	120 926	78 276	1 308	99.4	46 000	17 604	1 372	*93.2*
秋田	44 378	21 597	585	98.4	13 200	4 291	406	*88.9*
山形	48 351	25 154	692	100.8	19 900	4 526	430	*93.9*
福島	81 318	39 548	1 224	99.4	23 500	9 330	892	*85.3*
茨城	134 618	61 083	2 005	97.8	32 700	18 302	1 707	*86.8*
栃木	94 639	50 306	1 351	98.1	33 800	10 784	1 072	*88.8*
群馬	90 507	45 131	1 390	96.6	31 400	11 130	1 102	*83.1*
埼玉	362 878	171 957	3 251	100.3	116 200	52 138	4 424	*93.6*
千葉	350 966	162 684	2 856	100.6	79 300	47 800	3 778	*90.1*
東京	3 289 703	2 440 962	3 147	104.5	389 100	134 412	8 823	*99.8*
神奈川	504 482	211 633	3 071	103.0	183 300	67 134	4 987	*98.3*
新潟	103 910	51 512	1 392	98.3	25 800	10 019	984	*89.4*
富山	65 144	34 954	710	98.8	30 800	5 478	515	*97.6*
石川	62 329	33 225	730	100.1	46 700	6 158	582	*95.0*
福井	40 914	20 121	514	99.5	29 400	4 835	433	*97.1*
山梨	35 273	13 548	564	97.7	23 500	4 669	462	*85.8*
長野	93 961	38 340	1 389	97.4	25 000	12 124	1 180	*98.2*
岐阜	89 623	34 373	1 301	97.3	32 000	10 945	1 055	*93.7*
静岡	169 790	101 235	2 236	98.4	64 000	19 776	1 858	*84.3*
愛知	476 701	252 621	4 227	98.0	108 300	59 255	5 019	*92.3*
三重	94 385	40 327	1 167	99.3	28 100	9 912	894	*88.2*
滋賀	69 255	38 752	820	100.0	46 800	10 653	892	*99.1*
京都	156 045	68 309	1 003	101.1	109 900	15 416	1 172	*98.5*
大阪	782 335	445 680	2 805	99.8	152 200	69 614	4 631	*98.2*
兵庫	274 694	117 518	2 331	99.7	107 300	31 064	2 573	*99.0*
奈良	77 078	27 436	655	97.3	52 600	6 154	594	*90.3*
和歌山	45 801	18 877	547	99.4	35 700	4 758	454	*68.4*
鳥取	27 448	15 278	348	98.3	19 000	2 638	244	*95.5*
島根	29 348	14 022	411	99.9	20 500	3 390	287	*82.6*
岡山	94 506	62 063	1 171	97.8	29 400	13 199	1 122	*88.2*
広島	152 927	113 936	1 472	98.7	58 400	17 973	1 424	*89.8*
山口	75 704	38 628	821	100.0	25 800	6 769	594	*88.8*
徳島	52 123	22 824	459	99.8	29 100	2 718	276	*66.0*
香川	62 128	31 490	596	98.5	32 600	5 198	488	*80.3*
愛媛	84 229	70 083	750	98.2	34 700	6 843	591	*82.1*
高知	31 682	16 660	399	99.9	30 500	2 881	260	*77.0*
福岡	286 882	221 699	2 653	97.5	60 100	41 458	3 148	*93.9*
佐賀	30 669	14 514	516	98.2	21 100	5 050	442	*86.3*
長崎	57 475	29 862	706	99.2	24 800	6 647	550	*83.2*
熊本	75 764	48 760	1 051	99.0	29 500	12 822	1 051	*88.8*
大分	46 353	26 614	700	97.8	25 800	7 009	581	*80.5*
宮崎	40 575	27 729	685	96.2	24 600	6 079	529	*88.4*
鹿児島	56 911	41 526	968	97.2	27 400	9 749	780	*84.0*
沖縄	60 609	43 443	902	98.5	65 200	9 179	796	*87.1*
全国	**9 322 443**	**5 654 465**	**62 158**	100.0	…	**859 529**	**69 010**	*92.6*

16）17）府県別は金融機関店舗の所在地区分による。ゆうちょ銀行を除く。単位未満切り捨てのため、内訳と全国計が一致しない。18）三輪車を含む。

	23		24	25	26			27
	平均寿命 (2020年)（年）		病院数 (2021年 10月1日) （か所）	人口10万 あたり 病床数 (2021年 10月1日) （床）	児童・生徒数 (2022年5月1日)（千人）			大学等 進学率 （高等学校） 2022年 3月卒業 （%）
	男	女			小学校	中学校	高等学校	
北海道	80.92	87.08	539	1 757.9	227.4	120.6	112.1	50.3
青森	79.27	86.33	93	1 359.0	53.6	29.0	29.3	52.1
岩手	80.64	87.05	92	1 351.0	54.4	29.6	29.2	46.7
宮城	81.70	87.51	136	1 075.9	111.1	58.2	54.1	54.0
秋田	80.48	87.10	66	1 504.7	37.8	21.4	21.1	48.3
山形	81.39	87.38	67	1 344.4	48.2	26.4	26.7	49.5
福島	80.60	86.81	124	1 339.3	84.7	45.1	43.9	48.8
茨城	80.89	86.94	172	1 070.1	132.7	71.2	70.4	54.9
栃木	81.00	86.89	106	1 091.8	93.1	50.5	48.5	54.6
群馬	81.13	87.18	128	1 215.6	92.0	49.9	47.2	56.4
埼玉	81.44	87.31	343	856.4	360.0	186.4	161.8	63.4
千葉	81.45	87.50	289	952.3	303.4	157.2	139.1	61.4
東京	81.77	87.86	635	897.4	624.4	313.4	300.0	71.5
神奈川	82.04	87.89	336	800.0	446.6	225.4	193.1	66.0
新潟	81.29	87.57	124	1 222.8	101.9	52.7	50.3	51.0
富山	81.74	87.97	106	1 474.0	46.9	25.7	25.4	56.5
石川	82.00	88.11	91	1 485.3	55.9	30.0	29.0	60.3
福井	81.98	87.84	67	1 348.6	38.4	20.9	20.5	59.8
山梨	81.71	87.94	60	1 323.5	38.1	20.6	22.1	59.8
長野	82.68	88.23	126	1 137.2	100.5	53.8	51.4	53.4
岐阜	81.90	87.51	97	996.5	100.0	53.6	49.4	59.1
静岡	81.59	87.48	170	1 009.8	180.4	97.2	89.9	55.8
愛知	81.77	87.52	319	878.7	401.6	208.6	183.4	61.8
三重	81.68	87.59	94	1 102.1	88.4	47.0	43.3	53.7
滋賀	82.73	88.26	58	982.5	79.4	40.9	36.2	59.4
京都	82.24	88.25	162	1 265.3	118.4	64.4	66.0	71.3
大阪	80.81	87.37	509	1 181.9	416.8	219.5	202.9	66.6
兵庫	81.72	87.90	347	1 175.3	275.2	142.0	125.7	66.0
奈良	82.40	87.95	75	1 220.0	63.6	34.8	31.6	63.4
和歌山	81.03	87.36	83	1 412.0	43.1	23.4	22.7	56.0
鳥取	81.34	87.91	43	1 514.2	27.7	14.2	14.1	48.1
島根	81.63	88.21	47	1 464.7	32.9	16.8	17.0	49.2
岡山	81.90	88.29	159	1 449.1	96.5	50.1	48.5	54.9
広島	81.95	88.16	235	1 358.5	145.1	75.1	67.3	63.8
山口	81.12	87.43	141	1 861.4	63.8	33.5	30.2	45.6
徳島	81.27	87.42	106	1 907.7	33.8	17.1	16.4	57.8
香川	81.56	87.64	89	1 513.5	48.3	25.5	24.2	56.5
愛媛	81.13	87.34	134	1 544.7	65.1	33.2	30.7	55.8
高知	80.79	87.84	122	2 334.9	30.8	16.5	16.9	53.6
福岡	81.38	87.70	454	1 600.5	278.4	140.6	122.9	57.2
佐賀	81.41	87.78	97	1 769.4	43.5	23.3	22.1	46.7
長崎	81.01	87.41	149	1 979.5	67.9	35.4	33.7	48.9
熊本	81.91	88.22	206	1 876.9	95.8	49.1	43.6	47.9
大分	81.88	87.99	153	1 758.3	55.8	29.3	28.9	50.4
宮崎	81.15	87.60	133	1 716.6	58.7	30.7	28.6	46.7
鹿児島	80.95	87.53	234	2 032.6	87.6	45.4	42.4	46.5
沖縄	80.73	87.88	89	1 267.4	101.4	50.0	42.9	44.6
全国	81.49	87.60	8 205	1 195.2	6 151.3	3 205.2	2 956.9	59.5

23) 全国値は完全生命表では男81.56年、女87.71年。本表のデータは都道府県生命表と同様の方法で算出したもの。24) 患者20人以上の収容施設を有するもの。25) 病院の病床数で、診療所（病床数19人以下）を含まず。26) 中等教育学校、義務教育学校を含まず。通信教育を含まず。27) 2022年3月に高等学校を卒業した人が、現役で大学等に進学した割合であり、図34-3と異なる。

付録Ⅱ　府県別主要統計

	1	2	3	4	5	6	7	8	9
	米（水稲）(2022年)(t)	小麦(2022年)(t)	大豆(2021年)(t)	みかん(2021年)(t)	りんご(2021年)(t)	日本なし(2021年)(t)	もも(2021年)(t)	ぶどう(2021年)(t)	だいこん(2021年)(t)
北海道	553 200	614 200	105 400	…	7 930	…	…	6 720	143 200
青森	235 200	1 910	8 210	…	415 700	…	1 550	4 510	114 400
岩手	247 600	9 000	6 660	…	42 400	…	…	3 310	26 600
宮城	326 500	3 900	22 200	…	2 240	1 520	…	…	9 700
秋田	456 500	962	13 900	…	15 700	1 670	…	1 500	17 100
山形	365 300	220	7 300	…	32 300	1 210	8 880	14 600	14 600
福島	317 300	838	1 820	…	18 600	11 900	24 300	2 550	20 900
茨城	319 200	12 400	3 960	…	…	19 100	…	…	55 400
栃木	270 300	8 690	3 480	…	…	15 900	…	…	10 700
群馬	72 300	22 700	417	…	5 920	4 040	…	…	32 800
埼玉	142 400	19 100	582	…	…	6 470	…	1 310	24 200
千葉	259 500	1 710	841	1 100	…	20 500	…	…	147 500
東京	484	21	5	…	…	1 620	…	…	8 380
神奈川	14 400	91	55	14 100	…	3 880	…	…	74 100
新潟	631 000	349	7 770	…	…	6 020	1 630	1 860	49 000
富山	197 400	126	7 100	…	1 150	2 400	…	…	3 720
石川	122 900	210	2 240	…	681	2 130	…	957	8 580
福井	121 000	294	2 750	…	…	865	…	…	5 200
山梨	25 500	263	242	…	701	…	34 600	40 600	…
長野	187 300	8 170	2 990	…	110 300	12 000	10 600	28 800	16 300
岐阜	100 800	12 500	3 020	…	1 420	1 800	622	…	19 200
静岡	76 400	1 850	200	99 700	…	…	…	…	18 700
愛知	130 800	30 000	6 170	24 100	…	4 800	…	3 450	24 500
三重	130 800	25 000	4 080	18 500	…	…	…	…	…
滋賀	151 700	24 100	8 630	…	…	515	…	425	3 550
京都	72 000	390	308	…	…	1 060	…	…	…
大阪	22 800	1	11	12 100	…	…	…	3 890	…
兵庫	177 000	5 270	1 730	…	…	911	…	2 090	11 100
奈良	43 900	365	150	…	…	…	…	…	3 120
和歌山	31 000	7	25	147 800	…	…	7 310	…	8 490
鳥取	62 200	262	734	…	…	11 100	…	497	…
島根	85 100	266	806	…	…	…	…	2 060	…
岡山	147 200	4 160	1 270	…	…	…	5 620	15 100	9 500
広島	114 500	503	273	22 000	1 210	1 670	…	2 930	10 300
山口	92 600	6 470	931	8 610	…	2 710	…	…	9 690
徳島	47 600	234	14	9 180	…	4 360	…	…	23 300
香川	55 700	8 970	48	11 200	…	397	903	1 320	8 150
愛媛	68 600	1 850	512	127 800	…	…	398	1 100	…
高知	49 700	6	45	5 800	…	…	…	…	…
福岡	164 000	75 400	7 210	20 900	…	7 490	…	6 910	14 000
佐賀	117 200	56 600	7 540	46 900	…	3 900	…	…	…
長崎	48 900	2 180	164	52 000	…	…	…	…	45 700
熊本	156 800	20 600	2 730	90 000	…	7 920	…	…	23 100
大分	93 200	10 900	1 380	11 500	…	7 770	…	2 190	11 800
宮崎	75 200	313	251	7 870	…	…	…	1 350	70 200
鹿児島	86 000	116	342	11 400	…	…	…	…	92 500
沖縄	1 920	7	x	…	…	…	…	…	…
全国	7 269 000	993 500	246 500	749 000	661 900	184 700	107 300	165 100	1 251 000

資料は各章を参照のこと。xは秘匿。4）みかんは果実数が多くなる年（表年）と少なくなる年（裏年）とが交互に発生する現象がある。4)～9) 主産県調査で、全国は推計値。

	10	11	12	13	14	15	16	17	18
	にんじん (2021年) (t)	ばれいしょ (2021年) (t)	キャベツ (2021年) (t)	きゅうり (2021年) (t)	なす (2021年) (t)	トマト (2021年) (t)	生乳 (2021年) (t)	鶏卵 (2021年) (t)	素材（木材） (2021年) (千m³)
北海道	201 600	1 686 000	58 900	16 300	…	65 200	4 265 600	102 898	3 163
青森	42 500	15 600	17 300	6 270	…	19 200	72 089	103 192	971
岩手	2 610	…	29 100	13 000	3 160	9 640	211 532	82 268	1 431
宮城	…	6 690	6 800	13 700	2 920	11 100	108 900	72 984	627
秋田	…	…	8 130	8 450	6 120	8 210	23 106	42 697	1 183
山形	…	…	…	12 600	6 640	10 200	63 242	7 805	305
福島	1 700	16 000	…	39 300	4 050	23 500	67 361	63 829	890
茨城	31 900	49 500	109 400	25 600	18 100	47 600	174 864	216 195	401
栃木	…	…	…	10 800	12 200	31 700	347 879	110 016	658
群馬	…	…	292 000	53 900	27 400	21 100	208 496	108 882	252
埼玉	16 700	…	18 400	45 500	8 830	14 600	49 582	40 043	67
千葉	112 200	29 800	119 900	31 200	6 580	32 500	193 486	106 605	50
東京	2 850	…	6 490	…	…	…	8 720	997	64
神奈川	…	…	67 400	10 800	3 620	12 500	29 038	20 276	10
新潟	6 040	…	…	8 390	5 310	8 560	39 551	82 103	119
富山	…	…	1 870	1 230	1 980	1 760	12 121	16 225	112
石川	557	…	…	1 780	…	3 290	17 907	18 314	108
福井	758	…	3 250	…	1 150	2 230	5 766	13 334	122
山梨	…	…	3 360	4 730	5 950	6 830	19 458	8 339	125
長野	…	16 000	72 500	13 900	3 770	14 300	91 890	8 148	460
岐阜	6 700	…	6 340	5 730	4 000	26 100	33 263	74 508	385
静岡	3 040	14 600	19 800	…	…	13 800	88 403	107 316	608
愛知	21 400	…	267 000	13 200	13 300	49 200	154 055	103 490	139
三重	1 200	2 350	11 200	1 740	1 490	9 670	56 779	95 808	277
滋賀	…	…	9 950	3 240	2 160	3 140	18 648	4 535	72
京都	…	…	7 110	3 950	7 150	4 520	28 461	29 154	159
大阪	…	…	9 600	1 710	6 380	…	9 328	793	x
兵庫	3 360	…	26 200	3 560	3 330	8 310	77 936	100 789	301
奈良	…	…	…	1 940	4 740	3 510	24 958	2 919	125
和歌山	2 010	…	7 270	2 510	…	3 640	4 679	4 357	206
鳥取	2 070	…	4 550	…	…	3 840	60 706	5 743	232
島根	…	…	5 900	3 320	1 820	4 330	76 191	15 477	346
岡山	945	2 170	11 700	2 730	5 100	5 330	114 500	137 575	427
広島	…	7 150	10 200	3 970	3 490	10 400	50 395	134 739	347
山口	…	…	7 310	3 430	2 130	4 040	15 045	26 467	221
徳島	49 900	…	6 640	6 900	6 220	5 100	26 015	14 705	333
香川	3 100	…	10 500	4 270	2 020	2 950	37 441	63 153	13
愛媛	…	…	12 900	8 800	3 740	6 640	29 656	28 099	563
高知	…	…	…	25 500	39 300	7 230	19 179	4 132	519
福岡	…	…	21 300	9 910	17 800	19 800	73 360	46 191	167
佐賀	…	2 940	7 840	14 800	3 540	3 470	14 046	5 415	145
長崎	33 000	81 800	11 400	6 840	1 750	12 400	45 179	24 966	139
熊本	20 000	13 800	43 000	15 900	33 300	132 500	267 173	44 499	1 013
大分	3 660	…	16 800	2 600	1 790	10 200	72 409	17 783	1 185
宮崎	14 600	11 400	22 500	63 700	2 290	16 600	82 844	53 388	2 131
鹿児島	21 500	91 000	68 600	10 900	2 470	5 270	77 980	183 220	664
沖縄	2 640	…	…	…	…	3 310	22 844	19 884	x
全国	635 500	2 175 000	1 485 000	551 300	297 700	725 200	7 592 061	2 574 255	21 847

付録 Ⅲ

府県別生産統計

10）〜15）主産県調査で、全国は推計値。18）用材（薪炭材やしいたけ原木を除く）に供される丸太またはそま角（斧で荒削りしただけの角材）。

	産業別製造品出荷額等（2020年）(億円)							
	食料品	飲料・たばこ・飼料	繊維工業	木材・木製品	家具・装備品	パルプ・紙・紙加工品	印刷・同関連業	化学工業
北海道	21 236	2 570	240	1 632	475	3 039	1 035	2 129
青森	3 961	1 122	211	221	49	946	159	345
岩手	3 777	488	241	584	66	368	370	*580
宮城	6 785	2 067	174	721	106	1 754	631	895
秋田	987	189	377	694	85	*288	112	*643
山形	3 249	444	426	251	225	213	272	3 065
福島	2 812	1 171	502	693	537	1 965	406	6 185
茨城	15 206	5 642	752	1 646	772	2 701	1 323	15 873
栃木	6 909	7 920	521	925	574	2 925	431	7 206
群馬	8 322	3 562	415	757	546	948	832	7 415
埼玉	20 616	1 834	769	710	1 504	4 932	7 103	16 105
千葉	15 953	4 013	262	657	1 027	1 385	1 642	20 542
東京	7 917	933	684	83	1 112	1 498	7 172	4 060
神奈川	15 789	3 462	492	242	1 014	1 904	1 708	18 469
新潟	8 193	683	645	317	397	1 779	771	6 764
富山	1 611	586	496	317	352	1 307	341	7 843
石川	1 434	115	1 604	261	576	199	680	1 563
福井	588	143	1 999	632	188	761	276	2 042
山梨	2 496	1 733	302	108	76	249	258	542
長野	5 677	1 392	216	315	240	758	672	1 376
岐阜	4 098	753	1 384	755	993	2 154	725	2 933
静岡	12 855	9 715	1 169	2 114	895	8 199	1 623	20 929
愛知	17 948	4 783	3 319	1 403	1 306	3 785	2 443	11 877
三重	5 330	1 026	583	520	471	866	336	12 459
滋賀	3 398	1 112	1 993	332	660	1 231	799	11 329
京都	5 415	7 506	967	537	195	1 249	1 635	2 128
大阪	13 394	2 633	2 855	1 159	1 939	3 185	4 309	16 560
兵庫	16 601	5 166	1 232	556	735	3 100	1 681	20 817
奈良	2 215	143	601	555	297	566	783	1 222
和歌山	1 915	465	629	369	151	349	139	4 467
鳥取	1 429	253	158	*240	20	*904	91	50
島根	795	153	269	459	73	292	81	271
岡山	5 457	2 085	2 008	876	346	1 136	1 013	10 569
広島	5 996	568	1 377	1 544	397	904	794	3 830
山口	2 230	448	477	441	55	*941	219	18 038
徳島	1 620	150	210	411	256	1 215	201	6 113
香川	3 782	328	380	586	80	1 293	610	1 540
愛媛	2 964	578	1 862	359	81	5 405	176	3 017
高知	927	122	188	198	31	653	91	109
福岡	10 416	4 892	505	584	778	994	1 483	5 070
佐賀	3 982	1 130	215	316	356	*741	115	*1 635
長崎	2 658	350	234	69	43	44	110	126
熊本	4 093	1 313	281	428	128	900	312	1 894
大分	1 443	1 222	207	306	91	316	180	5 045
宮崎	3 712	1 783	747	706	51	356	148	1 298
鹿児島	7 176	3 840	140	238	49	484	186	250
沖縄	1 911	599	32	*23	37	*63	155	79
全国	297 276	93 184	35 353	27 854	20 437	71 245	46 630	287 305

19) 従業者3人以下の事業所は推計値。xは秘匿。*従業者3人以下の事業所の統計が秘匿で、従業者4人以上の事業所のみの統計。府県別の製造品出荷額等の合計は、519ページ府県別主要統計14を参照。

19（つづき）

	産業別製造品出荷額等（2020年）（億円）							
	石油・ 石炭製品	プラスチック製品	ゴム製品	なめし革 ・同製品 ・毛皮	窯業・ 土石製品	鉄鋼業	非鉄 金属	金属製品
北海道	4 922	905	115	*46	2 386	3 602	219	3 122
青森	115	174	15	—	473	803	2 518	477
岩手	108	850	*46	58	981	833	*249	1 115
宮城	4 241	1 074	615	14	1 292	1 426	*748	1 887
秋田	82	275	42	*14	446	232	728	742
山形	44	641	*33	*148	1 135	233	566	1 035
福島	188	2 327	1 764	*111	2 578	824	1 745	2 567
茨城	651	8 504	655	26	3 320	6 550	6 535	8 336
栃木	226	5 426	1 370	*23	1 633	2 264	3 859	4 599
群馬	136	4 720	442	7	1 060	2 333	1 344	4 388
埼玉	422	6 785	1 132	172	2 606	2 983	5 513	7 457
千葉	27 656	2 755	391	100	2 956	13 946	3 976	6 800
東京	284	1 403	309	501	1 750	1 484	1 695	2 712
神奈川	16 474	7 138	976	61	2 561	5 935	3 484	4 862
新潟	189	1 463	108	*22	1 150	2 150	816	5 286
富山	58	2 181	*133	*28	873	1 465	3 564	4 044
石川	*77	648	58	4	518	496	377	1 266
福井	62	1 746	22	12	659	246	1 434	1 093
山梨	*35	898	*240	22	830	79	469	952
長野	96	2 118	*121	*43	1 594	365	1 154	3 589
岐阜	*133	4 830	661	2	3 875	2 076	1 045	4 754
静岡	250	6 543	1 622	*33	1 828	1 864	4 776	5 949
愛知	6 251	15 447	4 116	221	7 384	21 514	5 046	16 604
三重	5 233	5 066	*2 009	—	2 501	1 102	4 718	3 698
滋賀	*134	6 491	961	6	3 301	909	*1 315	3 674
京都	88	1 938	*240	71	1 823	636	892	2 009
大阪	12 306	7 570	1 236	240	2 352	12 155	6 870	14 741
兵庫	1 501	4 443	1 219	381	3 207	16 805	2 466	8 471
奈良	x	1 616	634	*38	315	345	*171	1 471
和歌山	4 283	414	*229	4	479	4 293	156	844
鳥取	*32	*240	231	x	76	156	x	404
島根	29	271	*71	x	421	1 535	x	357
岡山	11 189	2 718	*957	*20	2 132	7 882	848	2 528
広島	18	5 560	1 003	*14	1 516	9 980	2 491	3 334
山口	6 482	996	*1 448	x	2 398	5 206	*978	1 999
徳島	*37	*534	*80	x	246	369	*13	764
香川	*1 103	1 311	*123	86	753	468	*4 288	1 842
愛媛	x	1 968	*41	x	479	1 090	7 055	822
高知	29	124	—	x	601	356	x	209
福岡	975	3 116	2 073	7	4 076	7 710	1 300	5 720
佐賀	*36	513	*479	97	495	*393	1 370	1 014
長崎	38	224	9	—	504	215	20	700
熊本	115	1 115	*697	x	824	463	287	1 662
大分	2 241	648	*184	27	1 204	*4 885	6 633	667
宮崎	48	573	*994	x	393	*206	33	376
鹿児島	70	163	x	x	1 832	63	*507	510
沖縄	61	93	x	x	601	258	—	587
全国	111 772	126 557	30 008	2 723	76 418	151 183	94 527	152 036

19）従業者3人以下の事業所は推計値。xは秘匿。*従業者3人以下の事業所の統計が秘匿で、従業者4人以上の事業所のみの統計。府県別の製造品出荷額等の合計は、519ページ府県別主要統計14を参照。

19（つづき）

	産業別製造品出荷額等（2020年）（億円）							
	はん用 機械器具	生産用 機械器具	業務用 機械器具	電子部品 ・デバイス ・電子回路	電気 機械器具	情報通信 機械器具	輸送用 機械器具	その他の 製造業
北海道	515	1 016	83	1 747	430	*90	4 479	458
青森	*58	*418	*1 080	2 366	762	22	501	76
岩手	1 071	2 688	*1 094	2 338	515	275	5 823	510
宮城	203	4 876	620	4 572	1 870	*1 448	5 433	395
秋田	122	1 032	911	4 172	293	71	*516	114
山形	604	1 983	461	5 849	1 486	*3 205	1 064	1 810
福島	1 829	1 650	2 691	4 794	2 217	*3 893	4 020	432
茨城	6 479	11 143	2 333	4 253	9 032	482	7 748	2 149
栃木	3 042	5 688	2 440	2 427	9 311	*1 855	10 251	812
群馬	2 422	2 804	2 067	1 966	4 945	1 113	25 992	791
埼玉	3 793	6 097	3 737	2 846	4 647	4 642	20 263	2 865
千葉	2 046	5 022	1 526	2 154	1 609	1 243	799	1 310
東京	1 607	3 842	4 695	3 528	6 936	4 479	10 718	2 626
神奈川	7 672	10 968	5 216	3 096	7 027	8 508	30 939	1 166
新潟	2 040	3 779	1 429	3 707	2 944	*765	2 066	320
富山	774	4 592	*277	3 007	436	99	1 300	965
石川	1 088	6 155	1 474	3 652	865	*1 768	1 285	335
福井	206	758	*133	3 925	1 847	50	*1 893	878
山梨	803	7 924	1 177	2 304	997	1 353	956	601
長野	4 346	6 471	3 531	7 769	3 758	10 278	3 601	1 243
岐阜	3 182	4 243	499	2 058	3 275	*821	10 872	576
静岡	2 936	7 451	2 927	3 125	23 712	*2 469	39 821	2 340
愛知	13 033	20 496	7 260	3 038	33 907	2 468	233 704	3 810
三重	3 249	2 903	1 647	*17 138	6 685	263	26 357	975
滋賀	6 968	6 020	1 734	4 657	8 527	443	9 826	331
京都	1 443	4 349	3 119	2 743	3 921	*697	3 384	6 062
大阪	8 539	18 322	2 428	4 712	7 358	1 895	22 321	2 121
兵庫	13 528	10 953	2 353	3 818	12 862	4 164	15 477	1 767
奈良	524	1 129	1 372	50	272	x	*1 863	1 075
和歌山	2 976	804	*152	*224	169	26	219	179
鳥取	69	193	90	*1 477	871	221	*137	39
島根	*474	538	200	2 475	408	1 706	637	53
岡山	2 184	2 912	349	2 520	1 988	86	8 585	492
広島	4 070	8 635	575	4 118	2 056	*71	29 219	900
山口	995	1 967	x	*670	273	x	9 657	129
徳島	579	467	x	*4 042	277	x	144	275
香川	1 053	1 214	75	*399	1 661	—	2 040	427
愛媛	1 729	2 460	27	337	1 010	x	3 784	150
高知	154	565	*262	x	104	—	412	254
福岡	1 850	4 449	341	2 363	2 575	157	27 973	543
佐賀	156	855	*38	*2 287	1 589	*88	1 890	531
長崎	3 033	*390	376	*2 982	423	349	3 309	86
熊本	78	4 992	58	3 309	*1 484	x	3 606	112
大分	978	625	829	2 395	*343	1 463	6 550	98
宮崎	185	558	*219	1 851	466	x	*685	179
鹿児島	57	655	56	2 819	553	73	156	140
沖縄	*16	26	*36	x	49	x	*32	58
全国	114 759	197 080	64 226	146 154	178 745	64 210	602 308	43 557

19）従業者3人以下の事業所は推計値。xは秘匿。*従業者3人以下の事業所の統計が秘匿で、従業者4人以上の事業所のみの統計。府県別の製造品出荷額等の合計は、519ページ府県別主要統計14を参照。

本書の内容や、引用転載等に関するお問い合わせは、編集室までメールにてご連絡ください。
編集室メール：edit@yt-ms.jp

［編集］
編集長　　岡田　康弘
　　　　　白崎　あけみ
　　　　　吉田　博一
　　　　　井口　萌奈
　　　　　福地　早希子
　　　　　トゥアー　英里奈ジュリエット
　　　　　細谷　知広
　　　　　大沼　昇一
　　　　　有働　洋

日本国勢図会　2023／24

2023年（令和5年）6月1日発行
編集・発行　公益財団法人　矢野恒太記念会
理事長　斎藤勝利
編集長　岡田康弘
〒100-0006　東京都千代田区有楽町 1-13-1　第一生命本館
URL: https://yt-ms.jp

ISBN978-4-87549-154-5

定価 3,300円（本体3,000円＋税10％）
乱丁・落丁本はお取りかえいたします。印刷／大日本印刷株式会社

《日本国勢図会の姉妹図書》

世界国勢図会 2022/23 （公財）矢野恒太記念会編（毎年 9 月刊） Ａ５判/480頁/電子書籍も好評発売中 定価2,970円（本体2,700円＋税10％）	日本国勢図会の国際統計版。世界情勢を、人口、GDP、産業、軍事など経済・社会の各局面から最新のデータによって明らかにしている。
データでみる県　勢 2023 （公財）矢野恒太記念会編（毎年12月刊） Ａ５判/512頁/電子書籍も好評発売中 定価2,970円（本体2,700円＋税10％）	日本国勢図会の地域統計版。都道府県については経済・社会の各分野から幅広く統計を集めて比較を行い、市町村については主要統計を掲載。
日本のすがた 2023 ―最新データで学ぶ社会科資料集― （公財）矢野恒太記念会編（毎年 3 月刊） Ａ５判/224頁/電子書籍も好評発売中 定価1,320円（本体1,200円＋税10％）	日本国勢図会のジュニア版。最新のデータによるグラフや分かりやすい解説で、日本の現状を伝える社会科資料集。コンパクトで便利と一般の読者にも好評を得ている。
数字でみる　日本の100年 改訂第 7 版 （公財）矢野恒太記念会編（2020年 2 月刊） Ａ５判/544頁/電子書籍も好評発売中 定価3,190円（本体2,900円＋税10％）	日本国勢図会の長期統計版。内容の検討と更新を行い 7 年ぶりに改訂。分野によっては明治から、ほとんどの分野で戦後から現代までのデータを掲載。解説と年表も加えた。